国家社会科学基金重大项目“新编孟子正义”(22&ZD036)阶段性成果

山东省泰山学者特聘专家（孔德立、杨海文）工程资助

济宁市文化名家项目资助

孟子研究院
MENCIUS RESEARCH INSTITUTE

孟子心讀

殷延禄 刘奎 著

齊鲁書社
·济南·

图书在版编目（CIP）数据

孟子心读 / 殷延禄，刘奎著. -- 济南：齐鲁书社，2024. 8. -- ISBN 978-7-5333-4984-4

Ⅰ. B222.55

中国国家版本馆CIP数据核字第20244DC894号

策划编辑　刘　强
责任编辑　王亚茹
装帧设计　亓旭欣

孟子心读
MENGZI XIN DU
殷延禄　刘　奎　著

主管单位	山东出版传媒股份有限公司
出版发行	齊魯書社
社　　址	济南市市中区舜耕路517号
邮　　编	250003
网　　址	www.qlss.com.cn
电子邮箱	qilupress@126.com
营销中心	（0531）82098521　82098519　82098517
印　　刷	山东华立印务有限公司
开　　本	787mm × 1092mm　1/16
印　　张	37.5
插　　页	3
字　　数	710千
版　　次	2024年8月第1版
印　　次	2024年8月第1次印刷
标准书号	ISBN 978-7-5333-4984-4
定　　价	198.00元

我们今天怎么读《孟子》？

从曲阜到邹城有一条104国道，被命名为“孔孟新道”。其实，在我看来，索性以“孔孟之道”称之最妙。每次从曲阜到邹城，乘车行走在孔孟之道上，我总会想，我们离着孔孟之道还有多远？时移世易，人们对于传统、对于经典、对于圣贤，日渐疏离，几近断裂。故今日虽有全面复兴传统文化之国策，但国人理解传统、阅读经典都还存在着巨大的障碍。这里的障碍，不仅是文言文与白话文之间的隔阂，更有古今观念的变迁造成的鸿沟。尤其是对待儒家、对待孔孟，由于一百多年来的持续批判、否定乃至妖魔化，时至今日，人们依然无法心平气和地加以观照。然而，孔孟之道及承载孔孟之道的“四书”其实是最可宝贵的人文思想资源，于今日的个人生命成长乃至社会和谐进步，都有不可忽视的意义。如何讲清楚经典的价值、讲清楚孔孟之道的现代意义，是需要学者们努力，尤其是需要孔孟之乡的学者们努力的。

幸好，在这一片圣域之中，活跃着一批致力于研究、普及和传播儒学的学者，分布在曲阜师范大学、孔子研究院、孟子研究院等学术机构之中，多年来，著书立说、登坛讲学、讲经布道，不遗余力。孟子研究院的殷延禄老师便是其中一位。殷老师非科班出身，最早在邹城市宣传部门工作，后来参与筹建孟子研究院。随后便任孟子研究院研究人员，担任孟子书院执行院长。多年来，我在曲阜、邹城两地参与各种儒学会议、讲座等，与殷老师一见如故。起初，只是以书法家目之，其金文书法远近闻名，曾多次为拙著题写书名，甚是感激。随着交流日深，不免经常谈及《孟子》，尤其是当年孟院组织《孟子》七篇讲读，邀请陈来、王志民、李存山、王中江、梁涛、杨海文、孔德立诸先生分别通讲各篇，我经常带领研究生前往旁听，会后总与殷老师就某些问题切磋，知其对《孟子》钻研之深入。2022年春至2023年夏，在时任孟院副院长袁汝旭先生支持下，洙泗书院与孟子书院联合组织了“慢庐·慢读”之《孟子》通讲活动，共分40期，每周末一期，由于特殊背景，大多数情况下采取线上方式进行。以殷老师、魏衍华、房伟、陈岳、刘昭、刘奎和不佞等为主，杨海文老师、刘瑾辉老师等友情支持，轮流担任主讲、与谈和主持人。殷老师每次讲，都能带给听众以巨大的震撼和感动，原因就在于他对于所讲的内容十分熟悉，古往今来的注疏信手拈来，而且对很多平时很少被关注到的诠释文本的使用，更是开阔眼界。更令人难忘的是，他对《孟子》文本的分析，层层叠叠，脉络清晰，鞭辟入里，把相关文本的思想结构和内在逻辑、字面意思与言外之意都能揭示出来，钩玄索隐、阐幽烛微之能事毕矣。事后方知，他正在撰写一部解读《孟子》的书，而通过讲解和讨论，能够更好地加以提升和完善。那时，我便急切地盼望早日读到这部经典解读之作。不到半年，癸卯岁尾，华中师大许刚兄自武汉返招远老家，途经邹城，而我亦自西安返，相聚邹西草堂，刘成兄邀约小聚。殷老师亦与焉。闲谈间提及殷老师新书，知其业已脱稿，正待出版。我遂提出写一篇序，殷老师欣然允之。

不久他将书稿赐下，word 文本，有 770 余页，近 47 万字，为殷延禄老师和刘奎兄合撰，真可谓皇皇巨著。每章均设“经文”“注释”“译文”“说要”四个栏目。趁着过年值班，自大年初三到初八，花了一周时间，逐字逐句通读一过，使我获得了很久没有过的阅读体验。每天我将读过之后的一些可商榷之处标出，返给殷老师。殷老师看完后再修改，与我商量是否合适。这样的一个年假，确实很充实、很有意义。

通读此书如饮甘醴，回味无穷。现在，我便把读后感汇报给各位读者。总起来一句话，这部《孟子心读》给我们示范了“我们今天怎么读《孟子》”。

我常常讲儒学是生命的学问。所谓生命，首先是每个个体的具体生命，其次还包括共同体的大生命。儒家是“修己安人”之学、“内圣外王”之学、“修齐治平”之学。这样的学问，不是思辨的学问，而是实践的学问。而这套实践的学问，是以生命为核心关切的。所以，儒家讲修身当然是生命的学问，其实，儒家讲齐家、治国、平天下，依然是生命的学问。儒家一切的工夫都是围绕生命而展开的。这样的一套学问，一方面载于“六经”“四书”，一方面见于历代圣贤、儒者之生命本身、生活本身、实践本身。因此，理解儒学，不仅要读经典，还要感悟圣贤、儒者之生命。当然，经典与圣贤往往是一而二、二而一的关系。从经典中体知圣贤的思想、智慧及其生命辉光，才能真正全面地把握儒学。这绝非仅仅从训诂中所能得到的。因此，阅读儒家经典，就有一个读书法在。在历代的经典读书法中，最具代表性的就是朱子。朱子概括说：“循序渐进、熟读精思、虚心涵泳、切己体察、着紧用力、居敬持志。”这样的读书法，并不适合阅读所有的图书，而更适用于传统经典尤其是儒家的经典。这部《孟子心读》确乎体现了作者“走心”的阅读，并把这种私人体知到的阅读方法、阅读技巧、阅读历程都呈现出来，我们从中看到了朱子读书法的影响，这确乎是难能可贵的。

历代解孟之作夥矣，自赵岐《孟子注》到朱子《孟子集注》再到焦循《孟子正义》都是古今读孟的必读书。现代学者的解孟之书，从杨伯峻先生《孟子译注》到杨逢彬先生《孟子新注新译》都是训诂学解孟的代表作，颇受学界重视。梁涛老师《孟子解读》、李景林老师《孟子通释》是近年来哲学家解孟的代表作，义理深湛，读后启沃良多。杨海文老师致力于孟子研究，其《新编孟子正义》虽然尚未完成，但从其已有的《我善养吾浩然之气——孟子的世界》及若干妙文，都给予我们以更深入的启发。殷延禄老师和刘奎兄这部书，其实也能看到以上著述的影响，尤其是海文老师的思维方式的深刻影响。我想，相较于以上的解孟之作，这部书有几个特点值得注意。

其一，“同情”与“温情”的立场。解读古书，我最为服膺的就是陈寅恪先生的“了解之同情”说和钱宾四先生的“温情与敬意”说。陈寅恪在《冯友兰中国哲学史上册审查报告》中说：“凡著中国古代哲学史者，其对于古人之学说，应具了解之同情，方可下笔。盖古人著书立说，皆有所为而发。故其所处之环境，所受之背景，非完全明了，则其学说不易评论，而古代哲学家去今数千年，其时代之真相，极难推知。吾人今日可依据之材料，仅为当时所遗存最小之一部，欲借此残余断片，以窥测其全部结构，必须备艺术家欣赏古代绘画雕刻之眼光及精神，然后古人立说之用意与对象，始可以真了解。所谓真了解者，必神游冥想，与立说之古人，处于同一境界，而对于其持论所以不得不如是之苦心孤诣，表一种之同情，始能批评其学说之是非得失，而无隔阂肤廓之论。否则数千年前之陈言旧说，与今日之情势迥殊，何一不可以可笑可怪目之乎？”而钱先生的“温情与敬意”说载于他的《国史大纲》：“所谓对其本国已往历史略有所知者，尤必附随一种对其本国已往历史之温情与敬意。”本书作者非常自觉地有着这样一种“了解之同情”和“温情与敬意”的立场。他们对孟子那种发乎内心的钦服，虽然不能说没有地缘的因素，但绝非关键因素，因为身处圣域而蔑视孔孟的同样不少，所以关键还是在心灵的相契。而这种相契也不是自然就有的，它来自不断的、反复的阅读过程中，经由“了解之同情”和“温情与敬意”的立场而获得的真切体知和体验。当年徐复观先生去见熊十力先生，汇报读《读通鉴论》的心得，徐先生滔滔不绝缕举其中的错误，被熊先生当头棒喝：“你这个东西，怎么会读得进书！任何书的内容，都是有好的地方，也有坏的地方。你为什么不先看出它的好的地方，却专门去挑坏的；这样读书，就是读了百部千部，你会受到书的什么益处？读书是要先看出它的好处，再批评它的坏处，这才像吃东西一样，经过消化而摄取了营养。譬如《读通鉴论》，某一段该是多么有意义；又如某一段，理解是如何深刻。你记得吗？你懂得吗？你这样读书，真太没有出息！”徐先生晚年将此称为“起死回生的一骂！”他说：“恐怕对于一切聪明自负但并没有走进学问之门的青年人、中年人、老年人，都是起死回生的一骂！”我也常常跟学生们、年轻的朋友们提到这段故事，希望大家在接近经典时，首先应该有一种正确的态度。如果没有这样一种“了解之同情”和“温情与敬意”的立场，轻易地去指责古人，那所展现的只能是现代人的“傲慢与偏见”，而不是真知灼见。如果心中横亘了很多“曲见”和“成见”，那么只能“如入宝山空手回”，这样的读书，何如不读？

其二，“回环往复”的整体观。《孟子》七篇，十四卷，三万多字，虽然出自孟子之亲定，但依然保留了语录体的特征，因此没办法像后世的专著那样存在一个既定的结构和义理的脉络。这需要读者对全书有通盘的把握和考量。不能说过去的解孟者做不到这样的整体观，只是说殷老师这部书，非常充分地展现出这种“回环往复”，前后呼应，一呼百应，这充分说明了本书作者对《孟子》文本超级熟悉，所以才能做到信手拈来。而且，他们拈来的还不限于《孟子》本身，还会把孔夫子请出来，加以佐证。孟子与孔子一脉相承，“夫子以仁发明斯道，其言浑无罅缝。孟子十字打开，更无隐遁”（陆象山语）。《论》《孟》两部经典确乎存在着内在的相通。虽然荀子也是能够发展孔子思想的战国大儒，但如果将《论》《孟》《荀》放在一起，那非常显而易见的是，《论》《孟》更亲近一些。殷老师非常精准地把握住了这种亲近关系，并将之揭橥出来。

其三，绵密入微的义理结构分析。历史上的解孟著作，有汉学的解法，有宋学的解法；当代的解孟著作，有训诂式的解读，有思想式的解读。这部书显然并没有偏向某一类，而是对历史上诸众解读的融会贯通。书中的“说要”部分是全书的重点，也是最有意思的部分。作者说：“‘说要’部分以经典融入生活，关注百姓日用，说理力求贴切，情义交融。”我想，这样的自我要求，书中全然实现了。通过这一方式，能够相当充分地讲述自家的观点，并可以就观点做尽可能详尽地论述和分析。就我目力所及，本书对《孟子》文本的义理解析是十分彻底和深刻的。作者善于总结《孟子》若干表述的义理意义，并把它们加以提炼概括，不仅对历史上大家习以为常的“义利之辨”“王霸之辨”“华夷之辨”“经权之辨”等都做出了自己的分梳，而且提出了“山木的启示”“山水的启示”“山径的启示”“口腹的启示”等诸多新提法。当你读了这些体贴入微的有关“启示”的隽永的文字，我相信你必然莫逆于心，欣然有所悟！不仅如此，作者对《孟子》文本的分析是“结构”式的。他们不仅善于体贴读者，而且巧于把握结构。经他们一分析，我们就猛然发现《孟子》每段文本都是结构谨严、层次分明的。很多人读《孟子》只是粗线条地感受文字，最多观照到思想，鲜有能够深入义理的结构之中的。作者这样一种结构分析的方法，我想和他们受到诸如李贽《四书评》、冯梦龙《四书指月》、吕留良《四书讲义》、姚永概《孟子讲义》、唐文治《四书大义》、程兆熊《四书大义》及蔡仁厚《孟子要义》等这些他们所常读喜读的古今解读著作的影响有关。而作者能“更上一层楼”，以现代的语言、明白的层次、详尽的分析，把《孟子》义理思想的结构呈现给读者，这是极其不易做到的。

其四，对“性本善论”的坚守。我把由孔子开创的儒学分为四个部分，即天道观与天命论、心性论、修养论或工夫论、政治论。而儒家义理大厦的根基是心性论。孟子最大的义理贡献在于性善论的提出和论证。程子说：“孟子有大功于世，以其言性善也。”性善论一经提出，便成为儒学心性论的正统，后世更成为主流。但时至今日，性善论遭到了极度的怀疑乃至否定。即便坚持性善论，也无法认可性本善论。诸多学者都发文加以论证，否定性本善说。公开坚持性本善说的，仅有郭齐勇师、李景林老师、杨海文老师等寥寥数人。当然我相信还会有不少，只是没有公开的论文或主张罢了。但也不免令人感到悲凉！我曾写过一篇小文《我们今天怎么接受孟子》，便是针对此事而发。我提出“理解孟子，从了解战国时代开始”“接受孟子，从理解‘性善论’开始”两个判断。而我通读这部《心读》，发现殷老师和刘奎兄也是我的同道。他们以其独有的方式，对孟子的性本善论进行了多方位的解析，对一些其他的说法也进行了反驳，可谓先得我心，深契我心！我觉得关心孟子的读者，不能不对这些内容加以留意！

其五，“有我”的体知与观照。作者对《孟子》文本的解读，不仅揭示出《孟子》义理结构的层次性，更注入了生命的体知与观照，而且是“有我”的那种体知与观照。现代学术的一般要求是，面对任何文本，都要秉持一种“客观”的态度，当作一种“对象”。这与传统儒学的经典解读方式有着截然不同。既然儒学是生命的学问，经典是有生命的圣贤智慧，那么如果不从读者出发，不去观照文本内部所承载的圣贤生命，“理解”便难以达成。只有透过文字，深入文本内部的结构，窥测圣贤义理的奥蕴，并揆之以历史这个大生命和自我这个小生命加以体知，方能有真切的理解。“我”不仅要理解圣贤，而且应该敞开心扉，用圣贤的义理来“扫描”“我”全幅的生命和全部的生活，才能获得真切有效的生命工夫法门，从而获得自我成长的契机。这样的“有我”的体知与观照，源自朱子所谓的“切己体察”，也是孟子所谓“深造自得”的产物。唯有这样的“切己体察”，才能熠熠生辉，产生一种感染的力量。

其六，“说文解字式”的训解。对一般读者而言，进入古典文本，首当其冲的阻碍就是文字。所以，对经典文本中的人物、地名、名物制度等加以注解，是今天解读经典必不可少的环节。这部《心读》自然也不例外。但是，本书的注解有一个突出而鲜明的特点，那就是“说文解字式”的解读。殷老师是以金文见长的书法家，而且多年来为当地的政德教育做讲座时都将自己的书法特长发挥到极致，并通过字形的分析，获得字义，并层层递进，解析其本义、引申义、后起义等。本书继承了这一做法，并发挥得淋漓尽致。这些说文解字，是殷老师通过参考大量前人著作而得出的结论，或许个别的解析会存在争议，但是总体而言将会给读者带来极为不同的阅读体验。我相信，读者借助这种“说文解字式”的解读，更能建立起文字背后的文明史的图像，将思想与文字加以关联思考。

《孟子》是一部能够给人以力量的经典，宋明诸老说孟子有“泰山岩岩之气象”。我虽然自研究生时代开始，便以早期儒学为业，所撰著的书与文，多以孔子及七十子为主，鲜有涉及孟子者。然而，我自忖在气质上更接近孟子，在性情上更钟爱孟子。

殷老师温润如玉，刘奎兄谦虚好学，更接近孔子。然而，他们解读《孟子》真正做到了精义入微，将孟子讲活了，将孟子的精神激活了。我通读这部书稿的过程，也是一种享受的过程，一种自反的工夫。“德不孤，必有邻”！在孔孟之道上，我们是同行者。吾为此幸！秀才人情纸半张，欣逢殷老师和刘奎兄大作出版，聊述读后心得如上，是为序！

宋立林

甲辰大年初十，节序雨水，逸民于慢庐，窗外小雨淅沥

凡　例

一、本书以朱熹《孟子集注》（中华书局2012年版）为底本，参考焦循《孟子正义》（中华书局1987年版）、杨伯峻《孟子译注》（中华书局2018年版）、梁涛《孟子解读》（中国人民大学出版社2010年版）等，对《孟子》文本进行校勘和译注。

二、为更准确地做好《孟子》解读，本书参考文献上迄先秦，下至当代，涉及文字学、哲学、文学、历史学、文献学等不同领域，选取了与孟子思想密切关联的经典著作一百多部。

三、本书仿朱熹《孟子集注》体例，每篇分上、下两卷，共计十四卷。每章均设“经文”“注释”“译文”“说要”四个栏目，“经文”部分参阅历代名家善本，文字力求严谨，句读分明；“注释”部分以文字训诂为基础，注明难字读音，解释力求准确，折中平实；“译文”部分尽力吸收今人各家注释的优点，文义力求通畅，简明扼要；“说要”部分以经典融入生活，关注百姓日用，说理力求贴切，情义交融。

四、本书创作，反复切磋，得诸师友之教，积数年之功，幸成卷帙几许。凡训诂、译文、说要等，与今古诸家，择善而从；相歧之处，断以己识，皆得于吾心，为一家之言。

目　录

卷第一　梁惠王章句[1]上 凡七章

01.01　孟子见梁惠王[2]。王曰：“叟[3]！不远千里而来，亦[4]将有以利[5]吾国[6]乎？”

孟子对曰：“王！何必曰利？亦[7]有仁义而已矣。王曰：‘何以利吾国？’大夫曰：‘何以利吾家？’士庶人曰：‘何以利吾身？’上下交征[8]利而国危矣。万乘[9]之国，弑其君者，必千乘之家；千乘之国，弑其君者，必百乘之家。万取千焉，千取百焉，不为不多矣。苟为后义而先利，不夺不餍[10]。未有仁而遗其亲者也，未有义而后其君者也。王亦曰仁义而已矣，何必曰利？”

【注释】

（1）梁惠王章句：章句，汉代解说经文之体例。焦循《孟子正义》引《汉书·艺文志》：“《易章句》，有施、孟、梁丘各二篇。《书》有《欧阳章句》三十一卷，《大小夏侯章句》各二十九卷。《春秋》有《公羊章句》三十八篇，《穀梁章句》三十三篇。”何以《梁惠王》题《孟子》首篇？赵岐《孟子章句》云：“孟子以大儒为诸侯所师，以《梁惠王》《滕文公》题篇，与《论语》题《卫灵公》《季氏》者相类，盖尊圣人及大贤有道德者！”周广业《孟子出处时地考》云：“《孟子》以《梁惠王》《滕文公》名篇，与《论语》名篇相类，但举篇首以为之目。”

（2）梁惠王：即魏惠王，名䓨（yīng），谥号“惠”，于战国初期第一个自封为王。按《史记·魏世家》：“秦用商君，东地至河，而齐、赵数破我，安邑近秦，于是徙治大梁。”魏惠王时，迫于秦国的压力，将都城从安邑（今山西夏县西北）迁至大梁（今河南开封），以国都为国名，故亦称梁惠王。《逸周书·谥法解》：“柔质慈民曰惠，爱民好与曰惠。”然历史上得此谥者，多庸懦无能之君，如周惠王、晋惠公、齐惠公、汉惠帝、晋惠帝等。

（3）叟：甲骨文写作，手持火把在屋中，会意掌火之人。引申为老年男子。梁惠王以“叟”称孟子，并没有轻慢之意。按梁涛《孟子行年表》，孟子在滕文公问齐人筑薛后，离开滕国见梁惠王，时年约五十三。

（4）亦：句首助词，无义。

（5）利：会意字。甲骨文写作，从刀（）从禾（），人拿一把刀，收割成熟的庄稼。利的本义是以刀割禾。引申为好处、利益、锋利等。

（6）国：会意字。甲骨文写作，从从，象城邑，即戈，表示以武器守卫。国的本义为城邑。引申为古代诸侯所受封的地域。家则为大夫之采邑。故“何以利吾国”“何以利吾家”，诸侯、大夫所关心者皆为个人私利。

（7）亦：副词。只，仅仅。

（8）交征：朱熹《孟子集注》：“征，取也。上取乎下，下取乎上，故曰交征。”征，会意兼形声字，从彳从正，正亦声。正，甲骨文写作，乃城郭的墙围，表示人居住的城邑。是趾的本字。会意人向城邑而行，本义为行。人面向城邑而行，自然就有了不偏、不斜的含义。用作动词即有匡正之意。征的字义即由此而来，“征者，正也”。《孟子》14.02：“《春秋》无义战。彼善于此，则有之矣。征者，上伐下也，敌国不相征也。”上伐下之征，不贵暴力，不贵掠取，而贵彰显道义。由此，“征”不是简单的“取”，“交征”也不是简单的“上取乎下，下取乎上”。“交征”是上与下在争取私利的时候，都认为自己是拥有道义的一方，或者更为明确地说，“交征”是上与下在争取私利的时候，都把自己伪装成拥有道义的一方。

（9）乘（shèng）：量词。用四匹马拉的一辆兵车叫一乘。春秋战国时代习惯以兵车数量之多少来衡量诸侯国之强弱。

（10）餍（yàn）：满足。

【译文】

孟子去见梁惠王。梁惠王说：“老先生不远千里而来，将给我的国家带来什么利呢？”

孟子回答说：“王何必说利？（我能给您的）只有仁义罢了。王说：‘怎样才对我的国家有利？’大夫说：‘怎样才对我的家族有利？’士、平民说：‘怎样才对我自身有利？’上下相互征利，国家就危险了。拥有万辆兵车的国家，杀害其国君的，一定是拥有千辆兵车的家族；拥有千辆兵车的国家，杀害其国君的，一定是拥有百辆兵车的家族。万份中取千份，千份中取百份，不能算不多了。如果后义而先利，不全部夺取就不会满足。没有重视仁而遗弃父母的，没有喜好义而怠慢君主的。王只要讲仁义罢了，何必说利呢？”

【说要】

本章论义与利的辩证关系，可称为义利之辨。“义利之说乃儒者第一义。”（〔宋〕朱熹：《晦庵先生朱文公文集》卷二十四《与延平李先生书》，朱杰人、严佐之、

刘永翔主编：《朱子全书》第二十一册，上海古籍出版社、安徽教育出版社2002年版，第1082页）

梁惠王所说的"国"，与我们今天常说的国家不同，这个"国"，是梁惠王的封地，是他的私有财产。梁惠王所说的"利"，是富国强兵之利，也是他的私利。

面对梁惠王的提问，孟子的回答是："王！何必曰利？亦有仁义而已矣""苟为后义而先利，不夺不餍""未有仁而遗其亲者也，未有义而后其君者也"。一味地强调私利，则人人都强调私利，且在争取私利的时候，都把自己伪装成拥有道义的一方，必然会带来道德的沦丧、国家的动乱。唯有追求仁义，则不求利而利自来。

冯梦龙《四书指月·孟子见梁章》：

> 仁义，是孟子一生学问，何必曰利？亦有仁义，是正说。仁义未尝不利，是权说。（〔明〕冯梦龙著，李际宁、李晓明校点：《四书指月》，魏同贤主编：《冯梦龙全集》第二十一册，江苏古籍出版社1993年版，第288页）

《孟子》共七篇，三万五千多字，二百六十章（有人分为二百六十一章）。本章为第一篇第一章。我们可以合理推测，孟子把这段文字编辑在《孟子》的开篇，是有深意的。

理解义利之辨的深刻内涵，是理解《孟子》一书，乃至孟子这个人的一大关键。

理解本章，理解义利之辨，需要从以下几个方面入手：

第一，了解对话的背景及深意。

周朝（前1046—前256）是中国历时最长的朝代，从武王姬发创建到平王东迁之前，被称为西周，其后被称为东周。东周又分为春秋和战国两个阶段，两个阶段的分界点就是"三家分晋"——周的诸侯国晋国为赵、韩、魏三家所分，晋君成为附庸。公元前403年，周威烈王正式承认晋大夫魏斯、赵籍、韩虔为诸侯，史称"三家分晋"。魏斯即魏文侯，魏惠王的祖父。魏国后来迁都大梁，魏惠王也就变成了梁惠王。

惠王即位后，开始表现得很猛：曾打败过韩、赵、宋诸国，曾迫使鲁、宋、卫、韩诸国来朝拜，曾与秦国达成短暂的和平，又在诸侯中第一个自称为"王"，等等。但到了他统治的中期，形势每况愈下：公元前341年，魏、齐在马陵打了一仗，齐威王派田忌、孙膑率军队大败魏军，魏将庞涓自杀，太子申被俘；公元前340年至前328年，魏国与秦国连续打了几仗，魏国被打得狼狈不堪，割让河西郡全部和上郡十五县；公元前323年，楚、魏在襄陵大战，魏军又被楚击败，被迫割让大片土地。惠王急于重振国家雄风、雪耻报仇，"卑礼厚币以招贤者"。

因此，见到孟子，他便急不可待地问如何能"富国强兵"，其心情是可以理解的。当然，梁惠王富国强兵的目的也不仅仅是报仇雪恨，他心中还有更大的欲望——一统天下。

从《孟子·梁惠王章句上》第七章（01.07）“然则王（齐宣王）之所大欲可知已，欲辟土地，朝秦、楚，莅中国而抚四夷也”、第六章（01.06）“望之（梁襄王）不似人君，就之而不见所畏焉。卒然问曰：‘天下恶乎定’”我们可以知道，一统天下其实也是那个时代许多诸侯心中的欲望。

“五百年必有王者兴，其间必有名世者。由周而来，七百有余岁矣。以其数，则过矣；以其时考之，则可矣。夫天未欲平治天下也，如欲平治天下，当今之世，舍我其谁也？”（04.13）孟子也想一统天下。

不过，孟子一统天下的路径是行仁政。满足民众的欲望需求，特别是对物质利益的需求，便可以得民心，而民心的向背决定着政权的存亡，是仁政的一个基本逻辑；梁惠王和其他同时代的君王，一统天下的路径是行暴政。追求物质利益以“富国强兵”，对内残酷压迫，对外武力扩张是暴政的基本逻辑。

所以，孟子与梁惠王的义利之辨，就不是简单的功利与道德之争，而是从目的到手段都有本质区别的王道与霸道之争。

第二，认识义利之辨的逻辑说服力。

面对梁惠王“何以利吾国”的提问，孟子的回答是：“王！何必曰利？亦有仁义而已矣。”孟子为什么这样回答呢？他有很具说服力的理由：

1. 摆事实：“王曰：‘何以利吾国？’大夫曰：‘何以利吾家？’士庶人曰：‘何以利吾身？’”如果大王说：“怎样才对我的国家有利？”大夫们就会说：“怎样才对我的家族有利？”士、平民就会说：“怎样才对我自身有利？”这样的话，整个国家的人在你的带领下，都围绕自己的私利去争取。

2. 说危害：没有仁义约束、引领的利欲是没有止境的，势必尔虞我诈，弑劫谋夺，最终的结果，一定是“上下交征利而国危矣”“苟为后义而先利，不夺不餍”；一定是千、百乘之家，通过“弑”而取代了万、千乘之国。

梁惠王之国，正是最初三家分晋中的一家——魏。“万乘之国，弑其君者，必千乘之家”，话锋隐约指向三家分晋，所谓“出乎尔者，反乎尔者也”，可以想见乍闻此语后，梁惠王心里的震撼。

3. 明道理：“未有仁而遗其亲者也，未有义而后其君者也。”在上者躬行仁义，则在下者必将效仿。仁者敬爱他人，义者遵守规则，又怎么会去危害他人、危害国家呢？

4. 得结论：“王亦曰仁义而已矣，何必曰利？”作为君主只要讲仁义就可以了，何必张口闭口谈利呢？

司马迁在《孟子荀卿列传》的开篇感慨地说：

> 余读孟子书，至梁惠王问“何以利吾国”，未尝不废书而叹也。曰：嗟乎，利诚乱之始也！夫子罕言利者，常防其原也。故曰“放于利而行，多怨”。自天子至于庶人，好利之弊何以异哉！（〔汉〕司马迁：《史记》卷七十四，中华书局 2006 年版，第 455 页）

司马迁是伟大的历史学家，他以历史学家的眼光与睿智，为孟子的义利之辨做了无可辩驳的证明。

“六王毕，四海一”，秦始皇以武力一统天下，“其兴也勃焉”！然二世而亡，“其亡也忽焉”！为孟子的义利之辨做了现实的反面证明。

第三，全面把握义利之辨的内涵。

孟子主张“何必曰利？亦有仁义而已矣”，并不是不讲利。孟子讲的利是大利，是民众之利，先富而后教、求利而合义是不可颠倒的义理逻辑。

朱熹《孟子集注》引程颐之言：

> 君子未尝不欲利，但专以利为心则有害。惟仁义则不求利而未尝不利也。当是之时，天下之人惟利是求，而不复知有仁义。故孟子言仁义而不言利，所以拔本塞源而救其弊，此圣贤之心也。（〔宋〕朱熹：《四书章句集注》，中华书局 2012 年版，第 202 页）

追求仁义的第一责任人是在上者。

辛全《四书说·梁惠王上篇》：

> 仁义之风，全要上人先倡。功利之风，全要上人先革。（〔明〕辛全撰，李蹊点校：《四书说》卷五《孟子说上》，上海古籍出版社 2016 年版，第 162 页）

随着历代儒者的不断诠释，义利之辨不仅是单纯的治国理政的原则，而发展成为人们必须遵循的生活行为指南。

陈来先生指出：

> 一个国家、一个社会，都有其价值观。当然，每个人都可以有自己的价值观，但是一个国家、一个社会必须有一个主流的基本的价值观。这个价值观在孟子看来不能是任意的，应该是对义、利有一个明确的认识，不能够后义而先利，应该是先义而后利。我们今天都讲价值观的重要性，古代也是这样，《孟子》一开篇就讲价值观问题。为什么我们说这一章在整个孟子思想里面有纲领性的作用？所谓纲领，意思是一开始就把基本价值观的问题提出来了。（陈来：《孟子解读·梁惠王上》，陈来、王志民主编：《四书解读》，齐鲁书社 2022 年版，第 39 页）

言利，常有眼前的小便宜；言仁义，常有当下的吃小亏。所以，形成仁义之风并不容易。愿留心世道人心的朋友，共同为之努力，为之付出吧！

01.02 孟子见梁惠王。王立于沼上，顾鸿雁麋鹿(1)，曰："贤者亦乐此乎？"

孟子对曰："贤者而后乐此，不贤者虽有此不乐也。《诗》云(2)：'经始灵台(3)，经之营之，庶民攻(4)之，不日成之(5)。经始勿亟(6)，庶民子来(7)。王在灵囿，麀鹿攸伏(8)，麀鹿濯濯(9)，白鸟鹤鹤(10)。王在灵沼，於牣(11)鱼跃。'文王以民力为台为沼，而民欢乐之，谓其台曰灵台，谓其沼曰灵沼，乐其有麋鹿鱼鳖。古之人与民偕乐，故能乐也。《汤誓》(12)曰：'时日害丧(13)，予及女(14)偕亡。'民欲与之偕亡，虽有台池鸟兽，岂能独乐哉？"

【注释】

（1）鸿雁麋鹿：鸿，雁之大者。麋，鹿之大者。

（2）《诗》云：此章所引为《诗经·大雅·灵台》，记述文王营造灵台之事。

（3）经始灵台：经始，即"始经"。经，测度。毛传："经，度之也。"郑笺："度始灵台之基趾，营表其位。"灵台，赵岐《注》："谓其台沼若神灵之所为。"焦循《孟子正义》引赵佑《四书温故录》云："赵注'神灵之所为'，殆乎托意鬼神然者。然灵之训善，《书传》'于吊由灵''丕灵承帝事''惟我周王灵承于旅''苗氏弗用灵'，皆云'善也'。"焦循加按语："灵训善，此说是也。灵德即善德也，灵道即善道也。则灵台即善台，灵沼即善沼。"

（4）攻：建造。攻是会意兼形声字。甲骨文写作，从攴（手持棍，表操作）从工（筑墙杵），工亦声。本义为捣击使坚固。《考工记》"攻木之工"，注云："攻，犹治也。"

（5）不日成之：赵岐《注》："不与之相期日限。"

（6）亟：朱熹《孟子集注》："亟，速也，言文王戒以勿亟也。"

（7）子来：朱熹《孟子集注》："如子来趋父事也。"

（8）麀（yōu）鹿攸伏：麀鹿，即雌性鹿。攸伏，安然伏卧貌。

（9）濯（zhuó）濯：肥胖而光滑的样子。濯是会意字，甲骨文写作，会鸟在水中洗浴之意。金文另加出鸟形，本义为鸟在水中洗浴。鸟洗浴后羽毛的光洁，通感鸟的肥美，乃至山的光秃。

（10）鹤鹤：形容羽毛洁白。

（11）於（wū）牣（rèn）：於，赞叹词。金文写作，楚系简帛写作。《康熙字典》："古文本象乌形，今但以为叹辞及语辞字，遂无以为鸦乌字者矣。"牣，《说文解字·牛部》："牣，满也。"或说"牣"通"仞"，《说文解字·人部》："仞，伸臂一寻，八

尺。”满一寻为“仞”，引申为“满”。

（12）《汤誓》:《尚书》中一篇。记载商汤讨伐暴君夏桀的誓词。

（13）时日害丧：这个太阳何时坠落。时，这。害，同“曷”，何时。夏桀曾自比太阳，此句是百姓诅咒夏桀的话。

（14）女：同“汝”。

【译文】

孟子去见梁惠王。惠王站在池沼边上，观赏着鸿雁和麋鹿，问：“贤能之人也喜欢享受这些东西吗？”

孟子答道：“只有贤能的人才能够享受这种快乐，不是贤能的人纵使拥有这些也是无法享受到快乐的。《诗经》中说：‘开始建灵台，测量又经营。百姓来建造，完工无限期。王说莫要急，百姓更卖力。文王到灵囿，母鹿卧不惊。母鹿肥又美，白鸟羽毛洁。文王到灵沼，满池鱼儿跳。’文王虽然利用民力建造高台深池，可百姓却很高兴他这样，把他的台叫作灵台，把他的沼叫作灵沼，高兴他养有麋鹿鱼鳖。古代的人与民同乐，所以才能享受到快乐。《尚书·汤誓》中说：‘这个太阳何时坠落？我要和你齐灭亡！’百姓要与夏桀一起灭亡，纵使拥有台池鸟兽，难道他能独自享受吗？”

【说要】

本章论与民偕乐。

孟子去见梁惠王。惠王正站在池沼边上，观赏着鸿雁和麋鹿，说：“贤能之人也喜欢享受这些东西吗？”表面上客客气气，其实呢？隐含着居高临下、轻慢嘲讽的意味，意思是像你这样讲求仁义道德而不言物质利益的人，难道也知道享乐吗？

请注意那个“顾”字，眼睛看着鸿雁麋鹿，而嘴里说出的话却是对着孟子的，颇有点“顾左右而言他”的意思。

显然，梁惠王对上次见面时孟子讲的义利之辨的道理是无力反驳的，但是他对其不感兴趣，甚至认为孟子的讲仁义不讲利有点虚伪。

对此，善于分析别人言辞（“我知言”）的孟子，当然洞察入微、心明眼亮。孟子对于“偏颇的言辞，知道它片面的地方；浮夸的言辞，知道它失实的地方；邪僻的言辞，知道它背离正道的地方；躲闪的言辞，知道它理屈词穷的地方”（见 03.02）。所以，观察到梁惠王顾左右而言他，孟子立刻给予强有力地回击：

> 只有贤能的人才能够享受这种快乐，不是贤能的人纵使拥有这些也是无法享受到快乐的。

孟子批评梁惠王的态度是严厉的。

接下来孟子以历史上贤君周文王与暴君夏桀的鲜明对比，生动而深刻地讲明了统治者应该“与民偕乐”的道理。

“与民偕乐”就是与民同乐。“同乐”不是说执政者与老百姓所乐的东西必须一样。孟子不反对执政者的物质享受，甚至不反对他们拥有一定的特权，这既是对劳心、劳力社会分工的基本认可，也是对现实的冷静面对。孟子关心、强调的是君主享乐的前提——必须是与民同乐！

与民同乐的道理，孟子在与齐宣王的对话中讲得更为明确：“乐民之乐者，民亦乐其乐；忧民之忧者，民亦忧其忧。乐以天下，忧以天下，然而不王者，未之有也。”（02.04）

“独乐”关注的是一己之私利，“与民偕乐”兼顾的是民众之公利。

如果说“义利之辨”是告诫执政者要克制一己之私利的话，“与民偕乐”就是引导执政者要关注民众之公利。

作为执政者，如果膨胀一己之独乐，必然不夺不餍，把自己的快乐建立在百姓的痛苦之上，这种快乐只会加速自我的灭亡。

作为执政者，只有“乐以天下，忧以天下”，时刻把老百姓的忧乐放在心上，担在肩上，与民众忧乐相通，才能得民心，才能上下和谐。有此基础，不要说园囿之乐，即使是平治天下也是可以实现的。

忧乐民众就是仁，治理好国家就是义。绕了一大圈，孟子还是要把梁惠王引导到“王！何必曰利？亦有仁义而已矣”的正道上来。

张栻《南轩先生孟子说》卷第一：

> 嗟乎！民一也。得其心，则子来而乐君之乐；失其心，则害丧而亡君之亡。究其本，则由夫顺理与徇欲之分而已。人君若常怀不敢自乐之心，则足以遏人欲矣；常怀与民偕乐之心，则足以扩天理矣。可不念哉！（〔宋〕张栻撰，邓洪波校点：《张栻集》上，岳麓书社 2017 年版，第 178 页）

“与民偕乐”“与民同乐”“乐以天下，忧以天下”的思想是伟大的，它不仅为执政者敲响了不绝于耳的警钟，而且得到后世士人、知识分子决然的响应，成为后世士人、知识分子修齐治平的永不枯竭的动力源泉！

范仲淹《岳阳楼记》：

> 嗟夫！予尝求古仁人之心，或异二者之为，何哉？不以物喜，不以己悲。居庙堂之高则忧其民，处江湖之远则忧其君。是进亦忧，退亦忧。然则何时而乐耶？其

必曰："先天下之忧而忧，后天下之乐而乐欤！"噫！微斯人，吾谁与归！（〔清〕吴楚材、吴调侯选注，施适校点：《古文观止》，上海古籍出版社2016年版，第386页）

范仲淹感慨"先天下之忧而忧，后天下之乐而乐"的同行者太少了！你我会加入其中吗？

有了前面两次交锋，梁惠王似乎少了浮躁、傲慢之气，安下心来，谦虚地向孟子请教治国理政的道理，这便是01.03要讲的内容。

01.03　梁惠王曰："寡人[1]之于国也，尽心焉耳矣。河内凶，则移其民于河东、移其粟于河内[2]。河东凶亦然。察邻国之政，无如寡人之用心者。邻国之民不加[3]少，寡人之民不加多，何也？"

孟子对曰："王好战，请[4]以战喻。填然[5]鼓之，兵刃既接，弃甲曳兵而走[6]。或百步而后止，或五十步而后止。以五十步笑百步，则何如？"

曰："不可！直[7]不百步耳，是亦走也。"

曰："王如知此，则无望民之多于邻国也。不违农时，谷不可胜[8]食也；数罟[9]不入洿池[10]，鱼鳖不可胜食也；斧斤以时入山林[11]，材木不可胜用也。谷与鱼鳖不可胜食，材木不可胜用，是使民养生丧死无憾[12]也。养生丧死无憾，王道之始也。五亩之宅，树之以桑，五十者可以衣[13]帛矣。鸡豚狗彘之畜，无失其时[14]，七十者可以食肉矣。百亩之田，勿夺其时，数口之家可以无饥矣。谨庠序[15]之教，申[16]之以孝悌之义，颁白者不负戴于道路[17]矣。七十者衣帛食肉，黎民不饥不寒，然而不王者，未之有也。狗彘食人食而不知检[18]，涂[19]有饿莩[20]而不知发；人死，则曰：'非我也，岁也。'是何异于刺人而杀之，曰：'非我也，兵也。'王无[21]罪岁，斯[22]天下之民至焉。"

【注释】

（1）寡人：古代诸侯自谦之词，即少德之人。寡，会意字，金文写作，从宀（mián）从页（xié），一个人独处屋下的形象。本义是少，缺少。

（2）河东、河内：河东地在今山西运城一带，河内地在今河南济源一带。

（3）加：更加。

（4）请：表敬副词，没有具体意义。

（5）填然：形容击鼓声。

（6）走：古代慢慢走叫步，快快走叫趋，比趋更快的叫作走。走，甲骨文写作，象摆动两臂跑步的人形。金文写作，下部加人脚。本义是跑，此作逃跑。

（7）直：只是，不过。

（8）胜（shēng）：尽，完。朱熹《孟子集注》：“不可胜食，言多也。”

（9）数（cù）罟：数，细也，密也。罟，渔网。古代规定，禁止密网捕鱼，意在保留鱼种。

（10）洿（wū）池：洿，大也。《广雅·释诂》：“洿，深也。”亦通。

（11）斧斤以时入山林：《逸周书·大聚解》：“禹之禁，春三月，山林不登斧。”《周礼·山虞》：“仲冬斩阳木，仲夏斩阴木。”《礼记·王制》：“草木零落，然后入山林。”可见古人砍伐树木有一定的季节要求。斤，象形字。甲骨文写作，上面是横刃，下为曲柄，象斧斤形。本义是斧子一类的工具。

（12）憾：恨也，不满也。

（13）衣（yì）：穿衣。

（14）鸡豚狗彘之畜，无失其时：赵岐《注》：“言孕字不失时也。”

（15）庠序：古代的学校。

（16）申：一而再、再而三称为申。

（17）颁白者不负戴于道路：颁白，也写作“斑白”，须发花白。负谓背负，戴谓顶在头上。古人用字精审，捧、托，物轻而用力小；肩扛、背负、头顶、手提或举，物重而用力大。

（18）检：节制，禁止。

（19）涂：通“途”。

（20）莩（piǎo）：同“殍”。饿死之人。

（21）无：同“毋”。

（22）斯：连词，犹“则”。

【译文】

梁惠王说：“寡人对于国家，很尽心了。河内遭饥荒，我便把那里的一部分百姓迁移到河东、把河东的粮食运到河内。河东遭饥荒也是这样。我观察邻国的政治，没有一个能像我这样尽心的。可是，邻国的百姓并不因此更加少，我的百姓并不因此更加多，这是什么缘故呢？”

孟子答道：“王喜欢打仗，让我用打仗来打个比喻吧。战鼓冬冬一响，枪尖刀锋一接触，就抛下盔甲拖着兵器逃跑。有人跑了一百步停住脚，有人跑了五十步停住脚。以逃跑五十步来耻笑逃跑一百步，行不行呢？”

王说：“不行！（逃跑五十步的人）只不过没有逃跑到一百步罢了，也同样是逃跑。”

孟子说："王如果懂得这个道理，那就不要希望你的百姓比邻国更加多了。不耽误农时，粮食便会吃不尽。细密的渔网不到大池沼里去捕鱼，鱼类也会吃不尽。砍伐树木依季节进入山林，木材也会用不完。粮食和鱼类吃不尽，木材用不完，这就让百姓对生养死葬没有什么不满了。生养死葬没有什么不满，这是王道的起点。在五亩大的宅园种植桑树，五十岁以上的人就可以穿上丝帛的衣服了。鸡狗猪等家畜不要错过繁殖的季节，七十岁以上的人就可以有肉吃了。百亩的耕地，不要去妨碍生产，几口人的家庭就可以不饿肚子了。慎重地办好学校，反复强调孝顺父母敬爱兄长的道理，（人人都会敬老尊贤，）须发花白的人也就不会背负、头顶着重物行走在道路上了。七十岁以上的人穿丝帛衣吃肉，百姓不受饥寒，却还不能称王天下的，是从来不曾有过的。（现在的情况却是如此，）猪狗吃掉了人食而不加禁止，道路上有饿死的人而不知道开仓赈济；人死了反而说：'这不是我的罪过，而是年成不好的缘故。'这种说法和把人刺杀了却说'这不是我杀的，而是兵器杀的'又有什么不同呢？王不去归罪于年成（而行王道），这样，天下的老百姓就都会来投奔你了。"

【说要】

此章是有关孟子仁政王道思想的重要章节。

钱穆《钱穆致徐复观信札》："《孟子》一书，只在申孔，不在辟墨。"在涉及仁政王道方面，确实如此，此章就是一证。

面对急切盼望百姓归顺的梁惠王，孟子先去惠王心中之"贼"。

以"狗彘食人食而不知检，涂有饿莩而不知发"与"河内凶""河东凶"对举，"王道之始"与"尽心焉耳矣"对举，孟子冷峻地发现"天灾"背后的人为因素，造成岁凶的重要因素，不是天灾，而是人祸，从而戳穿了梁惠王"尽心"的虚伪。

张岱《四书遇·尽心章》引项仲昭语：

> "不知检""不知发"两"不知"，见彼于民瘼，绝不关切，何谓尽心？（〔明〕张岱著，朱宏达点校：《四书遇》，浙江古籍出版社 2017 年版，第 348 页。标点、文字略有改动）

冯梦龙《四书指月·梁惠王曰寡人之于章》：

> 尽心之君，平时如何爱养，如何经制，泽被天下，而民心自归，方是王道。只临事支吾，便想得民，全未，全未。
>
> 移粟，亦是括民间之粟以移之。分外曰加，少是消耗，多是繁衍。何也？有归罪岁凶意。自谓尽心，便是惠王病根。（《四书指月》，第 290 页）

如果说“五十步笑百步”是客气地批评，那“狗彘食人食而不知检，涂有饿莩而不知发”便是严厉地揭露。孟子提出要想得到百姓的认可，只能施仁政、行王道。“五十步笑百步”是没有效果的，“罪岁”更是背道而驰。

结合上一章“贤者而后乐此，不贤者虽有此不乐也”与本章“养生丧死无憾”“黎民不饥不寒”，我们可以清楚地看到，孟子所讲的为政的目标，是实现人在物质上、精神上的满足、快乐。为达此目的，需要为政者先具有精神上的“德”，然后才能享受由物质带来的“乐”；对于民的要求正相反，民要先有物质上的满足，才能走向精神上的快乐（这与作为一个人要扩充善性的要求是有区分的）。

孟子主张的仁政王道，不是单纯依靠为政者道德的引领，还需要为政者对社会治理客观规律的尊重。这就要求为政者，不仅要具有“德”，还要具有“才”。也就是说，为政者不仅要成为个人道德修养意义上的好人，还要成为社会治理意义上的好官。二者既有联系，也有区别，它应该也必须和谐地统一在为政者的身上。这是对孔夫子“富而有教”“为政以德”思想的继承、丰富与发展。

01.04　梁惠王曰：“寡人愿安承[1]教。”

孟子对曰：“杀人以梃[2]与刃，有以异乎？”曰：“无以异也。”

“以刃与政，有以异乎？”曰：“无以异也。”

曰：“庖[3]有肥肉，厩[4]有肥马，民有饥色，野有饿莩，此率兽而食人也。兽相食，且[5]人恶之；为民父母，行政，不免于率兽而食人，恶在[6]其为民父母也？仲尼曰：‘始作俑[7]者，其无后乎！’为其象[8]人而用之也。如之何其使斯民饥而死也？”

【注释】

（1）承：接受。甲骨文写作，从卩（jié）从廾（gǒng），象端坐之人接受他人的供奉之形。裘锡圭认为，可能是“供”的初文。本义是奉承、捧奉、抬高，引申为接受、传承、承继等。

（2）梃：木棒。

（3）庖（páo）：厨房。

（4）厩（jiù）：马棚。

（5）且：尚且。

（6）恶（wū）在：犹言何在，怎么能。恶，疑问代词。

（7）俑：上博藏战国竹简写作，形声字，从人甬（yǒng）声。本义是古代殉葬用的土偶木偶。

（8）象：同“像”。

【译文】

梁惠王说：“我乐意接受您的指教。”

孟子问：“用木棒打死人和用兵刃杀死人，有什么不同吗？”王回答：“没有什么不同。”

孟子又问：“用兵刃杀死人和用政治害死人，有什么不同吗？”王回答：“没有什么不同。”

孟子说：“现在（您的）厨房里有肥肉，马棚里有肥马，可是民众却面带饥色，野外有饿死的人，这是率领着禽兽来吃人。兽类自相残杀尚且为人厌恶；作为民众的父母官，行政却不免于率领禽兽来吃人，怎么能做民众的父母官呢？孔子说：‘率先制作木偶土偶来殉葬的人，大概会断绝后代吧！’因为木偶土偶很像人形却用来殉葬。（用像人形的木偶土偶来殉葬，尚且不可，）又怎么可以让民众饥饿而死呢？”

【说要】

本章论王者为政之道，生民为首。

有了 01.03 的对话，梁惠王一定脸红心羞，于是想着赶快转移话题。孟子呢，却是不依不饶，层层递引，愈逼愈紧。也正是因为如此，姚永概《孟子讲义·梁惠王章句上》将 01.04 与 01.03 合二为一：

> 两章文气本自相生。“斯天下之民至焉”句，不过略一顿住，至“如之何其使斯民饥而死也”句，全篇乃神完气足，故后儒颇有合为一章读之者，是也。（姚永概撰，陈春秀校点：《孟子讲义》卷一，黄山书社 1999 年版，第 7 页）

这是很有见地的。

“庖有肥肉，厩有肥马，民有饥色，野有饿莩”与“狗彘食人食而不知检，涂有饿莩而不知发”同义，只是“此率兽而食人也”较“是何异于刺人而杀之，曰：‘非我也，兵也’”的批判，更为严厉。

姚永概先生继续评说：

> “此率兽而食人也”句，一针见血，激动王心。王自以为尽心于民，不知尚有率兽食人之政，闻此安得不惊心耶。以后又换缓笔一束，随引孔子之言，唱叹作收。收句凄然，千古绝调。（《孟子讲义》卷一，第 8 页）

对于“仲尼曰：‘始作俑者，其无后乎！’”杨伯峻《孟子译注》解读说：

> 古代最初用活人殉葬，后来生产力渐渐提高，一个人的劳动除了供给本人的必需生活资料以外，还有剩余可供剥削，于是人才被稍加重视，逐渐地不用来殉葬，而改用土俑和木俑。从孔子这句话来看，他是不明白这一历史情况的。他却认为先有俑殉，然后发展为人殉。（杨伯峻译注：《孟子译注》，中华书局2018年版，第10页）

杨先生或许误解了孔子的话。始作俑者尚且无后，何况那些以活人殉葬的人呢！——这或许是孔子的言外之意。

明了了孔子的言外之意，也就明了了孟子说理的逻辑：

“始作俑者，其无后乎”——圣人的要求何其高！

“使斯民饥而死”——现实君主的作为何其低！

“非我也，岁也”“非我也，兵也”的辩解，何其卑劣！

01.05 梁惠王曰：“晋国(1)，天下莫强焉，叟之所知也。及寡人之身，东败于齐，长子死焉；西丧地于秦七百里；南辱于楚(2)。寡人耻之，愿比死者一洒之(3)，如之何则可？”

孟子对曰：“地方百里而可以王(4)。王如施仁政于民，省刑罚，薄税敛，深耕易耨(5)；壮者以暇日修其孝悌忠信，入以事其父兄，出以事其长上，可使制(6)梃以挞(7)秦楚之坚甲利兵矣。彼夺其民时，使不得耕耨以养其父母。父母冻饿，兄弟妻子离散。彼陷溺其民，王往而征之，夫谁与王敌？故曰仁者无敌，王请勿疑！”

【注释】

（1）晋国：朱熹《孟子集注》：“魏本晋大夫魏斯，与韩氏赵氏共分晋地，号曰三晋。故惠王犹自谓晋国。”我们于01.01解“征”字时所指出的：“上下相互争夺私利，且都把自己伪装成拥有道义的一方。”梁惠王以晋国正统自居，就是一证。

（2）东败于齐，长子死焉；西丧地于秦七百里；南辱于楚：朱熹《孟子集注》：“惠王三十年，齐击魏，破其军，虏太子申。十七年，秦取魏少梁，后魏又数献地于秦。又与楚将昭阳战败，亡其七邑。”周柄中《四书典故辨正》：“《史记·魏世家》及《楚世家》，惠王在位三十六年，未尝与楚构兵。故南辱于楚，赵注阙其事。惟《战国策》载魏围赵邯郸，楚使景舍救赵，取魏睢濊之间，乃惠王时事。‘南辱’指此无疑。”

（3）愿比死者一洒之：想要为死者报仇雪恨。比，为，替。一，全，都。洒，同“洗”。洒之，即洗雪其耻。

（4）地方百里而可以王（wàng）：杨伯峻《孟子译注》：“地，方百里。‘地方’不能连着读，因为不是一词。”王，作动词，指称王于天下，盖指文王之事。

（5）易耨（nòu）：及时锄草。《经义述闻》：“易者，疾也，速也。”耨，锄草也。

（6）制：通“掣”。抽取。

（7）挞：击打。此处作“对抗”之意。“制梃以挞秦楚之坚甲利兵”，仓促之间以粗劣兵器可以对抗精心准备、装备精良的敌人，正是要彰显仁政可以胜霸道之旨。

【译文】

梁惠王说：“晋国，天下没有哪个国家比它更强大，这一点，老先生是知道的。到了我身上，东边败于齐国，长子阵亡；西边败于秦国，丧失河西之地七百里；南边受辱于楚。我对此感到耻辱，希望能替战死的人报仇雪恨，要怎样办才行呢？”

孟子答道：“拥有方圆百里的土地就可以称王天下。王如果对民众实行仁政，少用刑罚，减轻赋税，（让民众）深耕细作，及时锄草；身强体壮的年轻人在闲暇时间修习孝悌忠信，在家侍奉父兄，出外尊敬长上，这样，就是（仓促之间）抽取木棒也可以对抗秦、楚的坚实盔甲、锐利兵刃了。（这是为什么呢？）秦、楚（无时不在征兵征工，）侵占了农时，使民众不能耕种农田来养活父母。父母受冻挨饿，兄弟妻儿东离西散。他们使民众陷在痛苦的深渊中，王前去讨伐他们，谁能与王对抗呢？所以说仁者无敌，大王请不要疑虑。”

【说要】

赵岐《章指》言：“以百里行仁，天下归之；以政伤民，民乐其亡；以梃服强，仁与不仁也。”

第一至五章：01.01 梁惠王因急于“利”而发问，01.02 因不屑一顾而嘲弄，01.03 因理亏而辩解，01.04 因心羞而欲转移话题，01.05 说出内心所想。

01.01 的“利”，可以从 01.05 得到佐证，答案就是：富国强兵。

“制梃以挞秦楚之坚甲利兵矣”，乍听起来，很容易让人觉得孟子是在以虚言欺世。其实，孟子对于绝对的物质力量，是有清醒认识的：

> 天下有道，小德役大德，小贤役大贤；天下无道，小役大，弱役强。斯二者，天也。顺天者存，逆天者亡。（07.07）

天下有道，小德被大德役使，小贤被大贤役使；天下无道，小的被大的役使，弱的被强的役使。这两种情况，都是命，顺从它的生存，违逆它的灭亡。

面对命，应该顺应；顺应命，却不是否定人的能动性，让其被动接受、无所作为。

回观历史：

观周以积德累仁而遂有国祚灵长之庆，则创之与守总在乎仁而已矣。(〔清〕爱新觉罗·玄烨钦定，〔清〕陈廷敬等编撰，薛治点校：《日讲四书解义》卷十三，华龄出版社2012年版，第212页)

环睹当时，大环境：

战国时，兵戈相寻，率皆复仇构怨，而民不胜其苦。故以爱民为念而教养兼施者，则天下无敌焉，以其仁也。(同上)

环睹当时，小环境：

三晋与秦为邻。秦地人多土狭，商鞅为政，其《开塞》《耕战》《来民》《垦草》诸书，无日不以来三晋之民为事。盖三晋之游民日入秦地，则秦地草日垦，而国日富矣。故孟子策梁，首言"不违农时"，又言"百亩之田，勿夺其时"，又言"深耕易耨"只是分田制产，安其土著之民始，土著之民安，则梁犹可为也。此是三晋大势，凿凿如此，奈何为迂远而阔于事情？(《四书遇·雪耻章》，第350页)

孟子"仁者无敌"的政治主张，并非"迂远而阔于事情"，而是对历史、现实及政治的深切观察做出的结论。

朱熹《孟子集注》引孔氏(孔文仲)曰：

惠王之志在于报怨，孟子之论在于救民。(《四书章句集注》，第206页)

目的的分歧、交往的短暂，使得孟子没有释解梁惠王心中的疑惑。时间也没有再给梁惠王、魏国、孟子更多的机会，一年以后，惠王去世，而新的梁王"望之不似人君"，孟子由是离开魏国。

历史总是留下许多故事，让人在遗憾中反思，在反思中遗憾——不幸的是，孟子游梁的故事正在其中。

另，对于"王请勿疑"，张岱《四书遇·雪耻章》解读说：

"疑"最害事。人之所以不圣贤，治之所以不帝王者，俱是此"疑"作梗耳。若能去此"疑"，何事不可为？故曰"信为功德母"。(《四书遇》，第350页)

对下一章01.06，《朱子语类·孟子见梁襄王章》有这样的讨论：

问："望之不似人君"，此语孔子还道否？曰：孔子不说。孟子忍不住，便说。安卿煞不易，他会看文字，疑得都是合疑处。若近思，固不能疑。蜚卿又疑得曲折，多无事生出事。又曰：公疑得太过，都落从小路去了。(〔宋〕黎靖德编，杨绳

其、周娴君校点：《朱子语类》第二册，岳麓书社 1997 年版，第 1091 页）

张岱、朱熹上面的话，对我们怀以什么样的态度来读书，也深具启发意义。

读圣贤书，不妨先“信”它。以“信”的态度进入阅读，等有了一定的积累，再来“疑”，“疑”那些深思而不得于心的地方。或“疑”而不破，则“信”之益坚；或“疑”而破之，则温故知新，旧学转新知，都有大用。

01.06　孟子见梁襄王(1)，出，语(2)人曰：“望之不似人君，就之而不见所畏焉。卒然(3)问曰：‘天下恶(4)乎定？’吾对曰：‘定于一(5)。’

“‘孰能一之？’对曰：‘不嗜(6)杀人者能一之。’

“‘孰能与(7)之？’对曰：‘天下莫不与也。王知夫苗乎？七八月(8)之间旱，则苗槁(9)矣。天油然(10)作云，沛然(11)下雨，则苗浡然兴之矣。其如是，孰能御之？今夫天下之人牧(12)，未有不嗜杀人者也。如有不嗜杀人者，则天下之民皆引领(13)而望之矣。诚如是也，民归之，由(14)水之就下，沛然谁能御之？’”

【注释】

（1）梁襄王：名嗣（一说名赫），梁惠王的儿子，公元前 318—前 296 年在位，谥号“襄”。

（2）语（yù）：告诉，对人说。

（3）卒然：与“猝然”同。

（4）恶（wū）：表示疑问，相当于“如何”“怎么”。

（5）定于一：赵岐《注》：“孟子谓仁政为一也。”“定于一”即行仁政可以使天下一统、安定。焦循《孟子正义》：“孟子对滕文公亦云：‘夫道一而已。’赵氏《章指》言‘定天下者，一道而已’。谓孟子对梁襄王之定于一，即对滕文公之道一也。赵氏之说正矣。”

（6）嗜：喜好，沉溺。

（7）与：从，跟。朱熹《孟子集注》：“与，犹归也。”

（8）七八月：这是用的周代的历法。周历建子，以含有冬至之月，就是夏历的十一月为岁首（正月），所以它的七八月相当于夏历的五六月。这时正是禾苗需要雨水的时候。

（9）槁：段玉裁《说文解字注》：“（稾）木枯也。枯稾、禾稾字，古皆高在上，今字高在右。非也。”槁，甲骨文写作，或，从高从叶省。叶落由低向高渐渐枯萎。本义是枯萎。

（10）油然：流动的样子，常形容云和水。《大戴礼记·文王官人》：“喜色由然以生。”注云：“由当为油。油然，新生好貌。”《礼记·祭义》：“则易直子谅之心油然生矣。”注云：“油然，物始生好美貌。”又《乐记》注云：“油然，新生好貌也。”自未生而始生之状，皆为“油然”。

（11）沛然：充盛貌，盛大貌。沛，从水从巿（fú）。巿，古代一种系于腰间、遮于官服或礼服下裳前的服饰，最初用干草密密束制而成。或以其外形比拟雨点大而密集。

（12）人牧：治理人民的人，意指国君。牧，甲骨文写作，会手持鞭子放牛之意，本义是放牧。这里“牧”字的用法具有时代的痕迹。

（13）领：脖子。

（14）由：同“犹”。

【译文】

孟子见梁襄王，出来告诉别人说：“看过去不像个国君的样子，接近也感受不到威严所在。他突然问我：‘天下怎样才得以安定？’我回答：‘天下归于一统，就会安定。’

“他又问：‘谁能统一天下呢？’我回答：‘不好杀人的国君能统一天下。’

“他又问：‘谁会跟随他呢？’我回答：‘天下的人没有不跟随他的。王了解禾苗的情况吗？当七八月间干旱，禾苗就会枯槁。这时天上涌起乌云，哗啦哗啦地降下大雨，禾苗便会蓬蓬勃勃地生长起来了。像这样，有谁能够阻挡得了呢？当今天下的国君没有不好杀人的。如果有一位不好杀人，那么，天下的民众都会伸长脖子期待他。真是这样，民众的归从于他，就像水向下奔流，浩浩荡荡有谁能够阻拦得住呢？’”

【说要】

赵岐《章指》言：“定天下者一道，仁政而已。不贪杀人，人则归之，是故文王视民如伤，此之谓也。”

本章文字简短，是孟子见梁襄王的事后追记。

张栻《南轩先生孟子说》卷第一：

> 望之不似人君，无可敬之仪也；就之而不见所畏，无可畏之威也；卒然而问，则又发言之无序也。观其威仪，听其发言，君子之于人也，其大略亦可得矣。（《张栻集》上，第182页）

作为隐形出现的人物，梁襄王在孟子的眼里，实在不值得多费笔墨——远看“望之不似人君”，近观“不见所畏”而已。

不过，我们可以从这简短文字中看到字面、字中、字后的三对张力：

字面：梁襄王其人与其言，所展开的德行与欲望之间的张力。

字中：孟子“仁义”追求与君主“嗜杀”时风，所展开的尽心与命运之间的张力。

字后：孟子“仁者无敌”主张与历代王朝暴力更迭，所展开的理想与现实之间的张力。

从德行与欲望之间的张力，我们可以看到：没有德行的支撑，所谓的欲望只是让自己沦为他人的笑柄。

从尽心与命运之间的张力，我们可以看到：即使是圣人，面对命运也常常是无力的。圣人之所以为圣人，是因为他们在无力中“不怨天，不尤人”“唯义是从”，点燃他们的生命，照亮黑暗的时代。

从理想与现实之间的张力，我们可以看到：理想总是在山头之上，现实总是在山脚之下。我们要学会站在现实瞭望理想，确定前进的方向；站在理想俯视现实，规划前进的路径。

另，唐文治《孟子大义》卷一：

> 苗之兴，最易见者也，襄王之所能喻也。战国时人牧，非特杀人，而且嗜杀。嗜杀者，忍之至也，故并归于亡，而见吞于秦。秦始皇焚《诗》《书》，坑儒生，专嗜杀人者也，而能一天下，孟子之言不验，何也？曰：始皇仅传二世，坟土未干，天下怨叛，不得谓之定天下。……未有不积德而享天下能长久者也。如有不嗜杀人者，则天下之民皆引领而望之矣。望治者民也，怨叛者亦民也，强以制之，弗能久也。故孟子更不论“一”而深论“与”，见向背之机，在于民也。是故读此章书，当知有天下者，所以“一之”之德在君，所以“与之”之机在民。民谁与？曰：好生之仁。（徐炜君整理：《唐文治四书大义》，上海人民出版社 2018 年版，第 14—15 页。标点略有改动）

论“与之”即论“一之”，论“一之”即论“与之”。

以老百姓的跟从来说君主的德行。君主的德行，只在去除暴政。能去除暴政，“民归之，由水之就下，沛然谁能御之？”不能去除暴政，“民去之，由水之就下，沛然谁能拦之？”安定，不是来自简单的一统，而是来自民众的跟从。

孟子的政治主张确有理想主义色彩，但绝不是空想主义，他发现了社会安定的基本条件是“民归之”，“民归之”的基本条件是“不嗜杀人”。

黄宗羲《孟子师说·梁襄王章》：

> 顾后来元明之开创者，不可称不嗜杀人，而天下为威势所劫，亦就于一，与秦隋无异，未尝不延世久长。盖至此而天道一变矣，遂不得不有逆取顺守之说。此尚

论者之所痛心也。(〔清〕黄宗羲著，吴光主编：《黄宗羲全集》第一册，浙江古籍出版社2012年版，第51页)

回顾中国古代政权的更迭史，鲜有不以“杀人”完成的。中国古代政权的更迭史，就是老百姓受苦受难的悲惨史！如此，孟子的政治主张怎么能是“迂远而阔于事情”的呢？

01.07　齐宣王(1)问曰：“齐桓、晋文(2)之事可得闻乎？”

孟子对曰：“仲尼之徒无道桓、文之事(3)者，是以后世无传焉，臣未之闻也。无以(4)，则王乎？”

【注释】

(1)齐宣王：战国时齐国国君田辟疆(前350—前301)。约公元前319—前301年在位。梁涛《孟子解读》附录一《孟子行年表》：公元前318年，孟子至齐，答齐宣王问(01.07、02.02、02.03、02.04、02.05、02.07)。是年，孟子约五十五岁。

(2)齐桓、晋文：指齐桓公、晋文公。齐桓公，春秋时齐国国君，姓姜，名小白。晋文公，春秋时晋国国君，姓姬，名重耳。二人均列于春秋五霸之中。

(3)无道桓、文之事：《朱子语类》：“事者，营霸之事，儒者未尝讲求。如桓公霸诸侯，一匡天下，则谁不知！至于经营霸业之事，儒者未尝言也。”

(4)无以：不然的话。以，同“已”。

【译文】

齐宣王问道：“齐桓公、晋文公营霸之事，可以讲给我听听吗？”

孟子回答：“孔子的门徒没有谈论齐桓公、晋文公营霸之事的，因此后世没有流传，我也不曾听说过。不然的话，就说说称王天下的事吧？”

曰：“德何如则可以王矣？”

曰：“保民而王(5)，莫之能御也。”

曰：“若寡人者，可以保民乎哉？”

曰：“可。”

曰：“何由知吾可也？”

曰：“臣闻之胡龁(6)曰，王坐于堂上，有牵牛而过堂下者，王见之，曰：‘牛何之？’对曰：‘将以衅钟(7)。’王曰：‘舍之！吾不忍其觳觫(8)，若无罪而就死地。’对曰：‘然则废衅钟与？’曰：‘何可废也？以羊易之！’——不识有诸？”

曰：“有之。”

曰：“是心足以王矣。百姓皆以王为爱[9]也，臣固知王之不忍也。”

王曰：“然，诚有百姓者。齐国虽褊小[10]，吾何爱一牛？即[11]不忍其觳觫，若无罪而就死地，故以羊易之也。”

曰：“王无异[12]于百姓之以王为爱也。以小易大，彼恶知之？王若隐[13]其无罪而就死地，则牛羊何择焉？”

王笑曰：“是诚何心哉？我非爱其财而易之以羊也。宜乎百姓之谓我爱也。”

曰：“无伤也，是乃仁术[14]也，见牛未见羊也。君子之于禽兽也，见其生，不忍见其死；闻其声，不忍食其肉。是以君子远庖厨也。”

王说[15]曰：“《诗》云[16]：‘他人有心，予忖度之。’夫子之谓也。夫我乃行之，反而求之，不得吾心。夫子言之，于我心有戚戚[17]焉。此心之所以合于王者，何也？”

【注释】

（5）保民而王：保养百姓而称王天下。保，会意字，甲骨文写作，字形逼真传神：一位母亲非常辛苦地背着孩子，呵护他成长。《说文解字》：“保，养也。”古代称官员为“民之父母”，“保民”是对“民之父母”的最佳注释。

（6）胡龁（hé）：人名，齐宣王身边的近臣。

（7）衅钟：古代一种祭祀仪式。新钟铸成后，杀牲取血，涂在钟的接缝处。

（8）觳（hú）觫（sù）：因恐惧而发抖的样子。觳，古代盛物的器皿，甲骨文写作，会意取牛角以制器皿。觫，本义应为捆扎牛角。觳觫的意思，或是为制器皿而取牛角。引申为恐惧貌。

（9）爱：吝啬。爱，古作㤅。既，甲骨文写作，左边是食器的形状，右边象一人吃罢而掉转身体将要离开的样子，本义是吃罢。㤅，则以人吃饱饭的幸福感觉，比拟良好关系给人带来的心里感觉。引申为不舍、吝啬。

（10）褊（biǎn）小：狭小。

（11）即：只，只是。

（12）异：动词。奇怪，责怪。

（13）隐：哀痛，可怜。隐是形声兼会意字，小篆写作，从（阜，象山坡阶梯之形。此处代指城墙）从（㥯，两手持工筑墙）从（心），㥯亦声。、会意筑墙以掩蔽，再加上，表示掩盖内心的情感或不明显于外的情感。

（14）术：篆书写作，从行术声。本义是城邑中的道路。引申为途径、技能、方法等。《朱子语类》:"'术'字，本非不好底事。只缘后来把做变诈看了，便道是不好。却不知天下事有难处处，须著有个巧底道理始得。当齐王见牛之时，恻隐之心已发乎中。又见衅钟事大似住不得，只得以所不见者而易之，乃是他既用旋得那事，又不抑遏了这不忍之心，此心乃得流行。若当时无个措置，便抑遏了这不忍之心，遂不得而流行矣。此乃所谓术也。"

(15)说:同"悦"。

(16)《诗》云:以下两句出自《诗经·小雅·巧言》。忖(cǔn)度(duó)，推测。

(17)戚戚:内心有所感动的样子。

【译文】

宣王问:"具有什么样的德行才可以称王天下呢?"

孟子说:"保养百姓则称王天下，没有人能够阻挡。"

宣王问:"像寡人这样，能够保养百姓吗?"

孟子说:"可以。"

宣王问:"什么缘由知道我可以呢?"

孟子说:"我听大臣胡龁说:(一天)王您坐在堂上，有牵牛的人从堂下经过，王看见了，问:'把牛牵到哪里去?'那人回答:'准备去祭钟。'王说:'放了它吧!我不忍心看它战栗发抖，像这样没罪而被处死。'那人问:'那么不祭钟了吗?'王说:'怎么能不祭钟呢?用羊替代它!'——不知道有这回事吗?"

宣王说:"有这回事。"

孟子说:"这样的心就足以称王天下了。百姓听说这件事后都以为王吝啬，我却知道王是不忍心。"

宣王说:"是呀，确实有百姓这样认为。齐国虽然狭小，我何至于吝啬一头牛呢?只是不忍心看到它战栗发抖，像这样没罪而被处死，所以以羊来替换它。"

孟子说:"王不要奇怪百姓以为您吝啬。用小的羊替换大的牛，他们怎么能了解(您的用心)呢?王如果可怜牛没有罪过而被处死，那么牛和羊又有什么区别呢?"

宣王笑着说:"这真是什么心理呢?我并非吝啬钱财而用羊去替换牛，也难怪百姓要说我吝啬。"

孟子说:"没有关系，这正是仁心的流露，因为您只看到了牛而没有看到羊。君子对于禽兽，看见它们活着就不忍心再看见它们死亡;听见它们哀叫就不忍心再吃它们的肉。因此，君子远离厨房。"

宣王高兴地说:"《诗经》中说:'别人有心思，我能揣摩到。'说的正是老先生啊。我这样做了，反过头来寻找原因，却不称自己的心理。老先生这么一说，和我的心思戚戚相合。这样的心思之所以适合称王天下，为什么呢？”

曰：“有复[18]于王者曰：‘吾力足以举百钧[19]，而不足以举一羽；明足以察秋毫之末[20]，而不见舆薪。’则王许[21]之乎？”

曰：“否。”

“今恩足以及禽兽，而功不至于百姓者，独[22]何与？然则一羽之不举，为不用力焉；舆薪之不见，为不用明焉；百姓之不见保，为不用恩焉。故王之不王，不为也，非不能也。”

曰：“不为者与不能者之形何以异？”

曰：“挟太山以超北海[23]，语人曰：‘我不能。’是诚不能也。为长者折枝[24]，语人曰：‘我不能。’是不为也，非不能也。故王之不王，非挟太山以超北海之类也；王之不王，是折枝之类也。

“老吾老[25]，以及人之老；幼吾幼，以及人之幼。天下可运于掌。《诗》云[26]：‘刑于寡妻，至于兄弟，以御于家邦。’言举斯心加诸彼而已。故推恩足以保四海，不推恩无以保妻子。古之人所以大过人者，无他焉，善推其所为而已矣。今恩足以及禽兽，而功不至于百姓者，独何与？

“权[27]，然后知轻重；度[28]，然后知长短。物皆然，心为甚[29]。王请度之！

【注释】

(18) 复：回复，禀告。

(19) 钧：古代重量单位，三十斤为一钧。

(20) 秋毫之末：一说是鸟尾之细毛，一说是禾穗上之白毛，总之是极细小的东西。

(21) 许：听信。

(22) 独：副词，表示转折，犹“却”。

(23) 太山、北海：太山即泰山，北海即渤海。焦循《孟子正义》引阎若璩《四书释地》：“齐南有太山，北有渤海。……皆取齐境内之地设譬耳。”

(24) 折枝：折取树枝做拐杖。朱熹《孟子集注》：“以长者之命，折草木之枝，言不难也。”一说折腰、鞠躬。枝，通“肢”。一说按摩。赵岐《注》：“折枝，案摩。”皆不取。

(25) 老吾老：尊敬我的父兄。前一个“老”为动词，指敬老、养老，后一个“老”为名词，指父兄。朱熹《孟子集注》：“吾老，谓我之父兄。”下文“幼吾幼”句式与此类似。

(26)《诗》云：以下三句出自《诗经·大雅·思齐》。刑于寡妻，刑，同“型”，示范义。寡妻，正妻。寡，非谦辞，“大”义。家邦，家指卿大夫的采地食邑，邦指诸侯的封国。邦是会意字。甲骨文写作，从（树）从（田），表示植树立界，即封疆之意。古文字中“封”（、）、“邦”本为一字。

（27）权：秤锤。这里用作动词，称量重量。

（28）度（duó）：动词，测量长度。下文“度”意为推测、考虑。

（29）物皆然，心为甚：万物通过度量方能知道轻重长短，心通过思考方能知道是非曲直。《朱子语类》：“物易见，心无形。度物之轻重长短易，度心之轻重长短难。度物差了，只是一事差；心差了时，万事差，所以‘心为甚’。”又曰：“以本然之权度度心。”又曰：“爱物宜轻，仁民宜重，此是权度。以此去度。”

【译文】

孟子说：“假如有一个人向王禀告：‘我的力气足以举起三千斤，却举不起一片羽毛；我的视力足以看清秋天鸟兽身上新长的细毛，却看不见一车子柴禾。’王会相信他的话吗？”

宣王说：“不会。”

孟子接着说：“如今王的恩惠能够施与禽兽，而功德却不能施及百姓，却是为什么呢？显然，一片羽毛举不起，是因为不肯用气力；一车子柴禾看不见，是因为不肯用目力；百姓不被保养，是因为不肯施恩德。所以王没能做到称王天下，是不愿意做，不是做不到。”

宣王问：“不愿意做和做不到有什么区别？”

孟子说：“挟着泰山跨越北海，对人说：‘我做不到。’这是真的做不到。给长者折取树枝做拐杖，对人说：‘我做不到。’这是不愿意做，而不是做不到。所以王没能做到称王天下，不属于挟着泰山跨越北海一类；王没能做到称王天下，属于为长者折取树枝做拐杖一类。

“敬重自己的长辈推及而敬重他人的长辈，爱护自己的孩子推及而爱护他人的孩子，天下就可以运转在掌心之上。《诗经》中说：‘给妻子树立榜样，推广到兄弟身上，以此治理家邦。’说的就是将自己的不忍人之心推广到别人身上。所以推广恩德便足以安定天下，不推广恩德连妻子儿女都保护不了。古人之所以远远超过今人，没有别的原因，不过是善于推广他们的所作所为而已。如今王的恩德能够施与禽兽，而功德却不能施及百姓，这到底是为什么呢？

“称，然后才能知道轻重；量，然后才能知道长短。万物都是这样，心更是如此。请王考虑！

“抑[30]王兴甲兵，危士臣，构怨于诸侯，然后快于心与？”

王曰：“否，吾何快于是？将以求吾所大欲也。”

曰：“王之所大欲可得闻与？”

王笑而不言。

曰：“为肥甘不足于口与？轻暖不足于体与？抑为采色不足视于目与？声音不足听于耳与？便嬖[31]不足使令于前与？王之诸臣皆足以供之，而王岂为是哉？”

曰：“否，吾不为是也。”

曰：“然则王之所大欲可知已，欲辟土地，朝[32]秦、楚，莅[33]中国而抚四夷也。以若所为，求若所欲，犹缘木而求鱼也。”

王曰：“若是其甚与？”

曰：“殆[34]有甚焉。缘木求鱼，虽不得鱼，无后灾。以若所为，求若所欲，尽心力而为之，后必有灾。”

曰：“可得闻与？”

曰：“邹[35]人与楚[36]人战，则王以为孰胜？”

曰：“楚人胜。”

曰：“然则小固不可以敌大，寡固不可以敌众，弱固不可以敌强。海内之地方千里者九，齐集有其一。以一服八，何以异于邹敌楚哉？盖[37]亦反其本矣。

“今[38]王发政施仁，使天下仕者皆欲[39]立于王之朝，耕者皆欲耕于王之野，商贾皆欲藏[40]于王之市，行旅皆欲出于王之涂[41]，天下之欲疾其君者皆欲赴诉[42]于王。其若是，孰能御[43]之？”

【注释】

（30）抑：难道。

（31）便（pián）嬖（bì）：君主宠幸的姬妾近臣。

（32）朝：使动用法，使其朝觐，宾服称臣之意。如《左传·成公六年》：“夏六月，邾子来朝。”

（33）莅（lì）：临也。有统治之意。

（34）殆：副词。表示推测。

（35）邹：国名。《公羊传》又作邾娄，今山东邹城东南有邾国故城遗址。

（36）楚：春秋、战国时的大国，《史记·楚世家》：“楚地千里。”与邹对，言国土极大。孟子之时，天下方务于合纵连横，楚王尝为合纵长，与秦、齐皆为一域霸主。

（37）盖：通“盍（hé）”。何不。

（38）今：假设连词。如果。

（39）欲：愿意。

（40）藏：储存。欲藏于王之市，即愿意到王的市场上交易。

（41）涂：同“途”。

（42）诉：诉说，告发。

（43）御：抵御，抵抗。

【译文】

（孟子问）：“难道王要兴师动众，让将士、大臣冒着危险，去与诸侯结怨，然后才心里痛快吗？”

宣王说：“不，我对此有什么痛快的？是想借此实现我最大的愿望。”

孟子问：“王最大的愿望可以说来听听吗？”

宣王笑而不答。

孟子问：“是因为肥美的食物不能满足于口腹？轻暖的衣服不能满足于躯体？还是因为艳丽的色彩不能满足于眼睛？美妙的音乐不能满足于耳朵？宠幸的姬妾近臣不能满足于差遣？这些王的臣下都能够提供，王难道是为了这些吗？”

宣王说：“不，我不是为了这些。”

孟子说：“如此，王最大的愿望可以知道了，您是想扩张疆土，使秦、楚臣服，君临中原而威抚四夷。以（您）这样的作为去实现这样的愿望，犹如爬到树上去捉鱼一样。”

宣王问：“有这么严重吗？”

孟子说：“恐怕比这还要严重呢！爬到树上去捉鱼，即使捉不到鱼，也不会有什么后患。以（您）这样的作为去实现这样的愿望，费尽心力去做了，后面必有灾祸。”

宣王问：“可以说来听听吗？”

孟子说：“邹国跟楚国打仗，王认为谁会获胜？”

宣王说：“楚国胜。”

孟子说：“可见小国肯定敌不过大国，人数少的肯定敌不过人数多的，力量弱的肯定敌不过力量强的。四海之内的土地以方圆千里计算有九块，齐国的土地集中起来占其中的九分之一。以一去征服八，这同邹国对抗楚国有什么不同呢？为何不回到根本上呢？

“如果王能发布政令实行仁政，使天下出仕的人都愿意到王的朝廷里任职，耕田的人都愿意到王的土地上耕作，做生意的人都愿意到王的市场上交易，旅行的人都愿意到王的道路上行走，天下痛恨他们国君的人都愿意奔来向大王申诉。如果是这样，什么力量能抵挡呢？”

王曰：“吾惛[44]，不能进于是矣。愿夫子辅吾志，明以教我。我虽不敏，请尝试之。”

曰：“无恒产而有恒心者，惟士为能。若[45]民，则[46]无恒产[47]，因无恒心。苟无恒心，放辟邪侈，无不为已。及陷于罪，然后从而刑之，是罔[48]民也。焉有仁人在位罔民而可为也？是故明君制民之产，必使仰足以事父母，俯足以畜妻子，乐岁终身饱，凶年免于死亡；然后驱而之善，故民之从之也轻[49]。

“今也制民之产[50]，仰不足以事父母，俯不足以畜妻子；乐岁终身苦，凶年不免于死亡。此惟救死而恐不赡[51]，奚暇[52]治礼义哉？

“王欲行之，则盍反其本矣？五亩之宅，树之以桑，五十者可以衣帛矣。鸡豚狗彘之畜，无失其时，七十者可以食肉矣。百亩之田，勿夺其时，八口之家可以无饥矣。谨庠序之教，申之以孝悌之义，颁白者不负戴于道路矣。老者衣帛食肉，黎民不饥不寒，然而不王者，未之有也。”

【注释】

（44）惛：同“昏”。昏乱，糊涂。

（45）若：转折连词。至于。

（46）则：假设连词。假若。

（47）恒产：具有可以维持生计的恒常产业。恒，金文写作，会意字，从心从月从二。二，表示天地。古人认为天地之间，日月运行，无始无终，故恒的本义为常、久。

（48）罔：同“网”。用作动词，犹言陷害。

（49）轻：轻松，容易。

（50）今也制民之产：如今规划百姓的产业。制，订立制度。

（51）赡（shàn）：足够。

（52）奚暇：哪有空闲。奚，何。暇，余暇，空闲。

【译文】

宣王说：“我糊涂，不能做到这样。希望先生辅佐我的志向，明确地教导我。我虽然不聪明，请让我尝试着去做吧。”

孟子说：“没有恒常的产业而有恒久的志向，只有士能做到。至于百姓，没有恒常的产业，就没有恒久的志向。没有恒久的志向，就会放纵胡来，无所不为。等到他们犯了罪，然后再施以刑罚，这是陷害百姓。哪有仁人当政而做陷害百姓的事呢？因此，贤明的君主规划百姓的产业，一定要使他们上足以奉养父母，下足以养活妻儿；丰年能够温饱，荒年可免于死亡，然后驱使他们向善，这样百姓就容易听从。

“如今规划百姓的产业，上不足以奉养父母，下不足以养活妻儿，丰年辛辛苦苦，凶年不能免于死亡。这样，他们连救命恐怕都不够，哪里有空闲去讲求礼义呢？

“王想要实行仁政，为何不返回根本呢？五亩田宅，种上桑树，年满五十的人就能穿上丝绸了。鸡、猪、狗的畜养，不要错过它们的繁殖时节，年满七十的人就能吃上肉了。一百亩田地，不耽误农时，八口之家就可以不受饥荒了。注重学校教育，宣讲孝悌的道理，头发花白的老人就不必在路上头顶肩扛重物了。老年人穿上丝绸、吃上肉，老百姓不挨饿受冻，这样还不能称王天下，是从来没有过的。”

【说要】

本章系统阐述仁政、王道，涉及王霸之辨、不忍之心、推恩保民、仁者无敌、仁政蓝图等孟子政治思想的许多方面。文字较长，思想内容极为深刻而复杂，同时展示了孟子“悲悯百姓、以道事君”的情怀和“我知言”的智慧、语言艺术。

为了阅读方便，本章特别分段注释、译文。

齐桓公、晋文公是春秋两大霸主。宣王想建立霸业，所以问桓、文之事。孟子回绝说“仲尼之徒无道桓、文之事者”。其实，孔门并非不谈齐桓、晋文之事，我们随便就可以从《论语》中找到数条：

> 管仲相桓公，霸诸侯，一匡天下，民到于今受其赐。微管仲，吾其被发左衽矣。(《论语》14.17)
>
> 桓公九合诸侯，不以兵车，管仲之力也。如其仁！如其仁！(《论语》14.16)
>
> 晋文公谲而不正，齐桓公正而不谲。(《论语》14.15)

这些孟子不可能不知道。但是，孟子为什么不回答呢？

> 事者，营霸之事，儒者未尝讲求。如桓公霸诸侯，一匡天下，则谁不知！至于经营霸业之事，儒者未尝言也。(《朱子语类》第二册，第1091页)

在《孟子》12.07章，孟子说：“五霸者，三王之罪人也。”齐桓公、晋文公的霸业，虽不乏“尊王攘夷”之功，但是他们毕竟是以利欲引领天下、以兵车威服天下的，与孟子倡导的王道、仁政的政治主张有本质的区别。如果顺应齐宣王霸者心理而言霸道，孟子与公孙衍、张仪之徒又有何不同？只有超越霸道，直讲王道，以去除齐宣王心中的霸道妄想，才能呈现孟子的真正思想。

每一次读到孟子与齐宣王的这段对话，我的脑海中总是浮现出《史记·屈原贾生列传》记录的画面：

> 后岁余，贾生征见。孝文帝方受釐，坐宣室。上因感鬼神事，而问鬼神之本。

贾生因具道所以然之状。至夜半，文帝前席。(《史记》卷八十四，第 509 页)

西汉初年，著名政论家、文学家贾谊奉命回到京城，觐见汉文帝。正在享受祭肉的汉文帝，对鬼神之事很感兴趣，贾谊就为他详细地做了讲述。文帝听得全神贯注，不知不觉地靠近到贾谊的身边。

历史学家司马迁，同情贾谊怀才不遇，把他和屈原合在一起，立了传。

唐代的大诗人李商隐，感慨贾谊的怀才不遇，写了《贾生》：

宣室求贤访逐臣，贾生才调更无伦。
可怜夜半虚前席，不问苍生问鬼神。

我想到的是，君王仍然还是那样"不问苍生"的君王，而怀才不遇的士人，已经缺失了"无道桓、文之事"的风骨！

"先王有不忍人之心，斯有不忍人之政矣。"(03.06)夏商周三代开国之君之所以能够行王道，皆因他们能够将不忍人之心推恩到老百姓身上。不忍人之心每一个人都具有，只是有人不知不思，齐宣王就是这样的人。于是孟子用发生在齐宣王身上的"以羊易牛"的故事来开导他。这自然亲切可信、入耳入脑，言近而指远。

对话到这里，齐宣王的良知良能被唤醒，敞开了他的心扉，露出了他最柔软的地方。于是孟子一针准确地扎过去——"今恩足以及禽兽，而功不至于百姓者，独何与？"

张栻《南轩先生孟子说》卷第一：

孟子之意，非使之以其爱物者及人，盖使之因其爱物，以循其不忍之实，而反其所谓一本者，以亲亲而仁民，仁民而爱物也。此所谓王道也。(《张栻集》上，第 185 页)

由不忍之心到不忍人之心，是推恩；将不忍人之心运用到国家的治理上，也是推恩。

不忍人之心之于政治，孟子在另外一处(02.05)对此更做出了极致的推演："老而无妻曰鳏，老而无夫曰寡，老而无子曰独，幼而无父曰孤。此四者，天下之穷民而无告者。文王发政施仁，必先斯四者。"

韦政通先生在他的《中国思想史》中评价道：

这是伟大的人道政治的理想，也表现出一个伟大哲人的悲悯情怀，人类的政治无论如何演变，如果不能包括这种道德精神，就必然失去正义的基础。(韦政通：《中国思想史》，吉林出版集团有限责任公司 2009 年版，第 197 页)

"得道者多助，失道者寡助"(04.01)，让我们看到了人民的力量。

“民之为道也，有恒产者有恒心，无恒产者无恒心”（05.03），让我们知道了人民生活的道理。

“不忍人之心”，让我们悟到了仁政的人性基础。

为政保民，不是简单地屈服于人民的力量，而是顺从于人民生活的道理、顺从于执政者的人性。

顺从于人民生活的道理、顺从于执政者的人性而为政，这一思想主张看起来充满了强烈的理想主义色彩，但是它也的确揭示了为政的更为本质的动力源泉。

行仁政难吗？不难——“老吾老，以及人之老；幼吾幼，以及人之幼”，将对亲人的爱推及老百姓身上而已。

行仁政有用吗？有用——“保民而王，莫之能御也”，爱护老百姓就可以称王天下，这是什么力量也不能阻止的。

行仁政如此有用，又如此容易，齐宣王为什么不去做呢？原因在困惑于“不能”与“不为”。

什么是“不能”？“挟太山以超北海”，是不能；什么是“不为”？“为长者折枝”，是不为。

霸道主张以力胜人，所以有能与不能的问题；王道主张以德治国，所以有为与不为的问题。能与不能在力，为或不为在心。

道德乃从心而发，推恩是心的发动，折枝是心的发动，刑于寡妻是心的发动，保民是心的发动。

有此等心的发动，自然获得无穷无尽的道德力量，这便是“得道”。得道者多助，自然足以保有四海，治天下可运于掌。

没有此等心的发动，老百姓则养生丧死都不能，这便是“失道”。失道者寡助，“寡助之至，亲戚畔之”。此时却“大欲”膨胀，兴兵甲以求称霸天下，实在是舍本而求末，缘木而求鱼，何谈得到。纵然侥幸得到，亦必有灾祸。

对话至此，齐宣王脸上发红，后背冒汗，心里触动，态度诚恳：“愿夫子辅吾志，明以教我。我虽不敏，请尝试之。”

于是，孟子将仁政的蓝图——井田之制度、人伦之教化等，和盘托出。这是何等的畅快淋漓！直让人有一种“人生得一知己足矣，斯世当以同怀视之”的抑制不住的快感！

唐文治《孟子大义·梁惠王篇大义》：

> 孟子生平至精之学问，在于度心。察识，度心之始基也。扩充，度心之实验也。推恩至于保四海，度心之极功也。孔子之学，务在尊民，然而《易传》《论语》之中，语皆浑涵而未尽。至孟子而大畅厥旨。（《唐文治四书大义》，第55页）

遗憾的是，齐宣王不是滕文公，他最终没有成为孟子的知己。历史无法假设，它仍然以一贯的冷漠，按照我们已知的轨迹走到今天。

杨海文教授感慨：

理想走得很慢，历史走得很快，现实往往不让我们满足，但理想的存在，将引领我们一步一步向前，走向文明，这是孟子理想主义的价值。

另，孙奇逢《四书近指·齐桓晋文章》：

昔人问陆象山："孟子劝齐王王天下，后世疑其教人篡夺。"答云："民为贵，社稷次之，君为轻。"梭山亟称象山议论过人。由此推之，当春秋而不为孔子之尊周，与当战国而欲为管仲之勤王，皆非也。（〔清〕孙奇逢撰，张显清主编：《孙奇逢集》上，中州古籍出版社 2003 年版，第 525 页。标点略有改动）

"民为贵，社稷次之，君为轻"对于当时的诸侯来说，无异于天方夜谭。可叹！可叹！

卷第二　梁惠王章句下 凡十六章

02.01　庄暴见孟子，曰：“暴见于王[(1)]，王语暴以好乐，暴未有以对也。”曰[(2)]：“好乐何如？”

孟子曰：“王之好乐甚，则齐国其[(3)]庶几[(4)]乎！”

他日[(5)]，见于王曰：“王尝语庄子以好乐，有诸？”王变乎色，曰：“寡人非能好先王之乐也，直好世俗之乐耳。”

曰：“王之好乐甚，则齐其庶几乎！今之乐由[(6)]古之乐也。”曰：“可得闻与？”

曰：“独乐乐，与人乐乐，孰乐？”曰：“不若与人。”

曰：“与少乐乐，与众乐乐，孰乐？”曰：“不若与众。”

“臣请为王言乐。今[(7)]王鼓乐于此，百姓闻王钟鼓之声，管籥[(8)]之音，举[(9)]疾首蹙頞[(10)]而相告曰：‘吾王之好鼓乐，夫何使我至于此极也？父子不相见，兄弟妻子离散。’今王田猎于此，百姓闻王车马之音，见羽旄[(11)]之美，举疾首蹙頞而相告曰：‘吾王之好田猎，夫何使我至于此极也？父子不相见，兄弟妻子离散。’此无他，不与民同乐也。

“今王鼓乐于此，百姓闻王钟鼓之声，管籥之音，举欣欣然有喜色而相告曰：‘吾王庶几无疾病与，何以能鼓乐也？’今王田猎于此，百姓闻王车马之音，见羽旄之美，举欣欣然有喜色而相告曰：‘吾王庶几无疾病与，何以能田猎也？’此无他，与民同乐也。今王与百姓同乐，则王矣。”

【注释】

（1）暴见于王：“暴见于王”和“庄暴见孟子”句式不同，一有介词“于”字，一不用介词。“见孟子”是来见孟子，“见于王”是被王接见。庄暴，齐国大臣。

（2）曰：一个人的话中间又加一“曰”字，表示“更端”，这是古人修辞体例。（详见俞樾《古书疑义举例》卷二《一人之辞而加曰字例》）

（3）其：副词。表推测、估计。意为大概、或许。

（4）庶几：差不多的意思。庶，甲骨文写作，从火从石，石亦声。“也即‘煮’之本字……‘庶’之本义，乃以火燃石而煮，是根据古人实际生活而象意依声以造字的。”（见于省吾《甲骨文字释林·释庶》）吃饭时是家人聚集最齐的时候，故又引申为众多、

差不多。几，金文写作，以丝绳把人悬起而戈加于丝。象丝断在即，千钧一发、危在旦夕之状。本义是危殆。由丝断在即，引申为将要、将近、几乎。由丝之细微，又引申为隐微，指事物的迹象、吉凶的先兆。

（5）他日：表示在这以前的日子，可译为“前些日子”；表示在这以后的日子，可译为“过了些日子”。这里是后一种说法。

（6）由：同“犹”。好像。

（7）今：假设连词。（同见 01.07）

（8）管籥（yuè）：籥，同“龠”。金文写作，象编连在一起的排管，上面的象竹管口。“A”是集的异体字。龠的本义是排管乐器。管龠，古代吹奏乐器，如今天箫笙之类的乐器。

（9）举：副词。皆，俱，全都。

（10）蹙（cù）頞（è）：愁眉苦脸的样子。蹙，紧缩。頞，鼻梁。

（11）羽旄（máo）：旗帜。此作仪仗。

【译文】

庄暴来见孟子，说：“我被王召见，王告诉我他喜好音乐，我没有应答。”接着问道：“喜好音乐怎么样啊？”

孟子说：“王如果非常喜好音乐，那齐国差不多就可以（治理好）了！”

过了些日子，孟子谒见齐王，问道：“王曾经告诉庄暴，说您爱好音乐，有这回事吗？”齐王脸色一红，说：“我并不是喜好先王音乐，只是喜好世俗音乐罢了。”

孟子说：“王非常喜好音乐，那齐国差不多就可以（治理好）了！现在世俗的音乐，与古代先王的音乐是一样的。”齐王说：“能够听听（是什么道理）吗？”

孟子问：“一个人单独欣赏音乐的快乐，与同别人一起欣赏音乐的快乐，哪一个更快乐呢？”答：“不如同别人一起更快乐。”

问：“同少数人（欣赏）音乐的快乐，跟同众多人一起（欣赏）音乐的快乐，哪一个更快乐呢？”答：“不如同众多人一起更快乐。”

孟子说：“那就让我为大王谈谈音乐吧。假使王在这里（欣赏）鼓乐，百姓听到王（欣赏）的鸣钟击鼓之声、吹箫奏笛之音，全都觉得头痛，愁眉苦脸地互相议论：‘我们国王这样喜好音乐，为什么让我们过到这般地步呢？父子不能见面，兄弟妻子东逃西散！’假使王在这里打猎，百姓听到王的车马的声音，看到仪仗的华美，全都觉得头痛，愁眉苦脸地互相议论：‘我们国王这样喜好打猎，为什么让我们过到这般地步呢？父子不能见面，兄弟妻子东逃西散！’百姓会有这样的反应，没有别的，就是因为王不与百姓一同快乐的缘故。

假使王在这里（欣赏）鼓乐，百姓听到王（欣赏）的鸣钟击鼓之声、吹箫奏笛之音，全都眉开眼笑地相互议论：‘我们国王大概没有疾病吧，不然怎么能（欣赏）鼓乐呢？’假使王在这里打猎，百姓听到王的车马的声音，看到仪仗的华美，全都眉开眼笑地相互议论：‘我们国王大概没什么病吧，不然怎么能打猎呢？’百姓会有这样的反应，没有别的，就是因为王能与百姓一同快乐的缘故。假如王能和百姓一同快乐，就可以称王天下了。”

【说要】

本章论与民同乐。

1.“先王之乐”“世俗之乐”

孟子有一个十分自信的长处——“知言”，他善于透过言辞来认识一个人。我们就来学学孟子：

> 他日，见于王曰：“王尝语庄子以好乐，有诸？”王变乎色，曰：“寡人非能好先王之乐也，直好世俗之乐耳。”

透过上面的言辞，我们可以分析一下齐宣王。

因为庄暴，孟子知道齐宣王好乐，于是找了个日子来见齐宣王，问道：“您曾经告诉庄暴，说您爱好音乐，有这回事吗？”齐王脸色一红，说：“我并不是喜好先王音乐，只是喜好世俗音乐罢了。”

显然，那个时候就有先王音乐（古典音乐）与世俗音乐（流行音乐）、庙堂大吕与乡野丝竹的“雅”“俗”对立，以至于孟子一问，齐宣王就红了脸。

细细推究，我们发现，在发问的时候，孟子并不知道齐宣王好的是“世俗之乐”。脸红，完全是齐宣王下意识的羞愧反应。联想到01.07齐宣王“以羊易牛”的故事，我们可以认识到齐宣王是个行仁义的好苗子——孟子不是说过“恻隐之心，仁之端也；羞恶之心，义之端也”吗？

从01.01读到本章，我们可以看到，孟子对待梁惠王的态度是严厉的，如寒风扫叶；对待齐宣王却是温和的，如春风化雨。为什么会有这样的区别对待？把齐宣王“变乎色”“以羊易牛”与梁惠王“贤者亦乐此乎”“尽心焉耳”放到一起比较比较，就显而易见了。

有人可能会问，既然乐有雅俗之分，孟子却说“今之乐由古之乐也”，一个人喜好“世俗之乐”，靡靡之音，难道真得没有问题吗？

王夫之《读四书大全说·梁惠王上篇》：

《孟子》七篇不言礼，其言乐也，则云“今之乐犹古之乐”(此语大有瑕)，大率多主质家之言。(〔明〕王夫之:《船山全书》第六册，岳麓书社1991年版，第895页)

且不说《孟子》七篇中多有言礼之处，即就“今之乐由古之乐”而言，王夫之的质疑，离开了具体的语境，将“今之乐由古之乐”抽象成一般性的就“乐”论“乐”，是典型的知“理”而不知“言”。

朱熹《孟子集注》引范祖禹语:

孟子切于救民，故因齐王之好乐，开导其善心，深劝其与民同乐，而谓今乐犹古乐。其实今乐古乐，何可同也?但与民同乐之意，则无古今之异耳。若必欲以礼乐治天下，当如孔子之言，必用《韶》舞，必放郑声。盖孔子之言，为邦之正道；孟子之言，救时之急务，所以不同。(《四书章句集注》，第214页)

又引杨时语:

乐以和为主，使人闻钟鼓管弦之音而疾首蹙頞，则虽奏以《咸》《英》《韶》《濩》，无补于治也。故孟子告齐王以此，姑正其本而已。(同上)

张栻《南轩先生孟子说》卷第一:

好世俗之乐者，私欲；而与民同乐者，公心也。能扩充是心，则必能行先王之政，以追先王之治。世俗之乐，且将消靡而胥变矣。孟子不遽诋其所好，而独扩之以公理，可谓善启告者也。(《张栻集》上，第189—190页)

《论语》15.11：

颜渊问为邦。子曰：“行夏之时，乘殷之辂，服周之冕，乐则《韶》舞。放郑声，远佞人。郑声淫，佞人殆。”

孔夫子从总体上讲，还是倾向于物的消费，崇尚节俭;乐的追求，崇尚高雅。

雅乐不同于淫声，其理至为浅显，孟子岂能不知?之所以说“今之乐由古之乐也”，是孟子借乐而教齐宣王，其关注点重在“与民同乐”。古乐、今乐有不同，与民同乐无古今。“孔子之言，为邦之正道;孟子之言，救时之急务”，其大要上是一致的。

具体的语言，要放在具体的语境里才能得到合理的解释。有了这样“合理的解释”，我们才能深刻理解孟子所讲的道理。

2.“独乐乐”“与人乐乐”“与众乐乐”

忽然想到成语“滥竽充数”。《韩非子·内储说上》载:

> 齐宣王使人吹竽，必三百人。南郭处士请为王吹竽，宣王说之，廪食以数百人。宣王死，湣王立，好一一听之，处士逃。

我们提出一个有趣的问题：如果齐宣王喜好“独乐乐”，不喜欢“众乐乐”，孟子如何劝谏呢？

欣赏音乐，各人有各人的喜好，齐宣王喜欢合奏，湣王喜欢独奏。喜欢合奏、喜欢独奏，与道德无关，这是个人的喜好。这样说来，一个人单独欣赏音乐的快乐（独乐乐）、同别人一起欣赏音乐的快乐（与人乐）、同众人一起欣赏音乐的快乐（众乐乐），这三种快乐，也可以是个人的喜好而不关乎道德。

按照这样的思路，我想，只需把“此无他，不与民同乐也”改为“此无他，民不得其独乐也”，“此无他，与民同乐也”改为“此无他，民亦得其独乐也”即可。

由此，我们会更加清楚地认识到，在孟子与齐宣王的语境里，乐什么不重要，独乐乐还是众乐乐也不重要，关键是你快乐也要让别人快乐，或者说不能因为你的快乐而牺牲别人的快乐。

黄宗羲《孟子师说·庄暴见孟子章》：

> 人心无不仁，一念之差，惟欲独乐……战国之君，杀人盈城盈野，只是欲独乐耳。一经孟子点破，兵气销为日月光，真是点铁成金手段。（《黄宗羲全集》第一册，第52页）

天下应该是快乐的世界，人人都有享受此快乐的权利。如果君主凭借其公权力而欲独享此快乐，使民众悲苦而厌恶君主的独享快乐，由此必然带来君民的对立、社会的动荡，可不戒乎！

3.“与民同乐”与广场舞困扰的解决

跳广场舞是广大中老年人非常喜欢的健身活动。然而，因为音响噪声的问题，广场舞在很多地方也引发了不少矛盾、纠纷。

如何化解此类矛盾、纠纷？工具的改进可以提供帮助。浙江杭州余杭公安分局闲林派出所民警陈树新发明了“广场舞降噪魔盒”：三面和顶部封闭，一面开放，内壁都贴上了三四厘米厚的隔音棉，木箱子将声音定向地投射到特定区域。

要想从根本上化解此类矛盾、纠纷，还要靠善性的扩充、良心的彰明——任何时候都不能把自我的快乐建立在他人的烦恼、痛苦之上。

02.02 齐宣王问曰：“文王之囿[(1)]方七十里，有诸？”

孟子对曰：“于传[(2)]有之。”

曰："若是其大乎？"

曰："民犹以为小也。"

曰："寡人之囿方四十里，民犹以为大，何也？"

曰："文王之囿方七十里，刍荛(3)者往焉，雉兔者往焉，与民同之。民以为小，不亦宜乎？臣始至于境，问国之大禁，然后敢入。臣闻郊关(4)之内有囿方四十里，杀其麋鹿者如杀人之罪。则是方四十里为阱于国中。民以为大，不亦宜乎？"

【注释】

（1）囿：古代畜养草木禽兽的园林。有围墙的叫"苑"，没有围墙的叫"囿"。

（2）传：朱熹《孟子集注》："传，谓古书。"

（3）刍荛（ráo）：刍，象形兼会意字。甲骨文写作，从又（手）从草，表示以手拔草。刍的本义，从人的行为上讲，就是拔草；从人行为的对象上讲，就是喂牲畜的青草或生火的干草。荛，柴。用作动词，打柴。

（4）郊关：四郊之门，起拱卫防御作用。

【译文】

齐宣王问道："听说文王的狩猎场方圆七十里，有这回事吗？"

孟子答道："在古书上有这样的记载。"

宣王问："若是这样不是太大吗？"

孟子答："老百姓还觉得太小呢。"

宣王问："我的狩猎场方圆只四十里，老百姓还觉得大，这又是为什么呢？"

孟子答："文王的狩猎场方圆七十里，拔草打柴的去，打鸟捕兽的也去，同老百姓一同享用。老百姓认为太小，这不很自然吗？（而您的狩猎场呢，与此相反。）我刚到齐国边界的时候，问明了齐国最重要的禁令后才敢入境。我听说在齐国首都的郊外有一个狩猎场，方圆四十里，杀害里面麋鹿的人，等同杀人之罪。那么，（对老百姓来说，）这方圆四十里的地面，就是在国内布置的一个陷阱。老百姓认为太大了，不也是应该的吗？"

【说要】

本章论与民同之。与上一章同旨。

"臣始至于境"五字，写得亲切可信，"'然后敢入'四字，写得惊心动魄，已将'为阱'之意透出"（《孟子讲义》卷二，第20页）。

以亲切可信的语气，说出惊心动魄的言辞，孟子不仅有格君心之非的铮铮铁骨，而且有善于辩论的语言本领。

战国时期的君主，习惯于骄奢淫逸，齐宣王也不例外。所以虽然齐宣王仁义之心未泯，也不知“与民同之”为何物，想到“文王之囿方七十里”，便为自己“囿方四十里，民犹以为大”感到委屈。孟子乃以“与民同之”的道理劝诫他。

张居正《四书直解·孟子》卷二：

> 夫囿一而已，在文王以为民利，而齐王遂以为民害。盖古人之囿，但用为讲武之地，而志不在于从禽，故其利常归之民。后世则专供游猎之娱，故其利擅之于上，而麋鹿为重，民命为轻矣。明主好尚，可不谨哉。（〔明〕张居正撰，王岚、英巍整理：《四书直解》，九州出版社2010年版，第287页）

“与民同之”“与民同乐”的道理是一致的。“与民同之”侧重在物资的共享，“与民同乐”侧重在权利的尊重。

另，张栻《南轩先生孟子说》卷第一：

> 予读“臣始至于境，问国之大禁，而后敢入”，又以见圣贤举措之精密也。盖居是邦，则当循是邦之法，入境而问焉，理之所当然也。理之所当然者，圣贤未尝不然。其文理密察，旨意深远，学者不可以为细事，忽之而不精思也。（《张栻集》上，第190—191页）

如此，孟子“问国之大禁”，对于今天出国旅游、学习、工作的人，也是一个很好的提示。张栻“理之所当然者，圣贤未尝不然”，便应成为普遍的行为自觉。

02.03 齐宣王问曰：“交邻国有道乎？”

孟子对曰：“有。惟仁者为能以大事小，是故汤事葛(1)，文王事昆夷(2)。惟智者为能以小事大，故大王事獯鬻(3)，句践事吴(4)。以大事小者，乐天者也；以小事大者，畏天者也。乐天者保天下，畏天者保其国。《诗》(5)云：‘畏天之威，于时(6)保之。’”

王曰：“大哉言矣！寡人有疾，寡人好勇。”

对曰：“王请无好小勇。夫抚剑疾视曰：‘彼恶敢当我哉！’此匹夫之勇，敌一人者也。王请大之！《诗》(7)云：‘王赫斯(8)怒，爰(9)整其旅，以遏徂莒(10)，以笃周祜(11)，以对于天下。’此文王之勇也。文王一怒而安天下之民。《书》曰(12)：‘天降下民，作(13)之君，作之师，惟曰其助上帝宠之(14)。四方有罪无罪惟我在，天下曷敢有越厥(15)志！’一人衡行(16)于天下，武王耻之。此武王之勇也。而武王亦一怒而安天下之民。今王亦一怒而安天下之民，民惟恐王之不好勇也！”

【注释】

（1）汤事葛：汤，商汤，商朝创建者。葛，葛伯，葛国之君。葛为紧邻商的小国。汤曾派人给葛伯送去牛羊粮食，却被葛伯杀害。其事详见本书 06.05 章。

（2）文王事昆夷：昆夷，周朝初年的西北民族。文王如何对待昆夷，已经不能详考。

（3）大王事獯（xūn）鬻（yù）：大王即古公亶（dǎn）父。獯鬻亦作薰育，即猃（xiǎn）狁（yǔn），亦即狄人，当时的北方少数民族。02.15 章所载“大王居邠，狄人侵之”即指此事。

（4）句践事吴：事详见《国语》之《越语》和《吴语》。句践，即勾践。越王勾践被吴王夫差打得大败，逃到会稽山，卑辞厚礼向吴国求和，屈身替吴王当马前卒。后来，他终于报了仇，灭了吴国。

（5）《诗》：即《诗经·周颂·我将》，为周武王祭天而以周文王配享之诗。内容是祭祀上帝和文王，希冀得到神灵赐福、保护。

（6）时：是。

（7）《诗》：即《诗经·大雅·皇矣》，论及周部族开国历史，歌颂太王、太伯、王季、文王创业之事。

（8）赫斯：犹言“赫然”。发怒时的情貌。郑玄笺：“赫，怒意。”斯，语气词。后以“赫斯”指帝王盛怒貌。

（9）爰：语首助词，无义。

（10）以遏徂（cú）莒：遏，止。徂，往也。莒，国名。帮助小国抗击侵略，即以大事小的仁者所为。

（11）以笃周祜：增加周国威福。笃，厚也。祜，福。

（12）《书》曰：以下为《尚书》逸文，《古文尚书》采入《泰誓》上篇。

（13）作：生出，长出来。

（14）惟曰其助上帝宠之：朱熹《孟子集注》把下文“四方”连接“宠之”作一句，全文读为：“惟曰其助上帝，宠之四方。”杨伯峻先生认为是不对的。案，假设“四方”本有重复号，后人忽略了，朱熹的解释可以成立。《论语》20.01 即有“朕躬有罪，无以万方；万方有罪，罪在朕躬”。

（15）厥：同“其”。

（16）衡行：就是“横行”。古书“横”字多作“衡”。

【译文】

齐宣王问道：“与邻国交往有什么方法吗？”

孟子答道："有。只有仁德的人才能够以大国的身份来对待小国，所以商汤对待葛伯，文王对待昆夷。只有智德的人才能够以小国的身份对待大国，所以太王对待獯鬻，勾践对待夫差。以大国身份对待小国的，是安乐天理的人；以小国身份对待大国的，是敬畏天理的人。安乐天理的人足以安定天下，敬畏天理的人足以保护自己的国家。《诗经》说：'敬畏上帝的威灵，因此得到保佑。'"

宣王说："太好了您的话！不过，我有个毛病，就是喜欢逞强好胜（恐怕不能够像仁德、智德的人那样对待别国）。"

孟子答道："希望王不要喜爱小勇。（什么是小勇呢？）按着剑瞪着眼说：'他怎么敢抵挡我！'小勇只是匹夫之勇，只能应付一个人。希望王能够扩大它。《诗经·大雅·皇矣》说：'我王勃然一生气，整顿军队往前去，阻止敌人侵莒国，增加周国大威福，以此报答天下望。'这便是文王的勇。文王一生气便安定天下的百姓。《尚书》说：'上天降生百姓，替他降生君主，替他降生老师，唯有他们佑助天帝护四方。四方有罪无罪都在我，天下何人敢越其本分！'（当时有）一个纣王横行霸道于天下，武王就感到奇耻大辱。（于是举兵伐纣。）这便是武王的勇。武王也一生气便安定天下的百姓。如果王也一生气便安定天下的百姓，那么，天下的百姓唯恐王不好勇呢！"

【说要】

本章论君主当行大勇以安天下。

1. 关于"以大事小""以小事大"

齐宣王问"与邻国交往的方法"，孟子以"以大事小""以小事大"作答。

"以大事小"，由大而仁者发出，是仁者乐天之事，尽显爱护之情；"以小事大"，由小而智者发出，是智者畏天之事，乃是慎重之举。

"乐天""畏天"都是"事天"。君主能事天，自然日生恭谨之心，消杀好胜之气。

程兆熊《四书大义·孟子讲义第二讲》：

> 仁者是一己的绝对客观化，他无对无待，他不复有其对待相，因而泯大小，故尽可以以大事小。根据一个原则，以大事小。
>
> 智者则能把客观的事物，看得清清楚楚，他对一己，能有其限定，因而大小分明，故尽可以以小事大。根据一种形势，以小事大。
>
> 以大事小，无对无待，故为乐天：即乐乎上天之安排，乐于以上天之意旨为意旨。
>
> 以小事大，限定自己，故为畏天：即畏天之命，畏天于冥冥中所有之措施，而视天为高高在上，希有以挽回天心，获其垂鉴，并施恩典，俾获自存。

乐天者，其仁如天，于此便尽可以“以仁覆天下”，故能保有天下。这是根据一个原则上的保有天下，以使天下归仁。

畏天者，其智如水，于此便尽可以“以智求自全”，故能保有其国。这是根据一种形势下的保有其国，以使藩篱永固。（程兆熊：《四书大义》，台湾明文书局1988年版，第215页）

《朱子语类·问交邻国有道章》：

问“乐天畏天者”。曰：“乐天是圣人气象，畏天是贤人气象，孟子只是说大概圣贤气象如此。使智者当以大事小时，也必以大事小；使仁者当以小事大处，也必以小事大。不可将太王文王交互立说，便失了圣贤气象。此自是两层事。孟子之说是前面一层，又须是看得后面一层。所以贵乎‘不以文害辞’者，正是此类。人须见得言外意好。”（《朱子语类》第二册，第1095页）

必须说明的是，“以大事小”“以小事大”都要先“事民”。君主施政，不能保民安民富民教民，则失道寡助，原来为“大”的，必因此而成“小”；原来为“小”的，必因此而亡国，“事大”“事小”，乃至“事天”的基础都不复存在了。

回观古今中外，“以大事小”的例子少之又少，倒是“以大欺小”比比皆是，这不免让人惆怅失望。

“以大欺小”比比皆是，“以大事小”少之又少，这不免让人无奈恐惧：这世界将成什么样的人间？

理想的世界常常让人觉得遥不可及，但是理想的世界能让我们保有希望，从而对抗惆怅、无奈，对抗失望、恐惧。

愿你我不懈于对它的向往、追求。

2. 关于“王请无好小勇”

吕留良《四书讲义·梁惠王下》：

当时讲“交邻”，原不是好意，直力不能并吞而又畏人蚕食，故为此商量权术耳。（〔清〕吕留良撰，〔清〕陈鈗编，俞国林点校：《四书讲义》卷三十一《孟子二》，中华书局2017年版，第676页）

齐宣王自然是这个意思。不过，在孟子眼里齐宣王依然是可教的“青年”，因为他具有“勇”的品质。当然这个“勇”，不是齐宣王所好的“勇”，而是他敢于承认自己所好的“勇”是一种有问题的“勇”。

这样的“勇”，是知耻。知耻让齐宣王成为可以与言的人，于是便有了孟子“王请无好小勇”“王请大之”的期待。

小勇，血气之勇；大勇，理义之勇。

不忍区区之小忿，只会徒逞血气之强：

血气者，一人之私也。以一人之血气，仅足以敌一人，而与天下争雄，鲜不为其所屈。(〔清〕罗泽南撰，符静校点：《罗泽南集》，岳麓书社2010年版，第281页)

能伸安天下之大勇，便可朗现理义之刚：

义理者，天下之公也。薄海内外同具此心，我能顺乎义理，则顺天下之心矣。有不合义理者，敢行暴虐，天下之人莫不怒之。以天下之所顺诛天下之所怒，斯一怒而天下之义理已伸，天下之民举安矣。(同上)

以仁事小，非以仁而养恶；以智事大，非以智而苟安。

《朱子语类·问交邻国有道章》：

“汤事葛，文王事昆夷。”昆夷不可考。大抵汤之事葛，文王事昆夷，其本心所以事之之时，犹望其有悔悟之心。必待伐之，岂得已哉？亦所当然耳。(《朱子语类》第二册，第1094页)

时到势成，事无可忍，自慨然作文武之举，“一怒而安天下之民”，大勇有助于仁智如此！

信哉！“知、仁、勇三者，天下之达德也。”

张居正《四书直解·孟子》卷二：

此章前论仁智，主于事大恤小；后论大勇，主于除暴安民，其意若相反者。然究而论之，仁者虽能恤小，必不肯养乱以残民；智者虽能事大，而必思自强以立国。所谓大勇，岂有出于仁智之外哉？宋臣司马光以仁、明、武为人君三大德，盖有见也。(《四书直解》，第289页)

辛全《四书说》卷五：

或事大，或事小，或一怒安天下，总是为民。(《四书说》，第164页)

正是：

以仁事小非养恶，以智事大岂苟安？

时到势成生一怒，圣庸都在民心间。

3. 关于“勇”的生活链接

朱熹《孟子集注》引张敬夫语：

小勇者，血气之怒也。大勇者，理义之怒也。血气之怒不可有，理义之怒不可无。知此，则可以见性情之正，而识天理人欲之分矣。（《四书章句集注》，第216页）

“勇”不仅是交邻国之道，也是为人处世之道。让我们都努力做个有勇气捍卫道义的人吧。

02.04　齐宣王见孟子于雪宫[(1)]。王曰：“贤者亦有此乐乎？”

孟子对曰：“有。人不得，则非其上矣。不得而非其上者，非也；为民上而不与民同乐者，亦非也。乐民之乐者，民亦乐其乐；忧民之忧者，民亦忧其忧。乐以天下，忧以天下，然而不王者，未之有也。

“昔者齐景公[(2)]问于晏子[(3)]曰：‘吾欲观于转附、朝儛[(4)]，遵海而南，放于琅邪[(5)]，吾何修而可以比于先王观也？’晏子对曰：‘善哉问也！天子适诸侯曰巡狩，巡狩者巡所守也；诸侯朝于天子曰述职，述职者述所职也。无非事者。春省耕而补不足，秋省敛而助不给。夏谚曰：“吾王不游，吾何以休？吾王不豫，吾何以助？一游一豫[(6)]，为诸侯度[(7)]。”今也不然：师行而粮食，饥者弗食，劳者弗息。睊睊胥谗[(8)]，民乃作慝[(9)]。方命[(10)]虐民，饮食若流，流连荒亡，为诸侯忧。从流下而忘反谓之流，从流上而忘反谓之连，从兽无厌谓之荒，乐酒无厌谓之亡。先王无流连之乐、荒亡之行。惟君所行也。’景公说，大戒[(11)]于国，出舍[(12)]于郊。于是始兴发补不足。召大师[(13)]曰：‘为我作君臣相说之乐！’盖《徵招》《角招》[(14)]是也。其诗曰：‘畜君何尤[(15)]？’畜君者，好君也。”

【注释】

（1）雪宫：赵岐《注》：“离宫之名也。宫中有苑囿台池之饰，禽兽之饶，王自多有此乐，故问曰‘贤者亦能有此乐乎’。”

（2）齐景公：春秋时齐国之君，姓姜，名杵臼，公元前547—前490年在位。

（3）晏子：齐国贤臣，名婴，字平仲。

（4）观于转附、朝儛（wǔ）：观，游也。转附、朝儛，均为山名。儛，古同“舞”。

（5）放于琅邪（yá）：放，至。琅邪，朱熹《孟子集注》：“琅邪，齐东南境上邑名。”

（6）豫：赵岐《注》："豫亦游也。" 焦循《孟子正义》："《晏子春秋》曰：'春省耕而补不足者，谓之游。秋省实而助不给者，谓之豫。'故于游言休，谓休息耕者；于豫言助，所谓助不给也。"

（7）度：法度。

（8）睊（juàn）睊胥谗：睊睊，因愤恨侧目而视的样子。胥，皆。谗，毁谤。

（9）作慝（tè）：作恶。

（10）方命：赵岐《注》："方，犹放也。放弃不用先王之命。"

（11）戒：会意字。甲骨文写作，中间是"戈"，两侧是"廾"，即两只手。两手持戈，表示戒备。本义是警戒、戒备。警戒、戒备是为了防范可能发生的危险，故戒又可以引申为准备。

（12）舍：居住。

（13）大（tài）师：古代乐官之长。

（14）《徵（zhǐ）招（sháo）》《角（jué）招》：徵和角是古代五音（宫、商、角、徵、羽）中的两个。招，同"韶"。《徵招》《角招》都是乐章名。

（15）畜（xù）君何尤：畜君，匡正君主的过失。朱熹《孟子集注》："言晏子能畜止其君之欲。" 畜，会意字。甲骨文写作，从玄从田。玄象束丝形。先民田猎所得禽兽，拘系而养之，所谓"拘兽以为畜"（《淮南子·本经训》）。本义是饲养。引申为制止、匡正。作名词时有人饲养的禽兽义。尤，错误。

【译文】

齐宣王在别墅雪宫里接见孟子。宣王问："有道德的贤人也有这种快乐吗？"

孟子答道："有的。人们得不到这种快乐，就会埋怨他们的君主。得不到这种快乐而埋怨君主是不对的；可是作为君主，不同他的百姓一同享乐也是不对的。以百姓的快乐为自己的快乐的，百姓也会以他的快乐为自己的快乐；以百姓的忧愁为自己的忧愁的，百姓也会以他的忧愁为自己的忧愁。以天下人的快乐为快乐，以天下人的忧愁为忧愁，却还不能称王天下的，是从来不曾有过的。

"过去齐景公问晏子：'我想巡游转附、朝儛，沿着海岸向南一直到琅邪。我该怎样才能和古代圣君的巡游相比呢？'晏子答道：'问得好呀！天子到诸侯的国家去叫作巡狩，巡狩就是巡视诸侯所守土的作为；诸侯去朝见天子叫作述职，述职就是报告他所执掌的公务。没有不和政事有关的。春季巡视耕种情况，补助贫困；秋季考察收获情况，救济歉收。夏朝的谚语说："我王不巡视，我怎能有养息？我王不考察，我哪会有补助？我王巡视考察，足为诸侯法度。"现在不是这样了：队伍一出动就到处筹粮，饥饿的人得不到食物，劳苦的人得不到息养。人们都侧目切齿、怨声载道，民众也被迫为非作歹。（这样出巡）放弃先王之命虐待百姓，大吃大喝浪费如同流水，流连忘返、荒亡无行，诸侯也为此而忧愁。顺游而下游乐忘归叫作流，逆游而上游乐忘归叫作连，无厌倦地打猎叫作荒，不知节制地喝酒叫作亡。过去的圣贤之君都没有这种流连的娱乐、荒亡的行为。（一种是关爱百姓的巡游，一种是只知自己快乐的流连荒亡，要做哪一种，）就看大王自己的行动了！’景公听了大为高兴。先在都城内做好充足准备，然后驻扎郊外，拿粮出钱救济贫困。景公又召乐官长，对他说：‘给我创作一首君臣同乐的歌曲！’这个乐曲就是《徵招》《角招》，歌词说：‘畜君有什么不对的呢？’畜君（就是匡正君主的过失，）正是爱护君主啊。”

【说要】

本章继续论述“与民同乐”的为政之道。

此章与01.02章主旨一致，都是论述“与民同乐”的为政之道。所不同的是，01.02章是从“贤者而后乐此，不贤者虽有此不乐也”的视角展开论述，本章是从“人不得，则非其上矣”的视角展开论述。前以“民欲与之偕亡，虽有台池鸟兽，岂能独乐哉”作结，有严厉的警示意味。后以“畜君者，好君也”作结，有殷切的劝导意味。

“与民同乐”不是说执政者与老百姓所乐的东西要绝对一致。孟子的要求是：君主自己的乐与民众的乐、自己的利益与民众的利益之间，要达到一个最大公约数。同时，孟子的话语里还包含着这样一层意思：君主的乐和利益的前提，必须是“而后乐此”。

《得民心得天下：王蒙说〈孟子〉》：

> 君王与民人之间，往往被认为是一方主动，另方被动；一方重要，另方次要；一方决定，另方听命的关系。表面上看，当然是君王为主，民人为奴仆；但是孟子告诉我们，从最根本的意义上看，民才是第一位的，民心民意才是第一性的；你为民忧，民才会为你忧；你求民乐，民才会与你乐；你在乎民，民才会在乎你。这是一个根本道理。（王蒙：《得民心得天下：王蒙说〈孟子〉》，浙江人民出版社2016年版，第48页）

“齐宣王见孟子于雪宫”，杨伯峻先生认为这一句有两个说法，一说是齐宣王在雪宫接见孟子，一说是齐宣王招待孟子于雪宫而自己去看他。（参见《孟子译注》）

王夫之《读四书大全说·梁惠王下篇》：

> 细绎本文，初终皆以言人君游观之事，则可谓孟子同游，而不可谓孟子所馆。“贤者”亦贤君也。（《船山全书》第六册，第909页）

从对话的对象、孟子的举例来看，“贤者”作“贤君”解也许更为准确。01.02 章的“贤者”或可作同样的解释。

对于梁惠王的“贤者亦乐此乎”与齐宣王的“贤者亦有此乐乎”，王夫之认为也有区别：“‘有’者，有之之谓。”意思是说，“贤者亦乐此乎”的“乐”，是沼上鸿雁麋鹿给人带来的快乐。“贤者亦有此乐乎”的“乐”，是拥有“雪宫”给人带来的快乐。这也是很有意思的想法。

孟子这里的回答，不纠缠于“雪宫”给人带来的快乐，也不纠缠于贤者为什么也有此乐，而是回到“人不得，则非其上矣”，进而回到“与民同乐”的为政大要上来。这与 01.02 章的论述角度显然有所不同，但是大义了无区别。

顺游而下游乐忘归谓之流，这是乐而怠政；逆游而上游乐忘归谓之连，这是费而害民——流连忘返，都是因私欲而导致的不仁行为。

为人臣而能匡正君主的过失是难能可贵的。不过，臣要想匡正君主的过失，也是需要君主配合的。

张岱《四书遇·雪宫章》引真西山（真德秀）语曰：

> 凡止君之欲者，乃所以爱君也。忠臣之心，惟恐君之有欲；邪臣之心，惟恐君之无欲。(《四书遇》，第 361 页）

国君也是人，人非圣贤孰能无过，关键是要明辨“忠臣之心”“邪臣之心”，对于忠臣的劝诫，“不迁怒，不贰过”。

可悲的是，晏子常有而齐景公不常有。更多的国君是不辨忠邪，甚至明知故犯，流连荒亡，不以过为耻，反以其为荣。这种国君往往难以救药——再响亮的闹钟也唤不醒一个装睡的人。

又，辛全《四书说》卷五：

> 问：“孟子卑管、晏矣，此何为而称晏子？”曰：“卑管、晏者，趋向之高卓也。述晏子者，取善之广大也。”(《四书说》，第 164 页）

语言环境不同，取舍亦自有不同，读书原不可死于句下。

02.05　齐宣王问曰：“人皆谓我毁明堂(1)，毁诸？已(2)乎？”

孟子对曰：“夫明堂者，王者之堂也。王欲行王政，则勿毁之矣。”

王曰：“王政可得闻与？”

对曰：“昔者文王之治岐(3)也，耕者九一(4)，仕者世禄(5)，关市讥(6)而不征，泽梁(7)无禁，罪人不孥(8)。老而无妻曰鳏，老而无夫曰寡，老而无子曰独，幼而无父曰孤。此四者，天下之穷民而无告者。文王发政施仁，必先斯四者。《诗》云[9]：‘哿矣富人，哀此茕独[10]。’”

王曰：“善哉言乎！”

曰：“王如善之，则何为不行？”

王曰：“寡人有疾，寡人好货。”

对曰：“昔者公刘[11]好货，《诗》云：‘乃积乃仓[12]，乃裹糇粮[13]，于橐于囊[14]。思戢用光[15]。弓矢斯张，干戈戚扬[16]，爰方启行。’故居者有积仓，行者有裹囊也，然后可以爰方启行。王如好货，与百姓同之，于王何有[17]？”

王曰：“寡人有疾，寡人好色。”

对曰：“昔者太王好色，爱厥[18]妃。《诗》云：‘古公亶父[19]，来朝走马，率西水浒[20]，至于岐下，爰及姜女[21]，聿来胥宇[22]。’当是时也，内无怨女[23]，外无旷夫。王如好色，与百姓同之，于王何有？”

【注释】

（1）明堂：焦循《孟子正义》引阮元《明堂论》：“明堂者，天子所居之初名也。是故祀上帝则于是，祭先祖则于是，朝诸侯则于是，养老尊贤教国子则于是，飨射献俘馘（guó）则于是，治天文告朔则于是，抑且天子寝食恒于是，此古之明堂也。”赵岐《注》：“谓泰山下明堂，本周天子东巡狩朝诸侯之处也。齐侵地而得有之，人劝宣王，诸侯不用明堂可毁坏，故疑而问于孟子，当毁之乎？”

（2）已：止也。

（3）岐：地名，在今陕西岐山一带。相传周太王古公亶父自豳（bīn，陕西旬邑西南）迁此建邑，成为周族居住之处。

（4）耕者九一：指井田制。

（5）仕者世禄：给予出仕者世代承袭的俸禄。

（6）讥：稽查。

（7）泽梁：在水流中用石筑成的拦水捕鱼的堰。

（8）孥：妻室儿女。这里用作动词，牵连妻室儿女的意思。

（9）《诗》云：以下两句出自《诗经·小雅·正月》。

（10）哿（gě）矣富人，哀此茕（qióng）独：哿，同“可”。杨伯峻注，又读（kě）。茕独，指孤独无依靠之人。

（11）公刘：周代创业的始祖。

（12）仓：用作动词，以仓廪积谷也。

（13）糇（hóu）粮：干粮。

（14）橐囊：橐和囊都是盛东西的口袋，小者曰橐，大者曰囊。橐在中间开口，东西盛满以后，在中间举起来，所盛物便在两头了，可以担。囊则两头留口，东西盛满以后，扎紧两头，有时也会在其中插上一根木棍，便于肩扛。或说甲骨文（东）字的字形即本于此。

（15）思戢用光：思，语气词，无义。戢，同“辑”，聚集。用，因而。光，增辉。

（16）干戈戚扬：四种兵器。干，盾牌。一说刺人之兵器。戈，古代主要兵器，有突出的援，援上下皆刃，用以横击和钩杀。戚，斧一类兵器。扬，大斧。

（17）何有：朱熹《孟子集注》：“言不难也。”

（18）厥：其，他的。

（19）古公亶父：即周文王的祖父周太王。赵岐《注》：亶甫，太王名也，号称古公。

（20）率西水浒：率，循。浒，水边。

（21）爰及姜女：爰，语首词，无义。姜女，太王的妃子，也称太姜。

（22）聿来胥宇：聿，语首词，无义。胥，动词，省视，视察。宇，屋宇。

（23）怨女：指已届婚龄欲嫁却无婚嫁对象的女子。与今天的独身主义者不同。

【译文】

齐宣王问道：“人们都建议我拆毁明堂，是拆毁呢，还是不拆毁呢？”

孟子答道：“明堂是实行王政者的殿堂。王想要实行王政，就不要拆毁它了。”

宣王问道：“可以把王政讲给我听听吗？”

孟子回答：“从前周文王治理岐，耕田的人按井田制交税，给予出仕者世代承袭的俸禄，关卡和市场只稽查不征税，到湖泊中捕鱼不禁止，惩办罪人不牵连妻儿。年老没有妻室的人叫鳏，年老没有丈夫的人叫寡，年老无子的人叫独，年幼无父的人叫孤。这四者，是天下贫穷没有依靠的人。文王实行仁政，一定要先考虑他们。《诗经》说：‘富人的生活是过得去的，可怜那些孤独的人吧！’”

宣王说：“这话说得真好呀！”

孟子说：“您如果认为这话好，那为什么不实行呢？”

宣王说：“我有个毛病，我喜爱钱财（恐怕实行不了王政）。”

孟子答道：“从前公刘也喜爱钱财，《诗经》写道：‘粮食堆积填满仓，备足行军的干粮，装进小橐和大囊，齐心协力争荣光。箭上弦、弓开张，干戈戚扬拿手上，浩浩荡荡奔前方。’因此留在家里的人有积谷，行军的人有干粮，这才能率领军队前进。王如果喜爱货财，就与百姓一同拥有，对于王天下有什么困难呢？”

宣王又说：“我有个毛病，我喜爱女色（恐怕实行不了王政）。”

孟子答道：“从前太王也喜爱女色，非常疼爱他的妃子。《诗经》写道：‘古公亶父，清晨骑马奔驰，沿着西边水滨，来到岐山脚下，还携带着姜氏女，来视察住处。’那个时候没有找不着丈夫的单身女，也没有找不着妻子的单身汉。王假若喜爱女色，帮助百姓一样拥有，那称王天下有什么困难呢？”

【说要】

赵岐论本章章旨：

> 夫子恂恂然善诱人，诱人以进于善也。齐王好货好色，孟子推以公刘、太王，所谓“责难于君谓之恭”者也。（〔清〕焦循撰，沈文倬点校：《孟子正义》，中华书局1987年版，第140页）

或问：“孟子答梁王问利，直扫除之，此处又却如此引导之。”朱熹回答：“此处亦自分义利，特人不察耳。”（见《朱子语类》第二册《问人皆谓我毁明堂章》，第1095页）

对“此处亦自分义利”，朱熹《孟子集注》说：

> 此篇自首章至此，大意皆同。盖钟鼓、苑囿、游观之乐，与夫好勇、好货、好色之心，皆天理之所有，而人情之所不能无者。然天理人欲，同行异情。循理而公于天下者，圣贤之所以尽其性也；纵欲而私于一己者，众人之所以灭其天也。二者之间，不能以发，而其是非得失之归，相去远矣。故孟子因时君之问，而剖析于几微之际，皆所以遏人欲而存天理。其法似疏而实密，其事似易而实难。学者以身体之，则有以识其非曲学阿世之言，而知所以克己复礼之端矣。（《四书章句集注》，第220页）

孟子导引诸侯行王政的言语，被朱熹拿来作教化众人的教材，不是牵强附会，修己与安人原是一树之本末，并不二分。

建议齐宣王拆掉明堂的人，看到的是明堂的物质实用，这是以“利”观之；劝诫齐宣王不要拆掉明堂的孟子，看到的是明堂的王政象征、文化价值，这是以“义”观之。观念的不同，决定了行为的相背。

齐宣王没有听从孟子的劝谏行仁政，这是众所周知的。齐宣王有没有听从孟子的劝谏不毁明堂呢？

《史记·封禅书》：“初，天子封泰山，泰山东北址古时有明堂处，处险不敞。”可见古明堂至汉武帝时犹有遗存，齐宣王是听从了孟子的劝谏的。

忽然想起前些年开发商的疯狂、文物保护工作者的无奈来……

人类在某些方面，并不因为又长了两千三百多岁而变得更高明，哪怕是一点点。

02.06　孟子谓齐宣王曰："王之臣有托其妻子于其友而之楚游者，比[1]其反[2]也，则冻馁[3]其妻子，则如之何？"

王曰："弃[4]之。"

曰："士师[5]不能治士，则如之何？"

王曰："已[6]之。"

曰："四境之内不治，则如之何？"

王顾左右而言他。

【注释】

（1）比：会意字。甲骨文写作。一个人在前面行走，一个人在后面追赶。所以比有比较、接近的意思。追赶上的一瞬间，就是及（）。朱熹《孟子集注》："比，及也。"就是等到的意思。

（2）反：通"返"。

（3）冻馁：冻，寒冷。馁，饥饿。冻馁，受冻挨饿。

（4）弃：会意字。甲骨文写作，字形会意双手持箕扔掉死婴。本义为舍去、扔掉。这里指断绝关系。

（5）士师：朱熹《孟子集注》："士师，狱官也。其属有乡士遂士之官，士师皆当治之。"

（6）已：罢免。

【译文】

孟子对齐宣王说："如果王的一个臣属把妻子儿女托付给朋友照顾，自己到楚国去游学，等他回来时，（发现）妻子儿女却在受冻挨饿，那该怎么办呢？"

宣王说："与他绝交！"

孟子问："士师管不好他的下属，那该怎么办呢？"

宣王说："罢免他！"

孟子（再）问："国家治理不好，那该怎么办呢？"

宣王左右张望而谈论别的事情。

【说要】

本章暗喻君权来自人民的委托，是孟子民本思想的重要内容。

姚永概《孟子讲义》卷二：

此乃孟子小文，层次凡三叠。前二层乃陪客，后一问乃是主人。“王顾左右而言他”句，神妙之至，形容宛然。为惭乎？为怒乎？不可知也，亦不必言矣。(《孟子讲义》，第 27—28 页)

齐宣王“为惭乎？为怒乎？”可以不知，也可以不言，但孟子的微言大义，我们不能不深究。

孟子通过朋友所托、职责所在两个设问，步步递进，最后引出他真正要追问的问题——“四境之内不治，则如之何？”

孟子的设问是具有深意的。

孟子认为，君权来自人民的委托，就像受委托而照顾朋友的妻子儿女、士师受君主的委托管理士一样。

委托是一种义务和责任的转让与接受。君主在位执政，就表示他已经接受了老百姓的委托，在他拥有管理权的同时，他必须担负起应有的责任和义务。如不称职，同样可以易位。

也就是说，君主必须为他运用权力的结果负责。孟子从长期的历史经验中认识到，获取权力的逻辑应该是“得乎丘民而为天子”。这样的逻辑即可推出这样的结论：在民与君的关系中，民是一个“常”，是一个“体”，常、体不可变。

受时代的局限，孟子不否定君主的权力是“天与之”，是上天的赋予；孟子又超越了时代的局限，认为“天”与“民”是合二为一的，君主的权力，同样来自人民的委托。孟子曾经引用《尚书·泰誓》的话：“天视自我民视，天听自我民听”，天的视听是根据人民的视听，人民之所欲，天必从之。

“四境之内不治，则如之何”这一严厉的追问，明确地告诉执政者：民为贵。

辛全《四书说》卷五：

曰“弃之”，曰“已之”，齐王是非之心极明；顾左右言他，齐王羞恶之心又在。惜止少一扩充。(《四书说》，第 165 页)

齐宣王是明事理的人。可惜的是，在问到“四境之内不治，则如之何”这一根本的、涉及自身的关键问题时，他没有过而改之的勇气。

梁涛先生指出：

从孔子开始，儒家不是自己建立组织，并依托此组织以伸张其思想主义，而是选择了“仕”，希望通过出仕将其思想主张贯彻到政治实践中去。这样，儒家与当时的政权、执政者之间便存在着一种特殊的依附关系。(梁涛主编：《中国政治哲学史》第一卷，中国人民大学出版社 2017 年版，第 121 页)

儒者虽然“可以仕则仕，可以止则止”，但是在这个双向选择的过程中，他们毕竟是处在被动地位的。能否遇到大有为的君主，实在是要听天由命。

刘向《新序·杂事第四》：

> 齐桓公出游于野，见亡国故城郭氏之墟。问于野人曰：“是为何墟？”野人曰：“是为郭氏之墟。”桓公曰：“郭氏者曷为墟？”野人曰：“郭氏者善善而恶恶。”桓公曰：“善善而恶恶，人之善行也，其所以为墟者，何也？”野人曰：“善善而不能行，恶恶而不能去，是以为墟也。”桓公归，以语管仲，管仲曰：“其人为谁？”桓公曰：“不知也。”管仲曰：“君亦一郭氏也。”于是桓公招野人而赏焉。（〔汉〕刘向撰，马世年译注：《新序》，中华书局2014年版，第188页）

齐桓公是那么的信任管仲，从善如流！再回过头来，看看孟子对面的齐宣王呢？只是“王顾左右而言他”！无怪千年之后的张栻（1133—1180）也为孟子遗憾：

> 王顾左右而言他，盖有所愧于中也。王虽愧于中，然有护疾忌医之意，故但顾左右而言他。使王于此，而能沛然达其所愧，反躬自责，访孟子所以治四境之道而行之，则岂不庶矣乎？（《张栻集》上，第197页）

如果齐宣王能“反躬自责，访孟子所以治四境之道而行之”，管仲的功业又何在话下！如果孟子能像管仲那么幸运该多好。

历史无法假设，它仍然以一贯的冷漠，按照我们已知的轨迹走到今天。幸运的是，我们可以透过三万多字的文本，穿越历史，看到那两千三百多年前放射出的永恒圣光！这是冷漠的历史留给我们的温暖遗产，我们有什么理由不珍惜呢？

另，张九成《孟子传》卷四：

> 余读《孟子》此一节，深寤人主左右不可无贤士大夫也。夫日与宦官、女子处，有过不知，见恶不谏，沉酣昏愦，卒与桀、纣同科，其亦可悲也已！惟有贤士大夫常在人主之侧，时闻善言，必知所警，时见善行，必知所慕，日复一日，新而又新，帝王之道，可疾策而进矣。（〔宋〕张九成著，杨新勋整理：《张九成集》第三册，浙江古籍出版社2013年版，第723页）

为君固然要亲近贤者，为人又何尝不需要亲近贤者呢！孔子曰：“与善人居，如入芝兰之室，久而不闻其香，即与之化矣。与不善人居，如入鲍鱼之肆，久而不闻其臭，亦与之化矣。丹之所藏者赤，漆之所藏者黑，是以君子必慎其所与处者焉。”（《孔子家语·六本》）这是我们学习本章应该思考的“题外话”。

02.07　孟子见齐宣王，曰："所谓故国[1]者，非谓有乔木[2]之谓也，有世臣之谓也。王无亲臣[3]矣，昔者所进[4]，今日不知其亡也。"

王曰："吾何以识其不才而舍之？"

曰："国君进贤，如不得已[5]，将使卑逾尊，疏逾戚[6]，可不慎与？左右皆曰贤，未可也；诸大夫皆曰贤，未可也；国人[7]皆曰贤，然后察之；见贤焉，然后用之。左右皆曰不可，勿听；诸大夫皆曰不可，勿听；国人皆曰不可，然后察之；见不可焉，然后去之。左右皆曰可杀，勿听；诸大夫皆曰可杀，勿听；国人皆曰可杀，然后察之；见可杀焉，然后杀之。故曰国人杀之也。如此，然后可以为民父母。"

【注释】

（1）故国：历史悠久的国家。

（2）乔木：高大的树木。乔，金文写作，从止从高，高亦声。小篆写作，从夭从高省，高亦声。皆象人行走在高处的样子。本义为高。

（3）世臣、亲臣：朱熹《孟子集注》："世臣，累世勋旧之臣，与国同休戚者也。亲臣，君所亲信之臣，与君同休戚者也。"

（4）昔者所进：过去任用的人。据梁涛、刘宝才《中国学术思想史编年·先秦卷》，本章孟子与齐宣王的对话，发生在齐宣王二年至三年之间。故"昔者所进"应是指齐宣王所用的人和前辈齐王所用的人。进，选用。

（5）如不得已：这句话不可仅从字面上去理解，需要意会。取用贤人本是君主的心愿，但是思虑不周、方法不当，致使选人不准，造成事实上的违背初心，好像受到外力干扰，不得已而为之一样，这就是所谓的"如不得已"。故"如不得已"可以意译为如果用人不当。

（6）卑逾尊，疏逾戚：这是孟子站在齐宣王角度上的说辞。孟子常说的是"尊贤使能，俊杰在位""立贤无方"。

（7）国人：不是一国人的全体，它与野人相对。国人可以参与政治，野人则不可。在赋役等方面的地位也有很大的悬殊。（详见杜正胜《周代城邦》）

【译文】

孟子见齐宣王，说："所谓历史悠久的国家，不是说国中有时代久远的高大树木，而是说这个国家有世代功勋卓著的大臣。可您现在没有亲信的大臣，过去任用的人，都不知哪里去了。"

宣王问："我怎样才能识别无能之人而不任用他们呢？"

孟子回答："国君取用贤才，如果用人不当，将会使卑者超越尊者，疏者超越亲者，能不慎重吗？左右侍臣都说某人贤能，不能认可；大夫们都说某人贤能，不能认可；国人都说某人贤能，然后去考察他，发现确实贤能，然后任用他。左右侍臣都说某人不行，不要听信；大夫们都说某人不行，不要听信；国人都说某人不行，然后去考察他，发现确实不行，然后罢免他。左右侍臣都说某人可杀，不要听信；大夫们都说某人可杀，不要听信；国人都说某人可杀，然后去考察他，发现确实可杀，然后杀掉他。所以说是国人杀掉他的。这样，才能够做百姓的父母。”

【说要】

本章论述用贤、去不才、杀恶之道，强调了民众意见的重要性。

梅贻琦：“所谓大学者，非谓有大楼之谓也，有大师之谓也。”人才对于国家的重要性同样如此，孟子认为“不信仁贤，则国空虚”。既如此，则选用贤才和罢免不才，乃至去除恶才，就不得不慎之又慎。

《日讲四书解义》卷十四《孟子上之二》：

> 国君用人，与其悔之于后，何如致谨于初？所以进贤之际，迟回详审，其难其慎，一若为势所迫，欲已而不得者。然盖以用之而崇以爵位，所谓尊也。倘尊非其人，势必以贤而卑者易之，是使卑逾尊矣。用之而委以腹心，所谓戚也。倘戚非其人，势必以贤而疏者易之，是使疏逾戚矣。夫尊卑有等，疏戚有序，乃国家大体攸关，安可不慎之于始乎？惟其始进能慎，所以任用皆贤，而无事后之悔也。（《日讲四书解义》，第 227 页）

见贤思齐是君子之事，见贤思用是君主之事。

用贤、去不才、杀恶，严格意义上不是三件事，而是一件事。不用贤者则不才、恶者难去；不才、恶者不能去，则贤者难来。

用贤、去不才、杀恶，最终决定权自然在君主。不过即使是贤明的君主，他一人的聪明，也必不如众人的聪明；他一人的心思，也必不如众人的心思。

用贤、去不才、杀恶，不能仅取决于君主一人的意见，也不能仅取决于君主左右少数人的意见。

用贤、去不才、杀恶，正确的方法是广开言路——征求于左右，征求于大夫，特别是征求于国人。

用贤、去不才、杀恶，都将国人的意见放在最为重要的位置上，可能是受到孔子“众恶之，必察焉；众好之，必察焉”（《论语》15.28）的影响。但是，孔子更多的是强调独立见解在决策中的重要性，孟子则突出强调国人的意见在决策中的重要性。这是孟子对民本思想的一个重要发展。由此我们也可以看出孟子民本思想的丰富性，它不仅体现在经济上，也体现在政治上。

需要注意的是：

> 西周封建诸侯，除了原来随同封君建国的“国人”之外，疆域之内本来就有原居的人口，这些居住于城邑之外，号为“野地”的人，即“野人”（其中并无野蛮不文的含义）。在国家征收赋税成为编户齐民之后，野人当然也有了原来使用土地的所有权。在国家征收税赋以凝聚国力的过程中，百姓必须纳税服役，却也相对地取得了原本属于国家的土地所有权。（[美]许倬云：《万古江河：中国历史文化的转折与开展》，北京日报出版社2023年版，第94页）
>
> 齐民是隶属于国家统治机构的百姓，是这一个庞大共同体的成员，但并不能分享共同体的主权。主权是属于统治阶层的，并不属于编户齐民的百姓臣民。（同上，第97页）

以我们今天的目光来审视此章，虽然国人不是一国全体公民，尊重国人的意见也不是实行民主，但是，孟子的民本思想与民主政治精神是相通而不相违的，它完全可以顺畅地转化为近代的民主政治。

蔡仁厚先生在《儒家思想的现代意义》一文中指出：

> 在儒家的政治思想里面，当然没有近代意义的民主政治。但儒家讲“民为贵”，讲“忧民之忧，乐民之乐”，讲“民之所好好之，民之所恶恶之”；又要求“为民制产”，使黎民“不饥不寒”，使百姓“养生丧死无憾”。而“爱民、教民、养民、保民”，更是儒家的基本观念。从以上这些“尊重民意，关切民生”的意思上看，儒家的思想和民主政治的精神，是相通而不相违的。
>
> 儒家又讲“民本”，从民本到民主，亦当然有距离。因为“民本”是顺着“修德爱民”的观念而来，是由上而下的。民，在这种情况之下仍然是被动的，被动地接受圣君贤相实施仁政的惠泽和礼乐教化的薰陶。这样，当然很幸福。可是，历史上那有那么多的圣君贤相呢？一旦政治混乱，礼坏乐崩，人民百姓就只好受苦受罪。而“民主”就和民本不同，它是由下而上，是自觉主动地争取自由人权和平等幸福，而且建立了一个政治体制，以法律来保障人民的自由和权利。所以，民本和民主是不一样，是有距离。但是，我们也要了解，这二者之间的不一样，并不是在精神原则上有冲突、有抵触；二者之间的距离，也是政治体制的问题。而顺着儒家“民为贵，重民生”和“民为邦本”这一种用心的方向来看，理所当然地会赞成民主政治的体制。我们甚至可以这样说，民主政体乃是儒家“梦寐以求”而“求之不可得”的一种政治体制。（蔡仁厚：《儒家思想的现代意义》，台湾文津出版社1987年版，第13页）

02.08 齐宣王问曰："汤放桀[1]，武王伐纣[2]，有诸？"

孟子对曰："于传有之。"

曰："臣弑其君[3]，可乎？"

曰："贼仁者谓之'贼'，贼义者谓之'残'，残贼之人谓之'一夫'。闻诛一夫纣矣，未闻弑君也。"

【注释】

（1）汤放桀：桀，夏朝最后一个君主。传说商汤灭夏后，把桀流放到南巢（据传在今安徽巢湖一带）。放，流放。放是形声兼会意字，金文写作，从攴方声。就是攴，官差手持刑杖。就是方，由""和"–"组成，象一个戴着枷锁的人。会意把罪犯驱逐到边远的地方去。放的本义就是驱逐。

（2）武王伐纣：纣，商朝最后一个君主，昏乱残暴。周武王起兵讨伐，灭掉商朝，纣自焚而死。伐是会意字，甲骨文写作，从人从戈，会意斩首。引申为砍杀、败坏、批评等。

（3）臣弑其君：因汤、武相对于桀、纣来说是诸侯，所以齐宣王认为他们的放、伐行为是"臣弑其君"。

【译文】

齐宣王问道："商汤流放夏桀，武王讨伐商纣，有这回事吗？"

孟子回答说："在文献上有这样的记载。"

宣王问："臣子杀害他的君主，可以吗？"

孟子说："残害仁的人叫作'贼'，残害义的人叫作'残'，残贼之人叫作'独夫'。我只听说诛杀了独夫纣，没听说杀害君主。"

【说要】

本章论汤武革命。

关于汤武革命问题，在孟子以后的历史上也多有讨论，最出名的大概要算西汉景帝时《齐诗》博士辕固生与道家学者黄生的那场辩论了：

> 作为儒家学者的辕固生当然是遵从孟子的观点，所以他认为汤、武是天下归心，因此是"受命"；黄生则认为汤武是"弑"而不是"受命"，理由是帽子再破还得戴在头上，鞋子虽新只能穿在脚下，上下的位置是不能颠倒的，汤、武不管怎么说都是臣下，桀、纣不管怎么说也是君上。没想到辕固生最后把话题牵扯到汉高祖

刘邦代秦的合法性上去了。汉景帝本来是偏向道家思想的，但遇到这么个棘手问题，他又不能说辕固生错了，否则等于否定自己皇位的合法性，所以只能也玩起“太极推手”，出面调解说：“食肉不食马肝，不为不知味，言学者无言汤武受命，不为愚。”制止了这场争论。（徐洪兴：《孟子直解》，复旦大学出版社 2004 年版，第 47—48 页）

因汤、武相对于桀、纣来说是诸侯，所以齐宣王认为他们的放、伐行为就是“臣弑其君”，以下犯上。孟子却认为，汤、武不过是诛杀了独夫民贼，没有以下犯上。

显然，他们的分歧点在什么样的人才是“君”。

齐宣王是以“在位”定义“君”的，从这样的角度去看，桀、纣是“君”，汤、武是臣。“汤放桀，武王伐纣”，当然是悖“礼”的。

孟子却认为“君”不仅要有“位”，还要有“德”。以德配位，“位”才有存在的合法性。从这样的角度去看，桀、纣德不配位，已经不是“君”，而是“一夫”。“汤放桀，武王伐纣”，当然是合“理”的。

孟子并不把君看作最高高在上的，君的地位也不是一成不变的。

君之上还有天，而天又是民意的代表，君不过是民委托的国家管理者。只有行仁政，保民、富民、安民、教民，君才有“德”，其统治地位才具有合法性。一旦君不行仁义，甚至残仁害义，没有了“德”，便失去了其作为统治者的资格，成为人人可得而诛之的独夫民贼。桀、纣正是这样的独夫民贼！所以，孟子肯定了“汤放桀，武王伐纣”的正当性和合理性。

孟子以汤武革命的极端现实案例，再一次重申他坚定的“民为贵，社稷次之，君为轻”主张。后世有学者认为“专制时代忠君不二之论，诚非孟子所能许可”“孟子之政治思想遂成为针对虐政之永久抗议”（萧公权：《中国政治思想史》，商务印书馆 2017 年版，第 97 页）。孟子的政治思想也必将因此“坚定的主张”“永久的抗议”，而具有永恒的价值。

这一价值，得到后世思想家的积极响应。

焦循《孟子正义》卷五引《荀子·正论篇》：

诛暴国之君，若诛独夫。汤武非取天下也，修其道，行其义，兴天下之同利，除天下之同害，而天下归之也。天下归之之谓王，天下去之之谓亡，故桀纣无天下，而汤武不弑君，由此效之也。（《孟子正义》，第 146 页）

当然，也引起了广泛思考。朱熹《孟子集注》：

盖四海归之，则为天子；天下叛之，则为独夫。所以深警齐王，垂戒后世也。

王勉曰："斯言也，惟在下者有汤武之仁，而在上者有桀纣之暴则可。不然，是未免于篡弑之罪也。"(《四书章句集注》，第222页)

孟子此论，目的只在为执政者树立"亦有仁义而已矣"的客观标准，绝不是为乱臣贼子找借口，这又是必须强调申明的。

02.09　孟子见齐宣王，曰："为巨室(1)，则必使工师(2)求大木。工师得大木，则王喜，以为能胜其任也。匠人斫(3)而小之，则王怒，以为不胜其任矣。夫人幼而学之，壮而欲行之，王曰：'姑舍女所学而从我(4)。'则何如？今有璞玉于此，虽万镒(5)，必使玉人雕琢之。至于治国家，则曰：'姑舍女所学而从我。'则何以异于教玉人雕琢玉哉？"

【注释】

(1) 为巨室：杨伯峻《孟子译注》引《吕氏春秋·骄恣篇》："齐宣王为大室，大益百亩，堂上三百户。以齐之大，具之三年而未能成。"孟子的这一段话，可以说是用眼前的实事作讽喻。

(2) 工师：管理工匠的官员。

(3) 斫（zhuó）：砍削。

(4) 姑舍女所学而从我：赵岐《注》："谓人少学先王之正法，壮大而仕，欲施行其道，而王止之曰，且舍置汝所学，而从我之教命，此何如也。"

(5) 镒（yì）：古代重量单位。

【译文】

孟子见齐宣王，说道："建筑大房子，一定要派工师去寻找大木料。工师得到了大木料，王就高兴，认为他称职。如果木工把那木料砍小了，王就会发怒，认为他不称职。（可见专门技术是很重要的。）一个人从小学习一门技术，长大了便想运用实行。可是王却对他说：'姑且丢弃你所学的而听从我'，会怎么样呢？假定王有一块未经雕琢的玉石，虽然它价值很高，也一定要请玉匠来雕琢它。（不就是因为玉匠有雕琢玉石的技术吗？）对于治理国家，王却（对贤者）说：'姑且丢弃你所学的而听从我'，这跟您让玉匠按照您的办法雕琢玉石又有什么两样呢？"

【说要】

本章的章旨需要从四个层次来理解。

第一层："为巨室，则必使工师求大木。工师得大木，则王喜，以为能胜其任也。匠人斫而小之，则王怒，以为不胜其任矣。"孟子说理的结构是：

1. 为巨室——求大木——工师得大木——称职

2. 大木——匠人斫而小之——大木失大用——不称职

3. 王喜，"称职"；王怒，"不称职"

通过 1 和 2，我们可以得出一个结论：专业知识、能力很重要。通过 3，我们可以得出：这个结论，齐宣王也是认可的。

第二层："夫人幼而学之，壮而欲行之，王曰：'姑舍女所学而从我。'则何如？"孟子说理的结构是：

4. 幼——壮（专业、技能之人）——王（国家管理者）

5. 舍女所学——从我（王）

通过 4，我们知道，一项专业知识、技能的获取，需要人长期的学习。王作为国家管理者，对于包括木工在内的许多专业的人来说是外行。通过 1、2、3、4，我们可以推出 5 的答案：让专业的人放弃专业知识、技能，去按外行人的指示做事情，结果肯定是不好的。

第三层："今有璞玉于此，虽万镒，必使玉人雕琢之。"

基于第一、第二层得出的结论，请玉人雕琢璞玉是正确的选择。

第四层："至于治国家，则曰：'姑舍女所学而从我。'则何以异于教玉人雕琢玉哉？"

既然请玉人雕琢璞玉是正确的选择，那么请贤者治理国家也是正确的。王让贤者放弃他们治理国家的主张而按照自己的意思去行政，那就如同教玉人雕琢玉一样——肯定无益于国事。

有人可能有疑问：如果说君王不是专门工匠，所以没有发言权，那么，专家不是君王，对于君王应该做什么，不应该做什么，其发言权也极有限，而历代的士大夫，东周的诸子百家，几乎人人愿为王者之师，一概大讲治国理政之道，不同样是荒谬的吗？

这个疑问，很有诱惑力。不过，细细一想就会发现其中的问题：它把君王认可成治国理政的全才了，而这样的全才现实中是不存在的。所以，读本章还需要明确一个事实的判断：国家治理千头万绪，需要各方面的专业知识、技能。一个国君，哪怕他是一个贤明的国君，面对许多方面的专业知识、技能，他都是外行。国君想治理好国家，不仅要任用人才，还要任用大量的人才；不仅要任用人才，还要尊重人才，用其所长。这正是本章章旨所强调的。

张居正《四书直解·孟子》卷二：

盖国家机务繁多，责任重大，一切要整顿料理，兴起治功，非是涵养有素，抱负不凡的贤人，岂能胜任。……大抵用贤之道，惟在纯心。必人君专心求治，念念在于国家，然后能虚心任贤，事事付之能者。(《四书直解》，第 297 页)

唐文治《孟子大义 · 梁惠王下》指出君主不用贤、不信贤的危害：

呜呼！非大匠而斫木，木受伤也；非玉人而琢玉，玉受伤也，皆其小焉者也。惟为人君者，专用揣摩苟合之人，而揣摩苟合之人皆以其类至，卒至亡其身、亡其家，而并以亡天下。(《唐文治四书大义》，第 43 页)

朱熹《孟子集注》则引范祖禹语，为贤者不遇明君而感慨：

古之贤者，常患人君不能行其所学；而世之庸君，亦常患贤者不能从其所好。是以君臣相遇，自古以为难。孔孟终身而不遇，盖以此耳。(《四书章句集注》，第 222 页)

吕留良则认为本章“非泛论用人当任能、不当任不能也”：

孟子教齐王行仁政，而齐王反欲孟子为功利，以是龃龉而道不行，此孟子去齐之本也。章中所指正为是。(《四书讲义》卷三十一《孟子二》，第 688 页)

《孟子》本章以下，紧接着编续了“齐人伐燕，胜之”(02.10)、“齐人伐燕，取之”(02.11)两章，从内容上看确实反映了孟子与齐宣王之间很大的矛盾——吕留良所读出的“言外之意”，或确有其实。

02.10　齐人伐燕(1)，胜之。宣王问曰：“或谓寡人勿取，或谓寡人取之。以万乘之国伐万乘之国，五旬而举(2)之，人力不至于此。不取，必有天殃。取之，何如？”

孟子对曰：“取之而燕民悦，则取之。古之人有行之者，武王是也。取之而燕民不悦，则勿取。古之人有行之者，文王是也(3)。以万乘之国伐万乘之国，箪食壶浆(4)以迎王师，岂有他哉？避水火也。如水益深，如火益热，亦运而已矣(5)。”

【注释】

(1)齐人伐燕：公元前 318 年，燕王哙将燕国让给相国子之。后四年将军市被和太子平不服而作乱，子之反攻，杀死了市被和太子平，国内一片混乱。齐宣王趁机进攻燕国，很快就取得了胜利。

(2)举：攻克。

(3)文王是也：指周文王在三分天下有其二时，仍然服事商纣王的事。

（4）箪食壶浆：用箪装着食物，用壶装着酒浆。箪，古代用来装饭食的盛器，以竹或苇编成，圆形，有盖。

（5）亦运而已矣：朱熹《孟子集注》："运，转也。言齐若更为暴虐，则民将转而望救于他人矣。"姚永概《孟子讲义》解"运"："徙也。谓徙而之他也。"

【译文】

齐国攻打燕国，取得胜利。齐宣王问道："有些人劝我不要吞并燕国，也有些人劝我吞并它。（我想，）以一个拥有万辆兵车的大国去攻打同样拥有万辆兵车的大国，只用五十天便攻克下来了，光凭人力是做不到的呀（一定是天意如此）。如果不吞并它，上天会降下灾害来。吞并它，怎么样？"

孟子答道："如果吞并它燕国百姓高兴，就吞并它。古代的人有这样做过的，周武王就是。如果吞并它燕国百姓不高兴，那就不要吞并它。古代的人有这样做过的，周文王就是。以拥有一万辆兵车的齐国来攻打拥有一万辆兵车的燕国，燕国的百姓却用筐盛着干饭、用壶盛着酒浆来欢迎王的军队，难道会有别的目的吗？想逃开水深火热罢了。如果使水更深、火更热，他们就要转徙而盼望别人来拯救了。"

【说要】

本章以齐燕之战论王道。

对话的背景：公元前 318 年，燕王哙把燕国让给他的相国子之，引发燕国动荡。公元前 315 年，齐宣王派匡章率军攻打燕国，很快取得胜利。

对于轻而易举获得的胜利，齐宣王归于天意。事实上的情况是怎么样的呢？

> 士卒不战，城门不闭，燕君哙死，齐大胜。（《史记》卷三十四《燕召公世家》，第 217 页）

齐国的速胜，根本不是什么天意，而是燕王让国的行为引发了国内矛盾，众叛亲离，无人应战的缘故。

欲望膨胀的齐宣王，为了吞并燕国，在孟子面前，不仅把胜利归于天意，而且找了个吞并燕国的理由——"不取，必有天殃"，意思是吞并燕国是天意，不能不取。

齐宣王为何要对孟子说这些呢？显然不是诚心诚意来征求孟子的意见，而是要借助孟子来为自己吞并燕国的行为增加正当性。

孟子对这一切自然洞若观火。更重要的是，在孟子的思想中天意与民心是一致的：

> 昔者，尧荐舜于天，而天受之；暴之于民，而民受之。……《太誓》曰："天视

自我民视，天听自我民听。”此之谓也。（09.05）

所以，孟子对齐宣王所说的什么“人力不至于此”“不取，必有天殃”，不屑一顾，直言取燕与否的理由——只是也只能是燕民的态度。

姚永概《孟子讲义·梁惠王章句下》：

> 宣王之意，以为万乘伐万乘，五旬而举，乃是天意，决非人力，不知天意即视民意为向背。故孟子首陈“民悦”“民不悦”二端，以定取之与否。然当时燕民亦深悦齐师之至，“箪食壶浆”之迎，亦必实有其事。特民非不爱燕而爱齐也，悦仁而恶不仁耳。“岂有他哉”二句，正疏解民心以悟之。“如水益深”三句，戒其勿恃此日之迎，终贻他日之畔。厥后燕人果自立君，齐几亡国。则圣贤为人谋国，固非策士贪一时之功者可比矣。又案：“岂有他哉”二句，抑扬得神。“亦运而已矣”，句法妙绝，妙在一“运”字。此古人所谓炼字也。（《孟子讲义》卷二，第31—32页）

“‘箪食壶浆’之迎，亦必实有其事。特民非不爱燕而爱齐也，悦仁而恶不仁耳”，这是值得所有执政者深思的。

对这一次的齐燕之战，《史记·燕召公世家》还有这样的记载：

> 构难数月，死者数万，众人恫恐，百姓离志。孟轲谓齐王曰：“今伐燕，此文、武之时，不可失也。”王因令章子将五都之兵，以因北地之众以伐燕。（《史记》卷三十四，第217页）

读这段记载，不可简单地说孟子劝齐宣王伐燕。即使孟子确实曾经劝齐宣王伐燕，我们也要明辨孟子对“伐”与“取”的严正立场。

“构难数月，死者数万，众人恫恐，百姓离志”，燕王的行为背离了民意——“伐”便有了正义的基础，便是行“文、武之时”，自然机“不可失也”。

“如水益深，如火益热”，一味行霸道，陷民众于水深火热之中——“取”便背离了民众的意愿，结果必定是“亦运而已矣”。

《孟子》此章告诉我们：孟子不是简单的反战者，他对战争的态度是审慎的，战争必须在王道的旗帜之下进行，要符合道义，尊重民意。

02.11　齐人伐燕，取之。诸侯将谋救燕。宣王曰：“诸侯多谋伐寡人者[(1)]，何以待之？”

孟子对曰：“臣闻七十里为政于天下者，汤是也，未闻以千里畏人者也。《书》曰：‘汤一征，自葛始[(2)]。’天下信之，东面而征，西夷怨；南面而征，北狄怨，曰：

‘奚为后我[(3)]？’民望之，若大旱之望云霓[(4)]也。归市[(5)]者不止，耕者不变，诛其君而吊[(6)]其民，若时雨降。民大悦。《书》曰：‘徯我后，后来其苏[(7)]。’

“今燕虐其民，王往而征之，民以为将拯己于水火之中也，箪食壶浆以迎王师。若杀其父兄，系累[(8)]其子弟，毁其宗庙，迁其重器[(9)]，如之何其可也？天下固畏齐之强也，今又倍地[(10)]而不行仁政，是动天下之兵也。

“王速出令，反其旄倪[(11)]，止其重器，谋于燕众，置君而后去之，则犹可及止也。”

【注释】

（1）诸侯多谋伐寡人者：指天下诸侯谋齐救燕之事。《战国策·赵策三》云：“齐破燕，赵欲存之。乐毅谓赵王曰：‘今无约而攻齐，齐必仇赵。不如请以河东易燕地于齐。赵有河北，齐有河东，燕、赵必不争矣。是二国亲也。以河东之地强齐，以燕以赵辅之，天下憎之，必皆事王以伐齐。是因天下以破齐也。’王曰：‘善。’乃以河东易齐。楚、魏憎之，令淖滑、惠施之赵，请伐齐而存燕。”《魏策一》又云：“楚许魏六城，与之伐齐而存燕。”

（2）汤一征，自葛始：一，初次。《孟子》06.05 作“汤始征，自葛载”。载，始也。

（3）奚为后我：奚，会意字。甲骨文写作，左上为手（爪），下为绳索捆着的人。本义为奴隶，有时也专作女奴。传世文献“奚”字多假借作疑问代词。后，後的简化。下文“徯我后”的“后”是本字，君的意思。徯，等待。

（4）云霓：霓，虹霓。是太阳光穿过云层及空气中的小水滴时，产生反射而造成的一种色散现象。杨伯峻《孟子译注》：“虹霓旦见于西则为雨，暮见于东则雨止。”这里的霓是现于西方的。云与霓，为下雨的征象。

（5）归市：趋向集市。

（6）吊：慰问。

（7）苏：更生、复活的意思。

（8）系累：束缚，捆绑。

（9）重器：古代君王所铸造的作为传国宝器的鼎之类。迁其重器，意味着灭亡其国家。《战国策·燕策·乐毅报燕惠王书》：“故鼎反乎历室”，可为齐国迁走燕国重器（故鼎）的证明。

（10）倍地：朱熹《孟子集注》：“并燕而增一倍之地也。”倍，加倍。

（11）旄倪：老人与儿童。旄，同“耄”，八十、九十岁的人叫作耄，这里泛指老人。倪，从人兒（ní）声。兒，甲骨文写作，象幼儿头盖未合。或说象儿童的两个角形发髻。本义为小孩。

【译文】

齐国攻打燕国，吞并了它。诸侯谋划着救助燕国。齐宣王问："许多诸侯谋划讨伐我，如何对付他们呢？"

孟子答道："我听说凭借方圆七十里国土而统一天下的，那是商汤，没听说过拥有方圆一千里国土而害怕别国的。《尚书》说过：'商汤初次征伐，从葛国开始。'天下人都很相信他，他征伐东方，西方国家的百姓便不高兴；征伐南方，北方国家的百姓便不高兴，说：'为什么把我们放到后面呢？'百姓盼望他，就像久旱盼望乌云和虹霓一样。（汤的征伐，一点也不惊扰百姓，）做买卖的照常来往，种庄稼的照常下地，诛杀暴虐的国君来慰抚被残害的百姓，就像天在大旱时降下甘霖一样。老百姓非常高兴。《尚书》又说：'等待我们的君王，他到了我们也就复活了！'

"如今燕国的君主虐待百姓，王去征伐他，百姓认为您是要把他们从水深火热的苦难中解救出来，因此用筐盛着干饭、用壶盛着酒浆来欢迎您的军队。如果杀掉他们的父兄，掳掠他们的子弟，毁坏他们的宗庙，搬走他们的国家宝器，这怎么可以呢？天下各国本来就害怕齐国的强大，现在齐国的土地又扩大了一倍还不行仁政，这是招惹天下各国兴兵动武（与齐为敌）。

"王赶快发出命令，遣返他们的老人孩子，停止搬运他们的宝器，再同燕国人协商选立一位国君，然后撤兵，这样还来得及阻止（各国出兵）。"

【说要】

本章继续以齐燕之战论王道。

前一章，齐宣王欲取燕，孟子告诫他，取与不取，不能听从欲望的冲动，而应当顺从燕国民心。齐宣王不听，于是有了列国诸侯相约起兵，欲伐齐以救燕。齐宣王闻而恐惧，于是向孟子询问化解危机的策略。孟子的回答，可分三段：

> 此章自"后来其苏"以上，先引汤事而解释之，即为末段立一影子。"今燕虐其民"至"是动天下之兵也"，是言诸侯谋齐之本源。"王速出令"以下，乃为之画策，应分三段读之。（《孟子讲义》卷二，第 33 页）

解读孟子的回答，首先要看透齐宣王的心思：

> 不说诸侯谋救燕而曰"谋伐寡人"，正见齐王满肚皮仍是恋惜燕国不舍在，若说诸侯谋救燕，则齐王意中亦思及置君反燕矣。齐王只见诸侯私心，言此只与寡人为难耳。（《四书讲义》卷三十一《孟子二》，第 690 页）

孟子正是有鉴于此，乃有"臣闻七十里为政于天下者，汤是也，未闻以千里畏人者也”之语。

“七十里”与“千里”——地域差距何其大！

“为政于天下”与“畏人”——事功差距何其大！

以“七十里”之地域而“为政于天下”与以“千里”之地域而“畏人”——人之所为带来的结果差距何其大！

言语之间，实见严厉，与论“好货”“好色”自有不同。

循循善诱，寄托希望——“好君也”（02.04）。

厉厉作色，谏言省过——“畜君何尤？”（02.04）

朱熹《孟子集注》引范祖禹语：

> 孟子事齐梁之君，论道德则必称尧舜，论征伐则必称汤武。盖治民不法尧舜，则是为暴；行师不法汤武，则是为乱。岂可谓吾君不能，而舍所学以徇之哉？（《四书章句集注》，第224页）

以“七十里”之地域而“为政于天下”与以“千里”之地域而“畏人”的巨大差距，深究起来，也没有什么难解之处——民之“望”与“怨”而已。民之“望”与“怨”也没有什么难解之处——一“信”字而已。民之“信”也没有什么难解之处——“归市者不止，耕者不变，诛其君而吊其民，若时雨降”而已。

张岱《四书遇·取燕章》：

> 怨与望只一意，精神全本“天下信之”。“信”字极妙，此“信”不在临时。“不止”“不变”，全在师行有纪，正与齐之取燕相反，非独民情庆汤师之来。（《四书遇》，第367页）

又，《日讲四书解义》卷十四《孟子上之二》云：

> 夫即伐燕一事，凡孟子所与齐王言者，虽皆随事匡救之说，然亦可以见圣贤之学术与王政之大端，惜乎齐王亲见孟子而不能实用其言也。（《日讲四书解义》，第231页）

张居正《四书直解·孟子》卷二：

> 夫当战国之时，皆急功利，尚权谋，而孟子之所为齐王言者，一出于正，可以观圣贤之学术，与王政之大端矣。（《四书直解》，第299页）

齐宣王问化解危机的计策，孟子答以“反其旄倪，止其重器，谋于燕众，置君而后去之”。此等计策，与同时代的纵横家相比也是截然有别的，它不是一时迫不得已的应变机巧，而是长久安定天下的先王之道。

02.12 邹与鲁鬨[1]。穆公[2]问曰："吾有司[3]死者三十三人，而民莫之死[4]也。诛之，则不可胜诛；不诛，则疾[5]视其长上之死而不救，如之何则可也？"

孟子对曰："凶年饥岁，君之民老弱转[6]乎沟壑，壮者散而之四方者，几[7]千人矣；而君之仓廪实，府库充，有司莫以告，是上慢而残下也。曾子曰：'戒之戒之！出乎尔者，反乎尔者也。'夫民今而后得反之也。君无尤[8]焉！君行仁政，斯民亲其上，死其长矣。"

【注释】

（1）邹与鲁鬨（hòng）：鬨，争斗。"鬨"不可简化为"哄"。"鬨"或写作"鬭"，从鬥从巷。大者为街，小者为巷，巷是邻里共用的道路。从鬥从巷，会意邻里相互打斗。邻里之间本应该相亲相爱，却相互打斗，实在有违仁义。邹乃鲁的附属国，两国争斗，可见鲁之不仁、邹之不义。一"鬨"字，暗含讥讽，乃春秋笔法。

（2）穆公：即邹穆公。其名字及在位年代均不详。

（3）有司：有关官吏。

（4）莫之死：即"莫死之"。"之"指"有司"。"莫之死"意思就是"没有人为官吏牺牲"。

（5）疾：憎恨。

（6）转：弃尸的意思。《淮南子·主术训》："是故生无乏用，死无转尸。"

（7）几：将近。

（8）尤：作动词用。责备、归罪之意。

【译文】

邹国同鲁国发生冲突。邹穆公问道："我的官吏牺牲了三十三个，民众却没有一个为他们死难的。杀了他们吧，又杀不了那么多；不杀吧，又憎恨他们眼看着长官被杀却不去救援。怎样办才好呢？"

孟子答道："灾年荒岁，君的百姓，年老体弱的弃尸于山沟荒野之中，年轻力壮的四处逃荒，将近有千人了；而君的谷仓中堆满了粮食，库房里装满了财宝，有关官吏却不来报告，这就是在上位的人不关心下民，并且还残虐他们。曾子曾经说过：'警惕啊警惕！你怎样对待人家，人家就将怎样回报你。'现在，民众得着回报的机会了。君不要责备他们！君如果实行仁政，民众自然就会亲近他们的上级，情愿为他们的长官牺牲了。"

【说要】

本章论君民关系，警示君主当行仁政。

唐文治《孟子大义》卷二：

> 仁政者，制其田里，教之树畜，薄其税敛，用之以礼是也。何谓长？民之长也。何谓上？民之上也。长上者，所以治民之事，非剥民之财，以图安富尊荣者也。欲求民之亲、责民之死，必在我先有可以亲、可以死之道。盖长上与民，本一体者也。长上，民之腹心也，长上视民如手足，则民视长上如腹心。长上能与民亲、为民死，则民之亲之、死之也，如手足之卫腹心，不期然而然也。是故古之仁君，其对于民负行政之责，其心常与民为一体，休戚与共，夫然后民乃亲之而死之也。此非强制而幸致之也，先有可以亲、可以死之道也。后人读此章书，当知邹之有司所以死者，实非鲁人杀之也，邹民杀之也；亦非邹民杀之也，穆公杀之也。然穆公不行仁政，而有司不知谏，且乐为穆公之爪牙，而吮民之膏血，以为安富尊荣之地，则亦非穆公杀之也，自杀之而已矣。（《唐文治四书大义》，第 48 页）

唐先生对本章章旨的总结实在精彩。“自杀”之语，不仅是对执政者的警醒，即对你我的为人处世也有教益：许多别人的不友好，其实都是你我自找的。

记得在小学学习用词造句的时候，就知道“出尔反尔”这个成语，只是当时只知道它是反复无常、言行前后自相矛盾的意思。直到读了《孟子》，才知道它有如此好的本义。

把“出尔反尔”解释为“反复无常、自相矛盾”——言或行前后不一。

把“出尔反尔”解释为“你怎样对待人家，人家就将怎样回报你”——后果必有前因。

“出尔反尔”是经过了什么样的历程，变得这样面目全非呢？

生活中这样的“面目全非”太多了。曾几何时，儒家的学问不是被批成“吃人的礼教”吗？至今不是还有许多人认为儒家的学问是“糟粕”吗？

经典是人类进步的灯塔，人们的好与恶、走近与远去，一并构成它的伟岸。好它恶它的人终究会成为过客，只有经典站在历史的远处，绽放它永远的光辉。

经典的光辉并不照耀所有人。它把自己的光辉裹藏在飘着墨香的书页里，只有翻动书页的人，才能受到那光辉的照耀。

做个翻动书页的人吧，为了我们的愚昧、过错、无助！做个翻动书页的人吧，为了我们的自主、自信、自新！

邹穆公或许已经给我们做了一个榜样。

刘向《新序·刺奢第六》：

邹穆公有令，食凫雁必以秕，无得以粟。于是仓无秕，而求易于民，二石粟而得一石秕。吏以为费，请以粟食之。穆公曰："去！非汝所知也。夫百姓饱牛而耕，暴背而耘，勤而不惰者，岂为鸟兽哉？粟米，人之上食，奈何其以养鸟？且尔知小计，不知大会。周谚曰：'囊漏贮中。'而独不闻欤？夫君者，民之父母，取仓之粟，移之于民，此非吾之粟乎？鸟苟食邹之秕，不害邹之粟也。粟之在仓与在民，于我何择？"邹民闻之，皆知私积与公家为一体也。此之谓知富邦。（《新序》，第272页）

贾谊《新书》也有类似的记载。或说是由于孟子的这一对答，启发了邹穆公改过迁善，与此章并不矛盾。

02.13　滕文公(1)问曰："滕，小国也，间(2)于齐、楚。事齐乎？事楚乎？"

孟子对曰："是谋非吾所能及也。无已，则有一焉：凿斯池(3)也，筑斯城也，与民守之，效死(4)而民弗去，则是可为也。"

【注释】

（1）滕文公：滕，周朝的一个弱小国家，开国君主为周文王之子错叔绣，故城在今山东滕州西南，遗址有后世建筑的文公台，台联曰："古迹近荆流，曾向高台怀世子；遗封源叔绣，莫将飞阁误滕王。"

（2）间：处于……之间。

（3）池：护城河。

（4）效死：献出生命至于死。效，献，致。

【译文】

滕文公问道："滕国是一个弱小的国家，处在齐国和楚国之间，是服事齐国呢，还是服事楚国呢？"

孟子答道："这个问题不是我的能力所能解决的。如果您定要我说，只有一个主意：挖深护城河，筑坚城墙，同民众一道来守卫它，宁肯献出生命民众也不离开，那就可以有所作为了。"

【说要】

见02.15章。

02.14 滕文公问曰："齐人将筑薛[1]，吾甚恐，如之何则可？"

孟子对曰："昔者大王居邠[2]，狄人[3]侵之，去之岐山[4]之下居焉。非择而取之，不得已也。苟为善，后世子孙必有王者矣。君子创业垂统[5]，为可继也，若夫[6]成功，则天也。君如彼何哉[7]？强[8]为善而已矣。"

【注释】

（1）筑薛：薛，古国名，地在今山东滕州东南，后为齐所灭（具体时间不可考）。齐灭薛后，齐威王以之封田婴，田婴因此号为靖郭君。田婴将筑薛，薛近滕，所以滕文公感到恐惧而有此问。

（2）邠：同"豳"，在今陕西旬邑西南。

（3）狄人：即獯鬻，又作猃狁，当时的北方少数民族。

（4）岐山：今陕西岐山县东北六十里之箭括岭，即古时的岐山。因岭巅有缺，山有两岐，故以为名。

（5）垂统：传之后世。

（6）若夫：相当于今天的"至于"。

（7）如彼何哉：意为拿他怎么办呢。

（8）强（qiǎng）：勉也。

【译文】

滕文公问："齐国人准备修筑薛城，我很害怕，怎么办才好呢？"

孟子答道："从前太王居于邠地，狄人来侵犯，便搬到岐山之下定居下来。这不是太王主动选择而采取的办法，实在是不得已呀。要是一个君主能实行善政，他的后代必定有人能王天下。君子创立功业传之后代，正是为着代代相传，至于能不能成功，那是天意。您拿齐人怎么办呢？只有努力实行善政而已。"

【说要】

见 02.15 章。

02.15 滕文公问曰："滕，小国也，竭力以事大国，则不得免焉，如之何则可？"

孟子对曰："昔者大王居邠，狄人侵之。事之以皮币[1]，不得免焉；事之以犬马，不得免焉；事之以珠玉，不得免焉。乃属[2]其耆老[3]而告之曰：'狄人之所欲者，吾土地也。吾闻之也：君子不以其所以养人者害人。二三子何患乎无君？我将去之。'去邠，逾梁山[4]，邑[5]于岐山之下居焉。邠人曰：'仁人也，不可失也。'从之者如归市[6]。或曰:‘世守也,非身[7]之所能为也。效死勿去。’君请择于斯二者。”

【注释】

(1)皮币:皮裘和丝绸。古代用作聘享的厚礼。

(2)属(zhǔ):召集,集合。

(3)耆(qí)老:《礼记·曲礼上》:“六十曰耆。”《说文解字》:“七十曰老。”

(4)梁山:在今陕西乾县西北。

(5)邑:动词,建筑城邑。

(6)归市:归,趋往。市,市集。

(7)身:本人。

【译文】

滕文公问:“滕是个弱小的国家,尽心竭力地服事大国,仍然难免于祸害,怎么办才好呢?”

孟子答道:“古时候太王居于邠地,狄人来侵犯。太王把皮裘和丝绸献给他们而不能免于祸害,又把良犬名马献给他们而不能免于祸害,又把珍珠宝玉献给他们而不能免于祸害。太王便召集邠地的长老告诉他们:‘狄人所要的是我们的土地(土地只是养人之物)。我听说过:君子不为了养人之物反而使人遭到祸害。你们何必担心没有君主呢?我准备离开这里。’于是他离开邠地,越过梁山,在岐山之下重新建筑城邑定居。邠地的人说:‘这是一位有仁德的人呀,不可以错失他。’追随而去的人好像赶市集一样踊跃。也有人这么说:‘这是世代相守的地方,不是我本人所能擅自做主的。宁可献出生命也不离开。’请您从这两者中择取一个。”

【说要】

以上三章,皆是孟子为滕文公谋划守国之道。

孟子与滕文公的交往始于滕文公为世子的时候。那时滕文公出访楚国,往返路过宋国,两次拜访孟子,被孟子的学说深深打动(见05.01)。执政后,滕文公便立刻派人将孟子接到滕国(见05.02、05.03、05.04),积极推行孟子倡导的仁政王道,把一个方圆不过五十里的小国治理得有声有色。

杨海文先生讲道:

滕文公是战国时期的一个诸侯,也是《孟子》里一个很重要的人物。但是,先秦其他作品都没有记载滕文公这个人以及他的故事,只有《孟子》将滕文公的故

事记载了下来。这个情况显得很特别。(《四书解读·孟子解读·滕文公上》，第274页)

孟子游说诸侯，前后约二十年，所遇只有滕文公一位知音。滕文公只存在《孟子》里，也只为孟子而存在。这确实显得特别，特别成一种恰好、一种路标，让我们今天在反驳有人认为孟子学说“迂远而阔于事情”的时候，多了一个有力的实证。

孟子曰：“天下有道，小德役大德，小贤役大贤；天下无道，小役大，弱役强。”(07.07)

“小德役大德，小贤役大贤”是道理的温情；“小役大，弱役强”是力量的嚣张。

可惜，孟子与滕文公没有好运气，他们生活在一个力量嚣张的“天下无道”的时代。在这样的时代里：

“事齐乎？事楚乎？”(02.13)便成为难以平衡的取舍。

“齐人将筑薛”(02.14)便成为难以化解的恐惧。

“竭力以事大国，则不得免焉”(02.15)便成为难以避免的噩梦。

这三章，白描了天下无道之下，小国图存的无助——如此，不是让我们更加盼望大国承担起道义的责任吗？

这三章，白描了天下无道之下，小国图存的无助——如此，不是让我们更加盼望仁政王道这个孟子梦的实践、实现吗？

面对无道的现实，面对滕文公无助的追问，孟子表面上给滕文公指出了两条道路：一是卷铺盖走人；一是行仁政，加强战备，争取民心，宁为玉碎，不为瓦全。

卷铺盖走人，向哪里走？孟子没有说。没有说其实也是说了：天下无道，哪一个诸侯不是齐、楚之君？哪一个诸侯不是虎狼之人？哪里不是弱肉强食的世界？

冯梦龙《四书指月·滕文公问曰滕小章》：

孟子叙太王迁国，有许多委曲不忍弃之意。述或人之说，直恁斩截，意重死守边，必兼言迁者，教人就死甚难，故令之自择耳。(《四书指月》，第311页)

两条路其实只有一条路可走！孟子反对在恶势力面前的苟且，反对在外交上左右逢源的机巧，主张行仁政，誓与国家共存亡！

孟子果然还是那么倔强。

冯梦龙《四书指月·滕文公问曰滕章》云：

力不能两事，欲择一而事之，此只在齐、楚上较量，与本国全没相干。“是谋非吾所能及”，言是乃侥幸苟免之策，我却不知，非谦词。“民勿去”，由平时固结，民自不忍去。味“凿”“筑”“效死”，有许多绸缪捍御意在，即次章所谓“强为善”也。“是则可为”，正教他此处着力下手做。此亦非万全之策，但自守之常道，当如此耳。圣贤于事变之际论是非，不论成败。（同上，第310—311页。标点略有改动）

“于事变之际论是非，不论成败”，正是孟子“倔强”的恰当解释。

由历史回到今天，由滕国回到自身。

你我常常不能像自己想象的那么优秀，时刻被无助缠绕着。你我可能也做不到孟子那样的“倔强”，但是，请不要苟且。

为了不苟且，你我需要帮助，谁能帮助你我？孟子曰：“中也养不中，才也养不才。”（08.07）贤能的人可以帮助你我。

尊贤敬能，不是情感的付出，而是正能量的收获。

我们解读得不少了。让我们翻几本书，再看看前人对这三章还有什么高见。

关于02.13章，张栻《南轩先生孟子说》卷第一：

孟子谓“是谋非吾所能及”，意以为与其望二国之矜己以求安，则不若思所以自强而立国。盖在人者不可必，而在己者有可为。（《张栻集》上，第202页）

关于02.14章，《日讲四书解义》卷十四：

夫强为善一言，非止为滕君目前之计，实有国家者经久之谋。汉儒董仲舒曰：“强勉学问则闻见博而智益明，强勉行道则德日起而大有功。”可谓得孟子之意矣。（《日讲四书解义》，第232页）

关于02.15章，张岱《四书遇·竭力章》：

太王之迁，他无可考。诵《大雅·绵》，大抵物力强盛，区画精明，非因狄而播迁也。孟子生平立言，不甚拘泥，或当时小有狄患乎？迁非为狄也。学者不可不知。（《四书遇》，第369页）

关于这三章，朱熹《孟子集注》引杨时语：

孟子所论，自世俗观之，则可谓无谋矣。然理之可为者，不过如此，舍此则必为仪秦之为矣。凡事求可，功求成。取必于智谋之末而不循天理之正者，非圣贤之道也。（《四书章句集注》，第226页）

罗泽南《读孟子札记一》：

天下事有理有势，势有可为不可为，理则无时可以或失。战国时，七国之势皆有可为者，徒逞一时之私欲，而不循天理之正，仁义不施，德政无闻，亦终做事不成。虽以始皇之混一，亦不旋踵而即灭，此有其势者，不可不以理也。滕介居强邻，势若累卵，即教发愤有为，一时亦难自立。此时亦只凭理之所当为者做去，施爱民之政，效守死之力，而其事之在人、在天者，听之而已。此势之不可为者，亦不可不循理也。事固有万难求全者，必欲侥幸苟免，理既已失，事亦无济。古今来辱国丧节者，率皆由此。孟子之言，岂迂论哉？（《罗泽南集》，第282页）

02.16　鲁平公[(1)]将出，嬖人[(2)]臧仓[(3)]者请曰："他日君出，则必命有司所之。今乘舆[(4)]已驾矣，有司未知所之，敢[(5)]请。"公曰："将见孟子。"

曰："何哉，君所为轻身以先于匹夫者[(6)]？以为贤乎？礼义由贤者出，而孟子之后丧逾前丧[(7)]。君无见焉！"公曰："诺[(8)]。"

乐正子[(9)]入见，曰："君奚为不见孟轲也？"

曰："或告寡人曰：'孟子之后丧逾前丧'，是以不往见也。"

曰："何哉，君所谓逾者？前以士，后以大夫；前以三鼎，而后以五鼎[(10)]与？"

曰："否。谓棺椁衣衾[(11)]之美也。"

曰："非所谓逾也，贫富不同也。"

乐正子见孟子，曰："克告于君，君为[(12)]来见也。嬖人有臧仓者沮[(13)]君，君是以不果[(14)]来也。"

曰："行，或使之；止，或尼[(15)]之。行止，非人所能也。吾之不遇鲁侯，天也。臧氏之子焉能使予不遇哉？"

【注释】

（1）鲁平公：战国时鲁国国君姬叔。《史记·鲁周公世家》："景公二十九年卒，子叔立，是为平公。"

（2）嬖人：受宠幸而地位卑下的人。赵岐《注》："爱幸小人也。"

（3）臧仓：鲁平公的宠臣。葛洪《抱朴子·名实》云："子西逐大圣之仲尼，臧仓毁命世之孟轲。"

（4）乘舆：乘，甲骨文写作，下面是一棵树，上面是一个人。乘的本义就是人爬到树上。《说文解字注》："加其上曰乘。"引申为驾驭、乘坐。再由驾驭、乘坐进一步引申为马车。表示马车的时候，读作shèng。舆，甲骨文写作，从车从舁（yú），舁亦声。舆的本义是车厢。古代的车最初由人力担抬，称为"肩舆"，故从象四手的"舁"。由于

车舆需要众力才能抬起，故其后用来表示众多之义。

（5）敢：表敬副词，含有谦卑的意味。

（6）何哉，君所为轻身以先于匹夫者：这是倒装句，和下文“何哉，君所谓逾者”句型相同，“君所为轻身以先于匹夫者”为主语，后置；“何”以疑问词作谓语，先置。古代疑问句和惊叹句多用此种句型。

（7）后丧逾前丧：孟子的父亲先去世，故“后丧”指其母丧，“前丧”指其父丧。

（8）诺：表肯定的应对副词。

（9）乐正子：名克，孟子弟子。是时仕于鲁。

（10）前以士，后以大夫；前以三鼎，而后以五鼎：谓以士礼办父亲的丧葬，以大夫之礼办母亲的丧葬。士礼用三鼎，卿大夫礼用五鼎。

（11）棺椁衣衾（qīn）：内棺曰棺，外棺曰椁。古代士以上的人常用两重以上的棺木。衣衾，死者入殓时所用的衣服被褥。孟子厚葬其母，可参读04.07。

（12）为：读去声，将也。

（13）沮（jǔ）：阻止。

（14）不果：不成。杨树达《词诠》云：“凡事与豫期相合者曰果，不合者曰不果。”

（15）尼（nì）：赵岐《注》：“止也。”

【译文】

鲁平公将要外出，宠臣臧仓请示道：“平日您外出，一定会告诉管事的人要去的地方。今天车马已经准备好了，管事的人还不知道您要去哪里，所以冒昧来请示。”平公说：“我要去拜访孟子。”

臧仓说：“您不尊重自己的身份而先去拜访一个普通人，为的什么呢？您以为孟子是贤德之人吗？礼义是贤德之人的行为准则，而孟子办他母亲的丧事超过办他父亲的丧事，您不要去拜访他！”平公说：“好吧。”

乐正子晋见平公，问：“您为什么不去拜访孟轲了呢？”

平公说：“有人告诉我说，‘孟子办他母亲的丧事超过办他父亲的丧事’，所以不去拜访他了。”

乐正子说：“您所说的超过，是什么意思呢？是办父亲的丧事用士礼，办母亲的丧事用大夫之礼；办父亲的丧事用三个鼎，办母亲的丧事用五个鼎吗？”

平公说：“不。我指的是棺椁衣衾的精美。”

乐正子说：“那不能叫超过，只是前后贫富不同罢了。”

乐正子去拜见孟子，说道：“我同鲁君讲了，他要来见您，有个叫臧仓的宠臣阻止了他，国君因此没能来。”

孟子说："平公来，是某种非人力所能决定的命在促使他；不来，也是这种命在阻止他。他来与不来，不是人力所能决定的。我不能与鲁君相见，这是天意啊。姓臧的小子怎能阻止我与鲁君相见呢？"

【说要】

本章叙述孟子不遇鲁君，展现了孟子遇事的达观。

这是一篇难得的妙文，对此姚永概在《孟子讲义》里有很好的评述：

> 此章叙事，用字妙极，用笔亦妙极。"鲁平公将出"一"将"字，"公曰诺"一"诺"字，写出昏庸之君，其见贤也，难而又难，毫无决断；其信谗也，易而又易，曾不犹疑。便将当日平公情状，和盘托出。"臧仓"之上加"嬖人"二字，下加一"者"字，何等得神。"他日君出"数句，分明明知故问。"何哉"二字，又故作惊诧，已将小人轻刻佻巧口吻，描得穷形尽相。虽乐正子亦有"何哉"一句，然合上下文诵之，便觉乐正子之"何哉"，词气正大，而臧仓之"何哉"，意态尖酸，迥不侔矣。(《孟子讲义》卷二，第 37 页）

姚先生继续写道：

> 再味孟子"行或使之"数语，圣贤之胸襟阔大，气象平和，又是一番境界，令人恶鄙臧仓之思，反为之涣然冰释。笔墨至此，真天工也。（同上，第 37—38 页）

说实在的，我对臧仓的"恶鄙之思"，不能"涣然冰释"！这不仅为孟子，也为许许多多德才兼备的人——现实中德才兼备的人不能一展德才、奸邪的小人屡逞奸邪的事情何其多也！

张栻《南轩先生孟子说》卷第一：

> 原平公之始将见孟子，非见善之明也，特以乐正子之言，而起敬耳。使其见之果明，则信之必笃，何至因臧仓一言而遽止乎？（《张栻集》上，第 204 页）

张居正《四书直解·孟子》卷二：

> 夫往见孟子者，乃平公一念好贤之心，只因臧仓阻之，遂以不果。可见谗说易行，君心易惑，此明主任贤不可不专，听言不可不审也。(《四书直解》，第 302 页）

孟子不遇鲁君，原来症结不在臧仓那里。虽然如此，我还是不能"涣然冰释"对臧仓的"恶鄙之思"。不过对孟子的"不遇鲁侯"，我"涣然冰释"了。

唐文治《孟子大义》：

> 平公昏庸若此，纵使孟子见之，亦无行道之望也。(《唐文治四书大义》，第53页）

《得民心得天下：王蒙说〈孟子〉》则云：

> 不相信堂堂鲁君平公是为佞臣所阻，不来看望自己，这也表达了孟子对君王的足够尊重。既尊重了君王，又少丢自己的面子，远比因之大骂一通平公更智慧。(《得民心得天下：王蒙说〈孟子〉》，第69页）

我想，这样的说法，多少有点“以小人之心，度君子之腹”，未免小看了孟子。

陈来先生曾说：

> 他（孟子）做这件事成不成，是放在一个大的历史景观里边去把握。因为历史上来看，每一件事成或不成，它的因素很多，这就是“天也”。所以，人有这样一种认识，这个认识就变成一种胸怀，一种比较达观的胸怀。
>
> 任何一件事情成与不成，不是人完全所能够决定的，并没有抹杀人的积极主动性。这就是我们要结合到前面那个2.14的时候所讲的，要强为善，这并没有排斥你强为善。我们说这件事不是人完全能掌握的，还有天的因素，但不是让你躺倒不干，人还是要强为善。

这自然是高见。

本章还涉及一个公案：孟子几岁丧父？通常的说法，孟子三四岁时丧父。这个说法有一个比较模糊的证据，东汉赵岐《孟子题辞》：“孟子生有淑质，夙丧其父，幼被慈母三迁之教。”

“夙丧”，自然是一个大约的说法。有人提出，孟子父亲的去世，应在孟子成年以后。认同这个说法的人也不少，主要的理由就在本章：

> 何哉，君所谓逾者？前以士，后以大夫；前以三鼎，而后以五鼎与？

他们认为，既然父亲去世的时候孟子已经是士的身份了，年龄怎么可能是三四岁呢？这里面或许有误解。先看《论语》02.05：

> 孟懿子问孝。子曰：“无违。”樊迟御，子告之曰：“孟孙问孝于我，我对曰：‘无违。’”樊迟曰：“何谓也？”子曰：“生，事之以礼；死，葬之以礼，祭之以礼。”

显然，丧葬之礼与祭祀之礼是有区别的。有什么区别呢？《中庸》：

父为大夫，子为士，葬以大夫，祭以士；父为士，子为大夫，葬以士，祭以大夫。

丧葬之礼与祭祀之礼的区别是：丧葬之礼对应的是死者的爵位，祭祀之礼对应的是嫡子的爵位。如此，本章“前以士，后以大夫”的“士”是孟子父亲去世时候的爵位，而不是孟子丧葬父亲时候自己的爵位。据本章“前以士，后以大夫”而推定“孟子父亲的去世，应在孟子成年以后”是不成立的。当然“前以士，后以大夫”也不能作为“孟子三四岁时丧父”的佐证。

另一个问题：孟母去世的时候应该使用什么礼呢？

我曾经就此问题请教过山东大学杜泽逊教授。来往短信如下：

杜教授近好！

请问：父亲的身份是士，儿子的身份是大夫，那么父死时丧葬只能用士礼。父死了，到为母亲发丧时，是用士礼呢，还是用大夫礼呢？古礼中有没有规定呢？

您的小老乡孟子研究院殷延禄　敬上

杜教授回信：

延禄先生著席：

承询《中庸》第十七章葬礼祭礼一节有关事项。敬覆如下。先秦礼分吉、凶、宾、军、嘉五类。葬礼即丧礼，属于“凶礼”。祭祀则属于“吉礼”。凶礼举行的规格依照死者爵位进行，而祭礼的规格则依照死者嫡子的爵位进行。父亲的身份是士，则其子无论是士还是大夫，其父丧葬规格只能按照士的标准进行。至于儿子母亲，则要看母亲的地位。如果母亲是正妻，即“夫人”，那么丧葬规格与父亲等同，享受士的待遇。如果母亲只是妾，则丧葬待遇要低于士。当然以上两种情况是礼制的原理。根据《春秋》等文献的记载，还有两种实际存在的情况，一个是如果国君对当事人母亲有特别的册命，提高了母亲的地位，则按照国君册命的地位实行葬礼。再一个是即便不得到国君的册命，儿子有时也会擅自提高母亲的地位，私自提高母亲的葬礼规格，即是所谓“母凭子贵”。泽逊于礼制未尝用功，小儿以恒从刘晓东先生学《仪礼》《春秋左传》有年，因嘱答复如上。不当之处，还请教正。失敬之处，亦请见谅。

专此奉覆，即颂撰安。

后学杜泽逊顿首

2019.3.2

上面的讨论，引起我们对丧礼、祭礼的关注。对丧礼、祭礼的关注又不能不引起我们对古代礼的教化作用的思考：

丧礼举行的规格依照死者的爵位进行——一个人身后盖棺的“定论”，靠己不靠人。

祭礼的规格则依照死者嫡子的爵位进行——一个人祭祀父亲的规格，靠己不靠父。

我们今天好讲个人的独立，子是子，父是父，人伦关系淡漠；古代的礼（当然不是全部的礼），让父子相连，进德不已。

卷第三　公孙丑章句上 凡九章

03.01　公孙丑[1]问曰："夫子当路[2]于齐，管仲、晏子[3]之功，可复许[4]乎？"

孟子曰："子诚齐人也，知管仲、晏子而已矣。或问乎曾西[5]曰：'吾子[6]与子路[7]孰贤？'曾西蹴然[8]曰：'吾先子[9]之所畏也。'曰：'然则吾子与管仲孰贤？'曾西艴然[10]不悦，曰：'尔何曾[11]比予于管仲？管仲得君如彼其专也，行乎国政如彼其久也，功烈如彼其卑也；尔何曾比予于是？'"曰[12]："管仲，曾西之所不为也，而子为[13]我愿之乎？"

曰："管仲以其君霸，晏子以其君显。管仲、晏子犹不足为与？"

曰："以齐王[14]，由[15]反手也。"

曰："若是，则弟子之惑滋甚。且[16]以文王之德，百年而后崩[17]，犹未洽[18]于天下，武王、周公[19]继之，然后大行。今言王若易然，则文王不足法与？"

曰："文王何可当也？由汤至于武丁，贤圣之君六七作[20]，天下归殷久矣，久则难变也。武丁朝诸侯，有天下，犹运之掌也。纣之去武丁未久也[21]，其故家、遗俗、流风、善政，犹有存者；又有微子、微仲、王子比干、箕子、胶鬲[22]皆贤人也，相与辅相[23]之，故久而后失之也。尺地，莫非其有也；一民，莫非其臣也，然而文王犹方百里起，是以难也。齐人有言曰：'虽有智慧，不如乘势；虽有镃基[24]，不如待时。'

"今时则易然也：夏后、殷、周之盛，地未有过千里者也，而齐有其地矣；鸡鸣狗吠相闻，而达乎四境[25]，而齐有其民矣。地不改辟[26]矣，民不改聚[27]矣，行仁政而王，莫之能御也。且王者之不作，未有疏于此时者也；民之憔悴于虐政，未有甚于此时者也。饥者易为食，渴者易为饮。孔子曰：'德之流行，速于置邮而传命[28]。'当今之时，万乘之国行仁政，民之悦之，犹解倒悬也。故事半古之人，功必倍之，惟此时为然。"

【注释】

（1）公孙丑：齐国人，孟子的弟子。

（2）当路：当政掌权。

（3）管仲、晏子：管仲，齐桓公之相；晏子，即晏婴，齐景公之相。管仲（？—前

645），春秋时齐国著名的政治家、思想家。一称管敬仲，名夷吾，字仲。齐颍上（颍水之滨）人，出身微贱。辅佐齐桓公实行了一系列重大的政治和社会改革，使齐桓公成为春秋时期第一个霸主。传世有《管子》。晏婴（？—前500），字仲，春秋齐人。历事灵公、庄公，相齐景公。尚俭力行，为当时名臣。谥平，史称为“晏平仲”，后人尊称为“晏子”。传世有《晏子春秋》。杨伯峻先生认为，今日所传《管子》和《晏子春秋》，虽然不是两人手笔，但谨慎抉择，亦可以考见两人的言行和政令之一斑。

（4）许：赵岐《注》：“犹兴也。”

（5）曾西：即曾申，字子西，鲁国南武城人，曾参之子。据《经典释文·序录》，曾申从子夏受《诗》，传于李克（悝）；从左丘明受《左传》，传于吴起。

（6）吾子：对友人的昵称，相当于“吾兄”。

（7）子路：孔子弟子仲由，字子路，鲁国卞人（今山东泗水人）。仲由性情刚直，好勇尚武，孔子曾说：“由也好勇过我”“自吾得由，恶言不闻于耳”。

（8）蹴然：不安貌。蹴，甲骨文写作，从亯（xiǎng）从京。亯，象宗庙建筑。京，象高台之形。把“亯”置于“京”上，会意在高处祭享。临高而祭，心中油然而生敬畏恭谨。引申为不安。

（9）先子：古人用以称自己逝世的长辈。这里的“先子”指曾参。

（10）艴然：恼怒貌。艴，音勃（bó），又音弗（fú）。赵岐《注》：“愠怒色也。”

（11）何曾：为何竟然。曾，副词。竟然，居然。

（12）曰：这仍是孟子所说。重一“曰”字者，表示孟子说话时有停顿，即俞樾《古书疑义举例》卷二《一人之辞而加曰字例》所谓“亦有非自问自答之辞，而中间又用‘曰’字以别更端之语者”。

（13）为：同“谓”。认为。

（14）王（wàng）：作动词用。观下面公孙丑“今言王若易然，则文王不足法与”即明。

（15）由：同“犹”。好像。

（16）且：连词，表示进一层的并列关系。

（17）百年而后崩：朱熹《孟子集注》：“文王九十七而崩，言百年，举成数也。”

（18）洽：周遍。洽，从水从合，合亦声。合，甲骨文写作，象器盖覆盖器身，有相合之义。水与物相合，故洽有浸润、沾湿之义。水浸润、沾湿物以至透彻，便有周遍义。这里即用周遍义，以与下面“大行”相配。

（19）周公：姬旦，文王之子，武王之弟，鲁国之始祖。曾辅助武王伐纣，统一天下，又辅助成王平乱，安定天下。制礼作乐，奠定周代礼乐文明的基石。

（20）作：朱熹《孟子集注》：“起也。”

（21）纣之去武丁未久也：据《史记·殷本纪》，由武丁至纣（帝辛），中历祖庚、祖甲、廪辛、庚丁、武乙、太丁、帝乙七帝。其中廪辛、庚丁、武乙、太丁、帝乙诸帝在位日期都很短。武丁修政行德，天下咸欢，殷道复兴。

（22）微子、微仲、王子比干、箕子、胶鬲（gé）：微子，商纣王的庶兄，名启。纣王末年，淫乱不止，微子数谏而不听，遂去。微仲，微启的弟弟。王子比干，纣王叔父，因多次劝谏，被纣王剖心而死。箕子，纣王叔父，亦曾多次劝谏纣王，因不被采纳，佯装发狂。胶鬲，纣王之臣，纣乱而隐。

（23）相与辅相：相与，共同。辅相，辅助。

（24）镃基：赵岐《注》："田器耒耜之属。"

（25）鸡鸣狗吠相闻，而达乎四境：朱熹《孟子集注》："鸡犬之声相闻，自国都以至于四境，言民居稠密也。"朱注应有误。上句"未有过千里"与"齐有其地"相对应，言夏后、殷、周初兴时地小；此句与下句"民不改聚"相对应，言夏后、殷、周初兴时人少。

（26）改辟：再开辟。改，再。辟，开辟。

（27）改聚：再增加。聚，聚集，增加。

（28）置邮而传命：置和邮都是名词，相当于后代的驿站。命，国家的政令。

【译文】

公孙丑问道："老师如果在齐国当政掌权，管仲、晏子的功业可以复兴吗？"

孟子说："你真是一个齐国人，只晓得管仲、晏子。有人问曾西：'你和子路相比谁更贤能？'曾西不安地说：'子路是我父亲所敬畏的人。'那人又说：'那么你和管仲相比谁更贤能？'曾西脸色马上不高兴起来，说道：'你为什么竟拿我跟管仲相比？管仲得到齐桓公的信赖是那样专一，行使国政是那样长久，而功绩却那样卑小。你为什么竟拿我跟他相比？'"孟子又说："管仲是曾西都不愿跟他相比的人，你以为我会愿意吗？"

公孙丑说："管仲使他的君主称霸天下，晏子使他的君主扬名诸侯，管仲、晏子还不值得效仿吗？"

孟子说："以齐国的实力而称王天下，易如反掌。"

公孙丑说："您这样讲，我便更加不懂了。像文王那样的德行，而且活了将近一百岁，（他推行的德政，）还没有周遍天下，武王、周公继承了他的事业才使德政广泛推行。现在您把王天下说得那样容易，那么，文王也不值得效法了吗？"

孟子说："文王怎么能够比得上呢？（拿当时的历史情况来说吧，）从汤到武丁，贤明的君主出了六七位，天下人归服殷朝已经很久了，时间久了便很难变动。武丁使诸侯来朝，治理天下，就好像在手掌中运转东西一样。纣王的年代上距武丁并不甚久，当时的勋旧世家、善良习俗、先民遗风、仁惠政教，仍有保存下来的；又有微子、微仲、王子比干、箕子、胶鬲这些贤德的人，共同来辅助他，所以经历相当长的时间才失去统治。当时没有一尺土地不是纣王所有，没有一个百姓不归纣王所管，然而文王还能凭借方圆百里的地方兴起，所以是很困难的。齐人有句俗话：'纵有聪明，不如趁形势；纵有锄头，不如待农时。'

"现在的时势就很容易称王天下了。夏、商、周三代兴盛时，没有国土超过方圆千里的，而齐国却有那么辽阔的土地；（夏、商、周三代兴盛时，人口稀少，）鸡鸣狗叫的声音能相互听见，从国都一下传到四方的边境，而齐国有这么多的百姓。土地不需要再开辟，百姓不需要再聚集，以实行仁政而称王天下，没有谁能够阻挡。况且，一统天下的君王不出现，没有比现在隔得更久；百姓忍受暴政的折磨，没有比现在更厉害。肚子饥饿的人不择于食物，口舌干渴的人不择于饮料。孔子说过：'德政的流行，比驿站的传达政令还要迅速。'现在这个时候，拥有万辆兵车的大国实行仁政，老百姓的高兴，正好像倒挂着的人被解救了一般。所以，做古人一半的功夫必能收获两倍的功效，只有在今天这个时候才能如此。"

【说要】

本章借贬管、晏以论王道。

姚永概《孟子讲义》卷三：

> 此章宜先将段落分清，然后易读。自篇首至"而子为我愿之乎"，是薄管、晏而不屑为。自"管仲以其君霸"，至"文王不足法与"，是因反手一语，引出公孙丑之疑，却为后半论议作张本。自"文王何可当也"，至"是以难也"，是言文王之时势。"今时则易然也"至篇末，是说方今之时势，却又用齐人之言作一枢纽，承上启下。而"今时"一句，总括下文，以下又可分二段。"夏后、殷周之盛"，至"莫之能御也"，是说当时之齐，有地有民。"且王者之不作"，至"犹解倒悬也"，是说当时之天下久无王者。有地有民，紧对文王之百里；久无王者，紧对贤圣之君六七作。"故事半古之人"三句，总束上二段，回承"今时"句，而"犹解倒悬也"句，又回应"犹反手"句。细针密缕，却又落落大方，天衣无缝。总是文章到极熟极妙之处，自然暗合法度，毫无痕迹耳！（《孟子讲义》，第41—42页）

读过《论语》的朋友，一定记得下面三章：

> 子路曰："桓公杀公子纠，召忽死之，管仲不死。"曰："未仁乎？"子曰："桓公九合诸侯，不以兵车，管仲之力也。如其仁！如其仁！"（《论语》14.16）

子贡曰："管仲非仁者与？桓公杀公子纠，不能死，又相之。"子曰："管仲相桓公，霸诸侯，一匡天下，民到于今受其赐。微管仲，吾其被发左衽矣。岂若匹夫匹妇之为谅也，自经于沟渎而莫之知也。"（《论语》14.17）

子曰："晏平仲善与人交，久而敬之。"（《论语》05.17）

孔子对管仲、晏婴，特别是管仲，给予了极高的评价，许之以仁；孟子则"管仲，曾西之所不为"，褒贬的巨大差别，不免让人产生孟子"好为大言"的印象。

说实话，"好为大言"就是我初读本章时的第一印象。

"管仲，曾西之所不为"，曾西有什么可以称许的功德呢？没有孟子这一章的记载，有几人知道曾西为何人？孟子不仅"好为大言"，而且褒贬极为不当！

有了这样的第一印象，很长时间不能对本章的大义静心思考。

读书若有所见，未必便是，不可便执著。且放在一边，益更读书，以来新见。（《朱子语类》卷第十一《学五·读书法下》，第165页）

朱子说，读书有了一点见解，未必就是正确的，切不可固执于己见，而应该把己见放在一边，继续读书，读更多的书，这样才能得到更多、更深刻的见解。

读书是一个求知的过程，一个由"已知"求"未知"的过程，一个不断否定己见、升华己见的过程。

有了这样的"过程"，我们再来解读本章。

"由汤至于武丁，贤圣之君六七作，天下归殷久矣，久则难变也。武丁朝诸侯，有天下，犹运之掌也。纣之去武丁未久也，其故家、遗俗、流风、善政，犹有存者"——这是纣王拥有的先人之泽。

"又有微子、微仲、王子比干、箕子、胶鬲皆贤人也，相与辅相之"——这是纣王拥有的贤者之助。

"尺地，莫非其有也；一民，莫非其臣也"——这是纣王拥有的地之广、民之众。

对文王以百里而兴起的客观困难分析得如此客观冷静，孟子哪里是"好为大言"之人！

"齐有其地矣"——这是齐国拥有的土地之广大。

"齐有其民矣"——这是齐国拥有的民众之众多。

"且王者之不作，未有疏于此时者也；民之憔悴于虐政，未有甚于此时者也。饥者易为食，渴者易为饮。……当今之时，万乘之国行仁政，民之悦之，犹解倒悬也"——这是齐国拥有的有利之时机。

对齐行王道仁政的有利条件梳理得如此周到明晰，孟子哪里是"好为大言"之人！

抛却由第一印象带来的“成见”，我看到孔子、孟子评价管仲的角度是不同的：

孔子着眼于管仲事功的实效——“桓公九合诸侯，不以兵车，管仲之力也”“微管仲，吾其被发左衽矣”——所以，“如其仁！如其仁！”

孟子着眼于尊王贱霸的思想主张——“管仲得君如彼其专也，行乎国政如彼其久也，功烈如彼其卑也”——所以，“管仲，曾西之所不为”。

明了了孔子、孟子评价管仲的不同角度，我们可以看清文本的微言大义：

文王行仁政，凭借百里之地，成就数百年之基业。管仲行霸道，拥有齐国千里之地、君主数十年之信赖，不过成就齐桓公一世之霸业而已——孟子没有小看管仲，小看管仲的是文王之道。

管仲行霸道，拥有齐国千里之地、君主数十年之信赖，成就齐桓公一世之霸业。设想管仲如果协助齐桓公行仁政，将有更多之事功——孟子没有小看管仲，小看管仲的是他自己。

“王者之不作，未有疏于此时者也；民之憔悴于虐政，未有甚于此时者也”——孟子不是“好为大言”，只是心中时刻怀着天赋的仁义，眼里随处看到百姓的痛苦，“言必称尧舜”而已。

罗泽南《读孟子札记一》：

世俗之见，动谓儒术迂疏，不能切时势以立论。予谓善用时势者，莫如真儒之经济也。盖急小利、图近功，逐时逞势，以遂一己之私，每至坐失机会，不能成王业于天下，此甚暗于时势者也。惟道德之儒，本原素裕，时有可为，不难返运会于皇初；势有可凭，不难沛仁义于海内。（《罗泽南集》，第 283 页）

王夫之《四书训义》卷二十七《孟子三》：

王霸之分，学术邪正之辨，即世运盛衰之别也。王之所以异于霸者无他，仁而已矣。王者以清心寡欲为本，而无欲之极，天下为公，推而行之，其教之养之之政，一本于恻怛之至诚。霸者异是：其心，利欲之心也；其政，富强之政也。时虽假仁以行，而不足泽及斯民。故天下之戴王者无已时，而霸者则暂服而终离。（《船山全书》第八册，第 163 页）

解读至此，当为管仲、晏子而惋惜，为百姓而痛惜，为孟子尊王贱霸而点赞！

03.02　公孙丑问曰：“夫子加(1)齐之卿相，得行道焉，虽由此霸王，不异(2)矣。如此，则动心(3)否乎？”

孟子曰：“否。我四十不动心。”

曰："若是，则夫子过孟贲[4]远矣。"

曰："是不难，告子[5]先我不动心。"

【注释】

（1）加：担任。赵岐《注》："加，犹居也。"

（2）不异：不足为怪。朱熹《孟子集注》："不足怪。"赵岐《注》："不异于古霸王之君。"今从朱熹注。

（3）动心：《朱子语类》："公孙丑问孟子'动心否乎'，非谓以卿相当富贵动其心；谓伯王事大，恐孟子担当不过，有所疑惧而动其心也。"在此，公孙丑的"动心"，或是"以卿相当富贵动其心"和"担当不过，有所疑惧而动其心"的混合体。

（4）孟贲（bēn）：古代勇士。

（5）告子：姓告，名不害。年长于孟子。赵岐《注》："（告子）兼治儒墨之道者。尝学于孟子，而不能纯彻性命之理。"梁启超《墨子年代考》："恐直是孟子前辈耳。"

【译文】

公孙丑问："先生担任齐国的卿相，可以实现自己的抱负，即使成就了霸业和王业，也不足为怪。如果这样，您是否会动心呢？"

孟子说："不会，我四十岁时就不动心了。"

公孙丑说："如果这样，先生就超过孟贲很多了。"

孟子说："这不难，告子先于我不动心。"

曰："不动心有道乎？"

曰："有。北宫黝[6]之养勇也：不肤挠[7]，不目逃[8]，思以一豪挫于人，若挞[9]之于市朝[10]；不受于褐宽博[11]，亦不受于万乘之君；视刺万乘之君，若刺褐夫；无严[12]诸侯，恶声至，必反之。孟施舍[13]之所养勇也，曰：'视不胜犹胜也；量敌而后进，虑胜而后会[14]，是畏三军者也。舍岂能为必胜哉？能无惧而已矣。'孟施舍似曾子[15]，北宫黝似子夏[16]。夫二子之勇，未知其孰贤，然而孟施舍守约[17]也。昔者曾子谓子襄[18]曰：'子好勇乎？吾尝闻大勇于夫子矣：自反而不缩[19]，虽褐宽博，吾不惴[20]焉；自反而缩，虽千万人，吾往矣。'孟施舍之守气，又不如曾子之守约也。"

【注释】

（6）北宫黝（yǒu）：姓北宫，名黝，生平不详。

（7）不肤挠：不因肌肤被刺而退缩。挠，屈从。

（8）不目逃：不因眼睛被刺而逃避。

（9）挞（tà）：用鞭子或棍子抽打、抡击。

（10）市朝：杨伯峻《孟子译注》：“此处是偏义复词，只有‘市’义，而无‘朝’义，因为上古绝无在朝廷中鞭笞打人之事。”

（11）褐宽博：朱熹《孟子集注》：“褐，毛布。宽博，宽大之衣，贱者之服也。”此指“衣褐之匹夫”，即下文的“褐夫”。

（12）严：畏惧，害怕。

（13）孟施舍：未详其人。下文孟施舍自称“舍”。赵岐《注》：“孟，姓。舍，名。施，发音也。”阎若璩《四书释地又续》则以为“孟施”为复姓，与鲁之少施氏同一例。翟灏《四书考异》则以为“古人二字名，或称一字。如纣名受德，《书》但称商王受……孟施舍不嫌其自称舍也”。

（14）会：《说文解字》：“合也。”此指交战。

（15）曾子：名参，字子舆，孔子弟子。

（16）子夏：卜氏，名商，字子夏，孔子弟子。

（17）守约：得其要领，抓住关键。北宫黝随外物而滥用其气，孟施舍守住气不为外物干扰。

（18）子襄：曾参弟子。

（19）缩：直，理直。缩是会意字，小篆写作，从纟（）从宿（）。本象人（）在屋子里（）躺在席子上（）睡觉、休息之形。从人需要休息来说，人因疲倦而无力，就像没有受力的绳子一样，故缩有萎缩义。从人休息之后来讲，人体经过休整，血气充盈起来，就像绳子受力挺直一样，故缩有直义——这与理直而气壮有通感，故有理直义。

（20）惴：威吓。

【译文】

公孙丑问：“不动心有方法吗？”

孟子说：“有。北宫黝培养勇气，肌肤被刺不退缩，眼睛被刺不逃避，即使一根毫毛受到他人的伤害，也觉得像在大庭广众之下被鞭打了一样；不忍受卑贱人的羞辱，也不忍受大国君主的羞辱；把行刺大国国君看得跟行刺卑贱的匹夫一样；他不畏惧诸侯，受到辱骂一定反击。孟施舍培养勇气，（据他自己）说：‘把不能战胜的对象看作能够战胜的一样。如果估量了敌人才前进，考虑了胜败才交战，这是畏惧敌军的强大。我怎能保证必定取胜呢？能做到无所畏惧罢了。’孟施舍似曾子，北宫黝似子夏。这两个人的勇气，不知道谁更好些，但（从培养方法而论）孟施舍抓住了要领。从前曾子对子襄说：‘你喜欢勇气吗？我曾在孔子那里听到过什么是大勇：自问理亏，即使面对卑贱的匹夫我也不威吓他；自问理直，即使面对千军万马我也勇往直前。’孟施舍保持勇气，又不如曾子抓住要领。”

曰:“敢问夫子之不动心与告子之不动心，可得闻与？”

“告子曰：‘不得于言[21]，勿求于心[22]；不得于心[23]，勿求于气[24]。’不得于心，勿求于气，可；不得于言，勿求于心，不可。夫志[25]，气之帅也；气，体之充也。夫志至焉，气次焉[26]；故曰持其志，无暴[27]其气。”

“既曰‘志至焉，气次焉’，又曰‘持其志，无暴其气’者，何也？”

曰：“志壹则动气[28]，气壹则动志也。今夫蹶者趋者[29]，是气也，而反动其心。”

【注释】

（21）不得于言：不得，是不得理。言，即思想言论。不得于言，不得理于思想言论。此“思想言论”当是外在的思想言论，下面孟子曰“我知言”，正与此相对应。

（22）勿求于心：不反求于自己之心。朱熹《孟子集注》:“不必反求其理于心。”

（23）不得于心：不得理于心。

（24）勿求于气：即借气来求取安心。杨伯峻《孟子译注》:“不得于心”和“反而求之，不得吾心”（01.07）意义相同，谓不得其理于吾心。“勿求于气”，赵岐《注》以“直怒之矣”解“求于气”，可见他把这“气”字解为感情意气。下文云：“气，体之充也。”则又指体气而言。大概孟子把“体气”“意气”看作一回事。蔡仁厚先生认为是人的生命力；杨伯峻先生认为含着体气和意气；梁涛先生认为“气”有物质之气与精神之气的分别，精神之气包括血气、情气、德气，这里指血气、情气。

（25）志：心之所向，义与上文之“心”同。

（26）志至焉，气次焉：至，到。次，接着。此二语系言志到哪里，气亦随之而到哪里，可见志与气之职分虽殊而实不可分。

（27）暴：赵岐《注》:“暴，乱也。”杨伯峻译为“滥用”。或读为pù，意为显露。但不如译为“滥用”更能显示不受心志控制的非理性状态，故不取。“持其志，无暴其气”，此是孟子自述不动心之道，志本气末，交相培养。

（28）志壹则动气：志壹，志专注在某一点时。动，动摇，即影响之意。“志壹则动气，气壹则动志也”，此二语乃说明志与气可以互相影响，气并非完全处于被动地位，故二者需交相培养。

（29）蹶者趋者：蹶，疾行。是行的极致状态。趋，奔跑。是走的极致状态。“蹶”或释为“跌倒”，不取。《孟子》07.01“《诗》曰：‘天之方蹶，无然泄泄（注：天正在运行，不要多嘴妄言）’”可证。

【译文】

公孙丑说：“请问先生的不动心和告子的不动心，能讲给我听听吗？”

孟子说：“告子说：‘不得理于思想言论，不要求助于心；不得理于心，不要求助于气。’不得理于心，不要求助于气，这是可以的；不得理于思想言论，不要求助于心，这是不可以的。志是气的统帅，气是身体的充实。志到了，气也随之到了。所以说把握住自己的志，不滥用自己的气。”

公孙丑问：“既然说‘志到了，气也随之到了’，又说‘把握住志，不要滥用气’，这是为什么呢？”

孟子说：“志专一时能鼓动气，气专一时也能扰动志。譬如疾行和奔跑的人，都是气的专一，反过来扰动了他们的心志。”

“敢问夫子恶乎长？”

曰：“我知言[30]，我善养吾浩然[31]之气。”

“敢问何谓浩然之气？”

曰：“难言也。其为气也，至大至刚，以直养[32]而无害，则塞[33]于天地之间。其为气也，配义与道[34]，无是，馁[35]也。是集义所生者[36]，非义袭而取之也[37]。行有不慊[38]于心，则馁矣。我故曰，告子未尝知义[39]，以其外之也。必有事焉而勿正[40]：心勿忘，勿助长也[41]。无若宋人然：宋人有闵[42]其苗之不长而揠[43]之者，芒芒然[44]归，谓其人[45]曰：‘今日病[46]矣！予助苗长矣！’其子趋而往视之，苗则槁矣。天下之不助苗长者寡矣。以为无益而舍之者，不耘苗者也；助之长者，揠苗者也——非徒无益，而又害之。”

【注释】

（30）知言：善于分析言辞。言，言辞，思想言论。

（31）浩然：盛大之貌。

（32）直养：顺从人的本性去培养、扩充。直，会意字，甲骨文写作，以眼睛直视前方，会意正视。引申为遵循、顺从。

（33）塞：充满。塞是会意字，甲骨文写作，用手拿着某种东西充填空间。本义是阻隔、阻绝。

（34）配义与道：义，内在的道理。道，外在的方法。配，朱熹注："合而有助之意。"浩然之气的养成，乃因其合于内在的道理，拥有外在的方法。

（35）馁：饥乏而气不充体。

（36）是集义所生者：是由内在的义凝聚而产生的。集，指人不断践行义的积累过程。

（37）非义袭而取之也：不是义自外的侵袭而取得的。袭，自外而内的侵袭。

（38）慊（qiè）：赵岐《注》："快也。"称心义。

（39）告子未尝知义：告子以为义为外在的东西，与自己无干。实则义是内在的，并非外在的，所以告子为不知义。

（40）正：朱熹《孟子集注》："预期也。……此言养气者，必以集义为事，而勿预期其效。"

（41）心勿忘，勿助长也：此言养气需心不忘，而不可妄助其长。

（42）闵：忧。

（43）揠（yà）：以手将苗向上提起。朱熹《孟子集注》："拔也。"

（44）芒芒然：昏沉沉的样子。赵岐《注》："芒芒，罢倦之貌。"

（45）其人：赵岐《注》："家人也。"

（46）病：朱熹《孟子集注》："疲倦也。"

【译文】

公孙丑问："请问老师有什么优长呢？"

孟子说："我善于分析言辞，我善于培养我的浩然之气。"

公孙丑问："请问什么叫浩然之气呢？"

孟子说："这很难说清楚。那一种气，最伟大，最刚强，用顺从人本性的方法去培养它，一点儿不加伤害，就会充满天地之间。那种气，必须用义与合理的方法去培养它，否则，就会气泄而软弱无力。那种气，是由义的不断积聚而产生的，不是义由外而内侵袭而取得的。如果行为不称心，就会气泄而软弱无力。我之所以说告子不懂得义，是因为他把义看作是外在的。浩然之气必须要在集义中去培养，但不要有预期：不要忘记，也不要助长。不要像宋国人那样：宋国有个担心禾苗不生长而去拔高它的人，累得昏沉沉地回到家，对家里人说：'今天累坏了，我帮助禾苗生长啦！'他的儿子急忙跑到田里去看，禾苗已经枯死了。普天之下不（像宋人那样）助力禾苗生长的人实在很少啊。以为培养没有益处而放弃劳作的，是不给禾苗锄草的懒汉；盲目助力禾苗生长的，是拔苗助长的妄人——这不但没有好处，反而伤害了它。"

“何谓知言？”

曰：“诐辞[47]知其所蔽[48]，淫辞知其所陷[49]，邪辞知其所离[50]，遁辞知其所穷[51]——生于其心，害于其政；发于其政，害于其事[52]。圣人复起，必从吾言矣。”

【注释】

（47）诐（bì）辞：诐，《说文解字》：“古文以为‘颇’字。”即《尚书·洪范》“无偏无颇”之“颇”。吕留良《四书讲义》：“若任其偏曲之见，说着一边，遗却一边，是为诐辞。”

（48）蔽：杨倞注《荀子·解蔽》之“蔽”：“蔽者，言不能通明，滞于一隅，如有物壅蔽之也。”

（49）淫辞知其所陷：过分之辞，知其失实的地方。淫，凡事当止而不止即谓淫，淫则必有所失。

（50）邪辞知其所离：邪僻之辞，知其背离正道的地方。杨伯峻《孟子译注》：“离于正则为邪，故‘邪辞知其所离’。”

（51）遁辞知其所穷：逃避之辞，知其词穷的地方。杨伯峻《孟子译注》：“理有所穷而后其辞遁。”

（52）发于其政，害于其事：“政”就行政理念而言，“事”就具体行政事例而言。

【译文】

公孙丑问：“什么是善于分析言辞呢？”

孟子说：“偏颇的言辞，知道它片面的地方；过分的言辞，知道它失实的地方；邪僻的言辞，知道它背离正道的地方；逃避的言辞，知道它理屈词穷的地方——（这四种言辞）从心中产生出来，就会危害政治；在政治中表现出来，就会危害政务。今后再有圣人出现，必定会赞成我的言论。”

“宰我、子贡[53]善为说辞[54]，冉牛、闵子、颜渊善言德行[55]。孔子兼之，曰：‘我于辞命[56]，则不能也。’然则夫子既圣矣乎？”

曰：“恶！是何言也？昔者子贡问于孔子曰：‘夫子圣矣乎？’孔子曰：‘圣则吾不能，我学不厌而教不倦也。’子贡曰：‘学不厌，智也；教不倦，仁也。仁且智，夫子既圣矣。’夫圣，孔子不居——是何言也！”

“昔者窃闻之：子夏、子游、子张[57]皆有圣人之一体[58]，冉牛、闵子、颜渊则具体而微[59]，敢问所安[60]。”

曰：“姑舍是[61]。”

曰："伯夷、伊尹[62]何如？"

曰："不同道[63]。非其君不事，非其民不使；治则进，乱则退，伯夷也。何事非君，何使非民；治亦进，乱亦进，伊尹也。可以仕则仕，可以止则止，可以久则久，可以速则速，孔子也。皆古圣人也，吾未能有行焉；乃[64]所愿，则学孔子也。"

"伯夷、伊尹于孔子，若是班[65]乎？"

曰："否。自有生民以来，未有孔子也。"

曰："然则有同与？"

曰："有。得百里之地而君之，皆能以朝诸侯，有天下；行一不义、杀一不辜而得天下，皆不为也。是则同。"

曰："敢问其所以异。"

曰："宰我、子贡、有若[66]，智足以知圣人，污[67]不至阿其所好。宰我曰：'以予观于夫子，贤于尧舜远矣。'子贡曰：'见其礼而知其政，闻其乐而知其德，由百世之后，等[68]百世之王，莫之能违也。自生民以来，未有夫子也。'有若曰：'岂惟[69]民哉？麒麟之于走兽，凤凰之于飞鸟，太山之于丘垤[70]，河海之于行潦[71]，类也。圣人之于民，亦类也。出于其类，拔乎其萃[72]，自生民以来，未有盛于孔子也。'"

【注释】

（53）宰我、子贡：宰我，姓宰，名予，字子我。子贡，姓端木，名赐，字子贡。均为孔子弟子。

（54）说辞：言语。

（55）冉牛、闵子、颜渊善言德行：冉牛，姓冉，名耕，字伯牛。闵子，姓闵，名损，字子骞。颜渊，姓颜，名回，字子渊。均为孔子弟子，德行优良。善言德行，姚永概《孟子讲义》："德行，得于心而见于行也。善言之者，冉牛、闵子、颜渊三人，皆身有之，故言之亲切也。"疑"善言德行"之"言"乃"为"之误。

（56）辞命：外交辞令。说辞之一种。

（57）子游、子张：子游，姓言，名偃，字子游。子张，姓颛（zhuān）孙，名师，字子张。均为孔子弟子。

（58）一体：朱熹《孟子集注》："犹一肢也。"

（59）具体而微：朱熹《孟子集注》："谓有其全体，但未广大耳。"具体，全体。

（60）安：朱熹《孟子集注》："处也。"

（61）姑舍是：姑，暂且。舍，放下。是，代词。朱熹《孟子集注》："孟子言且置是者，不欲以数子所至者自处也。"孟子不以圣人自居，只以圣人自期。

（62）伯夷、伊尹：伯夷，商末孤竹国君的长子。周武王伐纣时，伯夷与弟弟叔齐拦马谏阻。周灭商后，二人隐居首阳山，不食周粟而死。伊尹，名挚。商汤之相。本是有莘氏的陪嫁奴隶，得到商汤的欣赏，被提拔为相。他辅汤灭夏，建立商朝。太甲即位后昏庸无能，伊尹把太甲流放到桐宫达三年之久，并摄政管治国家。直到太甲后悔了，才把他迎回执政，使太甲变成了一位贤君。

（63）不同道：处事方式不同。道，方式。

（64）乃：至于。

（65）班：等同。

（66）有若：姓有，名若，孔子弟子。

（67）污（wū）：赵岐《注》："下也。"

（68）等：分等，区别。

（69）岂惟：何止。

（70）丘垤（dié）：小土堆。垤，蚂蚁做窝时堆在洞口的土。

（71）行潦（lǎo）：沟中的流水。潦，积水。

（72）萃：犹群、类，指聚在一起的人或物。

【译文】

公孙丑问："宰我、子贡善于言辞，冉牛、闵子、颜渊长于德行。孔子兼而有之，但是他还说：'我对于辞令，不擅长啊。'（而您既善于分析言辞，又善于养浩然之气，言辞德行兼而有之，）那么，先生已经是圣人了吧？"

孟子说："嗨！这是什么话！从前子贡问孔子：'先生是圣人了吧？'孔子说：'圣人，我不能做到，我只是学习不觉满足，教人不知疲倦。'子贡说：'学习不觉满足，这是智；教人不知疲倦，这是仁。您既仁且智，先生已经是圣人了。'圣人，孔子尚且不敢自居——你这是什么话！"

公孙丑问："我以前曾听说，子夏、子游、子张都有圣人的某一方面，冉牛、闵子、颜渊则具备了圣人的全体，只是略逊一筹。请问您是属于哪一种情况呢？"

孟子说："暂且不谈这个。"

公孙丑问："伯夷、伊尹怎么样呢？"

孟子说："他们的处事方式不同。不认可的君主不侍奉，不认可的百姓不使唤；天下太平就出仕，天下昏乱就隐居，这是伯夷。任何君主都可侍奉，任何百姓都可使唤；天下太平出仕，天下昏乱也出仕，这是伊尹。该出仕就出仕，该辞职就辞职，该长久就长久，该短暂就短暂，这是孔子。他们都是古代的圣人，我还不能像他们那样去做。至于我的愿望，则是向孔子学习。"

公孙丑问："伯夷、伊尹与孔子，可以相提并论吗？"

孟子说："不。自有民人以来，没有人比得上孔子。"

公孙丑问："那么他们有相同的地方吗？"

孟子说："有。如果让他们管理方圆百里，都可以使诸侯来朝，天下归附；如果行一不义、杀一无辜而可以得到天下，他们都不会去做。这是他们相同的地方。"

公孙丑问："请问他们之所以不同的地方是什么呢？"

孟子说："宰我、子贡、有若的智慧足以了解圣人，他们虽然居下位，但不会阿谀奉承所喜欢的人。（我们且看他们如何称赞孔子吧！）宰我说：'以我对先生的观察，先生远远超过了尧舜。'子贡说：'见到它的礼仪，就可以了解这个国家的政治；听到它的音乐，就可以了解这个国家的德行；一百代之后来评价这一百代中的君王，也不能违背孔子的主张。自有民人以来，从没有孔子那样的人。'有若说：'难道只是人类存在差别吗？麒麟之于走兽，凤凰之于飞鸟，泰山之于土丘，河海之于水沟，都属于同类。圣人之于百姓，也属于同类。高出同类，超出群辈，自有民人以来，没有人比孔子更伟大。'"

【说要】

本章论"知言养气"，是孟子对儒学的一大贡献。

朱熹《孟子序说》引程颐之言：

> 孟子有功于圣门，不可胜言。仲尼只说一个仁字，孟子开口便说仁义。仲尼只说一个志，孟子便说许多养气出来。只此二字，其功甚多。（《四书章句集注》，第199页）

于此又引程颐语：

> 孟子此章，扩前圣所未发，学者所宜潜心而玩索也。（同上，第236页）

"知言养气"章是《孟子》最重要也最难解的章节之一。既重要，又复杂，便造成这样的结果：一方面它受到历代学者高度重视；另一方面对它的注释，各家见仁见智，莫衷一是。对它涉及的每一个问题、每一个关键字词，几乎都有不同的解读。

因文字较多、义理复杂，故分六个部分分别注释、译文。

本章"说要"，我们主要参考杨海文、梁涛、颜炳罡、陈来、杨伯峻、蔡仁厚、劳思光、徐复观、焦循、王夫之、朱熹的注解。

第一，不动心。

什么是不动心呢？

不动心的表面根据，是一个人的勇气，但是，仅从外在的“勇”这一点上，还不能判定它。纵观本章，我们或许可以对“不动心”作以下梳理：

一是任气而为的不动心，这是人的生命力的放纵妄动。

二是面对世俗功名利禄的不动心，这是对利的不妄求。

三是面对成就大业过程的不动心，这是对自我能力的不怀疑。

四是面对道义的不动心，这是对信仰的不动摇。

总之，不动心不能从表象上看，要从内在的修养去认识。真正的不动心，是一种功夫，是一种修养，是一种定力，是一个“集义”的过程。

公孙丑问的“动心否乎”，应该是指“面对世俗功名利禄”或“面对成就大业过程”是否动心。

不过，这时的公孙丑对于不动心的理解，显然是从字面上、人的外在表象上来的，并没有想到其中的深刻与复杂。因为在孟子回答“我四十不动心”之后，公孙丑竟然说“如果这样，先生就超过孟贲很多了”。

孟贲是古代的一名勇士，据说他“水行不避蛟龙，陆行不避兕（注：犀牛）虎”，这种勇而不惧与公孙丑所问的“加卿相”“行霸王”应该没有直接关系。如果非要说有关系的话，最多是二者的外在表现，给人以“心不动摇，无所疑惧”的表面印象而已。

孟子既看不上公孙丑的比喻，也看不上孟贲之勇。所以孟子接着回答“告子先于我做到了不动心”。

公孙丑这时对不动心的理解，正如我在初步学习本章之后的感觉——朦胧、困惑。他显然并没有体察到，不动心是复杂的，孟贲、告子和老师的不动心是不一样的。

也正因为如此，公孙丑不去问孟贲、告子和老师三人不动心的区别，而是问“不动心有什么方法吗”？

第二，养勇。

孟子回答不动心的方法——养勇。

勇即气，因此孟子由“养勇”直接就过渡到“守气”了。气有大小，勇亦有大小。

表面上看来是一样的不动心，却因工夫的不同，而展现不同的内容、不同的生命气象。所以接下来，孟子针对公孙丑的朦胧、困惑，举出两个勇士的养勇与代表儒家的曾子之养勇，各有不同——修养的工夫不同，不动心的境界也不同。

先看北宫黝之养勇：

“不肤挠，不目逃”——这是野蛮其体魄。

“思以一豪挫于人，若挞之于市朝”——这是夸大外力对自己的伤害，也是不管对什么事。

“不受于褐宽博，亦不受于万乘之君”——这是不管对什么人。

“恶声至，必反之”——这是以恶对恶。

由此我们可以得出这样的结论：北宫黝之养勇，是情绪化的放纵生命力，乃“恃气凌物的不动心”。

再看孟施舍之养勇：

“视不胜犹胜也”——这是胜不胜无所谓，只去战斗。

“量敌而后进，虑胜而后会，是畏三军者也”——这是把分析客观条件，以求可能正确的道路，看作是畏惧，莽汉而已。

“舍岂能为必胜哉？能无惧而已矣”——这是把心一横，以求不惧怕而已。

由此我们可以得出这样的结论：孟施舍之养勇，是以无惧之心去战斗，乃排斥智慧、不计后果的“恃己无惧之不动心”，就像一个将军统领着并不心服的士兵在打仗。

曾子之养勇：

“自反而不缩，虽褐宽博，吾不惴焉”——自认理亏，即使对卑贱之人也不仗势欺辱。

“自反而缩，虽千万人，吾往矣”——如果理直，面对千军万马也勇往直前。

这是先通过理性（志）的反省，在明了道义之后，“反身循理的不动心”，就像一个将军统领着心悦诚服的士兵在打仗。

很容易判断，曾子养勇的方法是正确的，他的勇是大勇，是孟子所认可的。

第三，告子的不动心。

对话到了这里，公孙丑似乎意识到不动心的丰富内涵，想起老师先前“告子先我不动心”的话，故而问到“敢问夫子之不动心与告子之不动心，可得闻与？”

孟子继续从培养不动心的方法上解答。

告子不动心的主张是：“不得于言，勿求于心；不得于心，勿求于气。”

告子达到不动心的工夫，既不同于北宫黝、孟施舍，也不同于曾子，而是采取遗世独立、孤明自守的方法。

劳思光先生认为孟子所引告子之语中，所谓“得”即指“得理”而言（即“得正”），“不得”亦即“不得理”之意。所谓“心”“气”“言”皆针对在己者而说。“心”即己之心志，“气”即己之意气，“言”即己之讲论。

我感觉“不得于言”是指他人的“言”，所以，下面孟子说“我知言”；“不得于心，勿求于气”是从自己讲的，所以，下面孟子说“我善养吾浩然之气”，确保心对气的统率。理解这两句话，涉及“心”“气”“言”，涉及人与己，涉及思想与行为。

一个人的精神，常常会受到社会环境的影响，因而会发生扰乱（动心）。告子的“不得于言，勿求于心”，与他主张“义外”有关。

“义”是对于事情应当或不应当的判断，以及由此判断而引发的行为。孟子主张

“义内”说，认为此判断系出于人的良知良能，不仅判断的标准为我心所固有，并且依此判断来规范自己的行为也是我心的本然要求。

告子主张“义外”说，则以为事情应当不应当，与自己的生命毫不相干。“不得于言，勿求于心”，视义为外事，将“言”与“心”强制性地隔离开来，不管别人怎么说，合不合理，一律不问，以求得心的安定。这本质上是放弃“心”对“言”的统率（判断），是一种孤明自守的出世的态度。对此，孟子不认可。

“不得于心，勿求于气”，是从自己讲的。即心志有不得理的时候，不用去求助于意气，孟子认为这是可以的。因为心志未能得理，求助于意气，不过是掩盖因不得理而产生的内心不安，结果只是装腔作势而已。譬如强词夺理的人，表面上看起来盛气凌人，其实他心里不安得很、恐惧得很。

对于“不得于言，勿求于心”的不同态度，是告子、孟子不动心的根本不同之处。

孟子持儒家入世态度，自然不能把“心”与“言”（或更宽泛地说言即言行、事）隔离开。同时，孟子主仁义内在，理在心中，义在心中。故不得理于“言”，必求之于心，以“心”本有的、把握的道义来规范、认识“言”（或更宽泛地说来规范、认识言行、事）。由此则在得志时，“居天下之广居，立天下之正位，行天下之大道”，救世济民；在不得志时，“富贵不能淫，贫贱不能移，威武不能屈”，仍然坚守自己的信仰，从而展现一大丈夫的人格，展现一浩然之气的充塞挺立，展现一道的大流行。

第四，志和气。

孟子说“志，气之帅也；气，体之充也”。

“志”是心之所向，志即心，心可以约束“气”，是“气”的统帅。

“气”是人的生命力——它存在于人的形体之中。

充体之“气”，大约可以分为三种：源自生理欲望的欲气、源自情感的意气、源自“配义与道”的志气。

孟子认定“心”的命令必须经由“气”，即调动起人的生命力，才能指令人的视听言动。

心可以约束“气”，所以“志壹则动气”；“气”也不是完全的被动，当气失去平正，便会肆意泛滥，又会反过来扰动人的心志，所以说“气壹则动志也”。程子曰：“志动气者什九，气动志者什一。”

孟子说“心之官则思”，又说“仁义礼智根于心”，本心的发动是人之所以为人的根本所在。人的不动心的层级，或者说修养厚薄，取决于本心发动的状况。

这就要求我们一方面要“持其志”，要把握住心志，彰显本心的存在、道义的力量；一方面要“无暴其气”，不要滥用气。要发挥心志的统率力，约束欲气、意气，以减少欲气、意气对心志的干扰，培养壮大志气，增强生命力。

“持其志”是养心，“无暴其气”也是养心。

若将不动心的工夫先作一比较，则勇士北宫黝、孟施舍是养气而不持志，因此，其养气只是生理上的锻炼、放纵，呈现出“意气”的生命状态。告子则持志而不养气，其持志又不肯正“言”，把心志与气强制隔离开来，把自己与现实强制隔离开来，遗世而独立。他是在取消问题而不是解决问题中实现不动心的。曾子、孟子则持志、养气，合而为一，是在言性善、倡王道、辟邪说的生命历程中，来实现救世济民、担当道义的不动心的。

第五，知言养气。

孟子由“知言”“养气”而达到“不动心”。

首先，孟子的养气。孟子认为浩然之气作为一种精神状态，是很难描述的，需要靠生命的体验。

浩然之气具有道德属性，至大至刚，充塞天地之间，它与我们今天常说的“道德的勇气”“正义的力量”意思相近而含义更深广、更丰富。

浩然之气的培养要求是“直养而无害”。“直”就是顺应本性。“直养”就是“配义与道”，就是“集义”。“配义与道”，是道义与方法合而为一的意思。

孟子的养气，将志与气融合而为一，这种合而为一，由心志的主宰使气升华，从而气与道义不分，由此气就不是一种观念形态的存在，而表现为具体的人格、生命。

浩然之气的培养“是集义所生者，非义袭而取之也”。浩然之气是由义的不断积聚而产生的，不是义由外而内侵袭而取得的。“集义”，“集”强调持续性，“义”强调正当性。“袭”，由外而内的侵袭。

“行有不慊于心”是培养浩然之气的负面清单。只要做了一件有愧于心的事，这种气就会软弱无力。言行可不慎乎！

“无害”就是“勿正”，即不要有执念。具体的方法就是“勿忘”“勿助”。

“勿忘”即养气长存心中，不能忘记。认为培养浩然之气没有用处而放弃的人，就像是不给禾苗锄草的懒汉。

“勿助”即不要违背规律地助长它。助长，不仅无益，还损害了浩然之气的生长。认为培养浩然之气需要助长的人，就像宋国那个揠苗助长、出力不讨好的“妄人”。

其次，孟子的知言。知言，即明晓道义，是德性心对认知心的统摄。所以严格来说，它也包含逻辑及知识论的问题。

从修身的角度来说，“知言”就是自我的反省；从学术的角度来说，“知言”就是以心为权衡，来判定各种主张、言论的是非正误，防止其对人心的危害；从出仕的角度来说，“知言”就是“格君心之非”。

言为心声，君心之非，发而为言即“诐辞”（偏于一边之辞）、“淫辞”（夸诞之辞）、

“邪辞”（不合正道之辞）、“遁辞”（闪烁逃避之辞），若不能得到“格正”，四种言辞从心中产生出来，形成政治理论，就会产生不良的政治；有了不良的政治，就会产生不良的行政作为，最终祸国殃民。此即“生于其心，害于其政；发于其政，害于其事”。

第六，对标孔子。

本章最后部分，孟子对孔子做了充分肯定和赞美，认为自有人类以来，无人比得上孔子，甚至借宰我之口，认为孔子高出同类、超出群辈。

黄俊杰《孟学思想史论》：

> 孟子推尊孔子以其：（一）深刻掌握“时中”精义；（二）具备民胞物与之胸襟。（黄俊杰：《孟学思想史论》，台湾东大图书公司 1991 年版，第 402—403 页）

孔子之所以作为榜样，表现在：

仁且智——“学不厌，智也；教不倦，仁也。仁且智，夫子既圣矣”。

时中——“可以仕则仕，可以止则止，可以久则久，可以速则速”。

唯义是从——“行一不义、杀一不辜而得天下，皆不为也”。

坚定的政治主张（由敏锐的政治洞察力所体现的坚定的政治主张）——“见其礼而知其政，闻其乐而知其德，由百世之后，等百世之王，莫之能违也”。

“乃所愿，则学孔子也。”对标孔子的目的，是孟子为自己树立一个追寻的目标，一个入世的标准。有了这样的目标、标准，即将不动心、大勇、浩然之气与孟子的生命连接起来、与时代连接起来、与文化连接起来、与舍我其谁的道义担当连接起来，展现出不朽的亚圣光辉！

本章在思想史上曾产生过重要影响，特别是浩然之气的内容，“是两千年来始终激励人心，传颂不绝的伟辞名句”，“是中华民族特别是知识分子的人格理想”（李泽厚：《中国古代思想史论》，人民出版社 1986 年版，第 48 页），对于塑造中华民族精神的气质特征产生了积极而重要的影响。

对于浩然之气，一般都认为浩然之气只是“至刚”的，其实这是不完整的理解。

浩然之气是“至刚”的，有了“至刚”才能顶天立地；浩然之气同时是“至大”的，有了“至大”才能充塞天地之间。“至大”便是仁，“至刚”便是义。有了仁、义，才能顶天立地，充塞天地之间。

辛全《四书说》卷五：

> 浩然之气，本然原是至大至刚，塞乎天地，养其至大至刚，塞乎天地，只是还其本然。
>
> 在气是至大至刚，在心是弘毅。在圣人是广运，在造化是无不持载，无不覆

帱。日月代明，四时错行，总是一贯。

匹夫、匹妇，亦有浩然之气塞天地时，不独圣人贤人。(《四书说》，第 168 页）

历史上，真正的知识分子，在孟子“浩然之气”“大丈夫精神”的影响下，都有一种“修身齐家治国平天下”“舍生取义，杀身成仁”的理想和气度，为了这个理想和气度，他们“爵禄可辞，白刃可蹈”！

有了孟子所倡导的“浩然之气”“大丈夫精神”，才有了文天祥的“人生自古谁无死，留取丹心照汗青”；才有了林则徐的“苟利国家生死以，岂因祸福避趋之”；才有了戊戌变法失败后，谭嗣同的“我自横刀向天笑，去留肝胆两昆仑”。

正是有了孟子所倡导的“浩然之气”“大丈夫精神”，正是有了在孟子“浩然之气”“大丈夫精神”感召下的无数舍生取义的志士仁人，我们中华文化才有了不屈的脊梁！我们中华文化才有了岩岩泰山之气象！我们中华文化才能传承几千年至今仍然强健不息！

附录：说“勇”

在古文字中，勇有四种代表性的写法：、、、。（甬），即古“钟”字。古代乐器，青铜材料所制，悬挂于架上，以槌叩击发音，用于祭祀、宴享。战斗中亦用之，鸣钟以指挥进退或鼓舞士气，故又引申为勇气、勇敢。表示此义的“甬”，后来写作（勇），从甬从耒；或写作，从甬从戈，以示勇力；或写作，从甬从心，以示勇气。

勇字字形的变化，显示出勇，从原始崇尚人生理的力量，进而崇尚技能的力量（从耒从戈），再到崇尚道德的力量（心）的过程。

03.03　孟子曰：“以力假仁者霸，霸必有大国；以德行仁者王，王不待大——汤以七十里，文王以百里(1)。以力服人者，非心服也，力不赡(2)也；以德服人者，中心悦而诚服也，如七十子(3)之服孔子也。《诗》云(4)：‘自西自东，自南自北，无思(5)不服。’此之谓也。”

【注释】

（1）汤以七十里，文王以百里：即汤以七十里而王，文王以百里而王，皆承上文而省略。

（2）赡：赵岐《注》：“赡，足也。”

（3）七十子：《史记·孔子世家》：“孔子以诗书礼乐教，弟子盖三千焉，身通六艺者七十有二人。”《史记·仲尼弟子列传》：“七十有七人”“学者多称七十子之徒”。“七十子”乃孔子优秀弟子的通称，不一定是七十个人。

（4）《诗》云：以下三句出自《诗经·大雅·文王有声》。

（5）思：助词，无义。

【译文】

孟子说：“凭借武力假借仁义的可以称霸，所以称霸必须是大国；凭借道德推行仁政的可以称王，称王不一定要是大国——商汤凭借方圆七十里而王，文王凭借方圆百里而王。凭借武力使人臣服，人们不是内心服从，只是力量不够；凭借道德使人服从，人们心中愉悦而诚服，就像七十子服从孔子。《诗经》中说：‘从西从东，从南从北，无不服从。’说的就是这种情况。”

【说要】

本章论以德行仁者王。

商汤凭借方圆七十里、文王凭借方圆百里实行仁政，而使人心归服——这是“王不待大”。

春秋五霸皆凭借千里之国、万乘之兵征伐诸侯，称霸天下——这是“霸必有大国”。

了解商汤、周文王、春秋五霸，这是“知史”。经由“王不待大”“霸必有大国”的历史总结，得出“以力服人者，非心服也，力不赡也；以德服人者，中心悦而诚服也”，这是“明理”。

朱熹《孟子集注》引邹氏（邹浩）之言：

> 从古以来，论王霸者多矣，未有若此章之深切而著明也。（《四书章句集注》，第237页）

知史明理，孟子便提出一个坚定的政治主张——尊王而贱霸。

冯梦龙《四书指月·孟子曰以力假仁章》：

> 霸者，把也，谓把持王政。王者，往也，谓天下归往。……王霸之业，皆以服人而成。其假仁、真仁处说之不尽，故只就“服人”处想之。……“力服”，是压服；“德服”，是帖服。（《四书指月》，第328页）

人之所以诚服于王道，是因为心中愉悦的情感充盈。

人之所以屈服于霸权，是因为手里反抗的力量不够。

商汤凭借方圆七十里、文王凭借方圆百里实行仁政，而使人心归服，成数百年之基业——得道多助，行王道易。

春秋五霸皆凭借千里之国、万乘之兵征伐诸侯，称霸天下，少则一二十年，多则数十年而止——失道寡助，推霸道难。

既然行王道易、推霸道难，何以历史上有那么多不行王道的执政者呢？“如七十子之服孔子也”一语中暗含答案。

吕留良《四书讲义》卷三十二：

> 说王说霸，忽然插入孔子作比方，甚是不伦，此正是孟子文章妙处，只要发明“王不待大”之理。行仁之德，至孔子而极，力之不大，亦至孔子而极，百里、七十里尚有力可待，孔子则并无待矣。以此看王者悦服之理，更亲切分明可信。（《四书讲义》，第720页）

霸多王少的缘故，只是如商汤、周文王那样修德的执政者太少了。奇怪的是，偏偏有人不去责怪执政者的失德，却来怀疑圣人教诲的道理。

世界没有真切地按照圣人规划的道路而来，世界可以大致地按照圣人指引的方向而去吗？

我想可以树立信心，因为有道义的力量、民众的向往。

03.04　孟子曰：“仁则荣，不仁则辱。今恶辱而居不仁，是犹恶湿而居下也。如恶之，莫如贵德而尊士，贤者在位，能者在职；国家闲暇，及是时明其政刑，虽大国必畏之矣。《诗》云(1)：‘迨(2)天之未阴雨，彻(3)彼桑土(4)，绸缪(5)牖户。今此下民，或敢侮予？’孔子曰：‘为此诗者，其(6)知道乎！能治其国家，谁敢侮之？’今国家闲暇，及是时般乐(7)怠敖(8)，是自求祸也。祸福无不自己求之者。《诗》云(9)：‘永言配命(10)，自求多福。’《太甲》(11)曰：‘天作孽，犹可违(12)；自作孽，不可活(13)。’此之谓也。”

【注释】

（1）《诗》云：以下五句出自《诗经·豳风·鸱鸮》。该诗以母鸟设喻，申述周室危急，表达作者救乱扶倾的苦心。按《尚书·金縢》，此诗作者是周公。

（2）迨（dài）：趁着。

（3）彻：剥取。

（4）桑土（dù）：土，朱熹《诗集传》：“音杜……桑土，桑根皮也。”

（5）绸缪：紧密缠缚。

（6）其：副词。大概。

（7）般（pán）乐：大肆作乐。赵岐《注》："般，大也。大作乐。"

（8）怠敖：怠慢骄傲。

（9）《诗》云：以下两句出自《诗经·大雅·文王》。

（10）永言配命：朱熹《孟子集注》："永，长也。言，犹念也。配，合也。命，天命也。"

（11）《太甲》：《尚书》中的一篇，已失传。

（12）违：避开。

（13）活：逃避。《礼记·缁衣》引作"逭（huàn）"。郑玄注云："逭，逃也。"则此"活"字当是"逭"之借字。（见杨伯峻《孟子译注》）

【译文】

孟子说："实行仁政就会有荣耀，不实行仁政就会遭受屈辱。今天的诸侯厌恶屈辱却自处于不仁之地，这好比厌恶潮湿却又自处于低洼之地一样。假若真的厌恶屈辱，莫过于以德为贵而尊敬士人，让贤能的人居于官位，有才能的人担任职务；国家太平无事，就趁这个时机修明政教刑法，这样即使大国也一定会畏惧。《诗经》中说：'趁着天晴没阴雨，剥些桑树根上皮，补好窗子和门户。从今你们下面人，谁还敢来欺辱我？'孔子说：'写这首诗的人，懂得道啊！能治理好他的国家，谁还敢来欺侮他？'如今国家太平无事，却趁这时机享乐怠惰，这是自求灾祸啊。祸福没有不是自找的。《诗经》中说：'永远想着配合天命，自己求来更多幸福。'《尚书·太甲》中说：'上天降灾，还可躲；自己作孽，无处逃。'说的就是这个道理。"

【说要】

本章论荣辱祸福。仁则福荣，不仁则祸辱；仁与不仁，只在自己。

以文义，论述大约可分三层：

"仁则荣，不仁则辱"是第一层。仁与不仁紧对着福荣祸辱，这是道理如此。

"今恶辱而居不仁，是犹恶湿而居下也"至"谁敢侮之"是第二层。依第一层所讲的道理，讽劝当时的诸侯，且指点如欲避祸辱，当行仁政。如欲行仁政，必贵德而尊士，使贤者在位，能者在职，国家太平无事，就趁这个时机修明政教刑法。并引《诗》及孔子语为证。

自"今国家闲暇"至"此之谓也"是第三层。痛说当时诸侯的实际作为，并引《诗》《书》句来断定他们"自作孽，不可活"。

冯梦龙《四书指月·孟子曰仁则荣章》：

言荣辱祸福，皆以怵动世主。世主谁不喜荣恶辱，而不知其介在“仁”“不仁”。其“仁”“不仁”之分途机关，只在“及是时”三字，能“及是时”而治其国家，则凡事皆先人一着，虽大国亦我畏而不我侮。……若今之“及是时”而般乐怠傲，则福转而祸，荣转而辱矣。故又结以自求，而引《诗》《书》之言自者为证。（《四书指月》，第 329 页）

张栻《南轩先生孟子说》卷第二：

仁者非有意于荣，仁者固荣也。在身则心和而气平，德性尊而暴慢远；在家则父子亲而兄弟睦，夫妇义，长幼序。推之于国而国治，施之于天下而天下平，乌往而不荣也？若夫不仁之人，咈理而徇欲，一身将不能以自保，而况于其他乎？（《张栻集》上，第 218 页）

唐文治《孟子大义》卷三：

《左氏传》曰：“祸福无门，惟人所召。”福也祸也，人以为数也，偶然之事也，而不知为善而获福，为恶而获祸，乃天行之理，感应之机，有毫发不爽者。宋欧阳修曰：“忧劳可以兴国，逸豫可以亡身，自然之理也。”盖自然之理，即当然之数。天之降祥降殃，不必设一局以待人，而人偏若故入其局，及身罹于祸，乃曰“此数也，偶然之事也”，岂不谬哉？孟子此章，苦口之言至矣。（《唐文治四书大义》，第 76 页）

姚永概《孟子讲义》卷三：

孟子此章，非常沈痛，读之泪几欲堕。因思古今多少英雄志士，目视国之可为而不为，逮事过境迁，时机已失，祸患猝至；虽欲勉力图存，奈非闲暇之时，难施补救之术。所谓虽有善者，无如之何！读至两“及是时”句，应作同声之哭矣。嗟呼！往事已矣，后来无穷，所愿与读《孟子》者，将此章念兹在兹，永存心目，苟当大任，努力为前之“及是时”焉可也。（《孟子讲义》，第 51 页）

姚永概在短短的按语中，连用“读之泪几欲堕”“应作同声之哭矣”，情感如此痛楚，为什么呢？

在道光二十年鸦片战争以前，中国虽然内部已经空虚，但外表承乾嘉余荫，还是金光灿烨！《南京条约》以后，绑上第一条枷锁！割了第一块骨肉！以后一条一条地绑上无量数的枷锁；一块一块地割了无量数的骨肉！受着这样“凌迟”的惨刑，简直堕入地狱的底层，最惨痛苦楚的时期，正在这一百年的中间。自甲午

（一八九四）中日之战，至庚子（一九〇〇）联军之役，那时瓜分的酷刑，已为全世界所宣判定了。稍有血性的国民，都想蹈东海而自杀……（吴其昌：《梁启超传》，花山文艺出版社 2016 年版，第 2 页）

姚永概生于清穆宗同治五年（1866），卒于民国十二年（1923）。他的生命正是完全笼罩在这民族的悲惨命运里，他毕生以兴学育才为己任，矢志革新。民国初年，北洋军阀政府首脑段祺瑞、徐世昌多次招聘入阁，他一概拒绝，说：“吾如处女，少不字，老乃字耶？”1919 年，五四运动爆发，陈独秀被捕，姚永概等署名营救。对此，胡适评价说：“这个黑暗里还有一线光明。”

了解了姚永概的简要生平，我想他读此章的痛楚情感就比较清楚了。即使是这样，今天的我们对他读此章的情感，也很难感受一二——或许是时过境迁，或许是我们善于遗忘。

姚永概去我们不过百年，他读此章的情感，我们已经很难感受到了；孟子距我们两千三百多年，他写此章的情感、大义，我们还能感受的到吗？

03.05　孟子曰：“尊贤使能，俊杰在位，则天下之士[1]皆悦，而愿立于其朝矣；市，廛[2]而不征，法而不廛[3]，则天下之商皆悦，而愿藏于其市矣；关[4]，讥而不征[5]，则天下之旅皆悦，而愿出于其路矣；耕[6]者，助而不税[7]，则天下之农皆悦，而愿耕于其野矣；廛，无夫里之布[8]，则天下之民皆悦，而愿为之氓[9]矣。信能行此五者，则邻国之民仰之若父母矣。率其子弟，攻其父母，自生民以来未有能济者也。如此，则无敌于天下。无敌于天下者，天吏[10]也。然而不王者，未之有也。”

【注释】

（1）士：《说文解字》：“士，事也。”甲骨文写作。吴承仕曰：“许训士为事，古以士称男子，事谓耕作也。”张舜徽《说文解字约注》卷一“士”条：“古者三十而娶。三十以前，乃从事耕植之盛年。故古人即称年少未娶者亦谓之士也。”或以为“士”“王”二字同源。季旭升则认为，士为贵族的最底层。“甲骨文‘士’字与‘王’字同形，但王、士地位相差太大，不太可能同取一象。从字形来看，王取象于钺形，士则可能是镃镇的象形。……而钺为王权之象征，故以示王者；镃镇为劳动之工具，故以示士人，二者字形虽近，然取象不同，故可以代表不同之二阶级也。”（详见《说文新证》卷一上“士”条）故士字有未婚的男子、男子的美称、知识分子、古代社会贵族阶层中等级最低者等义。在儒家的语境里，士具有高尚的品格。

（2）廛（chán）：会意字。小篆写作，从广（敞屋）从里（里巷）从八（分）从

土，会里中之屋、分土而居之意，即里巷的宅居。《说文解字·广部》:“廛，一亩半，一家之居，从广、里、八、土。”本义为古代城镇平民一家所占的房地。引申为市中储藏或堆积货物的宅舍。此处用作动词，指对宅舍收税。

（3）法而不廛：张栻《南轩先生孟子说》卷第二：“税有常法，不以廛故而厚其税。”即按常法对宅舍收税而不因其存放经营的货物多收税。

（4）关：会意字。金文写作，从门从丱，丱亦声。会意闭合。

（5）讥而不征：只稽查而不征税。讥，稽查。

（6）耕：会意字。战国简帛写作，从田从耒从手。会意耕田。

（7）助而不税：朱熹《孟子集注》:“但使出力以助耕公田，而不税其私田也。”这是针对“井田制”而言。

（8）廛，无夫里之布：廛，指出租房，用作名词。夫里，夫布与里布的简称。夫布，一夫的劳役税。《周礼·闾师》:“凡无职者出夫布。”没有固定职业的人，要交劳役费。里布，一户的地税。《周礼·载师》:“凡宅不毛者有里布”。宅不种桑麻的，要交地税。推想当时的情况应该是，宅舍即使是种桑麻，也不过是完成了房主的任务，作为氓还是要交一份地税的。这无形中加重了氓的负担。

（9）氓（méng）:指从别处迁来之民。犹今天所谓移民。

（10）天吏：即负有上天使命的人。焦循《孟子正义》:“使从吏声，故吏之义通于使。”

【译文】

孟子说：“尊重贤才，使用能人，杰出的人物在位在职，那么，天下的士人都会很高兴，愿意来这样的朝廷任职；在市场，只对作为仓库的宅舍收租而不征收货物，按常法对宅舍收税而不因其存放经营的货物多收税，那么，天下的商人都会很高兴，愿意来这样的市场做生意；在关卡，稽查而不征税，那么，天下的旅客都会很高兴，愿意来这样的道路行走；对于种田的人，只要求助耕公田，而不对私田征税，那么，天下的农夫都会很高兴，愿意到这样的土地耕种；居住的地方，没有劳役税和额外的地税，那么，天下的人都会很高兴，愿意成为这里的移民。真正能实行这五项政策，则邻国百姓仰望你如同父母。（若有邻国想率领百姓攻打你，）那就好比率领‘子弟’攻打‘父母’，这样的事情自有人类以来没有能成功的。这样，就能无敌于天下。无敌于天下的人，就是‘天使’。如此还不能称王天下，是从来没有过的。”

【说要】

张栻《南轩先生孟子说》卷第二：

此章言欲救当时之弊，在乎力行，以反当时之失而已。当时诸侯之所以失人心者，以其不用贤能，又以其废先王之法，为暴敛之事也。若知其然，而力行以反之，则天下斯归之矣。(《张栻集》上，第219页)

孟子提出“救当时之弊”的具体办法，即实行“五大优惠政策”：

“尊贤使能，俊杰在位”是针对士阶层制定的人才政策，目的是吸引理政的人才。

“廛而不征，法而不廛”是针对商人制定的经济政策，目的是招商。

“讥而不征”是针对过境人员制定的海关政策，目的是方便通关。

“耕者，助而不税”是针对农民制定的农业政策，目的是调动农业生产的积极性，扩大农业生产。

“无夫里之布”是针对移民制定的移民政策，目的是吸引他国百姓前来定居。

这五大优惠政策，对于士的吸引，着眼于为他们施展治国理政的才能提供平台支持；对于商、农、旅、氓的吸引，着眼于为他们创造、获得更多的物质财富提供政策保障。

从治理国家的角度来说，执政者的对面有士、商、农、旅、氓。如何才能让士、商、农、旅、氓拥护自己，成为治理国家的助力者，不让对面变成对立面呢？这是困扰执政者的大问题。

什么样的执政者才是合格的执政者？孟子的答案是“能行此五者”。

张九成《孟子传》感慨：

余读此一段，坐见帝王之道显然在前，巍巍乎，真天下之壮观，而太平之极功也！孟子极帝王之要道，指圣贤之本心，以此五者图画名貌，了无余蕴，非学问精深、思虑超诣，未易到此。……后世欲为二帝三王之事，不必远求，第于此数句一一行之，上观朝廷，下考田野，与此无一不合，则唐、虞、三代之时，即今日是矣，何问古今哉？（《张九成集》第三册，第778—779页）

五大优惠政策的制定与落实，从根本上说就是孟子尊贤使能、民为贵思想植根百姓生活的亲切发用。

《日讲四书解义》卷十五：

天下虽大不外此五者之人，而五者之中，士为尤急。盖佐人君创制立法，使商贾、行旅、耕农、居民各得其所者，全在贤能俊杰，故行政乃得人心之本，而用人又行政之本也。(《日讲四书解义》，第245页)

张居正《四书直解·孟子》卷三：

盖民心无常，抚之，则邻国之民皆为子弟；虐之，则邦域之内尽为寇仇。其废兴存亡之机，甚可畏也。战国之君，率以诈力相敌，而不知人心一失，为敌滋多。故孟子特举王政之无敌者，谆谆言之，诚有国者所当鉴也。（《四书直解》，第320页）

司马迁《史记·孟子荀卿列传》云："孟轲，驺人也。受业子思之门人。道既通，游事齐宣王，宣王不能用。适梁，梁惠王不果所言，则见以为迂远而阔于事情。"

后世对孟子的批评也往往聚焦于此，以为孟子有仁政理论的构建，而没有仁政制度的设计。

事实也许并非如此。大家如果读了《孟子·滕文公篇》，我想一定会得出这样的结论：孟子的仁政思想在滕文公执政的滕国，有了一次成功的实践。可惜的是，历史有时候也健忘，除了《孟子》，先秦其他作品都没有滕文公这个人以及他行事的记载，让我们没有办法全面深入地理解孟子仁政制度的具体设计。

幸好有此章，我们或许可以管窥一斑，以见全体。

03.06　孟子曰："人皆有不忍[1]人之心。先王有不忍人之心，斯有不忍人之政矣。以不忍人之心，行不忍人之政，治天下可运之掌上。所以谓人皆有不忍人之心者：今[2]人乍[3]见孺子[4]将[5]入于井，皆有怵惕恻隐[6]之心——非所以内交[7]于孺子之父母也，非所以要誉[8]于乡党朋友也，非恶其声而然也。由是观之，无恻隐之心，非人也；无羞恶之心，非人也；无辞让之心，非人也；无是非之心，非人也。恻隐之心，仁[9]之端[10]也；羞恶之心，义之端也；辞让之心，礼之端也；是非之心，智之端也。人之有是四端也，犹其有四体也。有是四端而自谓不能者，自贼[11]者也；谓其君不能者，贼其君者也。凡有四端于我者，知皆扩而充之矣，若火之始然[12]，泉之始达[13]。苟能充之，足以保四海；苟不充之，不足以事父母。"

【注释】

（1）忍：会意兼形声字。从心从刃，刃亦声，金文写作。一把刀砍在自己心上，给自己带来痛苦，而能够挺得住，便有容耐的意思；如果这把刀砍在别人心上，给别人带来痛苦，你看见了还能够挺得住，那是残狠。忍的本义有两个：一是容耐，一是残狠。残狠就是安于不仁。不忍人之心，不忍他人受到伤害之心，即同情之心、恻隐之心、仁爱之心。

（2）今：假设连词。

（3）乍：突然。乍是会意字。甲骨文写作，由刀（）和卜（）构成，会意卜人刻龟甲，进行占卜的意思。龟是长寿之物，古人认为它能通神，故用龟甲占卜可以预测凶吉。用龟甲占卜的方法，是先用刀子在龟甲背面刻出一个一个小窝，再将其置于火上烘烤，烘烤过程中龟甲就会炸裂形成许多裂纹，这些裂纹就是“卜”。根据“卜”分析出事情发生前的征候或迹象，这就是“兆”。“兆”有“凶兆”有“吉兆”。知道事情发生前凶吉的征候或迹象，人们便可以调整自己的行为，从而趋吉避凶。占卜的人把分析的内容刻在龟甲上记录下来，这就是卜辞，记录卜辞所使用的文字，就是甲骨文。乍的本义为制作卜龟，是作的本字。同时龟甲在烘烤之后突然爆裂，故乍又引申为突然、猝然。乍见就是突然间发现。

（4）孺子:《释名·释长幼》:“儿始能行曰孺。”

（5）将:会意字。金文写作，由表示手的、表示祭品的（就是肉，祭品）和表示供案的（爿，pán）构成，会意人们在庖厨里制作祭祀用的祭品。将的本义为奉献、祭享、供养、奉养。或许是因为准备好祭品意味着祭祀马上就要开始，将又引申为就要、快要。

（6）怵惕恻隐:怵惕，惊惧。恻隐，怜悯。

（7）内交:结交。内，同“纳”。

（8）要（yāo）誉:博取名誉。要，通“邀”。

（9）仁 :《说文解字》:“仁，亲也。从人从二。”仁是外在的人与人之间的关系。仁还有另外一种写法，从身从心。身是人的肉体，心是人的灵魂，人的肉体与灵魂合二为一就是人自己。人自己也是“仁”，说明仁不仅是外在的人与人关系的需要，还是人之为人的需要，是人之为人的必要条件。

（10）端 :萌芽。端是象形字。甲骨文写作，象草木出生之形。字的上部象植物破土初生的形状，中间的一横代表地，下部则象其根的形状。端的本义是萌芽。

（11）贼 :金文写作，从戈从刀从贝，会意以刀、戈毁贝（贝，表示有价值的东西）。本义为残害、伤害。

（12）然:通“燃”。

（13）达:通也。泉水冒出地面的样子。

【译文】

孟子说:“每个人都有怜恤他人的心。先王有怜恤他人的心，所以就有了怜恤他人的政治。用怜恤他人的心，实行怜恤他人的政治，那么天下就可以运转于掌心之上。之所以说每个人都有怜恤他人的心，（是因为）假如人忽然看到一个刚刚学会走路的孩子马上就要掉到井里，都会有惊恐怜悯之心——不是想与孩子的父母攀交情，不是想在乡邻朋友中博取名誉，也不是因为厌恶孩子的哭声。由此看来，没有恻隐之心，不是人；没有羞恶之心，不是人；没有辞让之心，不是人；没有是非之心，不是人。恻隐之心是仁的萌芽，羞恶之心是义的萌芽，辞让之心是礼的萌芽，是非之心是智的萌芽。人拥有四种萌芽，就像有四肢一样。拥有四种萌芽却自认为不能实行的，是自暴自弃的人；认为国君不能实行的，是残害国君的人。凡拥有四种萌芽于其身的，知道扩充它们，就像火刚刚燃起，泉水刚刚涌出。如果能扩充它们，就可以保有天下；如果不能扩充它们，就不足以侍奉父母。”

【说要】

本章论人有“四端”，是孟子论述性善的重要章节。

孟子认为“仁义礼智，非由外铄我也，我固有之也”（11.06），并用“今人乍见孺子将入于井”的示例，引导我们去体证它。

需要说明的是，“今人乍见孺子将入于井”是示例，而不是举例。孟子不是企图以逻辑去证明人性是善的，而是引导我们以生命去体证人性是善的。

梁涛对此有详细的解释：

> 孟子这里所举，乃是一个“示例”，而非一个例证。孟子举出此例，其目的是让每个人置身其中，设身处地，反省到自己亦必生“怵惕恻隐之心”，并援之以手，更进一步反省到自己以往的生活中亦有过众多类似的经历，从而洞见不忍人之心的存在。假如有人经过反省，认为自己从来没有恻隐之心、羞恶之心、辞让之心、是非之心，那他一定不是严格意义上的人了。（梁涛解读：《孟子》，国家图书馆出版社2017年版，第118—119页）

孟子正是从这个意义上讲，没有恻隐、羞恶、辞让、是非之心的，就不是人了。

让我们重新回到“今人乍见孺子将入于井”的故事。

孟子不仅是伟大的思想家，还是伟大的语言学家。“今人乍见孺子将入于井”这简简单单十个字，给我们营造了一个什么氛围？

一是时间短暂。“乍见”，突然发现；“将入于井”，马上就要掉到井里去了。一瞬间的事情，容不得我们做任何思考。

二是对象纯洁。“孺子”，刚刚学走路的小孩子。我们面对的是一个纯洁的、没有受到任何世俗污染的人。

把这两点合起来，让我们扪心问问自己：在这一瞬间，面对这样一个纯洁的、没有受到任何世俗污染的对象，我们所做出的行为会有任何的世俗利害的思考吗？答案是，不会！

在这一瞬间，面对这样一个纯洁的、没有受到任何世俗污染的对象，所做出的没有任何世俗利害思考的行为是什么行为呢？当然是下意识的、本能的行为！

如此，在这一瞬间乍现的“怵惕恻隐之心”——善性，不就是我们人人生来就拥有的吗？

孟子认为君子的本性便是根植于心中的道德性——仁、义、礼、智四德，所谓“君子所性，仁义礼智根于心”（13.21）。同时，孟子又说，“恻隐之心，仁也；羞恶之心，义也；恭敬之心，礼也；是非之心，智也”（11.06），这是说“四心”就是“四德”，也就是说本心就是本性。

所以，对于孟子而言，心、性也是一体的。性是本体，寂然不可见；心是天赋之“官”，动则见性，是以，孟子即以心善言性善。

“恻隐、羞恶、辞让、是非”是体现人善性的超越世俗利害的情感：

人对生命之苦难或毁灭，表现出的“不忍心”的自觉，谓之“恻隐”；人对某种已有之事象，如果觉得它“不应有”，即显现排斥的自觉，谓之“羞恶”；人在考虑自己之所为时，常有“不安”的自觉，谓之“辞让”；人对于一切之主张，常有“合理不合理”的自觉，谓之“是非”。

> 恻隐之心，人皆有之；羞恶之心，人皆有之；恭敬之心，人皆有之；是非之心，人皆有之。恻隐之心，仁也；羞恶之心，义也；恭敬之心，礼也；是非之心，智也。仁义礼智，非由外铄我也，我固有之也，弗思耳矣。（11.06）

这就是著名的“四心说”，它是从本体意义上论人性。

明了、肯定人有善性，在孟子看来非常重要，这是人的尊严所在：“无恻隐之心，非人也；无羞恶之心，非人也；无辞让之心，非人也；无是非之心，非人也。”（03.06）这是人异于禽兽的根本区别所在：“人之所以异于禽兽者几希。”（08.19）

> 恻隐之心，仁之端也；羞恶之心，义之端也；辞让之心，礼之端也；是非之心，智之端也。人之有是四端也，犹其有四体也。有是四端而自谓不能者，自贼者也；谓其君不能者，贼其君者也。凡有四端于我者，知皆扩而充之矣，若火之始然，泉之始达。苟能充之，足以保四海；苟不充之，不足以事父母。（03.06）

这就是著名的“四端说”，它是从工夫意义上论人性。

先天的善性从功用上说，仅仅是个“端”：

> “端”表明恻隐、羞恶、辞让、是非不是一种既定、完成的东西，从恻隐、羞恶、辞让、是非之心到仁、义、礼、智有一个生长、发展的过程，正如树苗到树木有一个生长、发展的过程一样。（梁涛解读：《孟子》，第 119 页）

先天的善性需要我们后天的不断扩充培养。后天不断扩充培养“善端”的过程，就是工夫，就是修身。

“凡有四端于我者”以下，是劝导我们树立行善的自觉：人若能扩充培养它，那就会像火刚刚燃起，泉水刚刚涌出（这是顺性而为）。这样的话，不要说侍奉父母，就是保有天下也不成问题；若不能扩充培养它，则不仁不义，无礼无智，与禽兽有何区别？这样的话，别说保有天下，就连侍奉父母也做不到（这是扩充功效）。

“四心说”是从本善讲，重在本体，所以落脚于“非由外铄我也，我固有之也，弗思耳矣”——强调善性的固有。

“四端说”是从向善讲，重在工夫，所以落脚于“知皆扩而充之矣，若火之始然，泉之始达”——强调修身的必须。

二者各有侧重，又浑然一体，明了“四心说”“四端说”二者的内涵及其辩证关系，就握住了孟子修身论，乃至性善论的牛鼻子。

03.07　孟子曰：“矢人(1)岂不仁于函人(2)哉？矢人唯恐不伤人，函人唯恐伤人。巫匠(3)亦然。故术不可不慎也。孔子曰：‘里仁为美。择不处仁，焉得智？’夫仁，天之尊爵也，人之安宅也。莫之御(4)而不仁，是不智也。不仁、不智，无礼、无义，人役也。人役而耻为役，由(5)弓人而耻为弓，矢人而耻为矢也。如耻之，莫如为仁。仁者如射：射者正己而后发；发而不中，不怨胜己者，反求诸己而已矣。”

【注释】

（1）矢人：造箭的人。矢是象形字，甲骨文写作，象箭矢之形，箭的镝、栝、羽均清晰可见。

（2）函人：造铠甲的人。函是象形字，甲骨文写作，象存放箭矢之器，俗称箭壶或者箭囊。后来也泛指盛放东西的器物。把箭装起来便是矢函，把写的书信封起来就是信函，把人包起来就是铠甲。

（3）巫匠：巫，巫医。匠，会意字。从匚（fāng，盛放工具的筐器）从斤（斧）。工具筐里放着斧头等工具，表示从事木工。这里特指做棺材的木工。赵岐《注》：“巫欲祝活人。匠，梓匠，作棺欲其蚤售，利在于人死也。”

（4）御：阻拦。

（5）由：同“犹”。

【译文】

孟子说：“造箭的人难道比造甲的人本性更残忍些吗？（如果不是如此，为什么）造箭的人生怕他的箭不能伤害人，而造甲的人却生怕他的甲不能抵御刀箭伤到人呢？做巫的和做木匠的也是如此（巫唯恐自己的医术不灵，病人不得痊愈；木匠唯恐病人好了，棺材销不出去）。可见从事职业不可以不谨慎。孔子说：‘与仁共处是美好的。选择不与仁共处，怎么能说是聪明呢？’仁，是上天尊贵的爵位，是人安逸的住宅。没有人来阻拦你，你却不行仁，这是不智。不仁不智，无礼无义，只会被别人役使。被别人役使却以为耻，就好像造弓的人却以造弓为耻，造箭的人却以造箭为耻一样。如果真的以为耻，那不如去行仁。行仁的人好比参加射礼的人一样：射箭的人先端正自身而后放箭；如果没有射中，不去埋怨胜过自己的人，反过来从自身寻求原因罢了。”

【说要】

此章本上一章而来。人皆有先天的善性，然此先天的善性只是一棵幼苗，需要人后天的扩充培养。善性后天的扩充培养，必然会受到客观环境——比如职业——的影响。孟子由此展开论述。

孟子说“矢人岂不仁于函人哉？”造箭的人难道比造铠甲的人更加不仁吗？显然不是，因为人人皆有善性。但是，“矢人唯恐不伤人，函人唯恐伤人”，造箭的人唯恐箭造得不锋利，不能伤人。造铠甲的人呢？唯恐铠甲造得不够坚固，怕伤着人。医生和造棺材的人也一样，医生为了获利，会想着如何把病人治好。造棺材的人为了获利，会想着今天再多死两个人吧。矢人与函人、巫与匠何以有此巨大的行为差异呢？

张栻《南轩先生孟子说》卷第二：

> 惟其所处，每在乎人欲之中，安习滋长，以至于此。其性本同，而其习有霄壤之异，可不畏欤？（《张栻集》上，第222页）

从事的职业取利的方式不一样，可能会影响到人的仁爱之心、道义之心。所以孟子说，“故术不可不慎也”。

这个“术”字要慎重对待。术，在这里作动词用，可以译为“从事职业”，但不可译为“选择职业”。译为“选择职业”，会给人造成错觉——人的善恶，决定于职业，这显然背离了孟子的意思。人的良好成长，职业、环境很重要，但职业、环境只是外因，关键是人的内在的“里仁为美”。

所以，孟子不是反对从事造箭和造棺材的职业，他是提醒我们在从事职业牟利的时候，不要一味牟利而伤及他人。

“一人之身，而百工之所为备”（05.04），一个人生活的所需，要靠各种工匠的制作才能完备，因而社会分工是必需的。为了生活，每个自食其力的人都必须选择一份工作、一项职业。

职业不是冷冰冰的谋生手段，它应该是人充满着温情的生活方式，是人扩充培养善性的平台。

职业无贵贱之分，人生价值有大小之别。一个人生命价值的大小，不仅来自职业技能，更来自职业道德。

“磨砺以须，问天下头颅有几；及锋而试，看老夫手段如何”，这是对职业技能的自信；“但愿世间人无病，何妨架上药生尘”，这是对职业道德的敬畏。抛开表面上职业的分别，两副对联原可以贴在一个大门上。

孟子曰：“天下有道，小德役大德，小贤役大贤；天下无道，小役大，弱役强。斯二者，天也。”（07.07）

天下有道，小德被大德役使，小贤被大贤役使，这是理的必然；天下无道，力量小的被力量大的役使，势力弱的被势力强的役使，这是势的必然。

在“天下有道”的背景里，一个人如果以被人役使为耻，那雪耻的办法，只能是反求诸己而不懈的为仁修德。

《日讲四书解义》卷十五：

盖天下之道二，出乎仁则入乎不仁，仁则有安富尊荣之乐，不仁则有败亡僇辱之苦。然仁初不待外求，能发愤自强，反诸己而具足，特患人不肯立志耳。故孟子危言以激之，复正言以勉之，无非欲其立志以自强而已矣。（《日讲四书解义》，第248页）

正是：

人身之需要，社会乃分工。
职业无贵贱，价值有不同。
人役与役人，德上见尊容。
至尊莫如仁，得仁在反躬。

当然，孟子的言论不仅仅面对个人，他是对个人、社会提出的双重警醒：在不断修养道德、实现人生价值的脚步中，走向大我的境界；在逐渐实现人无尊卑、职业无贵贱的进程中，积累社会文明。

03.08　孟子曰：“子路，人告之以有过，则喜[(1)]。禹闻善言，则拜[(2)]。大舜有[(3)]大焉：善与人同[(4)]、舍己从人——乐取[(5)]于人以为善。自耕稼、陶、渔以至为帝，无非取于人者。取诸人以为善，是与[(6)]人为善者也。故君子莫大乎与人为善。”

【注释】

（1）喜：赵岐《注》："子路乐闻其过，过而能改也。"

（2）禹闻善言，则拜：禹，古代圣王，曾奉舜命治理洪水，后成为夏朝开国君主。《尚书·大禹谟》："禹拜昌言。"朱熹《孟子集注》："盖不待有过，而能屈己以受天下之善也。"拜，会意字。甲骨文写作，双手拔起禾麦奉献给神灵祖先，向神灵祖先拜祭祷告、祈求丰收。金文写作。本义当是一种祭祀的名称。后来引申为表示敬意的一种礼节：或双手合于胸前，头低到手；或下跪叩头。再引申为行礼的通称。

（3）有：同"又"。

（4）同：犹"共"。分享义。

（5）取：通"聚"。《史记·五帝本纪》："舜耕历山，历山之人皆让畔；渔雷泽，雷泽上人皆让居；陶河滨，河滨器皆不苦窳（yǔ，恶劣）。一年而所居成聚，二年成邑，三年成都。"

（6）与：偕同。与繁体写作"與"，與是会意字。金文写作，表示双手相交，表示说话或呼号子。会意双手间拿着重物义。本义即给予。引申为赞许、赞助、同盟者、偕同等。

【译文】

孟子说："子路，别人指出他的过错，便很欢喜。禹听到有教益的话，就拜谢。伟大的舜又更了不起：分享自己的善与他人（共同行善）、舍弃自己的缺点顺从他人（共同行善）——乐于聚集他人来行善。从农夫、陶工、渔夫一直到成为天子，没有不是聚集他人来行善的。聚集他人来行善，就是偕同他人一起行善。所以对于君子没有比偕同他人一起行善更好的了。"

【说要】

本章论述大舜"乐取于人以为善"。

子路闻过则喜，禹闻善言则拜，一"喜"一"拜"，真切地表现出他们共同的向善愿力，这是难能可贵的。

不过，以更高的标准去衡量就会发现，一方面，子路的"喜"、禹的"拜"，是在"人告之""人言之"之后，也就是说他们的"喜"与"拜"是被动的。另一方面，他们的"喜"与"拜"侧重于成就个人之德。相对于子路、禹，孟子说"大舜有大焉"。

伟大的舜为什么更加善量无穷？伟大的舜为什么更了不起呢？孟子说大舜"乐取于人以为善"。

"乐取于人以为善"为什么比"闻过则喜""闻善言则拜"更了不起呢？

“乐”是发自内心的自觉，它是主动的，不是被动的。

“乐取于人以为善”包含“闻过则喜”“闻善言则拜”，它是“善与人同”“舍己从人”二者的融合，是更高层次的升华。

“善与人同”，分享自己的善与他人共同行善是“取于人以为善”；“舍己从人”，舍弃自己的缺点与他人共同行善也是“取于人以为善”。“乐取于人以为善”，将我的善与他人的善合二为一，人我皆善，成就大善。

“乐取于人以为善”就是欢乐地、主动地偕同他人一起行善的“与人为善”。

“与人为善”是人己的良性互动；是成己成人的、圆善的大而化之；是“无文王犹兴”。

姚永概《孟子讲义》卷三：

> 天下大矣，一人之善，不能推及天下，己固善也，如天下何？舜能与人为善，则合天下之善，为一己之善，己之善量何其宏也！且合天下之善，供天下之用，天下之善福何其广且远也！……此舜之所以为大也。（《孟子讲义》，第57页）

与人为善的问题，意义不仅在于人与人之间的关系，更在于整个世道人心是向善还是向恶。道德倾向问题首先不是私人的选择，而是社会的群体状态，所以我们称为世道人心。世道决定于人心，社会的和谐，需要每个人都释放出善意。

与人为善是行善，也是修身，它深刻提醒我们：儒家的修身，不是躲在山林里面的孤独打坐，而是深入群体生活的广场舞。

03.09　孟子曰：“伯夷，非其君不事，非其友不友，不立于恶人之朝，不与恶人言。立于恶人之朝，与恶人言，如以朝衣朝冠坐于涂炭(1)。推恶恶之心，思与乡人立，其冠不正，望望然(2)去之，若将浼(3)焉。是故诸侯虽有善其辞命而至者，不受也。不受也者，是亦不屑就已。柳下惠(4)不羞污君，不卑小官；进不隐贤(5)，必以其道；遗佚(6)而不怨，厄穷而不悯(7)。故曰：‘尔为尔，我为我，虽袒裼裸裎(8)于我侧，尔焉能浼我哉？’故由由然(9)与之偕而不自失焉，援而止之而止。援而止之而止者，是亦不屑去已！”

孟子曰：“伯夷隘，柳下惠不恭。隘与不恭，君子不由(10)也。”

【注释】

（1）涂炭：泥淖和炭灰。喻污浊之地。赵岐《注》：“涂，泥。炭，墨也。”

（2）望望然：朱熹《孟子集注》：“去而不顾之貌。”

（3）浼（měi）：玷污。

（4）柳下惠：春秋时鲁国大夫，姓展，名获，字禽。谥号“惠”。因封邑在柳下，故称为柳下惠。

（5）进不隐贤：赵岐《注》：“进不隐己之贤才，必欲行其道也。”

（6）遗佚：遗弃而不用。亦作“遗逸”。

（7）悯：忧伤，忧愁。

（8）袒（tǎn）裼（xī）裸裎（chéng）：张居正《四书直解》：“露臂的叫做袒裼，露身的叫做裸裎，都是无礼的模样。”

（9）由由然：朱熹《孟子集注》：“自得之貌。”

（10）由：《广雅·释诂》：“由，行也。”朱熹《孟子集注》：“夷、惠之行，固皆造乎至极之地，然既有所偏，则不能无弊，故不可由也。”

【译文】

孟子说：“伯夷，不是他理想的君主不事奉，不是他理想的朋友不结交，不站在恶人的朝廷里，不同恶人说话。站在恶人的朝廷里，同恶人说话，好比穿戴着礼服礼帽坐在泥路、炭灰之上。推广这种厌恶恶行的心情，同乡下人一块站立，如果那人帽子没有戴正，便头也不回地走开，好像会玷污自己似的。所以，当时的诸侯中虽然有好言好语来招致他的，他也是不接受的。之所以不接受，就是因为自己不屑于俯就。柳下惠却不以事奉污浊的君主为耻，不以自己官职小为低下；入朝做官，不隐藏自己的才能，但一定按照自己的原则做事；被遗弃也不怨恨，穷困也不忧愁。所以他说：‘你是你，我是我，纵然赤身露体在我旁边，又怎么能玷污我呢？’所以悠然自得地与他人共处而不失常态，结交他叫他留住就留住。结交他叫他留住就留住，是因为他不屑于离去。”

孟子又说：“伯夷狭隘，柳下惠简慢。狭隘与简慢，君子所不为。”

【说要】

此章论伯夷、柳下惠虽然德行高尚，但还有狭隘与简慢的缺陷，只是其“中心思想”颇难把握。

《孟子》10.01 告诉我们：

> 伯夷，圣之清者也……柳下惠，圣之和者也。

在“圣之清者”的身上找到“隘”的毛病，在“圣之和者”的身上找到“不恭”的问题，孟子手里的标尺需要足够高。

张居正《四书直解·孟子》卷三：

夫伯夷、柳下惠都是圣人，就他身上来看，不至如此。但学了伯夷，其流必至于隘。隘则可以洁身，不可以容众接物。君子但取其清，弗由其隘也。学了柳下惠，其流必至于不恭。不恭则可以谐众，不可以砥行立节。君子但取其和，弗由其不恭也。盖必清而能通，不至于违世而绝俗；和而能介，不至于同流而合污，乃为中正之道，而君子所当由者耳。学者可不慎哉？观此言而孟子愿学孔子之意，隐然在言外矣。(《四书直解》，第 325 页）

了解这“隐然在言外”之意，你我就不要轻言“伯夷隘，柳下惠不恭。隘与不恭，君子不由也”。

吕留良《四书讲义》卷三十二：

以夷惠为牌面者，后人之隘不恭也；以隘不恭为牌面者，夷惠之自为夷惠也。(《四书讲义》，第 731 页）

又：

须识得隘不恭之外自有夷惠在，夷隘惠不恭外，更自有不隘之夷、不不恭之惠在。(《四书讲义》，第 731—732 页）

细细想来，得出“隘”与“不恭”的评价，孟子手里的标尺确然只能是“圣之时者”孔子。由此，“隘”与“不恭”，也不只是评价伯夷、柳下惠，而是孟子从更高的标准讨论修身成德的问题。

张岱《四书遇·夷惠章》：

“隘”“不恭”是二圣极得力处，若有人由得，便不成“隘”，不成“不恭”，此是劈开千古议论。(《四书遇》，第 384 页）

张岱的话，正是深切体悟孟子大义而来，与孟子大义深度契合，并非作翻案文字。

卷第四　公孙丑章句下 凡十四章

04.01　孟子曰："天时不如地利，地利不如人和[1]。三里之城，七里之郭[2]，环而攻之而不胜。夫环[3]而攻之，必有得天时者矣[4]，然而不胜者，是天时不如地利也。城非不高也，池[5]非不深也，兵革[6]非不坚利也，米粟非不多也，委[7]而去之，是地利不如人和也。故曰：域民[8]不以封疆之界，固国不以山溪之险，威天下不以兵革之利。得道者多助，失道者寡助。寡助之至，亲戚畔[9]之；多助之至，天下顺之。以天下之所顺，攻亲戚之所畔，故君子有[10]不战，战必胜矣。"

【注释】

（1）天时、地利、人和："天时、地利、人和"是当时的成语，而内容各有所指。《荀子·王霸篇》云："农夫朴力而寡能，则上不失天时，下不失地利，中得人和而百事不废。"《荀子》所谓"天时"，显然是指"农时"；所谓"地利"，显然是指"地力"；所谓"人和"，显然是指分工。《孟子》这里的"天时"，可能是指阴晴寒暑之宜于攻战与否，而历代注解家以阴阳五行家的"时日干支五行王相孤虚"来解释，恐怕不是孟子本意。孟子的"地利"，自是指高城深池山川险阻，所谓"人和"，自是指人心所向内部团结。（参见杨伯峻《孟子译注》）和，甲骨文写作，从龠禾声。龠是古代编管乐器。音乐之美来自众音的谐和。故和有和谐义。

（2）城、郭：城是象形字。甲骨文写作，中间是墙垣，四周有瞭望楼，本义即都邑四周用作防御的围墙。省文写作。添加（成）声符，构成形声字（城）。城本义与郭同，引申指围墙以内的地方，泛指一般都市、城市。"城"与"郭"对言时，"城"指内城，"郭"指外城。"三里之城，七里之郭"，言城小。

（3）环：包围。

（4）必有得天时者矣：朱熹《孟子集注》："言四面攻围，旷日持久，必有值天时之善者。"

（5）池：护城河。

（6）兵革：武器铠甲。兵是会意字。甲骨文写作，象双手合握着一把长柄锋刃的砍伐器。兵的本义是兵器。引申为战士、军队以及与军事或战争有关事物的统称。革是象形字。甲骨文写作，象一张悬挂着的首、身、尾俱全的兽皮。革的本义是经过加工去

掉毛的兽皮。引申为用革制成的甲胄、兵革等。

（7）委：弃。朱熹《孟子集注》："言不得民心，民不为守也。"

（8）域民：划定范围，限制流动，以求达到控制百姓的目的。朱熹《孟子集注》："域，界限也。"

（9）畔：古同"叛"。

（10）有：此"有"字可以读为"有无"之"有"；亦可读为"或"，古书"有"与"或"经常通用，译文系用"或"字之意。（参见杨伯峻《孟子译注》）

【译文】

孟子说："天时不如地利，地利不如人和。三里内城、七里外城的小城，四面围攻却不能取胜。既然能四面围攻，必定是得了天时，然而不能取胜，这是天时不如地利。城墙不是不高，护城河不是不深，兵器甲胄不是不坚利，粮食不是不充足，军民却弃城而逃，这是地利不如人和。所以说，控制百姓不必靠国境的疆界，巩固国防不必靠山川的险峻，扬威天下不必靠武器的锐利。拥有道义的人援助多，失去道义的人援助少。援助少到极点，连亲戚都背叛他；援助多到极点，整个天下都归顺他。用整个天下都归顺的人，来攻打亲戚都背叛的人，那么君子不战则已，战则必胜。"

【说要】

本章论得道多助。这是《孟子》中的名篇，它之所以有名，不仅在于行文之美，更在于辩理之明。

选择人们习见的事情来说理，是孟子展开辩论的一大特色。这里也不例外，孟子选择了当时执政者非常熟悉的事情——战争。

"天时不如地利，地利不如人和""得道者多助，失道者寡助"，这两句话成为后人面对一切事情，权衡利弊成败的重要方法，深刻影响了中国人的思维方式。

"天时不如地利，地利不如人和"：

天时，是指宜于攻城的阴晴寒暑的自然气候条件。

地利，是指宜于守城的高城深池山川险阻的地理优势。

人和，是指宜于作战的上下同心同仇敌忾的人事因素。

可以旷日持久地围攻一个三里之城、七里之郭的都邑，一定是占有天时的条件了。然而久攻而不能胜，则是由于敌方城高池深，占有地利的缘故，可见天时不如地利。

城高池深，兵甲坚利，粮食充足，一定是占有地利的条件了，然而不战而弃城逃跑，则是民心涣散、士无斗志的缘故，可见地利又不如人和。

天时、地利是客观的环境，人和是主观的能动，对战争起决定性作用的不是天时、地利而是“人和”。

“人和”，揭示了人民的力量，它决定着战争的胜败：“以天下之所顺，攻亲戚之所畔，故君子有不战，战必胜矣。”

辛全《四书说》卷五：

> 从来兵书许多言语，总不如“天时不如地利，地利不如人和”二语。（《四书说》，第171页）

相对于天时、地利，人和就是本。《大学》云：“物有本末，事有终始，知所先后，则近道矣。”

“天时不如地利，地利不如人和”，强调人和的重要，并非简单地轻视甚至忽略天时、地利的作用。需要知道，孟子不仅讲过“天时不如地利，地利不如人和”，还讲过“虽有智慧，不如乘势；虽有镃基，不如待时”（纵有聪明，还得趁形势；纵有锄头，还得待农时）；“执中无权，犹执一也”（执着中道却不懂权变，便是执着于一点）。

“有困难要上”是值得肯定的；“没有困难，创造困难也要上”是愚蠢的。不行仁政，失去民心，就是“创造困难”。

“得道者多助，失道者寡助”，欲得“人和”，必须循道而行。

想要拥有人民，以封疆之界去限制人民离境是没有用的，必须行爱民之政，使人民安居乐业。

想要巩固国防，以山溪之险是靠不住的，必须以民为本，和谐民心。

想要威服天下，以兵甲之利是达不到的，必须为政以德，仁政爱民，才能天下归之。

王夫之《四书训义》卷二十八：

> 孟子曰：诸侯之失道，言兵者乱之也。以为战而能胜，则可以威服天下，而何用此迂远难行之道为哉！乃战不息，而胜不可必；诡胜诡败，以自趋于危亡。不知王者之师，有征无战。即以战言，又岂违道而有常胜之理乎？（《船山全书》第八册，第234页）

惜乎时人以孟子仁政为“迂远而阔于事情”，宣王不能用，惠王不果所言，岂不谬哉？

《日讲四书解义》卷十六：

> 孟子此言虽为战国时君发，实万世有天下者之龟鉴。取天下固在得人心，守天下尤在得人心。然人心不可以美言市，不可以小数结，确有其得之之道。民之

所好，好之。民之所恶，恶之。所欲与聚，所恶勿施，用人行政总不出乎此而已。（《日讲四书解义》，第 251 页）

见识如此，方可谓得本章大旨。

04.02　孟子将朝王，王使人来曰："寡人如[1]就见者也，有寒疾，不可以风。朝，将视朝[2]，不识可使寡人得见乎？"对曰："不幸而有疾，不能造[3]朝。"

明日，出吊于东郭氏[4]。公孙丑曰："昔者[5]辞以病，今日吊，或者不可乎？"曰："昔者疾，今日愈，如之何不吊？"

王使人问疾，医来。孟仲子[6]对曰："昔者有王命，有采薪之忧[7]，不能造朝。今病小愈，趋造于朝，我不识能至否乎？"

使数人要[8]于路，曰："请必无归，而造于朝！"

不得已而之景丑氏[9]宿焉。

景子曰："内则父子，外则君臣，人之大伦也。父子主恩，君臣主敬。丑见王之敬子也，未见所以敬王也。"

曰："恶！是何言也！齐人无以仁义与王言者，岂以仁义为不美也？其心曰'是何足与言仁义也'云尔，则不敬莫大乎是。我非尧舜之道，不敢以陈于王前，故齐人莫如我敬王也。"

景子曰："否。非此之谓也。《礼》曰：'父召，无诺[10]；君命召，不俟驾[11]。'固将朝也，闻王命而遂[12]不果，宜[13]与夫礼若不相似然。"

曰："岂谓是与！曾子曰：'晋楚之富，不可及也。彼以其富，我以吾仁；彼以其爵，我以吾义，吾何慊[14]乎哉？'夫岂不义而曾子言之？是或一道也。天下有达尊三：爵一，齿一，德一。朝廷莫如爵，乡党莫如齿，辅世长民莫如德。恶得有其一以慢其二哉？故将大有为之君，必有所不召之臣，欲有谋焉，则就之。其尊德乐道，不如是，不足与有为也。故汤之于伊尹，学焉而后臣之，故不劳而王；桓公之于管仲，学焉而后臣之，故不劳而霸。今天下地丑[15]德齐，莫能相尚，无他，好臣其所教，而不好臣其所受教。汤之于伊尹、桓公之于管仲，则不敢召。管仲且犹不可召，而况不为管仲者乎？"

【注释】

（1）如：宜也，当也。见杨树达《词诠》。

（2）朝，将视朝：赵岐《注》："傥可来朝，欲力疾临视朝，因得见孟子也。"

（3）造：去，到。

（4）东郭氏：东郭牙，齐大夫。

（5）昔者：古人习惯用语。自此说话时以前之时间（不论时距之久暂长短）都谓之“曩（nǎng）”或者“昔”。此“昔者”则指“昨日”。

（6）孟仲子：赵岐《注》：“孟子之从昆弟，学于孟子者也。”

（7）采薪之忧：本意是说有病不能去打柴，引申为生病。薪，柴草。

（8）要（yāo）：拦截。

（9）景丑氏：其人已不可考。

（10）父召，无诺：听到父亲叫，不等说“诺”就起身。《礼记·曲礼》：“父召，无诺。先生召，无诺，唯而起。”“唯”和“诺”都表示应答，急时用“唯”，缓时用“诺”。

（11）不俟驾：不等到车马备好。

（12）而遂：而、遂二字同义连文，皆“乃”之意。

（13）宜：犹“殆”。大概，恐怕。

（14）慊（qiàn）：会意兼形声字。古文字形写作，从心从兼，兼亦声。兼是会意字。金文写作，从又（手）从秝（lì）。象一手持两棵庄稼。本义是一手执两禾。引申为同时进行几桩事情或占有几样东西。故慊的本义为歉意、不安、嫌疑、怨恨、满足、不足等。这里作不足、欠缺义。

（15）丑：古写作“醜”，假借为“俦”。类，相近。

【译文】

孟子准备去朝见齐王，（恰巧）齐王派人来说：“我本应该来看你，但是感冒了，不可吹风。如果你肯来朝见，我便勉力临朝，不晓得能够使我见到你吗？”孟子回答：“不幸得很，我也有病，不能去朝见。”

第二天，孟子要到东郭大夫家里去吊丧。公孙丑说：“昨天托词有病，今天又去吊丧，是不是不可以？”孟子说：“昨天生了病，今天好了，为什么不能去吊丧呢？”

齐王派人来问病情，医生同来。孟仲子应付说：“昨天王有命令来，他得了小病，不能奉命去朝廷。今天刚好了一点，就赶忙去上朝，我不晓得是否到达了吗？”

于是派了好几个人分别在孟子归家的路上拦截，告诉孟子说：“您务必不要回家，而去朝廷！”

孟子没有办法，只得到景丑家借宿。

景丑说：“在家有父子，在外有君臣，这是人最重要的伦理关系。父子之间以慈爱为主，君臣之间以恭敬为主。我只看见王对你的恭敬，却没有看见你对王是怎样的恭敬。”

孟子说："哎！这是什么话！在齐国人中，没有一个拿仁义向王进言的，他们难道以为仁义不好吗？（不是的。）他们心里说：'这个王哪能够得上谈仁义呢？'不恭敬没有比这更大的了。我呢，不是尧舜之道不敢拿来向王陈述，所以齐国人不如我恭敬王。"

景丑说："不，我不是说这个。《礼经》中说：'父亲召唤，不等回答"诺"就起身；君王召见，不等车马备好就动身。'你呢，本来准备朝见王，一听到王的召见，反而不去了，似乎和《礼经》所说有点不相合吧。"

孟子说："原来你说的是这个呀！曾子说过：'晋国和楚国的财富，是我们赶不上的。但是，他以他的财富，我以我的仁；他以他的爵位，我以我的义，我有什么欠缺呢？'如果没有道理的话曾子会说吗？大概有点道理的。天下公认为尊贵的东西有三样：爵位是一个，年龄是一个，道德是一个。在朝廷最尊重爵位；在乡里最尊重年龄；匡辅世道、统领百姓最尊重道德。他哪能凭着爵位来轻视我的年龄和道德呢？所以大有作为的君主，一定有他不能召唤的臣子。若有什么事要商量，就亲自去拜访。尊尚道德、乐行仁政，如果不这样，他便不足以有所作为。因此，商汤对于伊尹，先向伊尹学习，然后以他为臣，所以不大费力气而统一了天下；桓公对于管仲，也是先向他学习，然后以他为臣，所以不大费力气而称霸于诸侯。现在，各个大国土地的大小差不多，德行也不相上下，没有谁在他人之上，没有别的缘故，正是因为只喜欢以听命自己的人为臣，却不喜欢以教导自己的人为臣。商汤对于伊尹、桓公对于管仲，就不敢召唤。管仲尚且不可以召唤，何况不愿做管仲的人呢？"

【说要】

本章论君当尊士，士亦当以道自重。

张栻《南轩先生孟子说》卷第二：

> 孟子将朝王，是固欲朝王也；及王使人来告，谓欲就见，而以疾不果，则遂不往，何哉？盖王本不欲见孟子，而故为之辞以要之，此私意之所生也。孟子方欲消其邪志，引以当道，其可徇其私意之所为乎？于是以疾辞而不往。（《张栻集》上，第226页）

齐宣王的"私意"，自然是以其富贵爵禄而轻慢士人，这实在是君心之"大非"。

张居正《四书直解·孟子》卷四：

> 盖人君与贤者共治，若恃其富贵爵禄，可以奔走天下，则其待士轻。待士轻，则其任之必不重，仕何由行其道乎？（《四书直解》，第330页）

王夫之《读四书大全说》卷八：

唯道以自尊，而后显其出以道也；若以臣自处，则是其游以禄也。故君臣之义，不容轻定，故曰“学焉而后臣之”。信其道之必行而后正君臣之分，则道重而禄轻。（《船山全书》第六册，第950页）

孟子以道自重，且效法孔子取瑟而歌之意，“出乎尔者，反乎尔者”——以“不幸而有疾，不能造朝”来格齐宣王心中之非。

程子对此看得明白：

古之人所以必待人君致敬尽礼而后往者，非欲自为尊大也，为是故耳。（《四书章句集注》，第245页）

或许这层意思太隐晦了，当时，不仅景丑不能理解，就是弟子公孙丑、弟子兼堂弟孟仲子也不能理解，于是有了公孙丑之疑问、孟仲子之回护、景丑之质疑。不得已，孟子只好自明心志：

“将大有为之君，必有所不召之臣。”

“天下有达尊三：爵一，齿一，德一。朝廷莫如爵，乡党莫如齿，辅世长民莫如德。恶得有其一以慢其二哉？”

言下之意：我孟子已然是“不召之臣”，你齐宣王愿意做“大有为之君”吗？

孟子这番心志，不是陋儒般的狂妄，而是“道既通”后“舍我其谁”的担当。

吕留良《四书讲义》卷三十三：

平生本领只一个尧舜之道，守尧舜之道，只一个“敬”字，故曰“道二，仁与不仁而已”，是舍却仁义，便都是非尧舜之道也。不以此事君，即贼其君，是不陈尧舜便敢于贼也。故此二句不独指一时敬齐宣云然，是孟子一生学问事功，俱在里许。（《四书讲义》，第736页）

社会生活的经验告诉我们：在同一个场景下，有些话，有的人可以说，有的人不可以说；有些事，有的人可以做，有的人不可以做。

洞察其中微妙且世故圆滑的人，看到的是小利；洞察其中微妙且深具礼义蕴含的人，看到的是大义。

辛全《四书说》卷五：

问：“孟子自谓愿学孔子，观《乡党》所以纪事君，何如敬谨。君命召，不俟驾而行。孟子不应君召，何故？”曰：“孔子在父母之邦，孟子在邻国，其不同一也。孔子为臣，孟子宾师，其不同二也。孔子时，君弱臣强，故谦卑以明臣道。孟子时，士风扫地，故自重以振士气，其不同三也。因时制宜，此所以善学孔子。”

（《四书说》，第 171—172 页）

张九成《孟子传》卷八：

孟子大儒也，用先王之道者也。众皆以召之则去之为敬，而吾则独以陈尧舜之道为敬；众皆以不俟驾之为礼，而吾则独以德、齿之尊，学焉臣之之为礼。是其高见远识，卓然出乎世儒之上。（《张九成集》第三册，第 795 页）

对于“天下有达尊三”，梁涛《孟子解读》有详细解读：

孟子提出“天下有达尊三”这一著名观点，认为天下的价值标准有“爵”“齿”“德”三种。在政权系统里，以权力的大小和爵位的高低为标准；在社会生活和家庭生活中，以年龄的大小和辈分的高低为标准；在理国治民上，则以德行的高下为标准。孟子的“天下有达尊三”与其“天爵”“人爵”（11.16）说一样，都表达了德高于势、以德抗势的思想。所以在孟子看来，士人与君主在人格上是平等的，君主不能因其“爵”而慢待“德”和“齿”；士人对君主的尊重，也主要不是表现在趋奉应命上，而在敢于直言进谏和陈说仁义上。自己对于齐王，非仁义之言不敢言，这才是对君主最大的尊重。子思曾称“恒称其君之恶者，可谓忠臣”（郭店竹简《鲁穆公问子思》），孟子与其思想是一脉相承的。（《孟子解读》，第 113 页）

德、齿、爵并为天下之达尊，但是，三者之间又并非无轻重。有德，齿、爵方能成就其尊，这又是不可不分明而辨析的。

04.03　陈臻（1）问曰：“前日于齐，王馈兼金（2）一百而不受；于宋，馈七十镒（3）而受；于薛（4），馈五十镒而受。前日之不受是，则今日之受非也；今日之受是，则前日之不受非也。夫子必居一于此矣。”

孟子曰：“皆是也。当在宋也，予将有远行，行者必以赆（5）；辞曰：‘馈赆。’予何为不受？当在薛也，予有戒心；辞曰：‘闻戒，故为兵馈之。’予何为不受？若于齐，则未有处（6）也。无处而馈之，是货（7）之也。焉有君子而可以货取乎？”

【注释】

（1）陈臻：孟子弟子。

（2）兼金：良金。赵岐《注》：“兼金，好金也。其价兼倍于常者，故谓之兼金。”上古所说的金，多指黄铜。

（3）镒：古代重量单位。

（4）薛：齐国靖郭君田婴的封邑，在今山东滕州东南。

（5）赆（jìn）：赠送给远行人的路费、礼物。赆繁体字作“贐”，会意兼形声字。金文写作，从貝从盡省，盡亦声。是盡的省文。盡，甲骨文写作，从皿从聿，象人手持一刷子洗刷器皿内壁之形，表示饮食已尽而洗涤，以此表示终尽的意思。表示礼物，表示礼物的量——赠人行资以大概够路上的花销为宜，不贵多。

（6）未有处：没有着落处，即没有理由。

（7）货：作动词用，贿赂之意。

【译文】

陈臻问道：“前些时候在齐国，齐王馈赠良金一百镒您不接受；在宋国时，宋王馈赠七十镒您却接受了；在薛时，薛君馈赠五十镒您也接受了。如果以前的不接受是对的，那么现在的接受就是错的；如果现在的接受是对的，那么以前的不接受就是错的。先生于两者中必居其一。”

孟子说：“都是对的。当在宋国时，我准备远行，对远行的人必定送些路费，所以宋王说：‘送上一些路费。’我为什么不接受呢？当在薛时，我有警备的谋划，薛君说：‘听说有警备的谋划，送点买兵器的钱。’我为什么不接受呢？至于在齐国，就没有理由。没有理由而送钱，这是收买。哪里有君子可以被金钱收买的呢？”

【说要】

本章论君子不可以货取。

孟子拥有儒者生前鲜见的风光——“后车数十乘，从者数百人”（《孟子》06.04）。各国的国君以宾客相待，还经常敬奉点礼物，孟子是有时候收，有时候拒绝。

学生陈臻看着有点犯糊涂，便问道：“前些时候在齐国，齐王馈赠良金一百镒，您不接受；在宋国时，宋王馈赠七十镒，您却接受了；在薛时，薛君馈赠五十镒，您也接受了。如果以前不接受是对的，那么现在接受就是错的；如果现在接受是对的，那么以前不接受就是错的。老师于两者必有其一，您犯错了。”

陈臻给老师来了个两头堵，乍听起来很有说服力。给学会逻辑思维的学生当老师真是不容易。

且看孟子的回答。

孟子说，收与不收都是正确的。在宋国的时候，我们准备远行，按礼，对远行的人理应送些路费，所以宋王送上路费，我可以接受。在薛的时候，我有警备的谋划，薛君送上买兵器的钱，我可以接受。至于在齐国，就没有理由了。没有理由而送给别人钱，是收买；没有理由而接受别人钱，是接受收买，哪有君子可以接受收买的道理呢？

跟着有智慧的老师真是很幸福，他可以教你明白事理。

赆——赠人行资以大概够路上的花销为宜，不贵多，这很能表现古人行礼的讲究："以仁行礼""依义受礼"。

"以仁行礼"：送给人礼物，不是想着让别人先欠着人情，以便将来攫取更多的利益，而是诚心诚意且恰当地帮助别人。

"依义受礼"：接受别人的礼物，不是记着礼物的多少、贵贱，以便将来如数奉还；也不是惦记着礼物的多少、贵贱，贪图别人便宜。而只计较是否符合道义，坦然收下善意的馈赠或严词拒绝恶意的收买。

行礼之中有大美。老话说"礼尚往来"，读了这一章，我想在"礼尚往来"之外，不要忘了"以仁行礼""依义受礼"才好。

赵岐《章指》：

> 取与之道，必得其礼。于其可也，虽少不辞；义之无处，兼金不顾。

张栻《南轩先生孟子说》卷第二：

> 凡人所以迟回于辞受之际者，以为外物所动故也。盖于其所不当受而受，其动于物，固也；若于所当受而不受，是亦为物所动而已矣。何则？以其蔽于理，而见物之大也。若夫圣贤从容不迫，惟义之安，而外物何有乎？故以舜受尧之天下而不为泰，亦曰义当然尔。若于义也无居，则虽箪食豆羹，不可取也。箪食豆羹之与天下，其大小固有间矣。物则有大小，而义之所在，则一也。(《张栻集》上，第228页)

王夫之《读四书大全说·公孙丑下篇》：

> 庆源云"学者观此，亦可知所予矣"，看义亦得通透。不知所予之病，亦缘于货见重，于货见重则吾心之义无权。要之亦为物蔽，故不当与而与以示恩，亦必当与不与而成吝矣，所谓箪食豆羹见于色也。(《船山全书》第六册，第951页)

孟子的受与不受唯义所在的智慧，对今天我们来说也是很有启发意义的。

前面我们讲过，儒家的修身，不是躲在山林里面的孤独打坐，而是深入群体生活的广场舞。修身要在人与人的交往中完成，有时候也可以说就是在行礼——馈赠与收受中完成的。

今天的人们常常困惑于行礼，不知如何馈赠或收受。为什么呢？

因为馈赠对我们来说，只是希望建立某种"关系"，或者维持某种"关系"，而不是出于善意的帮助，这就不是"以仁行礼"。

因为收受对我们来说，只是维持某种“关系”，或者接受建立某种“关系”，不是缘于确实有困难需要帮助，这就不是“依义受礼”。

不“以仁行礼”，不“依义受礼”，让人与人之间的往来之礼变了味，变得“未有处”，变得违背仁义，与我们的本性本心不一致，由此而纠结，而烦恼。

学习本章，体味其中“以仁行礼”“依义受礼”的“取与之道”，可以让往来之礼呈现仁义的内涵。仁义内涵的呈现，将化解“行礼”的纠结、烦恼，让我们的心回归从容，在从容中得到和谐、幸福。

04.04　孟子之平陆[(1)]，谓其大夫[(2)]曰：“子之持戟之士[(3)]，一日而三失伍[(4)]，则去之否乎？”

曰：“不待三。”

“然则子之失伍也亦多矣。凶年饥岁，子之民，老羸转于沟壑，壮者散而之四方者，几千人矣。”

曰：“此非距心之所得为也。”

曰：“今有受人之牛羊而为之牧之者，则必为之求牧[(5)]与刍[(6)]矣。求牧与刍而不得，则反诸其人乎？抑亦立而视其死与？”

曰：“此则距心之罪也。”

他日，见于王曰：“王之为都[(7)]者，臣知五人焉。知其罪者，惟孔距心。”为王诵[(8)]之。

王曰：“此则寡人之罪也。”

【注释】

（1）平陆：齐国边境邑名，故城在今山东汶上县北。

（2）大夫：此指邑宰。赵岐《注》：“大夫，治邑大夫也。”

（3）持戟之士：卫士。朱熹《孟子集注》：“戟，有枝兵也。”阎若璩《四书释地》：“读《史记·商君列传》‘持矛而操闟戟者，旁车而趋’，《聂政列传》‘韩相侠累，方坐府上，持兵戟而卫侍者甚众’，因悟《孟子》‘持戟之士’亦然。盖为大夫守卫者，非指战士，伍亦非行间。七国时尚武备，多奸变生于不测，而平陆又属齐边邑，故虽治邑大夫，亦日日陈兵自卫，孟子即所见以为喻。”或说持戟之士为战士。赵岐《注》：“持戟，战士也。”不从。

（4）失伍：朱熹《孟子集注》：“伍，行列也。”阎若璩《四书释地》：“郝京山曰：‘伍，班次也。失伍，不在班也。’”

（5）牧：会意字。甲骨文写作或，从牛（或羊）从攴（pū），表示手拿鞭子牧牛

（或羊）。本义为放牧牲畜。这里作牧地义。赵岐《注》:“牧，牧地。”朱熹《孟子集注》:“牧之，养之也。”

（6）刍：会意字。甲骨文写作，从又（手）从草，表示以手取草。本义为拔草。这里作草料义。

（7）都：朱熹《孟子集注》:“邑有先君之庙曰都。”阎若璩《四书释地续》:“都与邑，虽有大小、君所居、民所聚、有宗庙及无之别，其实古多通称。”

（8）诵：复述。

【译文】

孟子来到平陆，对地方长官孔距心说：“如果你的卫士一天三次脱岗，会开除他吗？”

孔距心答道：“不必等到三次。”

孟子说：“那么你失职的地方也很多了。灾荒年岁，你的百姓，年老体弱抛尸露骨于山沟中的，年轻力壮逃亡于四方的，将近千人了。”

孔距心答道：“这个事情不是我的力量所能挽救的。”

孟子说：“譬如有一个人，领受别人的牛羊来替他放牧，那一定要寻找放养的牧地和圈养的草料了。如果放养的牧地和圈养的草料找不到，是把它们退还原主呢，还是站在那里看着它们饿死呢？”

孔距心答道：“这是我的罪过。”

过了些时间，孟子见到齐王，说道：“王的地方长官，我认识五位。明白自己的罪过的，只有孔距心一个人。”于是，他把与孔距心的问答复述了一遍。

齐王说：“这是我的罪过！”

【说要】

此章论执政者当谨守职责。

“持戟”之发问，辟空而来；“子之失伍也亦多”之差评，随风而至；“立而视其死与”之诘难，若霹雳自天，惊心动魄。

孔距心的应答，同样让人感到惊心动魄：“不待三”——惩罚别人，判决判得何其干脆！“此非距心之所得为也”——追责自己，推诿推得何其干净！

唐文治《孟子大义》卷四：

> 天下之祸，莫大乎为民上者不负责任。甲者诿之乙，乙者诿之丙。（《唐文治四书大义》，第 102 页）

吕留良《四书讲义》卷三十三：

> 天下大祸，皆酿成于巧宦，士大夫但讲做官，不复知有百姓，使人君但讲财利，不复知用救民之官，以致生灵涂炭，害贻君国。（《四书讲义》，第 739 页）

让人略感宽慰的是，面对“立而视其死与”的诘难，孔距心不得不承认“此则距心之罪也”；面对“立而视其死与”的诘难，齐王不得不承认“此则寡人之罪也”。

孔距心为什么知道是自己的罪过？因为他良知未泯；齐王为什么知道是自己的罪过？因为他良心尚存。

辛全《四书说》卷五：

> “孟子之平陆”三章，一时君臣良心，俱被孟子唤醒，于王驩亦施不屑之教。真是见孺子入井，一腔恻隐，不容已也。（《四书说》，第 173 页）

朱熹《孟子集注》引陈旸语：

> 孟子一言而齐之君臣举知其罪，固足以兴邦矣。然而齐卒不得为善国者，岂非说而不绎，从而不改故邪？（《四书章句集注》，第 246 页）

如此看来，孟子复述“此则距心之罪也”，或是为了称赞孔距心；写下“此则寡人之罪也”，却不是为了歌颂齐王。孟子依然是为了天下苍生作申诉！

时代发展到今天，政务日趋繁重，新情况层出不穷，在行政过程中，出现一些问题，本来是很正常的，不值得大惊小怪。

值得大惊小怪的是，道歉变成逃脱问责的推诿扯皮、整改变成窜动纸上的文字游戏、反思变成同一个问题反思的开始……

从现实回看经典，从经典回看现实，我想孟子的这番“申诉”，仍然有其警示意义。

04.05　孟子谓蚳鼃[(1)]曰：“子之辞灵丘[(2)]而请士师[(3)]，似也[(4)]，为其可以言[(5)]也。今既数月矣，未可以言与？”

蚳鼃谏于王而不用，致为臣[(6)]而去。

齐人曰：“所以为[(7)]蚳鼃则善矣；所以自为，则吾不知也[(8)]。”

公都子[(9)]以告。曰：“吾闻之也：有官守者，不得其职则去；有言责者，不得其言则去。我无官守，我无言责也，则吾进退，岂不绰绰然有余裕[(10)]哉？”

【注释】

（1）蚳（chí）鼃（wā）：齐国大夫。

（2）灵丘：齐国边邑名。金良年认为其地在今山东高唐和茌平之间。

（3）士师：古代执掌禁令刑狱的官名。

（4）似也：朱熹《孟子集注》："言所为近似有理。"

（5）可以言：朱熹《孟子集注》："谓士师近王，得以谏刑罚之不中者。"

（6）致为臣：辞去官职。致，朱熹《孟子集注》："犹还也。"

（7）为（wèi）：替，给。

（8）所以自为，则吾不知也：朱熹《孟子集注》："讥孟子道不行而不能去也。"

（9）公都子：赵岐《注》："孟子弟子。"

（10）绰绰然有余裕：《诗经·小雅·角弓》有"绰绰有裕"诗句。赵岐《注》："绰、裕，皆宽也。"

【译文】

孟子对蚳鼃说："你辞去灵丘长官而请求担任治狱官，似乎不错，因为这个职位能向齐王进言。现在已经几个月了，还不能进言吗？"

蚳鼃向齐王进谏而没有被采用，于是辞官而去。

齐国人议论说："孟子对蚳鼃的要求是很好的，至于他如何要求自己，那我们就不知道了。"

公都子把这话告诉了孟子。孟子说："我听说，有官职的不能尽职就离去，有进言之责的不能进言就离去。我既没有官职，又没有进言之责，那么，我的进退，难道不是宽宽绰绰有回旋的余地吗？"

【说要】

本章论仕者出处进退之道。

张九成《孟子传》卷八：

> 孔距心、蚳鼃，岂皆学于孟子者欤？何其屈服力行如此也？距心闻牛羊之语，遽引咎曰："此则距心之罪也。"其屈己从善如此，可以想见其为人。至于蚳鼃，闻数月之说，则以士师之职论刑，颇纇狱之放纷，王不用其言，乃至致仕而去，其畏义循理如此，又可以想见其为人。夫此两人者，一则不以自是为长，一则不以官职为意，屈己从善，畏义循理，以求合孟子之意。不知孟子何以使人如此哉？（《张九成集》第三册，第800—801页）

我想，孟子可以使二人"屈服力行"的，不过一个不可违背的"理"字；二人可以"屈己从善，畏义循理，以求合孟子之意"的，不过一颗尚未泯灭的"良心"。

听到孔距心"此则距心之罪也"，齐王的反应差强人意——"此则寡人之罪也"。

看到蚳鼃"致为臣而去"，齐人的反应未免让人失望："所以为蚳鼃则善矣；所以自为，则吾不知也"——他们不为蚳鼃"畏义循理"的行为而点赞，却转而对助力蚳鼃的孟子冷嘲热讽。

面对齐人的冷嘲热讽，孟子的回应很简单——"我无官守，我无言责也，则吾进退，岂不绰绰然有余裕哉？"

孟子的回答，颇有点"不在其位，不谋其政"的意思，这与儒家一贯强调的"谋道"理念是不是有点冲突呢？也不是。

> 孟子的主张，实际源自孔子的"不在其位，不谋其政"（《论语·泰伯》）。孔、孟虽主张相同，但二人何以一生栖栖惶惶，周游列国，不断试图对君主进言，对政治发表批评、议论呢？盖孔、孟是"谋道"也，而非"谋政"也。"谋道"是无条件的，用孔子的话说，是"笃信好学，守死善道"（《论语·泰伯》）；而"谋政"则是有条件的，不在其位，便不谋其位之政。（《孟子解读》，第 117 页）

"谋道"的"道"，是指导为政的道理；"不谋其政"的"政"，应该是指具体施政操作。具体施政操作，当然要遵守职责的约定。

人不知而不愠，是君子的修养；不知而妄议他人，是你我如齐人冷嘲热讽孟子一样常犯的毛病。戒之！戒之！

04.06　孟子为卿于齐，出吊于滕[(1)]，王使盖大夫王驩[(2)]为辅行[(3)]。王驩朝暮见，反齐滕之路，未尝与之言行事也。

公孙丑曰："齐卿之位，不为小矣；齐滕之路，不为近矣，反之而未尝与言行事，何也？"

曰："夫既或治之[(4)]，予何言哉？"

【注释】

（1）出吊于滕：季本《孟子事迹图谱》云："其与王驩使滕，为文公之丧也。非大国之君，无使贵卿及介往吊之礼。此固重文公之贤，而隆其数，亦孟子欲亲往吊，以尽存没始终之大礼也。"（参见焦循《孟子正义》）

（2）盖（gě）大夫王驩（huān）：盖，齐国邑名。周柄中《四书典故辨正》："《左传》凡大夫加邑号者，皆治邑之大夫。……王驩为盖大夫，犹距心为平陆大夫也。"（参见焦循《孟子正义》）驩，《说文解字·马部》："驩，马名。"驩与歡因同声符，用作欢愉的意思，可以假借驩作歡，用作人名驩则不好作歡，简化为"欢"，更加不宜。

（3）辅行：朱熹《孟子集注》："辅行，副使也。"

（4）夫既或治之：夫，彼也。或，语助词，无义。治，办理。

【译文】

孟子在齐国担任国卿，奉使到滕国吊丧，齐王派盖邑大夫王驩作为副使同行。孟子与王驩早晚在一起，来回于齐滕两国的旅途，孟子却不曾同他一道谈过公事。

公孙丑问道："齐国之卿的官位不算小了，齐滕之间的距离不算近了，往返一趟却不曾和王驩谈过出使之事，这是为什么呢？"

孟子说："他既然一个人办好了，我还说什么呢？"

【说要】

本章记孟子出吊滕文公事。

齐宣王一方面以孟子与滕文公有旧交情，而命孟子使滕；一方面以自己宠幸的王驩为辅行，表达与滕的亲和——两意皆美，可见齐宣王用人之明；王驩的品行不足以作为孟子的副手，可见齐宣王用人之昏。用人果然是一件不容易的事情。

王驩仗着自己是齐王的宠臣，妄自尊大，事事独断专行，不把正使孟子放在眼里，孟子便以不与他交谈来表达自己的不满——这是许多注本的相同解读。我觉得这样的解读可能是"误读"。

张九成《孟子传》卷八：

> 出使于外，一言之不酬，一拜之不中，两国至于交兵，暴骨以逞。（《张九成集》第三册，第802页）

以孟子之圣明，哪能放弃使者的职责而与小人斗气！

那孟子为什么不与王驩交谈呢？这需要回到文本，细细品味。

"夫既或治之"是个要紧的地方，不能草率地译为"他既然一个人独断专行了"，而应该谨慎地译为"他既然一个人办好了"。"他既然一个人办好了"里面含着"独断专行"，也含着"办好了"。"独断专行"，是王驩对正使孟子的傲慢；"办好了"，是王驩对"行事"的负责。

能得到权势者宠幸的小人，往往都有把场面上的事情办得妥妥帖帖的能力，这也是小人的"长处"吧？小人之所以让人厌恶，是他们只把温顺奉献给权势者。

面对王驩的作为，孟子是冷眼旁观，时刻把握住"行事"的大方向，而不是意气用事，置大事于不顾。孟子以他的行为示范我们，在不得已时如何与小人共事。

孟子是思想的圣哲，也是一个知道大体、不负重托的使者。

04.07 孟子自齐葬于鲁[1]，反于齐，止于嬴[2]。

充虞[3]请曰："前日不知虞之不肖[4]，使虞敦匠事[5]。严[6]，虞不敢请。今愿窃有请也：木若以[7]美然。"

曰："古者棺椁无度，中古[8]棺七寸，椁称之。自天子达于庶人，非直为观美也，然后尽于人心。不得[9]，不可以为悦[10]；无财，不可以为悦。得之为[11]有财，古之人皆用之，吾何为独不然？且比[12]化[13]者无使土亲肤，于人心独无恔[14]乎？吾闻之君子：不以天下俭其亲[15]。"

【注释】

（1）自齐葬于鲁：赵岐《注》："孟子仕于齐，丧母，归葬于鲁。"刘向《列女传》亦有"孟子处齐有忧色，拥楹而叹，孟母见之"云云，则孟子仕齐，孟母同往。赵岐之说诚为可信。

（2）嬴（yíng）：赵岐《注》："齐南邑。"故城在今山东济南莱芜西北四十里。

（3）充虞：赵岐《注》："孟子弟子。"

（4）不知虞之不肖：此谦谨语，意为"不嫌弃我无能"。

（5）敦匠事：敦，治理，监理。匠，木工。赵岐以"匠"字绝句，"事"字属下读，亦通。

（6）严：焦循《孟子正义》："严为急。急者，谓不暇也。"

（7）以：太，甚。

（8）中古：赵岐《注》："中古，谓周公制礼以来。"孔广森《经学卮言》："中古尚指周公以前，周公制礼，则自天子至于庶人皆有等。"

（9）不得：旧注皆训为"法制所不当得"。

（10）悦：林义光《文源》："兑即悦之本字……从人、口、八。"八，象人愉快时口两旁纹理的形状。后兑加心旁，构成悦字，表示人心里的快慰，是一种内在的心里愉悦状态。这里的意思是由"礼法允许且拥有足够的财富，可以制作华美棺椁"带来的孝心满足。

（11）为：连词，和。表示并列关系。

（12）比：通"庇"。意为覆蔽、保护。

（13）化：死者。

（14）恔（xiào）：从心从交，交亦声。交，甲骨文、金文之构形乃"大"字的变体，其字象一人双手伸展、两腿交叉之形。本义为两腿交叉。恔，会意人的一种复杂的心理状态。此处指"父母长眠地下的死别哀伤"与"父母遗体得到华美棺椁保护的孝心满足"两相交织的复杂的心理状态。

（15）不以天下俭其亲：杨伯峻《孟子译注》译为："在任何情况下，都不应当在父母身上去省钱。"可惜他并没有说明理由。朱熹《孟子集注》："送终之礼，所当得为而不自尽，是为天下爱惜此物，而薄于吾亲也。""天下"一词的确切含义难以知晓。朱熹的注也没有回答这个问题。这里试着意译为"世间之物"。

【译文】

孟子从齐国回到鲁国安葬母亲，返回齐国时，在嬴邑停歇。

学生充虞请教说："前些日子您不嫌弃我无能，派我监理棺椁的制造，时间紧迫，我不敢来请教。现在想冒昧地问一下：棺木似乎太华美了吧？"

孟子说："上古时棺椁的厚度没有一定的规定，中古时棺厚七寸，椁厚与之相当。从天子到平民，不只是为了美观，还要这样才能尽孝子之心。为礼制所限不能用好棺椁，就不会称心；没有钱财不能用好棺椁，也不会称心。在礼制与财力允许的情况下，古人都会用好棺椁，我为什么偏偏不能这样呢？况且，（棺木厚美）可以庇护死者不让泥土接触死者的肌肤，这对孝子来说，难道不是很欣慰的吗？我听说，君子不会为世间之物而在父母身上节省。"

【说要】

本章记录孟子葬母之事，主要讨论"木若以美然"的问题。

联想到 02.16 鲁平公与乐正子的对话——"谓棺椁衣衾之美也""非所谓逾也，贫富不同也"，可以想象孟子葬母所用的棺木确实足够华美。这也引起了后世对厚葬问题的关注。

王夫之《读通鉴论》卷八：

> 家贫而厚葬，非礼也。喻贤者以俯就，使无以不备物为哀而伤其生也。（《船山全书》第十册，第 303 页）

张栻《南轩先生孟子说》卷第二：

> 墨子之薄葬，固贼夫良心，而后世厚葬之过，其失均也。盖曰尽于人心，则不可以有加也。过是而有加焉，则亦非天理矣。（《张栻集》上，第 232 页）

王夫之、张栻的观点算是比较中正的。时至今日，厚葬被认为是一种陋习，也大致不差。只是有几点需要说明：

其一，孟子幼年丧父，依母而长，且受到母亲的良好教育，厚葬母亲也情有可谅，需要我们给予同情之理解。

其二，我们既不要引“孟子葬母”来一味地攀比厚葬，也不要以“厚葬为陋习”来掩盖自己的吝财之心。

其三，我们要透过“不得，不可以为悦；无财，不可以为悦”“且比化者无使土亲肤，于人心独无恔乎”，体味孟子的内在情感，体味孟子的“仁人、孝子之言”（李贽《四书评·孟子》卷之二），并将这份“体味”转化为对父母的感恩，把孝心更多地用在“生事之以礼”的行动上。父母活着的时候不知道孝敬，父母去世之后用所谓的厚葬又有多少意义呢？

其四，本章不从世俗之礼的规定上谈问题，而是直指人心，需要我们用心去体味，其中有许多值得深思的地方。特别是在当下，所谓主张人权、主张“每一个人都是自由的人”的观念，给我们的家庭带来了巨大冲击。比如，现在有许多亲人之间因为房子、钱财就跑到法院打官司。试问法律能从根本上解决这些问题吗？显然是不能的。

社会的治理，不能简单地用政和刑的办法，还需要“导之以德，齐之以礼”。孔子在讲德礼、政刑的时候，也不是将二者简单对立，治理社会这两个方向缺一不可。虽然法律是对人的保护，但是仅仅靠法律是不可能解决所有问题的，一定要回到人心，特别是要回到由血缘亲情生发出来的、推及出来的人与人之间的人情上。只有深刻体会到这些，才能更加深刻把握本章要义，更好继承和弘扬儒家思想。

04.08　沈同(1)以其私问曰：“燕可伐与？”

孟子曰：“可。子哙(2)不得与人燕，子之(3)不得受燕于子哙。有仕(4)于此，而子悦之，不告于王而私与之吾子之禄爵；夫士也，亦无王命而私受之于子，则可乎？——何以异于是？”

齐人伐燕。或问曰：“劝齐伐燕，有诸？”

曰：“未也。沈同问：‘燕可伐与？’吾应之曰：‘可。’彼然而伐之也。彼如曰：‘孰可以伐之？’则将应之曰：‘为天吏，则可以伐之。’今有杀人者，或问之曰：‘人可杀与？’则将应之曰：‘可。’彼如曰：‘孰可以杀之？’则将应之曰：‘为士师，则可以杀之。’今以燕伐燕(5)，何为劝之哉？”

【注释】

（1）沈同：赵岐《注》：“沈同，齐大臣。”

（2）子哙：燕王哙。公元前 318 年，他让国于相国子之，引起燕国内乱。四年后齐宣王趁机攻破燕国，燕王哙死于战乱。

（3）子之：燕王哙之相。后接受燕王哙让国，成为燕国的君主。齐人攻破燕国后，子之逃亡，被齐人抓住剁成肉酱。

（4）仕：求仕者。意指想做官或想做更大官的人。

（5）以燕伐燕：朱熹《孟子集注》："言齐无道，与燕无异，如以燕伐燕也。"

【译文】

沈同以个人身份问："燕国可以讨伐吗？"

孟子说："可以。燕王哙不能把燕国交给别人，他的相国子之也不能从燕王哙那里接受燕国。譬如有个想做官的人，你很喜欢他，便不向王请示而私自把你的俸禄爵位让给他；这个人呢，也没有国王的任命便从你那里接受了，这样可以吗？——（燕王哙、子之私相授受，）与这又有什么分别呢？"

齐国出兵讨伐燕国。有人问孟子："你劝说齐国讨伐燕国，有这回事吗？"

孟子说："没有。沈同曾经问我：'燕国可以讨伐吗？'我说：'可以。'他们就去讨伐燕国了。他假若再问：'谁可以去讨伐他呢？'那我便会说：'只有天吏才可以去讨伐。'譬如这里有一个杀人犯，有人问道：'这犯人该杀吗？'那我会说：'该杀。'假若他再问：'谁可以杀他呢？'那我就会回答：'只有治狱官才可以杀他。'如今用一个同燕国一样暴虐的齐国去讨伐燕国，我为什么去劝他呢？"

【说要】

本章讨论了两个问题，一是回答沈同关于"燕可伐与"的询问，一是反驳有的人"劝齐伐燕，有诸"的质问。

齐国伐燕是发生在孟子居齐期间的一个重大事件，《孟子》中直接涉及此事件的有四章：02.10（齐人伐燕，胜之）、02.11（齐人伐燕，取之）、04.08（沈同问"燕可伐与"、齐人质疑"劝齐伐燕"）、04.09（燕人畔）。

这四章，事实发生的顺序应该是这样的：

04.08（沈同问"燕可伐与"）→ 02.10（齐人伐燕，胜之）→ 02.11（齐人伐燕，取之）→ 04.09（燕人畔）→ 04.08（劝齐伐燕，有诸）

沈同"燕可伐与"与齐人质疑"劝齐伐燕"，不在同一时间，但事出有因，故本章放在一起。

燕王哙东施效颦，妄学尧舜禅让，将国私让于相国子之，结果引起燕国内乱，给燕国民众带来一场灾难。所以，沈同私下问孟子"燕可伐与？"孟子斩钉截铁地回答："可。"

对于国家权力的转移，孟子有明确的思想主张："天子不能以天下与人"（09.05）；"昔者，尧荐舜于天，而天受之；暴之于民，而民受之"（09.05）。国家权力的转移只能听命于“天”“民”，而“天视自我民视，天听自我民听”（09.05 引《太誓》句），听命于“天”“民”，实际上就是听命于“民”。

对于孟子的这一思想主张及燕可伐的政治判断，后世少有异议。但是，孟子反驳“劝齐伐燕，有诸”质问的回答，争议满满。

初读本章“齐人伐燕”以下的文字，常常会给人留下这样的印象：孟子明明劝齐伐燕了，却矢口否认，辩解的理由很牵强。基于这样的理解，司马光评议道：

> 孟子知燕之可伐，而必待能行仁政者，乃可伐之。齐无仁政，伐燕非其任也。使齐之君臣不谋于孟子，孟子勿预知可也。沈同既以孟子之言劝王伐燕，孟子之言尚有怀而未尽者，安得不告王而止之哉？夫军旅，大事也，民之死生、国之存亡皆系焉。苟动而不得其宜，则民残而国危，仁者可忍坐视其终委乎？（〔宋〕司马光著，李之亮笺注：《司马温公集编年笺注》第五册，巴蜀书社 2009 年版，第 423—424 页）

司马光的质疑是严厉的，也是很有说服力的，似乎孟子在齐人伐燕一事上的错误无可辩驳了。其实未必。

其一，孟子有没有劝齐伐燕？有。除了本章沈同问“燕可伐与？”孟子回答“可”的证据，还有两条比较重要的证明材料：

> 构难数月，死者数万，众人恫恐，百姓离志。孟轲谓齐王曰：“今伐燕，此文、武之时，不可失也。”王因令章子将五都之兵，以因北地之众以伐燕。（《史记·燕召公世家》）
>
> 孟轲谓齐宣王曰：“今伐燕，此文、武之时，不可失也。”王因令章子将五都之兵，以因北地之众以伐燕。士卒不战，城门不闭，燕王哙死。齐大胜燕，子之亡。二年，燕人立公子平，是为燕昭王。（〔汉〕刘向编集，贺伟、侯仰军点校：《战国策·燕策一》，齐鲁书社 2005 年版，第 334 页）

其二，孟子面对“劝齐伐燕，有诸”的质问，为什么回答“未也”呢？这需要细细品读原文。

“今以燕伐燕，何为劝之哉”明确告诉我们，齐人质疑孟子的对话发生在 02.10（齐人伐燕，胜之）、02.11（齐人伐燕，取之）、04.09（燕人畔）三章之后。

宣王兼并燕国的贪心、“杀其父兄，系累其子弟，毁其宗庙，迁其重器”的恶行，使得本可以效文武、为天吏的正义战争，沦为“以燕伐燕”的兼并之战，且由此造成燕人的激烈反抗、诸侯的趁火打劫，陷齐国于危险境地。

此时此刻，小人不出意外地出现了：

有的人宽慰齐宣王，周公那样的圣人都有犯错的时候，您这点小错误算什么！（04.09）

有的人指责孟子“劝齐伐燕，有诸”，欲把齐宣王的错误一股脑推卸给孟子。

其三，孟子有没有为齐宣王指明伐燕的大方向呢？有。

“取之而燕民悦，则取之。……取之而燕民不悦，则勿取。”（02.10）

“王速出令，反其旄倪，止其重器，谋于燕众，置君而后去之，则犹可及止也。”（02.11）

不仅有事前的行动纲领，而且有事后的补救措施，何来“仁者可忍坐视其终委乎”呢？两个指点齐宣王一个都不听，现在却要把所有的错误都让孟子来承担，有这样的道理吗？

有了以上的思考，我们再来看朱熹对司马光评议的回应：

> 圣贤之心，如明鉴止水，来者照之，然亦照其面我者而已矣，固不能探其背而逆照之也。……观孟子言，取之而燕民悦则取之，取之而燕民不悦则勿取，然燕之可取不可取，决于民之悦否而已。使齐能诛君吊民，拯之于水火之中，则乌乎而不可取哉！（《晦庵先生朱文公文集》卷七十三《读余隐之尊孟辨》，《朱子全书》第二十四册，第3514—3515页）
>
> 燕固可伐矣，故孟子曰可。使齐王能诛其君，吊其民，何不可之有？乃杀其父兄，虏其子弟，而后燕人畔之。乃以是归咎孟子之言，则误矣。（《孟子集注》引杨时语，《四书章句集注》，第248—249页）

朱子毕竟是真正了解孟子的人。

另，“沈同以其私问”，“私”字耐人寻味。沈同为什么要以私问？有没有得到齐宣王的暗中指令？孟子居客卿之位，齐宣王为何不直接来问？

一个不幸的情况可能已经发生——孟子对齐宣王尚怀希望，齐宣王对孟子已然失去了兴趣——把本章与02.10、02.11、04.09、04.10、04.11、04.12、04.13、04.14九章合观，其意自现。

齐人伐燕，成为孟子与齐宣王矛盾的燃点，这是齐宣王、齐人的不幸；齐人伐燕，成为孟子周游列国的终点、《孟子》一书编撰的起点，这是中华民族的大幸。

04.09　燕人畔。王曰：“吾甚惭于孟子。”

陈贾[(1)]曰：“王无患焉。王自以为与周公孰仁且智？”

王曰：“恶[(2)]！是何言也！”

曰：“周公使管叔监殷，管叔以殷畔[(3)]。知而使之，是不仁也；不知而使之，是不智也。仁智，周公未之尽也，而况于王乎？贾请见而解之。”

见孟子，问曰：“周公何人也？”

曰：“古圣人也。”

曰：“使管叔监殷，管叔以殷畔也，有诸？”

曰：“然。”

曰：“周公知其将畔而使之与？”

曰：“不知也。”

“然则圣人且有过与？”

曰：“周公，弟也；管叔，兄也。周公之过，不亦宜乎？且古之君子，过则改之；今之君子，过则顺[(4)]之。古之君子，其过也，如日月之食，民皆见之；及其更[(5)]也，民皆仰之。今之君子，岂徒顺之，又从为之辞[(6)]。”

【注释】

（1）陈贾：齐国大夫。

（2）恶（wū）：文言叹词，表示惊讶。

（3）管叔以殷畔：管叔，周武王的弟弟。周武王灭商后，封纣王之子武庚于商旧都，封弟鲜于管（今河南郑州）、弟度于蔡（今河南上蔡西南）、弟处于霍（今山西霍州西南），并派他们共同监视武庚，史称“三监”。武王死后，成王幼，周公摄政，管叔、蔡叔、霍叔和武庚反叛，周公出兵平定了这次叛乱。

（4）顺：放任。

（5）更：改。

（6）辞：辩解。

【译文】

燕国人背叛齐国。齐宣王说：“我对孟子感到很惭愧。”

陈贾说：“大王不必忧虑。大王自认为与周公相比，谁更仁且智呢？”

齐宣王说：“嘻！这是什么话！”

陈贾说：“周公派管叔去监视殷人，管叔却带着殷人叛乱。如果周公知道他会反叛还任命他，这是不仁；如果不知道他会反叛而任命他，这是不智。仁和智，连周公都没有完全做到，何况大王呢？请让我去见孟子做些解释吧。”

陈贾见到孟子，问道：“周公是怎样的人？”

孟子说：“古代的圣人。”

陈贾问：“他派管叔监视殷人，管叔却带着殷人叛乱，有这回事吗？”

孟子说："有。"

陈贾问："周公指派他去时预知他将会反叛吗？"

孟子说："不知道。"

陈贾问："这么说来，圣人也会有过错了？"

孟子说："周公是弟弟，管叔是哥哥。周公的过错，不是情有可原吗？况且古代的君子，有了过错就改正；现在的君子，有了过错却一味错下去。古代的君子，他的过错就像日食月食一样，百姓都看得见；等他改正了，百姓都仰望他。现在的君子，非但一味错下去，还要为过错来辩护。"

【说要】

通过02.10、02.11我们已经了解到，齐宣王兼并燕国的贪心、"杀其父兄，系累其子弟，毁其宗庙，迁其重器"的恶行，使得本可以效文武、为天吏的正义战争，沦为"以燕伐燕"的兼并之战，且由此造成燕人的激烈反抗、诸侯的趁火打劫，陷齐国于危险境地。

宣王对此感到很惭愧，感觉实在对不起孟子，可惜这反思的念头刚刚冒出来，就被小人啃噬了。

朱熹《孟子集注》：

> 林氏曰："齐王惭于孟子，盖羞恶之心，有不能自已者。使其臣有能因是心而将顺之，则义不可胜用矣。而陈贾鄙夫，方且为之曲为辩说，而沮其迁善改过之心，长其饰非拒谏之恶，故孟子深责之。然此书记事散出而无先后之次，故其说必参考而后通。若以第二篇十章十一章置于前章之后，此章之前，则孟子之意，不待论说而自明矣。"（《四书章句集注》，第249—250页）

此章前半叙事妙，后半议论妙。叙事之妙，在于平淡写去，而其人之身份气象历历如绘。

"吾甚惭于孟子"句，写出齐王良心未泯，尚有悔意，又肯明说出来，所以，孟子云"王由足用为善"（04.12）。

"王无患焉"及"贾请见而解之"二句，写出陈贾小人之状，一面逢迎齐王，一面夸己善辩。

陈贾鄙夫不知孟子早具知言本领，邪遁之辞如何能逃过孟子的明鉴。故不待其辞之终，孟子即以古之君子、今之君子对照言之，磊落光明，义正词严，令贾卷舌收声。

焦循《孟子正义》：

孟子不为周公辨过，而转为周公任过，且谓其能改过，特以取燕之举，过于前，不能改于后，假周公之事以觋齐耳。(《孟子正义》，第296页)

老话说，人非圣贤，孰能无过？即使是圣贤，犯点错误也是正常的，关键是如何对待错误，孔子云“过而不改，是谓过矣”。“及其更也，民皆仰之”，错而能改，圣贤仍然是圣贤。

无论时下的境况如何，请你每天诵读三遍，时刻提醒自己、警醒自己，不做阿谀权贵、文过饰非的小人：“今之君子，岂徒顺之，又从为之辞。”

无论时下的境况如何，请你每天诵读三遍，时刻提醒自己、警醒自己，做一个勇于改过自新的人：“古之君子，其过也，如日月之食，民皆见之；及其更也，民皆仰之。”

04.10 孟子致为臣而归(1)。王就(2)见孟子，曰：“前日愿见而不可得，得侍同朝，甚喜；今又弃寡人而归，不识可以继此(3)而得见乎？”

对曰：“不敢请耳，固所愿也。”

他日，王谓时子(4)曰：“我欲中国(5)而授孟子室，养弟子以万钟(6)，使诸大夫国人皆有所矜式(7)。子盍(8)为我言之？”

时子因(9)陈子(10)而以告孟子，陈子以时子之言告孟子。

孟子曰：“然(11)。夫时子恶知其不可也？如使(12)予欲富，辞十万(13)而受万，是为欲富乎？季孙曰：‘异哉子叔疑(14)！使己为政，不用，则亦已矣，又使其子弟为卿。人亦孰不欲富贵？而独于富贵之中有私龙断(15)焉。’古之为市也，以其所有易其所无者，有司者治之耳。有贱丈夫(16)焉，必求龙断而登之，以左右望，而罔市利。人皆以为贱，故从而征之。征商自此贱丈夫始矣。”

【注释】

(1)致为臣而归：指孟子辞去齐卿之职返回家乡。致，辞去。归，返回家乡。

(2)就：去，前往。

(3)继此：从此以后。

(4)时子：齐国大夫。

(5)中国：即国中，都城中。国，都城，这里指临淄城。

(6)钟：古代容量单位。

(7)矜式：敬重和效法。赵岐《注》：“矜，敬也。式，法也。欲使诸大夫国人皆敬法其道。”

(8)盍：何不。

（9）因：《康熙字典》："托也。"顾炎武《日知录》："'时子因陈子而以告孟子，陈子以时子之言告孟子。'此不须重见而意已明。"故疑"陈子以时子之言告孟子"为衍文。

（10）陈子：即陈臻，孟子弟子。

（11）然：应答之词。不训为"是"。

（12）如使：假使，倘若。

（13）十万：朱熹《孟子集注》："孟子既以道不行而去，则其义不可以复留；而时子不知，则又有难显言者，故但言设使我欲富，则我前日为卿，尝辞十万之禄，今乃受此万钟之馈，是我虽欲富，亦不为此也。"有学者认为十万是孟子多年俸禄总和，而非一年的俸禄。不知孰是，存疑。

（14）季孙、子叔疑：赵岐《注》认为二人皆为孟子弟子。朱熹《孟子集注》则认为"不知何时人"。以文义看，朱说可从。

（15）龙断：垄断。本指独立的高地。引申为独占其利。龙，通"垄"。

（16）丈夫：对成年男子的通称。

【译文】

孟子辞官准备返乡。齐宣王前来看望孟子，说："以前想见到您而没有机会，后来终于能同朝相处，我很高兴；现在您又要弃我归去，不知以后可以继续此缘分得以相见吗？"

孟子答道："不敢请求，但确实是我很希望的。"

过了几天，宣王对时子说："我想在都城中送给孟子一所房子，用万钟粟米供养他的弟子，让各位大夫和国人都有个敬重效法的榜样。你何不替我去说说呢？"

时子委托陈子转告孟子，陈子就把时子（转述齐王）的话告诉了孟子。

孟子说："这样啊。时子哪里知道这件事是不可以的呢？如果我追求富贵，辞掉了十万钟的俸禄却接受一万钟的赏赐，这是追求富贵吗？季孙说：'子叔疑这个人真奇怪！自己想做官，不被任用也就罢了，却又叫他的儿子、兄弟去做卿。哪个人不想追求富贵？而他却想把富贵垄断起来。'古人做买卖，拿他的所有换所无，相关部门加以管理。有个卑贱的男子，一定要找块高地登上去，左边望望，右边望望，一定要把所有交易的好处都捞了去。人们都觉得他卑贱，因此对他征税。对商人征税，就是从这个卑贱的男子开始的。"

【说要】

"如使予欲富"以下的话，通常被理解成孟子隔空说给时子的话，把时子的"不知"等同于时子认为孟子"欲富"。其实，辞多取少，谁都知道不是"欲富"，时子岂能不知？

朱熹敏锐地体会到这一点，所以他说：

> 时子不知，则又有难显言者，故但言设使我欲富……（《四书章句集注》，第250页）

姚永概《孟子讲义》卷四：

> 孟子之文，多用刚笔，而此章及尹士章，又善用柔笔。（《孟子讲义》，第73页。标点、文字略有改动）

他们似乎都感受到孟子没有明说的“难言之隐”。这个“难言之隐”才是时子“不知”的。那么，时子的“不知”到底是什么呢？

孟子辞官回家，齐宣王欲以国中之室、养弟子之财的馈赠来挽留。当然，齐宣王也知道，孟子对于接不接受馈赠是有原则的：“无处而馈之，是货之也。焉有君子而可以货取乎？”（04.03）故他很周到地为孟子找了一个接受馈赠的理由：“使诸大夫国人皆有所矜式。”由此可以看到，齐宣王挽留孟子是诚恳的。当然，齐宣王不用孟子也是事实。这从上一章“惭而不悔”显然可见。

齐宣王挽留孟子是诚恳的，这是情的相投；齐宣王不用孟子也是事实，这是义的不合。有此情的相投而义的不合，所以孟子的去是必然的，也是纠结的。

不为情的相投而留下，只为义的相合而坚守，这正是孟子此章要表达的意思，也是孟子值得我们去敬仰、去效法的原因。

这是时子的“不知”。

另，齐宣王希望时子“为我言之”，时子却“因陈子而以告孟子”，此中的人情世故亦需要细细品味。

焦循《孟子正义》引阎若璩《孟子生卒年月考》云：

> 系“致为臣章”于燕畔王惭之后，盖君臣之隙既开，有不可以复合者矣。故孟子决然请去。（《孟子正义》，第302页。标点略有改动）

时子或许是一个老于世故的人，对齐宣王和孟子的关系洞若观火，对孟子的离去心知肚明，只是王命在身，不得不应付一下而已。

思虑到这里，我们会发现：齐宣王貌似礼貌周全的挽留，无异于绝交的宣言，彻底将他与孟子隔离开。

04.11　孟子去齐，宿于昼[(1)]。

有欲为王留行者，坐而言。不应，隐几[(2)]而卧。客不悦曰：“弟子齐宿[(3)]而后敢言，夫子卧而不听，请勿复敢见矣。”

曰：“坐！我明语子。昔者鲁缪公(4)无人乎子思(5)之侧，则不能安(6)子思；泄柳、申详(7)无人乎缪公之侧，则不能安其身。子为长者虑，而不及子思，子绝长者乎？长者绝子乎？”

【注释】

（1）昼：齐国邑名，在今山东临淄附近。

（2）隐（yìn）几：靠着几案。古人坐而凭几，几矮小而衣服宽大，凭几而几不见，故曰“隐几”。

（3）齐（zhāi）宿：提前一天斋戒。朱熹《孟子集注》：“齐戒越宿也。”齐，同“斋”。斋戒。古人有重大事情时，提前沐浴更衣，不饮酒，不吃荤，不入内寝，以示诚敬。

（4）鲁缪公：名显，战国时鲁国国君，公元前 409 年至前 377 年在位。

（5）子思：姓孔，名伋，孔子之孙。

（6）安：《尔雅·释诂》：“安，止也。”与上文“留”同义。

（7）泄（yì）柳、申详：皆鲁缪公时之贤人。

【译文】

孟子离开齐国，在昼地过夜。

有一位想替齐王挽留孟子的人，坐着同孟子说话。孟子却不加理会，斜靠在几案上睡起来。那人很不高兴地说：“学生我在昨天便斋戒沐浴才敢来跟您说话，您却卧而不听，恕我再也不敢同您相见了。”

孟子说：“请坐！我明白地告诉你。过去鲁缪公如果没有贤人在子思身边，就不能留住子思；泄柳、申详如果没有贤人在鲁缪公身边，也就不能留住他们。你替我这个老头考虑，却不能像（贤人转达君主诚意于）子思那样，是你拒绝我这个长辈呢，还是我这个长辈拒绝你呢？”

【说要】

赵岐《注》：

> 往者鲁缪公尊礼子思，子思以道不行则欲去；缪公常使贤人往留之，说以方且听子为政，然后子思复留。泄柳、申详，亦贤者也。缪公尊之不如子思，二子常有贤者在缪公之侧，劝以复之，其身乃安也。（《孟子正义》，第 305 页）

“昔者鲁缪公无人乎子思之侧，则不能安子思”——此言无贤者转达君主的诚意，则不能留住子思。

“泄柳、申详无人乎缪公之侧，则不能安其身”——此言无贤者在君主身边维持调护，则不能留住泄柳、申详。

“子为长者虑，而不及子思，子绝长者乎？长者绝子乎？”——此言来客只是“欲为王留行者”，他既没有君主欲行道以留下孟子的托嘱，也没有劝谏君主行道以留住孟子。

赵岐《注》：

> 言子为我虑，不如子思时贤人也。不劝王使我得行道，而但劝我留，留者何为哉。此为子绝我乎，又我绝子乎，何为而愠恨也。（《孟子正义》，第305—306页）

“留者何为哉”——这才是核心的问题。孔子云：“道不同，不相为谋”；“以道事君，不可则止”。

造成客与孟子见面时尴尬的原因，自然不是孟子表面上的礼貌不周，而是二人根本的理念不同，而孟子的理念又不是“客”所能了解的——做个热心助人的人，也需要有足够的德行智慧。

齐宣王没有行道的意愿，身边也没有劝谏他行道的贤人，孟子留在齐国做什么呢？

赵岐《章指》：“惟贤能安贤，智能知微。以愚喻（注：开导）智，道之所以乖也。”

04.12　孟子去齐，尹士[(1)]语人曰：“不识王之不可以为汤、武，则是不明也；识其不可，然且至，则是干泽[(2)]也。千里而见王，不遇故去，三宿而后出昼，是何濡滞也？士则兹不悦[(3)]。”

高子[(4)]以告。

曰：“夫尹士恶知予哉？千里而见王，是予所欲也；不遇故去，岂予所欲哉？予不得已也。予三宿而出昼，于予心犹以为速，王庶几[(5)]改之。王如改诸，则必反予。夫出昼，而王不予追也，予然后浩然[(6)]有归志。予虽然，岂舍王哉！王由[(7)]足用[(8)]为善；王如用予，则岂徒齐民安，天下之民举安。王庶几改之！予日望之！予岂若是[(9)]小丈夫然哉！谏于其君而不受，则怒，悻悻然[(10)]见[(11)]于其面，去则穷日之力而后宿哉？”

尹士闻之，曰：“士诚小人也。”

【注释】

（1）尹士：赵岐《注》："齐人也。"

（2）干泽：赵岐《注》："干，求也。泽，禄也。"

（3）兹不悦：兹，此也。这句为倒装句，"兹不悦"即"不悦兹"。

（4）高子：赵岐《注》："高子亦齐人，孟子弟子。"

（5）庶几：表示希冀的副词。

（6）浩然：朱熹《孟子集注》："如水之流不可止也。"

（7）由：同"犹"。

（8）足用：犹"足以"。

（9）是：这，这样的。王引之《经传释词》："是，犹夫也。"

（10）悻悻然：赵岐《注》引《论语》之"硁硁然小人哉"作"悻悻然小人哉"，以解此"悻悻然"，则"悻悻然"为器量狭小者之貌。"悻"与"硁"古音同在耕部，声纽亦近，故可通。郑玄注《论语》："硁硁，小人之貌也。"

（11）见：同"现"。

【译文】

孟子离开齐国，尹士对别人说："不识得齐王不能够做商汤、周武，那便是孟子的糊涂；识得他不行，然而还要来，那便是贪求富贵。不远千里而来，得不到赏识而离去，在昼地歇了三夜才离开，为什么这样慢腾腾的呢？我看不惯这种情况。"

高子把这话告诉孟子。

孟子说："尹士哪能了解我呢？不远千里来见齐王，这是我的希望；得不到赏识而离去，难道也是我所希望的吗？我只是不得已罢了。我在昼地歇了三夜才离开，在我心里还以为太快了，（我这么想：）王也许会改变。王假若改变，就一定会请我返回。我离开昼，王还没有追我，我才无所留恋地下了回乡的决心。纵是这样，我难道肯抛弃齐王吗？齐王（虽然不能做商汤、周武，）也还可以好好地干一番；齐王假若用我，何止齐国的百姓得到安顿，天下的百姓都可以得到安顿。王也许会改变的！我天天盼望着呀！我难道是气量狭小的人吗？向王进劝谏之言，王不接受，便小气地满脸不高兴；一旦离开，非得走到太阳落山才肯歇脚吗？"

尹士听到以后说："我真是个小人啊。"

【说要】

尹氏语人之言，乍听之下似乎充满逻辑的思辨，令人反驳不得，只是瞬间让我想起《孟子》14.37的一段话：

> 非之无举也，刺之无刺也，同乎流俗，合乎污世，居之似忠信，行之似廉洁，众皆悦之，自以为是，而不可与入尧舜之道，故曰“德之贼”也。

有一种人，要指摘他，却又举不出什么大错误来；要责骂他，却也无可责骂的，他只是同流合污，为人好像忠诚老实，行为好像方正清洁，大家也都喜欢他，他自己也以为正确，但是与尧舜之道完全违背，所以说他是贼害道德的人。

尹氏之语，正是贼害圣贤的话。

张九成《孟子传》：

> 夫千里见王，使听吾言，行吾谏，下吾膏泽，岂非孟子本心哉？不遇而去，岂圣贤所愿耶？况齐宣有易牛之心，有罪己之善，有不自欺之心，有不自足之意，而就见孟子有成汤之举，又有“前日愿见”之言，有“同朝甚喜”之言，有“弃寡人而归”之言，有“继此而得见”之言，拳拳恳恳，使人不忘于心，则三宿出昼，于孟子之心犹以为速者此也。若夫决去不回，以要流俗之誉，于尹士则合矣，而绝人为善之路，于先王之道何取哉？孟子出处，求合于圣贤之道耳，岂为区区尹士哉？（《张九成集》第三册，第816—817页）

朱熹《孟子集注》：

> 此章见圣贤行道济时，汲汲之本心；爱君泽民，惓惓之余意。（《四书章句集注》，第252页）

得志与民由之，不得志独行其道。君子之为，小人哪里懂得？当然，尹士知错能改，不在小人之列。

04.13　孟子去齐，充虞(1)路问曰：“夫子若有不豫(2)色然。前日虞闻诸夫子曰：‘君子不怨天，不尤人(3)。’”

曰：“彼一时，此一时也(4)。五百年必有王者兴，其间必有名世者(5)。由周而来，七百有余岁矣。以其数，则过矣；以其时考之，则可矣。夫天未欲平治天下也，如欲平治天下，当今之世，舍我其谁也？吾何为不豫哉？”

【注释】

（1）充虞：孟子弟子。

（2）豫：高兴，愉快。

（3）君子不怨天，不尤人：此孔子之语，见《论语·宪问》。尤，责备，怪罪。

（4）彼一时，此一时也：焦循《孟子正义》：“彼一时为充虞所闻‘君子不怨天不尤人’之时，时为暇豫之时，则论为经常之论也。此一时为今孟子去齐之时，为行藏治乱关系之时也。则忧天悯人之意，不得不形诸颜色也。”

（5）名世者：名显于世的人。

【译文】

孟子离开齐国，充虞在路上问道：“老师似乎有些不高兴的样子。但是，从前我听您说过：‘君子不抱怨天，不责怪人。’”

孟子说：“那时是那时，现在是现在。每过五百年一定有位圣君兴起，其间必定会有名显于世的人。从周武王以来，到现在已经七百多年了。论年数，超过了五百；论时势，现在正该有圣君贤臣出来的时候了。可能上天不想让天下太平吧，如果想让天下太平，当今之世，除了我还会有谁呢？我为什么不高兴呢？”

【说要】

张栻《南轩先生孟子说》卷第二：

> 充虞盖亦察孟子颜色之间若有不豫之意，而浅心所量，遂有“不怨天、不尤人”之问也。而不知孟子之心，盖疑王道之久旷，忧生民之不被其泽，是以若有不豫色然也。……若夫在孟子之进退去就，则何疑、何忧之有哉？（《张栻集》上，第237页）

“夫天未欲平治天下也”——为天下苍生计，孟子如何高兴得起来？

“如欲平治天下，当今之世，舍我其谁也”——修养身心，等待天命，孟子又有什么可忧可惧的呢？

朱熹《孟子集注》：

> 言当此之时，而使我不遇于齐，是天未欲平治天下也。然天意未可知，而其具又在我，我何为不豫哉？然则孟子虽若有不豫然者，而实未尝不豫也。盖圣贤忧世之志，乐天之诚，有并行而不悖者，于此见矣。（《四书章句集注》，第253页）

辛全《四书说》卷五亦云：

> 怨天尤人，止为一己之私故耳。孟子不豫，是悲天悯人，岂怨尤哉？（《四书说》，第174页）

“彼一时，此一时也”，可以说不是对充虞提问的回答，而是孟子心志的表达。

或问:“儒者常说‘孔颜乐处’,然则儒者无忧乎?”余曰:“儒者无忧。”又问:“‘忧以天下’,非忧乎?”余曰:“‘忧以天下’,正是儒者之乐处。”

孟子离齐是缠绵曲折的,此正见孟子之至大至刚气象——至大则仁,仁则涵纳、悲悯;至刚则义,义则挺立、不屈。至大至刚,正是孟子之乐处!

04.14 孟子去齐,居休(1)。

公孙丑问曰:“仕而不受禄,古之道乎?”

曰:“非也。于崇(2),吾得见王,退而有去志,不欲变,故不受也。继而有师命(3),不可以请。久于齐,非我志也。”

【注释】

(1)休:地名。故城在今山东滕州西北。

(2)崇:地名。今不可考。

(3)师命:朱熹《孟子集注》:“师旅之命也。”意为齐国有战事。

【译文】

孟子离开齐国,居留在休邑。

公孙丑问道:“任职却不受俸禄,这是古代的规矩吗?”

孟子说:“不是的。在崇邑,我见到了齐王,退朝后就有了离开齐国的想法,并且不想改变,所以就不受俸禄。不久齐国有战事,不便提出离开的请求。长时间待在齐国,不是我的意愿。”

【说要】

子曰:“事君三违而不出竟,则利禄也。人虽曰不要,吾弗信也。”(《礼记·表记》)孟子多次劝说,齐王终是不听,孟子已然有了辞官之意,虽因齐燕战事起,不便请求即刻离去,却决然不再接受俸禄。孟子是能诚实对待自己的人。

张岱《四书遇·居休章》:

> 或问:一见思去,又何出昼之迟迟?沈无回曰:圣贤之救乱世,如慈母之救病子,有一分未绝,亦不肯放手,便是孔子“知其不可为而为之”之家法。(《四书遇》,第395页)

在孟子接触的君王中,滕文公让孟子感到遗憾——言听计从,却国小而外敌强;梁惠王让孟子感到无奈——老而不昏,却时不我待一岁而终;梁襄王让孟子感到失望——

年轻气盛，却望之不似人君；唯有齐宣王让孟子感到无限纠结——不失善根、拥有大国，却终无所作为。

唐文治《孟子大义》卷四：

> 孟子备知言、养气之学，持志养心，配义与道，上与天地清明之气相往来，其德性问学，几几乎无愧于孔子，而惟恐为战国之世之所蒙垢。麒麟之于走兽，不可与同皂也；凤凰之于飞鸟，不可与比翼也，则惟有归焉而已矣。(《唐文治四书大义》，第 124 页)

以 02.10、02.11、04.08、04.09、04.10、04.11、04.12、04.13、04.14 九章合观，特别是 04.11、04.12、04.13、04.14 四章，去齐、去齐、去齐、去齐！一向性格坚毅、正气充盈的孟子，何以缠绵如此？寡断如斯？为齐王？为齐国？为自己？非也！非也！是为天地、为生民、为往圣、为万世也！读思至此，废书洒泪以祭孟子：

> 凤兮凤兮，爱惜其羽；玉兮玉兮，磨而不磷。
> 思兮念兮，万世之亚圣；祈兮祷兮，享吾之敬献。

此章“说要”整理于壬寅年清明。

卷第五　滕文公章句上 凡五章

05.01　滕文公为世子[1]，将之楚，过宋而见孟子。孟子道性善，言必称尧舜。

世子自楚反，复见孟子。孟子曰："世子疑吾言乎？夫道一而已矣。成覸[2]谓齐景公曰：'彼，丈夫也；我，丈夫也；吾何畏彼哉？'颜渊曰：'舜，何人也？予，何人也？有为者亦若是。'公明仪[3]曰：'文王，我师也；周公，岂欺我哉？'今滕，绝长补短，将五十里也，犹可以为善国。《书》曰：'若药不瞑眩[4]，厥疾不瘳[5]。'"

【注释】

（1）滕文公为世子：滕文公，滕国国君。赵岐《注》："滕侯，周文王之后也。"世子，古代天子、诸侯的嫡子。

（2）成覸（jiàn）：齐国勇士。

（3）公明仪：赵岐《注》："贤者也。"

（4）瞑（miàn）眩：用药后头晕目眩的反应。

（5）瘳（chōu）：病愈。

【译文】

滕文公做世子时，将出使楚国，路过宋国拜访孟子。孟子给他讲人性善，言谈必称尧舜。

世子从楚国回来，又来拜见孟子。孟子说："世子怀疑我的话吗？道，只有一个啊。成覸对齐景公说：'他，是男子汉；我，也是男子汉，我为什么怕他呢？'颜渊说：'舜，是什么样的人？我，是什么样的人？有作为的人也应该像舜一样。'公明仪说：'文王，是我的老师；周公，难道会欺骗我吗？'现在的滕国，取长补短，方圆也将近五十里，还是可以治理成一个好国家的。《尚书》中说：'如果药力不使人头晕目眩，病就不能够痊愈。'"

【说要】

本章论"道一而已矣"。

《广韵》："一，数之始也，物之极也。"道是至简、至极的。

张居正《四书直解》说：

> 夫性即是道，道之在人，同出于天，同具于心，无古今，无圣愚，一而已矣。若说人性不皆善，尧舜不易为，则是尧舜一道，众人又一道，道为有二矣。天下岂有二道哉！（《四书直解》，第 346 页）

朱熹《孟子集注》：

> 性者，人所禀于天以生之理也，浑然至善，未尝有恶。人与尧舜初无少异，但众人汩于私欲而失之，尧舜则无私欲之蔽，而能充其性尔。故孟子与世子言，每道性善，而必称尧舜以实之，欲其知仁义不假外求，圣人可学而至，而不懈于用力也。（《四书章句集注》，第 254 页）

在本章的语境中，“道”应该是指向更为具体的为政之道——顺应人的善性而行政。“道性善”讲的是善道，“言必称尧舜”说的是善治。这两句说的是一件事，道以规治，治以显道。

“世子自楚反，复见孟子”，世子为什么要再来拜见孟子呢？推想来大约是这样：一是对孟子之“言”有所动心，二是对孟子之“言”有所疑惑，三是对自己能否行“道”没有信心。

《朱子语类》卷第五十五《滕文公为世子章》：

> 孟子初见滕世子，想是见其资质好，遂即其本原一切为他启迪了。世子若是负荷得时，便只是如此了。及其复见孟子，孟子见其领略未得，更不说了。只是发他志，但得于此勉之，亦可以至彼。若更说，便漏逗了。（《朱子语类》第二册，第 1170 页）

朱熹认为，“世子若是负荷得时，便只是如此了”。有人不同意朱熹的说法，黄宗羲《孟子师说·道性善章》：

> 愚以为世子之复见，正是他负荷的意思，不欲付之空言。孟子引三人之言以坚其志，其后世子将孟子所言大段设施。战国时有此人物，真不可得。（《黄宗羲全集》第一册，第 79 页）

世子“不欲付之空言”，孟子即针对此，展开这一次的对话：“夫道一而已矣”，提纲挈领，把最复杂的事情简约化，这是博而能约的工夫，也是面对世子这样的谈话对象，最好的引导方式；成覸、颜渊、公明仪之语，显现出强烈的作为人应该有的自觉、自信、自尊，再配置以“药不瞑眩，厥疾不瘳”的生活经验，使得整个说理极具说服力。

辛全《四书说》卷五：

言性而复言善，性方不虚。言善而复言性，善方有本。言性善而复称尧舜，方见性善之有真准则。此万古学问、治功之定案也。翻之者，其为异端曲说无疑。（《四书说》，第 174 页）

孟子确实是知“道”且善“言”者。

张栻《南轩先生孟子说》卷第三：

孟子所谓瞑眩之药者，欲使之舍其旧习，远法尧舜也。人唯自弃，以尧舜为不可及，是以安其故常，终身不克进。（《张栻集》上，第 239 页）

张岱《四书遇·性善章》：

一部《孟子》，无一句不是道性善，却于滕世子一句提宗，如震霆破睡，摘衣珠以贷贫，唤醒千古生人面目。（《四书遇》，第 396 页）

“道性善”展开一体两面——人性本善，展开思想的面向；人性向善，展开生命的面向。

“舜，何人也？予，何人也？有为者亦若是”，孟子给予人以前所未有的信任，能不能为尧舜，只在自己；“五十里也，犹可以为善国”，孟子给予执政者以前所未有的鼓励，能不能像尧舜那样行仁政，只在自己。

滕国可以成为善国吗？滕文公可以成为孟子的知己吗？请看以下数章。

05.02 滕定公薨(1)，世子谓然友(2)曰：“昔者孟子尝与我言于宋，于心终不忘。今也不幸至于大故(3)，吾欲使子问于孟子，然后行事。”

然友之邹问于孟子。孟子曰：“不亦善乎！亲丧，固所自尽(4)也。曾子曰：‘生，事之以礼；死，葬之以礼，祭之以礼，可谓孝矣。’(5)诸侯之礼，吾未之学也；虽然，吾尝闻之矣。三年之丧(6)，齐疏之服(7)，饘粥之食(8)，自天子达于庶人，三代共之。”

然友反命，定为三年之丧。父兄百官皆不欲，曰：“吾宗国(9)鲁先君莫之行，吾先君亦莫之行也，至于子之身而反之，不可。且《志》(10)曰：‘丧祭从先祖。’曰：‘吾有所受之也(11)。’”

谓然友曰：“吾他日未尝学问，好驰马试剑。今也父兄百官不我足也，恐其不能尽于大事，子为我问孟子！”

然友复之邹问孟子。孟子曰：“然，不可以他求者也。孔子曰：‘君薨，听于冢宰[12]，歠[13]粥，面深墨[14]，即位而哭，百官有司莫敢不哀，先之也。’上有好者，下必有甚焉者矣。‘君子之德，风也；小人之德，草也。草尚之风，必偃。’[15]是在世子。”

然友反命。世子曰：“然，是诚在我。”五月居庐[16]，未有命戒[17]。百官族人可，谓[18]曰知。及至葬，四方来观之，颜色之戚、哭泣之哀，吊者大悦。

【注释】

（1）滕定公薨：滕定公，文公之父。薨，古代诸侯死亡称为“薨”。《礼记·曲礼下》：“天子死曰崩，诸侯曰薨，大夫曰卒，士曰不禄，庶人曰死。”

（2）然友：赵岐《注》：“世子之傅也。”

（3）大故：为古代常用词，译为今语则是“重大的事故”，其所指依所言的内容而有不同。赵岐《注》：“谓大丧也。”

（4）自尽：尽自己的心力。

（5）“曾子曰”诸句：朱熹《孟子集注》：“本孔子告樊迟者，岂曾子尝诵之以告其门人欤？”见《论语·为政》。

（6）三年之丧：以儒家的说法，上古便曾行三年之丧（子女对于父母、臣对于君，都守孝三年）。对下文“吾宗国鲁先君莫之行，吾先君亦莫之行也”的话，朱熹《孟子集注》驳斥说：“然谓二国不行三年之丧者，乃其后世之失，非周公之法本然也。”

（7）齐（zī）疏（cuī）之服：用粗布做的缝边丧服。齐疏，即齐衰。古代丧服叫作衰，不缝衣边的叫斩衰，缝衣边的叫齐衰。疏，指粗布。

（8）饘（zhān）粥之食：《礼记·檀弓》孔颖达《疏》：“厚曰饘，稀曰粥。”这里“饘粥”是偏义复词，指稀粥。

（9）宗国：朱熹《孟子集注》：“滕与鲁俱文王之后，而鲁祖周公为长。兄弟宗之，故滕谓鲁为宗国也。”

（10）《志》：赵岐《注》：“志，记也。《周礼》：‘小史掌邦国之志。’”焦循《孟子正义》：“小史所掌之志，记世系昭穆之事，容有‘丧祭从先祖’云云，故赵氏引以为证，实不知为何书也。”

（11）曰：吾有所受之也：此“曰”的主体，仍然是父兄百官。所受，言三年之丧。整句可意译为：总而言之，我们有所依据。

（12）冢宰：辅佐天子的官，与后世的宰相相当。

（13）歠（chuò）：饮，喝。

（14）墨：黑。

（15）“君子之德”数句：此孔子语，见《论语·颜渊》。尚，同“上”。偃，倒下。

（16）五月居庐：居住在丧庐中五个月。诸侯五月乃葬，未葬前，孝子必居凶庐。凶庐用土砖砌成，不用柱，不用楣，以草为屏，不加修饰。甚或在守孝的时间内都居于此。

（17）命戒：命令与教戒。

（18）谓：评论。如《论语·公冶长》："子谓子贱，君子哉若人！"

【译文】

滕定公去世，世子对然友说："过去孟子曾经在宋国与我交谈，我心里一直不曾忘记。现在不幸遇到父亲去世，我想派您去请教孟子，然后再办理丧事。"

然友到邹国去问孟子。孟子说："问得不是很好吗？父母的丧事，本应该尽情竭心的。曾子说过：'父母健在的时候，依礼去侍奉；去世了，依礼去埋葬，依礼去祭祀，这可以说是尽孝了。'诸侯的礼节我未曾学习过，不过，我也有所耳闻。实行三年的丧礼，穿着粗布齐边的孝服，吃着稀粥，从天子一直到老百姓，夏、商、周三代都是这样的。"

然友回国复命，世子决定实行三年之丧。宗室百官都不愿意，他们说："我们宗国鲁国的历代君主没有实行过，我们历代的祖先也没有实行过，到了您这里却要改变，是不行的。而且《志》说过：'丧礼、祭礼依从祖宗。'总而言之：'我们有礼法的依据。'"

世子便对然友说："我过去不曾用心学问，只喜欢跑马舞剑。（现在，我要实行三年之丧，）宗室百官都对我不满，恐怕他们不能尽力于丧事，您替我再去问问孟子。"

然友又到邹国去问孟子。孟子说："这样啊，这是不能够求于别人的。孔子说过：'君主死了，政事听命于冢宰，世子自己喝稀粥，面色深黑，到孝子之位便哭泣，大小官吏没有人敢不哀伤，这是因为世子自己先这样啊。'在上位的有所爱好，在下面的人必然更加过分。'君子的德，像风；小人的德，像草。风向哪边吹，草就向哪边倒。'这件事情决定于世子。"

然友回国复命。世子说："是啊，这确实决定于我。"于是世子居于丧庐中五月，不曾颁布过任何命令、教戒。官吏、同族都很赞成，认为世子知礼。等到举行葬礼的时候，四方的人都来观礼，世子容色悲戚、哭泣哀痛，前来吊丧的人都非常满意。

【说要】

本章记录孟子教导滕文公行三年之丧。

滕定公去世，治理滕国的大任，一下子加在滕文公的身上。

"吾他日未尝学问，好驰马试剑"——滕文公显然还只是一个"问题青年"，完全没有做好治国理政的德才准备。

“今也父兄百官不我足也”——不满意，表面上是对行三年之丧的不满，其实是对人的不满。“问题青年”面临的不仅是治国的能力危机，还面临严重的信任危机。

如何化解危机？孟子告诉滕文公：行三年之丧。

“五月居庐，未有命戒。百官族人可，谓曰知”——行三年之丧，确实化解了国内的信任危机。

“及至葬，四方来观之，颜色之戚、哭泣之哀，吊者大悦”——行三年之丧，还赢得了广泛的国际声誉。

如果我们的思虑就到这里，那就太就事论事了。

孟子提出行三年之丧，根本目的并不是化解一时的危机；孟子不是权谋之士，行三年之丧不是化解一时危机的工具。

三年之丧，是儒家推行教化的大礼。《论语·学而》云：“慎终追远，民德归厚矣。”（01.09）“孝弟也者，其为仁之本与！”（01.02）三年之丧满足了孝子孝女报答父母养育之恩的情感需要，有利于协调家庭关系。推而广之，有利于移风易俗，形成良好的社会风气、安定的社会秩序。

三年之丧何以具有如此的教化功能呢？

张栻《南轩先生孟子说》卷第三：

> 夫百官族人何前日以为非，而今日以为知？盖均是人也，吾有是心，彼亦有是心也。吾有以先之，则彼将从而感动矣。非特百官族人，四方之来观者，见其颜色之戚，哭泣之哀，而莫不大悦。盖天下之心，一而已。（《张栻集》上，第 242 页）

张居正《四书直解·孟子》卷五：

> 盖天性至亲，人所同具，故丧礼一行，而远近人情翕然称服如此。可见人性之善，无间于古今，而良心之触莫切于父子。孟子道性善，以启发文公。文公触善念而遵修古礼，遂使先王久湮之典，一旦行于小国，而足以感动人心。孰谓尧舜之道为高远，而不可行哉？（《四书直解》，第 348 页）

时至今日，儒家主张的丧礼已经有太多的不合时宜了，自然应该有所“损益”，只是不要粗暴地扣以“封建陋习”的大帽子，而要在“损益”中小心谨慎地保留、发挥其教化、美俗的精神价值。

对于本章章旨的理解，姚永概先生给出了另外一个思路：

> 此章文字，以“固所自尽”四字为主，故开口先将主意标明；其后“不可以他求者也”“是在世子”，皆是一意到底，至文公深悟而曰“是诚在我”，遂实行“自

尽”之道。于是向之不欲者，至是“可谓曰知”矣；及四方来观者亦皆大悦，皆是“自尽”之明效大验。文章以此为线索，道理亦以此为根本。(《孟子讲义》卷五，第81页)

这个思路，可以让我们走出“三年之丧”的哀戚，走向自立、自尊、自强的生命境域。

另，偶读一本注解《孟子》的书，它对本章“君子之德，风也；小人之德，草也。草尚之风，必偃”有如下的解读：

细咂起滋味来，还有点凄然，民为贵了半天，民人中的多数不过是墙头草、随风倒，被君子精英们的强势大风吹着跑。

我想作者是想多了，也想偏了。

“民为贵”所彰显的是，“民是国家的价值主体”（李存山先生语）；“君子之德，风也”所倡导的是，君子应该成为引领民众的榜样。二者指向不同，意涵也不同，不能混为一谈，更不能简单地对立起来。

05.03 滕文公问为国(1)。

孟子曰：“民事(2)不可缓也。《诗》云(3)：‘昼尔于茅(4)，宵尔索绹(5)；亟其乘屋(6)，其始播百谷。’民之为道也，有恒产(7)者有恒心(8)，无恒产者无恒心。苟无恒心，放辟邪侈，无不为已。及陷乎罪，然后从而刑之，是罔民(9)也。焉有仁人在位，罔民而可为也？是故贤君必恭俭礼下，取于民有制。阳虎(10)曰：‘为富不仁矣，为仁不富矣。’

“夏后氏五十而贡，殷人七十而助，周人百亩而彻(11)，其实皆什一也。彻者，彻也(12)；助者，藉也(13)。龙子(14)曰：‘治地莫善于助，莫不善于贡(15)。’贡者，校(16)数岁之中以为常。乐岁，粒米狼戾(17)，多取之而不为虐，则寡取之；凶年，粪(18)其田而不足，则必取盈焉。为民父母，使民盻盻(19)然，将终岁勤动，不得以养其父母，又称贷(20)而益之，使老稚转乎沟壑，恶在其为民父母也？夫世禄(21)，滕固行之矣。《诗》云(22)：‘雨我公田，遂及我私。’惟助为有公田。由此观之，虽周亦助也。

“设为庠序学校(23)以教之。庠者，养也；校者，教也；序者，射也。夏曰校，殷曰序，周曰庠；学则三代共之，皆所以明人伦也。人伦明于上，小民亲于下。有王者起，必来取法，是为王者师也。《诗》云(24)：‘周虽旧邦，其命惟新。’文王之谓也。子力行之，亦以新子之国！”

使毕战[25]问井地[26]。

孟子曰："子之君将行仁政，选择而使子，子必勉之！夫仁政，必自经界[27]始。经界不正，井地不钧[28]，谷禄[29]不平，是故暴君污吏必慢其经界[30]。经界既正，分田制禄可坐而定也。

"夫滕，壤地[31]褊小，将为君子[32]焉？将为野人[33]焉？无君子，莫治野人；无野人，莫养君子。请野九一而助，国中什一使自赋。卿以下必有圭田[34]，圭田五十亩；余夫[35]二十五亩。死徙[36]无出乡，乡田同井，出入相友，守望[37]相助，疾病相扶持，则百姓亲睦。方里而井，井九百亩，其中为公田。八家皆私百亩，同养公田；公事毕，然后敢治私事，所以别野人也。此其大略也，若夫润泽之，则在君与子矣。"

【注释】

（1）问为国：朱熹《孟子集注》："文公以礼聘孟子，故孟子至滕，而文公问之。"

（2）民事：朱熹《孟子集注》："民事，谓农事。"

（3）《诗》云：以下四句出自《诗经·豳风·七月》。

（4）于茅：割取茅草。于，取也。

（5）索绹（táo）：绞制绳索。索，甲骨文写作，象丝（或麻等），象旋转的符号，表示绞制。索的本义是以丝（或麻等）绞制绳索。绹，绳索。

（6）乘屋：修整房屋。

（7）恒产：恒常具有可以维持生计的产业。恒，常。

（8）恒心：持久不变的向善志向。朱熹《孟子集注》："人所常有之善心也。"

（9）罔民：陷害百姓。罔，同"网"，用作动词。赵岐《注》："是由张罗罔以罔民者也。"

（10）阳虎：又名"阳货"。鲁国正卿季氏的家臣，一度挟持季氏，专鲁国国政，失败而出亡。与孔子同时，二人持道不同而相貌颇似。朱熹《孟子集注》："虎之言此，恐为仁之害于富也；孟子引之，恐为富之害于仁也。君子小人，每相反而已矣。"

（11）五十而贡、七十而助、百亩而彻：贡法是夏代的税法，助法是商代的税法，彻法是周代的税法。详情如何，众说纷纭。赵俪生《中国土地制度史》认为，贡就是贡纳；助就是"劳动者每人有一小块份地，作为支付对这一小块份地的报酬，劳动者必须到贵族的大田块上去进行无偿的劳动"。关于彻，金良年《孟子译注》："一般认为，'彻'是一种双轨制，即在有的地区行缴纳实物的贡法，有的地区行出劳力的助法，但其缴纳比例都是什一。"或说这些都是孟子假托古史以阐述自己的理想，古史或并不如此。

（12）彻者，彻也：前一个"彻"是指彻法，后一个"彻"意为抽取。

（13）助者，藉也：助是一种劳役税，是借助民力来耕种公田。藉，借。

（14）龙子：赵岐《注》："古贤人也。"

（15）治地莫善于助，莫不善于贡：助法是民出力耕种公田，无论丰收、歉收，统治者只取公田之收成，于百姓负担较轻；贡法是统治者根据若干年的平均收成确定收税标准，丰年不多收，歉年不少收，就会造成百姓负担加重。

（16）校：比较。

（17）狼戾：犹狼藉。谓粮食充盈。

（18）粪：用作动词，施肥。杨伯峻《孟子译注》："第二年肥田的用费。"张松辉、周晓露《〈论语〉〈孟子〉疑义研究》："在这里引申为努力把地种好。"张、周之说可从。

（19）盻（xì）盻：赵岐《注》："勤苦不休息之貌。"

（20）称贷：举贷。称，赵岐《注》："举也。"

（21）世禄：古代有世禄之制，贵族世代享有爵禄。朱熹《孟子集注》："孟子尝言文王治岐，耕者九一，仕者世禄，二者王政之本也。今世禄滕已行之，惟助法未行，故取于民者无制耳。盖世禄者，授之土田，使之食其公田之入，实与助法相为表里，所以使君子野人各有定业，而上下相安者也，故下文遂言助法。"

（22）《诗》云：以下两句见《诗经·小雅·大田》。

（23）庠序学校：均为古代学校名。庠者，养也。序者，射也。杨宽认为，古代的学校往往也是敬老、养老的场所，也是贵族演习射箭的场所。姚永概《孟子讲义》："庠以养老为义，校以教民为义，序以习射为义，皆乡学也。学，则国学也。"

（24）《诗》云：以下两句引自《诗经·大雅·文王》。

（25）毕战：滕国的大臣。朱熹《孟子集注》："文公因孟子之言，而使毕战主为井地之事，故又使之来问其详也。"

（26）井地：井田制度。姚永概《孟子讲义》："时诸侯各去典籍，人自为政，故井田之道不明。"

（27）经界：土地、疆域的分界。

（28）井地不钧：此"井地"与上文"井地"含义不同。此处"井"为动词。钧，同"均"。

（29）谷禄：同义复词。古人俸禄用谷，所以谷有禄义。禄，甲骨文写作（录），象辘轳汲水之形。汲水灌溉，可保丰收，故录有福泽之意。后加示旁作禄，专用为福禄之禄。引申为官员的俸禄等。（参见《汉语大字典》编辑委员会编：《汉语大字典》，湖北辞书出版社、四川辞书出版社1988年版，第2402页）

（30）慢其经界：焦循《孟子正义》："心轻慢之，不以先王所定为制。"一说慢通"漫"。浸坏，败坏。

（31）壤地：可耕之地。或说国土。

（32）君子：指劳心者，即从事管理和教育的人。

（33）野人：与君子相对，泛指劳力者，即从事生产、耕作的人。

（34）圭田：仕者（卿以下地位比较低的官员或者准官员）除了俸禄，又有圭田。赵岐《注》："圭，洁也。"焦循《孟子正义》："士以洁白而升，则与以圭田，使供祭祀；若以不洁白而黜，则收其田里，故士无田则不祭。有田以表其洁，无田以罚其不洁也。"

（35）余夫：赵岐《注》："余夫者，一家一人受田，其余老小尚有余力者，受二十五亩，半于圭田，谓之余夫也。"即一家之中，除了一位成年劳动力，其余老少尚可以从事劳动的人。他们也可以受有一定的土地，一般为二十五亩，为圭田的一半。杨伯峻《孟子译注》：此句承上圭田而言，恐不能和《周礼·遂人》"余夫亦如之"的"余夫"（一般农民家的余夫）一例看待。

（36）死徙：丧葬迁居。

（37）守望：看守瞭望。朱熹《孟子集注》："防寇盗也。"

【译文】

滕文公问如何治理国家。

孟子说："农事不可怠慢。《诗经》中说：'白天割取茅草，晚上把绳绞好；赶紧上房修屋，就要播种百谷。'老百姓的生活有这样的道理，有固定产业的就有固定的志向，没有固定产业的就没有固定的志向。一旦没有固定的志向，就会放荡邪僻，无所不为。等到陷入罪网，然后跟着惩治他们，这就像是布下罗网陷害百姓。哪有仁君当政而去陷害百姓的呢？因此贤明的君主必定要恭敬节俭，厚待臣下，向百姓征收赋税有定制。阳虎说：'致力富就不会仁，致力仁就不会富。'

"夏朝以五十亩为单位采用贡法，商朝以七十亩为单位采用助法，周朝以一百亩为单位采用彻法，其实税率都是十分之一。'彻'是抽取的意思，'助'是借助的意思。龙子说：'管理土地没有比助法更好的，没有比贡法更差的。'贡法是比较若干年收成的平均数作为常数。丰年，粮食充盈，多征些粮食不算暴虐，却征收得少；荒年，即使努力把地种好，收的粮食也不够吃，却一定要按常数征收。作为百姓的父母，却使百姓勤劳辛苦，即使终年劳累也无法赡养父母，还得靠借贷来补足赋税，致使老人孩子弃尸于沟壑，这哪能算得上是百姓的父母呢？世禄的制度，滕国已经实行了。（何不再实行助法，使百姓也得到好处呢？）《诗经》中说：'雨水滋养我公田，然后泽及我私田。'只有助法才有公田。由此看来，即使周朝也是实行助法的。

"设置庠、序、学、校来教导百姓。'庠'是教养的意思，'校'是教导的意思，'序'是习射的意思。（地方学校，）夏代称为'校'，商代称为'序'，周代称为'庠'，

‘学’是三代都有的，都是用来教导人们懂得人伦的。在上面的统治者懂得人伦，在下面的百姓自然会相亲相爱。假如有圣王兴起，也必定会来仿效取法，这样就成了圣王的老师了。《诗经》中说：‘岐周虽然是一个古老的国家，国运却充满着新气象。’讲的就是周文王。您努力实行吧，也使您的国家气象一新。”

滕文公派遣毕战询问井田制度。

孟子说：“你的国君将要实行仁政，选择你前来，你一定要努力啊！仁政一定要从田地划分开始。田地界限不合理，田地划分就不均衡，作为俸禄的谷物收入也就不会公平合理，因此，暴君和贪官污吏必定要搞乱田界。田界划分合理了，那么分配土地（给百姓）、制定俸禄（给官吏）就轻而易举了。

“滕国，可耕的土地狭小，要为官吏呢？要为农夫呢？没有官吏，就没有人来治理农夫；没有农夫，就没有人来供养官吏。希望滕国在郊野实行九分抽一的助法，在都城实行十分抽一的赋税。卿以下的官吏一定要有供祭祀的圭田，圭田五十亩；如果他家还有剩余的劳动力，便每一劳动力再给二十五亩。丧葬迁居都不离开本乡，乡里同一井田的各家，出入相互结伴，防卫盗贼相互帮助，有病相互照顾，那么百姓就亲近和睦。方圆一里的土地为一井田，每一井田九百亩，中间一块是公田。八家都有一百亩私田，共同耕作公田。公田农事完毕，然后才可以耕私田，这样做是为了让农夫与官吏有所区别。这是井田的大概情况，至于如何调整完善，那就靠国君和你了。”

【说要】

本章论治国，对仁政思想做了深刻、具体的表达。

朱熹《孟子集注》：

> “丧礼”“经界”两章（注：05.02、05.03），见孟子之学，识其大者。是以虽当礼法废坏之后，制度节文不可复考，而能因略以致详，推旧而为新；不屑屑于既往之迹，而能合乎先王之意，真可谓命世亚圣之才矣。（《四书章句集注》，第 260 页。标点略有改动）

朱熹的意思，用我们今天流行的话概括起来就是，孟子是真正做到“创造性转化，创新性发展”的人。

《日讲四书解义》卷十七：

> 此章论为国之本计，始言恒产之宜制；中言贡助之得失，定君子、野人之分，详养民教民之规；末复勉之以酌量时宜，润泽古法。民情国计无不毕具。诚君国子民者所当究心哉！（《日讲四书解义》，第 267 页）

孟子尝曰："诸侯之宝三：土地、人民、政事。宝珠玉者，殃必及身。"（14.28）凭借土地能立国，凭借政事可治国；民心的向背，决定国家的兴衰存亡。故三宝之中，民又是宝中之宝。

民是宝中之宝，自然"民事不可缓也"。什么是民事呢？从农民的角度说就是农事。从执政者的角度说就是制产以保障民生，施教以美化民俗。

两个方面都要遵循这样一个道理："民之为道也，有恒产者有恒心，无恒产者无恒心。苟无恒心，放辟邪侈，无不为已。"美化民俗必须建立在保障民生的基础之上。执政者如果无视这一老百姓生活的道理，是会陷民于犯罪的，孟子把它称为"罔民"。"罔民"的行为，用我们今天所讲的话说，就是不作为，甚至是乱作为。

韦政通《中国思想史》：

> 恒产是为了满足生物逻辑之需要的，恒心（朱注："人常有之善心"）是指道德价值。这二者之间所引起的动机冲突，是人类各种动机冲突中最基本的一种。在传统的社会，由于生产条件进步很慢，为了迁就匮乏经济的现状，对这个问题，多半采取回避的方式。演变久了，习以为常，不再谋生产条件的改进，以解决生物逻辑的需要，反而设计了繁复的规制，去压制生物逻辑的需求，于是造成道德价值与生物逻辑严重违离的现象。这是由于背离了孟子"有恒产而后有恒心"的原则的结果。孟子对这个问题处理的原则，并没有引起后世儒者的重视。可是这问题却是足以影响治乱的大问题。（《中国思想史》，第 199 页）

人们常说孟子思想有强烈的理想主义倾向，不过从"有恒产者有恒心，无恒产者无恒心"这两千多年来被广泛认同的至理名言中可以看到，孟子的理想主义是深深植根于老百姓生活的沃土之中的。

由此，我们自然会想起《论语》中的话：

> 子适卫，冉有仆。子曰："庶矣哉！"冉有曰："既庶矣，又何加焉？"曰："富之。"曰："既富矣，又何加焉？"曰："教之。"（《论语》13.09）

富裕是老百姓正当的权利，教化是社会发展的必须；"富民"是"教民"的基础，这是儒家坚定的主张。

"富民"要求执政者一要实行井田制，二要取民有制。

井田制为后世描绘了一幅耕者有其田的美丽画卷，对两千多年来的中国经济文化的发展有重大影响。有人说历史上没有实行过井田制，或者说古人实行的井田制与孟子讲的不一样。其实，这都不重要，重要的是孟子针对农业社会提出了一个根本性的问题——土地问题。土地问题的重要性无须赘述，孟子之后的中国治乱兴衰史，一再证明了它：孟子以来两千三百多年的历史，只要社会出现了大的动荡，原因往往是大量的土地被少数人占有，老百姓失去了稳定的财产、稳定的收入，他们心里动荡不安，然后就揭竿而起，社会动乱便开始了。

取民有制包含两层意思，一方面要节制，不能多收税；另一方面要有制度，不能乱收。孟子列举了夏、商、周三代的贡、助、彻三种税制，并肯定了商代是助法。

东汉经学家郑玄认为，在周代，可能贡法、助法都在用，只是王畿之内用贡法，王畿之外用助法。“野九一而助，国中什一使自赋”，或许就是针对不同的税法设定税率。至于为什么存在税率城低乡高的差别，有的专家认为城中役多一些，故田赋稍轻（见蔡仁厚《孟子要义》）；有的专家认为当时发展出一种主要以城市为中心的经济生活，而不是以乡村为基础的农业经济。孟子虽然属于重农派，但是也顺应时代潮流，设定低税率以鼓励城镇工商业的发展（见杨海文《我善养吾浩然之气——孟子的世界》）。

有人可能会问，既然要“富民”，“薄税敛”变作“零税敛”不是更好吗？孟子会非常理智地告诉你，那样不好。因为“无君子，莫治野人；无野人，莫养君子”，没有官吏，就没有人来治理国家；老百姓纳税太少，就供养不起官吏。官吏和老百姓社会分工不同，官吏劳心，老百姓劳力，二者都不可缺少。有了劳力，就有了税收，“君子”才能够安心工作；有了劳心，社会才能得到治理，“野人”才能更好生存下去。

更好的生存不能仅有“富”，还要有“教”。“教”的重点是“明人伦”，在 05.04 章孟子对此给出了清晰的表述：

> 人之有道也，饱食、暖衣、逸居而无教，则近于禽兽。圣人有忧之，使契为司徒，教以人伦——父子有亲，君臣有义，夫妇有别，长幼有序，朋友有信。

人的生活有这样的道理，吃饱了，穿暖了，住得安逸了，如果没有教养，也和禽兽差不多。圣人也为此忧虑，便使契做司徒的官，主管教化，用关于人与人的关系的道理及行为准则来教养人民——父子之间有骨肉之亲，君臣之间有礼义之道，夫妻之间有内外之别，老少之间有尊卑之序，朋友之间有诚信之德。

五伦中哪一伦应该排在第一位呢？在这里，孟子把“父子有亲”排在第一位，在后世也有人把“君臣有义”排在第一位。其实最应该排在第一位的应该是“夫妇有别”。

古人讲：

> 有天地，然后有万物；有万物，然后有男女；有男女，然后有夫妇；有夫妇，然后有父子；有父子，然后有君臣；有君臣，然后有上下；有上下，然后礼义有所错。（《周易·序卦传》）

以夫妇一伦为起点，顺着时间轴向上，对父母要孝敬、对哥哥姐姐要恭敬；顺着时间轴向下，对子孙要慈爱、对弟弟妹妹要友爱。这就是父慈子孝、兄友弟恭，讲的是“父子有亲”“长幼有序”。

“夫妇有别”与“父子有亲”“长幼有序”这三伦就在时间轴上展开了中国人的生命意义：上对祖先下对子孙而负责。

同时夫妇有自己的生活空间，一方面要从事职业，从事职业要求符合道义，要合情合理合法。古人讲“君臣有义”，我们今天没有了君臣，那可以转换一下：领导就是“君”，被领导就是“臣”，领导与被领导构成的就是职业，职业的要求就是要有道义；另一方面在社会上还要交朋友，交朋友当然要讲诚信。

“夫妇有别”又与“君臣有义”“朋友有信”在空间轴上展开了中国人的生命意义：尚道义、讲诚信。

“父子有亲，君臣有义，夫妇有别，长幼有序，朋友有信”，构成了我们中国人生命的十字时空，我们中国人的生命就是在这样一个十字时空下无限打开，在打开的过程当中，一步一步走向完善。如果我们每一个个体的生命是完善的，那我们的家庭就是和谐的，社会就是文明的，人类就是大同的。

五伦，五句话，二十个字，涵盖了我们人一生所有的生活空间和做人做事的基本伦理道德。它的内涵极为丰富，可以说五伦教化，构成儒家教化的基本内容和主体架构。

井田制——耕者有其田——不仅为儒家倡导的道德教化提供了物质基础，而且农业生产特有的规律性、稳定性，生产者“死徙无出乡，乡田同井，出入相友，守望相助，疾病相扶持”带来的亲密、和谐的人际关系，又为儒家倡导的道德教化，提供了稳定的实践和评价平台。

历史发展到今天，由于市场经济的飞速膨胀，儒家倡导道德教化的实践和评价平台，似乎瓦解大半，故而有人对儒家倡导的道德教化的现代化提出质疑。其实，他们只看到了不利的一面，而没有看到有利的一面。

市场经济的飞速膨胀，固然造成了人口的大流动、不稳定，从而使得原有的依托农业生产而提供的道德教化的实践和评价平台瓦解大半。但是市场经济的飞速膨胀，同时促进了科学技术的快速进步，特别是互联网 + 的发展，使我们在更高层次上构建诚信评价体系、重新搭建起更大的道德教化的实践和评价平台成为可能。以儒家的思想为主干的中华优秀传统文化必将因此而得到创造性转化、创新性发展。

“《诗》云：‘周虽旧邦，其命惟新。’文王之谓也。子力行之，亦以新子之国！”这是孟子勉励滕文公的话。滕文公也的确没有辜负孟子。

滕文公做太子的时候，就对孟子非常崇拜。滕文公的父亲死了，滕文公立刻请教孟子怎么办，孟子告诉他行三年之丧。滕文公行三年之丧，“百官族人可”“吊者大悦”（见 05.02）。即位后他又按照孟子教他的方略治理国家，五十里而为善国。

滕国成为孟子仁政思想的唯一试验田，滕文公成为孟子治国理念的唯一知己。这是应该被我们时时记起的。

05.04 有为神农之言[(1)]者许行[(2)]，自楚之滕，踵[(3)]门而告文公曰：“远方之人闻君行仁政，愿受一廛而为氓[(4)]。”文公与之处。其徒数十人，皆衣褐[(5)]，捆屦[(6)]织席以为食。

陈良[(7)]之徒陈相与其弟辛负耒耜而自宋之滕，曰：“闻君行圣人之政，是亦圣人也，愿为圣人氓。”陈相见许行而大悦，尽弃其学而学焉。

【注释】

（1）神农之言：神农，上古传说中的人物，相传他制造农具，教导人民种田。重农学派为标榜自己的学说，托于神农，谓“神农之言”。

（2）许行：战国时农家学派的代表人物。“不见于他书。”（杨伯峻《孟子译注》）

（3）踵（zhǒng）：至，到。意译为登门谒见。

（4）廛、氓（méng）：廛，古代城镇平民一户人家所占的房地。氓，段玉裁《说文解字注》：“自他归往之民则谓之氓，故字从民亡。”

（5）褐：粗衣的一种。或说用兽毛编织而成。

（6）捆（kǔn）屦（jù）：打草鞋。

（7）陈良：楚国的儒者。

【译文】

有一位信奉神农学说名字叫许行的人，从楚国来到滕国，登门谒见，对滕文公说：“我这个偏远地方的人听说您实行仁政，希望得到一个住处而成为您的百姓。”文公给了他一个住处。他的门徒有几十个，都穿着粗衣服，靠打草鞋、织坐席为生。

陈良的门徒陈相和他弟弟陈辛背着农具，从宋国到了滕国，对文公说：“听说您实行圣人的政治，那么，您也是圣人了。我愿意做圣人的百姓。”陈相见了许行非常高兴，完全抛弃以前所学而向许行学习。

陈相见孟子，道许行之言曰：“滕君则诚贤君也；虽然，未闻道也。贤者与民并耕而食，饔飧[(8)]而治。今也滕有仓廪府库，则是厉[(9)]民而以自养也，恶得贤？”

孟子曰：“许子必种粟而后食乎？”曰：“然。”

“许子必织布而后衣乎？”曰：“否。许子衣褐。”

“许子冠乎？”曰：“冠。”

曰："奚冠？"曰："冠素。"

曰："自织之与？"曰："否。以粟易之。"

曰："许子奚为不自织？"曰："害于耕。"

曰："许子以釜甑[10]爨，以铁[11]耕乎？"曰："然。"

"自为之与？"曰："否。以粟易之。"

"以粟易械器者，不为厉陶冶；陶冶亦以其械器易粟者，岂为厉农夫哉？且许子何不为陶冶，舍[12]皆取诸其宫[13]中而用之？何为纷纷然与百工交易？何许子之不惮烦？"曰："百工之事固不可耕且为也。"

"然则治天下独可耕且为与？有大人之事[14]，有小人之事。且一人之身，而百工之所为备，如必自为而后用之，是率天下而路[15]也。故曰，或劳心，或劳力；劳心者治人，劳力者治于人；治于人者食人，治人者食于人，天下之通义也。

【注释】

（8）饔（yōng）飧（sūn）：饔，早餐。飧，晚餐。饔飧指熟食。此作动词用，做饭。

（9）厉：病，害。朱熹《孟子集注》："厉，病也。"此处有刻剥的意思。

（10）釜甑（zèng）：釜，古代煮食的金属炊器。甑，古代蒸食的瓦质炊具。

（11）铁：代指农具。古人有以器物的质料代其器物之名的修辞条例。

（12）舍（shá）：通"啥"。有"什么"的意思。孔孟故里至今仍有这样的方言。

（13）宫：房屋。《尔雅·释宫》："宫谓之室，室谓之宫。"秦汉以后才特指帝王之宫。

（14）大人之事：大人，与君子相似，有时指有德者，有时指有位者，有时德位兼指。此处则指有位者。赵岐《注》："大人之事，谓人君行教化也；小人之事，谓农工商也。"

（15）路：朱熹《孟子集注》："谓奔走道路，无时休息也。"

【译文】

陈相见到孟子，转述许行的话说："滕君确实是位贤明的君主，不过，也未曾听闻大道。贤者要和百姓一道耕种来获取粮食；（自己）一面做饭，一面管理政事。如今滕国有储存谷米、财物的仓库，（里面的东西都是不劳而获的，）这是伤害百姓以奉养自己，怎么称得上贤明呢？"

孟子问："许子一定亲自种庄稼才吃饭吗？"陈良答："对。"

问："许子一定亲自织布才穿衣吗？"答："不是。许子只穿粗麻编织的衣服。"

问："许子戴帽子吗？"答："戴。"

问："戴什么帽子？"答："戴白绸帽子。"

问："自己织的吗？"答："不是。用谷米换来的。"

问："许子为什么不自己织呢？"答："因为妨碍耕作。"

问："许子也用釜甑做饭，用农具耕田吗？"答："对。"

问："自己做的吗？"答："不是。用谷米换来的。"

孟子于是说："农夫用谷米换取器具，不能说是损害了瓦匠和铁匠；瓦匠和铁匠用器具来换取谷米，难道是损害农夫吗？而且许子为什么不兼做瓦匠和铁匠，什么东西都取自家里来使用呢？为什么许子要忙忙碌碌地和各种工匠做交易？为什么许子这样不怕麻烦呢？"陈相答道："各种工匠的工作本来就不可以一边耕种，一边干的。"

孟子说："那么，难道管理国家就能一边耕种，一边干的吗？（可见社会必须）有大人的工作，有小民的工作。况且，一个人身上所需的，要靠各种工匠的作为才能完备，如果一定要自己做然后才使用，那就是率领天下的人奔波于路上，不得休息。所以我说，（社会需要）有劳动脑力的人，有劳动体力的人；劳动脑力的人统治人，劳动体力的人被人统治；被统治的人养活别人，统治人的人靠人养活，这是通达于天下的道理。

"当尧之时，天下犹未平，洪水横流，泛滥于天下，草木畅茂，禽兽繁殖，五谷不登，禽兽逼人，兽蹄鸟迹之道交于中国(16)。尧独忧之，举舜而敷(17)治焉。舜使益掌火，益烈山泽而焚之，禽兽逃匿。禹疏九河(18)，瀹济(19)漯(20)而注诸海，决汝、汉，排淮、泗而注之江(21)，然后中国可得而食也。当是时也，禹八年于外，三过其门而不入，虽欲耕，得乎？

"后稷(22)教民稼穑，树艺五谷(23)；五谷熟而民人育。人之有道也(24)，饱食、暖衣、逸居而无教(25)，则近于禽兽。圣人有(26)忧之，使契(27)为司徒，教以人伦——父子有亲，君臣有义，夫妇有别，长幼有序，朋友有信。放勋(28)曰(29)劳之来之，匡之直之，辅之翼之(30)，使自得之，又从而振德之。圣人之忧民如此，而暇耕乎？

"尧以不得舜为己忧，舜以不得禹、皋陶(31)为己忧；夫以百亩之不易(32)为己忧者，农夫也。分人以财谓之惠，教人以善谓之忠，为天下得人者谓之仁。是故以天下与人易，为天下得人难。孔子曰：'大哉尧之为君！惟天为大，惟尧则之，荡荡乎民无能名焉！君哉舜也！巍巍乎有天下而不与(33)焉！'尧舜之治天下，岂无所用其心哉？亦(34)不用于耕耳。

【注释】

（16）兽蹄鸟迹之道交于中国：朱熹《孟子集注》："言禽兽多也。"

（17）敷：遍。

（18）九河：禹时黄河的九条支流。《尚书·禹贡》："九河既道。"亦作古代黄河下游支流的总称。

（19）济：水名。出自今河南济源西王屋山，其故道经邹鲁入海。古邹县老城西门即名"襟济"。

（20）漯（tà）：古水名，古道在今山东莘县。自宋代黄河决口商胡，旧迹湮没。

（21）决汝、汉，排淮、泗而注之江：因汝与淮、泗都不入江，此句古今争论最多，邹汉勋、萧穆等人为此均有详细考证。孟子不过申述禹治水之功，未必字字实在，所以不必拘泥。（参见杨伯峻《孟子译注》）

（22）后稷：相传名弃，周之先祖。帝尧时为农师。

（23）五谷：赵岐《注》："稻、黍、稷、麦、菽也。"稻，今之水稻；黍，今黄米之黏者；稷，今之小米；麦，今之小麦；菽，豆类之总名。

（24）人之有道也：人的生活有这样的道理。

（25）"饱食"句：崔述《论语余说》："'饱食暖衣逸居而无教'九字一句，谓衣、食、居三者俱全而惟无教也。"

（26）有：同"又"。

（27）契（xiè）：商之祖先。传说是舜的臣，助禹治水有功而封于商。

（28）放勋：帝尧之名。放或读为 fǎng。

（29）曰："曰"字乃"日"字之讹误。焦循《孟子正义》："自上文'当尧之时，天下犹未平'至此，皆叙事之辞也。盖曰、日二字，形近易讹。"

（30）劳（lào）之来（lài）之，匡之直之，辅之翼之：抚慰辛劳、力行者，匡正邪僻、枉曲者，辅翼疲、弱者。

（31）皋（gāo）陶（yáo）：相传为虞舜时的司法官。

（32）易：治。

（33）与：此处含有私有、享受之意。

（34）亦：只是。参见杨树达《词诠》。

【译文】

"当尧的时候，天下还不安定，洪水横流，泛滥四处，草木旺盛地生长，鸟兽成群地繁殖，谷物却没有收成；鸟兽威逼人类，到处都是它们的踪迹。尧为此忧虑，选拔舜来全面治理。舜命令伯益掌管火政，伯益燃起烈火焚烧山野沼泽，使禽兽四散而逃。禹又疏浚九河，治理济水、漯水，引流入海，挖掘汝水、汉水，疏通淮水、泗水，引导流入长江，中国才得以耕种获取粮食。在这个时候，禹八年在外，三次经过自己的家门前都不进去，纵是想亲自耕种，可能吗？

“后稷教导百姓种庄稼，栽培五谷。五谷成熟了，便可以养育百姓。人的生活有这样的道理，吃饱了，穿暖了，住得安逸了，如果缺乏教化，也和禽兽差不多。圣人也为此忧虑，便使契做司徒，主管教化。用关于人与人的关系的道理及行为准则来教养人民——父子之间有骨肉之亲，君臣之间有礼义之道，夫妻之间有内外之别，老少之间有尊卑之序，朋友之间有诚信之德。尧日日抚慰辛劳、力行者，匡正邪僻、枉曲者，辅翼疲、弱者，既让他们各得其所，又对他们加以提携和教诲。圣人如此忧虑百姓，还有空闲耕种吗？

“尧以得不到舜那样的人作为自己的忧虑，舜以得不到禹和皋陶那样的人作为自己的忧虑；以百亩之田耕种不好为自己忧虑的是农夫。把钱财分给别人的叫作惠，把好的道理教给别人的叫作忠，为天下找到贤才的叫作仁。把天下让给别人比较容易，为天下找到贤才比较困难。所以孔子说：‘伟大啊，尧之为君主！只有天最高大，也只有尧能够效法天。（尧的圣德）广阔无边，人民无法用语言赞美！真是个好君主啊，帝舜！他是那么得崇高！拥有天下却不独自享受它、占有它！’尧舜治理天下，难道不用心力吗？只是不用在耕作上而已。

“吾闻用夏变夷者，未闻变于夷者也。陈良，楚产也，悦周公、仲尼之道，北学于中国。北方之学者，未能或之先也。彼所谓豪杰之士也。子之兄弟事之数十年，师死而遂倍[35]之！昔者孔子没，三年之外，门人治任[36]将归，入揖于子贡，相向而哭，皆失声，然后归。子贡反，筑室于场，独居三年，然后归。他日，子夏、子张、子游以有若似圣人，欲以所事孔子事之，强曾子。曾子曰：‘不可！江汉以濯之，秋阳以暴[37]之，皜皜[38]乎不可尚已。’今也南蛮鴃舌[39]之人，非先王之道，子倍子之师而学之，亦异于曾子矣。吾闻出于幽谷、迁于乔木者，未闻下乔木而入于幽谷者。《鲁颂》曰[40]：‘戎狄是膺[41]，荆舒是惩[42]。’周公方且膺之，子是之学[43]，亦为不善变矣。”

【注释】

（35）倍：同“背”。

（36）治任：任，甲骨文写作，从人从工，工即劳动工具。古人劳动，无论远近都要携带着工具。本章“陈相与其弟辛负耒耜而自宋之滕”即一例。故任的本义为保、怀。引申为行李、任务等。金文写作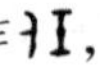，“工”的竖画中间增一圆点，后圆点伸展为一横，“工”即讹变为“任”，“任”也由会意字讹变为形声字。

（37）秋阳以暴：秋阳，周历七八月相当于夏历五六月，故秋阳实际相当于今天的夏阳。暴，同“曝”。晒。

（38）皓皓：光明洁白的样子。

（39）鴃（jué）舌：比喻语言难懂。鴃，伯劳鸟，喜弄舌啼聒。

（40）《鲁颂》曰：以下两句引自《诗经·鲁颂·閟宫》。

（41）戎狄是膺：讨伐戎狄。膺，打击。

（42）荆舒是惩：荆舒，南方少数民族。惩，惩罚。

（43）是之学：是，赞同。之，代指许行。学，学问，学说。

【译文】

“我只听说过用华夏的文化去改变蛮夷，没听说反被蛮夷所改变的。陈良出生于楚国，却爱好周公、孔子的学说，来到北方中原学习，北方的读书人还没有超过他的。真是位豪杰之士啊！你们兄弟师事他几十年，老师死了却背叛他。从前，孔子去世，（弟子服丧）三年后，整理行李准备离去，进屋与子贡揖别，相对而哭，泣不成声，然后离去。子贡返回墓地，在孔子墓边筑屋又单独守丧三年，然后离去。过了些日子，子夏、子张、子游认为有若像孔子，准备用侍奉孔子的礼节礼待有若，强求曾子同意。曾子说：‘不行！如同在江汉之水洗涤过，好似被六月骄阳暴晒过，（夫子的人品）高尚洁白无以复加！’现在，这个说话像鸟叫的南蛮之人，非难先王之道，你们却背叛自己的老师向他学习，与曾子真是大相径庭了。（譬如鸟，）我只听说过飞出深暗山沟迁住高大树木的，没有听说过离开高大树木飞进深暗山沟的。《鲁颂》说过：‘攻击戎狄，痛惩荆舒。’周公尚且讨伐的，你们却赞同这样的学说，也是被不善所改变。”

“从许子之道，则市贾（44）不贰，国中无伪；虽使五尺（45）之童适市，莫之或欺。布帛长短同，则贾相若；麻缕丝絮轻重同，则贾相若；五谷多寡同，则贾相若；屦大小同，则贾相若。”

曰：“夫物之不齐，物之情也；或相倍蓰（46），或相什伯，或相千万。子比（47）而同之，是乱天下也。巨屦小屦（48）同贾，人岂为之哉？从许子之道，相率而为伪者也，恶能治国家？”

【注释】

（44）市贾：市场价格。贾，通“价”。

（45）五尺：古代尺寸短，五尺约相当于现在三尺多一点。

（46）倍蓰（xǐ）：倍，一倍。蓰，五倍。后文的什、伯、千、万都是指倍数。

（47）比：朱熹《孟子集注》：“次也。”

（48）巨屦小屦：巨，优质。小，粗劣。赵岐《注》：“巨，粗屦也。小，细屦也。”

【译文】

陈相说："听从许子的学说，那么市场物价就没有差别，市场中就没有欺骗行为；纵然小孩子去市场，也没有欺骗他的。布匹丝绸的长短一样，价钱便一样；麻线丝绵的轻重一样，价钱便一样；谷米的多少一样，价钱也一样；鞋的大小一样，价钱也一样。"

孟子说："万物各有差别，这是万物的自然情况。（市场物品的价格，）有的相差一倍、五倍，有的相差十倍、百倍，有的相差千倍、万倍。你把它们等量齐观，这是扰乱天下。好鞋和坏鞋一样的价钱，人怎么会愿意做好鞋呢？听从许子的学说，是率领大家走向伪诈，如何能治理好国家呢？"

【说要】

本章文本较长，为了阅读方便，我们分几部分注释、译文。

孟子论述国家治理的时候，不仅从道德意识的角度，而且多从客观规律的角度展开。"劳心、劳力"说正是其中的重要部分。

劳思光先生在《新编中国哲学史》中对孟子的"劳心、劳力"说，有一个简要的概括：

> 第一，社会分工乃必要而且应有之现象，故若主张人人必从事某一工作，即为不合理之说。生产工作亦不能独为例外。各种工作均互相依赖，亦皆为社会所需要。
>
> 第二，在各种工作中，有属于管理及领导等方面之工作；从事此种工作，亦是做一种有益于社会之劳动，无理由否认其价值。此即"或劳心，或劳力"之说。
>
> 第三，若就各工作之重要性作一比较，则孟子更进一步指出："劳心"之工作（如管理领导等等工作）较"劳力"之工作更为重要。由此可推出"知识分子"对社会之任务及地位。
>
> 第四，对此问题如再追进一步，吾人即可知孟子之主张实以强调"价值层级"为基础；此点在原文最后一段中亦略略点出。
>
> 又许行虽自称"为神农之言"，但观陈相所述，其基本价值观念大致偏于"平等"之肯定，实近墨子之"僈差等"（荀子语）；故孟子此段驳许行之说，实亦表现儒墨两派对平等观念之不同主张。此点亦学者所应留意者也。〔劳思光：《新编中国哲学史》（增订本），生活·读书·新知三联书店 2019 年版，第 182 页〕

孟子把劳心与劳力的产生、区分，建构在社会文明发展的框架之下，认为它是社会文明发展的一个不可违背的客观规律，这一点很重要，它是孟子社会分工观念的最典型的体现。人类历史一开始都是劳力者，没有劳心者。那个时候，可以说社会还没有真正形成。但是，随着社会文明程度越来越高，光有劳力者是不行的，劳心者阶层必须出现，管理者阶层必须出现。

诚如劳思光先生所指出的，“劳心”“劳力”的社会分工观念，彰显了“知识分子”的劳动价值，明确了“知识分子”的社会责任，肯定了“知识分子”的社会地位。孟子为整个社会分工提供了最简洁、最易理解的范本，为知识分子在社会分工领域取得独立而重要的地位埋下了伏笔，为当时乃至后世知识分子的成长、进步提供了理论依据。

> 天地万物之中，任何一个个体，都有其存在的特质，这个特质使得每一个个体都有其不同于他者的存在样貌；个体存在的特质，人们习惯上称之为“性”，人的存在特质即是“人性”。（张岱年：《张岱年文集》第二卷，清华大学出版社1990年版，第222页）
>
> 人之有道也，饱食、暖衣、逸居而无教，则近于禽兽。（《孟子》05.04）
>
> 民之为道也，有恒产者有恒心，无恒产者无恒心。苟无恒心，放辟邪侈，无不为已。及陷乎罪，然后从而刑之，是罔民也。（《孟子》05.03）
>
> 无恒产而有恒心者，惟士为能。（《孟子》01.07）

在中国古代，“人”和“民”是既有联系又有区别的两个概念。一般来说，“人”是相对于神和物而言的，“民”是相对于国家政权和执政者而言的。士是拥有知识和使命感的人。

“人之所以异于禽兽者几希”，孟子认为人具有天赋的善性，这是人与禽兽的根本区别所在，追求道德境界的不断升华，应该贯穿人的一生。

“民之为道也，有恒产者有恒心，无恒产者无恒心”，强调国家对民的生存权的尊重，要让民不饥不寒，活得有起码的尊严。满足民的欲望需求，就可以得民心，而民心的向背决定着政权的存亡，这是孟子为政之道的基本逻辑。

“无恒产而有恒心者，惟士为能”，一般来说，凡具有一定的知识、文化、技能，且对社会产生一定影响的人，都可以成为士。孟子对士提出了更高的要求——没有固定的财产收入，但有坚定的价值追求、道德自觉。

对“人”道德的倡导、对“民”欲望的满足、对“士”社会责任的要求，体现了孟子最为基本的思想主张。

对孟子“劳心”“劳力”社会分工的观念，还需要从孟子思想的整体来把握。比如“劳心者”管理权的来源问题，孟子提出“得乎丘民而为天子”（14.14）、“暴之于民，而民受之”（09.05）；比如“劳心者”在行使管理权的过程中，需要尊重民意的问题，孟子提出“国人皆曰”（02.07）；等等。

杜维明《一阳来复》：

> 五四以来，孟子劳心劳力观念曾受到中国知识界各路英豪狠批狠斗，以为这是为统治阶级服务，为压迫劳苦大众造舆论的封建论调。即使对孟子“民为贵，社稷次之，君为轻”贵民思想，以及声称杀一独夫不算违背忠义价值“革命”理论大加赞扬的儒学先进，对劳心劳力的观念也避重就轻地表示这是前贤受时代限制特例，不能援引以为孟子言论落伍的证明。
>
> 劳心劳力观念，在孟子原典中，是根据分工理论而提出，其背后的价值结构不是权力运用，而是合作互惠。有了这一层的初步认识，我们进行探讨“治人”及“治于人”的实义就方便多了。一般对“治人”及“治于人”的了解，是立足于统治与被统治的二分对立。用这个尺度去揣测孟子立说的意图，就得出：不事生产的有闲阶级代表社会上少数的既得利益，是属于统治者，而真正胼手胝足从事农耕的劳苦大众便成为被迫害、被压制的沉默多数的结论。这种由剥削阶级宰割人民的结论，能否从孟子劳心劳力的观念引伸出来是值得深思的课题。（［美］杜维明：《一阳来复》，上海文艺出版社 1997 年版，第 277 页）

有了这样的整体把握，我们才不会把“劳心”“劳力”社会分工的观念，简单地等同于孟子无条件认可所谓的封建等级制度。

另，“夫物之不齐，物之情也”，通常都把“物”放在市场的语境中，译为“物品”。我们这里有所不同，“夫物之不齐，物之情也”是一个普遍的命题，“物”是“万物”，而市场中用来交换的“物品”是其中的一种。物品交换的价格，也应遵循物的差异性而有所区别。

世界是多姿多彩的，人的生命状态也是如此，承认人生命状态的差异性，可以让人们尊重彼此，进而拥有各自的独立、自尊。

人的生命状态中又有相同的东西，那就是人所同然的善性，承认人所同然的善性，可以让人们尊重彼此，进而达成群体的团结、和谐。

和，甲骨文写作龢，从龠禾声。龠下面是编管乐器形，上面是口形，表示以口吹奏。和的本义是笙类乐器。

音乐之美来自众音谐和，所以和就有了和谐的意思。和是中国文化最核心的价值观之一，天与人要和，人与社会要和，人与人要和，人之身与心也要和。

和不是同，它是一种有差别的、多样性的统一。孔子说：“君子和而不同，小人同而不和。”《国语》也说：“声一无听，物一无文。”和的基础是异，和是群体的容和与个体自由的统一，和是美丽的。

和而不同是中国人处理人际、国际和不同文明之间关系的基本态度。

05.05　墨者夷之[1]因徐辟[2]而求见孟子。孟子曰："吾固[3]愿见，今吾尚病，病愈，我且往见，夷子不来[4]！"

他日，又求见孟子。孟子曰："吾今则可以见矣。不直，则道不见。我且直之。吾闻夷子墨者，墨之治丧也，以薄为其道也[5]。夷子思以易天下，岂以为非是而不贵也？然而夷子葬其亲厚，则是以所贱事亲也。"

徐子以告夷子。夷子曰："儒者之道，古之人若保赤子[6]，此言何谓也？之则以为爱无差等，施由亲始[7]。"

徐子以告孟子。孟子曰："夫夷子信以为人之亲其兄之子为若亲其邻之赤子乎？彼有取尔[8]也，赤子匍匐将入井，非赤子之罪也。且天之生物也，使之一本，而夷子二本[9]故也。盖上世尝有不葬其亲者，其亲死，则举而委之于壑。他日过之，狐狸食之，蝇蚋姑嘬[10]之。其颡有泚，睨而不视[11]。夫泚也，非为人泚，中心达于面目，盖归反虆梩[12]而掩之。掩之诚是也，则孝子仁人之掩其亲，亦必有道矣。"

徐子以告夷子。夷子怃然为间[13]曰："命之[14]矣！"

【注释】

（1）墨者夷之：墨者，就是信奉墨子学说的人。夷之，已无可考。

（2）徐辟：赵岐《注》："孟子弟子也。"

（3）固：战国陶文写作，会意兼形声字。从囗（wéi）从古，古亦声。"囗"，象城墙合围的样子，"围"的古字。"古"是坚固之固的古字。古（）所从的上部象盾牌，盾牌具有坚固的特点，所以古人在"盾"字上加区别性意符"囗"以造"古"字来表示坚固这个词（裘锡圭先生释）。因坚固的城墙立得久远，故"古"又引申为长久、久远。后来本义逐渐被引申义占用，乃再加"囗"以表本义。

（4）夷子不来：赵岐《注》："是日，夷子闻孟子病，故不来。"焦循《孟子正义》："赵氏以'夷子不来'是记其实事，近时通解谓亦孟子言，谓我病愈，往见夷子，夷子不必来。王氏引之《经传释词》云：'不，毋也，勿也。'"

（5）"墨之治丧"句：墨家主张薄葬，《墨子》有《节葬篇》。

（6）古之人若保赤子：《尚书·康诰》："若保赤子，惟民其康乂。"孔颖达疏："《释诂》云：'康，安也；乂，治也。'"

（7）施由亲始：施，行。焦循《孟子正义》："恩、施、爱三字义通。爱无差等即施无差等。施由亲始即爱由亲始。"杨伯峻认为焦说"恐非"。

（8）彼有取尔：姚永概《孟子讲义》："彼有取尔，谓彼《康诰》之言，别有所取义。《康诰》本谓小民无知而犯法，如赤子无罪而入井。保民者当明政教以导之，使不入于罪，如保赤子不入于井耳。"

（9）本：甲骨文写作，从木，下面的三点是指示符号，指明树根之所在。本义为草木的根。树干、树枝、树叶皆由树根依次生出，“本”又引申为根据、依凭等。杨伯峻《孟子译注》：一本、二本，“原义不明确”。

（10）蝇蚋（ruì）姑嘬（zuō）：蚋，蚊类昆虫。姑嘬，用嘴吸吮。姑，通“盬（gǔ）”，吸饮。

（11）其颡（sǎng）有泚（cǐ），睨（nì）而不视：颡，额头。泚，冒汗。张岱《四书遇》引嵇康语：“服药求汗，未必得汗。愧情一集，则泚然流离。”睨，斜目。这两句意为额头不由冒出汗，斜着眼不敢正视。

（12）虆（léi）梩（lí）：虆，藤制的筐子，作盛土用。梩，古代锹、臿一类的农具。

（13）怃（wǔ）然为间：朱熹《孟子集注》：“怃然，茫然自失之貌。为间者，有顷之间也。”

（14）命之：朱熹《孟子集注》：“命，犹教也。”此为使动用法，被……教。之，为第三人称代词，指孟子。

【译文】

墨家信徒夷之经由徐辟请求来拜见孟子。孟子说：“我本来愿意见他，但现在我在生病，等病好了，我去见他，夷子不必来。”

过了些日子，夷之又请求来拜见孟子。孟子说：“我现在可以见他了。话不直截了当地说，道理就讲不清。我就直截了当地说吧。我听说夷子是墨家信徒，墨家办理丧事，以薄葬为准则。夷子想用薄葬来改变天下，难道不是认为不这样就不足为贵吗？但是夷子厚葬自己的父母，这是用他自己鄙贱的东西来侍奉父母。”

徐子把孟子的话告诉了夷子。夷子说：“按照儒家的说法，古人爱民就像爱护婴儿，这句话是什么意思呢？我认为是说，爱不分差等，从自己的父母开始施行。”

徐子又把这话转告给孟子。孟子说：“夷子真的以为人们爱自己兄弟的孩子，与爱邻人的婴儿是一样的吗？《康诰》之言是别有取义的，婴儿爬着将要掉进井里，这不是婴儿的过错。（《康诰》的意思是小民无知而犯法，如赤子无罪而入井。保民者当明政教以导之，使不入于罪，如保赤子不入于井一样。这说的是每个人都有普遍的爱人之仁，而不是说爱不分差等。）况且天生万物，让他们各有一个本源。而夷子认为有两个本源。所以才有那样的误解。大概古时候曾有不安葬父母的事，一个人父母死了，就抬着扔到山沟里。几天后他从那里经过，看见狐狸在啃食，苍蝇、蚊虫在叮咬父母的遗体。额头不由冒出汗，斜着眼不敢正视。冒出的汗，不是给别人看的，而是内心的愧疚在面貌上的表现，于是回家拿来筐和锹把尸体掩埋了。掩埋是真诚合理的，那么，孝子仁人掩埋他们的父母尸体也必有合情合理的方式。”

徐子把这番话转告给夷子。夷子惆怅茫然地停了一会儿，说：“他教育了我啊！”

【说要】

本章记录了孟子与墨者夷之的辩论。文字不长，其中难以解说之处却颇多，从文本到义理歧说纷纷。

1.“夷子不来”

赵岐《注》：“是日，夷子闻孟子病，故不来。”焦循《孟子正义》：“赵氏以‘夷子不来’是记其实事，近时通解谓亦孟子言，谓我病愈，往见夷子，夷子不必来。”

当然，是“夷子闻孟子病，故不来”，还是孟子说“夷子不必来”，皆无害宏旨。

2.“然而夷子葬其亲厚”

赵岐《注》：“如使夷子葬其父母厚也。”焦循《孟子正义》：

> 赵氏“如使”云云，则是设辞。近时通解以“夷子葬其亲厚”乃是夷子实事，孟子因其有此实事，异乎墨子之道，故直指为以所贱事亲，攻其隙所以激发其性也。此说为得。（《孟子正义》，第 403 页）

这个分歧就很大了。

若依从赵岐的解释，“夷子葬其亲厚”仅是孟子言说的假设之辞，并不是真实的发生，则夷之就可能是一个坚定的墨家信徒，主张“爱无差等”“薄葬”。

若依焦循的解释，则夷之就可能是一个墨家的修正之徒。朱熹即有此解释：

> 庄子曰：“墨子生不歌，死无服，桐棺三寸而无椁。”是墨之治丧，以薄为道也。易天下，谓移易天下之风俗也。夷子学于墨氏而不从其教，其心必有所不安者，故孟子因以诘之。（《四书章句集注》，第 266 页）

从阅读文本的直觉来说，朱熹、焦循的解释是可以接受的。

需要注意的是，文本一再强调夷子为“墨者”，夷子信奉墨家学说，却不守墨家薄葬戒律，这不可简单地定性为夷子人品有问题，而应该是朱熹所说：“夷子学于墨氏而不从其教，其心必有所不安者”——“厚葬其亲”，源自其不可抑制的至真至诚的血缘亲情。

夷子面对孟子的“直言”，回复以“爱无差等，施由亲始”。黄宗羲《孟子师说·墨者夷之章》：

> “爱无差等，施由亲始”，似乎所对非所问，夷之却不言其厚葬之故，只言“施由亲始”，以薄者从亲始乎？厚者从亲始乎？盖夷之之意，吾厚葬其亲，亦欲天下人之皆厚其亲，于墨子薄葬之制，稍为变通，仍不失夫“爱无差等”之义，如此乃

通。(《黄宗羲全集》第一册，第 82 页)

按照黄宗羲的说法，孟子与夷子在“厚葬其亲”上达成一致，分歧只在“爱无差等”上。

“古之人若保赤子”，夷子以为就是“爱无差等”，换句话说，爱无差等也是“儒者之道”。孟子追问“夷子信以为人之亲其兄之子为若亲其邻之赤子乎？”且进一步解释“若保赤子”真正的意涵：

夷子暗引了儒家经典说的“若保赤子”，而孟子的回应讲了“赤子匍匐将入井，非赤子之罪也”。一般人看《滕文公上》第 5 章，至此总会停下来，心里打着闷鼓，情不自禁地想起《公孙丑上》第 6 章说的：“所以谓人皆有不忍人之心者，今人乍见孺子将入于井，皆有怵惕恻隐之心。”为什么说每个人都有不忍人之心？孟子举的例子是：现在有人突然看到小孩即将掉进井里，内心为之一震，怵惕恻隐之心油然而生，必定会当机立断、不假思索、毫不犹豫地去救小孩。这样做，“非所以内交于孺子之父母也，非所以要誉于乡党朋友也，非恶其声而然也”(《公孙丑上》)，即一不是为了讨好孩子的父母，二不是为了在乡里乡亲那里得到好名声，三不是因为厌恶孩子的哭声。《公孙丑上》第 6 章是孟子对于性善论最经典的证明。(杨海文：《“本心之明”的遮蔽与唤醒——夷子在“亲亲”等问题上“逃墨归儒”的伦理学解读》,《哲学研究》2019 年第 9 期。文字略有改动)

孟子认为，“若保赤子”只是说明人皆有普遍之爱，为政者要将此普遍之爱推至老百姓的身上，不能据此认为人与人之间是没有亲疏远近的，不能认为人们爱自己的侄儿与爱邻人之子是没有差别的。只有既尊重亲亲之爱，又肯定普遍之爱，才是最为合理的。

孟子叙述“上世”之人掩埋其亲的故事，就是让夷子、让我们体察亲亲之爱的特殊意味，体味掩埋其亲的“掩之诚是也”及“孝子仁人之掩其亲，亦必有道矣”。“上世”之人掩埋其亲的故事似乎不是为“厚葬”找论据。

杨海文又云：

薄葬与厚葬哪个好，哪个不好？这是孟子设定的问题。夷子却搬出了另一个问题——兼爱与仁爱，他的依据是：“儒者之道，古之人‘若保赤子’。此言何谓也？之则以为爱无差等，施由亲始。”(《孟子》05.05)因为夷子有了兼爱、仁爱的问题意识，又认为兼爱高于仁爱，致使这次论辩骤然变得复杂起来。(同上。文字略有改动)

薄葬、厚葬之辨析：

相对于“其亲死，则举而委之于壑”，“掩之”即“厚葬”。

相对于“掩之”，墨家的“薄葬”即“厚葬”。

相对于墨家的“薄葬”，儒家的“厚葬”即“厚葬”。

相对于儒家主张“厚葬”的传统说法，我们今天的丧葬即“薄葬”。

由此，我们大致可以得出这样的结论：薄葬、厚葬更多地体现为外在的因时而转的礼制习俗，而不必然拥有超越性的理据。

对儒家所谓“厚葬”的理解，或许不应该停留在“厚葬”这两个字的字面意思上，特别是在孔子、孟子那里：

> 颜渊死，颜路请子之车以为之椁。子曰：“才不才，亦各言其子也。鲤也死，有棺而无椁。吾不徒行以为之椁，以吾从大夫之后，不可徒行也。”（《论语》11.08）

颜渊是孔子认可的“好学”的学生，但是以礼的规定，孔子拒绝了颜路的请求，孔子对“葬”，显然不是简单地主张“厚”。再看孟子：

> 古者棺椁无度，中古棺七寸，椁称之。自天子达于庶人，非直为观美也，然后尽于人心。不得，不可以为悦；无财，不可以为悦。得之为有财，古之人皆用之，吾何为独不然？且比化者无使土亲肤，于人心独无恔乎？吾闻之君子：不以天下俭其亲。（《孟子》04.07）

“得之为有财”，孟子对“葬”，显然不是简单地主张“厚”，虽然他在安葬母亲的时候，确实“木若以美然”。

孔孟对丧葬的态度应该说是明确的。

后世的“厚葬”渐渐脱离了对亲人的真挚情感，而走向厚葬“为人”的陋习。“厚”，变成了一种攀比、一种显摆、一种虚饰，成为给别人看的表演。孔孟不能为这样的“厚葬”背黑锅。

毛泽东《为人民服务》：

> 今后我们的队伍里，不管死了谁，不管是炊事员，是战士，只要他是做过一些有益的工作的，我们都要给他送葬，开追悼会。这要成为一个制度。这个方法也要介绍到老百姓那里去。村上的人死了，开个追悼会。用这样的方法，寄托我们的哀思，使整个人民团结起来。

这才是对孔孟“厚葬”精神的继承与发展。

3.“一本”“二本”的猜想

夷子与孟子并没有直接见面，他们的对话都是通过孟门弟子徐辟转告的。这无意中的对话形式，带来了出乎意料的结果：双方隔空对话，孟子的话语句句直指夷子的本心；也让我们摆脱一切外在场景的束缚，以本心来体味对话。

不过，缺少了面对面，似乎有些对话的意蕴没有得到充分的辨析、彰显，加之个别地方行文或有跳跃，或有脱漏，致使一些文句及概念不好理解。

“一本”“二本”的意涵，孟子就没有明确说明，给后世带来了极大的困惑。

朱熹说：“今如夷子之言，则是视其父母本无异于路人，但其施之之序，姑自此始耳。非二本而何哉？”朱熹之说，可能过于表象，“二本”的意涵可能更加深刻。

> 墨之与儒，公然对垒者数百年，岂漫然哉？（《读四书大全说》卷八《孟子·滕文公上篇》，《船山全书》第六册，第 973 页）
>
> 墨子提出“兼爱”时原以平“乱”为目的；当说明此目的之正当性时，即归于“天志”。若自施行兼爱之途径着眼，则引出一实践问题。墨子即于此提出“非攻”。〔见《新编中国哲学史》（增订本），第 290 页〕

对于爱的超越性根源，墨家、孟子可以说没有太大的差别——墨家主张源于“天志”；孟子主张“仁义忠信，乐善不倦，此天爵也”（11.16），“天之所与我者”（11.15）。

对于“爱”的实践问题，墨家、孟子则有根本差异，墨家主张“爱无差等”，孟子主张“爱有差等”。

“一本”“二本”的辩论应是针对此而展开的。

陈荣捷《中国哲学文献选编》第九章：

> 儒墨两家最大的歧异，终究是在人伦的问题。墨家运动最显著的特色，厥为兼爱的主张：对待他人的双亲、家庭、邦国，当如同自己的一般。此种观念当然与儒家有等差之爱的根本主张大相径庭。儒者认为仁者固然要与万物为一体，但其起点却当先从爱父母开始，所以人对双亲有孝顺的特别义务，因此在人伦关系中，也就应有等第之分。假如墨家的宗旨被采用了，整个儒家的体系免不了会遭受到彻底的毁灭，这也是何以孟子攻击墨家不遗余力的缘故。（陈荣捷编著，杨儒宾等译：《中国哲学文献选编》，江苏教育出版社 2006 年版，第 195 页）

孟子的思想告诉我们：

人皆有天赋的善性，此善性是普遍之爱，经由人心的发动，推而为亲亲、仁民、爱物（三者皆是特殊之爱）。

人皆有天赋的善性，此善性是至善的，同时它在人生命的初期是极其微弱的，是一个“端”，一棵善的幼苗。

此幼苗需要我们用一生的精力去扩充培养，这个扩充培养的过程，就是“亲亲而仁民，仁民而爱物”。

孟子曰：“君子之于物也，爱之而弗仁；于民也，仁之而弗亲。亲亲而仁民，仁民而爱物。”（13.45）

亲亲、仁民、爱物之间是有差别的。

相对于人人皆有的普遍之爱，亲亲、仁民、爱物都是特殊之爱。

人拥有普遍之爱，推己及人便成为可能，由普遍之爱推扩出去，就是亲亲、仁民、爱物。

“亲亲而仁民，仁民而爱物”使得善端（普遍之爱）得以成长，而成长起来的善端又让亲亲、仁民、爱物充满活力——亲亲之爱又是特殊中的特殊，亲亲之爱是涵养普遍之爱的第一滴雨露：

孝弟也者，其为人之本与！（《论语》01.02）

至此，我们可以明了：

天命→人性→亲亲→仁民→爱物

在孟子的思想体系里，天命之性即普遍之爱，经由亲亲之爱的涵养，而仁民而爱物，推己及人及物，自然而然，上下一贯，下学而上达，得到实践的圆满。特殊之爱与普遍之爱，圆融无碍，此就是孟子所说的“一本”吧。

墨家主张“爱无差等”，不承认亲亲之特殊之爱，或者更准确地说墨家不承认亲亲之爱的特殊作用，也因此失去了涵养普遍之爱的第一滴雨露，最终导致普遍之爱难以成长、推及，所谓的“兼爱”“爱无差等”难以得到实践的圆满，人或有负“天志”，从而带来人与天的二分，此或许就是孟子所说的“二本”吧。

经由“爱有差等”貌似“有私”的推扩，却实现了特殊之爱与普遍之爱的圆融无碍——天人合一；经由“兼爱”“爱无差等”貌似“无私”的主张，却得到特殊之爱与普遍之爱的断然两截——天人二分。其中滋味，耐人寻味。

人为什么会有特殊之爱？孟子给了一个需要你我本心参与其中的、没有论证也无须论证的回答：“夷子信以为人之亲其兄之子为若亲其邻之赤子乎？”“掩之诚是也，则孝子仁人之掩其亲，亦必有道矣。”

孙奇逢《四书近指·墨者章》：

善教人者，须就他自己身上明处指引，令他自认，岂以为非是不贵，则是以所贱事亲，正提醒他一点良心。其所行与所学相反，此必有故，彼之悟机全在于此

人……（《孙奇逢集》上，第 547 页。标点略有改动）

张岱《四书遇》引钟伯敬语：

“夷子怃然”，言下有五体堕地，涕泣悲悔光景在。不第受孟子之命，直是自得其“一本”真心也。（《四书遇》，第 404 页）

体察本心，才能明觉普遍之爱。
体察本心，才能敦厚特殊之爱，进而涵养普遍之爱。
杨海文教授总结说：

夷子因其本心之明而在“亲亲”等问题上“逃墨归儒”，不仅真切地验证了亲亲的特殊性，而且切己地体证了性善的普遍性。很多时候，我们何尝不是夷子？又该如何战胜作为对手的自我？孟夷之辩给予的启发是：我们必须回到生活本身，唤醒被遮蔽了的本心之明，把它召唤回家。（《“本心之明”的遮蔽与唤醒——夷子在“亲亲”等问题上“逃墨归儒”的伦理学解读》，《哲学研究》2019 年第 9 期）

卷第六　滕文公章句下 凡十章

06.01　陈代[1]曰："不见诸侯，宜若小然；今一见之，大则以王，小则以霸。且《志》曰：'枉尺而直寻'，宜若可为也。"

孟子曰："昔齐景公田，招虞人以旌[2]，不至，将杀之。'志士不忘在沟壑，勇士不忘丧其元。'孔子奚取焉？取非其招不往也。如不待其招而往，何哉？且夫枉尺而直寻者，以利言也。如以利，则枉寻直尺而利，亦可为与？昔者赵简子[3]使王良[4]与嬖奚[5]乘，终日而不获一禽。嬖奚反命曰：'天下之贱工也。'或以告王良。良曰：'请复之。'强而后可，一朝而获十禽。嬖奚反命曰：'天下之良工也。'简子曰：'我使掌与女乘。'谓王良。良不可，曰：'吾为之范我驰驱[6]，终日不获一；为之诡遇[7]，一朝而获十。《诗》云[8]："不失其驰，舍矢如破。"我不贯[9]与小人乘，请辞。'御者且羞与射者比[10]；比而得禽兽，虽若丘陵，弗为也。如枉道而从彼，何也？且子过矣，枉己者，未有能直人者也。"

【注释】

(1)陈代：赵岐《注》："孟子弟子也。"

(2)招虞人以旌：《左传·昭公二十年》："齐侯田于沛，招虞人以弓，不进，公使执之。辞曰：'昔我先君之田也，旃以招大夫，弓以招士，皮冠以招虞人。臣不见皮冠，故不敢进。'乃舍之。仲尼曰：'守道不如守官，君子韪之。'"《左传》所载与孟子所言不尽相同，但大体一致。古代君王有所召唤，一定有相当的信物。旌是召唤大夫用的，弓是召唤士用的，皮冠是召唤虞人用的。信物不当，所召非礼，故有"非其招不往也"。

(3)赵简子：晋国正卿赵鞅。

(4)王良：《左传·哀公二年》："邮无恤御简子。"杜预《注》云："邮无恤，王良也。"王良为春秋末年的善御者，故先秦两汉古籍多称之。

(5)嬖奚：嬖，即《梁惠王章句下》的"嬖人"，被宠幸的小人。奚是其名。

(6)范我驰驱：谓纳我驰驱于轨范之中。范，此作动词用。据《穀梁传·昭公八年》载，驾驭田猎的车，尘土飞扬不能出轨道，马蹄应该发足相应，快慢合拍。

(7)诡遇：朱熹《孟子集注》："不正而与禽遇也。言奚不善射，以法驰驱则不获，废法诡遇而后中也。"

(8)《诗》云：以下两句出自《诗经·小雅·车攻》。王引之《经传释词》卷七“如”：“‘如破’，而破也。”

(9)贯：即今之“惯”字。《尔雅·释诂》：“习也。”

(10)比：旧读去声，与“子比而同之”(05.04)的“比”同义。《汉书·刘歆传》：“比意同力。”颜师古《注》：“比，合也。”

【译文】

陈代说：“不去见诸侯，似乎是小节。如果一去见诸侯，大则可以称王天下，小则可以称霸于世。况且《志》书上说：‘屈曲一尺而伸直八尺’，似乎可以去见一下。”

孟子说：“从前齐景公打猎，用旌旗传唤看护苑囿的小吏，小吏不来，景公要杀他。(孔子得知后说：)‘志士穷不失义，死无棺椁，弃尸沟壑也不恨；勇士舍生取义，战死沙场，丢掉脑袋也不顾。’孔子赞许小吏什么呢？是赞许他所召非礼就不应召。如果我不等诸侯召唤就前去，那算什么呢？况且所谓屈曲一尺而伸直八尺，是从利上说的。要说利，弯曲八尺而伸长一尺也算利，也可以去做吗？从前赵简子派王良为他宠幸的小臣奚驾车，一整天打不到一只猎物。奚回来报告说：‘王良是天下最拙劣的车手。’有人把这话告诉了王良。王良说：‘请让我再驾一次。’奚勉强同意，结果一个早晨就打了十只猎物。奚回来报告说：‘王良是天下最优秀的车手。’简子说：‘我派他专门为你驾车。’告诉王良。王良不同意，说：‘我按规矩驾车，他一整天打不到一只；不按规矩驾车，他一个早上就打到了十只。《诗经》说：“不失规矩驾车去，射手发箭便中的。”我不习惯为小人驾车，请允许我辞掉这份差使。’车手尚且羞于与不好的射手合作，即使合作能打到堆积如山的猎物也不干。如果我现在放弃原则去屈就诸侯，那又算什么呢？况且你错了，屈曲自己的，没有能匡正他人的。”

【说要】

本章论出仕之道，重在伸张“枉己者，未有能直人者也”之大义。

学而优则仕——这是孟子一生孜孜的追求；不见诸侯——这是孟子一刻也不稍懈的操守。

一生孜孜的追求与一刻也不稍懈的操守，孟子为之纠结着、无奈着、痛苦着。

孟子既然孜孜以求出仕，为什么这么“固执”“迂腐”地“不见诸侯”呢？

梁涛先生指出：

> 从孔子开始，儒家不是自己建立组织，并依托此组织以伸张其思想主义，而是选择了“仕”，希望通过出仕将其思想主张贯彻到政治实践中去。这样，儒家与当

时的政权、执政者之间便存在着一种特殊的依附关系。儒者一旦进入官场，便不再是纯样的士子、读书人，而成为臣子，与君主之间存在着“君臣之义”，需要承担相应的责任与义务。（《中国政治哲学史》第一卷，第121页）

“格君心之非”既是儒者需要承担的责任与义务，是儒者以弘道为使命必然的自觉选择，当然也是儒者必定要面临的困局。

张栻《南轩先生孟子说》卷第四：

然而格君之业，非大人则不能。若在己之非，犹有未之能克者，而将何以尽夫感通之道哉？（《张栻集》上，第286页）

打铁还要自身硬，如此，纠结、无奈、痛苦中结晶出崇高而庄严的孟子出仕之道——“行一不义、杀一不辜而得天下，皆不为也”（03.02）。

朱熹《孟子集注》卷六：

杨氏曰：“何其不自重也，枉己其能直人乎？古之人宁道之不行，而不轻其去就；是以孔孟虽在春秋战国之时，而进必以正，以至终不得行而死也。使不恤（注：顾虑）其去就而可以行道，孔孟当先为之矣。孔孟岂不欲道之行哉？”（《四书章句集注》，第269页）

孙奇逢《四书近指·不见诸侯章》：

七篇中不见诸侯凡三见，宜参观之，见战国时孟子学术异人处。（《孙奇逢集》上，第548页。标点略有改动）

孟子学术有什么异人之处呢？“行一不义、杀一不辜而得天下，皆不为也”正是孟子学术异人处。

与“大则以王，小则以霸”相比，“不见诸侯，宜若小然”——这是陈代久存心里的困惑；“居今之世，出处去就不必一一中节，欲其一一中节，则道不得行矣”（朱熹《孟子集注》）——这是陈代没有说出口的理由。

久存心里的困惑、没有说出口的理由，不仅在陈代那里，还在更多人那里：

时至战国，士风大坏，纵横游说之徒，惟利是图，不顾礼义，故虽从游于孟子者，亦有枉尺直寻之言……（《四书直解·孟子》卷六，第366页）

面对大坏的士风、弟子的困惑，孟子如何传道、受业、解惑呢？他请来了两位助教：看护苑囿的小吏和善于驾车的王良。

一个看护苑囿的小吏，因为君主用错了召唤他的信物，竟然冒着生命危险不听召唤，这不是鲁莽、不是冒犯，而是对规矩的敬畏。“志士不忘在沟壑，勇士不忘丧其元”——小人物活出了大人格！看护苑囿的小吏尚能“非其招不往也”，欲平治天下的人，怎么可以“不待其招而往”呢？

善于驾车的王良，因为射手不懂规矩，纵然他可以打到堆积如山的猎物，也不与其合作，这不是清高寡合，而是对规矩的遵守。“我不贯与小人乘，请辞”——安能摧眉折腰事权贵，使我不得开心颜！驾车的人尚有如此风骨，欲平治天下的人，怎么可以“枉道而从彼”呢？

“齐景公田，招虞人以旌”，事情平平常常，孟子却写得慷慨悲壮；“赵简子使王良与嬖奚乘”，事情简简单单，孟子却写得曲折婉转。更为妙绝的是，文末轻轻点出一章之文眼：“枉己者，未有能直人者也。”平地惊雷，振聋发聩！

于此，孙奇逢《四书近指》又云：

> 新安陈氏曰：“代以不见诸侯为小节，不知自君子观之，守孰为大？守身为大。枉己从人，失身莫大焉，不可以为所屈者小也。枉己即是枉道，枉道决不能行道，而可视为小节乎？”（《孙奇逢集》上，第548页。标点略有改动）

张居正《四书直解·孟子》卷六又云：

> 圣贤之道，以出处进退为大节，故宁终身不遇，而不肯一屈其身以求用于世。盖必如是而后可以正天下也。后之用人者，诚以进退出处之际，观其大节，则枉直不淆，而举措无不当矣。（《四书直解》，第366页）

金履祥《孟子集注考证》卷之三：

> 利之一事，门不可启，渐不可长。一以利而枉小，其弊必至于以利而枉大。孟子此语，亦是拔本塞源。（〔宋〕金履祥撰，陈开勇整理：《孟子集注考证》，上海古籍出版社2022年版，第203页）

孟子的出仕之道，就是孟子的义利之辨。如果说01.01是申明义利之辨大义于梁惠王及天下君主的话，06.01便是申明义利之辨大义于陈代及天下士人的。

辨明义利，究其根本宗旨，就是需要分清不同情况下对义与利的取舍态度：

一、在一般情况下要见利思义，先义而后利。

二、在义利严重对立不可调和的时候，要舍生取义。

三、理想的状态是，义与利二者可以得兼。

在孟子的思想里面，他没有讲义与利二者可以得兼这样的理想状态，但是他无时不在提醒我们，要努力追求义与利二者得兼这一理想状态。如此，我们在社会交往中，在国家治理上，如果二者能够得兼，就不必把义与利简单、粗暴地对立起来。

需要强调的是，理想状态的获得，要建立在对于“一”“二”的坚守上；没有这个坚守，美好的“理想”必然会沦落为毫无意义的“空想”。

黄宗羲《孟子师说·陈代章》：

> 义之所在，事无大小，止有枉直，为寻为尺，皆是计较之私。一落计较，便成小人。朱子与人书云：“世间喻于义者必为君子，喻于利者必为小人。而近年一种议论，乃欲周旋于二者之间，回护委曲，费尽心机，卒不可得为君子，而其为小人亦不索性，亦可为误用其心矣。”陈代之论寻尺，正是周旋于二者之间也。（《黄宗羲全集》第一册，第82页）

“周旋于二者之间”者，是典型的不坚守道义而空想义与利和谐统一的人，这样的人，将更为严重地破坏义与利的和谐统一，也将违背孟子所主张的出仕之道。

06.02　景春(1)曰：“公孙衍、张仪(2)岂不诚大丈夫哉？一怒而诸侯惧，安居而天下熄(3)。”

孟子曰：“是焉得为大丈夫乎？子未学礼乎？丈夫之冠(4)也，父命之；女子之嫁也，母命之，往送之门，戒之曰：‘往之女家，必敬必戒，无违夫子！’以顺为正者，妾妇之道也。居天下之广居，立天下之正位，行天下之大道(5)；得志与民由之(6)，不得志独行其道(7)；富贵不能淫，贫贱不能移，威武不能屈(8)。此之谓大丈夫。”

【注释】

(1)景春：赵岐《注》：“孟子时人，为纵横之术者。”

(2)公孙衍、张仪：公孙衍，《史记·张仪列传》附《公孙衍传》：“犀首者，魏之阴晋人也。名衍，姓公孙氏。与张仪不善。……张仪已卒之后，犀首入相秦。尝佩五国之相印，为约长。”张仪，魏国人，与苏秦同为纵横家的主要代表，主张连横，为秦扩张势力，与苏秦“合纵”相对。周广业《孟子出处时地考》云：“景春称仪、衍而不及苏秦，秦时已为齐所杀矣。”

(3)熄：会意兼形声字。从火从息，息亦声。息，甲骨文写作，表示鼻子呼吸。后金文有的写作，从自（象鼻子之形）从心，表示鼻子呼吸、心脏跳动，与生命密切相关。心在跳动，鼻子在呼吸，则生命存在；心停止跳动，鼻子停止呼吸，则生命消失。熄自然也有两个本义：畜火、灭火或火灭。这里指战火熄灭，天下太平。

（4）冠：会意字。甲骨文写作冠。从冖，蒙覆；从元，人头。会意加在人头上的皮革、布帛之类的制品。本义为帽子，音guān；作动词用，即戴帽子，音guàn。古代男子二十岁（天子、诸侯可提前至十二岁）举行加冠之礼。

（5）广居、正位、大道：朱熹《孟子集注》："广居，仁也。正位，礼也。大道，义也。"

（6）与民由之：朱熹《孟子集注》："推其所得于人也。"

（7）独行其道：朱熹《孟子集注》："守其所得于己也。"

（8）淫、移、屈：朱熹《孟子集注》："淫，荡其心也。移，变其节也。屈，挫其志也。"

【译文】

景春说："公孙衍、张仪难道不是确然的大丈夫吗？他们一发怒，诸侯就害怕；他们安居无事，天下就没有战争。"

孟子说："这怎么是大丈夫呢？你没有学过礼吗？男子举行加冠礼时，父亲训导他；女子出嫁时，母亲训导她，送到门口，告诫她说：'到了你丈夫家，必须恭敬，必须谨慎，不要违背你的丈夫！'以顺从为正途，那是小媳妇遵从的原则。住在天下最宽广的仁的住宅里，站在天下最正确的礼的位置上，走在天下最广阔的义的道路中；能实现志向就与百姓一起实行，不能实现志向就独自行道；富贵不能引诱他，贫贱不能改变他，威武不能屈服他。这才称得上大丈夫。"

【说要】

本章论大丈夫，是《孟子》书中脍炙人口的篇章。

姚永概《孟子讲义》卷六：

> 永概案：此章分二段，先辟仪、衍非大丈夫，后告之以大丈夫之真相。徐又铮云："堂皇冠冕，气象万千。"朱子尝谓左思《咏史》诗句云："振衣千仞冈，濯足万里流"，士大夫不可无此胸襟。余于此章亦云然。（《孟子讲义》，第98页）

战国时代，是社会大动荡、思想大解放的时代，也是"王侯将相宁有种乎"的人才辈出的时代。孟子以其深邃的哲思、无敌的辩才，走向时代的舞台、文化的中心，给后人留下了"人禽之辨""义利之辨""王霸之辨""圣凡之辨""大体小体之辨""天爵人爵之辨"等光辉的思想足迹。这里孟子又推出了"真假大丈夫之辨"。

张岱《四书遇·妾妇章》：

> 春秋一代仕宦，孔子只题两字曰“斗筲（shāo）”。战国一时利达，孟子只题两字曰“妾妇”。非是圣贤轻世，亦是当时人物体质如此。（《四书遇》，第406页）

公孙衍、张仪“一怒而诸侯惧，安居而天下熄”，好不威风！故被时人视为“大丈夫”。但在孟子看来，公孙衍、张仪之类不过是“假大丈夫”。他们不过是膨胀物欲、迎合诸侯、唯利是图、放弃道义、以顺为正的，没有独立自主人格的“小媳妇”而已。

真正的大丈夫，在孟子眼里是这样的：

他们住在天下最宽广的“仁”的住宅里，站在天下最正确的“礼”的位置上，走在天下最广阔的“义”的道路中。

他们得志则兼善天下，不得志则独善其身。

富贵不能迷乱他们的心意，贫贱不能改变他们的志向，威武也不能屈挫他们的节操。

《朱子语类》卷第五十五《景春曰公孙衍张仪章》：

> 广居，是廓然大公，无私欲之蔽；正位，是所立处都无差过；大道，是事事做得合宜。“居”字是就心上说，“立”字是就身上说，“行”字是就施为上说。（《朱子语类》第二册，第1176页）

金履祥《孟子集注考证》卷之三：

> 无私则心体广，即仁也；无邪则所立正，即礼也；故所行自无私邪偏曲，所以为大道，即义也。然亦“惟集义养气，方到此地位”。此三句是大丈夫之本，下三句乃其效。（《孟子集注考证》，第204页）

在一般的文章中，常常只引“富贵不能淫，贫贱不能移，威武不能屈”，以为这就是“大丈夫”。这是对孟子原文的误读，它损害了“大丈夫”的丰富内涵。

“居天下之广居，立天下之正位，行天下之大道”讲的是理想信念。

“得志与民由之，不得志独行其道”讲的是现实际遇。

“富贵不能淫，贫贱不能移，威武不能屈”讲的是原则操守。

“此之谓大丈夫”是对前面三句话的总结概括。

由此，大丈夫的人格不仅体现在困顿时，也体现在得志时。只有勇于面对现实际遇、坚守原则操守、不断追求理想信念的人，才是真正的大丈夫。

大丈夫是“思天下有溺者，由己溺之也”（08.29）的恻隐；是“思天下之民匹夫匹妇有不与被尧舜之泽者，若己推而内之沟中”（10.01）的自任；是“自反而缩，虽千万人，吾往矣”（03.02）的大勇。

另，这一章中提到的“妾妇之道”，有人以为有轻视妇女之嫌。这需要我们作同情之了解：孟子生活的时代，是男人为主导的战国而不是今天。若生活在今天，孟子必不会作如此说。读书应该善择其义，否则，难免陷于机巧，以小“得”而失大“道”。

06.03 周霄(1)问曰：“古之君子仕乎？”

孟子曰：“仕。《传》曰：‘孔子三月无君，则皇皇(2)如也；出疆必载质(3)。’公明仪曰：‘古之人三月无君，则吊(4)。’”

“三月无君则吊，不以急乎？”

曰：“士之失位也，犹诸侯之失国家也。《礼》曰(5)：‘诸侯耕助，以供粢盛；夫人蚕缫，以为衣服。牺牲不成，粢盛不洁，衣服不备，不敢以祭。惟士无田，则亦不祭。’牲杀、器皿、衣服不备，不敢以祭，则不敢以宴，亦不足吊乎？”

“出疆必载质，何也？”

曰：“士之仕也，犹农夫之耕也；农夫岂为出疆舍其耒耜哉？”

曰：“晋国亦仕国也，未尝闻仕如此其急。仕如此其急也，君子之难仕，何也？”

曰：“丈夫生而愿为之有室，女子生而愿为之有家。父母之心，人皆有之。不待父母之命、媒妁(6)之言，钻穴隙相窥，逾墙相从，则父母国人皆贱之。古之人未尝不欲仕也，又恶不由其道。不由其道而往者，与钻穴隙之类也(7)。”

【注释】

(1)周霄：赵岐《注》：“魏人也。”杨伯峻《孟子译注》：“此人又见于《战国策·魏策》，考其年代，当在梁惠王与襄王之时。”

(2)皇皇：不安貌。皇，通“惶”。

(3)质：同“贽”。古代初与人相见所送的礼物。

(4)吊：本义是悼念死者。引申为哀伤。

(5)《礼》曰：以下十句出自《礼记·祭统》。耕助，耕种籍田。《吕氏春秋·孟春纪》记载，古者天子有籍田千亩，诸侯百亩，于每年孟春，率三公九卿诸侯大夫躬耕。天子三推，三公五推，卿、诸侯、大夫九推。粢(zī)盛(chéng)，六谷(黍、稷、稻、粱、麦、菰)之可以盛于器皿中的叫“粢”，已经盛于器皿中的叫“盛”，《毛传》：“在器曰盛。”夫人蚕缫(sāo)，夫人，诸侯之正妻。缫，抽茧出丝。衣服，指祭祀穿用的衣服。牺牲，祭祀所杀的牛羊猪等都叫“牺牲”。成，《释名·释言语》：“盛也。”不成，赵岐《注》：“不实肥腯(tú)也。”

(6)媒妁：古代的婚姻介绍人。《说文解字》：“媒，谋也，谋合二姓。”又云：“妁，酌也，斟酌二姓也。”

(7)与钻穴隙之类也：俞樾《孟子平议》：“与”当读为“如”。

【译文】

周霄问道："古代的君子出仕吗？"

孟子答道："出仕。《传》说：'孔子三个月没有事奉的君主，就会惶惶不安；离开国境时，一定带着拜见别国君主的礼物。'公明仪也说过：'古代的人三个月没有事奉的君主，就会感到哀伤。'"

周霄问："三个月没有事奉的君主就会感到哀伤，不是太急了吗？"

孟子说："士失去职位，就像诸侯失去国家。《礼》书上说：'诸侯亲自耕种，用来供给祭品；夫人养蚕缫丝，用来供给祭服。牺牲不肥壮，稻黍不洁净，祭服不齐备，就不敢用来祭祀。士人没有土地，也就不能祭祀。'牺牲、祭器、祭服都不齐备，不敢用来祭祀，也就不敢举行宴会，难道还不足以感到哀伤吗？"

周霄又问："离开一个国家，一定要带上拜见别国君主的礼物，是为什么呢？"

孟子说："士人出仕，就像农夫种田，农夫难道会因为离开一个国家就丢弃农具吗？"

周霄说："魏国也是可以出仕的国家，但没有听说出仕这样急迫的。既然出仕这样急迫，君子出仕何以这么艰难呢？"

孟子说："男孩一生下来，父母就希望给他找一个好妻室；女孩一生下来，父母就希望给她找一个好婆家。父母的这种心情，是人人都有的。但是，不等父母同意，媒人说合，就钻洞扒缝互相偷看，翻过墙头私自幽会，那么父母、国人都会瞧不起他。古人不是不想出仕，但又厌恶不通过正当途径出仕。不通过正当途径出仕，是与钻洞扒缝差不多的行为。"

【说要】

本章论出仕之道。

孟子认为，士人出仕好比农人要种田、青年男女要成家，是非常正常合理的，态度急迫也是应该的。但士人出仕又必须有一定的原则，通过不正当的途径出仕，就好比男女钻洞扒缝互相偷看，翻过墙头私自幽会，这是士人不屑的。

辛全《四书说》卷五：

> 试看伊傅、太公、诸葛出仕后，何等功业，都从未出仕时名节操守中来。后世人非是出仕后不如人，即未出仕时，已先不如人也。可叹，可惜！（《四书说》，第177页）

"愿""贱"，出自于"父母""国人"；"欲""恶"，出自于君子自心。两相对照，顿显君子之心志、取舍。

孟子与孔子一样，都是一方面积极寻找出仕的机会，另一方面又以道义为上，绝不为出仕放弃原则。这样的坚守，反映出他们出仕的根本目的在于弘道。

06.04　彭更[1]问曰："后车数十乘，从者数百人，以传食[2]于诸侯，不以泰乎？"

孟子曰："非其道，则一箪食不可受于人；如其道，则舜受尧之天下，不以为泰——子以为泰乎？"

曰："否。士无事而食，不可也。"

曰："子不通功易事[3]，以羡[4]补不足，则农有余粟，女有余布；子如通之，则梓匠轮舆[5]皆得食于子。于此有人焉，入则孝，出则悌，守先王之道，以待[6]后之学者，而不得食于子；子何尊梓匠轮舆而轻为仁义者哉？"

曰："梓匠轮舆，其志将以求食也；君子之为道也，其志亦将以求食与？"

曰："子何以其志为哉？其有功于子，可食而食之矣。且子食志乎？食功乎？"

曰："食志。"

曰："有人于此，毁瓦画墁[7]，其志将以求食也，则子食之乎？"

曰："否。"

曰："然则子非食志也，食功也。"

【注释】

(1)彭更：赵岐《注》："孟子弟子。"

(2)传食：传，从人从专，专亦声。专，甲骨文写作，由纺锤和手（寸）组成，本义为纺织、纺锤。借助纺锤纺织，线得以成形、延伸，又引申为传递、传送。人由此及比的远行，凭借的是车马、驿站，又引申为驿站、客舍或车马（特指驿站配备的），再引申为辗转、传递。

(3)通功易事：交流成果，交换产品。

(4)羡：多余。

(5)梓匠轮舆：木工与车工。朱熹《孟子集注》："梓人匠人，木工也。轮人舆人，车工也。"

(6)待：焦循《孟子正义》引杜子春语："待，当为持，书亦或为持。盖赵氏读待为持，谓扶持后之学者，使不废古先之教。惟守先道以扶持后学，所以有功。"

(7)墁（màn）：墙壁上的涂饰。朱熹《孟子集注》："墁，墙壁之饰也。"

【译文】

彭更问道："您的后面跟随几十辆车，随从几百人，由这一国吃到那一国，（这样做，）不也太过分了吗？”

孟子答道：“如果不合理，一筐饭也不可以接受；如果合理，舜接受了尧的天下，都不以为过分——你以为过分了吗？”

彭更说：“（我说的）不是（这个）。士人不工作而吃白饭，是不可以的。”

孟子说：“你如果不沟通人们的劳动、交换人们的成果，用多余的来弥补不够的，就会使农民有多余的米（而别人却没有吃的），妇女有多余的布（别人却没有穿的）；你如果能沟通他们，那么，木匠、车工都能够从你那里得到吃的。在这里有一个人，在家孝顺父母，在外友爱他人，恪守先王之道，以此扶持后进的学习者，却不能从你这里得到吃的；你为什么尊重木匠、车工，却轻视奉行仁义的人呢？”

彭更说：“木匠、车工，他们的动机就是为了谋求吃的；君子行道，他们的动机也是为了谋求吃的吗？”

孟子说：“你为什么要论他们的动机呢？他们有功于你，应该酬劳他们。况且你是酬劳动机呢，还是酬劳功效呢？”

彭更说：“酬劳动机。”

孟子说：“假如有一个人在这里，打碎了屋瓦又乱画墙壁，他的动机就是为了谋求吃的，你酬劳他吗？”

彭更说：“不给。”

孟子说：“既然如此，那么你就不是酬劳动机，而是酬劳功效。”

【说要】

本章继续论出仕之道。

身处混乱的时代，面对有“大欲”的君、行“妾妇之道”的臣和挣扎于“水火之中”的民，孟子“乃所愿，则学孔子也”，毅然担负起“平治天下”的重担，立德、立功、立言。历史与文化因此而选择了他，让他享有儒家亚圣的尊荣——孟子在身后很风光。

其实，孟子在生前也很风光——本章“后车数十乘，从者数百人，以传食于诸侯”，就是很好的例证。

对于这样的风光，弟子彭更很不以为然——“不以泰乎？”

《四书直解》解读彭更之意：

> 一介之士，未事诸侯，上无功于国家，下无功于民庶，而偃然食人之食，略不辞让，则非道之所宜。（《四书直解·孟子》卷六，第369页）

孟子以其社会分工之理论，通俗以“通功易事”之说，解彭更之惑。《南轩先生孟子说》解读孟子之意：

> 使子而不通功易事，则农之余粟、女之余布，无所用之。而人之饥寒者亦多矣，此固不可行也。子而通功易事，则梓、匠、轮、舆，固得以其技而食于子矣。今有贤者，而反不得食于子，是子以梓、匠、轮、舆为有用而尊之，以仁义者为无用而轻之也。（《张栻集》上，第260页）

孟子的解惑，言辞简明，义理深刻，彭更自然无可反驳。不过，彭更并不想就此打住，又转而提出“梓匠轮舆，其志将以求食也；君子之为道也，其志亦将以求食与”之问。

仔细品味这个提问，我觉得它已经不是前面问答的逻辑继续，而是类似“遁辞”。这样的遁辞，让彭更由对孟子“传食于诸侯”的不理解，转向了对有道君子的道德绑架。

孟子又从“食功”“食志”的辩证关系出发，解惑彭更。

朱熹《孟子集注》：

> 孟子言自我而言，固不求食；自彼而言，凡有功者则当食之。（《四书章句集注》，第272页）

无恒产而有恒心，乃君子的志向，这是私德；因事功而作利益的分配，乃社会的责任，这是公义。混淆私德与公义，以个人的私德去消解公义，放弃社会对个体的责任，这是典型的道德绑架。

道德绑架是对有高尚志向、有私德的君子的戕害。对有高尚志向、有私德的君子的戕害，必然会让大众失去效法的榜样，让社会失去正能量，最终将反过来对社会造成戕害。

说彭更之问有道德绑架倾向，并不一定说是彭更本人的认识有问题。在《孟子》一书中，弟子之问，或是为了论辩而做的虚设，并不一定是实然的。

说到这里，让我们再回到《吕氏春秋·察微篇》：

> 鲁国之法，鲁人为人臣妾于诸侯，有能赎之者，取其金于府。子贡赎鲁人于诸侯，来而让不取其金。孔子曰：“赐失之矣。自今以往，鲁人不赎人矣。取其金则无损于行，不取其金则不复赎人矣。”子路拯溺者，其人拜之以牛，子路受之。孔子曰：“鲁人必拯溺者矣。”孔子见之以细，观化远也。（许维遹撰，梁运华整理：《吕氏春秋集释》，中华书局2009年版，第419页）

孔子之所以能“见细观远”，我想是因为孔子严辨私德与公义之别：私德的修养，自然有利于社会公义的实现。但是，不能片面地强调私德的作用，而需要理智地把私德放在公义的天平上，衡量它的分量。

对于“食志”“食功”，黄宗羲另有一番高见：

> 孟子传食诸侯，原未必有功，但国家而无尊贤养士之风，便不成为国。苟以是心至，斯受之而已。孟子亦何常计其有功无功哉！“食功”之言，因彭更食志而穷之也。然当时列国之所隆重者，何尝非求食之人，如稷下诸人皆是也。
>
> 顾泾凡谓今之讲学者：“在缙绅，只讲得明哲保身一句；在布衣，只讲得传食诸侯一句。”时异势殊，要不可以孟子为例也。（《黄宗羲全集》第一册，第83页。标点略有改动）

时至今日，“食功”之功，多是苟且得来的，又有几人有资格“以孟子为例”呢？

前数章，集中论述士的出仕与作为，为我们展现了士的真精神。

“士”这个字在《孟子》中出现了九十三次。是《孟子》一书关注的一个重点。“士的精神”在《孟子》一书中处处呈现：

> 王子垫问曰：“士何事？”孟子曰：“尚志。”曰：“何谓尚志？”曰：“仁义而已矣。杀一无罪，非仁也；非其有而取之，非义也。居恶在？仁是也；路恶在？义是也。居仁由义，大人之事备矣。”（13.33）
>
> 故士穷不失义，达不离道。穷不失义，故士得己焉；达不离道，故民不失望焉。古之人，得志，泽加于民；不得志，修身见于世。穷则独善其身，达则兼善天下。（13.09）
>
> 无恒产而有恒心者，惟士为能。（01.07）

后世真正的知识分子，在孟子“大丈夫精神”“浩然之气”的影响下，都有一种“修身齐家治国平天下”“舍生取义，杀身成仁”的理想和气度，为了这个理想和气度，他们“爵禄可辞，白刃可蹈”！

> 现代的知识分子失去了这种公共性，知识分子基本上变成了知识的创造者，在各个领域创造知识。他们对社会的一般问题不再关怀了，当然这不符合儒家传统，也不符合近代产生的知识分子的概念。所以我们认为，古代历史上知识分子的角色，是生活在当代的知识分子也应该学习的。我们知识分子不能只关心一部分的问题，我们要关心社会的一些整体问题，在社会重要问题上，我们提出一些建言，当然也可以提出一些批判性意见。（参见王中江：《士之精神与责任担当》）

儒家对社会多有批判性意见，但儒家不是愤青。愤青对社会的批评，是一种情绪的发泄，是一种破坏。儒家对社会的批评，是一种理性的表达，批评的目的不是破坏而在建设。这是需要特别指出的。

06.05 万章[(1)]问曰："宋，小国也；今将行王政，齐、楚恶而伐之[(2)]，则如之何？"

孟子曰："汤居亳[(3)]，与葛[(4)]为邻，葛伯放[(5)]而不祀。汤使人问之曰：'何为不祀？'曰：'无以供牺牲也。'汤使遗之牛羊。葛伯食之，又不以祀。汤又使人问之曰：'何为不祀？'曰：'无以供粢盛也。'汤使亳众往为之耕，老弱馈食。葛伯率其民，要其有酒食黍稻者夺之，不授者杀之。有童子以黍肉饷，杀而夺之。《书》[(6)]曰：'葛伯仇饷。'此之谓也。为其杀是童子而征之，四海之内皆曰：'非富天下也，为匹夫匹妇复仇也。''汤始征，自葛载[(7)]'，十一征而无敌于天下。东面而征，西夷怨；南面而征，北狄怨，曰：'奚为后我？'民之望之，若大旱之望雨也。归市者弗止，芸者不变，诛其君，吊其民，如时雨降。民大悦。《书》曰：'徯我后，后来其无罚！''有攸[(8)]不惟[(9)]臣，东征，绥厥士女。匪厥玄黄[(10)]，绍我周王见休[(11)]，惟臣附于大邑周[(12)]。'其君子实玄黄于匪以迎其君子，其小人箪食壶浆以迎其小人；救民于水火之中，取其残而已矣。《太誓》[(13)]曰：'我武惟扬，侵于之疆，则取于残[(14)]，杀伐用张[(15)]，于汤有光。'不行王政云尔，苟行王政，四海之内皆举首而望之，欲以为君，齐、楚虽大，何畏焉？"

【注释】

(1)万章：赵岐《注》："万姓，章名，孟子弟子也。"《史记·孟子荀卿列传》载，孟子"退而与万章之徒……作《孟子》七篇"。

(2)今将行王政，齐、楚恶而伐之：《史记·宋微子世家》载，君偃自立为王，东败齐，南败楚，西败魏，"乃与齐、魏为敌国。盛血以韦囊，县而射之，命曰'射天'。淫于酒妇人。群臣谏者辄射之。于是诸侯皆曰'桀宋'。……齐湣王与魏、楚伐宋，杀王偃，遂灭宋而三分其地"。焦循《孟子正义》谓："《史记》称宋王为桀纣，与万章'行王政'之言迥别，或出于齐、楚恶之之口，史非其实欤？"万章所云为"将行王政"而非"行王政"，且孟子亦云"不行王政云尔"等，朱熹《孟子集注》曰："宋实不能行王政，后果为齐所灭。"朱熹之言得孟子之旨，焦循则所疑非是。

(3)亳：今河南商丘北，汉时之薄县。详见王国维《观堂集林·说亳》。

(4)葛：古国名，嬴姓。故城在今河南宁陵北十五里。

(5)放：放纵。

(6)《书》：赵岐《注》："《尚书》逸篇也。"

(7)载：始。

(8)有攸：攸国。有，词头。用法如有夏、有殷。赵岐《注》："攸，所也。"杨伯峻《孟子译注》则认为，甲骨文和晚商金文都有攸国之名，故译文作攸国。杨说为是。

（9）惟：为。

（10）匪厥玄黄：匪，同“篚”，装东西的筐子。此作动词用。玄黄，指贡献的丝帛。

（11）休：美。

（12）大邑周：甲骨文中有“大邑商”“天邑商”，乃尊大之辞。姚永概《孟子讲义》：“是时武王尚未为天子，故但尊曰大邑。”

（13）《太誓》：即《泰誓》。据传是周武王伐商大会诸侯的誓词，其文早已亡逸。

（14）侵于之疆，则取于残：这两个“于”字都是国名。陈梦家《尚书通论》：“于”即“邘”。

（15）用张：因此得以伸张。用，连词。因而，因此。张，伸张。

【译文】

万章问道：“宋是个小国，现在将要实行仁政，齐、楚讨厌而出兵攻伐它，怎么办呢？”

孟子道：“汤居住在亳地，与葛国相邻，葛伯放肆不祭祀先祖。汤派人去问：‘为什么不祭祀？’葛伯答道：‘没有牛羊做祭品。’汤便派人送给他牛羊。葛伯把牛羊吃了，还是不祭祀。汤又着人去问：‘为什么不祭祀？’葛伯答道：‘没有谷米做祭物。’汤便派亳地百姓去替他们耕种，老弱的人给耕种的人去送饭。葛伯却率领他的百姓拦住那些送酒肉饭食的人抢夺，不给的就杀掉。有个小孩子去送饭与肉，葛伯杀了他，抢走了饭与肉。《尚书》中说：‘葛伯仇视送饭的人。’就是指的这件事。商汤因为葛伯杀了这个孩子而去征讨他，四海之内的人都说：‘这不是贪图天下的财富，而是为平民百姓报仇。’‘商汤的征讨，从葛国开始’，先后征讨十一次而天下无敌。他向东面征讨，西面的夷人便抱怨；向南征讨，北面的狄人便抱怨，都说：‘为什么把我们放在后面？’百姓盼望他，就像大旱盼望下雨一样。（征讨的时候，）赶集的不停止，种田的不改变，（商汤）杀掉那里的暴君，安抚那里的人民，就像及时雨从天而降。百姓非常喜悦。《尚书》中说：‘等待我们君王，君王来了不受罪。’又说：‘攸国不臣服，武王向东征，安抚其男女。那里的人用竹筐装着黑色、黄色的丝帛，请求见周王而以此为荣，称臣归顺大周国。’那里的官吏用竹筐装满黑色、黄色的绢帛迎接周王的官吏，那里的百姓抬着饭筐、提着酒壶迎接周王的百姓。就是因为周王把百姓从水火中拯救出来，杀掉残暴的君主。《尚书·太誓》说：‘我军的威武要发扬，攻到邘国疆土上，杀掉残暴的君王，因攻伐正道得以伸张，比那成汤更荣光。’（宋君）不实行仁政罢了，如果实行仁政，天下的人都抬起头盼望着，要拥护他来做君王，齐国、楚国纵是强大，有什么可怕的呢？”

【说要】

本章论行仁政则得民心，得民心则弱者可以变强。

梁涛解读《孟子》:

孟子第一次到齐国时，没有得到齐威王的召见。这时听说宋王偃想推行仁政，于是来到宋国。(梁涛解读:《孟子》，第184—185页)

梁涛先生认为，本章的问答，即发生在此时。

据此，我们可以把本章问答的时间、地点放在宋王偃执政的初期、宋国。

至于宋王偃是否推行了仁政，不仅本章孟子明言宋不行王政——“不行王政云尔”，而且06.06章，“子欲子之王之善与”——可知宋王欲行仁政而未行，06.08章，“什一，去关市之征，今兹未能”——可知宋王之欲行仁政，不过是叶公好龙而已。

宋王偃没有行仁政，他只不过“徒事武力，欲霸天下而已”。

金履祥《孟子集注考证》“戴不胜、戴盈之”条:

宋臣。疑皆戴公之后，故以为氏。二人问答，计皆宋王偃欲霸天下之时。然以孟子之言观之，则王偃实不能行王政，而群邪与处，迁善不力，可见之。(《孟子集注考证》，第205页)

张岱《四书遇·宋国章》:

征伐是王政，然要有王者实心，顺天应人，不得已而用。宋王偃灭滕伐薛，败齐楚魏之兵，求伯胜于天下，乃区区不鼓不禽(注:不禽二毛，不鼓不成列)，谓是王政，如何不动齐楚之师!(《四书遇》，第408页)

《日讲四书解义》卷十八:

今宋惟不行王政，欲以霸术欺人，故见忌于大国云尔，苟能诚心为民以行王政，是即成汤吊民于大旱之后，武王救民于水火之中也。将四海之内皆举首而望之，愿奉为君。彼齐、楚虽大，何足畏乎？则宋之致伐不可归咎于王政也明矣。(《日讲四书解义》，第281页)

以上的讨论，因为史料匮乏的原因，虽然不能作为定论，但大致不差。本章的要旨不在这里。

本章的讨论，可以去掉宋国这个背景，把它抽象成在弱肉强食的时代，小国可以行仁政、王天下吗?

王天下，不是简单地一统天下。“王”规定了“一统天下”的方式、路径，“一统天下”是“行仁政”的不期然而然。

吕留良《四书讲义》卷三十五:

> 王者只为义，所以但望人好；霸者只为利，所以但望人不好。王者之于天下，每迟迟而后得之；霸者亦迟迟而后取之，然王者之迟迟者，冀人之悔也，霸者之迟迟者，益人之疾也。后世人心与三代悬绝，只在这些子。(《四书讲义》，第784页)

在弱肉强食的时代，小国行仁政、王天下，自然难之又难，这在02.13、02.14、02.15三章孟子与滕文公的问答中已经清楚地看到。但是，孟子认为不能因此就否定人间正道，抛弃行仁政、王天下的理想。况且商汤兴于亳、周武起于西岐，都是以小国、弱国行仁政而王天下的呢！

行仁政、王天下是孟子的理想。理想的实现，自然不能仅仅依赖于主体的作为，还要具备必需的客观条件：

> 孟子主要突出仁政、王道的理想，但对其得以实现的条件讨论、关注不够，故往往给人以迂腐的感觉。但孟子之所以被后人尊奉为亚圣，恰恰在于他坚守了仁政、王道的理想。这种理想虽然在一定的历史时期无法实现，却成为人们不断追求的目标和方向，并成为推动历史发展的重要力量。(梁涛解读：《孟子》，第185页)

坚定仁政、王道的理想，并为之而坚守、奉献，这才是本章的要旨。

06.06　孟子谓戴不胜[1]曰："子欲子之王之善与？我明[2]告子。有楚大夫于此，欲其子之齐语也，则使齐人傅诸[3]？使楚人傅诸？"

曰："使齐人傅之。"

曰："一齐人傅之，众楚人咻[4]之，虽日挞而求其齐也，不可得矣；引而置之庄岳[5]之间数年，虽日挞而求其楚，亦不可得矣。子谓薛居州[6]，善士也，使之居于王所。在于王所者，长幼卑尊皆薛居州也，王谁与为不善？在王所者，长幼卑尊皆非薛居州也，王谁与为善？一薛居州，独[7]如宋王何？"

【注释】

(1)戴不胜：赵岐《注》："宋臣。"

(2)明：明白，清楚。可译作"坦率"。

(3)傅诸：教导他。傅，辅佐，教导。诸，之。

(4)咻(xiū)：喧嚷，扰乱。"咻"字《说文解字》未收。小篆写作，是会意兼形声字。从口从休，休亦声。休是会意字，甲骨文写作，人依靠在树上，会休息之意。人在休息聊天时说的话比劳作时多得多，故从口从休，即会意嘈杂、喧嚷。

(5)庄岳：庄，街名。岳，里名，都在齐都城临淄城内，人口密集之地。(见顾炎武

《日知录》）

（6）薛居州：赵岐《注》："宋之善士也。"

（7）独：王引之《经传释词》："独，犹将也。"

【译文】

孟子对戴不胜说："你希望你的王向善吗？我坦率地告诉你。假如有一位楚国的大夫，想让他的儿子学习齐国话，那么是请齐国人教导他呢，还是请楚国人教导他呢？"

戴不胜说："请齐国人教他。"

孟子说："一个齐国人教他，许多楚国人干扰他，即使每天用鞭子抽打，逼他学齐国话，也不可能做到。带他到齐国庄街岳里的闹市住上几年，即使每天用鞭子抽打，逼他讲楚国话，也是做不到的。你说薛居州是个好人，让他住在宋王的宫中。如果在王宫中的人，不论年龄大小、地位高低，都是薛居州那样的人，宋王还能同谁一起去做坏事呢？如果在王宫中的人，不论年龄大小、地位高低，都不是薛居州那样的人，宋王又能同谁一起去做好事呢？一个薛居州，能把宋王怎么样呢？"

【说要】

本章论导君向善。

在政治的话语中，君与民是一对欢喜冤家。

孟子主张"民为贵"，强调"民"作为一个社会阶层所拥有的强大力量：

> 桀、纣之失天下也，失其民也；失其民者，失其心也。（07.09）

同时，孟子没有忽略作为国家治理体系中的最高责任人——"君"的作用：

> 君仁，莫不仁；君义，莫不义；君正，莫不正。一正君而国定矣。（07.20）

本章记录孟子与宋大夫戴不胜的对话，专门探讨了如何引导君王向善。这也是"正君"题中的应有之义。

李贽《四书评》在此章下有一句简要的评语：

> 客处详明，主处便不费力也。（〔明〕李贽撰，张贺敏整理：《四书评》，张建业主编：《李贽文集》第五卷，社会科学文献出版社2000年版，第134页）

"客处"是指打比喻，"主处"是指说道理。孟子依然雄辩。

姚永概《孟子讲义》也有同感：

此章引譬入妙。凡引譬须比喻精切，又须人人意中所有，又须用笔遒峭有致，三者不可缺一，乃足起人兴味。不然，便令闻者索然欲卧。（《孟子讲义》卷六，第103页）

修身进德非常强调发挥人的内在主动性，但是这并不意味着可以忽略环境尤其是人际环境对人的影响。故谚曰："白沙在涅，不染自黑；蓬生麻中，不扶自直。"环境的影响是潜移默化的，也是很强大的。

戴不胜希望宋王积善行仁成为一位有作为的君主，然而孟子告诉他，这不可能，因为宋国国君被小人团团包围了，一位善士薛居州的作用是微乎其微的。就像小孩子学外语，虽然请了一位外国的老师，但是周围的人干扰不断，最终一定是学不好的。

王船山《四书训义》卷三十：

邪正消长之机，君德善恶、国家兴衰之大系也。人君之害，莫甚于贤奸之并进，而贤不敌奸。人臣之敝，莫甚于为调停之说，忌朋党之名，而进贤不力，除奸不尽。（《四书训义》，第377页）

《日讲四书解义》卷十八：

一君子终不胜众小人，将见群邪害正，孤忠无与，虽欲进君于善，其如宋王何哉？是以古大臣之欲正其君者集思广益，使端人正士，布在班联。然后忠佞不致同朝，贤奸不得共柄，而君德乃日进于高明，此以人事君，人臣第一义也。（《日讲四书解义》，第282页。标点略有改动）

孟子曰："分人以财谓之惠，教人以善谓之忠，为天下得人者谓之仁。是故以天下与人易，为天下得人难。"（05.04）大哉斯言！

另，如果我们把这一章与"尚友古人"章（10.08）结合起来去研读，或许会对修身交友的问题有新的理解。

"一乡之善士，斯友一乡之善士；一国之善士，斯友一国之善士；天下之善士，斯友天下之善士"——这说的是与今人交朋友，是自觉的向上向善，是追求友的更高层级，是自我生命的融入。

"尚论古之人"——这说的是与古人交朋友，是自觉地继承弘扬优秀传统文化。

无论是与今人交朋友，还是与古人交朋友，都应该摆脱"一己"的约束，而走向"群己"的交融，以汇集向上、向善的力量，构建良好的修身进德环境。

一句话总结："好人"需要"建群"，"向善"需要"组团"。

06.07　公孙丑问曰："不见诸侯何义？"

孟子曰："古者不为臣不见。段干木[1]逾垣而辟[2]之，泄柳[3]闭门而不内，是皆已甚；迫[4]，斯可以见矣。阳货欲见孔子[5]而恶无礼，大夫[6]有赐于士，不得受于其家，则往拜其门。阳货瞰[7]孔子之亡也，而馈孔子蒸豚[8]；孔子亦瞰其亡也，而往拜之。当是时，阳货先[9]，岂得不见？曾子曰：'胁肩谄笑[10]，病于夏畦[11]。'子路曰：'未同而言，观其色赧赧然，非由之所知[12]也。'由是观之，则君子之所养，可知已矣。"

【注释】

(1)段干木：魏文侯时贤者。《高士传》："段干木者，晋人也。少贫且贱，心志不遂，乃治清节，游西河，师事卜子夏。与田子方、李克、翟璜、吴起等居于魏，皆为将，唯干木守道不仕。魏文侯欲见，就造其门，段干木逾墙而避文侯。文侯以客礼待之，出，过其庐而轼。其仆问曰：'干木布衣也，君轼其庐，不已甚乎？'文侯曰：'段干木，贤者也。不移势利，怀君子之道，隐处穷巷，声驰千里。吾敢不轼乎？干木先乎德，寡人先乎势。干木富乎义，寡人富乎财。势不若德贵，财不若义高。'又请为相，不肯。后卑己固请见，与语，文侯立倦不敢息。"

(2)辟：同"避"。

(3)泄柳：鲁缪公时贤者。

(4)迫：赵岐《注》为"迫窄"，朱熹《孟子集注》谓"求见之切也"，似乎都欠妥。理由即文本下云"当是时，阳货先，岂得不见？"依文本上下文意，迫释为"情势所迫"似更明了准确。

(5)阳货欲见孔子：事见《论语·阳货》。"见"为使动用法，来见之意。

(6)大夫：阳货虽然不是鲁国之卿，但为正卿季氏之宰（总管），所以也得称"大夫"；而其时孔子在野，故称"士"。

(7)瞰（kàn）：本字作"阚"。从门从敢，敢亦声。敢，金文写作，描绘的是两手攀岩，时有石块落下的事象，会勇敢之意。从门缝偷窥他人，心里自然有所恐惧，没有一些胆量是做不来的。由此，瞰有偷窥、窥伺之意。

(8)蒸豚：《论语》曰"馈孔子豚"，《孟子》曰"蒸豚"，豚非大牲，故用熟馈也。是时阳货先加礼，岂得不往拜见之哉？（见焦循《孟子正义》）

(9)先：朱熹《孟子集注》："先，谓先来加礼也。"

(10)胁肩谄笑：胁肩，即耸肩，故作恭敬之状。谄笑，强为媚悦之颜。

(11)病于夏畦（qí）：病，疲累，倦困。夏，夏天。畦，田五十亩曰畦。《孟子》05.03："圭田五十亩"，畦此义或从圭田会意而得。此用作动词，治田、灌园之意。

（12）非由之所知：朱熹《孟子集注》："甚恶之之辞也。"

【译文】

公孙丑问道："不去谒见诸侯，是什么道理？"

孟子说："在古代，如果不是诸侯的臣属，便不去谒见。（从前魏文侯去看段干木，）段干木跳过墙躲开了，（鲁缪公去看泄柳，）泄柳关着大门不接待，这都做得过分；情势所迫，也是可以相见的。阳货想要孔子来见他，又厌恶别人认为自己无礼，（便利用礼——）大夫对士有所赏赐，士未能在家接受，就应到大夫家登门拜谢。阳货探听到孔子外出的时候给他送去一头蒸乳猪，孔子也探听到阳货不在家才去答谢。那个时候，阳货先来送礼，孔子哪能不去拜见他呢？曾子说：'耸起两肩，做着讨好的笑脸，这比夏天在地里劳作还要累。'子路说：'内心不相投却去交谈，看他脸色尴尬的样子，不是仲由我所能理解的。'由此看来，君子平日如何修养自己，就可以知道了。"

【说要】

本章论出仕之道。

《朱子语类·公孙丑问不见诸侯章》：

> 问：公孙丑言孟子不见诸侯，何故千里来见梁惠王？曰：以《史记》考之，此是梁惠王招之而至。其曰"千里而来"者，亦是劳慰之辞尔。孟子出处，必不错了。……时坐间有杨方县丞者，云：弟子称其师不见诸侯，必是其师寻常如此。其见梁惠王，亦须有说。但今人不肯便信他说话，只管信后人言语，所以疑得孟子如此。（《朱子语类》第二册，第1177页）

看到书本上记录着"孟子见梁惠王"，又有"不见诸侯"，便怀疑圣人言行不能自洽，以为有了别人没有的发现，且以此沾沾自喜、喋喋不休，这不仅是自己读书一大病，还会传染开去，祸害他人。

这病、这害，根子就在以我卑微之心，去妄揣圣人。

王安石《上龚舍人书》：

> 方孟子之时，天下纷乱，诸侯皆欲自以为王，强攻弱，大并小，战伐侵入，无岁无之。此乃存亡得失之秋，所谓得士则兴，失士则亡之时也。故下得以自重，而上不可以不求焉。（〔宋〕王安石撰，李之亮笺注：《王荆公文集笺注》，巴蜀书社2005年版，第2213页）

如此，孟子"不见诸侯"，难道是"自重"的伎俩？

孟子不肯往见诸侯，故公孙丑问说："君子以济世安民为心，必得君而事，乃可以行其道。今之不见诸侯，不知果何义也？"孟子答说："古之为士者必委质为臣，有官守之责，则当奔走其职，以官而见。若未为臣，则无官守可召，无职事可见，惟当高尚其志，不见诸侯，此古之道也。然所谓不见者，只是以道自重，不肯屈身以往见耳。"（《四书直解·孟子》卷六，第373页）

孟子"不见诸侯"，不是浅薄的自重，而是庄严的重道。

为了教育自己的弟子，也为了再次申明"不见诸侯"乃至出仕之道的大义，孟子这次不仅找来四位助教，还特别邀请了自己心目中伟大的导师——孔子。

"胁肩谄笑""未同而言"——曾子、子路厌恶自贱以媚人的丑态，这是"不及"。

"段干木逾垣而辟之，泄柳闭门而不内"——面对魏文侯、鲁缪公来访，段、泄二人避而不见，这是"过"。

"亦瞰其亡也，而往拜之"——面对阳货借助礼的规定，欲让孔子拜访自己的伎俩，孔子依礼而报，却并不相见。此乃"君子之所养"——这是"无过无不及"。

朱熹《孟子集注》：

此章言圣人礼义之中正，过之者伤于迫切而不洪，不及者沦于污贱而可耻。（《四书章句集注》，第275页）

姚永概《孟子讲义》卷六：

"古者不为臣不见"一句，正答不见诸侯之义，以下分二段：段干木、泄柳二人失之太过，故以孔子之待阳货正之，至"岂得不见"句止，为一段。曾子、子路所举，乃世俗鄙夫之态，失之可耻。君子之所养，养气由集义，亦正对何义而发。（《孟子讲义》，第104页）

不枉己，不是为了直人；直人却必须不枉己。不能正己却只想正人的人，与"胁肩谄笑"者同样可鄙。

如果被"谀己者"愚弄，这是你我的耻辱。这个耻辱，不是"谀己者"强加的，是你我"未尝以道义自守"的自然结果，所谓"志趣卑凡，不能克己从善，则益者不期疏而日远，损者不期近而日亲"（《晦庵先生朱文公续集》卷八《与长子受之》，《朱子全书》第二十五册，第4790页）。

06.08　戴盈之(1)曰："什一(2)，去关市之征，今兹(3)未能，请轻之，以待来年，然后已，何如？"

孟子曰："今有人日攘[4]其邻之鸡者，或告之曰：'是非君子之道。'曰：'请损之，月攘一鸡，以待来年，然后已。'如知其非义，斯速已矣，何待来年？"

【注释】

(1)戴盈之：赵岐《注》："宋大夫。"

(2)什一：朱熹《孟子集注》："井田之法也。"对于田税，05.03章有"其实皆什一也"和"请野九一而助"两种说法，似不能自洽；另有"国中什一使自赋"的说法，所以，此处"什一"指的是什么税赋，无法确知。且从朱说。

(3)兹：年。《吕氏春秋·任地篇》："今兹美禾，来兹美麦。"高诱《注》云："兹，年也。"

(4)攘：偷。或引《尚书·吕刑》郑玄《注》云："有因而盗曰攘。"朱熹《孟子集注》："攘，物自来而取之也。"正取此义。但"日攘一鸡""月攘一鸡"之"攘"不便作如此解释，因不见得每天都有邻人之鸡"自来"而可以"有因而盗"。

【译文】

戴盈之说："田租十分抽一，免除关卡、市场的税收，今年还办不到，请允许我们先减轻一些，等到明年再完全实行，怎么样？"

孟子说："假如有一个人每天偷邻居家一只鸡，有人告诉他说：'这不是正派人的作为。'那人却说：'请允许我少偷一些，每月偷一只鸡，等到明年就不再偷了。'如果知道这件事不符合道义，就应该尽快改正，为什么还要等到明年呢？"

【说要】

本章与06.05、06.06章皆记孟子在宋之事。

孟子因听闻宋君偃欲行仁政，故来到宋国。但是宋君偃并非真心行仁政，面对孟子提出的实行什一税和免除关卡、市场税收的建议，借戴盈之之口推三阻四，孟子以攘鸡之喻，予以严厉批驳。

有人或许对此不解。因为从文本来看，戴盈之也知道实行十分抽一的税率、免除关卡和商品的赋税，乃是合理的先王之法，暴敛苛征是不对的，只是强调宋国当下难以实行，请求暂缓，待到来年。这在张口闭口"何以利吾国"的战国，不是难能可贵的吗？孟子对待戴盈之、对待宋君偃是不是太过严厉了呢？

张栻解读说：

盖君子之远不义也，如恶恶臭；其不敢迩也，如探汤；其不敢须臾宁也，如坐涂炭；而其徙义也，惟恐弗及。盖其见之之明，而决之之勇，以为不如是，不足以自拔而日新故也。今盈之既知暴敛苛征之为非，而先王之制在所当法，则宜一日不敢安于其所非。顾乃欲轻之，以待来年，是为私意之所牵系，而不能果也。若是者，终不能舍其旧而图新，归于悠悠而已矣。故孟子举攘鸡之喻以告之。(《南轩先生孟子说》卷第三，《张栻集》上，第265页。标点略有改动）

《史记·儒林列传》：

天子问治乱之事，申公时已八十余，老，对曰："为治者不在多言，顾力行何如耳。"是时天子方好文词，见申公对，默然。(《史记》卷一百二十一，第702页）

好言恶行，是为政者的一大毛病——汉武帝之"默然"、戴盈之之"以待来年"，即例证。

知而行之，是孔孟一贯的主张——观《论语》夫子答弟子问多从行处说起、孟子斥戴盈之"何待来年"，即明证。

孙奇逢《四书近指·戴盈之曰章》：

君子以见善则迁，有过则改。既知非义，便当速已，岂容姑待？"待"之一字，从来误事病根。(《孙奇逢集》上，第550—551页。标点略有改动）

张岱《四书遇·攘鸡章》：

"知"字极重，只是知之不切，故犹然可待。若知火者，决不蹈火；知水者，决不溺水。知之真也。(《四书遇》，第410页）

姚永概申说此意云：

文王视民如伤，周公坐以待旦，岂有知而不改，改而不速之事，然此言非独为治民者言也。凡立身行己，苟有过焉，先求其知，知而求改，改而求速，不因循放过，乃为善读《孟子》。(《孟子讲义》卷六，第105页）

儒者强调知而行之，既行之，又如何绝不犯错？犯错是行动者的权利，不是行动者拒绝行动的理由。从某种意义上说，人就是在犯错、改错的过程中，一步一步走向至善的。

这应该是我们善读《孟子》的收获吧。

06.09　公都子(1)曰："外人皆称夫子好辩，敢问何也？"

孟子曰："予岂好辩哉？予不得已也。天下之生久矣，一治(2)一乱(3)。当尧之时，水逆行，泛滥于中国，蛇龙居之，民无所定，下者为巢，上者为营窟[4]。《书》曰：‘洚水警余[5]。’洚水者，洪水也。使禹治之。禹掘地而注之海，驱蛇龙而放之菹[6]，水由地中行，江、淮、河、汉是也。险阻既远，鸟兽之害人者消，然后人得平土而居之。

“尧舜既没，圣人之道衰，暴君代作[7]，坏宫室以为污池，民无所安息；弃田以为园囿，使民不得衣食。邪说暴行又作，园囿、污池、沛泽多而禽兽至。及纣之身，天下又大乱。周公相武王诛纣、伐奄[8]三年讨其君，驱飞廉于海隅而戮之[9]，灭国者五十，驱虎、豹、犀、象而远之，天下大悦。《书》曰：‘丕显哉，文王谟！丕承哉，武王烈！佑启我后人，咸以正无缺。’[10]

“世衰道微，邪说暴行有作[11]，臣弑其君者有之，子弑其父者有之。孔子惧，作《春秋》。《春秋》，天子之事也；是故孔子曰：‘知我者其惟《春秋》乎！罪我者其惟《春秋》乎！’

“圣王不作，诸侯放恣，处士横议[12]，杨朱[13]、墨翟[14]之言盈天下。天下之言不归杨，则归墨。杨氏为我，是无君也；墨氏兼爱，是无父也。无父无君，是禽兽也。公明仪曰：‘庖有肥肉，厩有肥马；民有饥色，野有饿莩，此率兽而食人也。’杨、墨之道不息，孔子之道不著，是邪说诬民，充塞仁义也。仁义充塞，则率兽食人，人将相食。吾为此惧，闲[15]先圣之道，距杨、墨，放淫辞，邪说者不得作。作于其心，害于其事；作于其事，害于其政。圣人复起，不易吾言矣。

“昔者禹抑洪水而天下平；周公兼夷狄，驱猛兽而百姓宁；孔子成《春秋》而乱臣贼子惧。《诗》云：‘戎狄是膺，荆舒是惩，则莫我敢承。’[16]无父无君，是周公所膺也。我亦欲正人心，息邪说，距诐行[17]，放淫辞，以承三圣者。岂好辩哉？予不得已也。能言距杨、墨者，圣人之徒也。”

【注释】

(1)公都子：赵岐《注》：“孟子弟子也。”

(2)治：战国简帛写作，从水从台，台亦声。陈梦家曰：“‘台’者‘以’之孳乳字也，东周金文始增口为台。”以，甲骨文写作，象人以手提携一物之形，初义为持携、提（参张世超、季旭升）。亦可省去人旁，简化为所提携物之形。由此可知，治，从水从台，会意治水。《朱子语类》卷第七十九《尚书二·禹贡》：“禹治水，乃是自下而上了，又自上而下。后人以为自上而下，此大不然。不先从下泄水，却先从上理会，下水泄未得，下当愈甚，是甚治水如此！”目前一般的字书解“治”的本义为山东半岛大沽河与支流小沽河，常用以表示治理。其地理、字义的指向，或都印证我们对“治”的解释。此处的“治”，意译为“太平”。

（3）乱：金文写作，“8”表示一团丝线。“H”是一个旋转的符号，会意这团丝线缠绕起来、混乱起来，就变成了一团乱麻。混乱之后怎么办呢？上面的“”是一只手，下面的“”也是一只手，我们用两只手对它进行梳理。后简帛加“乚”（表示理顺的意思），写作。“乱”是个会意字，有两个截然不同的本义，一个是混乱，一个是治理。从人行为的对象去看，它是那团乱麻，所以有混乱的意思；从人劳动的结果去看，这团乱麻被理顺了，所以又有治理的意思。此处的“乱”用的是混乱义，意译为“动乱”。

（4）营窟：朱熹《孟子集注》：“穴处也。”焦循《孟子正义》：“此营窟当是相连为窟穴。”

（5）洚水警余：此句出自《尚书》逸篇。洚水，洪水。

（6）菹（jù）：水草丛生的沼泽。

（7）代作：《说文解字》：“代，更也。”“作，起也。”代作，更替而起。

（8）伐奄：周公伐奄是周成王时事，非武王时事。焦循《孟子正义》引倪思宽《读书记》：“据《书》所言，伐奄总在成王之时，故顾亭林曰：‘伐奄，成王时事。’上言相武王，因诛纣而连言之耳。”

（9）驱飞廉于海隅而戮之：飞廉，商纣王的宠臣。即《史记·秦本纪》所记之“蜚廉”（“蜚”与“飞”古字相通）。事与孟子所言有所不同。

（10）“《书》曰：丕显哉”数句：赵岐《注》：“《尚书》逸篇也。”见《古文尚书·君牙》。丕，大也。丕显，英明。丕承，很好地继承。谟，谋略。烈，功业。

（11）邪说暴行有作：焦循《孟子正义》引万斯大《学春秋随笔》：“暴行，即弑父弑君是也。所谓邪说，即乱臣贼子与其侪类将不利于君，必饰君之恶，张已之功，造作语言，诬惑众庶是也。有邪说以济其暴，遂若其君真可弑而已可告无罪然者。相习既久，政柄下移，群臣知有私门而不知公室。且邻封执政，相倚为奸，凡有逆节，多蔽过于君，鲜有罪及其臣者。”有，段玉裁《说文解字注》：“不宜有也。谓本是不当有而有之偁，引伸遂为凡有之偁。凡春秋书有者，皆有字之本义也。”

（12）处士横议：处士，居家不出仕的人。横议，焦循《孟子正义》：“从则顺，横则逆，故政之不顺者为横政，行之不顺者为横行，则议之不顺者为横议。”

（13）杨朱：战国早期思想家，魏国人。主张“为我”“全性保真”，拔一毛以利天下而不为。

（14）墨翟：战国早期著名思想家，墨家创始人。他提倡“兼爱”“非攻”，主张“天志”“明鬼”等。其学说备见于《墨子》一书。

（15）闲：金文写作，从门从木，门中有木之形，会意遮拦（参许慎、张世超等）。段玉裁《说文解字注》：“引申为防闲。”此处译为“捍卫”。

（16）“《诗》云”数句：出自《诗经·鲁颂·閟宫》。戎狄是膺，讨伐戎狄。是，代词，表示确指，起宾语前置的作用。膺，打击。惩，惩罚。承，抵御。

（17）诐行：邪行。

【译文】

公都子说：“别人都说先生喜好辩论，请问这是为什么呢？”

孟子说：“我难道喜好辩论吗？我是不得已啊。社会产生已经很久了，时而太平，时而动乱。当尧的时候，洪水横流，泛滥于中原，蛇龙盘踞，百姓无处安身；处低凹地区的人，就在树上搭巢，处高凸地区的人，就建造洞穴。《尚书》中说：‘洚水警戒我们。’洚水就是洪水。于是派禹治水。禹疏通河道让洪水流入大海，驱逐蛇龙把它们赶进沼泽，水顺着河道流行，这就是长江、淮河、黄河、汉水。水患既已排除，害人的鸟兽也不见了，然后百姓才能够在平地上居住。

“尧舜去世后，圣人之道衰落，暴君接连出现。毁坏民宅以做深池，使得百姓无处安身；破坏农田以做园林，使得百姓得不到衣食。荒谬的学说、残暴的行为随之兴起，园林、深池、沼泽多了，禽兽又至。到了商纣时，天下又大乱了。周公辅佐周武王杀掉纣王、讨伐奄国，与暴君征战了三年，把飞廉赶到海边杀掉，消灭的国家有五十个，把老虎、豹子、犀牛、大象驱赶得远远的，天下的百姓十分喜悦。《尚书》中说：‘多么英明啊，文王的谋略！很好地继承啊，武王的功业！扶助、启迪我们后人，使大家正确无缺陷。’

“（后来，）世风日下，王道衰微，荒谬的学说、暴虐的行为有所兴起，臣子杀君主的有了，儿子杀父亲的有了。孔子忧惧，便写了《春秋》。（著作）《春秋》，是天子的职权；（孔子不得已而做了，）所以孔子说：‘理解我的，大概只有《春秋》吧！怪罪我的，大概只有《春秋》吧！’

“（如今）圣王没有出现，诸侯放纵恣肆，在野的士人乱发议论，杨朱、墨翟的言论充塞天下。天下的言论，不是归向杨朱，就是归向墨翟。杨朱宣扬为我，这是否定君主；墨翟宣扬兼爱，这是否定父母。否定父母和君主，就是禽兽。公明仪说过：‘厨房里有肥肉，马棚里有肥马，百姓却面露饥色，野外还有饿死的人，这等于是率领禽兽去吃人。’杨朱、墨翟的学说不破除，孔子的学说不发扬，就是用荒谬的学说欺骗人民，堵塞仁义。仁义被堵塞，如同率领野兽去吃人，人们将互相残杀。我为此忧惧，决心要捍卫先圣的思想，批驳杨朱、墨翟的学说，驳斥荒谬的言论，使那些主张邪说的人不再兴作。邪说兴作于人们心中，就会危害人们做事情；邪说兴作于所做的事情中，就会危害政务。即使圣人再度出现，也不会改变我的话。

“过去大禹抑制了洪水而使天下太平，周公兼并了夷狄，赶走猛兽使百姓安定，孔子编著《春秋》使乱臣贼子感到害怕。《诗经》中说：‘打击戎狄，严惩荆舒，没有谁敢抗拒我。’否定父母、君主的人，正是周公所要讨伐的。我也要端正人心，破除邪说，反对偏颇的行为，驳斥荒谬的言论，以继承大禹、周公、孔子三位圣人。我难道是喜好辩论吗？我是不得已啊。能以言论抵制杨朱、墨翟的人，就是圣人的信徒。”

【说要】

本章论“正人心，息邪说，距诐行，放淫辞，以承三圣”。

论述的展开，则从“予岂好辩”开始。

一治一乱，是历史的事实，不是历史的规律。杨、墨的学说，不是造成当时社会动乱的根源，而是当时社会动乱的反映。

杨、墨的学说与儒家学说都产生于“君有称霸天下之欲、臣行助纣妾妇之道、民陷水深火热之中”的战国时代。只是在孟子看来，杨朱“拔一毛以利天下而不为”之说，对于当时“惟利是求，而不复知有仁义”的社会治理而言，无异于火上浇油。墨子的“兼爱”之说，虽有志于改造社会，但因其二本的理论缺陷，对于社会的治理，无异于抱薪救火。只有儒道是救世济民的圣道。故孟子“正人心，息邪说，距诐行，放淫辞，以承三圣者”，这不是“好辩”，而是“不得已”。

李贽《四书评·孟子》卷之三：

> 把自家“好辩”，直说得这样大。也只是把自家一片苦心，呈出与人看耳，不作诳语。（《四书评》，第136页）

在尧之时，君是圣君，然自然环境恶劣。“禹抑洪水”——面对的是“水逆行”“蛇龙居之”的恶劣的自然环境。

及纣之时，君是恶君，为恶害人。“周公兼夷狄”——面对的是“暴君代作”的暴虐的政治环境。

至孔子之时，权贵杀父弑君，败坏世风。“孔子成《春秋》”——面对的是“邪说暴行有作”的堕落的人文环境。

在孟子看来，要改善当时的自然环境、革新当时的政治环境、反正当时的人文环境，就必须先“正人心”。

辛全《四书说》卷五：

> 息邪说，距诐行，放淫辞，俱是正人心里面事。
>
> 《孟子》七篇，总是欲正人心。
>
> 从来人心之坏，酿成人世之坏。从人世之坏处救，是扬汤止沸；从人心之坏上

救，是灶底抽薪。噫！此惟可与知者道也。(《四书说》，第181页)

孟子“距杨、墨”，即“批世道”，就是要重新收拾世道人心，改善自然环境、革新政治环境、反正人文环境。

另，冯梦龙《四书指月·公都子曰外人章》：

曰“圣人之道衰”，曰“世衰道微”，曰“孔子之道不著”，而终之以闲先圣之道，道统相传次序，隐然可见。曰“以承三圣”，而又曰“能言距杨墨者，圣人之徒”，可见孟子之辩，不独继往圣，亦以开来学。(《四书指月》，第379页)

“知我者其惟《春秋》乎！罪我者其惟《春秋》乎！”不是孔子的担心顾虑处，而是孔子的得意快哉处——孔子“惧”则见孔子之仁，“作”则见智见勇。

“予岂好辩哉？予不得已也。”非好辩而不得不辩，正是孟子一如孔子仁智勇之处。

06.10　匡章(1)曰：“陈仲子(2)岂不诚廉(3)士哉？居於陵(4)，三日不食，耳无闻，目无见也。井上有李，螬食实者过半矣(5)，匍匐往，将(6)食之。三咽，然后耳有闻，目有见。”

孟子曰：“于齐国之士，吾必以仲子为巨擘(7)焉。虽然，仲子恶能廉？充(8)仲子之操，则蚓而后可者也。夫蚓，上食槁壤，下饮黄泉。仲子所居之室，伯夷之所筑与？抑亦盗跖(9)之所筑与？所食之粟，伯夷之所树与？抑亦盗跖之所树与？是未可知也。”

曰：“是何伤哉？彼身织屦，妻辟纑(10)，以易之也。”

曰：“仲子，齐之世家也。兄戴，盖(11)禄万钟。以兄之禄为不义之禄而不食也，以兄之室为不义之室而不居也，辟(12)兄离母，处于於陵。他日归，则有馈其兄生鹅者，己频顣(13)曰：‘恶用是鶂鶂(14)者为哉？’他日，其母杀是鹅也，与之食之。其兄自外至，曰：‘是鶂鶂之肉也。’出而哇之。以母则不食，以妻则食之；以兄之室则弗居，以於陵则居之，是尚为能充其类也乎？若仲子者，蚓而后充其操者也。”

【注释】

(1)匡章：齐人。陈士元《孟子杂记》：“匡姓，章名。《孟子》《庄子》《史记》《战国策》《吕览》并称章子。”金履祥《孟子集注考证》：“章子者，匡章字也。”曾为齐威王将，率兵御秦，大败之。宣王时，又曾将五都之兵以取燕。

(2)陈仲子：齐国人，世称陈仲、田仲，又称於陵子仲。以廉名于世。《淮南子·氾论训》说他“不入洿(注：同‘污’)君之朝，不食乱世之食，遂饿而死”。

（3）廉：形声字。睡虎地秦简写作廉，从广（yǎn）从兼。广是形符，本义是依山崖建造的房屋；兼是声符。廉字的造字与上古建筑工艺有关。古人建造房子，先在房子地基的四个角上立四块石头，然后用木条两两夹住，在中间空心的地方夯土。这在建筑工艺上叫作“版筑”。墙夯好之后，四块石头就留在墙体内，这些石头就是“廉”。廉石有两个特点，一是立得正，以保证墙体夯得正；二是处低位、抗腐蚀、有承担，以保障墙体立得久。

（4）於（wū）陵：齐地。在今邹平长山镇以南。

（5）井上有李，螬（cáo）食实者过半矣：井上之“李”，为李树还是李实，很难肯定。冯梦龙《四书指月》：“‘井上有李’，有此树也。若一李而螬食过半，岂堪三咽？且仲子目已无见，何由知之？”且从他的说法。上，边侧，旁边。螬，即蛴螬，金龟子的幼虫。

（6）将：冯梦龙《四书指月》：“将，取也。”

（7）巨擘：赵岐《注》：“大指也。”比喻杰出的人物。

（8）充：完全符合。朱熹《孟子集注》：“充，推而满之也。”

（9）盗跖（zhí）：春秋时有名大盗，传说为柳下惠的兄弟。此以盗跖代表恶人。

（10）辟（bì）纑（lú）：绩麻（搓麻为线）为辟，练麻（把麻煮熟，使柔软洁白）为纑。

（11）盖（gě）：地名，为陈戴采邑。04.06章有“盖大夫王驩”。阎若璩《四书释地》：“以半为王朝之下邑，王驩治之。以半为卿族之私邑，陈氏世有之。”

（12）辟：同“避”。

（13）频顣（cù）：皱眉头，不高兴的样子。朱熹《孟子集注》：“频，与颦同。顣，与蹙同。”

（14）鶃（yì）鶃：朱熹《孟子集注》：“鹅声也。”

【译文】

匡章说：“陈仲子难道不是真的廉士吗？居住在於陵，三天没有吃东西，（饿得）耳朵听不到，眼睛看不见。井边有棵李子树，李子已被金龟子吃掉一大半，他爬过去，取来吃。吞了三口，耳朵才听得到，眼睛才看得见。”

孟子说：“在齐国的士人中，我一定推仲子为巨擘。但是，仲子又怎能称得上‘廉德’呢？完全符合仲子的廉德操守，只有变成蚯蚓才能做得到。蚯蚓，在地上吃干土，在地下喝泉水。陈仲子住的房子，是伯夷建筑的呢，还是盗跖建筑的呢？他吃的粮食，是伯夷种植的呢，还是盗跖种植的呢？这些无从得知。”

匡章说：“这有什么关系呢？他自己编草鞋，妻子纺麻线，用这些换来的。”

孟子说：“仲子是齐国的世家。他的哥哥陈戴，在盖邑有禄米万石。仲子认为哥哥的禄米是不义之财而不吃，认为哥哥的房子是不义之室而不住，避开哥哥离开母亲，住在於陵。有一天回家，正好有人送给他哥哥一只活鹅，他皱着眉头说：‘要这嘎嘎叫的东西干吗？’后来，他母亲杀了这只鹅给他吃。他哥哥正好从外面回来，说：‘这就是那嘎嘎叫的肉。’仲子跑出去呕吐出来。母亲做的食物不吃，妻子做的食物却吃；哥哥的房子不住，於陵的房子却住，这能说是完全符合他的廉德操守吗？像陈仲子那样，只有变成蚯蚓才能完全符合他的廉德操守。”

【说要】

本章纵论“廉”之正义，批评“欲洁其身，而乱大伦”的避世行为。

文本涉及齐国两大名士：匡章与陈仲子。

匡章，在《孟子》中出现两次。08.30云：“匡章，通国皆称不孝焉，夫子与之游，又从而礼貌之。”匡章这个人，全国都说他不孝，但是孟子认为他不过是“父子责善”造成父子关系紧张罢了，不仅同他来往，而且相当礼重。

陈仲子，好友匡章都慨叹“岂不诚廉士哉？”孟子却断然一句：“仲子恶能廉？”

唐文治《孟子大义》卷六《滕文公下》：

> 当战国扰攘之世，人心滔滔，嗜利无厌，机械变诈之智，并杂出而不穷。如仲子矫廉之士，岂不足以风厉末俗？且三日不食，与螬争李，其茹苦节，好名誉，较之猥琐龌龊奔走富贵之徒，岂不高出万万？（《唐文治四书大义》，第187页）

《得民心得天下：王蒙说〈孟子〉》：

> 在一个熙熙攘攘、纷争混乱、阴险诡诈、蝇营狗苟的乱局下，有陈仲子这样的人，追求廉正、高洁、苦行、退隐；反世道而行之，创立了一种高蹈脱俗、超越古代体制与政治厮杀的活法，也是一种超越了权、利、名的昏天黑地的争夺的活法。（《得民心得天下：王蒙说〈孟子〉》，第176页）

陈仲子显然是一位品行高洁的人。为什么孟子对他的评价如此之低呢？对此，李贽也有些微词：

> 议论甚中正，但于仲子面上，亦似太刻了些。（《四书评》，第136页）

《战国策·齐策》的记述，或许可以帮助我们理解孟子的严刻：

> （赵威后问齐使云：）於陵子仲尚存乎？是其为人也，上不臣于王，下不治其家，中不索交诸侯。此率民而出于无用者，何为至今不杀乎？（《战国策》，第127页）

赵威后对陈仲子“率民而出于无用”的责备，正是孟子所“严刻”处。

> 孟子之意，以为仲子之家，在齐不为不光显矣。仲子苟以为不当虚享其禄食，则当与其兄共思社稷之计，光辅其主，治其国家，保其民人。则齐国有无穷之业，而仲子之家亦有无穷之闻，斯为称焉耳。今乃昧正大之见，为狭陋之思，以食粟受鹅为不义，而不知避兄离母之为非。徒欲洁身以为清，而不知废大伦之为恶。小廉妨大德，私意害公义。……嗟乎！世之贪冒苟得，肆而为恶者多矣，而孟子于仲子之徒，独辟之之深者，盖世之为恶者其失易见，而仲子之徒其过为难知也。惟其难知，故可以惑世俗而祸仁义。孟子反复辟之，盖有以也。（《南轩先生孟子说》卷第三，《张栻集》上，第269页）

“仲子，齐之世家也”，作为一个世家子弟，不能担负家国的齐治，却汲汲于一己之廉名，怎么可以呢?

“仲子恶能廉”，是对一己虚名的轻蔑，对家国大义的珍重。

朱熹《孟子集注》引范祖禹语：

> 天之所生，地之所养，惟人为大。人之所以为大者，以其有人伦也。仲子避兄离母，无亲戚君臣上下，是无人伦也。岂有无人伦而可以为廉哉?（《四书章句集注》，第279页）

焦循《孟子正义》引《汉书·两龚传赞》亦云：

> 清节之士，大率多能自治而不能治人，所以不可常法也。（《孟子正义》，第471页）

陈仲子洁身自好，不随流俗，自可以激浊，是以比诸巨擘；其耿介特立，持小廉而失大德，拥私名而弃公义，自不可以为常法，是以喻之蚯蚓。从小褒而大贬的略带冷酷的理智中，我们可以深切地感受到，孟子毕竟是“学而优则仕”的儒者，毕竟是“如欲平治天下，当今之世，舍我其谁”的豪杰。

儒家的“理”极高明，儒家的“道”就在脚下——在庙堂之上，在沟渠之侧。只需要我们勿忘勿助，勿过勿不及，中道而行，自然随处都是安身之所，立命之处，孔颜之乐不期然而至了。

卷第七　离娄章句上 凡二十七章

07.01　孟子曰："离娄[(1)]之明，公输子[(2)]之巧，不以规矩，不能成方员[(3)]；师旷[(4)]之聪，不以六律[(5)]，不能正五音[(6)]；尧舜之道[(7)]，不以仁政，不能平治天下。今有仁心仁闻[(8)]而民不被其泽，不可法于后世者，不行先王之道[(9)]也。故曰，徒善不足以为政，徒法不能以自行。《诗》云[(10)]：'不愆不忘，率由旧章。'遵先王之法而过者，未之有也。

"圣人既竭目力焉，继之以规矩准绳，以为方员平直，不可胜用也；既竭耳力焉，继之以六律正五音，不可胜用也；既竭心思焉，继之以不忍人之政，而仁覆天下矣。故曰，为高必因丘陵，为下必因川泽；为政不因先王之道，可谓智乎？

"是以惟仁者宜在高位。不仁而在高位，是播其恶于众也。上无道揆[(11)]也，下无法守[(12)]也；朝不信道，工不信度[(13)]；君子犯义，小人犯刑，国之所存者幸也。故曰，城郭不完[(14)]，兵甲不多，非国之灾也；田野不辟[(15)]，货财不聚，非国之害也。上无礼，下无学，贼民兴，丧无日矣。

"《诗》曰[(16)]：'天之方蹶，无然泄泄。'泄泄犹沓沓[(17)]也。事君无义，进退无礼，言则非先王之道者，犹沓沓也。故曰，责难于君谓之恭[(18)]，陈善闭邪谓之敬[(19)]，吾君不能谓之贼。"

【注释】

(1)离娄：一名离朱，相传为黄帝时人，目力极好，百步之外可以洞察秋毫之末。

(2)公输子：名班(或作般、盘)，鲁国人，故又称鲁班，是古代著名的巧匠。

(3)员：同"圆"。

(4)师旷：春秋时的著名乐师，听觉极好。《左传·襄公十八年》："齐师夜遁。师旷告晋侯曰：'鸟乌之声乐，齐师其遁。'"

(5)六律：相传黄帝时伶伦截竹为筒，以筒之长短分别声音之清浊高下，乐器之音即依以为准则。分阴阳各六，合称十二律。这里以六律代指定音律管。

(6)五音：中国古代音乐所定的五个音阶：宫、商、角、徵、羽。

(7)尧舜之道：此指"内在的善"(孟子也有用"尧舜之道"指外在制度的情况，见12.10)。

（8）仁心仁闻：朱熹《孟子集注》：“仁心，爱人之心也。仁闻者，有爱人之声闻于人也。”

（9）先王之道：朱熹《孟子集注》：“仁政是也。”

（10）《诗》云：以下两句引自《诗经·大雅·假乐》。愆（qiān），放纵。愆是会意字，小篆写作，从衍从心。衍，甲骨文写作，象大水侵占了人行的道路。会意水的泛滥。故愆会意人心的放纵。率，全部，都。由，遵从。

（11）道揆：朱熹《孟子集注》：“道，义理也。揆，度也。……道揆，谓以义理度量事物而制其宜。”

（12）法守：朱熹《孟子集注》：“法，制度也。……法守，谓以法度自守。”

（13）工、度：朱熹《孟子集注》：“工，官也。度，即法也。”

（14）完：牢固。

（15）辟：开辟，开垦。

（16）《诗》曰：以下两句引自《诗经·大雅·板》。蹶，本义是人快速行走的状态。此处可会意为震怒。泄（yì），通“呭”。呭，从口从叶省（）。呭呭即喋喋，从风吹树叶的哗哗声，引申为人（不适宜）的多嘴。泄泄，多言之貌。

（17）沓（tà）沓：啰唆。朱熹《孟子集注》：“沓沓，即泄泄之意。盖孟子时人语如此。”

（18）恭：会意兼形声字。从心从共，共亦声。恭字古与共通。共，甲骨文写作，双手捧着祭器的样子。恭有尊敬、谦逊有礼义，即由此而来。

（19）敬：会意字。古文字写作，从（口）从（头发竖起的人）从（攴，一手持杖）。许进雄《简明中国文字学》：“手持杖刑问一人以儆戒之？”敬的本义为儆戒。引申为谨慎、严肃、敬畏等义。

【译文】

孟子说：“有离娄的目力，公输班的技巧，如果不用圆规和曲尺，也不能正确地画出方形和圆形；有师旷审音的耳力，如果不用六律，也不能校正五音；有尧舜内在的善，如果不行仁政，也不能管理好天下。现在有的君主有仁爱的心肠和仁爱的声誉，老百姓却受不到他的恩泽，他的政治也不能成为后代的模范，就是因为不去实行仁政的缘故。所以说，只有善心不足以治理好国家，只有良法不能让它自己运行。《诗经》中说：‘不要放纵，不要遗忘，一切都依循传统的规章。’依循前代圣王的法度而犯错误的，是从来没有过的事。

“圣人既已用尽了视力，又用圆规、曲尺、水准器、绳墨，来画方、圆、平、直，（制作器物的手段）便用之不尽了；既已用尽了耳力，又用六律来校正五音，（各种音阶）便用之不尽了；既已用尽了心思，又实行仁政，那么，仁德便泽被于天下了。所以说，筑高台一定要凭借山陵，挖深池一定要凭借沼泽；如果管理政务不凭借仁政，能说是聪明吗？

因此，只有仁者适宜处于统治地位。不仁的人而处于统治地位，就会把他的罪恶传播给众人。君上不遵守道德规范，臣下就不遵守法律制度；朝廷卿相不相信道义，众职百官就不相信法度；官吏触犯义理，百姓就触犯刑律，如此国家还能生存的，那是侥幸。所以说，城墙不坚固，武器不充足，不是国家的灾难；田野没有开垦，财货没有积聚，不是国家的危害。如果君上没有礼义，臣下没有学养，违法乱纪的老百姓多起来，国家的灭亡也就在眼前了。

“《诗经》中说：‘上天正在震怒，不要这样多嘴！’多嘴就是啰唆。事奉君上不合义，进退不合礼，说话便诋毁仁政，就好像多嘴啰唆一样。所以说，用仁政来要求君主，叫作‘恭’；向君主陈说仁义堵塞异端，叫作‘敬’；认为君主不能为善，叫作‘贼’。”

【说要】

本章论治国之道。

朱熹《孟子集注》引邹氏语：

> 此章言为治者，当有仁心仁闻以行先王之政，而君臣又当各任其责也。（《四书章句集注》，第282页）

概括起来就是，“善”“法”并举，君臣同心。二者之中，又重在“善”“法”并举。“善”是内在的“善”，即“尧舜之道”；“法”是外在的礼法、制度安排，即“先王之法”，即“先王之道”，即“仁政”。用我们今天的话来说，“善”可以称作“德”。“善”“法”并举，就是“德”“法”并举。

时下不赞同儒学的人，一再攻击儒家只讲人治，不讲法治。我想他们至少没有读过，或者说没有好好读过《孟子》的这一章。孟子是主张“善”“法”并举的。当然这个“善”“法”并举的“法”，不是法家的“法”，而是“先王之法”。法家的“法”与“先王之法”有一个根本的区别：法家的“法”在于尊君，“先王之法”在于贵民。

全章可以分为三个部分。

第一部分：自“离娄之明”至“未之有也”——讲的是“善”“法”并举，二者不可偏废。

第二部分：自“圣人既竭目力焉”至“可谓智乎”——是用良好的效果来证明“善”“法”并举的道理。

第三部分，自“是以惟仁者宜在高位”至“吾君不能谓之贼”。其中又分两个层次：

第一个层次：自“是以惟仁者宜在高位”至“丧无日矣”——讲的是“善”“法”并举对“君”的要求。

第二个层次：自“《诗》曰”至“吾君不能谓之贼”——讲的是“善”“法”并举对“臣”的要求。

分解如下：

第一部分

孟子认为，再高明的工匠，如果没有画圆画方的工具，也难以做出好用的器物；再聪敏的乐师，没有校正五音的工具，也难以创作出好听的音乐。同样，治理国家，即使有好的心愿，如果没有一套好的法律、制度，也难以达到好的效果。

孟子放眼一望，偶尔可以入眼的君主，也不过是“有仁心仁闻而民不被其泽”。

朱熹《孟子集注》引范氏语：

> 齐宣王不忍一牛之死，以羊易之，可谓有仁心。梁武帝终日一食蔬素，宗庙以面为牺牲，断死刑必为之涕泣，天下知其慈仁，可谓有仁闻。然而宣王之时，齐国不治；武帝之末，江南大乱。（《四书章句集注》，第280页）

之所以造成“有仁心仁闻而民不被其泽”，就是今天的君主不去实行“先王之法”。由此，孟子深刻地指出：“徒善不足以为政，徒法不能以自行。”仅有善心，没有良法，不足以治理政治；仅有良法，没有具备善心的执政团队，良法也不能自己运行。因此，要“善”“法”并举，二者不可偏废。

第二部分

孟子认为，圣人的视力，加以圆规、曲尺、水准器、绳墨这样的标准器具，制作器物的手段便用之不尽，从而制作出许多器物；圣人的耳力，加以六律来校正，就可以调和五音，各种音阶也就运用无穷，从而创作出无穷无尽的雅乐；圣人的脑力，加以“先王之法”，那么，仁德便泽被于天下。

圣人还是那个圣人，有了标准器具，他的能力得以放大。

圣人还是那个圣人，有了“先王之法”，他的仁德得以惠及天下。

孟子由此得出结论：以“善”“法”并举来治理国家，就像凭借山陵筑高台、凭借沼泽挖深池一样，事半功倍。

这是用良好的效果来证明“善”“法”并举的道理。

第三部分

第一个层次：

孟子强调“仁者宜在高位”。“仁者”即“有德之人”，“仁者宜在高位”即强调“以德配位”。如果“德不配位”，就会造成“君上不遵守道德，臣下就不遵守法律制度；朝廷卿相不相信道义，众职百官就不相信法度；官吏触犯义理，百姓就触犯刑法”的现象；如果“德不配位”，就会造成“君上没有礼义，臣下没有学养，违法乱纪的老百姓多起来，国家的灭亡也就在眼前”的恶果。

这是用“不仁而在高位”的危害来警戒君主，提醒他担负起行“先王之法”、行“仁政”的责任。

值得提醒的是：

在“君上不遵守道德，臣下就不遵守法律制度；朝廷卿相不相信道义，众职百官就不相信法度；官吏触犯义理，百姓就触犯刑法”的话语中，隐含着这样的逻辑：“君上不遵守道德”是“百姓就触犯刑法”的祸根。

在“君上没有礼义，臣下没有学养，违法乱纪的老百姓多起来，国家的灭亡也就在眼前”的话语中，隐含着这样的逻辑：“君上没有礼义”是“国家的灭亡也就在眼前”的祸根。

第二个层次：

警戒过君主后，自然要对臣提一提要求。

侧耳一听，孟子满耳听到的是“事君无义，进退无礼，言则非先王之道者”的喋喋不休的“贼臣”之言。

张栻《南轩先生孟子说》卷第四：

> 事君无义，则是怀利以事其君也；进退无礼，则是苟得而不顾也；言非先王之道，则是不稽古者而汩于功利也。如是，则沓沓然溃乱而已矣。（《张栻集》上，第272页。标点略有改动）

根治之法，恭敬而已——“责难于君谓之恭，陈善闭邪谓之敬”，用仁政来要求君主，叫作“恭”；向君主陈说仁义堵塞异端，叫作“敬”。

对于“仁者宜在高位”“以德配位”，徐复观先生极富洞见地说道：

> 先秦儒家，凡是在政治上所提出的要求，都是对统治者而言，都是责备统治者，而不是责备人民，这可以说是一个“通义”，此即“德治”的本质。（徐复观：《学术与政治之间》，九州出版社2014年版，第277页）

吕留良《四书讲义》卷三十六：

> 人谓任心者逸，讲求法度者劳，不知其说正与圣贤之说相反。人心虽至明，亦止一人之明，若法度则自从前许多圣人积趱下来，以一人而较多人之智，以未经历人而较已过来人之智，其劳逸可不辨而明也。（《四书讲义》，第801页）

何独法度如此，即文化也应当作如是观。有人不明我中华优秀传统文化乃“自从前许多圣人积趱下来”的道理，妄言其为今人的包袱，岂不知这“包袱”里，正包裹着许多奇珍异宝呢！

07.02　孟子曰：“规矩，方员之至[1]也；圣人，人伦之至也。欲为君，尽君道；欲为臣，尽臣道。二者皆法尧舜而已矣。不以舜之所以事尧事君，不敬其君者也；不以尧之所以治民治民，贼其民者也。孔子曰：‘道二，仁与不仁而已矣。’暴其民，甚则身弑国亡，不甚则身危国削[2]。名之曰‘幽’‘厉’[3]，虽孝子慈孙，百世不能改也。《诗》云[4]：‘殷鉴不远，在夏后之世。’此之谓也。”

【注释】

（1）至：冯梦龙《四书指月》：“至非高远，只是的确不可移易意。……‘至’字便含当法意，不是赞圣尽伦。”意译为“标准”。

（2）“暴其民”数语：焦循《孟子正义》：“赵氏佑《温故录》云：‘暴其民句，甚不甚各为句。以后之遭祸言，非以暴之有甚不甚。幽、厉之暴，岂犹得为不甚。’”“甚”和“不甚”不是指“暴”的程度，而是指“暴”的后果轻重。

（3）幽、厉：周朝有幽王和厉王。厉王为幽王之祖。《逸周书·谥法解》云：“壅遏不通曰幽，动静乱常曰幽……杀戮无辜曰厉。”“幽”“厉”都是恶谥。幽王宠爱褒姒，用佞巧之臣虢石父，乃为入侵的犬戎所杀；厉王暴虐，又杀谤者，终被国人所逐。

（4）《诗》云：以下两句引自《诗经·大雅·荡》。鉴，镜子。引申为教训。

【译文】

孟子说：“圆规和曲尺是画方和圆的标准，圣人是做人的标准。作为君主，就要尽君主之道；作为臣子，就要尽臣子之道。两种都是取法尧和舜而已。不以舜服事尧的态度和方法来服事君主，便是对君主的不恭敬；不以尧治理民众的态度和方法来治理民众，便是对民众的残害。孔子说：‘（治理国家的）道路有两条，行仁政和不行仁政罢了。’暴虐百姓，最严重的后果是自身被杀、国家灭亡；不严重的后果是自身危险、国力削弱。谥号叫作‘幽’‘厉’，纵使他有孝子贤孙，经历一百代也是不能更改的。《诗经》说过：‘殷商的教训并不遥远，就在那夏朝统治的时代。’就是这个意思。”

【说要】

本章或可以与上一章合而为一，它是对上一章的总结。

“规矩，方员之至也；圣人，人伦之至也”对应“离娄之明，公输子之巧，不以规矩，不能成方员；师旷之聪，不以六律，不能正五音；尧舜之道，不以仁政，不能平治天下”。

“欲为君，尽君道；欲为臣，尽臣道”对应“惟仁者宜在高位。不仁而在高位，是播其恶于众也”。

“暴其民，甚则身弑国亡，不甚则身危国削”对应“上无礼，下无学，贼民兴，丧无日矣”。

总归于孔子之言：“道二，仁与不仁而已矣。”

“不仁”则国丧亡，君恶名。所谓“道二”，可以行走的，其实只是“道一”而已！

冯梦龙《四书指月·孟子曰规矩方员章》：

> 道只有一仁，安得有二？二者道之对，如大路之必有小路也。“道二”，犹云只此两条路，跳出仁，便是不仁，更无躲闪处。（《四书指月》，第385页）

或许有人会说：“国家的治理何止万端，在仁与不仁的对立两极以外，还会有许多中间与混合的灰色地带。‘道二，仁与不仁而已矣’，很干脆，但是太简单。”

我说，辨得黑白，方可言论灰色；辨得仁与不仁，方可言论治国理政。否则，大端失守，祸乱不已！

何谓“仁”？孟子曰“保民”，孔子曰“富而有教”。

唐文治《孟子大义》卷七：

> 痛乎哉！君之为暴也，当其恣肆横行，欺压黎庶，推其心以为虽居幽、厉之名而不恤也，庸讵知亿万姓之呼号，纵不见闻于耳目之前，而孝子慈孙之呼号，则已宛转于耳目之前也，则其百世绝灭也，谁惜之哉？谁惜之哉？（《唐文治四书大义》，第200页）

“谁惜之哉？谁惜之哉？”这不仅是对执政而暴民者的警示，也是对做人而不仁者的警示。

这又正是下一章要展开的论述。

07.03　孟子曰：“三代(1)之得天下也以仁，其失天下也以不仁。国(2)之所以废兴存亡者亦然。天子不仁，不保四海；诸侯不仁，不保社稷(3)；卿大夫不仁，不保宗庙(4)；士庶人不仁，不保四体(5)。今(6)恶死亡而乐不仁，是犹恶醉而强(7)酒。”

【注释】

(1)三代：指夏、商、周。禹、汤、文、武以仁得天下，桀、纣、幽、厉以不仁失天下。

（2）国：诸侯所受封的地域。姚永概《孟子讲义》：“言国而家与身赅矣。”

（3）社稷：国之代称。社是土神，稷是谷神。土地与粮食皆为立国之要素，所以古时诸侯建国必立社稷，国存则社稷存，国亡则社稷亡。

（4）宗庙：卿大夫奉祀祖先的家庙。

（5）四体：四肢。

（6）今：如果。冯梦龙《四书指月》：“‘今’字，指今诸侯。”可备一说。

（7）强（qiǎng）：勉强。

【译文】

孟子说：“夏、商、周三代获得天下是由于仁，丧失天下是由于不仁。国家的兴起和衰败、存续和灭亡也是这个道理。天子如果不仁，便不能保有天下；诸侯如果不仁，便不能保有国家；卿大夫如果不仁，便不能保有祖庙；士人、庶民如果不仁，便不能保有身体。如果憎恶死亡而又乐于不仁，这就像害怕醉酒却又勉强喝酒一样。”

【说要】

朱熹《孟子集注》云：“此承上章之意而推言之也。”

孟子倡言仁义，在引导人们行仁义时，他反对从“利”上劝说——12.04章载：宋牼听说秦楚两国交战，准备去拜见楚王、秦王，劝说他们罢兵。孟子问他：“你准备怎样去劝说他们呢？”宋牼说：“我将告诉他们交战的不利之处。”孟子说：“先生的志向很大，先生的说法却行不通。”

为什么不能从“利”上劝说呢？因为“专以利为心则有害”。

朱熹《孟子集注》引程子语：

> 君子未尝不欲利，但专以利为心则有害。惟仁义则不求利而未尝不利也。当是之时，天下之人惟利是求，而不复知有仁义。故孟子言仁义而不言利，所以拔本塞源而救其弊，此圣贤之心也。（《四书章句集注》，第202页）

突然想起前几年写过的一则笔记：

> 近人偏好禅理，于舍得二字尤喜议论，洋洋洒洒累章成篇，其实大都是以“利”言——舍是舍小利，得是得大利。舍得的对象，不离利；舍不过是为“得”多腾些地方，以物换物而已——这样的“舍得”，不是寡欲，而恰恰是膨胀欲望。
>
> 舍得原无玄妙。舍得，不是以舍换得，甚至不是以舍为得——那都是“得”：“舍”去了，“得”来了，仍然是心里满满的不安宁。舍得是把舍与得都忘了，乐在其中。

孟子倡言仁义，在引导人们行仁义时，他从不仁之“害”上劝说——“今恶死亡而乐不仁，是犹恶醉而强酒”。

李贽《四书评·离娄章句上》：

> 醒人，醒人！奈天下复有醉汉何！（《四书评》，第138页）

为什么可以从不仁之“害”上劝说呢？因为说不仁之“害”就是说为仁之“利”。仁在前而利在后，“惟仁义则不求利而未尝不利也”。

孟子从三代废兴存亡的史实，扩而推论从天子到士人、庶民，天下、国家、土地、生命的保有、丧失，一决于“仁”与“不仁”。

朱熹《孟子集注》云：

> 二端之外，更无他道。出乎此，则入乎彼矣，可不谨哉？（《四书章句集注》，第282页）

蔡仁厚《孟子要义》：

> “仁”是生德，是生命之所以为生命的本质，是一切价值得以成立保存的根据。有仁则生不仁则死，自天子以至庶人，自个人以至家国天下，无一例外。（蔡仁厚撰述：《孟子要义》，台湾书店1980年版，第118页）

《得民心得天下：王蒙说〈孟子〉》：

> 不仁为什么有“乐”？这是关键所在。有人乐权，有人乐财，有人乐于巧取豪夺，有人乐于以势压人，有人乐于制造别人的贫穷痛苦，以彰显自身的福大命大权大。……“量小非君子，无毒不丈夫”“先下手为强，后下手遭殃”“宁教我负天下人，不教天下人负我”“人不为己，天诛地灭”“马无夜草不肥，人无外财不富”“不打勤的，不打懒的，只打没眼的”……众多的这一类说法，透露了人间“乐不仁”情绪。（《得民心得天下：王蒙说〈孟子〉》，第184页）

唉！孟子如果活在今天，也会很累。

07.04　孟子曰：“爱人不亲，反[1]其仁；治人不治，反其智；礼人不答，反其敬——行有不得者皆反求诸己，其身正而天下归之。《诗》云[2]：‘永言配命，自求多福。’”

【注释】

（1）反：反省。反是会意字。甲骨文写作[illegible]，从厂（hǎn，象山崖之形）从又（手），会意以手攀崖。攀崖应是反的本义。攀崖可以由此面到背面，故反又可以引申为反转、翻覆、往返等义。人的省察，有面向外的，有面向内的。面向内的省察即反省。

（2）《诗》云：以下两句引自《诗经·大雅·文王》。

【译文】

孟子说："爱别人别人却不亲近，要反省自己的仁；管理别人别人却不听从，要反省自己的智；礼貌对待别人别人却不回应，要反省自己的敬——所有行为没有达到预期效果的，都要反省自己。自身端正了，天下的人就会归服。《诗经》中说：'永守誓言合配天命，自求自取更多幸福。'"

【说要】

本章论"反求诸己"。

《论语》06.03：

> 哀公问："弟子孰为好学？"孔子对曰："有颜回者好学，不迁怒，不贰过。不幸短命死矣！今也则亡，未闻好学者也。"

鲁哀公曾经问孔子："夫子的学生们，哪个是好学的呀？"孔子答："有一个好学的，那就是颜回。"为什么说颜回"好学"呢？孔子给出六个字的答案——"不迁怒，不贰过"。

什么叫"不迁怒，不贰过"呢？有了错误，不是埋怨别人，不是找客观理由，而是先反省自己，这就叫"不迁怒"；有了错误，别人指出来了就立刻改正，不再犯相同的错误，这就叫"不贰过"。

孟子在这一章中，可以说给"不迁怒"做了条细目：

"爱人不亲，反其仁。"

"治人不治，反其智。"

"礼人不答，反其敬。"

总之，"行有不得者皆反求诸己"。

世上找不到两片相同的叶子，也找不到两片相同的雪花，更找不到两个相同的人。可人偏偏又是群居性的动物，于是人与人交往之中的误解、矛盾甚至冲突就不可避免。

出现了误解、矛盾甚至冲突怎么办呢？

有人"该出手时就出手，风风火火闯九州"；有人"你打我的右脸，我把左脸也转过来给你打"。儒家与这两种人都不同，它要"反求诸己"。

"反求诸己"，是儒家对修齐治平的一大洞见，有"乾坤大挪移"之功。苏格拉底云："左右了一己，就左右了一个世界。"熊十力先生说："圣贤学问，一点血脉，'反求诸己'四字而已。"

"反求诸己"，起始于一念的明觉，圆满于艰苦的反省攀岩之后。"反求诸己"，让人在面对自己、面对他人时，有了这样的从容平和：

面对自己，"反求诸己"让儒家拥有义的挺立——"自反而不缩，虽褐宽博，吾不惴焉；自反而缩，虽千万人，吾往矣"（《孟子》03.02）。

面对他人，"反求诸己"让儒家拥有仁的包容——"人不知而不愠"（《论语》01.01）。

儒家就是在"反求诸己"的过程中，由有限走向无限，而具有永恒的价值。此即所谓"自求多福"。

李贽《四书评·离娄章句上》：

> 此都经验良方，有病者修方调治，无不愈也。今之不自反者，皆薄福人也，可怜!（《四书评》，第138页）

需要注意的是，落实到一个人与他人交往的过程之中，儒家倡导"反求诸己"，不是对自己的自虐。在内省不疚而益加"仁""敬"之后，他人却依然"不亲""不答"，则我"人不知而不愠"就可以了，不必强求他人一定要"亲"、要"答"——再清亮的钟声，也唤不醒一个装睡的人；再明丽的阳光，也照不到一个躲在阴暗中的人。

07.05　孟子曰："人有恒(1)言，皆曰'天下国家(2)'。天下之本(3)在国，国之本在家，家之本在身。"

【注释】

（1）恒：赵岐《注》："常也。人之常语也。"金文写作亙，从心从二从月。二，表示天地。天地之间，日月运行，无始无终。从心从二从月，会意心有定常。

（2）天下国家：赵岐《注》："天下谓天子之所主，国谓诸侯之国，家谓卿大夫也。"

（3）本：草木的根。

【译文】

孟子说："人们有句常说的话，叫作'天下国家'。天下的根本在于国，国的根本在于家，家的根本在于个人自身。"

【说要】

本章强调"修身"在修齐治平中的优先地位，是儒家的基本主张。

张岱《四书遇·恒言章》：

“天下国家”，是悬空一句说话，定要说出它实际；是笼统一句说话，定要说出它首尾；是极没要紧一句说话，定要说出它直恁（注：竟然如此）关系。所以省察恒言，是圣贤极大学问。（《四书遇》，第418—419页。文字略有改动）

张栻《南轩先生孟子说》卷第四：

身修而家齐，家齐而国治，国治而天下平。其序固如此。未有身不修而可以齐家，家不齐而可以为国为天下者，盖无其本故也。然则，其可不以修身为先乎？（《张栻集》上，第274页）

赵岐《注》：

治天下者，不得良诸侯，无以为本。治其国者，不得良卿大夫，无以为本。治其家者，不得良身，无以为本也。（《孟子正义》，第493页）

修身就是“修己”，齐家、治国、平天下就是“安人”。此章原是伸张孔子“修己安人”的君子之道。

若是分而言之，齐家、治国、平天下，各有其本；若是合而言之，齐家、治国、平天下，只有一本——修身。

修身是齐家、治国、平天下的基础，齐家、治国、平天下是修身的圆满。修身与齐家、治国、平天下，从次序上言有先后，从本质上言无分别。

07.06　孟子曰：“为政不难，不得罪于巨室[1]。巨室之所慕，一国慕之；一国之所慕，天下慕之，故沛然德教溢乎四海。”

【注释】

（1）不得罪于巨室：朱熹《孟子集注》：“得罪，谓身不正而取怨怒也。”“巨室，世臣大家也。”冯梦龙《四书指月》：“‘巨室’，是先朝旧臣，闻见最广，且战国时多擅权跋扈，极难得他心服，故首言之。国人天下之慕，是人心同然，非因巨室为转移也。但教行则自近耳。故必不得罪于国人天下，方谓之不得罪于巨室。”

【译文】

孟子说：“治理国家不难，不结怨于世臣大家。世臣大家所仰慕的，一国之人都会仰慕；一国之人所仰慕的，天下之人都会仰慕，这样，德教就可以浩浩荡荡地洋溢于天下。”

【说要】

此章是对上一章“天下之本在国，国之本在家，家之本在身”的举要说明。

“巨室之所慕”，“天下慕之”，所“慕”何事？慕有国者之“正身修德”。欲天下之平者，先治其诸侯之国。欲其诸侯国之治者，先齐其大夫之家。欲其大夫家之齐者，先修其身。此为本章“修齐治平”之意。

这个“修齐治平”，与传统意义上的“修齐治平”有所不同。传统意义上的“修齐治平”，是从道德伦理角度言，此“修齐治平”，是从社会治理角度说。

> 问：“巨室一慕，何如即行乎四海？”曰：“难格者格，即无往而不格矣。”（《四书说》卷六《离娄上篇》，第186页）

王夫之《读四书大全说·孟子·离娄上篇》：

> 《孟子》七篇，屡言兴王业之事，而未详所以定王业者。唯此一章是已得天下后经理措置之大业。所谓“为政”者，言得天下而为之也。（《船山全书》第六册，第989页）

其实，上一章亦是“已得天下后经理措置之大业”。

在上一章，我们曾引赵岐《注》：

> 治天下者，不得良诸侯，无以为本。治其国者，不得良卿大夫，无以为本。治其家者，不得良身，无以为本也。（《孟子正义》，第493页）

王、赵二人之注解，正可作为从社会治理角度说“修齐治平”之证明。

关于“巨室”，赵岐《注》云：“大家也。谓贤卿大夫之家、人所则效者。”而朱熹则谨慎地注解为“世臣大家也”。细微之分别，正透露出相对于道德伦理，社会治理的复杂性。

孙奇逢《四书近指·为政不难章》：

> 借巨室以拨动四海，此中妙有机缘。“不得罪”三字有作用，“慕”字从感动上来。（《孙奇逢集》上，第555页）

《朱子语类》卷第五十六《为政不难章》亦云：

> 吴伯英问“不得罪于巨室”。曰：只是服得他心。（《朱子语类》第二册，第1186页）

冯梦龙《四书指月·孟子曰为政章》：

“不得罪”，全是自身修德。动必以正，他没处寻我的不是，即此便是感动他处，故紧接个“慕”字，非慑于威而诎于势也。(《四书指月》，第387页)

焦循《孟子正义》引赵佑《四书温故录》则讲得更加透彻、周延：

不得罪巨室，非徇巨室也。巨室之资力有余，气习深固，易为善，亦易为恶。彼其谨厚世传，为德乡里，与或妄自尊大，武断把持者，所在多有。古之为政，有行法不避贵戚大姓，为史书称者。果其人积负不仁，如律所谓势恶土豪，为世指疾，何足言“一国之所慕”。为政者自宜亟创惩之，为齐民先，而何得罪之与有？注故深体经文，以巨室为贤卿大夫之家、人所则效者。惟贤，故不愧为巨室，不可以得罪，能使一国慕之，天下慕之，而有裨吾德教也。不得罪奈何？曰：礼而已矣。(《孟子正义》，第494页)

唐文治感慨地说：

后世为政者，既不为百姓设身处地，其视巨室，若视敌国然，必求所以抵制之术；其代达民隐者，则排之斥之；其为民请命而主公好公恶者，则必百计以去之，使之缄口不得言，以为彼何人斯，而干与吾政？呜呼！此皆忌心之所发，不知天下之为公，故沛然暴德溢乎四海。戒之哉！戒之哉！(《唐文治四书大义》卷七《离娄上》，第206—207页)

唐公之言切中要害。

知天下之为公，日以尧舜禹汤文武周公为念，自然“沛然德教溢乎四海”。

不知天下之为公，则“以为天下利害之权皆出于我，我以天下之利尽归于己，以天下之害尽归于人”(黄宗羲《明夷待访录》语)。如此，即使“不得罪于巨室”，而必“得罪于天下之人”，欲保其身、平天下，可能吗？

07.07　孟子曰：“天下有道，小德役[(1)]大德，小贤役大贤；天下无道，小役大，弱役强。斯二者，天[(2)]也。顺天者存，逆天者亡。齐景公曰：‘既不能令，又不受命，是绝物[(3)]也。’涕出而女于吴[(4)]。今也小国师大国而耻受命焉，是犹弟子而耻受命于先师也。如耻之，莫若师文王。师文王，大国五年，小国七年，必为政于天下矣。《诗》云[(5)]：‘商之孙子，其丽不亿。上帝既命，侯于周服。侯服于周，天命靡常。殷士肤敏，祼将于京。’孔子曰：‘仁不可为众也[(6)]？夫国君好仁，天下无敌。’今也欲无敌于天下而不以仁，是犹执热而不以濯也。《诗》云：‘谁能执热，逝不以濯[(7)]？’”

【注释】

(1)役：役于，被役。

(2)天：必然的趋势。

(3)绝物：赵岐《注》："物，事也。大国不与之通朝聘之事也。"不通朝聘，即没有别的国家与之来往，犹走投无路。

(4)涕出而女于吴：据《说苑·权谋》，齐景公惧怕吴王阖庐伐齐，不得已把女儿嫁给阖庐。送别女儿时，他哭着说："余死不汝见矣。"又说："余有齐国之固，不能以令诸侯，又不能听，是生乱也。寡人闻之，不能令，则莫若从。"女，动词，嫁女。

(5)《诗》云：以下八句引自《诗经·大雅·文王》。丽，数。亿，古代以十万为亿。侯于周服，为"侯服于周"的倒文。侯，乃，于是。服，臣服。肤敏，赵岐《注》："肤，大。敏，达也。"祼(guàn)将，为"将祼"的倒文。将，助。祼，祭祀时把郁鬯(chàng)酒浇在地上以迎接鬼神。京，周的京都，在今陕西西安。

(6)仁不可为众也：此句作反问句。为，成为，成就。众，意译为力量。

(7)谁能执热，逝不以濯：引自《诗经·大雅·桑柔》。执热，即手拿刚刚蒸好的面食。逝，语词，无义。濯，赵注、朱注皆云"濯其手"。全句意译为谁能用手去拿刚刚蒸好的面食，却不先去用凉水沾湿手呢？

【译文】

孟子说："天下有道，小德被大德役使，小贤被大贤役使；天下无道，(力量)小的被(力量)大的役使，(势力)弱的被(势力)强的役使。这两种情况，都是'天'——必然的趋势。顺从'天'的生存，违逆'天'的灭亡。齐景公说过：'既不能命令别人，又不愿听从别人的命令，真是走投无路了。'流着泪把爱女嫁到吴国。如今小国效法大国，却又耻于接受大国的命令，这好比学生耻于听命于老师。如果真以为耻，就不如效法文王。效法文王，大国五年，小国七年，必定能统治天下。《诗经》中说：'商朝的子孙，人数何止十万。上帝既有命令，乃臣服于周室。臣服于周室，可见天命不常。殷裔明智通达，助祭于周都。'孔子说：'仁不可以成就力量吗？如果国君好仁，天下就没有敌手。'如今一些诸侯想无敌于天下却又不行仁政，这好比用手拿热东西却不肯先弄湿手一样。《诗经》中说：'谁能用手去拿刚刚蒸好的面食，却不先去用凉水沾湿手呢？'"

【说要】

本章论"修德行仁，则天命在我"(朱熹语)。

天下有道，小德为大德所役，小贤为大贤所役，理应如此；天下无道，势力小的曲从于势力大的，以求生存，这不是苟且偷生吗？唯义是从的孟子如何说出这样的话来呢？

让先贤们来指点迷津。

冯梦龙《四书指月·孟子曰天下有道章》：

本文甚难贯串，只为泥“顺天”二字。（《四书指月》，第388页）

去除对“顺天”二字的拘泥理解，是正确理解本章要旨的关键。

姚永概《孟子讲义》卷七：

有道之世，小德小贤，乐为大德大贤所役，其心服也。无道之时，小国弱国，惧而役于大国强国，势所趋也。（《孟子讲义》，第116页）

原来，“顺”有两种情况：小德小贤为大德大贤所役，是心悦诚服；小国弱国为大国强国所役，是迫不得已。

张栻《南轩先生孟子说》卷第四：

天下有道，则道义明，而功利之说息，故小德役大德，小贤役大贤。各循其理而由其分，此所谓治也。若夫无道之世，则功利胜而道义微，徒以势力相雄长而已，此所由乱也。虽然，强弱小大之不可侔，亦岂得而强哉？是亦天也。若不自安其小与弱，而欲起而与之角，则亡之道矣。此齐景公之所以“涕出而女于吴”，有不得已也。（《张栻集》上，第275页）

哪个人愿意“不得已”地活着呢？不愿意“不得已”地活着，怎么办呢？

不管不顾势之所趋，那是自取灭亡、加速灭亡。正确的活法，当是师法文王、奋发图强。

冯梦龙《四书指月·孟子曰天下有道章》：

此章不是欲人顺无道之天，正欲其挽无道为有道，故就其耻受命之心，而激发之使师文王，以“为政于天下”。……顺天存，逆天亡，大概虽如此。然天命不可知，而好仁、无敌，乃必然之理……以“热”字喻强大之焰，以“濯”喻清凉之仁，极妙。仁在无敌先，濯在执热先。（《四书指月》，第388—389页。标点略有改动）

朱熹在《孟子集注》中总结道：

此章言不能自强，则听天所命；修德行仁，则天命在我。（《四书章句集注》，第285页）

罗泽南《读孟子札记二》:

> 《集注》谓“不能自强，听天所命”者，不能修德行仁，发愤有为，徒以势之在彼，无可如何，一味去奉令承教，是虽能顺乎气数之天，究未尽乎义理之天也。谓“修德行仁，则天命在我”者，盖有一国则有一国之民，有一国之民则有一国之政，发政施仁，以苏群生之困苦，是固为君道之所当然者。尽乎君道之当然，则政立民归，虽有强大之势者，终不能与我敌，盖人君有造命之权者也。能尽乎义理之天，则气数之天遂能自我而挽。是虽与役于强大者不同，其实为顺天之至者也。(《罗泽南集》，第295页)

大势所趋，不可违背；欲求改变，行仁政而已。孔子曰：“仁不可为众也？夫国君好仁，天下无敌”，正说此意。此即“顺天”之正义，本章大义之指归。

07.08　孟子曰：“不仁者可与言哉？安其危而利其菑(1)，乐其所以亡者。不仁而可与言，则何亡国败家之有？有孺子歌曰：‘沧浪(2)之水清兮，可以濯我缨(3)；沧浪之水浊兮，可以濯我足。’孔子曰：‘小子听之！清斯濯缨，浊斯濯足矣。自取之也。’夫人必自侮，然后人侮之；家必自毁，而后人毁之；国必自伐，而后人伐之。《太甲》曰(4)：‘天作孽，犹可违；自作孽，不可活。’此之谓也。”

【注释】

(1)菑：同“灾”。

(2)沧浪：朱熹《孟子集注》：“沧浪，水名。”杨伯峻《孟子译注》则作“青色”解，与下文“清”“浊”似乎有违和之处。

(3)缨：系帽的丝带。

(4)“《太甲》曰”数句：《太甲》，《尚书》篇名。孽，祸。违，躲避。

【译文】

孟子说：“不仁的人可以与他讲道理吗？他们苟安于自身的危险，贪利于自己的灾祸，耽乐于导致自己灭亡的事。不仁的人如果可以与他讲道理，哪还会有亡国败家的呢？有童谣唱道：‘沧浪之水清，可洗我的帽带；沧浪之水浊，可洗我的双脚。’孔子说：‘后生们听着！水清人们就用来洗帽带，水浊人们就用来洗双脚。(别人如何对待你，)都是由你自找的。’人一定是自取其辱，别人才侮辱他；家一定是自己毁败，人家才毁败它；国一定是自招讨伐，别国才讨伐它。《尚书·太甲》中说：‘上天降灾还可躲，自己作孽不可活。’说的就是这个意思。”

【说要】

此章要旨在“自取之也”一句。

对“安其危而利其菑，乐其所以亡者”，或有人解释为不仁的人对他人幸灾乐祸。这样的解释，显然与下文的“自取之也”不合。为什么会有人作这样的解释呢？显然他们的想法是：既然是自己的“危、菑、亡”，哪里会有人去“安、利、乐”呢？

罗泽南点破其中的玄机：

> 得失之故，仁者有以辨之于微，拔本塞源，防微杜渐，不待其祸福之既著而后知也。不仁者，则虽其祸已著，犹不自悟，卒至败国亡家者，私欲蔽之也。（《读孟子札记二》，《罗泽南集》，第295页）

回观古今中外，辱身、败家、亡国的人，少因智力的低下，多因私欲的膨胀而欲令智昏。

事势既危，本不可安而反安之；灾害将至，本不可利而反利之；丧亡之际，本不可乐而反乐之。如此，岂有不“危、菑、亡”的道理？“危、菑、亡”，又岂是他人的作为？纵有他人的作为，也是有此“自取”作为前因的。

> 不仁者之有此三者，亦各有所因。昏惰而不能自强于政治，故“安其危”。贪利乐祸，小有才而忮害无已，故“利其菑”。嗜欲弊锢，沈湎而不知反，故“乐其所以亡”。三者有一，即不可与言矣。（《读四书大全说·孟子·离娄上篇》，《船山全书》第六册，第993页）

“不仁者可与言哉”，是孟子笔下清清楚楚写出的无奈；“人必自侮，然后人侮之；家必自毁，而后人毁之；国必自伐，而后人伐之”，是孟子心中掩盖不住的悲悯。

《得民心得天下：王蒙说〈孟子〉》：

> 孟子痛陈利害，看到能够使得家国兴旺的仁义道德，恰恰是缺乏恻隐之心的君王大臣所不感兴趣的；而他们最感兴趣的正是足以亡国亡家亡头的骄奢淫佚、铺张浪费、作威作福……孟子讲起来是多么沉痛啊。（《得民心得天下：王蒙说〈孟子〉》，第191页）

姚永概《孟子讲义》卷七：

> 篇首数语，沉郁顿挫，字挟悲声，孟子文之沉痛，无过于此。无如不仁之人，虽闻此等语，读此等文，反笑为老生常谈，亦毫不知痛痒。夫一人如此，召侮者仅一人而已；一家如此，召毁者只一家而已；即桀、纣、幽、厉如此，亦不过易代而

已；惟全国之人，大率如此，则全国之族类，受侮受毁受伐，而灭亡随之。纵有一二仁人志士，告之弗从，诲之不听，逮至火炎昆冈，玉石俱焚，同归于尽，冤矣悲夫！所愿人心不死，及早为之，庶乎可也。（《孟子讲义》，第118页。文字略有改动）

又，张栻《南轩先生孟子说》卷第四：

孟子于自反之道，言之不一而足，非惟在当时乃拨乱反正之纲，实万世为治检身者不易之理也。（《张栻集》上，第276—277页）

经典文字，具广大教化的法力，唯善读、笃信的人能体察它、品味它、实践它，亦唯善读、笃信的人能得到益处。

07.09　孟子曰："桀、纣(1)之失天下也，失其民也；失其民者，失其心也。得天下有道：得其民，斯得天下矣；得其民有道：得其心，斯得民矣；得其心有道：所欲(2)与之聚之，所恶勿施，尔也(3)。民之归仁也，犹水之就下、兽之走圹(4)也。故为渊驱鱼者，獭(5)也；为丛驱爵(6)者，鹯(7)也；为汤、武驱民者，桀与纣也。今天下之君有好仁者，则诸侯皆为之驱矣，虽欲无王，不可得已。今之欲王者，犹七年之病求三年之艾(8)也。苟为不畜(9)，终身不得。苟不志于仁，终身忧辱，以陷于死亡。《诗》云(10)：'其何能淑，载胥及溺。'此之谓也。"

【注释】

(1)桀、纣：桀，中国夏朝末代君主；纣，中国商朝末代君主，都是暴君。后以桀、纣泛指暴君。

(2)欲：想得到某种东西或想达到某种目的的要求。欲是会意字。金文写作，从欠谷声。谷()，下面的口()为盛饭的器皿，上面的四个长点()是饭的香气。欠()有人张口欲食之意。欲的本义是贪食。引申为人们对物质的、精神的需求等。

(3)尔也：如此而已。赵佑《四书温故录》云："读'尔也'自为句。"

(4)圹：旷野。圹是会意兼形声字，小篆写作，从土广声。广的本义为有顶而无壁的大殿。引申为大。圹的本义是墓穴。引申为野外空旷处。此义同"旷"。

(5)獭(tǎ)：水獭。哺乳动物。昼伏夜出，善游水，食鱼、蛙等。

(6)爵：通"雀"。

(7)鹯(zhān)：鹞鹰一类的猛禽。

(8)艾：草药名。赵岐《注》："艾可以为灸人病，干久益善，故以为喻。"

（9）畜（xù）：积蓄，积储。

（10）《诗》云：以下两句引自《诗经·大雅·桑柔》。淑，善。载，句首语助词，无义。胥，相互。及，犹跟，同。溺，落水。

【译文】

孟子说："夏桀、商纣之所以丧失天下，是因为失去了民众；之所以失去民众，是因为失去了民心。获得天下有方法：获得了民众，便获得天下了；获得民众有方法：获得了民心，便获得民众了；获得民心也有方法：民众想要的就给予他们，而且要多给他们，民众不想要的就不强加给他们，如此而已。民众归附仁政，就像水往低处流、野兽向旷野跑一样。所以，为深水赶来游鱼的是水獭，为树丛赶来鸟雀的是鹞鹰，为汤王、武王赶来民众的是夏桀和商纣。如果现在的君主有爱行仁政的，那么其他的诸侯都会为他赶来民众，纵使不想称王天下，也不可能。现在想称王天下的人，就像患了七年的老病，需要用三年的陈艾来治疗。如果平时不储藏，就会终身得不到医治。如果不立志行仁政，就会终身忧愁受辱，一直到陷入死亡。《诗经》中说：'他们怎能做得好，只好与他们一起溺水而死。'说的就是这个意思。"

【说要】

本章论得民心者得天下。

民心之向背，决定着国家的兴亡。这不是一句空洞的说教，而是血淋淋的历史教训，其中凝聚着老百姓深深的苦难，镌刻着桀纣那样的执政者永远的耻辱。

孟子论政，处处以民为本。他所倡导的仁政，一言以蔽之——"所欲与之聚之，所恶勿施"。这是"一言可以兴邦"的至理名言。

"水之就下"，是水性使然；"兽之走圹"，是兽性使然；"民之归仁"，是民性使然。什么是民性？民性即民情，即民心，即民欲。

朱熹《孟子集注》引汉代晁错之言：

> 人情莫不欲寿，三王生之而不伤；人情莫不欲富，三王厚之而不困；人情莫不欲安，三王扶之而不危；人情莫不欲逸，三王节其力而不尽。（《四书章句集注》，第286页）

三王之所以为圣王，就是顺从民性、民情、民心、民欲。

由此我们可以看出，所谓民心，与孟子在其他地方讲的本心、良心不同。

它不是道德本心，而主要是一种经验心；它不是个体之心，而是众心的集合，是民众物质利益、精神需求的总和。

儒家不讲利吗？不是的。儒家反对的是一己之私利，是上下交征利；儒家主张的是大众之公利，是先义而后利。

“虽欲无王，不可得已”，这是孟子对“君有好仁者”的祝福。

“苟为不畜，终身不得”，这是孟子对“欲王而不行仁政者”的告诫。

“其何能淑，载胥及溺”则是难以遏制的老百姓的愤怒，是为执政者敲响的警钟。

民与执政者是一对欢喜冤家，这对欢喜冤家在过往的历史中，上演了一出又一出悲喜剧。

程兆熊《四书大义·孟子讲义第七讲》：

> 这在我国历史文化上，是一个政权更迭的传统的路。于此，有无数政权的倒下，于此亦有无数政权的兴起。而这倒下与兴起，则皆由于民心之去与留。民心一去，即大势一去。民心一存，即大势仍存。
>
> 所谓民心一去，即民之所欲落空。而民之所欲，则为仁。
>
> 所谓大势一去，即历史文化传统的力量，与之相违。而构我历史文化之光明的传统，亦即此仁。
>
> 民心之存与大势之存，亦复如是。
>
> 惟于仁，“仁”只有仁之施与，只有仁之下被，而乏其仁之自发，与夫仁之上长。因此之故，“民”在我国历代政权之更迭上，亦始终只有消极的作用，而乏其积极的作用。
>
> 如何而能使“民”在政权的更迭上，有其积极的作用？这实是一大历史的课题。于此，问题的解决，仍只能置于人民的兴发，人民的站立与人民的成长之上。（《四书大义》，第301页）

孟子的贵民思想，不应该是过去时，而应该是现在时。它将在中国共产党人“为中国人民谋幸福，为中华民族谋复兴”的伟大实践中，放射出更为灿烂的光辉。

07.10　孟子曰：“自暴(1)者，不可与有言也；自弃(2)者，不可与有为也。言非(3)礼义，谓之自暴也；吾身不能居仁由义，谓之自弃也。仁，人之安宅也；义，人之正路也。旷(4)安宅而弗居，舍(5)正路而不由(6)，哀哉！”

【注释】

（1）暴：糟蹋。今天的暴字字义，来源于曝、㬥（bào）、虣（bào）三个字，字形则来源于曝、㬥两个字。曝（），从日从廾（双手）从出（树枝形）从米，会意双手持树枝铺开米粒在日下曝晒。㬥（），从日从廾从出从夲，会意白天仓促之间持树枝迎击敌人或猛兽。故暴本义为仓促，引申为猛烈、残暴、损害、糟蹋等义。徐中舒先生《甲骨文字典》：“虣字，典籍多借暴为之。”

（2）弃：舍去，放弃。弃是会意字，甲骨文写作，象双手端着簸箕丢弃新生的婴儿。会意扔掉、舍去。古时弃婴的原因很多：多生、非婚、残疾、宗教信仰等。

（3）非：诋毁。朱熹《孟子集注》：“非，犹毁也。”

（4）旷：空着。

（5）舍：放弃。舍是象形兼会意字，金文写作，上部象屋顶，中间象柱子，下面象台基。会意建筑在台基上的高台基房屋。本义指房屋。引申为止息。再引申为停止、放弃。

（6）由：遵从。

【译文】

孟子说：“糟蹋自己的人，同他没有什么好说的；放弃自己的人，同他没有什么好做的。言谈诋毁礼义，叫作糟蹋自己；自认为不能守仁行义，叫作放弃自己。仁，是人舒适的住宅；义，是人正确的道路。空着舒适的住宅不居住，放弃正确的道路不遵从，可悲啊！”

【说要】

07.08章是告诫人修身进德不可废，这一章乃哀悯在修身进德上自暴自弃的人。

姚永概《孟子讲义》引方柏堂语：

> 此章以“仁，人之安宅”二句为主，末节文情悱恻之至。（《孟子讲义》卷七《离娄章句上》，第120页。标点略有改动）

孟子说，仁，是人舒适的住宅；义，是人正确的道路。有舒适的房子谁不愿意居住？有平坦的大道谁不愿意行走？但是偏有一些人不愿意“居仁由义”。

不愿意“居仁由义”是因为他们自暴自弃——拒仁义而不信，绝仁义而不为。

朱熹《孟子集注》：

> 自害其身者，不知礼义之为美而非毁之，虽与之言，必不见信也。自弃其身者，犹知仁义之为美，但溺于怠惰，自谓必不能行，与之有为必不能勉也。（《四书章句集注》，第286—287页）

孔子云：“唯上知与下愚不移。”“上知”的不移，是明道之后的坚守；“下愚”的不移，是困而不学的顽固——我们不能因外表一致而忽视本质的不同。

自暴自弃之人，就是孔子说的“下愚”之人。“下愚”不是天生的，是困而不学、自我拒绝仁义造成的。

《孟子集注》引程子曰：

> 人苟以善自治，则无不可移者，虽昏愚之至，皆可渐磨而进也。惟自暴者拒之以不信，自弃者绝之以不为，虽圣人与居，不能化而入也。此所谓下愚之不移也。（《四书章句集注》，第287页）

颜炳罡《中华传统文化经典教师读本·孟子》上：

> 何以安身？何以立命？孟子告诉我们唯居仁由义而已。居仁由义与反求诸己相互配合，反求诸己是从方法上说，居仁由义是从方式、状态处讲，反求诸己的己就是仁与义，居仁由义是反求诸己的积极展开。（颜炳罡编著：《中华传统文化经典教师读本·孟子》上，济南出版社2015年版，第243页）

经常有人问，为什么要讲“礼义”？为什么要“居仁由义”？我回答：“你这一问，就是自暴自弃。”

07.11　孟子曰：“道在尔[1]而求诸远，事在易而求之难。人人亲其亲、长其长[2]，而天下平。”

【注释】

（1）尔：同“迩”。近。

（2）人人亲其亲、长其长：前一个“亲”作动词，指亲爱。后一个“亲”作名词，指父母。前一个“长”作动词，指尊敬。后一个“长”作名词，指年长。这里可以意译为兄长。

【译文】

孟子说：“道在近处却求之于远处，事情本来容易做却求之于难处。人人亲爱自己的父母、尊敬自己的兄长，天下就太平了。”

【说要】

本章论亲亲长长乃平天下之道。

亲亲长长，是多么近距离、多么容易做的事情，为什么有平天下这样的大功效？

《论语》01.02云：

孝弟也者，其为人之本与！

人皆有仁义礼智善端，孝悌即由此生发出来，并反向涵养此善端，成为培养善端的第一滴雨露。人能亲亲长长，并推扩出去，便自然而然亲人之亲、长人之长。人人都能如此，这世界便成了美好的人间。所以，孟子说："尧舜之道，孝弟而已矣。"（12.02）

唐文治《孟子大义》卷七：

天下平者，平天下之不平而已。人人有不平之心、不平之气，天下乌得而平？亲其亲，长其长，则爱情结，爱情结而不平之心化；亲其亲，长其长，则和气生，和气生而不平之气消。人人无不平之心，无不平之气，而天下平。（《唐文治四书大义》，第217页）

黄宗羲《孟子师说·道在尔章》：

有问罗近溪："居今之世，如何都得人人亲亲长长耶？"曰："却不要苛责了人。今天下家家户户，谁无亲长之道？但上之人不晓喻他说即此便是大道，而下之人亦不晓得安心在此处，了结一生，故每每多事。"

百理具在平铺放着，只为人起炉作灶，平地风波，所以事事艰难，去道愈远。若还其自然，亲者当亲，长者当长，更何所事？（《黄宗羲全集》第一册，第93页）

孙奇逢《四书近指·道近求远章》：

虚斋蔡氏曰："孟子所责，不在天下之人，乃在为天下之人，及思以道术易天下者。"此意最要看明白。（《孙奇逢集》上，第556页。标点略有改动）

知道这些道理，我们便知道，平天下，关键不在平治百姓，而在执政者修养自己。

07.12　孟子曰："居下位而不获于上[1]，民不可得而治也。获于上有道：不信于友，弗获于上矣。信于友有道：事亲弗悦，弗信于友矣。悦亲有道：反身不诚，不悦于亲矣。诚身有道：不明乎善，不诚其身矣。是故，诚者，天之道也；思诚者，人之道也。至诚而不动者未之有也，不诚未有能动者也。"

【注释】

（1）获于上：获，得也。朱熹《孟子集注》："获于上，得其上之信任也。"《孟子》有时亦用"得"字，如"不得乎亲，不可以为人"（07.27），"不得于君则热中"（09.01）。

【译文】

孟子说："身居下位而不能得到上级的信任，就不可能治理好民众。得到上级的信任有方法：不能得到朋友的信任，就不能获得上级的信任。得到朋友的信任有方法：侍奉父母不能使父母高兴，就不能得到朋友的信任。让父母高兴有方法：反躬自问不能诚，就不能使父母高兴。使自身诚有方法：不明白什么是善，就不能使自身诚。因此，诚是天的原则，追求诚是人的原则。达到诚而不能感动人是从来没有的，没有达到诚是不能感动人的。"

【说要】

本章论诚与思诚。

"诚者，天之道也"——讲的是体；"思诚者，人之道也"——讲的是用。体用不二，这里之所以分析而言说，强调"用"而已。

冯梦龙《四书指月·孟子曰居下位章》：

> 此诚原是天赋于人的，只为有这躯壳，故假"思"以通之。这"思"字，实落在事亲、取友、治民、获上处体认，不是空思。(《四书指月》，第392页)

"思诚者，人之道也"是实践的展开。"思诚"即"明善"，它呈现出"思诚→明善→诚身→悦亲→信友→获上→治民"的实践路径。

"诚者，天之道也"，"诚"即天之道，它便是极致的、圆融的，就不可以再有什么"极致的诚"。由此"至诚"的"至"勉强解释为"达到"。

《朱子语类》卷第五十六《居下位章》：

> 诚者，都是实理了；思诚者，恐有不实处，便思去实它。"诚者，天之道"，天无不实，寒便是寒，暑便是暑，更不待使它恁地。圣人仁便真个是仁，义便真个是义，更无不实处。在常人说仁时，恐犹有不仁处；说义时，恐犹有不义处，便著思有以实之，始得。(《朱子语类》第二册，第1187页)

"至诚"是人在"思诚→明善→诚身→悦亲→信友→获上→治民"实践路径上的行动状态，它是态度，是扩充，是过程，是不断地走向圆满。

07.13　孟子曰："伯夷辟纣，居北海之滨(1)，闻文王作，兴(2)曰：'盍(3)归乎来(4)！吾闻西伯(5)善养老者。'太公辟纣，居东海之滨(6)，闻文王作，兴曰：'盍归乎来！吾闻西伯善养老者。'二老者，天下之大老(7)也，而归之，是天下之父归之也。天下之父归之，其子焉往？诸侯有行文王之政者，七年之内(8)，必为政于天下矣。"

【注释】

(1)北海之滨：指今濒临渤海的河北昌黎一带。(参见阎若璩《四书释地续》)

(2)作、兴：赵岐《注》以“作兴”为一词，朱熹以“作”属上读，“兴”属下读。此处从朱说。作，兴起。兴，感奋。

(3)盍：副词。表示反诘。犹“何不”。

(4)来：王引之《经传释词》：“来，句末语助也。”

(5)西伯：即周文王。

(6)太公辟纣，居东海之滨：太公，即姜太公。姜姓，吕氏，名尚，字子牙，号太公望。曾辅佐文王、武王灭商建立周朝。东海之滨，指今山东莒县东部一带。(参见阎若璩《四书释地续》)

(7)天下之大老：朱熹《孟子集注》：“大老，言非常人之老者。”吕留良《四书讲义》：“有仁天下之心，有治天下之学，有超越天下之才识，有历练天下之精神，方承当得‘天下之大老’五字。”

(8)七年之内：朱熹《孟子集注》：“七年，以小国而言也。大国五年，在其中矣。”小国七年、大国五年，只在极言仁政之功效，是虚说，非实数。

【译文】

孟子说：“伯夷躲避商纣，居住在北海之滨，听说文王兴起，感奋地说：‘何不去归附呢！我听说西伯善于奉养老人。’太公躲避商纣，居住在东海之滨，听说文王兴起，感奋地说：‘何不去归附呢！我听说西伯善于奉养老人。’这两位老人，是天下最有声望的老人，他们归附了西伯，等于天下的父亲都归附了西伯。天下的父亲都归附了西伯，他们的儿子还会去哪里呢？诸侯中如果有能行文王之政的，七年之内，必定能执掌天下的政权。”

【说要】

上一章讲的是“居下位而不获于上，则不能治民”，本章讲的是“居上位而获于下，则可以治政”；上一章讲的是臣道，本章讲的是君道。并以君道劝喻时下诸侯，“有行文王之政者，七年之内，必为政于天下矣”。

章旨大要的把握，来自词句上的细细品味。

关于“善养老”。

文王行仁政，政事何止百端，为什么孟子独以“善养老”展开说教？

《孟子》02.05章：

老而无妻曰鳏，老而无夫曰寡，老而无子曰独，幼而无父曰孤。此四者，天下之穷民而无告者。

“善养老”即“善养鳏寡孤独”，最能看出执政者的不忍人之心，最能体现不忍人之政。所以，“文王发政施仁，必先斯四者”，故孟子独以“善养老”展开说教。

关于“居北海之滨”“居东海之滨”。

“居北海之滨”“居东海之滨”二语，内含三“远”：二老距离商纣“远”，二老距离西伯远，二老距离对方远。

伯夷、太公躲避商纣，“居北海之滨”“居东海之滨”，避之唯恐不远，突显商纣暴虐无道。

伯夷、太公往趋西伯，不远千里，突显西伯仁善有道。

伯夷、太公距离对方如此之远，却不约而同往趋西伯，可见仁政之服人。

冯梦龙《四书指月·孟子曰伯夷辟纣章》：

举东海、北海，有自西自东自南自北，无思不服意，只重归仁上，避乱意轻。（《四书指月》，第393页）

关于“天下之大老”“天下之父”。

孙奇逢《四书近指·伯夷辟纣章》：

二老归文王，谓其能养天下之老，非为一身就其养也。天下第一流人，非王政收不得。（《孙奇逢集》上，第557页。标点略有改动）

“天下之大老”就是“非王政收不得”的“天下第一流人”。

吕留良《四书讲义》卷三十六：

有仁天下之心，有治天下之学，有超越天下之才识，有历练天下之精神，方承当得“天下之大老”五字。（《四书讲义》，第818页）

“天下之父”，从“天下之大老”来，大老名德之盛，民望所归，故如父之统子。

唐文治《孟子大义》卷七：

《孝经》云：“敬其父则子悦，敬其兄则弟悦。”“敬一人而千万人悦。所敬者寡，而悦者众。”悦者，人心也。天下之父归之，心归之也，其子焉往者？敬一人而千万人悦，而天下之心归之也。皆言得人心之效也。（《唐文治四书大义》，第221页）

“天下之大老”是道义的化身，是“天下之父”，是民众的榜样。得到“天下之大老”，就会得民心，得民心者得天下。

关于“七年之内，必为政于天下矣”。

张栻《南轩先生孟子说》卷第四：

嗟乎！有国者其不可使仁贤有遐心哉！仁贤不乐从之游，则天下之心日解矣。虽然，何代而无贤才，患在人主无以致之耳。故张良归汉而项氏以亡，孔明在蜀而炎纲几振。此亦皆庶几为当时之老者，其所系轻重固如此。然则战国之诸侯，有能行文王之政，则天下之贤才归之，而七年之内为政于天下，又何疑乎？（《张栻集》上，第280页）

“七年之内”，是极言仁政之功效，以此劝喻当时诸侯。

《孟子》07.07章云：“师文王，大国五年，小国七年，必为政于天下矣。”07.09章云：“今之欲王者，犹七年之病求三年之艾也。”其中涉及的“三”“五”“七”，皆为虚数而非实数，不必拘泥。

“何代而无贤才，患在人主无以致之耳”，南轩先生之言自是不刊之论，可为后世为君者戒。

07.14　孟子曰：“求也为季氏宰(1)，无能改于其德，而赋粟倍他日。孔子曰：‘求非我徒也，小子鸣鼓而攻之可也。’由此观之，君不行仁政而富之，皆弃于孔子者也，况于为之强战？争地以战，杀人盈野；争城以战，杀人盈城，此所谓率土地而食人肉，罪不容于死！故善战者服上刑(2)，连诸侯者次之，辟草莱、任土地者(3)次之。”

【注释】

(1)求也为季氏宰：求，冉求，字子有，孔子弟子。季氏，指季康子，鲁国卿。宰，卿大夫家的总管。

(2)服上刑：服，应罚之意。赵岐《注》：“上刑，重刑也。”

(3)善战者，连诸侯者，辟草莱、任土地者：朱熹《孟子集注》：“善战，如孙膑、吴起之徒。连结诸侯，如苏秦、张仪之类。辟，开垦也。任土地，谓分土授民，使任耕稼之责，如李悝（kuī）尽地力，商鞅开阡陌之类也。”冯梦龙《四书指月》：“两‘次之’，俱对‘善战’说。‘连诸侯’，而使之战。‘辟草莱、任土地’，而积蓄以助之战，三者总一条路上人。”莱，郊外休耕之田。草莱，荒地。

【译文】

孟子说：“冉求做季氏的总管，不能改变季氏的恶行，反而把田赋增加一倍。孔子说：‘冉求不是我的门徒，后生们可以敲着鼓去讨伐他！’由此看来，君主不行仁政，还要帮着他敛财的人，都是孔子所唾弃的，更何况为他卖命打仗呢？争夺土地而战，杀人遍野；争夺城池而战，杀人满城，这就是所谓的为了土地而吃人肉，罪恶之大，连死刑都显得太轻！所以，好战的人应受到最重的刑罚，唆使诸侯合纵连横的人罪减一等，开垦荒地、扰乱田制的人再次一等。”

【说要】

07.12章讲的是为臣之道——诚身方可为臣，07.13章讲的是为君之道——善养老方可为君，都是从正面展开。

本章继续讲为臣之道——“善战者服上刑，连诸侯者次之，辟草莱、任土地者次之”——却是从反面展开。

冉有的故事，在《论语》《左传》中也有记录：

> 季氏富于周公，而求也为之聚敛而附益之。子曰：“非吾徒也，小子鸣鼓而攻之可也。”（《论语》11.17）
>
> 季孙欲以田赋，使冉有访诸仲尼。仲尼曰：“丘不识也。”三发，卒曰：“子为国老，待子而行，若之何子之不言也？”仲尼不对。而私于冉有曰：“君子之行也，度于礼，施取其厚，事举其中，敛从其薄。如是，则以丘亦足矣。若不度于礼，而贪冒无厌，则虽以田赋，将又不足。且子季孙若欲行而法，则周公之典在；若欲苟而行，又何访焉？”弗听。（《左传·哀公十一年》）

从《左传》的记录看，增加田赋是季康子的一意孤行，冉有犯的是“无能改于其德”而从君恶行的过错。纵然如此，也是孔子、孟子不能原谅的——“鸣鼓而攻之”，何况那些“为之强战”“逢君之恶”的罪行！

黄宗羲《孟子师说·求也为季氏宰章》：

> 孟子之时，号为战国。当时之诸侯，无不以强战为事，至使生民涂炭，原野厌人之肉，川谷流人之血，皆是善战者导之。孟子与诸侯言仁义，无非欲息此杀机，故于此痛切言之。（《黄宗羲全集》第一册，第96页）

战国之世，诸国之君率皆暴虐而有大欲，为此，他们不断发动不义的战争，给老百姓带去了无尽的灾难。面对如此恶劣的政治环境，孟子继承弘扬孔子“以道事君，不可则止”“勿欺也，而犯之”的为臣之道，大义凛然地提出“格君心之非”！

然而，环顾现实，满眼都是行“妾妇之道”“逢君之恶”的小人。他们顺从、鼓动、引诱暴虐而有大欲的国君，“争地以战，杀人盈野；争城以战，杀人盈城”，犯下了“所谓率土地而食人肉”的恶行，“罪不容于死！”孟子以如椽之笔，将他们钉在历史的耻辱柱上——“善战者服上刑，连诸侯者次之，辟草莱、任土地者次之”。

姚永概先生殷殷提醒我们：

> 善战者，腹心干城之选也。连诸侯者，使于四方不辱君命之才也。辟草莱、任土地者，神农、后稷之遗教也。而何以孟子罪之若此？不知得仁君而事之，则诸人之所长，用之于大公，而天下受其福。君不行仁政而效用焉，则适足助一人恣睢之欲，而生民反受其祸。根本一差，功变为罪，故此章当留心于“无能改于其德”及“君不行仁政而富之”二句。（《孟子讲义》卷七《离娄章句上》，第123—124页）

留心“无能改于其德”及“君不行仁政而富之”，不仅能让我们更好地领会本章大义，也能关照现实——如果你是公务员，儒家的为臣之道告诉你：不唯上，只唯实，只贵民；如果你是平头百姓，儒家的为臣之道告诉你：助人为善或有不能，长人作恶绝不可为。

07.15　孟子曰：“存(1)乎人者，莫良于眸子。眸子不能掩其恶。胸中正，则眸子瞭(2)焉；胸中不正，则眸子眊(3)焉。听其言也，观其眸子，人焉廋(4)哉？”

【注释】

（1）存：古文字写作，从在从子。在古文字中，在、才（幼苗）是一个字，从在从子会意幼小生命的存在。故存有存在、生存、保存诸义。幼小生命的存在，需要精心的呵护，故存又有恤问、观察义。《说文解字》：“存，恤问也。”《尔雅·释诂》：“存，察也。”

（2）瞭（liǎo）：眼睛明亮。

（3）眊（mào）：眼睛浑浊。

（4）廋（sōu）：甲骨文写作，手拿火把在室内搜索。引申为隐藏。

【译文】

孟子说：“观察一个人，再没比观察他的眼睛更好的了。因为眼睛不能隐藏一个人的丑恶。心胸端正，眼睛就明亮；心胸不正，眼睛就浑浊。听一个人说话的时候，观察他的眼睛，这人（心胸端正不端正）又往哪里隐藏呢？”

【说要】

此章讲观人之法。

常言也说：“眼睛是心灵的窗户。”何以如此呢？

孟子云："仁义礼智根于心，其生色也睟然，见于面，盎于背，施于四体，四体不言而喻。"（13.21）心身一如，心的活动在人的形体上必有征兆，"目为神候，精之所在，存而察之，善恶不隐"（赵岐《章指》），从眼睛神态来观人自然有其道理。

张栻《南轩先生孟子说》卷第四：

> 初见其人，欲知其胸中所趋之邪正，当以是观之也。胸中之所存，著见于眸子，诚之不可掩也。然则人之欲自蔽者，其果何益哉？听其言而观其眸子，盖人之于言，犹可以伪为。至于眸子之瞭与眊，则不可伪也。听其言而又参之以其眸子，则无所遁矣。此与夫子"人焉廋哉"之言同，而为说则有异。盖夫子之言，为旋观其人设也，而孟子之言，则一见而欲识其大纲也。参是二者，观人之法，殆无余蕴矣。（《张栻集》上，第282页）

需要小心的是，常言中还有另外一句话："情人眼里出西施。"

一个人言、眼的表现，只是提供了被观察的客观条件，能否准确观察，还需要观察者主观上冷冷的理智、堂堂的中正。故张栻又云：

> 学者读此章，非独可得观人之法，又当知检身之要也。放心邪气，其可顷刻而有，邪一萌诸中，而昭昭然不可掩者矣。其可不惧乎？（《张栻集》上，第282页）

黄宗羲也说：

> 先师曰：容貌辞气，皆一心之妙用，一丝一窦漏，一隙一缺陷，正是独体之莫见莫显处，若于此更加装点意思，一似引贼入室，永难破除。（《黄宗羲全集》第一册，第96页）

观人即观我，可不慎哉！

07.16　孟子曰："恭者不侮人，俭[1]者不夺人。侮、夺人之君，惟恐不顺焉，恶得为恭、俭？恭、俭岂可以声音、笑貌为[2]哉？"

【注释】

（1）俭：会意字。从人从佥（qiān），佥亦声。战国文字"佥"写作。表示祭器。即兄，表示一个人在祷告。表示两个人在祷告。上面再加一个表示集合的符号，写作，表示众人一起在祷告。佥，表示众人在一起面对祭器祷告。故佥有皆、众人、偕同义。同时，祷告祈福，祷告者必须向被祷告的对象（天地、神祖等）做出某种承诺。故佥又有约束、克制义。佥是人的行为，加单立人为"俭"。俭，克制。或说俭意为节

俭。但是节俭的人，未必不夺人。故不用此解。

（2）为：通“伪”。伪装。

【译文】

孟子说：“恭敬别人的人不会侮辱别人，克制自己的人不会掠夺别人。侮辱别人、掠夺别人的诸侯，只怕别人不顺从自己，如何能做到恭敬、克制？恭敬、克制哪里是可以用声音、笑脸伪装的呢？”

【说要】

本章论恭、俭必出于真诚，并以此讥讽当时诸侯虚伪的恭、俭。

孟子曰：

民之为道也，有恒产者有恒心，无恒产者无恒心。苟无恒心，放辟邪侈，无不为已。及陷乎罪，然后从而刑之，是罔民也。焉有仁人在位，罔民而可为也？是故贤君必恭俭礼下，取于民有制。（05.03）

居上而恭下，拥权而不豪取，这是道理之应然；居上而慢下，拥权而豪夺，这是当时诸侯的常态。更为卑鄙的是，居上而慢下，拥权而豪夺的诸侯，居然还要伪装出“恭、俭”的样子！

孟子又一次不得不拿起他的如椽之笔，予以冷峻地讽刺！

孟子认为，恭敬、克制的本质是内在善性的真实体现。没有这样的真实，所谓的恭敬、克制，不过是虚假的伪装。

孙奇逢《四书近指·恭者不侮章》：

无不侮不夺之实，却要邀不侮不夺之名。人一不顺，便露出本情，到底假不去。（《孙奇逢集》上，第558页。标点略有改动）

虽然“到底假不去”，但要想回到“恭、俭”的本来面目，仅仅期待“君”的自省自觉是远远不够的。根本的解决办法，还要还政于民，监督于民，以人民为中心。

07.17　淳于髡[(1)]曰：“男女授受不亲[(2)]，礼与？”

孟子曰：“礼也。”

曰：“嫂溺，则援之以手乎？”

曰：“嫂溺不援，是豺狼也。男女授受不亲，礼也；嫂溺，援之以手者，权[(3)]也。”

曰：“今天下溺矣，夫子之不援，何也？”

曰："天下溺，援之以道；嫂溺，援之以手——子欲手援天下乎？"

【注释】

（1）淳于髡（kūn）：姓淳于，名髡，齐国人，曾仕于齐威王、齐宣王和梁惠王之朝。事迹见于《战国策·齐策》《史记·孟子荀卿列传》《史记·滑稽列传》等。《史记·孟子荀卿列传》："齐人也。博闻强记，学无所主。其谏说，慕晏婴之为人也，然而承意观色为务。"

（2）男女授受不亲：朱熹《孟子集注》："授，与也。受，取也。古礼，男女不亲授受，以远别也。""授受不亲"即"不亲授受"。亲，亲手。

（3）权：变通。

【译文】

淳于髡说："男女之间不能亲手传递东西，这是礼吗？"

孟子说："是礼。"

淳于髡又说："那么，嫂子掉到水里，要用手去救她吗？"

孟子说："嫂子掉到水里而不去援救，那是豺狼。男女之间不能亲手传递东西，是礼；嫂子掉到水里用手去援救，是权变。"

淳于髡说："今天整个天下都掉进水里了，先生却不去援救，这是为什么呢？"

孟子说："天下掉进水里，要用'道'去援救；嫂子掉到水里，要用'手'去援救——你难道要用'手'去援救天下吗？"

【说要】

本章叙述淳于髡劝说孟子放弃"以道事君"的出仕之道，行权以救世。

齐人淳于髡以"礼（经）之经常"——"男女授受不亲"与"事之偶然"——"嫂溺"的两难困局，来劝导孟子：当今天下有急难，你应该讲变通而不要死抱"以道事君"的出仕之道，用心可谓良苦。

孟子显然不能同意他的观点，明确告诉他：要解救天下的急难，不能"援之以手"，只能"援之以道"。

梁涛《孟子解读》：

> 淳于髡与孟子都列于齐国的"稷下学宫"，二人较为熟悉。孟子不满齐宣王伐燕，欲辞职离开齐国时，他曾来挽留，二人有过辩论（参见12.6章）。这段对话可能也在此时不久。（《孟子解读》，第195页）

有人说，从此章的言论可以看出淳于髡是反对儒家“男女授受不亲”之礼的。这未免是误读。

淳于髡也是一位了不起的人物。关于他的故事，除了“三年不鸣，一鸣惊人”，还有很多。如：

齐威王八年，楚国出动大军攻打齐国。齐威王派淳于髡出使赵国求救兵……淳于髡告辞起行，到了赵国，赵王发动了十万精兵，战车千辆，楚国听到消息，连夜退兵而去。

齐威王非常高兴，在后宫设宴，召见淳于髡，赐给他酒食。齐威王问：“先生能饮多少酒才醉？”淳于髡回答说：“我喝一斗酒也能醉，喝一石酒也能醉。”齐威王说：“先生喝一斗酒就醉了，哪能喝一石酒呢？这道理能说出来听听吗？”淳于髡说：“在大王面前承蒙赏酒，执法司礼官就在旁边，记事御史还在身后，我胆战心惊，趴在地上喝酒，不过一斗就醉了。如果父亲有贵客来家，我卷起衣袖，躬身跪着，在席上陪客，不时赏我喝酒，我得举杯敬酒，连连起身应酬，喝酒不过二斗就醉了。若是与朋友交游，好久没有会面，忽然相见，高兴地述说往事，倾吐衷肠，大约能喝五六斗才醉。至于乡里聚会，男女混坐，慢慢地相互敬酒，玩博棋，赛投壶，呼朋唤友，三五成群，握手说笑也不受处罚，傻着眼看人也没忌讳，前面地上有落下的耳环，后面地上有失掉的发簪，我内心里喜欢这样，喝上八斗差不多只有二分醉。天黑了，酒残了，把剩下的酒盛在一起，大家促膝而坐，男女同席，鞋子木屐错乱了，杯子盘子乱糟糟，堂屋里的蜡烛又已熄灭，主人单独留下我，送走了其他的客人，女人解开了衣襟，隐约闻到香气。这时我心中最快乐，能喝一石酒。所以说，酒喝多了容易出乱子，欢乐到极点就会有悲哀。万事都是这个道理。这就是说，一切事情都不可过分，过分了就要衰败。”淳于髡婉转地劝谏齐威王。齐威王说：“说得好！”就停止了通宵的宴饮。（张大可：《张大可讲〈史记〉》，中国人民大学出版社2013年版，第130页）

拒绝沉溺酒色的人，大概也不会反对“男女授受不亲”之礼吧？

冯梦龙《四书指月·淳于髡曰男女章》：

髡意不在问礼，只要讨出个“权”字。为下讽言张本，权以济礼之变，则权乃所以为礼。

夫子之“不援”，是讶其不从权意。髡所谓“权”，舍所学以徇功利是也。（《四书指月》，第396页）

“髡所谓‘权’，舍所学以徇功利是也”，正是孟子与淳于髡的分歧所在。

罗泽南《读孟子札记二》：

嫂溺，援之以手，惟有手故可援也。天下溺，援之以道，亦必有道而后可援。出处一失其正，是已失其道矣，尚有何道可援天下乎？天下无道则天下溺，我失其道则我溺，以不溺救天下之溺，尚惧其溺之难援，以溺救溺，安见其溺之不日甚哉？（《罗泽南集》，第295页。标点略有改动）

黄宗羲《孟子师说·男女授受章》云：

孟子距杨墨，道性善，不见诸侯，不与小人言，使百世之下，知功利之非，仁义之必不可已，正是以道援天下，援天下人心之溺耳。故孟子无日而不援者也。

淳于髡必欲使孟子出而在位，辅佐一王朝诸侯而有天下，乃谓之援。如此而援，是手援天下也，载胥及溺而已。（《黄宗羲全集》第一册，第97页）

罗、黄所言深得孟子之意。

随着时间的往逝，孟子出不出仕，已经没有了实际的意义，或者因为孟子“嫂溺不援，是豺狼也。男女授受不亲，礼也；嫂溺，援之以手者，权也”的辩论太过精彩，人们对本章的关注点大都转移到“经权之辨”上来了。

张栻《南轩先生孟子说》卷第四：

所谓权者，事有万变，称其轻重而处之，不失其正之谓也。今夫衡之有权，其得名以权者，以夫轻重虽不同，而无不得其平故也。自陋儒反经合道之论起，而其害有不可胜言。盖既曰反夫经矣，而道恶乎合哉？此论一行，而后世窃权之名以自利，甚至于君臣父子之大伦，荡弃而不顾，曰：“吾用权也。”不亦悲夫！孔子曰：“可与共学，未可与适道；可与适道，未可与立；可与立，未可与权。”盖非夫理明义精、卓然能立者，未易当变而尽夫与权之宜也。故夫学者务正经而已，经正而不失，则将知夫权之所存矣。（《张栻集》上，第283页）

张居正《四书直解·孟子》卷七：

天下之事有常有变，君子处事有经有权，男女授受不亲是礼之常经，固不可越。至如嫂溺援之以手，是乃事势危迫之际，顾不得情义，便顾不得嫌疑，故揆度于轻重缓急之间，以求合乎天理人心之正，所谓权也。若但知有礼而不知有权，则所全者小，所失者大矣，岂识时通变者哉？（《四书直解》，第400页）

冯梦龙《四书指月·淳于髡曰男女章》又云：

此章须辨“权”与“道”合一处。“权”者，权此道也，道外无权也。援溺救嫂亦是道，故谓之权，权在道中者也。若枉道以援天下，道已失矣，安所得“权”乎？（《四书指月》，第396页）

《朱子语类》卷第三十七《论语十九·子罕篇下》：

经自经，权自权。但经有不可行处，而至于用权，此权所以合经也，如汤、武事，伊、周事，嫂溺则援事。常，如风和日暖，固好；变，如迅雷烈风。若无迅雷烈风，则都旱了，不可以为常。（《朱子语类》第二册，第883页。标点略有改动）

经权之辨，是大智慧。经权的“经”，大中至正，不偏不倚，无过无不及，是不变的常道；经权的“权”，顺应时宜，随宜调整，是应变的原则。常道，不是死道，它需要应时之权变；应时之权变不是苟且地背道而驰，它是以应时之权变而坚守常道。

07.18　公孙丑曰：“君子之不教子，何也？”

孟子曰：“势不行也。教者(1)必以正；以正不行，继之以怒。继之以怒，则反夷(2)矣。‘夫子教我以正，夫子未出于正也。’则是父子相夷也。父子相夷，则恶矣。古者易(3)子而教之，父子之间不责善(4)。责善则离，离则不祥莫大焉。”

【注释】

(1)教者：是指教子这件事情，不是指教育的人。

(2)夷：甲骨文写作，象矢上缠绕绳索之形。用绳索缠束箭矢，以便射猎时取回箭矢及猎物。本义为缴射。《易·序卦传》：“夷者，伤也”，是引申义。

(3)易：冯梦龙《四书指月》：“‘易’字，非交易，只以子与人教便是。”

(4)责善：求全责备。

【译文】

公孙丑问：“君子不教育自己的儿子，为什么呢？”

孟子说：“因为情势上行不通。教育一定要讲正确的（内容、方法）；（儿子）不能按照正确的（内容、方法）行动，就会发怒。（父亲）一发怒就会伤了感情。（儿子会说：）‘您用正确的（内容、方法）教育我，您自己却无法做到。’这样父子之间就伤感情了。父子之间伤感情了，就不好了。古时候人们把儿子交与别人进行教育，父子之间不求全责备。求全责备会使父子疏远，没有比这更不好的了。”

【说要】

本章论“古者易子而教”。

“易子而教”，是讲古人的教子。同时，它只是古人教子的一种现象，而非教子规律性的问题。

孙奇逢《四书近指・君子不教章》：

古人多有义方之训，父何尝不教其子？此云易子而教，盖虑其相夷，虑其责善，是为中人以下者立论，非一定条教也。（《孙奇逢集》上，第558页。标点略有改动）

孟子的论述，不是要家长逃避教子的责任，而是强调“古者易子而教”这一现象有其存在的合理性。它的合理性，就在“责善则离”的“离”字上。

冯梦龙《四书指月・公孙丑曰君子之不教章》：

古云：爱子者，教以义方，勿纳于邪。夫子亦曰：爱之能勿劳乎？则教以正，继以怒，都是正理。孟子却体贴个“势”字出来，是为不肖子虑也。（《四书指月》，第396页）

焦循《孟子正义》引阎若璩《四书释地又续》亦云：

古人文字简，须读者会其意所指，如“君子之不教子”，子谓不肖子也。（《孟子正义》，第523页）

我想，“势不行也”，不仅仅因为“不肖子”，还因为或者说更因为“父不善教”。

父不善教而责善，势必造成孩子的逆反，进而带来父子之间感情的疏离，这就危及教子的根基了。

亲情是教子最大也是最基础的因素。一旦亲情受到了伤害，你说东孩子偏向西，那么再多的方法也用不上，再美好的教子愿望也达不成了，更严重的将危及家庭的和谐、安定。

唐文治《孟子大义》卷七：

父子一体也，一体之分，其心可离乎？是故父子之间，和而已矣。周公之作《周礼》曰：“和亲康乐。”其作诗曰：“和乐且耽。”孔子之作《孝经》曰：“先王有至德要道，以顺天下，民用和睦。”盖和者，一家之祥气也。能不计较，则不责善，不责善则和，和则祥莫大焉。反乎是则戾，气日戾则心日离，始而相夷，终而家且危矣。呜呼！一体之分而至于离，悲矣！（《唐文治四书大义》，第229页）

本章章旨，对于记忆成了学习的唯一方法、高压成了教育的唯一手段的今天，深具批判意义。

07.19 孟子曰：“事，孰为大？事亲[1]为大；守，孰为大？守身[2]为大。不失其身而能事其亲者，吾闻之矣；失其身而能事其亲者，吾未之闻也。孰不为事？事亲，事之本也；孰不为守？守身，守之本也。曾子养曾皙，必有酒肉；将彻[3]，必请所与；问有余[4]，必曰：‘有。’曾皙死，曾元[5]养曾子，必有酒肉；将彻，不请所与；问有余，曰：‘亡矣。将以复进也？’此所谓养口体者也。若曾子，则可谓养志也。事亲若曾子者，可也。”

【注释】

（1）事亲：事是侍奉。亲是父母。父母给予我生命，侍奉父母，就是报本。事是会意字，甲骨文写作，从（手）从（猎叉），会意打猎。引申为做事、奉行、侍奉等。亲是会意兼形声字，金文写作。是见。是“辛”（刻刀）和“木”的合体，会意用刻刀刻制先人的神位。看到了先人的神位，就想起了亲情。亲的本义就是亲情、亲密；作名词时专指父母。

（2）守身：守是守护。身是身体。身体本源于父母，又是道义的载体，守护身体，包含爱护身体、坚守道义、圆满生命等丰富的内容。守是会意字，甲骨文写作（见高明《古文字类编》），从宀（房子，代指官府）从手（表示做事），会意在官府里做事。在官府里做事，讲究依礼合规，故守的本义是按礼规从事官府职务。引申为职责、操守等。身是象形字，甲骨文写作，象母亲怀孕之形。身的本义是怀孕。人的身体由母亲怀孕而来，故身又引申为人的躯体，乃至人的生命或一生。

（3）彻：撤除，撤去。

（4）问有余：春秋战国的贵族钟鸣鼎食，吃饭时，由子女或下人从鼎中取食，供给长者。是以长者并不知道吃后剩没剩下。

（5）曾子、曾皙、曾元：曾子即曾参（前505—前434），春秋时鲁国人，孔子弟子。曾皙（生于前545年，卒年不详），名点，字皙，曾子之父，同为孔子弟子。《论语·先进》记载，他在谈志向时，希望“莫春者，春服既成，冠者五六人，童子六七人，浴乎沂，风乎舞雩，咏而归”。孔子感叹道：“吾与点也。”曾元，曾参之子。

【译文】

孟子说：“做事，什么最重要？侍奉父母最重要；守护，什么最重要？守护自身最重要。不失去自身的操守而能侍奉父母的，我听说过；失去了自身的操守而能侍奉父母的，我从来没听说过。什么人不做侍奉的事呢？侍奉父母是侍奉的根本。什么人不做守护的事呢？守护自身的节操是守护的根本。曾参奉养父亲曾皙，每餐必有酒肉；撤除餐具时，一定要请示将剩余的食物给谁；父亲问有没有剩余，一定说：‘有。’曾皙死后，曾元奉养父亲曾参，每餐必有酒肉；但撤除餐具时，不再请示将剩余的食物给谁；父亲问有没有剩余，回答说：‘没有。（如果父亲还想吃，）那就再上一些？’这就是所谓的口腹之养。像曾参那样，才可称作养志。侍奉父母能做到像曾参那样，就可以了。”

【说要】

本章论孝道，提出“事亲”和“守身”的观念。

父母给予我生命，侍奉父母，就是报本。所以人所做的事情，以“事亲为大”。

“身体发肤，受之父母，不敢毁伤”，不爱惜自己的身体就是不孝；人不能持守道义，“好勇斗很”（“很”同“狠”，见《孟子》08.30），以至违法作恶，就是侮辱父母，就是不孝。所以“守身”也是“事亲”。

曾子是“事亲、守身”的典范，本章孟子讲述了曾子“事亲”的故事，并引出儒家事亲有一个要点“养志”。

曾参奉养父亲曾晳，每餐一定有酒肉，撤除餐具时，一定要请示将剩余的食物给谁。父亲问有没有剩余，虽然并不一定有，但是曾子一定说‘有’。因为若说没有剩余，便不能满足父亲想把吃剩下的肉分给子孙的心意。

“问有余，必曰：‘有。’”这个或许是“谎言”的回答，正是希望顺遂父亲心志的表现，这就叫“养志”。

修身就是修道，贵持守，亦贵通变。事亲也应该如此：

> 子之事亲，宜其养矣；有时而“问有余”，则宜变通，使“必曰有”以“养志”。（《孟子正义》，第525页）

曾晳死后，曾元奉养父亲曾参，每餐必有酒肉，但撤除餐具时，不再请示将剩余的食物给谁。父亲问有没有剩余，回答说：“没有。（如果父亲还想吃，）那就再上一些？”这便让父亲的“吃肉”，变成了“吃独食”。不能体贴父亲慈爱子孙的心，这就是所谓“口腹之养”。

孟子认为曾子的“养志”高于“口腹之养”，值得后人师法。

《论语》08.03记载：

> 曾子有疾，召门弟子曰：“启予足！启予手！《诗》云：‘战战兢兢，如临深渊，如履薄冰。’而今而后，吾知免夫！小子！”

康有为《论语注·序》云：

> 《论语》既辑自曾门，而曾子之学专主守约。观其临没郑重言君子之道，而乃

> 仅在颜色容貌辞气之粗；乃启手足之时，亦不过战兢于守身免毁之戒。……宋叶水心以曾子未尝闻孔子之大道，殆非过也。（康有为著，楼宇烈整理：《论语注·序》，中华书局1984年版，第2页）

康有为的话，未免过激了些。曾子启手启足之语，是有深意的。

事亲之孝，是事之本；守身之义，是守之本。将事亲之孝，推而广之，然后对事业忠诚，对长上尊敬；将守身之义，推而广之，然后敬业、爱国、守天下。这就是儒家为什么重视孝道的原因。

需要注意的是，孝是“为仁”的开始，不是“为仁”的完成；“老吾老，以及人之老；幼吾幼，以及人之幼”，才是“为仁”的圆满，有此圆满才是真孝子。这正是《孝经·开宗明义章第一》所阐述的道理：

> 身体发肤，受之父母，不敢毁伤，孝之始也。立身行道，扬名于后世，以显父母，孝之终也。夫孝，始于事亲，中于事君，终于立身。

曾子启手启足之语，正是以“孝之始也”以见“孝之终也”，是其临终之时，为自己一生能够“始于事亲，中于事君，终于立身”的欣慰之语。

陈来先生指出：

> 孟子说：“仁之实，事亲是也；义之实，从兄是也。”（《离娄上》）这是讲仁义和孝悌的关系。在这样一个表达里面，孟子强调了事亲的思想对仁的意义。我们前面讲“亲亲而仁民”中亲亲的概念，亲亲属于仁，事亲也属于仁。但是准确地说，亲亲和事亲是仁的起点。这样就澄清了仁和事亲、孝亲的关系，就是仁并不是在事亲、孝亲以外的另外一个价值。仁是包含亲亲和事亲在内的一种普遍价值。当然仁所包含的范围超过亲亲和事亲。但是如果从起点来讲，亲亲和事亲就是仁的起点，没有这个起点，也就不能进一步地扩充、推广仁的概念。同时在孟子的思想里面，它把事亲作为“仁之实”，这意味着仁是一种普遍的价值，普遍价值对应不同的实例，而事亲就是仁这种普遍价值的一个实例。从这点来看，孟子的思想比较全面地澄清了表达孝的观念的“事亲”和“亲亲”与仁作为普遍价值之间的关系。（陈来：《儒学今读·孟子论仁爱的思想》，四川人民出版社2021年版，第304—305页。标点略有改动）

又，“问有余曰亡矣将以复进也”的标点问题，通行的读本一般标点为：“问有余，曰：‘亡矣。’将以复进也。”

焦循《孟子正义》引孔广森《经学卮言》云：

（赵岐）注云“欲以复进曾子也”，此似不然。曾元但不能养志耳，何至啬饮食之费以欺其亲，遂同下愚所为。且以情揆之，既对无余，而复以余进，其父能无疑乎？能无怒乎？夫曰“亡矣”者，乃实无也。曾子之“必曰有”，虽无亦曰有，所谓孝子唯巧变，故父母安之者。曾元不能，但道其质而已。此与“必曰有”对文，而不云“必曰亡”，非实有言无明矣。盖“将以复进也”亦曾元之辞，言余则无矣，若嗜之，将复作新者以进之尔。（《孟子正义》，第524—525页）

焦循认为“孔氏之说是也”，我们也接受孔广森的说法，做出新的标点——“问有余，曰：‘亡矣。将以复进也？’”

07.20　孟子曰：“人(1)不足与(2)适(3)也？政不足间(4)也？惟大人(5)为能格(6)君心之非。君仁，莫不仁；君义，莫不义；君正，莫不正。一正君而国定矣。”

【注释】

（1）人：指国君所任用之人。

（2）与：给予。

（3）适：谴责，指责。

（4）间：非议。朱熹《孟子集注》：“愚谓间字上亦当有与字。”

（5）大人：德性完备的人。朱熹《孟子集注》：“大德之人。”

（6）格：匡正。格，从木各声。各，甲骨文写作，从从，是趾的初文，是穴居，会意来到。各加上木字旁，表示木质的框子，或制作泥坯的木范。引申为匡正。

【译文】

孟子说：“国君用人（的不当），不值得加以指责吗？施政（的过失），不值得加以非议吗？只有德性完备的人才能匡正国君心中的不善。国君仁，便没有人不仁；国君义，便没有人不义；国君正，便没有人不正。一旦端正了国君，国家便安定了。”

【说要】

本章论“格君心之非”。

细心的朋友可能已经看出来了，这一章我做的标点与传统的标点不一样：

孟子曰：“人不足与适也？（传统标为，）政不足间也？（传统标为，）唯大人为能格君心之非。君仁，莫不仁；君义，莫不义；君正，莫不正。一正君而国定矣。”

用传统的标点，“人不足与适也，政不足间也”，常见的翻译是：“国君用人，不值得加以指责；施政，也不值得加以非议。”为什么不值得指责、非议呢？朱熹给出的理由是：

> 夫政事之失，用人之非，知者能更之，直者能谏之。然非心存焉，则事事而更之，后复有其事，将不胜其更矣；人人而去之，后复用其人，将不胜其去矣。（《四书章句集注》，第291页）

朱熹的意思是就一个一个的人、一件一件的事上说，即说不胜说。但是事实上，孟子经常性地批评国君用人、施政的具体问题。离开了具体问题，不可能格君心之非；离开了具体问题，那孟子的言论真成为迂阔之言了。

即使按杨伯峻先生的译文：“那些当政的小人不值得去谴责，他们的政治也不值得去非议”，我们提出的批评依然成立。

基于此，我把两个逗号改成句号，以两个反问说明用人的不当、施政的过失，皆应该去批评，但是相对于这些，君主心中之非才是更应该批评的。因为君主手握国家的权柄，决定着国家的大政方针政策的制定。孔子曰：“道（治理国家的原则、方法）二，仁与不仁而已矣。”如何选择，关键在君主。

“用人的不当、施政的过失”与“君心之非”，不是两件事，而是一件事。批评“用人的不当、施政的过失”，正是“格君心之非”。

不过，深究事物的本末终始，“用人的不当、施政的过失”乃是“君心之非”的必然结果，“君心”在用人、施政上是本是始，所谓“君仁，莫不仁；君义，莫不义”。“用人的不当、施政的过失”不是不应该去批评，但是相对于这些，君主心中之非才是更应该批评的，因为“君正，莫不正。一正君而国定矣”。

罗泽南《读孟子札记二》云：

> 大人正君未必于用人、行政全不管他，而其紧要则在于格君心之非。（《罗泽南集》，第295页）

可谓先得吾心。

君主手握国家的权柄，决定着国家的大政方针政策的制定，“格君心之非”又岂是那么容易的事情！

张栻《南轩先生孟子说》卷第四：

> 格之为言，感通至到也。《书》曰：“格于上帝。”盖君心之非，不可以气力胜，必也感通至到，而使之自消靡焉。所谓格也，盖积其诚意，一动静，一语默，无非格之之道也。（《张栻集》上，第285页）

“格君心之非”，自然需要一腔撼人心扉的浩然正气，同时不得不动点脑筋，加点小心和耐心——子游曰：“事君数，斯辱矣；朋友数，斯疏矣。”（《论语·里仁》）

“学而优则仕”，是儒者的孜孜以求；不得不面对“格君心之非”的重任，是儒者的宿命。坦然地面对“格君心之非”的困局，是儒者以弘道为使命的必然的自觉选择，这让他们的生命变得崇高而庄严。

孟子“格君心之非”的提出和实践，对后世君主政体影响深远，是我国古代言官制度设立的主要思想源头。

值得注意的是，“君心之非”的去除，不仅在于“大人”的努力，亦在于“君”的自我觉醒。只是这样的“君”，在历史上太少了。

刘向《新序·杂事第五》：

> 宋昭公出亡于鄗，喟然叹曰：“吾知所以亡矣。吾朝臣千人，发政举吏，无不曰‘吾君圣者’；侍御数百人，被服以立，无不曰‘吾君丽者’。内外不闻吾过，是以至此。”（《新序》，第239页）

“群众是真正的英雄，而我们自己则往往是幼稚可笑的，不了解这一点，就不能得到起码的知识。”（《毛泽东选集》第三卷，人民出版社1991年版，第790页）结合本章，重温毛泽东的这段名言，就应该知道，作为今天的领导干部，自觉地接受批评、开展自我批评有多么重要了。

07.21　孟子曰：“有不虞(1)之誉，有求全之毁。”

【注释】

（1）虞：金文写作，从虍（hū）吴声。虍是虎之省文。吴是会意字。甲骨文写作，金文写作，从夨（zè）从口，象人歪头起舞歌唱的形象，是娱的本字。故虞是人戴着虎头面具起舞娱乐的形象。本义为欢乐。因头戴面具则看不清楚面目，故引申为猜想、意料。

【译文】

孟子说：“有意料不到的赞扬，有求全责备的诋毁。”

【说要】

本章论“毁、誉”。

“毁、誉”既然是“不虞”的、“求全”的，那么这“毁、誉”，或者不真实，或者不尽于真实。置身于这或者不真实、或者不尽于真实的“毁、誉”之中，我们应该如何应对呢？

第一种情况，你是被“毁、誉”的人。王阳明的建议是：

> 曰：无辩。人之是非毁誉，如水之湿，如火之热，久之必见，岂能终掩其实者？故有其事，不可辩也；无其事，不必辩也。无其事而辩之，是自谤也；有其事而辩之，是益增己之恶而甚人之怒也；皆非所以自修而平物也……惟宜安静自处，以听其来顺受之而已耳。（《答伍汝真佥宪》）

这自然是做大事的人应有的气度。

面对或者不真实、或者不尽于真实的“毁、誉”，很需要这样的气度。否则的话，“一凡人誉之，则自以为有余；一凡人沮之，则自以为不足”（韩愈《伯夷颂》）。日日纠结于他人的“毁、誉”之中，宝贵的生命便渐渐消耗掉了。

罗泽南《读孟子札记二》申论此义：

> 若不虞之誉、求全之毁，道来皆失其实，与吾全不相干，使因其誉而喜、因其毁而忧，则此心摇摇无主，终做一事不成。是故人必深穷理之功，知其何以是，知其何以非，自己稳稳当当，向这是一边行去，以圣贤之道理为准则，流俗之毁誉自不得而动之矣。（《罗泽南集》，第296页）

第二种情况，你是“毁、誉”别人的人。孔子的建议是：

> 吾之于人也，谁毁谁誉？如有所誉者，其有所试矣。（《论语》15.25）

天下谁人不说人？只是在我们毁誉他人的时候，多想想孔夫子的话，要确有所检视，见之于真实。

第三种情况，你是“毁、誉”的旁观者、仲裁员。张栻的建议是：

> 夫君子之取人，如不得已，取其心可矣，毁誉岂可尽信哉？（《南轩先生孟子说》卷第四，《张栻集》上，第286页）

他还举例加以说明：

> 陈仲子欲洁一身而显，处母、兄于不义，其为不义均矣，而时人反誉以为廉。匡章责父以善，而不相遇，是爱亲之过者，而时人反毁以不孝。夫二子之行，皆不合义，而一毁一誉，以乱其真。故仲子得誉，孟子以不义辟之；匡章遭毁，孟子以近仁取之。（同上）

张岱则指出了另外一种情况：

“不虞之誉”，为骤得而自喜者坊也。“求全之毁”，为闻秽而轻信者坊也。两意自别，传注中亦不及此。(《四书遇》，第430页)

天下谁人不说人？天下谁人不被说？“有不虞之誉，有求全之毁”，十个字道尽人间口上之是非！

“毁、誉”是修身的磨石，探得其中消息，可开启为人处世一大法门。

07.22　孟子曰：“人之易(1)其言也，无责耳矣(2)。”

【注释】

(1)易：朱熹《孟子集注》：“轻易。”

(2)无责耳矣：赵岐《注》：“不得失言之咎责也。”俞樾《群经平议·孟子》云：“‘无责耳矣’，乃言其不足责也。……孔子称君子‘欲讷于言’，又曰‘仁者其言也讱’，若轻易其言，则无以入德矣，故以不足责绝之也。”俞樾之说，似乎有违孟子立言之旨。不取。

【译文】

孟子说：“一个人轻易发表言论，(是因为他)不需要(为失言)承担责任呀。”

【说要】

本章提醒人们要对自己的言论负责。可与上一章相参看。

言论是一个人的自由，自由是有条件的。所以，孔夫子每每劝人“慎言”：“君子欲讷于言而敏于行”“多闻阙疑，慎言其余，则寡尤”“古者言之不出，耻躬之不逮也”“非礼勿言”……

孙奇逢《四书近指·人之易言章》：

凡易言天下事者，动而招尤，甚则身名俱丧。惜未早经惩责，遂至悔不可及。《书》曰：“惟口兴戎。”《易》曰：“囊括无咎。”可不慎诸！(《孙奇逢集》上，第559页。标点略有改动)

黄宗羲《孟子师说·人之易其言章》：

不当责任，则视天下之事无不可为，故言之易。先师蕺署云：“远观古事谈何

易，实证今身做较难。”此之谓也。（《黄宗羲全集》第一册，第100页）

孟子之言，孙、黄二氏之解，好像是在提醒眼下的两种人：一是网上“好”言天下大事的键盘侠，一是不深入了解实际情况而好提具体要求的上级领导。

07.23 孟子曰：“人之患在好为人师。”

【译文】

孟子说：“人的毛病在于喜好做别人的老师。”

【说要】

此章戒人做学问不要自满，重点只在一个“好”字上。

“好”的问题，在于只想着教育别人，而不顾自己有没有教育别人的资格。

朱熹《孟子集注》引王勉语：

学问有余，人资于己，不得已而应之可也。若好为人师，则自足而不复有进矣，此人之大患也。（《四书章句集注》，第291—292页）

一个人如果常常看到自己不如别人，虚心向学，他的学问必然日有所进。所以，孔子叮咛：“三人行，必有我师焉。”

一个人如果常常觉得谁都不如自己，骄傲自满，他的学问必然日有所退。所以，孟子告诫：“人之患在好为人师。”

07.24 乐正子从于子敖(1)之齐。

乐正子见孟子。孟子曰：“子亦来见我乎？”曰：“先生何为出此言也？”

曰：“子来几日矣？”曰：“昔者(2)。”

曰：“昔者，则我出此言也，不亦宜乎？”曰：“舍馆(3)未定。”

曰：“子闻之也，舍馆定，然后求见长者乎？”曰：“克有罪。”

孟子谓乐正子曰：“子之从于子敖来，徒餔啜(4)也。我不意子学古之道，而以餔啜也。”

【注释】

(1)子敖：齐国权臣王驩之字，亦见04.06、08.27。

(2)昔者：昨天。

（3）舍馆：客舍，住处。

（4）餔（bū）啜（chuò）：吃喝。

【译文】

乐正子跟随王子敖来到齐国。

乐正子去见孟子。孟子问："你也来看我吗？"乐正子答道："老师为什么说这样的话呢？"

孟子问："你来了几天了？"答道："昨天。"

孟子说："既然是昨天，那么，我说这样的话不也应该吗？"乐正子说："因为住所没有找好。"

孟子说："你听说过，要住所找好了才来求见长辈吗？"乐正子说："我错了。"

孟子对乐正子说："你跟随王驩来，不过是为了吃喝。我没有想到你学习古人的道理，竟然是为了吃喝。"

【说要】

本章记录了孟子对爱徒乐正克处己不严、所与不谨的批评。

通行版本，多以"孟子谓乐正子曰"以下另立一章，今合而为一。

> 孟子曰："君子有三乐，而王天下不与存焉。父母俱存，兄弟无故，一乐也；仰不愧于天，俯不怍于人，二乐也；得天下英才而教育之，三乐也。君子有三乐，而王天下不与存焉。"（13.20）

从把"得天下英才而教育之"看作比"王天下"更具有人生快乐意义的事情，我们可以感受到孟子对学生的深情。正因如此，他对学生的错误，批评是很严厉的，所谓"爱之深，责之切"。

在04.06章，我们看到，孟子为正使，王驩为副使吊唁滕文公。王驩独断专行，自作主张，十分无礼。在08.27章，我们将看到，在齐国大夫公行子儿子的葬礼上，王驩恃右师之位，更加傲慢无礼，一副小人得志的嘴脸，又引起孟子的鄙视。今天乐正克却与这样的人为伍，孟子焉能不生气！

冯梦龙《四书指月·乐正子从于章》：

> 孟子责乐正子，全在失身于匪人。既从子敖而来，就是一来即见，亦无解于罪。孟子特就不早"见长者"上使他自悟……"克有罪"，全未悟责他之意，故又有下节话。（《四书指月》，第399页）

“‘克有罪’，全未悟责他之意，故又有下节话”，这也是我将这两章合为一章的理由。后读张栻《南轩先生孟子说》，也是如此分章，可谓先得我心。

冯梦龙继续解说：

> 圣贤欲有为于世，须是立定脚跟，其于小人，一毫假借不得。乐正子实是见孟子而来，偶与子敖撞做一路，不曾绝得他。孟子恐其入圆融之习，故再三唤醒。（《四书指月·孟子谓乐正子章》，第399页）

理解了以上意思，我们就可以体味到，乐正克因“舍馆未定”，晚来拜见老师，虽有慢待老师的问题，却并不是孟子生气的真正原因，“从于子敖”“徒餔啜”，才是要害。

有人对此提出异议：

> 德修谓：乐正子从子敖之齐，未必徒餔啜。曰：无此事，岂可遽然加以此罪！（《朱子语类》卷第五十六《孟子谓乐正子曰章》，第1190页）

张栻《南轩先生孟子说》卷第四则曰：

> 观此章，则知君子之处己，不可以不严，而所与，不可以不谨也。（《张栻集》上，第287页）

张栻此解，深得孟子意旨。

“君子之处己，不可以不严，而所与，不可以不谨也”，正可以作为今天的我们为人处世的随时提醒。

本章几个用字用词，极为细腻，需要细心玩味：

“亦来见我乎”，“亦”字，隐然刺他别有所为而来。（冯梦龙《四书指月》语）

“徒餔啜也”，不明言子敖之不可从，而以“徒餔啜”鄙之。“徒”字可玩，犹云“求其故而不得”，除非为着餔啜耳。（同上）

“不意”二字，大有惊骇意。（同上）

短短对话的记录中，连用了五个“子”字来称呼乐正克。“子”是尊称代词，批评弟子的话语用尊称的语气表达出来，更见批评得严厉。“孟子谓乐正子曰”，不像前面那样只用一个“曰”字，特意加上“孟子谓乐正子”，尤见意味深重。

07.25　孟子曰：“不孝有三，无后为大(1)。舜不告而娶，为无后也，君子以为犹告也。”

【注释】

（1）不孝有三，无后为大：赵岐《注》："于礼有不孝者三事，谓阿意曲从，陷亲不义，一不孝也。家贫亲老，不为禄仕，二不孝也。不娶无子，绝先祖祀，三不孝也。三者之中，无后为大。"

【译文】

孟子说："不孝顺的事有三种，没有后代为最大。舜不禀告父母就娶妻，因为怕没有后代，（因为禀告父母，就娶不了妻。）所以君子认为如同禀告了一样。"

【说要】

本章论"舜不告而娶"的合理性，涉及经权之辨。

赵岐《注》：

> 娶而告父母，礼也。舜不以告，权也。

焦循《孟子正义》曰：

> 孟子之书，全是发明《周易》变通之义。道不行而徒沈浮餔啜，不可变通者也。为无后不告而娶，可变通者也。赵氏以权明之是也。告则不得娶，至于无后，故不告与告同。谓告，礼也，道也。不告与告同，则亦礼也，道也。告而得娶而不告，与告而不得娶而必告，皆非礼非道；于此量度之，则权之即礼即道明矣。（《孟子正义》，第532页）

不过，此章论述的要点，不在经权之理，而在经权之用。

孟子是辨析经权之理的典范：

> 嫂溺不援，是豺狼也。男女授受不亲，礼也；嫂溺，援之以手者，权也。（07.17）

舜是实践经权之理的典范：

> 舜不告而娶，为无后也，君子以为犹告也。（07.25）

正如我们在"嫂溺"一章讲过的，行权不是背离经。恰恰相反，行权是以权变达到守经。

生活中，权变守经，时时按道理做事情，并不是那么容易的，因为"理"常常连带着"情"。

"理"必须合乎情，不合情的"理"不是真理；"情"应该合乎理，不合理的"情"

不是真情。只是“理”一旦遇上了“情”，特别是亲情，问题就变得复杂起来。

朱熹《孟子集注》引范氏曰：

> 盖权出于不得已者也，若父非瞽瞍，子非大舜，而欲不告而娶，则天下之罪人也。（《四书章句集注》，第292页）

张岱《四书遇·犹告章》：

> 惟柳下惠可以坐怀，惟舜可以不告。君子必原其至情，方可略其形迹。故达权者，圣也；守经者，贤也。（《四书遇》，第432页）

孟子讲述的大舜与瞽（gǔ）瞍（sǒu）的故事（见09.01—09.03章），常常会引起后世读者的误会，以为孟子在讲“愚孝”，在讲“天下无不是的父母”。其实，孟子只是用这样极端的情节，来彰显大舜在“孝”字上的工夫。有了这样的工夫，在大舜身上，就结出“仁之实”（“实”是“华实之实”。朱熹语），它让大舜拥有了强烈的安顿天下人的意愿，也让大舜拥有了“不告而娶”的行权的资格。

张栻《南轩先生孟子说》卷第四：

> 或问于伊川曰：“舜之不告而娶，何也？”……曰：“尧命瞽瞍使舜娶，舜虽不告，尧之告也，以君诏之而已。”（《张栻集》上，第287—288页）

伊川的这个说法，现代人是很难认可的。“君”代表着公权力，“父”代表着私权力；以“君诏”代舜“告”，未免以公权力代替私权力，甚至伤害私权力。

就《孟子》文本来讲，伊川的解释也不合孟子的原意：

> 万章曰：“舜之不告而娶，则吾既得闻命矣；帝之妻舜而不告，何也？”
> 曰：“帝亦知告焉则不得妻也。”（09.02）

不告而娶，根本的原因还是瞽瞍的愚顽，舜与尧只是不得已而行权罢了。

07.26　孟子曰：“仁之实(1)，事亲是也；义之实，从兄是也；智之实，知斯二者弗去是也；礼之实，节文斯二者是也；乐之实，乐斯二者，乐则生矣，生则恶可已也，恶可已，则不知足之蹈之手之舞之。”

【注释】

（1）实：《朱子语类》：“‘实’字，有对名而言者，谓名实之实；有对理而言者，谓事实之实；有对华而言者，谓华实之实。今这实字不是名实、事实之实，正是华实之实。”

【译文】

孟子说："仁的华实，就是侍奉父母；义的华实，就是顺从兄长；智的华实，就是明白这二者的道理而执着地坚持下去；礼的华实，就是调节、修饰这二者；乐的华实，就是对这二者感到快乐，快乐由此而生发。快乐一生发就不可遏止了。快乐不可遏止，就情不自禁地手舞足蹈起来。"

【说要】

本章依托人伦日用的亲切处——孝悌，来论述仁、义、礼、智、乐的内容及其相互关系。

理解本章的关键或者说难点，在"实"字上。

《朱子语类》卷第五十六《仁之实章》：

问仁义之实。曰："须是理会得个'实'字，方晓得此章意思。这'实'字便是对'华'字。且如爱亲、仁民、爱物，无非仁也，但是爱亲乃是切近而真实者，乃是仁最先发去处；于仁民、爱物，乃远而大了。义之'实'亦然。"（《朱子语类》，第1190页。标点略有改动）

朱熹《孟子集注》：

仁主于爱，而爱莫切于事亲；义主于敬，而敬莫先于从兄。故仁义之道，其用至广，而其实不越于事亲从兄之间。盖良心之发，最为切近而精实者。有子以孝弟为为仁之本，其意亦犹此也。（《四书章句集注》，第292—293页）

仁之实，即仁的华实，也就是说，仁的生发。仁是孝悌的起点，孝悌是为仁的起点。由仁而孝悌，是一"生"；由孝悌而仁民而爱物，是一"生"。作为仁的果实，孝悌又是再次生发的种子，如此生生不息，正是天地生生之德的大化流行。

关于仁、义、礼、智、乐，《日讲四书解义》卷十九云：

夫道莫大于仁，济人利物，何莫非仁？而仁之实不在是，必也孝以事亲乎？吾有亲而不爱，何以言能爱？诚以天性之爱自有欢然不可解之情，一念真爱，何等切实，即至泽被苍生，功施万物，不过从此扩充而出。仁之实，事亲是也。

道莫大于义，事君尊贤，何莫非义？而义之实不在是，必也弟以事兄乎？吾有兄而不敬，何以言能敬？诚以天伦之敬自有秩然不可逾之序，一念真敬，何等切实，即至因时达变，善俗宜民，不过从此推广而出。义之实，从兄是也。

岂惟仁义？即智、礼、乐莫不皆然。盖智以明通为用，明物察伦，何莫非智？

而智之实不在是，惟于事亲从兄处，见之明，守之固，便是本然之良知，极其真切，推之穷神如化，亦不外是。此所谓智之实也。

礼以秩叙为体，三百三千，何莫非礼？而礼之实不在是，惟于事亲从兄处，品节相维，仪文相洽，便是自然之良能，极其真切，推之安上治民亦不外是。此所谓礼之实也。

乐以平情宣化，功用甚博，然究其实亦止在事亲从兄处，有从容安适之意，无勉强矫拂之私，而乐以行之也。既至于乐，则爱亲敬长之心油然自生。既有生意便敷畅条达，自然欲罢不能，而恶可已也。恶可已则不待安排，不假言说，随处发见，莫非性真，动容周旋，莫非盛德，手舞足蹈，皆是孝弟，有不知其然而然者，此吾心自然之和，推之动天地，感鬼神，莫不由是。此之谓乐之实也。（《日讲四书解义》，第303—304页。标点略有改动）

关于仁、义、礼、智、乐之间的关系，吕留良《四书讲义》卷三十六：

仁义知礼乐五者，不是平列，也不是随意举似，粗心者看做一样，若云天下道理其实只一孝弟，大段亦未为不是，然失其旨矣。仁义两件并立，亦一亦二，知礼乐又从上两件见，三者又不是平排乱拈，由知而礼而乐，道理相生，与工夫节候皆有次第。说到乐之实处，道理似轻而工夫节候极深微神妙，知此方见朱子总注之精，吃紧为人处。（《四书讲义》，第827页）

07.27　孟子曰："天下大悦而将归己，视天下悦而归己，犹草芥也，惟舜为然。不得乎亲，不可以为人；不顺乎亲，不可以为子。舜尽事亲之道而瞽瞍[1]厎豫[2]，瞽瞍厎豫而天下化，瞽瞍厎豫而天下之为父子者定。此之谓大孝。"

【注释】

（1）瞽瞍：舜的父亲，性情愚顽，多次想谋杀舜。参见09.02章、09.04章。

（2）厎（zhǐ）豫：得以快乐。赵岐《注》："厎，致也。豫，乐也。"

【译文】

孟子说："天下人十分悦服而来归附自己，把天下人悦服而归附自己看得像草芥一样的，只有舜能够做到。不能得到父母的欢心，不可以做人；不能顺从父母的心愿，不可以做儿子。舜尽心侍奉父母，瞽瞍终于得以快乐了；瞽瞍一快乐，天下的人都受到感化；瞽瞍一快乐，天下的父子伦常也由此确定了，这就叫作大孝。"

【说要】

上一章讲仁义之实，这一章便请来了一位大仁大义的圣人——舜——来做榜样。

《孟子》提到“舜”有100次（其中23次尧舜并称），涉及舜“孝”（包括“悌”）的有28次之多。

这一章，孟子叙述的舜的孝更为极致——“视天下悦而归己，犹草芥也”。

将“天下悦而归己”与“瞽瞍厎豫”作对比，显然是诗化的文字，我们不能作逻辑化的理解。

> 身体发肤，受之父母，不敢毁伤，孝之始也。立身行道，扬名于后世，以显父母，孝之终也。（《孝经·开宗明义章第一》）

在儒家的语境里，孝亲与治国从来就不是隔离的。如果真的以为舜“视天下悦而归己，犹草芥也”的话，大孝——“瞽瞍厎豫而天下化，瞽瞍厎豫而天下之为父子者定。此之谓大孝”——就没有存在的必要和可能了。

黄宗羲《孟子师说·天下大悦章》：

> 先师曰：“予尝断焚廪浚井为必无之事，只郁陶思君一语，相传是实。……当时父母兄弟，都坐在庸人局内，其父母与弟见得事已如此，我原无不是处，舜见得事已如此，我必有不是处。才认无不是处，愈流愈下，终成凡夫；才认有不是处，愈达愈上，便是圣人。……”（《黄宗羲全集》第一册，第103页）

德性修养，重在求己。所以言孝道，要从子事亲上讲，一掺入父之慈，便有离开己而求诸人的嫌疑。

人际关系当然以对等为理想状态，然为达到此理想状态，必须各自反求诸己。

但是，孟子强调舜的大孝，并不是简单地要以孝治天下，尤其不是以绝对的、单向的孝治天下。孝只是要彰显人性，扩充培养善性，孝返于仁、扩充仁。孟子云：“先王有不忍人之心，斯有不忍人之政矣。”孟子倡导的治道，本质上是以仁治天下，并由此打破以孝治天下的局限。

卷第八 离娄章句下 凡三十三章

08.01 孟子曰："舜生于诸冯，迁于负夏，卒于鸣条[1]，东夷之人也。文王生于岐周[2]，卒于毕郢[3]，西夷之人也。地之相去也，千有余里；世之相后也，千有余岁。得志行乎中国，若合符节[4]，先圣后圣，其揆[5]一也。"

【注释】

（1）诸冯、负夏、鸣条：皆古地名，地点不详。

（2）岐周：周族的发祥地，周先祖古公亶父始迁于此。在今陕西岐山县东北。

（3）毕郢：在今陕西咸阳市东部。朱熹《孟子集注》："近丰镐，今有文王墓。"

（4）符节：古代朝廷用作凭证的信物，用金、玉、竹、铜、木等制成，上刻文字，分为两半，使用时以两半相合为验。

（5）揆：尺度，准则。

【译文】

孟子说："舜出生在诸冯，迁居到负夏，卒于鸣条，是东方边地的人。文王出生在岐周，卒于毕郢，是西方边地的人。地方相距一千多里，时代相隔一千多年。他们得志时在中原的所作所为，如同符节吻合那样一致。可见，前代的圣人与后代的圣人，他们的准则是一样的。"

【说要】

本章举大舜、文王，以论"先圣后圣，其揆一也"。

大舜居东方，生于千年之前；文王居西方，生于千年之后。地方相距千余里，风俗不会不异；时代相去千余岁，人情不会不变。即以大舜、文王来说，大舜之事瞽瞍，文王之事王季；舜之事尧，文王之事纣；舜之无为而治，文王之忧勤。事事皆有不同，他们修身治国的"一"在何处呢？这个"一"，或者说准则就是仁义，就是仁政、王道。

张栻《南轩先生孟子说》卷第四：

然自今观之，舜与文王所值之时，周旋于父子君臣之际者，盖不同矣。孟子谓

若合符节者，其何以见之邪？盖道一而已。其所以一者，天之理也；若夫人为，则万殊矣。（《张栻集》上，第290页）

王蒙《得民心得天下：王蒙说〈孟子〉》：

事物、世界无疑有恒久不变的一面：仁政王道，有不变的特质；美德善性，有不变的品相；天理人心有永远的主导地位。看看千里之外、千年之遥的大舜与文王的美德美质的普适性，孟子此论有其良苦用心。

从人性的角度分析这些说法，孟子强调性善。以性善为他的一切主张的绝对前提，绝对律令：人即是善，善即是人，人即是仁，仁即是人，因此一切残暴、非仁德、非善良，都是非人类乃至反人类的。既然人性善是普适规律，舜与文王的一致性、可对接性也就是必然的了。（《得民心得天下：王蒙说〈孟子〉》，第214页）

王夫之《读四书大全说》卷九：

圣贤之立言也，正在天理烂漫、形著明动上征道之诚然，终不向烛影萤光寻个相似处测其离合。而《孟子》一书，十九为当时药石，显真理以破妄说。此一章书，自缘战国游谈之士，非先王之道者，谓时异地殊，法必改作，不可以虞、周之治治今日，不可以蒲坂、岐阳之治治他国，故孟子显示两圣人所以行乎中国者，时地相去之远如此，而所以揆度天下之务者无异。（《船山全书》第六册，第1009—1010页）

圣人立言，自然有万世之功，但是他的起因不离当时。体会到这个“起因”，方能品味到“先圣后圣，其揆一也”的真味。这正是我们今天严肃地依从经典文本而解读，而不是调侃式戏说经典意义之所在。

08.02　子产[(1)]听郑国之政，以其乘舆[(2)]济人于溱洧[(3)]。孟子曰：“惠而不知为政。岁十一月[(4)]，徒杠[(5)]成；十二月，舆梁[(6)]成，民未病[(7)]涉也。君子平[(8)]其政，行辟人[(9)]可也，焉得人人而济之？故为政者，每人而悦之，日亦不足矣。”

【注释】

（1）子产：春秋时郑国的贤相，姓公孙，名侨，字子产，颇得孔子赞许。

（2）舆：甲骨文写作，描绘的是由四人手提肩抬的交通工具。本义是轿子，后指车上坐人的部位，再泛指车。

（3）溱（zhēn）洧（wěi）：郑国的两条河流。此处或是虚指郑国的某一河流。

（4）岁十一月：孟子所称的月份大多是周历，周历建子，故其十一月相当于农历九月。

（5）徒杠：供人徒步行走的独木桥。

（6）舆梁：能通车的大桥。

（7）病：苦恼，发愁。

（8）平：善于治理。《逸周书·谥法解》："治而无眚（shěng，过错）曰平，执事有制曰平，布纲持纪曰平。"

（9）行辟人：出行时让路人回避。辟，同"避"。

【译文】

子产主持郑国的政治，用自己的车子帮人渡过溱水和洧水。孟子说："子产能施小恩小惠，却不懂得治理国家的大体要务。如果在十一月，修好行人的小桥；在十二月，修好行车的大桥，民众就不会为渡河发愁了。为政的人如果处理好政务，出行时让路人回避也是可以的，怎能一个个地帮人渡河呢？况且为政的人，要取悦每一个人，时间也不够用呀。"

【说要】

此章论治道。

治理国家当如天覆地载，不专爱一物而四时行焉、百物生焉。其大要在知大小、辨公私、明是非、得大体、固根本、行仁政。否则，虽有爱心而只知施小恩小惠，则与国家治理无益。

王夫之《四书训义》卷三十二云：

> 王政不行，世无善治，其无不忍人之心而播恶者无论已，即其爱民之念偶动，而施一惠，乃经制不立，而民不被其泽。故孟子因尚论子产而详辨之。（《船山全书》第八册，第489页）

郑相子产，辅佐郑君治理国政，位尊任重，不思张举纪纲法度，也不思未雨绸缪，在天寒、水涨之前修复毁坏的桥梁，只知道用自己的车子帮人渡过河。这不是典型的有惠民之心而不知为政大体的官员吗？孟子曾经说过"徒善不足以为政"，正是批评的这种现象。

不过，值得注意的是，在《左传》《国语》等诸多文献中，记载着许多关于子产善于治国理政的言行。孔子也不止一次地称赞他，特别是《论语》05.16：

子谓子产，“有君子之道四焉：其行己也恭，其事上也敬，其养民也惠，其使民也义”。

孔子评论子产，说他具备合乎君子之道的四种德行：他立身行事能谦恭，他事君事上能敬慎，他养护民众能慈惠，他使用民力能合义。由此，我们可以确定子产绝不是好行小恩小惠、不知为政大体的人，而是位善于治国理政的贤相。

那问题就来了，是孟子妄议子产吗，还是不了解子产呢？细细思考，都不是。

正因为子产是一位贤能的国相，他的一言一行或为后世所效仿，孟子才从一个新角度去观察发生在子产身上的事，以告诫后世为官的人，不要孤立地看待子产“以其乘舆济人”的善行——不能东施效颦，只知道施小恩小惠而忘记了为政的要务、大体。朱熹《孟子集注》云：“诸葛武侯尝言，‘治世以大德，不以小惠’，得孟子之意矣。”

《孟子》一书中，常有“鸡蛋里挑骨头”的章节，这不是孟子喜欢说过头的话，而是引导我们在放大镜下看清问题之所在。

08.03　孟子告齐宣王曰：“君之[1]视臣如手足，则臣视君如腹心；君之视臣如犬马，则臣视君如国人[2]；君之视臣如土芥，则臣视君如寇仇。”

王曰：“礼，为旧君有服，何如斯可为服矣？”

曰：“谏行言听，膏泽下于民；有故而去，则君使人导之出疆，又先[3]于其所往；去三年不反，然后收其田里[4]。此之谓三有礼焉。如此，则为之服矣。今也为臣，谏则不行，言则不听，膏泽不下于民；有故而去，则君搏执之，又极[5]之于其所往；去之日，遂收其田里。此之谓寇仇。寇仇，何服之有？”

【注释】

（1）之：无义。用于强调或补足语气。

（2）国人：朱熹《孟子集注》：“国人，犹言路人，言无怨无德也。”国，金文写作或，口表示围墙，四个短画是四个脚趾的省写，戈是兵器，会意士兵巡守围墙。故国的本义是城郭，引申为邦国。这里用本义。

（3）先：提前派人先去布置安排之意。

（4）田里：指禄田和居宅。

（5）极：赵岐《注》：“恶而困之也。”

【译文】

孟子告诉齐宣王说：“君主看待臣下如同手足，臣下就会看待君主如同腹心；君主看待臣下如同狗马，臣下就会看待君主如同路人；君主看待臣下如同泥土草芥，臣下就会看待君主如同强盗仇敌。”

齐宣王说：“礼制规定，离职的臣子要为过去的君主服丧。君主怎样做，臣子才可为他服丧呢？”

孟子说：“劝谏能听从，建议能采纳，恩泽下及百姓；臣子因故离去，君主派人护送他出境，并提前派人到他要去的地方做布置安排；离开三年还不回来，然后收回他的禄田和居宅。这叫作‘三有礼’。这样，臣子就会为他服丧了。如今做臣子的，（君主对他的）劝谏不听从，建议不采纳，恩泽不能下及百姓；因故离去，君主就要捉拿他，还设法使他在要去的地方陷入穷困；离开的当天，就没收他的禄田和居宅。这就叫作强盗仇敌。对于强盗仇敌，有什么丧可服呢？”

【说要】

本章论君臣关系。

杨海文《〈孟子节文〉是怎么回事？》：

> 君臣关系是孟子王道政治学的重要组成部分。它一方面说手足—腹心、犬马—国人、土芥—寇仇，土芥—寇仇之论又最让统治者胆战心惊，这是对抗的一面；另一方面说师、友、事，师友之论又最让士阶层心往神驰，这是合作的一面。（杨海文：《〈孟子节文〉是怎么回事？》，《中华读书报》2011年6月15日）

对于君臣关系，子曰：“君使臣以礼，臣事君以忠。”（《论语》03.19）这是从正面的道理来讲的，孟子这里却是从负面的行为来说的。孔孟一致的是，在君臣关系中，二者是相互对待的，臣对君没有绝对服从的义务。

“君之视臣如手足，则臣视君如腹心；君之视臣如犬马，则臣视君如国人；君之视臣如土芥，则臣视君如寇仇”，这段话讲得激越，讲得义正词严。

孙奇逢《四书近指·君子视臣章》：

> 战国时，君礼臣忠，邈乎不可睹矣，故只举相报之情，以激发齐宣，使善遇其下。盖进谏之道，或婉或直，妙在言下斟酌，安得有一定教条？或曰：孟子此论，乍听甚骇人，徐而思之，盖与“闻诛一夫，未闻弑君之说”略同，大意尤与《书·泰誓》“抚我则后，虐我则仇”二句相表里，非孟子创论也。论卿则言易位，论服则言寇仇，无服危言抗节，非孟子不能。要之，皆欲成就齐王，且以为万世戒耳。（《孙奇逢集》上，第562页。标点略有改动）

王蒙《得民心得天下：王蒙说〈孟子〉》：

这段话很有名，因为它很刺激。与一般的君臣关系说法的单向与高度倾斜不同，它讲的是君臣关系的双向性、互动性、平衡性。

孟子的一大贡献是给君王以忠告、劝告、警告、告诫。一要亲民，要视民心为天心天命，一个是要敬臣，要信任与尊重臣子。这就比一味地讲君要臣死臣不敢不死、赐了死也要谢恩、臣为君要肝脑涂地、臣对君要自称奴才……矫情谬论高明得多。（《得民心得天下：王蒙说〈孟子〉》，第216页）

对于后世“君要臣死臣不敢不死”“臣罪当诛天王圣明”等混账话，王夫之《读四书大全说·孟子·离娄下篇》批得好：

圣人人伦之至，不是唇舌卖弄底。君之当敬，岂必圣明而后敬哉！故曰“不以舜之所以事尧事君，不敬其君者也”……

圣人一诚而已矣。为臣而尽敬于君，诚也。君之不善，不敢以为圣明，己之无罪，不敢自以为罪，亦莫非诚也。“臣罪当诛，天王圣明”，则欺天欺人，欺君欺己，以涂饰罔昧冥行于人伦之际，而可以为诚乎？（《船山全书》第六册，第1013页）

细细品味手足—腹心、犬马—国人、土芥—寇仇这一段话，还有另外一层深意：

这是加倍反应、过度反应的语言。你视我如土芥，我视你如灰尘，也就行了，何至于成为寇仇？谁让你是君王呢？这叫作君王政责加倍论，君王政治道德从严论。这还有点刀锋战士的语言风格。（《得民心得天下：王蒙说〈孟子〉》，第216页）

是的，在孟子眼里，君臣关系不仅是双向性、互动性、平衡性的，而且，良好君臣关系的建立，君负有主要责任——孟子曰：“君仁，莫不仁；君义，莫不义。”（08.05）

也许寇仇之论太有名了，让人把注意力大多放在君臣的对待，特别是臣对君行为的反应上，多少忽略了君臣关系所以成立的基础：

孟子此章本论君臣交际，而必及膏泽下于民与膏泽不下于民，盖君臣之所职均在乎民。有民而后有国，有国而后有君臣，舍民何以为君臣哉？（《孟子讲义》卷八，第136页）

“有民而后有国，有国而后有君臣”，这是君臣关系所以成立的基础，离开这一基础而谈君臣关系，鲜有不陷入权术的。姚先生总是慧眼独具，他的提醒不可忽视。

“君之视臣如手足，则臣视君如腹心；君之视臣如犬马，则臣视君如国人；君之视臣如土芥，则臣视君如寇仇”，孟子为什么对齐宣王说出如此激越的话呢？

朱熹《孟子集注》引孔氏语云：

> 宣王之遇臣下，恩礼衰薄，至于昔者所进，今日不知其亡，则其于群臣，可谓邈然无敬矣，故孟子告之以此。手足腹心，相待一体，恩义之至也。如犬马则轻贱之，然犹有豢养之恩焉。国人，犹言路人，言无怨无德也。土芥，则践踏之而已矣，斩艾之而已矣，其贱恶之又甚矣。寇仇之报，不亦宜乎？（《四书章句集注》，第295页）

面对孟子如此骇人的劝诫，齐宣王的反应倒是很平和，甚至是有点谦恭的——王曰："礼，为旧君有服，何如斯可为服矣？"以下孟子的解惑，温和而平正：

"谏行言听，膏泽下于民"——这是"用臣在"。

"有故而去，则君使人导之出疆，又先于其所往"——这是"礼臣往"。

"去三年不反，然后收其田里"——这是"念臣旧"。

手足腹心、犬马国人、土芥寇仇之论，意在动齐宣王之心；用臣在、礼臣往、念臣旧，意在导齐宣王之行。孟子对于齐宣王，可谓尽心了。

面对孟子的劝诫，齐宣王的反应是很平和、谦恭的。相对于齐宣王，千年之后的朱元璋的反应就大不同了：

> 帝尝览《孟子》，至"土芥""寇仇"语，谓非臣子所宜言，议罢其配享，诏有谏者以大不敬论。唐抗疏入谏曰："臣为孟轲死，死有余荣。"时廷臣无不为唐危。帝鉴其诚恳，不之罪。孟子配享亦旋复。然卒命儒臣修《孟子节文》云。（《明史》卷一百三十九《钱唐传》）

修《孟子节文》的"儒臣"是刘三吾。以朱熹《孟子集注》（260章）为准，被《孟子节文》（171章）删除的有89章。《孟子》哪些方面的话被刘三吾奉命删除了呢？

近人容肇祖在《明太祖的〈孟子节文〉》中列出了十一个方面：

> 不许说人民有尊贵的地位和权利。
>
> 不许说人民对于暴君污吏报复的话。
>
> 不许说人民应有革命和反抗暴君的权利。
>
> 不许说人民应有生存的权利。
>
> 不许说统治者的坏话。
>
> 不许说反对征兵征实同时并举。
>
> 不许说反对捐税的话。
>
> 不许说反对内战。

不许说官僚黑暗的政治。

不许说行仁政救人民。

不许说君主要负善良或败坏风俗的责任。

杨海文先生指出，这十一个“不许说”，实质就是权力王国的主宰者们“不许”道德王国的思想者们“说”不利于现存统治的话，而孟子洋溢着道德理想主义光辉的王道政治学尤其“不许说”。

历史不是被权力王国的主宰者们任意打扮的小女孩，它以一贯的冷峻在《孟子节文》的反面折射出孟子道德理想主义的光辉。

张栻《南轩先生孟子说》卷第四：

孟子此章之意，孔子所谓“君使臣以礼、臣事君以忠”之语，盖尽之矣。圣贤之言之分，于此亦可见。故伊川先生曰：“仲尼，元气也；颜子，春生也；孟子，并秋杀见之矣。”学者当更以是思之。（《张栻集》上，第292—293页）

相对于伊川、张栻对孟子的颇有微词，我更喜欢梁启超先生“思之”以后得出的结论：

为修养受用起见，《论语》如饭，最宜滋养；《孟子》如药，最宜祓除及兴奋。读《孟子》，第一，宜观其砥砺廉隅，崇尚名节，进退辞受取与之间峻立防闲，如此然后可以自守而不至堕落。第二，宜观其气象博大，独往独来，光明俊伟，绝无藏闪。能常常诵习体会，人格自然扩大。第三，宜观其意志坚强，百折不回。服膺书中语，对于环境之压迫，可以增加抵抗力。第四，宜观其修养下手工夫简易直捷，无后儒所言支离、玄渺之二病。要之《孟子》为修养最适当之书，于今日青年尤为相宜。学者宜摘取其中精要语熟诵，或抄出常常阅览，使其精神深入我之“下意识”中，则一生做人基础可以稳固，而且日日向上，至老不衰矣。（梁启超：《要籍解题及其读法》，中州古籍出版社2016年版，第44页）

08.04　孟子曰：“无罪而杀士，则大夫可以去；无罪而戮民，则士可以徙。”

【译文】

孟子说：“无罪而杀害士人，大夫就可以离去；无罪而杀戮百姓，士人就可以迁走。”

【说要】

本章论士大夫进退出处之道。

《日讲四书解义》卷二十：

> 孟子曰：国家有士，人君所当忠信重禄而视如一体者也，即陷于罪，犹有情可矜者。若无罪而轻杀焉，此淫刑之渐，祸将及于大夫，为大夫者亦可见几而去矣。国家有民，人君所当生全爱养而如保赤子者也，即罹于罪，犹有法可宥者。若无罪而轻杀焉，此滥杀之渐，祸将及于士，为士者亦可见几而先徙矣。（《日讲四书解义》，第307页）

冯梦龙《四书指月·孟子曰无罪而杀士章》：

> “无罪”二字重看。“杀士”者，杀大夫之渐。“戮民”者，戮士之渐。“可以”者，惟此时为可，过此将有欲去而不得者矣。（《四书指月》，第406页）

本章的士、大夫，皆特指忧国忧民之人。否则，去与不去，仅仅关乎个人之私，孟子又何尝为此费笔墨。忧国忧民的士、大夫之心与民心是一致的，“无罪而戮民”则失民心，失民心则失士、大夫之心，故“无罪而戮民”又当重看。

> 曾子曰：“士不可以不弘毅，任重而道远。仁以为己任，不亦重乎？死而后已，不亦远乎？”（《论语》08.07）

士、大夫“仁以为己任”，死而后已，自应具有绝大的牺牲精神，“杀身以成仁”“舍生以取义”。同时，士、大夫“任重而道远”，也必须珍重自己的生命，深明保身之哲，所谓“知命者不立乎岩墙之下”。

王蒙先生看到“士大夫去徙”中所蕴含的意义：

> 铿锵作响，坚决痛快。不但讲君权也讲士权。当然，还没有发展到具体论述民权与人权的程度。孟子不认为君权是绝对的与无条件的，这个认识极其重要。（《得民心得天下：王蒙说〈孟子〉》，第217页）

当然，本章还有一层隐藏在字面之后的意思需要明察：

> 此非独使为士大夫者知此义。见几而作，以不陷于戮辱，抑将使有国者闻之悚然，不可以失士大夫之心也。使大夫士而怀去与徙之心，则国之危亡可立待矣。（《南轩先生孟子说》卷第四，《张栻集》上，第293页）

君与臣是相互对待的关系，言君即言臣，言臣即言君。大有为之君，当于臣的进退去留中反思自己。

回到你我的具体生活中，我与人也是对待的关系。“我”需要时时刻刻从“人”对待“我”的态度中，反思自己。

08.05 孟子曰：“君仁，莫不仁；君义，莫不义。”

【译文】

孟子说：“国君仁，便没有人不仁；国君义，便没有人不义。”

【说要】

本章论人君当正己以作则。与上一章相呼应。

冯梦龙《四书指月·孟子曰君仁莫不章》：

> “君仁”“君义”，在君身上说；“莫不仁”义，在民感化上说。（《四书指月》，第406页）

本章内容与07.20章重见。不过，07.20章的落脚点在“正君”上，本章的落脚点在“君正”上。焦循《孟子正义》曰：“前言人臣格君心之非，明人臣当自修其身。此言人君自格其心，明人君当自修其身。”

《日讲四书解义》卷二十：

> 夫君身一仁义，而百官万民奉行德意，遵守成式，莫不兴起，不令而行，不言而喻，岂在文告之烦、法令之严哉？《书》曰：“一人元良，万邦以贞。”《诗》曰：“有觉德行，四国顺之。”此皆端本澄源之论也。（《日讲四书解义》，第307页）

自然，“君仁，莫不仁；君义，莫不义”，又是强调人君重要作用的诗化的话。如果真的以为人君的作用就有如此之大，那就把书读死了——由“君仁”“君义”到“莫不仁”“莫不义”，还有一大段富而有教的事要做。

08.06 孟子曰：“非礼之礼，非义之义[1]，大人弗为。”

【注释】

（1）非礼之礼，非义之义：赵岐《注》：“若礼而非礼……若义而非义。”焦循《孟子正义》：“若，犹似也。似礼非礼，似义非义，皆似是而非者也。”

【译文】

孟子说："似是而非的礼，似是而非的义，德性完备的人是不会遵行的。"

【说要】

此是孟子精言礼、义的章节。

张栻《南轩先生孟子说》卷第四：

> 非礼之礼，非义之义，谓其事虽本是礼义，而施之不当，一过其则，则为非礼义矣。(《张栻集》上，第294页)

"非礼之礼，非义之义"，是仅有外在形式而不具备内在精神的"礼""义"。一般人只看到"礼、义"的外在形式，便行之不辍；德性完备的人却看到这"礼、义"的"非"，看到它仅有外在的形式而不具备内在的精神，所以坚决不为。

孔子云：

> 觚(gū)不觚，觚哉！觚哉！(《论语》06.25)

觚之所以为觚，在于其有棱；人之所以用觚，在于见觚而正己。若用觚而无棱，何以正人？礼义可以正人，若礼义徒有外在的形式而不具备内在的精神，何以正人？本章正可以申发夫子之感慨。

《日讲四书解义》卷二十：

> 礼本尚敬，而足恭则涉于谄。礼贵有文，而文胜则疑于伪。名虽为礼，其实非礼之正也。以执持为义而止其所不当，止以奋激为义而行其所不必行，名虽为义，其实非义之正也。惟其察理不精，是以行之有蔽。大人道全识周，故其所审察既极精明，体行又极纯熟，随事顺理，礼之中正全乎当体，因时处宜，义之变化从乎一心。(《日讲四书解义》，第307页)

道理说解不易，生活实践就更难了。所以，冯梦龙善意提醒：

> 礼义从大人出，大人不从礼义出，若在礼义上模拟，全无是处。(《四书指月·孟子曰非礼之礼章》，第406页)

不纠结于玄妙的理论，而求正于现实的榜样，这与歌德的话有异曲同工之妙：

> 理论是灰色的，而生活之树是常青的。(《浮士德》)

08.07　孟子曰："中也养不中，才也养不才[(1)]，故人乐有贤父兄也。如中也弃不中，才也弃不才，则贤、不肖之相去，其间不能以寸[(2)]。"

【注释】

(1)中也养不中，才也养不才：朱熹《孟子集注》："无过不及之谓中，足以有为之谓才。养，谓涵育薰陶，俟其自化也。"中就是有德行之人。才就是有才能之人。养就是涵育熏陶。

(2)不能以寸：不能以寸测量。极言差距之小。

【译文】

孟子说："有德行的人来涵育熏陶德行不好的人，有才能的人来涵育熏陶才能不好的人，所以人都喜欢有德行才能的父兄。如果有德行的人不去涵育熏陶那些德行不好的人，有才能的人不去涵育熏陶那些才能不好的人，那么有德才与德才不好之间的差距，小得不能用寸来测量了。"

【说要】

本章强调贤能者的社会责任。

说理的方式，是从人人的切身之处——贤父兄在家庭的涵育熏陶作用——展开的。

父兄之贤，不仅在于自我的道德修养，更在于对子弟的涵育熏陶作用。孟子把这样的涵育熏陶作用，称为"养"。养，甲骨文中写作，从羊从攴，一般释为"牧"的异体。商承祚先生以为字形象以手持鞭而牧羊："牧牛则字从牛，羖羊则字从羊也。后以从牛之字为牧，而以羖为养矣。"

郝敬《孟子说解》：

> 养与教异。教者，正以校之。养者，涵育之使自化。(〔明〕郝敬撰，刘建民点校：《孟子说解》，崇文书局2022年版，第262页)

冯梦龙《四书指月·孟子曰中也养不中章》：

> 父兄在家庭间，观感最近，故人于父兄处最得力。那个父兄不要子弟好的？正以责望太甚，求效太速，子弟苦于难堪，反激成其自弃。所以点出"养"字，要为父兄者，如养花木一般，栽培灌溉，俟其自长，使子弟常有一段快活的意思，如草木之欣欣向荣，方是曲成之术。(《四书指月》，第406—407页)

世人都知道儒家重孝悌，却有许多人不知儒家所重的孝悌的发动者是父兄，是父兄的慈爱、友善。

能体察此意，便明白子弟之“乐”，正在父兄之“贤”且“养”。“养”与“弃”相对，不善“养”，便是“弃”。

辛全《四书说》卷六：

> “中也养不中”一章，固是父兄成子弟道理，推言之，亦是先知觉后知道理。（《四书说》，第189页）

按照孟子“亲亲而仁民，仁民而爱物”的善性扩充路径，将贤父兄之“养”推及出去，那就是以“先知觉后知”，以“先觉觉后觉”，不断美善风俗。

王蒙《得民心得天下：王蒙说〈孟子〉》：

> 孔孟重视道德与礼法，重视社会与家国的文明化，所以也就重视教化、教育。孔子的说法是“有教无类”——全民教育。孟子的说法是不弃，是精英有教育民人的义务，君子有教导小人的义务，道德立国与教化立国，是二而一、一而二的修身齐家治国平天下的核心。（《得民心得天下：王蒙说〈孟子〉》，第220页）

孟子告诫：如果先知不能觉后知，先觉不能觉后觉，那贤与不肖、好与不好之间，又有多大差别呢？

强调贤能者的社会责任透露出孟子的一个大愿望，套用改革开放初期的一句常说的话，就是让一部分人先道德起来，先道德带动后道德，然后达到共同道德。

此孟子之大慈悲。

08.08　孟子曰：“人有不为也，而后可以有为。”

【译文】

孟子说：“人有所不为，然后才能有所为。”

【说要】

此章论“为”与“不为”，可称为“为不为之辨”。

“为不为之辨”，辨的是取舍，辨的是价值观。

张栻《南轩先生孟子说》卷第四：

> 事有不可为者，有当为者。人能择其所不可为而不为，则其于所当为者，斯能为之矣。何者？其用心必专，而其所为必果也。苟惟泛然而无所择于其所不可为者

而为之，是为无所不为，则于其所当为者，斯无力矣。又况无所不为，则将颠沛随之，乌能有为邪？故必有不为也，而后可以有为。盖其有所不为者，是乃其可以有为者也。此亦观人之方也。（《张栻集》上，第295页）

李光地《榕村语录》卷之六：

所为、所不为，只是一事有两面耳。当其不为，便有一面为的在；当其为，又有不为的一面在。不是两事，亦不是两时。如人走路，一脚踮得定，便一脚动得有力。如坐在馆中读书，屏却闲游杂好，便分外读得有精神。大要择之明则守之固，守之固则发之果，是此节正意。[〔清〕李光地撰，陈祖武点校：《榕村全书》第五册《榕村语录》（上），福建人民出版社2013年版，第135页]

“人有不为也，而后可以有为”，与老子的“无为而无不为”貌似仿佛，实则大相异趣。

老子的“无为而无不为”，强调的是人对自然的顺从、辅助，于万物不操纵、不控制。

孟子的“人有不为也，而后可以有为”，则强调的是人对己的约束、修养，在舍中见取，在取中见仁义礼智、见“亲亲而仁民，仁民而爱物”、见“舍生取义”、见“舍我其谁”。

08.09　孟子曰：“言人(1)之不善，当如后患何？”

【注释】

（1）人：此处指人性。

【译文】

孟子说：“如果说人性本身是不善的，人们就会索性放弃道德，那该怎么办呢？”

【说要】

此章论拒绝人性之善是有害的。

传统的解释，大都认为此章大旨是：

发人私，攻人短，本非厚道，孟子特借后患以惕之。（《四书指月·孟子曰言人之不善章》，第407页）

人有不善，不能救正，又无意矜恤，徒然播扬称述之，是诚何心？未有好言人

之短，人不切齿者，圣人所以贵隐恶也。（《孟子说解》，第263页）

将“言”直接定性为“发人私，攻人短”的不厚道言论，缺少必要的话语背景。对此，朱熹持审慎态度：

“言人之不善，当如后患何？”恐是孟子因事而言之。（《朱子语类》卷第五十七《言人之不善章》，第1196页）

后人已经不可能知道“孟子因何事而言之”了，设想一个话语背景来做解读，也是无可奈何的办法。只是，有没有更好的解释呢？

我们的新解，试着作一个探索。

“言人之不善”的“言”，即论说、主张。06.09章“天下之言不归杨，则归墨”，“言”作名词，本章的“言”作动词。

“人之不善”的“人”，即人性。11.01章“如将戕贼杞柳而以为杯棬，则亦将戕贼人以为仁义与”，人亦作“人性”解。

《陆九渊集》卷三十四：

孟子曰：“言人之不善，当如后患何？”今人多失其旨。盖孟子道性善，故言人无有不善。今若言人之不善，彼将甘为不善，而以不善向汝，汝将何以待之？故曰：“当如后患何？”（〔宋〕陆九渊著，钟哲点校：《陆九渊集》，中华书局1980年版，第410页）

孟子主张人性善，其根本目的是要赋予人以向善的自信、自尊和责任。如果主张人性不善，人或将索性放弃道德，日渐沉沦。这“沉沦”即“后患”，它是人类不可承受之重。

08.10 孟子曰：“仲尼不为已甚者。”

【译文】

孟子说：“仲尼不做过分的事。”

【说要】

本章举孔子以提示人要坚守中道，言行要无过无不及。

言行无过无不及，就是坚守中道。时时刻刻坚守中道，需要明了时中之道，这是大智慧。

时中的“中”，大中至正，不偏不倚，无过无不及，是不变的常道。

时中的“时”，顺应时宜，随宜调整，因革损益，是应变的原则。

时中之道，是常道，不是死道，它应时而变。应时而变不是苟且地背道而驰，而是应时而变以得中道。

冯梦龙《四书指月·孟子曰仲尼不为已甚者》评论此章：

> 此是赞孔子至圣处，不是说他为平易的圣人。（《四书指月》，第408页）

或说读《论语》，所见大都“中正”；读《孟子》，所见大都“已甚”。我们以为，《孟子》的“已甚”，是论理方式，孟子常将问题推论到极致处，以彰显矛盾的冲突，增强论说的说服力。置之死地而后生，正是孟子善辩处、知言处、养气处。

08.11　孟子曰：“大人者，言不必信，行不必[(1)]果，惟义所在。”

【注释】

（1）必：形声兼会意字。从八从弋（yì），弋亦声。弋即“杙”，金文写作，或，象插在地上的小木桩。“八”表示“分”。所以必会意用木杆做标记。本义是标杆或区分的标准。引申为必然、一定等。此处可意译为拘泥。

【译文】

孟子说：“德性完备的人，说话不拘泥于信守，行为不拘泥于结果，一切只以义为标准。”

【说要】

此章论言行信果与义的关系，涉及权变精义。

《论语》13.20章：

> 子贡问曰：“何如斯可谓之士矣？”子曰：“行己有耻，使于四方，不辱君命，可谓士矣。”
>
> 曰：“敢问其次。”曰：“宗族称孝焉，乡党称弟焉。”
>
> 曰：“敢问其次。”曰：“言必信，行必果，硁硁然小人哉！抑亦可以为次矣。”
>
> 曰：“今之从政者何如？”子曰：“噫！斗筲之人，何足算也？”

子贡问，什么样的人才可以称作士？孔子说，约束自己的行为，出使外国不负使命的人，可以称为士。

子贡又问，次一等的士是什么样子的呢？孔子说，宗族中都称赞他孝顺父母，乡里中都称赞他尊敬长者。

子贡接着问，再次一等的士是什么样子的呢？孔子说，说话一定守信用，行为一定有结果。态度实实在在，像一般人一样，这也可以算作次一等的。

子贡再问，今天从政的人怎么样呢？孔子说，唉！那都是度量狭小、见识短浅的人，如何算得上士？

“抑亦可以为次矣”，这是有所肯定的，是说这个人仍然可以称为士，只是层次较低。造成层次较低的原因，不是这个人没有言信行果的意愿，而是没有确保言信行果合乎道义的权变智慧。

人是社会中的存在。这个存在，必须靠许许多多的规则来约束，也因这约束而实现良好的存在。言而有信，行而有果，就是其中必须遵循的基本规则。

大人是德性完备的人，是人人学习的榜样，为何却“言不必信，行不必果”呢？

张岱《四书遇·信果章》：

> 孔子罹蒲之难，蒲人曰：“毋适卫，吾出子。”与之盟，出孔子东门。孔子遂适卫。子贡曰：“盟可负耶？”孔子曰：“要盟也，神不听。”此正惟义所在，而不必信果者。(《四书遇》，第441页)

张岱举的这个例子，似乎不太合乎此章的本意，因为孔子的“言”是被迫的。这里的“言”出于自心自愿，并无外在的胁迫。

对于自己的“言行”，在大人那里本来是要“信、果”的，但世事纷杂，千变万化，常常造成“言必信，行必果”实现条件的缺失、变化。这个时候，如果不依经权变，而一味地强调“必信、必果”，便似是而非，不符合“义”了。“君子之于天下也，无适也，无莫也，义之与比。”(《论语》04.10)“唯义是从”，这正是“大人”之所以“大”的所在。

冯梦龙《四书指月·孟子曰大人者言章》：

> 此是精义之学，“信”“果”无病，病在“必”字。愚谓“信”者，语言的实。“果”者，作事断决。“必信”“必果”，正是有心合义处。殊不知“义”者，变化不居，非可拟而成也。大人道理烂熟，全没“信”“果”二字在胸中打搅，视所当然，因而付之。即人视之或以为“不信”“不果”，而卒不害其为“信”“果”也。(《四书指月》，第408页)

《日讲四书解义》卷二十：

> 随事顺理，因时制宜，惟义是视，而无所容心也。可见一于信果者，言行未必

合义，而或致硁、谅（注：拘泥小的信义、小的节操）之失；一于义者，信果原在义中，而自有通变之宜。故人之言行当以大人为准也。（《日讲四书解义》，第308页。标点略有改动）

“义者，宜也”，“义”是一个大世界，“必信、必果”只是小蹊小径。陆象山云：

大世界不享，却要占个小蹊小径；大人不做，却要做个小人。惜哉！（《四书遇》，第441页）

需要特别强调的是，即使是德性完备、拥有权变智慧的人，也需要谨慎对待“言不必信，行不必果”。“言不必信，行不必果”，不能成为言行苟且的借口。

08.12　孟子曰：“大人者，不失其赤子(1)之心者也。”

【注释】

（1）赤子：初生的婴儿。赤，会意字。甲骨文写作，从大（人的正面形象）从火，会意人的皮肤在火焰的照射之下呈现的颜色。故赤的本义为浅朱色，亦泛指红色。婴儿初生时的皮肤为赤红色，故又名婴儿为赤子。

【译文】

孟子说：“德性完备的人，是不丧失婴儿般纯真之心的人。”

【说要】

大人即从其大体的人，这样的人其内在的仁德修养深厚。

大人深厚的仁德修养：

发用流行在形体上，便是“见于面，盎于背，施于四体，四体不言而喻”，呈现于颜面，反映于肩背，延伸于手足四肢，手足四肢不必言语而自然表现为行动。

发用流行在政治上，便是“以不忍人之心，行不忍人之政，治天下可运之掌上”，凭着仁心来实施仁政，治理天下可以像运转小物件于手掌上一样容易。

发用流行在天地万物上，便是“万物皆备于我矣”，人与天地万物为一体，和谐而不违，并行而无碍，呈现无限价值。

大人的生命气象，何其亲切而庄严！

大人亲切而庄严的生命气象如何而成？孟子说只是因为没有失去他原初的赤子之心罢了。

赤子之心，何其美好、何其重要！

赤子之心无可避免地要经受种种黑暗、罪恶的磨炼。

“赤子之心”是原始的纯真，是天人的未分，是本体；“不失其赤子之心”是大人在种种黑暗、罪恶的磨炼之后，反省自觉、返璞归真，充分展现人性良善的结果，是天人的合一，是工夫。

天人合一的过程，是一个“动心忍性，曾益其所不能”“生于忧患，死于安乐”的过程。保有赤子之心，又何其艰辛！

吕留良《四书讲义》卷三十七：

> “不失赤子之心”，正指大人之平实，非扬大人之神奇也。道个“不失”，正从学问扩充经纶精细处看出，非赞其不学不虑也。(《四书讲义》，第836页)

辛全《四书说》卷六亦云：

> 赤子之心，几希也；不失赤子，存几希也。“不失”二字，中间尽有工夫。(《四书说》，第189页)

孟子谈心性，谈道德，常常请小朋友来参与：“赤子之心”“孩提之童”(13.15)“孺子将入于井”(03.06)。

这有何深意？我想孟子是要提醒人们生命的延续、社会的发展，需要时刻不忘“初”的坐标。

“初”，从人性上说，意味着人之天赋的本真；从文化上说，意味着历史的传统。

二者融合而统一，可以让我们在回归人性的本真中省察文化的传统，在省察文化的传统中回归人性的本真。

二者融合而统一，可以让我们在人性的回归与文化的省察交融的过程中，坚定起道义的坚守，肩负起文化的使命，张扬起生命的风帆。

08.13　孟子曰：“养生者不足以当大事，惟送死可以当大事。”

【译文】

孟子说：“奉养父母不足以算大事，只有给父母送终才可以算大事。”

【说要】

本章论“养生”与“送死”。

我们说中国古代有三种信仰，第一种就是最高神的信仰，天的信仰。第二种就是祖先信仰，从皇家到诸侯到地方，都有各自的祖先神，自己的先祖到近亲，特别是去世的父母，都是祖先神。曾子说"慎终追远"，就是长辈去世后要送终，还要定期进行祭祀。第三种是自然神，自然神的概念是非常广的，各种自然事物、自然现象都可以被看成是神，比如山有山神，井有井神，河有河神，对这些自然神也要进行祭祀。……之所以要不断地哀思悼念失去的亲戚先祖，就是因为古人相信人去世以后成为鬼神，还继续存在于阴间，和天、自然神一样是有知的。但是，人去世之后究竟有没有知呢？一般来说，无神论认为根本没有，人死了之后身体结束了，精神和灵魂也结束了。但是更大的传统认为人死后是有知的。（参见王中江：《〈孟子〉七篇解读·离娄篇》，齐鲁书社2018年版，第535页）

王蒙《得民心得天下：王蒙说〈孟子〉》：

送终是大事，无疑；比侍奉父母的老年生活还有分量，令今天的人困惑。这样说的原因恐怕是由于孔孟强调送终的文化意义、道德意义、终极意义、礼法意义。

强调送终意义，对于政治家引领人圣、贤人还有一个作用，减少一点对于存在的虚无感、色即空感，梦、幻、泡、影、露、电的六如感、无常感。即使已经死亡，仍然不是梦、幻、泡、影、露、电，而是扎扎实实的一生的隆重总结。（《得民心得天下：王蒙说〈孟子〉》，第224页）

若脱开送终的"文化意义、道德意义、终极意义、礼法意义"，回归"孝"的情感意义，此章或可分析出以下三层内涵：

第一，非说"养生"为小，正甚言"送死"为大。

朱熹《孟子集注》云：

事生固当爱敬，然亦人道之常耳；至于送死，则人道之大变。孝子之事亲，舍是无以用其力矣。（《四书章句集注》，第297页）

第二，"送死"之所以为大事，不仅在于丧礼的周全隆重，还在于它是对"养生"缺憾的弥补。舍此机会，忏悔终生。

冯梦龙《四书指月·孟子曰养生者章》：

"送死"，是人子尽头处，少有不慊，终身之悔，不比"养生"日子还长。（《四书指月》，第409页。文字略有改动）

第三，明了"送死"还有弥补"养生"缺憾的意义，真正的孝子当顿时醒悟，不要在“养生”中留下缺憾——“送死可以当大事”，正是教人在平日“养生”上下功夫。

辛全《四书说》卷六：

> “养生者不足以当大事”，此对“送死”者说。欲其“附于身者，必诚必信”；“附于棺者，必诚必信”，勿之有悔焉耳。若人子养生忽略，徒以送死为心，则不孝甚矣。(《四书说》，第189页。标点略有改动)

明了“送死可以当大事”，正是教人在平日“养生”上下功夫，这才真正把握了本章的要义。

时至今日，有些人在行动上对“养生者不足以当大事，惟送死可以当大事”做了丑恶的解读：

“养生者不足以当大事”——因为“养生”需要尽孝尽责。

“惟送死可以当大事”——因为“送死”可以分遗产争财富。

悲夫！

08.14 孟子曰：“君子深造[(1)]之[(2)]以道[(3)]，欲其自得之[(4)]也。自得之，则居之安[(5)]；居之安，则资[(6)]之深；资之深，则取之左右逢[(7)]其原[(8)]，故君子欲其自得之也。”

【注释】

(1)造：探究。金文写作[illegible]，高鸿缙《颂器考释》：“[illegible]，制造之本字……从宀从舟，告声。言屋或舟均人所制造也。”引申为探究、达到等。

(2)之：梁涛《孟子解读》：“之，指示代词。指豁然贯通的认识境界。”

(3)道：指方法。道是会意字。金文写作[illegible]，从行从人。一个人行走在四通八达的路上，会意道路的“道”。行走在正确的道路上，才能到达理想的目标。所以，“道”又引申为万事万物所应该遵循的规律、法则、道理。再引申为某种思想体系、某种方法。

(4)自得之：赵岐《注》：“欲使己得其原本，如性自有之也。”

(5)居之安：居，据守。安，牢固。

(6)资：积蓄的意思。

(7)逢：遇。

(8)原：通“源”。本也。原是会意字，金文写作[illegible]。“厂”，象山边岩石突出覆盖处，人可居住的地方。“[illegible]”，即“泉”字，象山石间有一泉眼，泉水由里向外流出。原的本义就是水源。引申为起源、根本、根由等。

【译文】

孟子说："君子依照正确的方法深深地探究，是希望自己自然把握大道。自然把握了大道，就能据守得牢固；据守得牢固，就能积蓄得深厚；积蓄得深厚，就能在运用时左右逢源，所以君子希望自己自然把握大道。"

【说要】

本章所论是孟子为学之心得、学问探究之大法。

学贵敏求，学贵得法，是以"深造"与"以道"缺一不可。

"深造"是学问的行动，"以道"是学问的方法，"深造之以道"的目标是大道。没有行动的自觉，方法就成为无用的工具；没有方法的正确，行动就成为无的的箭矢，怎么能得到大道呢？

吕留良《四书讲义》卷三十七：

> "深造以道"，是"自得"之本，孟子正鞭策人做以道深造工夫，非教人忽然寻个"自得"也。脱却"深造"讲"自得"既非，脱却"以道"讲"深造"亦非。（《四书讲义》，第837页）

姚永概《孟子讲义》卷八：

> 焦氏曰："'学而不思则罔'，罔者，不能自得之也。'思而不学则殆'，殆者，空悟而本无所居，则不安也。深造凭于心之虚，以道凭于学之实。得之，得此道也。自得之，则学洽于思。居之，居此道也。居之安，则思蕴于学。舍学而言恃心，舍心而守学，两失之矣。"……学者先当致力于焦氏学思互进之道，以求其有得于己。然又当体会孟子"勿忘""勿助长"两言，自无安排布置之病，亦无舍学恃心之病也。（《孟子讲义》，第140—141页）

有了自觉的行动、正确的方法，学问自然一日比一日进步；持之以恒，目标自然会不期然而至，自然豁然贯通，取之不尽，用之不竭。应事接物，自能通达无碍，左右逢源了——这是学问的"自得"之境。

"自得"是一种圆融，一种笃定，一种自我局限的突破，一种身心合一的自由、从容。"自得"之境，即道德修养圆融之境。

另，通过本章学习，还让我体会到什么是"完美的学习状态"。"深造"是学问的工夫，"以道"是学问的方法，"自得"是学问的快乐。由此，完美的学习状态是：

工夫+方法+快乐

工夫是适度的复习，方法是正确的路径，快乐是内在的欲望。没有工夫，学习便成为空谈；没有方法，学习便陷于低效；没有快乐，学习便缺乏动力。

人与人比，是我们今天大多数学校、家长所关注的，也是学子们自己所关注的，却在一定程度上忽视了人与人之间的差别。

子曰："射不主皮，为力不同科，古之道也。"（《论语》03.16）

每个人都是唯一，学习本来就难以用一种标准去比较。

人与人比，关注点是差别，眼里看到的是优与劣，是好学生与差学生，甚至是简单的好与坏。因此，"人与人比"常常带来的是伤害、烦恼，伤害、烦恼又导致厌学。

每个学生都是唯一，都与其他任何学生不同。我们的教育，应该把关注点放到学生的成长上，让学生学会"自己与自己比"。

"自己与自己比"，会让学生看到今天的自己与昨天的自己有何不同，发现自己在成长、在进步。如此，一定会给学生带来自信、快乐，自觉学习才不会成为一句空洞地说教。

08.15 孟子曰："博学而详说(1)之，将以反说约(2)也。"

【注释】

（1）说：阐述。

（2）将以反说约：将，《康熙字典》："有渐之辞。"反说约，即反约说。反，通"返"。约，简明扼要。

【译文】

孟子说："广博地学习而详尽地阐述，以渐次达到阐述得简明扼要。"

【说要】

本章论"博学"与"约说"的关系。

孟子为我们绘制了一条"博学—详说—约说"的"博学"与"约说"的关系链。

唐文治《孟子大义》卷八云：

徒求博而不知约，则泛滥而无所归宿也；徒求约而不知博，则简陋而流于空虚也。（《唐文治四书大义》，第260页）

张栻《南轩先生孟子说》卷第四：

> 学不博，说不详，而曰我知约者，是特陋而已矣。故约者，道之所存也。守不约则本不立，言不约则义不明，而约不可徒得也，非功深力到则末由至也。若博学详说，而志不在于求约者，则是外驰其心，务广而夸多耳，非所谓学也。（《张栻集》上，第299页）

博学则于道理无遗义，详说则于事情无遗理。人情世事何止万端，道理则是万法归一，能以至一的道理阐述万端的人情世事，就是“约说”。“约说”不仅仅是对一事“说”，也是对万端人情世事的归于“一理”。

罗泽南《读孟子札记二》：

> 博学详说是穷究其分之殊处，反说约是识其理之一处。理一即是此分殊中之理，非分殊之外别有一个理一也。（《罗泽南集》，第298—299页）

阅读经典的目的，就是要从经典那里获取“理之一处”，以指导今天的行动，使之合乎于“理”。

博学、约说，好有一比。博学如繁枝茂叶，约说如果实。无繁枝茂叶，果实何来？无果实，繁枝茂叶何用？博学、约说，分说为二，合言为一，终求有实有用。平常之解读，大多从“学”从“说”中打转，不知由“博”而“约”，即由知而行。

08.16　孟子曰：“以善服人者，未有能服人者也；以善养人，然后能服天下。天下不心服而王者，未之有也。”

【译文】

孟子说：“以善来折服人的，没有能使人折服的；用善来影响、教育人的，然后才能使天下人折服。天下人不心服而能王天下的，还从来没有过。”

【说要】

本章论“以善养人方能服人”。

在03.03章，孟子曾经说道：“以力服人者，非心服也，力不赡也；以德服人者，中心悦而诚服也，如七十子之服孔子也。”本章可以看作是对03.03章义理更深一层的探讨。

以“力”服人，反抗的“力”始终存在；人之所以“服”，只是因为不具备反抗的“力”，这自然不是“心服”。以“善”服人，为什么也达不到目的呢？难道“善”不好吗？

冯梦龙《四书指月·孟子曰以善服人章》：

> “以善服人”者，其心在于服，不在于善，故不能感动一人。“以善养人”者，其心在于善，不在于服，故遂能包括天下。（《四书指月》，第410页）

讲得有些玄妙。

朱熹《孟子集注》：

> 服人者，欲以取胜于人；养人者，欲其同归于善。盖心之公私小异，而人之向背顿殊，学者于此不可以不审也。（《四书章句集注》，第298页）

朱子引入“心之公私”来辨别“服人”与“养人”，自然亲切许多。

“养人者，欲其同归于善”，确实是“公心”。“服人者，欲以取胜于人”，如何便是“私心”了呢？

人人皆有善，必要以我之“善”而服人，就常常会出现“责善”的现象。孟子曰“责善则离”。相分相离，便只剩下你我之别，没有了你我之合，哪里还有什么“心服”呢？

“以善养人”，则自己与他人合在一起，与人为善，同归于善，自然两心相悦，欢欢喜喜，心心相印，天下太平了。

黄宗羲《孟子师说·以善服人章》：

> 此亦孟子据三代之事言之，后世得天下者，岂皆心服哉？故得天下易而王天下难也。（《黄宗羲全集》第一册，第110页）

常见译本把“王天下”译为“统一天下”，须知“统一天下”有分别：“王”可以“统一天下”，“统一天下”并不一定靠“王”。

“以善服人者，未有能服人者也”，对于具体的行政工作也有启发意义。为什么有些时候“善心”得不到“善报”？常常是犯了“以善服人”的毛病。如何改正呢？

民愚的陋见，要去除；教化的行动，要有为政以德的基础；行政的权力，要交于人民。

08.17　孟子曰：“言无实，不祥；不祥之实，蔽。贤者当[1]之。”

【注释】

（1）当：抵抗，拒绝。

【译文】

孟子说："言语没有实在内容，是不好的；不好的后果，（就是事理）遮蔽不明。贤能的人拒绝这样做。"

【说要】

本章论不实的言论将带来不好的后果，以此来告诫人们不要"言无实"。

传统断句：

> 孟子曰："言无实不祥。不祥之实，蔽贤者当之。"

意思是说，言语没有实在内容是不好的。这种不好的后果，要由妨碍贤者进用的人来承担。

对此，朱熹提出了疑惑：

> 或曰："天下之言无有实不祥者，惟蔽贤为不祥之实。"或曰："言而无实者不祥，故蔽贤为不祥之实。"二说不同，未知孰是，疑或有阙文焉。（《四书章句集注》，第298页）

第一个"或曰"，实在勉强。传统的解释，大多依照第二个"或曰"，即"言无实不祥"的"不详"后果，要由"蔽贤者"，也就是妨碍贤者进用的人来承担。

言语在孟子那里具有重要意义。在学生问到"夫子恶乎长"的时候，孟子自信地说："我知言，我善养吾浩然之气。"又说："诐辞知其所蔽，淫辞知其所陷，邪辞知其所离，遁辞知其所穷。"偏颇的言辞，知道它片面的地方；浮夸的言辞，知道它失实的地方；邪僻的言辞，知道它背离正道的地方；躲闪的言辞，知道它理屈词穷的地方。

冯梦龙《四书指月·公孙丑问曰夫子加齐章》：

> "诐""淫""邪""遁"，皆谈道之言；"蔽""陷""离""穷"，皆见道之病。"诐辞"如杨辞，偏于为我，所蔽在仁；墨辞偏于兼爱，所蔽在义，只在见一边，不见一边，故其辞偏而不全。既为一偏之辞，则必辨博以济其说，故其辞淫，盖为偏见沉溺，如陷在水中，不见四旁也。初虽偏见，犹依傍名理。及陷溺已久，遂全然离了正道，绝是一篇邪说来了。到底邪不胜正，心为理屈，不免别生支节，如逃奴被主人缉知，情慌转窜也。（《四书指月》，第325—326页。文字略有订正）

"诐""淫""邪""遁"之辞，实是违仁背义之辞。言为心声，知言便是知心、养心。

孟子又云："生于其心，害于其政；发于其政，害于其事。""诐""淫""邪""遁"

这四种言辞，从心中产生出来，就会危害政治，危害具体行政事务。这或许就是传统解释中将“言无实”与“蔽贤”联系起来的理由吧。

只是，言语带来的困扰何止万端，“蔽贤”或有可能，绝无必然。孟子为什么单单将“蔽贤”点出？缺乏必要的言语背景。这样的解读，不过是将言语空洞的“不详”与遮蔽、阻碍贤者的“行为”，做了一个勉强的拉郎配。

基于上述分析，我们这里重新断句：“言无实，不祥；不祥之实，蔽。贤者当之。”

言语没有实在内容，是不好的；不好的后果，就是事理遮蔽不明。贤能的人拒绝这样做。如此，“言”的指向就有了广阔的空间，本章所论之义理，也拥有了更为广泛的价值。

08.18 徐子(1)曰：“仲尼亟(2)称于水，曰：‘水哉，水哉！’何取于水也？”

孟子曰：“原泉混混(3)，不舍(4)昼夜，盈科(5)而后进，放乎四海。有本者如是，是之取尔。苟为无本，七八月之间(6)雨集，沟浍(7)皆盈；其涸也，可立而待也。故声闻过情(8)，君子耻之。”

【注释】

(1)徐子：孟子弟子，姓徐，名辟。今山东邹城香城镇东徐桃园村尚存徐辟祠。

(2)亟：屡次。

(3)混混：通“滚滚”。朱熹《孟子集注》：“涌出之貌。”

(4)舍：放弃。

(5)科：坑。

(6)七八月之间：周历的七八月，相当于农历的五六月，正是北方的多雨季节。

(7)沟浍(kuài)：田间水道。小曰沟，大曰浍。

(8)情：赵岐《注》训作“实”，即实际。

【译文】

徐辟说：“孔子屡次赞美水，说道：‘水啊，水啊！’取水的什么呢？”

孟子说：“有源泉的水滚滚涌出，日夜不停，注满坑洼继续向前，一直流入四海。有本源的事物都是这样，这就是孔子所取。如果没有本源，就像七八月间雨水集中，大小沟渠都积满了水，但是它的干涸也立而可待。所以，声望超过了实情，君子以为可耻。”

【说要】

本章以“原泉混混”之水，警戒人们当拒绝“声闻过情”。

人生存于自然环境之中，亦受自然万物的启发：

孔子曰："不观于高岸，何以知颠坠之患？不临于深渊，何以知没溺之患？不观于海上，何以知风波之患？失之者其不在此乎？士慎三者，无累于人。"（〔汉〕刘向撰，向宗鲁校证：《说苑校证》卷第十七《杂言》，中华书局1987年版，第424页）

水孕育了人的生命，对人的启发尤其多：
它启发了老子的"不争""善柔"——"水善利万物而不争""天下莫柔弱于水"。
它启发了孔子的"劲健""生机"——"逝者如斯夫！不舍昼夜。"
当然，孔子从水中得到的启发远不只这一条：

子贡问曰："君子见大水必观焉，何也？"孔子曰："夫水者君子比德焉：遍与而无私，似德；所及者生，似仁；其流卑下句倨，皆循其理，似义；浅者流行，深者不测，似智；其赴百仞之谷不疑，似勇；绰弱而微达，似察；受恶不让，似贞；包蒙不清以入，鲜洁以出，似善化；主量必平，似正；盈不求概，似度；其万折必东，似意；是以君子见大水观焉尔也。"（《说苑校证》卷第十七《杂言》，第434页）

本章孟子对徐辟的回答，或许不是孔子的原意，而是水对自己的启发：
有源之水，滚滚向前；无根之水，立待其涸。
冯梦龙《四书指月·徐子曰仲尼章》：

通章俱论"水"，只末二句正说。重"有本"二字。"原泉""雨集"，正"有本""无本"之分。（《四书指月》，第411页）

"声闻过情，君子耻之"，朱熹《孟子集注》云：

声闻，名誉也。情，实也。耻者，耻其无实而将不继也。（《四书章句集注》，第298页）

王观涛（王纳谏，字圣俞，号观涛）《四书翼注》：

《注》耻其不继，自水之易涸上来。使浮名可继，君子遂不耻乎？（《四书指月》，第411—412页）

显然，君子以之为羞耻的，不仅在于"量"——做得不够多；更在于"质"——做得不够好，不尽合乎"仁"的要求。

张栻《南轩先生孟子说》卷第四说得好：

> 故声闻过其情实，君子以为耻者，以其无本故也。然则其在人也本安在乎？仁是也。仁，人心也。人皆有是心，放而不知求，则其本不立矣。本不立，则其知也，闻见之所知而已；其为也，智力之所为而已，岂不有限而易竭乎？惟君子为能体是心而存之，存而扩之，本立而道生，故其所进有常而日新，其事业深远而无尽也。有本无本之异，盖如此。（《张栻集》上，第301页。标点略有改动）

王蒙《得民心得天下：王蒙说〈孟子〉》感慨道：

> 本源就是内涵，是学问、思考、经验、境界、格局。谁能做到滚滚洋洋、遍布四海、取之不尽、用之不竭？反过来说，有几个人不是浅尝辄止、应付搪塞、得过且过、蝇营狗苟？（《得民心得天下：王蒙说〈孟子〉》，第228页）

孟子一如孔子，反对巧言令色，反对名不副实，也反对欺世盗名，反对大言不惭，声闻过情。我们应该从孟子这里学懂：虚名可恶、可悲、可惧，虚荣害死人！历史上有多少暴得大名者转眼化为浮云！

08.19　孟子曰："人之所以异于禽兽者几希(1)，庶民(2)去之，君子存之。舜明于庶物，察于人伦(3)，由仁义行，非行仁义也。"

【注释】

(1)几希：繁体作"幾希"。几，本义为案几。简化字中"几"兼并了"幾"字而有幾的含义。《说文解字》："幾，微也。"金文写作，从人从戈从丝。许进雄《简明中国文字学》："人可坐而以脚踏板控制经线开阖之织机，戈即机之侧视，丝线表示其作用，引申为机械操作之事物。"由经线引申为细微。希，假借为"稀"。朱熹《孟子集注》："几希，少也。"

(2)庶民：众人。庶，众也。庶是会意字，甲骨文写作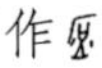，象在山崖避风处烧火蒸煮之状，当是初民生活的写照。本义当为烧火做饭。吃饭的时候共同生活的人汇聚最齐，故引申为众多。《说文解字》："庶，屋下众也"。民，泛指人。或译庶民为"百姓"，不合孟子"人皆可以为尧舜"之旨，不取。

(3)人伦：人与人之间的特定关系。朱熹《孟子集注》："伦，序也。父子有亲，君臣有义，夫妇有别，长幼有序，朋友有信，此人之大伦也。"

【译文】

孟子说："人不同于禽兽的地方很细小，众人任它放失，君子则自觉地把它保留。舜明察万物，洞察人伦，顺着仁义而行，而不是（把仁义作为外在的标准）推行仁义。"

【说要】

本章又是孟子性善论的一大要点——人禽之辨。

食色性也，人有此性，禽兽也有此性。若从这些生理本能欲望来辨别人与禽兽，那人与禽兽有何不同？所以必须从道德心上辨别人与禽兽的不同。

孔子曰"我欲仁，斯仁至矣"，道德心是最容易彰明的。

孟子云"人之所以异于禽兽者几希"，道德心又是至隐至微的。

"求则得之，舍则失之"，把握、彰明道德理性，需要一番明觉、省察、培养、扩充、推及的工夫。

"由仁义行"——将仁义由内而外自觉地呈现、流露，是高标准、严要求，令人神往。

李贽《四书评·孟子》卷之四：

> "庶民去之"，便是禽兽了，利害，利害！岂但如此，更有不如禽兽的在！引舜来说，正教人以"存之"之法也。人若不为尧舜，便为禽兽了。勿让，勿让。（《四书评》，第147页）

又：

> 竟有禽兽存之，而小人去之者。可怜，可怜！（同上）

我们也不要轻易地否决"行仁义"，特别是社会处在道德爬坡的时候。"行仁义"——通过道德他律，将仁义实行起来，也许会习惯成自然，渐渐地由"行仁义"而"由仁义行"了。

尽管起点标准低一些，只要我们脚下"行仁义"，心里想着"由仁义行"，孟子或许不会太生气。

另，"由仁义行，非行仁义也"，既是舜的修身之法，也是舜治国理政、教化天下之道。如此，"舜明于庶物，察于人伦"二句方不落空。

辛全《四书说》卷六：

> "庶民去之，君子存之"二句，原不相对。盖不得君子之存，所以有庶民之去。有庶民之去，安得不赖君子之存？"君子存之"，非止自存，正自存以存庶民之去也。若区区自存，是独善矣，岂所以为舜、禹诸人？（《四书说》，第190页）

舜治国理政、教化天下之道，是顺从人的本性（仁义）而行，而非强制推行仁义。（“以善服人者，未有能服人者也；以善养人，然后能服天下”“禹之行水也，行其所无事也”与之同义。）所以“民之从之也轻”，所以为仁政。

08.20 孟子曰：“禹恶旨酒(1)，而好善言。汤执中(2)，立贤无方(3)。文王视民如伤，望道而未之见(4)。武王不泄迩(5)，不忘远。周公思兼三王(6)，以施四事(7)；其有不合者，仰而思之，夜以继日；幸而得之，坐以待旦。”

【注释】

（1）旨酒：美酒。旨是会意字，甲骨文写作或，从（bǐ，指勺、匙之类的取食用具）从或（口或甘），用勺子向嘴里送食物，会意美味。

（2）中：甲骨文写作，古人筑正南正北土圭，土圭最南端立杆以测日，杆上系飘带以测风。，中间方形为立杆之处；上为木杆、飘带；下为木杆、飘带之影。木杆之影投射在土圭上，即日在中天之时。故中的本义为中心、当中。泛指一定范围内适中的位置。引申为行为的中正。

（3）方：常规，常法。焦循《孟子正义》：“惟贤则立，而无常法。乃申上执中之有权。”方是象形字，甲骨文写作，象耒的形制，短横即足所蹈履处。古者秉耒而耕，刺土曰推，起土曰方。后假借为方向、方圆、方法之方。

（4）望道而未之见：朱熹《孟子集注》：“道已至矣，而望之犹若未见。”

（5）泄（xiè）迩：轻慢身边的人。泄，狎。迩，近。

（6）三王：夏、商、周三代之圣王。赵岐《注》：“三代之王也。”

（7）四事：赵岐《注》：“禹、汤、文、武所行事也。”

【译文】

孟子说：“禹厌恶美酒却喜欢有价值的言论。汤坚持中正之道，举荐贤人却不拘泥于常规。文王看待百姓好像他们遭受了伤害，接近了大道仍然像还没见到它。武王不轻慢在朝廷中的近臣，也不遗忘散在四方的远臣。周公想兼取夏、商、周三代圣王，来实施禹、汤、文王、武王所行的事业；如果有不合的，抬头思考，夜以继日；幸运地想通了，便坐着等待天亮（以付诸实行）。”

【说要】

此章论为君之道。

上古政教不分，故圣与王一体。没有圣德，便无由而获得其王位；没有王位，便无从尽施其圣德。

圣与王一体，是儒家对“君”的理想设定。孔孟论忠君、事君都是从这个背景下展开的。后世常以孔孟忠君、事君之论为迂腐，未免误解了孔孟。

当然，这样的误解也情有可原，后世为君的人，有其位而不思圣德、不备圣德的太多了。

本章孟子论为君之道，正是要为后世为君者树立正面的榜样。

“禹恶旨酒，而好善言”——“恶旨酒”是寡欲，“好善言”是兼听。寡欲则心清，兼听则心明，正落脚在“智德”上。

“汤执中，立贤无方”——“立贤无方”是不拘一格选用人才，是用权。执中用权，事必得宜，正落脚在“义德”上。

“文王视民如伤，望道而未之见”——“视民如伤”是不忍人之心，“望道而未之见”是朝乾夕惕而不知足。有此不忍人之心而不知足，正落脚在“仁德”上。

“武王不泄迩，不忘远”——“不泄迩”是不因客观条件的亲近而轻慢，“不忘远”是不因客观条件的疏远而忘却。近不轻慢，远不忘却，这是使臣以礼，正落脚在“礼德”上。

四王各举一事，以示为君必具仁义礼智四德。当然，这并不是说四王仅各具一德，四德本是一德，一德就是四德。

朱熹《孟子集注》引程子语：

> 孟子所称，各因其一事而言，非谓武王不能执中立贤，汤却泄迩忘远也。人谓各举其盛，亦非也，圣人亦无不盛。（《四书章句集注》，第299页）

赵岐《章指》言：

> 周公能思三王之道，以辅成王太平之隆，礼乐之备，盖由此也。

从事上看，事事皆有分别；从理上看，事事皆含必然之理。周公能思兼三王，即得三王行事之理。以理驭事，则事事（不只“四事”）得宜。

《日讲四书解义》卷二十：

> 由夏而周，世历三代；由禹、汤而周公，人更五圣，然忧勤惕厉之心合诸舜如一人也。后之继数圣人而起者，其弗有同然者与！按孟子历叙君圣，发明内圣外王之学，其功甚伟。而朱子以为各举其一事以见其忧勤惕厉之意，大义愈显。盖忧勤惕厉者，敬也。敬乃圣学始终之要，敬则为圣人，不敬则为凡人。（《日讲四书解义》，第311页）

孟子告诫后世为君者，要取法先圣，恭谨政事。

08.21 孟子曰："王者之迹[1]熄而《诗》亡，《诗》亡然后《春秋》[2]作。晋之《乘》，楚之《梼杌》，鲁之《春秋》[3]，一也：其事则齐桓、晋文，其文则史。孔子曰：'其义则丘窃取[4]之矣。'"

【注释】

(1)迹：为"辺(jì)"之误。朱骏声《说文通训定声》："《孟子》王者之迹熄而《诗》亡，'迹'即'辺'之误。"《说文解字》"丌"部："辺，古之遒人，以木铎记诗言。"

(2)《春秋》：共有三义：一是西周末期至东周各诸侯国编年体史书的通称；二是特指鲁国的国史，如下文"鲁之《春秋》"；三是孔子根据鲁国的国史加以整理删定而成的、被后世称为"经"的《春秋》。这里即用第三义。

(3)《乘》《梼(táo)杌(wù)》《春秋》：分别为晋、楚、鲁国之史书。

(4)窃取：窃，谦辞。可意译为"私下"。取，采用。

【译文】

孟子说："圣王采诗的事情废止了，《诗》也就散失了；《诗》散失了，(孔子)便编写了《春秋》。晋国的《乘》，楚国的《梼杌》，鲁国的《春秋》，都是一样的(史书)：(它们所记载的)事情是齐桓公、晋文公之类，文字是史官的记录。(至于孔子的《春秋》，)孔子说：'《春秋》褒善贬恶的大义，是我私下采用《诗》的。'"

【说要】

本章论孔子《春秋》大义。

文本可分两段：

"王者之迹熄而《诗》亡，《诗》亡然后《春秋》作"——由"《诗》亡"到"《春秋》作"，以见孔子《春秋》对《诗》之大义的继承。

"晋之《乘》，楚之《梼杌》，鲁之《春秋》，一也：其事则齐桓、晋文，其文则史。孔子曰：'其义则丘窃取之矣"——由晋、楚、鲁之史书到孔子之《春秋》，以见孔子之《春秋》与晋、楚、鲁之史书在大义上的不同。

两段其实表达的是一个意思：孔子作《春秋》，就是对《诗》之大义的彰明。那《诗》之大义又是什么呢?

这需要关注一个字："王者之迹熄而《诗》亡"中的"迹"。

朱骏声《说文通训定声》云：

《孟子》王者之迹熄而《诗》亡，“迹”即“迈”之误。

“迈”，小篆写作䢋，从辵（chuò）从丌（jī），丌亦声。

《说文解字》“丌”部云：

迈，古之遒人，以木铎记诗言。……徐锴曰：“遒人行而求之，故从辵。丌，荐而进之于上也。”

遒，小篆写作䣥，从辵从酋，酋亦声。“酉”“酋”是一字之分化，“儿”为饰笔，无意义。酋，最初表示酒或酒官。古人采集诗言，当是在道边摆上美酒，敲击木铎招揽往来之人，行人美酒下肚，口吐真言，如此便可以得到对官府官员真实评价了。

程树德《说文稽古篇》曰：

考《左传》引《夏书》曰：“遒人以木铎徇于路。”杜注：“遒人，行人之官也。木铎，木舌金铃。徇于路，求歌谣之言。”……《王制》：“命太师陈诗以观民风。”《公羊》何《注》：“五谷毕入，民皆居宅，从十月尽正月止，男女相从而歌，饥者歌其食，劳者歌其事。男年六十女年五十无子者，官衣食之，使之民间求诗，乡移于邑，邑移于国，国以闻于天子，故王者不出户牖，尽知天下。”（程树德：《说文稽古篇》，商务印书馆1957年版，第30页）

至此，《诗》之大义可知：巡察民情、反映民意、实行爱民之政。

《论语》03.24章：

天下之无道也久矣，天将以夫子为木铎。

天下已经衰乱无道很久了，上天将要让夫子来做宣扬道的木铎。孔子所宣扬的“道”是什么呢？

唐文治《孟子大义》卷八：

孔子曰：“吾志在《春秋》，行在《孝经》。”又曰：“我欲载之空言，不如见之于行事之深切著明也。”司马迁曰：“《春秋》上明三王之道，下辨人事之纪，别嫌疑，明是非，定犹豫，善善恶恶，贤贤贱不肖，存亡国，继绝世，补敝起废，王道之大者也。”（《唐文治四书大义》，第270页）

孔子所宣扬的“道”，即王道，而王道出自民心，这就是《诗》的大义，也即本章章旨之所在。

孟子在06.09章把“禹抑洪水——优化人居环境；周公兼夷狄——清明政治环境；

孔子成《春秋》——文明人文环境”相提并论，可作理解本章章旨的参考。

08.22　孟子曰：“‘君子之泽(1)五世(2)而斩(3)，小人之泽五世而斩。’予未得为孔子徒也，予私淑(4)诸人(5)也。”

【注释】

(1)泽：冯梦龙《四书指月》：“‘泽’，犹口泽、手泽之泽。”口泽，口饮润泽之气。手泽，手汗。

(2)五世：一百五十年。世，三十年。

(3)斩：断绝。

(4)私淑：未得到直接传授而私自获得。杨伯峻《孟子译注》：“淑，借为‘叔’，《说文》：‘叔，取也。’”

(5)人：朱熹《孟子集注》：“谓子思之徒也。”

【译文】

孟子说：“‘君子的手泽、口泽五代就断绝了，小人的手泽、口泽五代也断绝了。’我没能成为孔子的门徒，我是私下从子思的门徒那里学习到（孔子学说）的。”

【说要】

本章记孟子“私淑”孔子，表达了孟子以传承学统道统为己任的自觉、自信——孔子作《春秋》以承三王、周公，孟子“私淑”以继孔子。

“君子之泽五世而斩，小人之泽五世而斩”，这句话应该是当时人的常用语，就像我们今天常说的“富不过三代”一样。“泽”，不是“道德文章”义。否则，小人有多少的“道德文章”可言呢？况且：

> 自今观之，孔子之泽，其所浸灌，万世不斩也已。（《南轩先生孟子说》卷第四，《张栻集》上，第304页）

如果说“圣人之泽，不在‘五世而斩’例内”（《四书讲义》卷三十七，第848页），又未免有强词夺理之嫌。朱熹显然看出此中的问题，只是他“泽，犹言流风余韵也”的解释，实在晦涩——掩盖了问题，而没有清晰地解决问题。

“泽”，只是“口泽、手泽”。单论“口泽、手泽”则君子、小人自无区别。

孟子引用“君子之泽五世而斩，小人之泽五世而斩”常用语，到底要表达什么意思呢？

“君子之泽五世而斩，小人之泽五世而斩”，只是为引出下面的“予未得为孔子徒也，予私淑诸人也”。

“予未得为孔子徒也，予私淑诸人也”，是孟子的“志”。

解释“君子之泽五世而斩，小人之泽五世而斩”所要表达的“意”，需要迎合孟子的“志”：

“君子之泽五世而斩，小人之泽五世而斩”，就是从“泽”的容易丧失来凸显“私淑”——继承、弘扬的必需、可贵与紧迫。

冯梦龙《四书指月·孟子曰君子之泽章》：

> 孟子以主持世教自任，上节引起下节。“私淑”二字，只要表章个来历出来……味“私淑”私字，大有独得之秘意，此孟子自任处。孔子“窃取”，“窃”字亦是此意。（《四书指月》，第417页）

朱熹《孟子集注》：

> 此又承上三章，历叙舜禹，至于周孔，而以是终之。其辞虽谦，然其所以自任之重，亦有不得而辞者矣。（《四书章句集注》，第300页）

如此，孟子“私淑”孔子，更见一派庄严气象。

体悟到孟子“私淑”孔子的庄严气象，我们又可以作如下的觉醒：

自然生命中的孔子，是孔子自己完成的；文化传统中的孔子，则是颜曾思孟、朱熹、王阳明，以及包括你我在内的读孔子之书、行孔子之教的所有人，与孔子共同完成的。这是孔子之所以成为中华文化、中华民族形象代言人的理由所在，是孔子之所以永恒的理由所在。

08.23　孟子曰：“可以取，可以无取，取伤廉[(1)]；可以与，可以无与，与伤惠[(2)]；可以死，可以无死，死伤勇。”

【注释】

（1）廉：正直，刚直，品行方正。

（2）惠：《说文解字》：“惠，仁也。从心从叀。”叀为纺砖，引申为牵挂。张舜徽《说文解字约注》：“惠字从叀，自取叀之引申义，有专谨意。今语称想念人为挂牵者是也。”这里意译为“恩惠”。

【译文】

孟子说："可以拿，可以不拿，拿了就有损廉洁；可以给，可以不给，给了就有损恩惠；可以死，可以不死，死了就有损勇敢。"

【说要】

本章论"取、与、死"之道。

讲道理，大是大非，黑白分明，一眼过去就看得清楚。

做事情，却是常常会遇到灰色地带——是中有非，非中有是，沉思半天也不一定断得明白。

"可以有""可以无"——两可之间，正是灰色地带。

如何应对这灰色地带？如何做到"常在河边走就是不湿鞋"？很难！君不见世上有多少自以为聪明的人，栽倒在这灰色地带里。

应对灰色地带，做到"常在河边走就是不湿鞋"，需要生活的智慧、道义的坚守、谨严的律己。

为什么孟子要求我们在"可以取，可以无取"时，要选择"无取"？在"可以与，可以无与"时，要选择"无与"？在"可以死，可以无死"时，要选择"无死"？

这要回望儒家的人道理想——内圣外王。

内圣外王就是内以自立，外以爱人。

自立与爱人，有着这样的辩证关系：自立是爱人的基础，爱人是自立的圆满。但是爱人却不能仅以自立为目的，它还需要帮助他人以"自立"。

自立与爱人这样的辩证关系告诉我们：自立爱人，就是"己欲立而立人，己欲达而达人"。

立己需要自律，立人需要尊重。立己立人是人与我无间的和谐，这正是儒家内圣外王的精义所在。

明白了这个道理，我们便知道：

在"可以取，可以无取"之际，宁可不取，因为自立需要自律。

在"可以与，可以无与"之际，宁可不与，因为要尊重别人的"自立"，爱人是助力，不是姑息。

在"可以死，可以无死"之际，宁可不死，不死不是抛弃道义的苟且偷生，而是敢于直面惨淡人生的大智大勇。

《朱子语类》卷第五十七《可以取章》：

"可以取，可以无取"云云。夫取为伤廉，固也。若与者本惠，死者本勇，而乃云“伤惠、伤勇”者，谓其过予与无益之死耳。且学者知所当予而不至于吝啬，知所当死而不至于偷生，则几矣。（《朱子语类》第二册，第1206页）

08.24　逄蒙(1)学射于羿(2)，尽羿之道，思天下惟羿为愈己，于是杀羿。孟子曰：“是亦羿有罪焉。”

公明仪曰：“宜若无罪焉。”

曰：“薄(3)乎云尔，恶得无罪？郑人使子濯孺子(4)侵卫，卫使庾公之斯(5)追之。子濯孺子曰：‘今日我疾作，不可以执弓，吾死矣夫！’问其仆曰：‘追我者谁也？’其仆曰：‘庾公之斯也。’曰：‘吾生矣。’其仆曰：‘庾公之斯，卫之善射者也；夫子曰“吾生”，何谓也？’曰：‘庾公之斯学射于尹公之他(6)，尹公之他学射于我。夫尹公之他，端人(7)也，其取友(8)必端矣。’庾公之斯至，曰：‘夫子何为不执弓？’曰：‘今日我疾作，不可以执弓。’曰：‘小人学射于尹公之他，尹公之他学射于夫子。我不忍以夫子之道反害夫子。虽然，今日之事，君事也，我不敢废。’抽矢，扣轮，去其金，发乘矢(9)而后反(10)。”

【注释】

(1)逄（páng）蒙：人名。《干禄字书·平声》：“逄”，“逢”的俗字。

(2)羿：王夫之《读四书大全说》：“古之善射者，类以羿名。”非传说中有穷国的国君。（理由详见本章“说要”）

(3)薄：轻，少。

(4)子濯孺子：郑国大夫。

(5)庾公之斯：赵岐《注》：“卫大夫。”庾公之斯、尹公之他等姓名中的“之”是称呼时所加的虚词，并非固定的成分。

(6)尹公之他（tuō）：卫国人。

(7)端人：正派人。朱熹《孟子集注》：“端，正也。”

(8)友：陈大齐《孟子待解录》：“师之于弟子，当可释‘友’。此语虽非孟子所说，既为孟子所引，其用名之无违当时的习惯，应无可疑。”

(9)乘（shèng）矢：四只箭。乘，四匹马拉的兵车为一乘，故古代又称四为乘。

(10)反：通“返”。

【译文】

逄蒙向羿学习射箭，完全学会了羿的射术，想到天下只有羿胜过自己，于是谋害了羿。孟子说："这件事羿也有过错。"

公明仪说："好像没有过错吧。"

孟子说："过错轻点而已，怎么能说没有过错呢？郑国派子濯孺子侵犯卫国，卫国派庾公之斯追击他。子濯孺子说：'今天我疾病发作，无法拿弓，我没命了。'询问他的车手：'追赶我的人是谁？'车手说：'庾公之斯。'子濯孺子说：'我可以活命了！'车手问：'庾公之斯是卫国善于射箭的人，先生您却说"我可以活命了"，为什么呢？'子濯孺子说：'庾公之斯学射箭于尹公之他，尹公之他学射箭于我。尹公之他是个正派人，他选择的学生一定也是正派人。'庾公之斯追到跟前，说：'先生为什么不拿弓？'子濯孺子说：'今天我疾病发作，没有办法拿弓。'庾公之斯说：'我学射箭于尹公之他，尹公之他学射箭于您，我不忍心用您传授的射术来伤害您。但是，今天的事，是君主的命令，我不敢不办。'于是抽出箭来，在车轮上磕碰，去掉箭头，射了四箭然后返回去了。"

【说要】

本章讨论交友（含授徒）之道。

冯梦龙《四书指月·逢蒙学射于羿章》：

> 此章专为交友而发。"端人也"一句，是一章断案。见羿之见杀，罪不在知人之不明，而在立己之不正。（《四书指月》，第418页）

孙奇逢《四书近指·逢蒙学射章》亦云：

> 端人也，取友必端，此千古定案。羿之罪不在知人之不明，全在立身之不端。（《孙奇逢集》上，第566页）

子濯孺子的故事，正是要证明此结论。义理简明，无须多言。只是其中涉及的人与事，略有争议，不可不辨。

关于"羿"。

赵岐《注》："羿，有穷后羿。逢蒙，羿之家众也。"朱熹《孟子集注》认可这一说法。

王船山在《读四书大全说·孟子·离娄下篇》则云：

> 古之善射者，类以羿名。孟子曰"羿之教人射"，盖唐、虞之羿，以射教人者，非有穷后也。有穷后之死，自以淫田不道，非有人妒天子之善射而杀之者。《集注》以篡弑、党逆为言，要为未审。如果羿与寒浞，则彼此俱为乱贼，与安、史父子等，皆蹈滔天之恶，必诛不赦，而但以取友不审较量其罪之厚薄，不已迂乎！（《船山全书》第六册，第1027页）

唐文治《孟子大义》卷八：

> 谓逢蒙为羿之家众，亦臆词也。羿，上古之善射者，后因其名以为氏，故尧时有羿，夏复有羿。穷羿戮而射师始不以羿名矣。（《唐文治四书大义》，第273—274页）

羿，只是一个善于射箭的古人，“非有穷后也”；逄蒙，只是善于射箭的羿的学生。这样的解释，深合文本“思天下惟羿为愈己，于是杀羿”的语境，甚好。

关于“庾斯虽全私恩，亦废公义”。

朱熹《孟子集注》云：

> 羿篡弑之贼，蒙乃逆俦；庾斯虽全私恩，亦废公义。其事皆无足论者，孟子盖特以取友而言耳。（《四书章句集注》，第302页）

朱熹“庾斯虽全私恩，亦废公义”的异议，好像也是很准确的。道理很简单，庾斯的行为，不是发生在他与子濯孺子的私斗中，而是发生在“卫使庾公之斯追之”的公务中。“孟子盖特以取友而言耳”，是朱熹对孟子同情之理解。

只是这样的“理解”，有多少说服力呢？

实实在在地讲，朱熹这样理解，是没有多少说服力的。我们可以这样问朱熹：可以佐证交友（含授徒）之道的例子一定有很多，孟子为什么要选择它呢？

《淮南子》卷十三《氾论训》：

> 古之伐国，不杀黄口，不获二毛。于古为义，于今为笑。

庾斯因子濯孺子“疾作，不可以执弓”而放过他，正是“于古为义，于今为笑”的事——它合乎“义”，合乎当时不需要言说的“共同价值”。“不然，则庾斯卖国全私，与秦桧之班师、周延儒之纵敌等，其罪又岂在逄蒙之下，而何以得称为‘端人’！”（王夫之语）

孟子“理解”庾斯，朱熹却不了解孟子。“庾斯虽全私恩，亦废公义”的“异议”，是因为朱熹与孟子和庾斯之间存在隔膜呢！

还是王夫之说得好：

> 《集注》又讥庾斯废公全私，亦未察于春秋时事。春秋列国之相侵伐，固不以斩将陷阵为功。……当时正以此服人，则不必其师友而释之，亦未为不可。（《读四书大全说·孟子·离娄下篇》，《船山全书》第六册，第1027页）

“人事有代谢，往来成古今。”多少世事消逝、隐藏于历史的长河之中，想弄清楚很难，“同情之理解”并不容易做到。

08.25 孟子曰：“西子[(1)]蒙不洁，则人皆掩鼻而过之；虽有恶人[(2)]，齐[(3)]戒沐浴，则可以祀上帝。”

【注释】

(1)西子：古时的美女。周柄中《四书典故辨正》：“似古有此美人，而后世相因，借以相美。如善射者皆称羿之类。”

(2)恶人：相貌丑陋的人。

(3)齐(zhāi)：繁体写为“齊”，与“斋”字的繁体“齋”形近而通。

【译文】

孟子说：“美女西子沾染污垢，人们也会掩着鼻子从她面前走过；即使是相貌丑陋的人，斋戒沐浴之后，也可以祭祀上帝。”

【说要】

此章以身体的洁与不洁所得到的不同对待，来警示人们当为善去恶。

“西子之美”对“掩鼻而过之”，可见人们对“不洁”的厌恶，顿显“蒙”之“过”。

“恶人之丑”对“可以祀上帝”，可见人们对“清洁”的欢喜，顿显“斋戒沐浴”之“功”。

“西子”乃极美之人，“恶人”乃极丑之人，两极之间，涵盖了许许多多之人。

体味至此，你的心便与孟子的心相悦互动，得到圣人的教化：

如果你是一个勤于修身的人，见到“西子蒙不洁”之喻，也会吓一跳，从而精进不懈。

如果你是一个自暴自弃的人，见到“恶人斋戒沐浴”之喻，也会奋加一鞭，从而知耻而后勇。

孙奇逢《四书近指·西子不洁章》：

> 倏忽之间一不洁而美者失其美，一斋戒而恶者掩其恶，正所谓“罔念作狂，克念作圣”，人乌得不惕然自省？(《孙奇逢集》上，第567页)

“斋戒”或者说“斋戒沐浴”，就是正心诚意，就是去恶念、存善心。

张栻《南轩先生孟子说》卷第四：

> 人固有质美而自恃者矣，一放其心，以陷于小人之归者有焉。人固有平日所为

未善者矣，一知悔艾，以进于君子之域者有焉。（《张栻集》上，第306页）

为什么世间“有质美而自恃”的人多之又多，而“有未善而知悔艾”的人少之又少呢？可叹！

08.26　孟子曰：“天下之言性也，则故[1]而已矣。故者以利[2]为本[3]。所恶于智者，为其凿也。如智者若禹之行水也，则无恶于智矣。禹之行水也，行其所无事也。如智者亦行其所无事，则智亦大矣——天之高也，星辰之远也，苟求其故[4]，千岁之日至[5]，可坐而致也。”

【注释】

（1）故：朱熹《孟子集注》：“故者，其已然之迹。”译作“故迹”。

（2）利：朱熹《孟子集注》：“利，犹顺也。”

（3）本：根据。

（4）故：故迹。指星辰运行已然呈现出的迹象。

（5）日至：冬至和夏至。杨伯峻《孟子译注》：“这个‘日至’，当指冬至，因为周正以冬至之月为元月。”焦循《孟子正义》引方观承《五礼通考》云：“《孟子》此章极精，并无律元之说。……孟子所谓日至者，亦兼二至在内，非专指冬至也。”译文从方说。

【译文】

孟子说：“天下人谈论人性，都是从故迹来说的。（故迹对人性的展现有顺有逆。‘顺’的展现，是真实的人性；‘逆’的展现，是不真实的人性。所以）从故迹来说人性，要以‘顺’的展现为根据。（人们）之所以厌恶‘智者’，是因为他们（依靠所谓的智慧）穿凿附会（而以‘逆’为‘顺’，看不到人性本善）。如果‘智者’能像大禹治水一样，那么我们就不会厌恶‘智慧’了。大禹治水，（顺从水的本性，）因势利导。如果‘智者’也能因势利导，那么‘智慧’的作用就大了——天极高，星辰极远，若能正确地探究它们已然呈现出的迹象，（就可以把握它们运行的规律，）千年的冬至和夏至，可以坐着推算出来。”

【说要】

本章讨论人性。对那些从故迹中言论人性，却看不到故迹对人性的展现有顺有逆而以逆为顺、看不到人性本善的人提出批评。

故迹对事性的展现有顺有逆。何谓“顺”？何谓“逆”？

水之就下也，就是“顺”；决诸东方则东流，决诸西方则西流，就是“逆”。为禾苗除草、浇水，就是“顺”；揠苗助长，就是“逆”。“顺”呈现出的是物性的本质，“逆”呈现出的是物性的表象。

大禹之所以能成功治水，就在于他顺从水的本性，因势利导，行其所无事。

故迹对人性的展现有顺有逆。何谓“顺”？何谓“逆”？

见孺子将入于井而怵惕恻隐，就是“顺”；见孺子将入于井而欲纳交孺子之父母、欲要誉于乡党乃至厌恶孺子的哭声，就是“逆”。“顺”呈现出的是真实的人性，“逆”呈现出的是不真实的人性。

看不到故迹对人性的展现有顺有逆，而以逆为顺，就只能看到人性的表象，而看不到人性的本质；看不到人性的本质，从而做出人性无善无不善、人性可以为善可以为不善、人性恶等不符合人性的判断，对人生命的圆满也是不利的。

如果人们能效法大禹，讲求“顺道”，那么人的智慧作用就大了——即使是日月星辰，我们也能通过它们已然呈现出的迹象，把握它们的运行规律，推算出上下千年的冬至和夏至来。

如果人们能效法大禹，讲求“顺道”，自然也能正确地认识到人的真实本性，从而提升人的生命境界。

08.27　公行子有子之丧[(1)]，右师[(2)]往吊。入门，有进而与右师言者，有就[(3)]右师之位而与右师言者。

孟子不与右师言，右师不悦曰：“诸君子皆与驩言，孟子独不与驩言，是简[(4)]驩也。”

孟子闻之，曰：“礼[(5)]，朝廷[(6)]不历[(7)]位而相与言，不逾阶而相揖也。我欲行礼，子敖[(8)]以我为简，不亦异乎？”

【注释】

(1)公行子有子之丧：公行子，齐国大夫。有子之丧，焦循《孟子正义》引顾炎武《日知录》：“礼，父为长子斩衰三年，故云公行子有子之丧，而孟子与右师及齐之诸臣皆往吊。”

(2)右师：官名。这里指齐国权臣王驩，时任右师。

(3)进、就：进，向前。就，凑近，靠近。焦循《孟子正义》引赵佑《四书温故录》：“此右师甫入门未即位时，趋迎揖之者，即所谓逾阶也。与下就右师之位，皆人之进，人之就。”

(4)简：怠慢。

(5)礼：会意字。甲骨文写作，是祭器，两个是祭品。表示祭祀天地鬼神祖先以祈福。在祭祀的时候，有一套与人的身份相匹配的严格的行动规范，也就是后世说的“礼仪”，礼的本义是礼仪。西周初年，周公把祭祀的这套礼仪与宗法制度结合起来，创立了礼乐制度。礼乐制度扩大了早期礼的内涵，使之包含了人生、信仰、制度、器物等各个层次的丰富内容。礼在儒家那里有“礼之本”和“礼之文”的分别。礼之本体现了天地之道，礼之文表现为外在的仪式、礼节。强调仁是礼之本、是礼的真精神，是孔子对中华民族乃至世界的伟大贡献。

(6)朝廷：《周礼》：“凡有爵者之丧，以国之丧礼莅其禁令，序其事。”金履祥《孟子集注考证》：“凡有司之所莅，则事属朝廷，故谓之朝廷，犹汉言县官，俗言官府也。”

(7)历：跨越。

(8)子敖：王驩的字。

【译文】

齐国大夫公行子为儿子办理丧事，右师王驩前去吊丧。他一进门，便有人迎上前去与他讲话，(坐下后)又有人凑近他的座位与他讲话。

孟子却不与王驩讲话，王驩不高兴地说：“诸位君子都来与我讲话，只有孟子不与我讲话，这是怠慢我。”

孟子听说后，说：“按照礼的规定，在朝廷上不能越过座位相互交谈，不能越过台阶相互作揖。我想遵循礼制，子敖却认为我怠慢他，这不是很奇怪吗？”

【说要】

此章记孟子据礼以抗势，展现孟子一派“说大人，则藐之，勿视其巍巍然”(14.34)的浩然气象。

姚永概《孟子讲义》：

> “右师往吊”四字，写得何等郑重……入门以下，又写当时谄附之徒，神情跃跃，如在纸上。“孟子不与右师言”句，石破天惊，得未曾有，不但右师诧异，当时同坐之人，定无一不诧异，而孟子仙鹤鸡群之概亦可想见。“是简驩也”四字，又将右师骄态描出。而孟子闻之，不激不随，淡淡引古礼以折之，称之曰子敖，便与前文五右师字对照。孟子目中并无右师，只有一子敖而已。夫王欲孟子来朝，先致就见之意，而孟子尚不往见；何物右师，岂有孟子历位逾阶相就之理。(《孟子讲义》卷八，第148页。标点略有改动)

右师王驩乃齐王的宠幸之臣，权倾一时而人格卑劣，在齐大夫公行子儿子的丧礼上，各位吊丧者不顾礼法规定，纷纷走上前与这位右师打招呼、套近乎，然而孟子却据礼以抗势。于是就有了王驩与孟子的隔空对话：

王驩表面上对着别人，其实是故意说给孟子听："诸位君子都来与我讲话，只有孟子不与我讲话，这是怠慢我。"王驩态度之傲慢、心里之不满，跃然纸上。

李贽《四书评·孟子》卷之四：

> 许多人与他言，未尝悦，孟子一人不与之言，便不悦。的是妙人，与言众人，岂不自愧！（《四书评》，第149页）

"许多人与他言，未尝悦"，可见趋炎附势的人，在"炎势"那里也轻贱得很；"孟子一人不与之言，便不悦"，有骨气者，在权贵的真实情感里，自有一席之地。作为一个人难道不应该自重而不自贱吗？

面对王驩的傲慢、不满，孟子淡然以回应，表面上对着别人，其实也是故意说给王驩听："按礼的规定，在朝廷上不能越过位次相互交谈，不能越过台阶相互作揖。我按礼办事，子敖却认为我怠慢了他，这不是很奇怪吗？"

张岱《四书遇·简驩章》感慨地说：

> 圣贤待小人，定有看家拳，又有藏身法。劈头一"礼"字压倒驩，心知其简而无如之何，谁谓严而不恶？（《四书遇》，第451页）

通过王驩与孟子的这一次隔空交锋，我们可以清楚地看到，齐国的众大夫临丧不哀，趋炎附势，将吊丧视为政治集会、联络感情的场所，礼坏乐崩，一至于此！我们也可以清楚地看到"天下皆醉我独醒"的孟子，深切地感受到孟子的铮铮铁骨！

修身进德，有时候是艰难的、孤独的。于艰难、孤独之中的修身进德更显可贵。

08.28　孟子曰："君子所以异于人者，以其存心[(1)]也。君子以仁存心，以礼存心。仁者爱人，有礼者敬人。爱人者，人恒爱之；敬人者，人恒敬之。有人于此，其待我以横逆[(2)]，则君子必自反也：我必不仁也，必无礼也，此物[(3)]奚宜[(4)]至哉？其自反而仁矣，自反而有礼矣，其横逆由[(5)]是也，君子必自反也：我必不忠[(6)]。自反而忠矣，其横逆由是也，君子曰：'此亦妄人也已矣。如此，则与禽兽奚择哉？于禽兽又何难[(7)]焉？'是故君子有终身之忧，无一朝之患[(8)]也。乃若所忧则有之：舜，人也；我，亦人也。舜为法[(9)]于天下，可传于后世，我由未免为乡人也，是则可忧也。忧之如何？如舜而已矣。若夫君子所患则亡矣：非仁无为也，非礼无行也。如有[(10)]一朝之患，则君子不患矣。"

【注释】

（1）存心：省察心。存，察。梁涛认为这里的“存”应该是省察的意思。在孟子那里，仁、礼既可以指内心的德，也可以指一种德行原则，本章的仁、礼等主要是在德行原则的意义上使用的。

（2）横（hèng）逆：蛮横无理。赵岐《注》：“横逆者，以暴虐之道来加我也。”

（3）物：存在于天地间一切人、事、物的通称。此可译作“事”。

（4）奚宜：为什么。

（5）由：同“犹”。与下文“我由未免为乡人也”中的“由”同义。

（6）忠：《朱子语类》：“忠者，尽己也。尽己者，仁礼无一毫不尽。”

（7）何难：难，杨伯峻《孟子译注》解为“责难”之意。冯梦龙《四书指月》：“何难……是怜之，非弃之。”蒋仁荣《孟子音义考证》“何难，何患也”，亦通。

（8）患：患得患失。与下文“如有一朝之患”的“患”不同，“如有一朝之患”的“患”是“蛮横无理”。

（9）法：表率，楷模。

（10）有：发生。意译为“遭受”。

【译文】

孟子说：“君子之所以不同于一般人，在于他们经常省察心。君子用仁来省察心，用礼来省察心。仁人爱别人，有礼的人尊敬别人。爱别人的人，人们常常爱他；尊敬别人的人，人们常常尊敬他。假若这里有一个人，他对我蛮横无理，那么君子一定会反躬自省：我一定不仁了，一定无礼了，否则这样的事怎么会发生呢？自省做到了仁，自省做到了礼，那人仍然蛮横无理，君子必定会自问：我一定没有尽心竭力。自省做到了尽心竭力，那人仍然蛮横无理，君子便说：‘这不过是个狂妄的人罢了。像他这样，与禽兽又有什么区别呢？对于禽兽又有什么可责难的呢？’因此，君子有终身的忧虑，没有一时的患得患失。如此说来君子的忧虑是有的：舜是人，我也是人。舜为天下的人树立了榜样，影响流传到后世，而我却不过是一个普通人而已，这才是可忧虑的事。忧虑它怎么办？像舜一样罢了。至于君子的患得患失是没有的：不合乎仁的事不干，不合乎礼的事不做。即使遭受一时的蛮横无理，君子也不会患得患失。”

【说要】

本章论君子的修身处世之道。主要强调两点：一是“自反”，二是“终身之忧”。

“自反”就是反求诸己。反求诸己，孟子在07.04章就已经说过：

爱人不亲，反其仁；治人不治，反其智；礼人不答，反其敬——行有不得者皆反求诸己。

本章进一步指出了反求诸己的内在动力：

舜，人也；我，亦人也。舜为法于天下，可传于后世，我由未免为乡人也，是则可忧也。忧之如何？如舜而已矣。

以不如舜为自己的“终身之忧”，透显出君子希圣希贤的高尚之志。有此高尚之志，反求诸己，便有了不绝的内在动力；有此高尚之志，反求诸己，便不是儒者的自虐，而是儒者希圣希贤的工夫。这样的工夫，发生在“横逆”到来之际，尤其显得可贵。

反求诸己是儒者不断追求仁义礼智、自求多福的过程。

李贽《四书评·孟子》卷之四：

此都经验良方，有病者修方调治，无不愈也。今之不自反者，皆薄福人也，可怜！(《四书评》，第138页)

让我们再一次回归文本，去体味孟子的慈悲与智慧：

“仁者爱人，有礼者敬人。爱人者，人恒爱之；敬人者，人恒敬之”——这是正常之情理。

“有人于此，其待我以横逆”——这是偶然之事情。

“我必不仁也，必无礼也，此物奚宜至哉”——这是君子的自我省察。

“自反而忠矣，其横逆由是也，君子曰：‘此亦妄人也已矣”——这是君子更深切的自我省察：不以他人的过错惩罚自己，不以他人的过错怀疑正常之情理。

王蒙《得民心得天下：王蒙说〈孟子〉》：

君子有终身之忧，无一朝之患，这个话太创意、太深刻、太鼓舞人了。君子的境界与他人不一样，胸怀、格局、风致不一样。君子之忧是家国之忧、人民之忧、战略之忧、使命之忧、道义之忧，终身成就、核心价值与终极关怀之忧。君子忧虑的是一生度过，没有完成自己的历史使命，没有实现自己的人生理想，没有落实自己的价值认定，没有发挥出自己明明具有的才能与忠诚，没有最大限度地做出应有的贡献，这才是值得为之忧虑的，至于一时的荣辱得失，则只可反求诸己，宁认为过失在己，绝不会怨天尤人，宁愿马马虎虎，绝对犯不上锱铢必较。(《得民心得天下：王蒙说〈孟子〉》，第238页)

张栻《南轩先生孟子说》卷第四：

所谓“一朝之患”者，横逆之至乎前也。吾非仁无为，非礼无行，而横逆一朝至前，则非所患也。虽非所患，然自反之功，则无穷也。若不务勉乎仁与礼，而徒以横逆为患，则纷然置悔吝于胸中耳。……今之学者未能进乎此，一旦横逆加之，则曰吾仁矣，吾有礼矣，吾忠矣，遂断彼以为妄人之归，而不复致反身之道。以予观之，是则自陷于妄而已耳，不可不察也。(《张栻集》上，第309页)

君子“有终身之忧，无一朝之患”的超越，即“君子所以异于人者”。有了对“君子所以异于人者”的省察，建立起“非仁无为也，非礼无行也”的明断与自觉，从而从从容容、堂堂正正，善莫大焉。

08.29　禹、稷当平世(1)，三过其门而不入(2)，孔子贤之。颜子当乱世，居于陋巷，一箪食，一瓢饮，人不堪其忧，颜子不改其乐，孔子贤之。

孟子曰：“禹、稷、颜回同道。禹思天下有溺者，由(3)己溺之也；稷思天下有饥者，由己饥之也，是以如是其急也。禹、稷、颜子易地则皆然。今有同室之人斗(4)者，救之，虽被发缨冠(5)而救之，可也；乡邻有斗者，被发缨冠而往救之，则惑也，虽闭户可也。”

【注释】

(1)禹、稷当平世：禹，鲧的儿子。曾奉舜的命令治理洪水，三过家门而不入，终于将洪水制服。后被舜选为继承人。稷，周的始祖弃。平世，与乱世相对，指政治清明的时代。

(2)三过其门而不入：“三过不入，本禹事而亦称稷。”(杨树达《汉语文言修辞学·私名连及例》)

(3)由：同“犹”。

(4)斗：争斗。段玉裁《说文解字注》“鬭”字条：“遇也……《周语》：‘谷、雒鬭，将毁王宫。’谓二水本异道而忽相接合为一也。古凡‘鬭接’用‘鬭’字，‘鬥争’用‘鬥’字。俗皆用‘鬭’为争竞，而‘鬥’废矣。”今“鬭”“鬥”均简化为“斗”。

(5)被发缨冠：被发，披着头发。缨冠，焦循《孟子正义》：“缨，冠系也……急于戴冠，不及使缨摄于颈，而与冠并加于头，是以缨为冠，故云缨冠。”

【译文】

大禹、后稷处在政治清明的时代，多次路过家门都没有进入，孔子称赞他们。颜回处在政治混乱的时代，住在简陋的巷子里，一筐粗粮，一瓢冷水，别人受不了这样的清苦，颜子不改变他的快乐，孔子称赞他。

孟子说：“大禹、后稷、颜回同道。大禹一想到天下还有人在水深火热之中，就像自己在水深火热之中一样；后稷一想到天下还有人在饥寒交迫之中，就像自己在饥寒交迫之中一样，所以才如此急迫啊。大禹、后稷和颜回如果相互交换位置，（做法）也都会一样。如果是同室的人争斗，劝止他们，即使披头散发戴不好帽子，也是可以的；如果是乡里的人争斗，也披头散发戴不好帽子去劝止他们，那就太糊涂了，纵然关起门来不理睬也是可以的。”

【说要】

本章论“禹、稷、颜回同道”。

准确把握本章的大旨，需要回答两个问题：一个是禹、稷与颜回因何而同道？一个是“同室”“乡邻”之喻所云何事？

其一，禹、稷与颜回因何而同道？

禹、稷保有天下，颜回无尺寸事功，因何称为“同道”呢？

禹、稷处在政治清明的时代，“思天下有溺者，由己溺之也”“思天下有饥者，由己饥之也”，以至“三过其门而不入”——这是禹、稷的“行道”。

颜子处在政治混乱的时代，“居于陋巷，一箪食，一瓢饮，人不堪其忧，颜子不改其乐”——这是颜回的“守道”。

“守道”是“行道”的基础，“行道”是“守道”的圆满；“守道”全在自己，“行道”却还要仰仗命运。

所以，能“行道”与不能“行道”，不是禹、稷与颜回的区别；能“守道”与能“行道”，却是禹、稷与颜回的“同道”。

张栻《南轩先生孟子说》卷第四：

> 在常情观之，颜子未见于施为，而遽比之禹、稷，不亦过乎？殊不知禹、稷之事功，果何所自乎？德者本也，事功者末也，而本末一致也。故程子曰：“有颜子之德，则有禹、稷之事功。”所谓事功，在圣贤夫何有哉？惟其时而已矣。（《张栻集》上，第310页）

其二，“同室”“乡邻”之喻所云何事？

有人以为“同室”“乡邻”之喻，反映了孟子亲疏有别的伦理观。只是这样亲疏有别的伦理观，与“禹、稷、颜回同道”的章旨有什么关系呢？

朱熹《孟子集注》以为“同室”喻禹、稷，“乡邻”喻颜回，并解读道：

此章言圣贤心无不同，事则所遭或异；然处之各当其理，是乃所以为同也。尹氏曰："当其可之谓时，前圣后圣，其心一也，故所遇皆尽善。"（《四书章句集注》，第304页）

勉强为朱熹的解读作辩护：

"同室"好比"在位"，得位而被发缨冠以行道，就像禹、稷当平世的作为；"乡邻"好比"不在位"，不得位而闭户以守道，就像颜回当乱世的作为。

这样的辩护，好像说得过去，只是它不得不面对如下的追问：

邻人斗殴和同屋人斗殴有什么大的区别？为什么"贤者"对待的方式要如此不同？我估计孟子是讲不出个所以然来的。（赵又春：《我读孟子》，岳麓书社2011年版，第280页）

如此看来，朱熹的解释虽然比"亲疏有别的伦理观"要好些，但也有未安。他可能受到"被发缨冠"之急、"同室""乡邻"异地之别，两个偶然因素的误导。

或许"同室""乡邻"之喻，与07.17章"嫂溺"之喻有关。

"同室之人斗者"如同"嫂溺"，可以援之以手；"乡邻有斗者"如同"天下溺"，不可以援之以手，只能援之以道。

"颜回当乱世，居于陋巷，一箪食，一瓢饮，人不堪其忧，颜子不改其乐"，如同面对"乡邻有斗者"而"闭户"——这不是对乡邻之人的冷酷，不是明哲保身的苟且，而是面对"乱世"、面对"天下溺"，欲"援之以道"而不得的"独行其道"。

"得志与民由之，不得志独行其道"——颜回当乱世的行为，与禹、稷当平世的行为，原是没有区别的大丈夫行为，是谓"同道"。

如果上面的解读可以成立的话，那么此章论"禹、稷、颜回同道"的重点，不在禹、稷，而在颜回。"同室""乡邻"之喻，则是对颜回怀才不遇的感伤、对颜回当乱世而"独行其道"的致敬。

《日讲四书解义》曾申说此意：

当战国时，天下饥溺甚矣，孟子有禹、稷之才而卒不遇，故自伤其身，当乱世莫有能用之者，而隐然以颜子自任焉。（《日讲四书解义》，第316页）

《日讲四书解义》的作者们在申说这番意思之后，还不忘诚恳地劝诫"圣主"：

夫天为天下而生圣贤，圣贤为天下而有学问，用人者慎勿使怀才抱德之士徒有生不逢时之叹也。（同上）

我也诚恳地劝诫今天的我们："夫天为天下而生圣贤，圣贤为天下而有学问"，今天的我们不要以世俗的成败论圣贤，不要由此而忽略圣贤共同持有的大道，使后世子孙对我们徒有数典忘祖之叹。

08.30 公都子曰："匡章[(1)]，通国皆称不孝焉，夫子与之游，又从而礼貌之，敢问何也？"

孟子曰："世俗所谓不孝者五：惰其四支[(2)]，不顾父母之养，一不孝也；博弈好饮酒，不顾父母之养，二不孝也；好货财，私[(3)]妻子[(4)]，不顾父母之养，三不孝也；从耳目之欲，以为父母戮[(5)]，四不孝也；好勇斗很，以危父母[(6)]，五不孝也。章子有一于是乎？

"夫章子，子父责善而不相遇[(7)]也。责善，朋友之道也；父子责善，贼恩之大者。夫章子，岂不欲有夫妻子母之属[(8)]哉？为得罪于父，不得近，出妻屏[(9)]子，终身不养焉。其设心以为不若是，是则罪之大者，是则章子已矣。"

【注释】

(1)匡章：齐人。

(2)四支：即四肢。

(3)私：偏爱。

(4)妻子：妻子儿女。

(5)从耳目之欲，以为父母戮：从，通"纵"。戮，朱熹《孟子集注》："戮，羞辱也。"杨伯峻先生举例：《左传·文公六年》："夷之蒐，贾季戮臾骈。臾骈之人欲尽杀贾氏以报焉。臾骈曰，不可"云云，此"戮"亦羞辱之义，不可解为杀戮者。

(6)好勇斗很，以危父母：很，同"狠"。焦循《孟子正义》："盖当时禁斗杀人之法，戮及亲戚。"

(7)不相遇：不相合。朱熹《孟子集注》："遇，合也。相责以善而不相合，故为父所逐也。"

(8)属：繁体写作"屬"，简帛写作[illegible]，从尾蜀声。"尾"与身体相连。本义为连接，此可译作"团聚"。

(9)屏(bǐng)：放逐。这里可译作"疏远"。

【译文】

公都子问："匡章，一国的人都说他不孝，先生却与他交往，还对他很礼貌，冒昧地问为什么呢？"

孟子说："世俗所认为的不孝有五种：懒惰四肢，不顾父母的奉养，是一不孝；博弈好饮酒，不顾父母的奉养，是二不孝；喜好钱财，偏爱妻子儿女，不顾父母的奉养，是三不孝；放纵声色欲望，使父母蒙受羞辱，是四不孝；逞强斗狠，连累父母，是五不孝。章子有一项这样的行为吗？

"章子这个人，不过是由于父子之间责善而把关系搞坏了。责善，本是朋友相处的准则；父子之间责善，却是最伤感情的事。章子难道不想有夫妻、母子的团聚吗？因为得罪了父亲，不能与他们亲近，就赶走了妻子、疏远了子女，终身不要他们奉养。（推想）他的用心，是认为不这样做，罪过更大。章子只是如此罢了。"

【说要】

本章为匡章"不孝"作辩护。

《论语》01.02："孝弟也者，其为仁之本与！"《孟子》07.19："事，孰为大？事亲为大。"孝，是儒家语境中的一大伦理。

《孟子》09.01："舜往于田，号泣于旻天。"《论语》04.18："子曰：'事父母几谏，见志不从，又敬不违，劳而不怨。'"孝，又是极难言说的日常之事。它是情理的纠缠。

对于匡章的行为，虽然有孟子的辩护，却仍然不能化解后人的纠结与疑问：

或说匡章的父亲杀妻为恶，不值得孝。或说"从章子父母的故事中可以看出，那时只承认孝父，只承认父子关系，根本不承认对母亲也需要孝道"（《得民心得天下：王蒙说〈孟子〉》，第241页）。或说"据章之所为，因责善于父母而不相遇，虽是父不是，己是，然便至如此荡业，'出妻屏子，终身不养'，则岂得为孝故！"（《朱子语类·公都子问匡章章》，第1211页）

既然如此，就让我们再多一点思考，不必急着下结论。

让我们回到"夫子与之游，又从而礼貌之"这一事件的本身。

全祖望《经史问答》：

> 然则所云责善，盖必劝其父以弗为已甚而父不听，遂不得近，此自是人伦大变。（《孟子正义》，第600页）

冯梦龙《四书指月·公都子曰匡章章》：

> "责善"而成其不孝，是章子罪处，亦是章子可怜处。（《四书指月》，第424页）

见得章子可怜处，你我固有的不忍人之心便顿时显现，以此来为人处世便无大的偏差。

黄宗羲则从宽待人、严律己两个方面，申说孟子之意：

匡章不孝之罪，固无所逃，而出妻屏子，自悔之心，亦是可原。孟子非轻其罪，但不弃其改过耳。不然，世间无改过一路，则怙终者多矣。

世俗不孝，士君子自然不犯。然细思之，其能免者无几。苟不能夙兴夜寐，便是堕其四肢；闲谈湎饮，便是博弈好饮酒；以财物为己有，出纳不禀于父母，便是好货财私妻子；不能检点身心，便是从耳目之欲；凡是必欲胜人，时有争气，便是好勇斗狠。与世俗相去，其间不能以寸。（《黄宗羲全集》第一册，第120页。文字略有改动）

对别人"责善"，便是求全责备。

求全之毁，最难反驳，所谓"非之无举也，刺之无刺也"。

求全之毁，危害最大，所谓"同乎流俗，合乎污世，居之似忠信，行之似廉洁，众皆悦之，自以为是，而不可与入尧舜之道"。

求全之毁，最为冷酷。因为它将情与理阻隔开来，让"理"变成冷冰冰的说教。

孟子对待匡章，辨大是，容小过，哀不幸，致礼貌，让人倍感亲切、温暖。此即人性伟大处，此即性善说永恒处。

孙奇逢《四书近指·皆称不孝章》：

圣贤观人超于世俗之外，所谓众恶之必察焉。（《孙奇逢集》上，第568页）

圣贤观人，之所以能超越世俗之外，在于他们有超越世俗之智；圣贤之所以能有超越世俗之智，在于他们有超越世俗之独立人格。

超越则自由，自由则独立。独立之人格，自由之思想，互为表里。

08.31　曾子居武城，有越寇[1]。或曰："寇至，盍去诸？"曰："无寓人于我室，毁伤其薪木。"寇退，则曰："修我墙屋，我将反。"寇退，曾子反。左右曰："待先生如此其忠且敬也，寇至，则先去以为民望[2]；寇退，则反，殆于[3]不可。"沈犹行[4]曰："是非汝所知也。昔沈犹有负刍之祸[5]，从先生者七十人，未有与焉。"

子思居于卫，有齐寇。或曰："寇至，盍去诸？"子思[6]曰："如伋去，君谁与守？"

孟子曰："曾子、子思同道。曾子，师也，父兄[7]也；子思，臣也，微也。曾子、子思易地则皆然。"

【注释】

（1）曾子居武城，有越寇：武城，鲁国邑名，在今山东费县境内。赵佑《四书温故录》："曾子居武城，自即今费县之武城，为子游、子羽邑，而非即南武城为曾子本邑者。若其本邑也，则家室在焉，丘墓在焉，即云为师，亦党庠里塾之常，所谓乡先生者矣。一旦寇难之来，方将效死，徙无出乡，相守望扶持之义，而徙以舍去鸣高，岂繄（注：音yī，是）人情。”有越寇，根据《左传》哀公二十一年以后吴鲁、越鲁关系史的记载，费县东南一带之地，是和越灭吴后的疆界犬牙相错的，因之越寇之来去甚易。（详见杨伯峻《孟子译注》）

（2）民望：民众所仿效的对象。朱熹《孟子集注》：“为民望，言使民望而效之。”

（3）殆于：殆，恐怕。于，为，是。

（4）沈犹行：曾子弟子，姓沈犹，名行。

（5）沈犹有负刍之祸：赵岐《注》：“时有作乱者曰负刍，来攻沈犹氏。”

（6）子思：孔子之孙，孔鲤之子。名伋，字子思。

（7）父兄：冯梦龙《四书指月》：“喻其尊，对下‘微’字看。”

【译文】

曾子客居武城，越国军队来犯。有人说：“敌寇就要到了，何不离开这里？”曾子说：“不要让人住在我家，破坏了院子里的树木。”等到敌寇退了，曾子又说：“休整好我的院墙、房屋，我要返回。”敌寇退后，曾子返回来。他身边的人私下说：“武城人对先生这样忠诚、恭敬，敌寇来了，先生却给百姓做了个先躲避的榜样；敌寇退了马上就回来，恐怕不好吧。”沈犹行说：“这不是你们所能明白的。从前，（先生住在我那里，）有个名叫负刍的人作乱，跟随先生的弟子有七十人，没有一个参与平乱的。”

子思住在卫国，齐国军队来犯。有人说：“敌寇就要到了，何不离开这里？”子思说：“如果我躲避，国君与谁来守城呢？”

孟子说：“曾子、子思同道。曾子是武城人的师长，尊如父兄；子思是卫国的臣子，身份低微。如果曾子、子思换一下位置也都会这样做。”

【说要】

本章论曾子、子思同道。

孙奇逢《四书近指·曾子子思章》：

> 此章当与禹稷颜子章参看。彼言出处同道，此言死生同道，皆在平时异处看出同处。（《孙奇逢集》上，第568页）

只是这样的“同处”，并不是那么容易看出的。

子思公职在身，敌寇来了，不避危险，与国君并肩作战，堂堂正正，合乎大义；曾子客居为师，敌寇来了，不仅先行撤离，还提出“勿毁薪木、修我墙屋”的要求，总是让人有“殆于不可”的感觉。

孟子却说“曾子、子思同道”。为什么呢?

孟子给出的理由是：作为客居的曾子，是武城人的师长，尊如父兄；有公职在身的子思，是卫国的臣子，身份低微。

我们会追问：客居的贵如父兄的师长，就可以不顾主人的安危，避寇躲患吗?

我们的追问有道理吗?

冯梦龙《四书指月·曾子居武城章》:

> 曾子理不应与难，子思理应死守，只是各成其是，心中曾不着利害两见。(《四书指月》，第425页)

我们的追问，是从“利、害”的视角出发的。而孟子的眼里，只有“义”。

在孟子看来，保护尊如父兄的客人是主人必须持守的“义”；而客人的行为，能够有利于主人持守这个“义”，才是对主人的尊重，才符合作为客人应该持守的“义”——越寇来了，如果曾子与武城人并肩作战，一旦造成伤害，就会让主人陷于“不义”的境地。

> 子曰：“君子之于天下也，无适也，无莫也，义之与比。”(《论语》04.10)

这就是曾子、子思同道所在，也是孟子赞同曾子，以为“曾子、子思同道”的理由所在。

08.32 储子(1)曰：“王使人瞯(2)夫子，果有以异于人乎?”

孟子曰：“何以异于人哉?尧舜与人同耳。”

【注释】

(1)储子：齐人。

(2)瞯：会意兼形声字，从目从间，间亦声。从门缝里看人，会窥视之意。

【译文】

储子说：“齐王派人窥视先生，果真不同于一般的人吗?”

孟子说：“有什么与人不同之处呢?尧舜与人也是一样的。”

【说要】

本章论“尧舜与人同”。

孟子一生至少两次游齐，第一次在齐威王执政时，第二次在齐宣王执政时。本章记载的故事，应该发生在第二次游齐的时候。这时孟子在社会上已经有一定影响力，故齐宣王暗中派人前来观察，看看孟子与常人有什么不同的地方。

孟子在当时社会上的影响力到底有多大，以至于引起齐宣王这么大的好奇心呢？

《孟子》06.04：

> 彭更问曰："后车数十乘，从者数百人，以传食于诸侯，不以泰乎？"
>
> 孟子曰："非其道，则一箪食不可受于人；如其道，则舜受尧之天下，不以为泰——子以为泰乎？"

为了传道，"后车数十乘，从者数百人，以传食于诸侯"，当然不过分。不过这样的阵势，确实是非常风光的——历史上没有做到高官而有这样生前风光的儒者，孟子可能是唯一。

孟子经常说"人皆可以为尧舜"；颜渊也告诉人们："舜，何人也？予，何人也？有为者亦若是。"这里孟子又讲，"尧舜与人同耳"。其对人的期许与尊重，不可谓不高。

可笑的是，有人就是不相信，总以为别人的德修功成，都是上天的特殊照顾，人何以自贱如此也？

齐王使人一"瞯"，正可见齐王之自贱。

张栻《南轩先生孟子说》卷第四：

> 夫人者，天地之心，圣人之与众人均也，岂有二乎哉？众人有喜怒哀乐，圣人亦未尝无也。众人夏葛冬裘，饥食渴饮，圣人亦不能违也。然而，圣人之所以为圣人，众人之所以为众人者，果何在乎？圣人率性而尽其道，众人则逆其道而失其性故耳。……夫自常情观圣贤之所为，疑若甚高，而不可企及。曾不知圣贤之所为，无非天下之常理，犹饥之当食，渴之欲饮然也。惟夫己私蔽之，而昧夫大同之体，则差殊万端，视所谓常而不可易者，反为甚高而难能者矣。故不极高明，则不足以道中庸，是以君子贵夫学也。(《张栻集》上，第313页)

圣人是安心于道的常人，常人是本可以成为圣人却不能安心于道的凡人。圣凡之别，只是在此。

08.33　齐人有一妻一妾而处室者，其良人(1)出，则必餍(2)酒肉而后反。其妻问所与饮食者，则尽富贵也。其妻告其妾曰："良人出，则必餍酒肉而后反；问其与饮食者，尽富贵也，而未尝有显者(3)来，吾将瞯良人之所之也。"

蚤(4)起，施(5)从良人之所之，遍国中无与立谈者。卒之东郭墦(6)间，之祭者，乞其余；不足，又顾而之他，此其为餍足之道也。

其妻归，告其妾，曰："良人者，所仰望而终身也，今若此！"与其妾讪(7)其良人，而相泣于中庭(8)。而良人未之知也，施施(9)从外来，骄其妻妾。

由君子观之，则人之所以求富贵利达者，其妻妾不羞也，而不相泣者几希矣。

【注释】

(1)良人：古时夫妻互称为良人，后多用于妻子称丈夫。良，会意字，甲骨文写作。古时房屋多半在地下且开一小通道，通风效果极差。象有两条通道的房屋，空气流通的效果自然好得多。即以此会良好之意。

(2)餍：吃饱。

(3)显者：富贵的人。

(4)蚤：同“早”。

(5)施(yí)：逶迤斜行，不欲人觉。施，简帛写作，从㫃(yǎn)从也，也亦声。会旗帜摇摆、蛇行曲曲意。本指旗帜飘动，引申为人逶迤斜行之貌。

(6)墦(fán)：坟墓。

(7)讪：挖苦，讥讽。或译为“毁谤”，不准确。“谤”是毁，“讪”是讥讽。

(8)中庭：庭院之中。

(9)施施(yí yí)：形容人的得意之貌。

【译文】

齐国有户一妻一妾住在一起的人家，丈夫每次外出，总是酒足肉饱才回来。妻子问他一起吃喝的人，则说都是有钱有势的人。妻子告诉妾说：“丈夫每次外出，总是酒足肉饱才回来；问他一起吃喝的人，都是有钱有势的人，可是从来没见有显贵的人来过，我打算暗中观察看他去什么地方。”

第二天一早起来，妻子偷偷跟着丈夫到他去的地方，全城中没有一个人停下来与他交谈。最后走到了东门城外的墓地，见他走到扫墓的人那里讨些剩余的祭品；没吃饱，又东张西望去别处乞讨，这就是他酒足肉饱的方法。

他的妻子回到家，把看到的情况告诉了妾，说：“丈夫，是我们终身的依靠，没想到他竟是这个样子！”于是与妾一起挖苦丈夫，在庭院中相对哭泣。她们的丈夫还不知道，得意扬扬地从外面进来，向他的妻妾炫耀。

在君子看来，人们用来追求升官发财的手段，能使他们的妻妾不感到羞耻而相对哭泣的，实在是很少啊。

【说要】

智者无不知，圣者无不能。这一章实在是一篇上佳的寓言，可与古今中外寓言故事一较高下。

姚永概《孟子讲义》卷八：

方氏曰："此传记体也。本为人之求富贵利达者而发，然正说则无含蕴，故就齐人描写如生，而正位只淡淡一点，无限烟波。"徐又铮曰：前路极力形容不堪情状，后二语痛快。永概案：此文……嬉笑怒骂，酣恣淋漓，全在叙事中见意，入议论反矜慎之至。《太史公列传》又多用此法。(《孟子讲义》，第154页)

诙谐的文字让人忍俊不禁，辛辣的讽刺让人汗流浃背。

文中的"良人"何世没有？"良人"的虚伪几人未犯？故赵岐《注》曰：

用君子之道观之，今求富贵者，皆以枉曲之道，昏夜乞哀而求之，以骄人于白日，由此良人为妻妾所羞为所泣伤也。(《孟子正义》，第608页)

苟求富贵利达，看他未败露时的炫耀，满面都是富贵相；看他既已败露后的尴尬，满面都是乞儿相。可不戒乎！

吕留良《四书讲义》卷三十七：

或云：孟子特发此论，不是痛骂世人，还是悯惜之意居多。晨钟之击，山泉之响，使人猛下省发，急加荡涤，若一味骂倒，圣贤不如是绝人已甚。先生曰："不然。骂至乞，痛骂之极矣，大声疾呼以痛骂之，人尚未之或醒，故痛骂正是悯惜，非绝人已甚也。……"

人只是志趣不同，君子志贤杰，惟恐贤杰之不尽；小人志势利，惟恐势利之不尽。志贤杰不尽得，则读书尚友以求之；志势利不尽得，则钻刺攀援走空脱谎，直靡所不为矣。齐人尚属虚言，今人竟成行实。(《四书讲义》，第861—862页)

李贽《四书评·孟子》卷之四：

恐今之求富贵利达者，并其妻妾亦不羞矣。(《四书评》，第151页)

怎不令人废书而叹！

又，我曾经读过一位日本学者的《孟子读本》，他为本章作的注释是：

当时实行多妻制，家里有一妻一妾的是最普通的市民家庭。讲究排场的孟子有好几个小妾，因此抱着一种嘲笑一妻一妾的悲惨生活的态度。

作为中国人，自己家的宝贝不知道爱惜，那就只能任由外人歪解糟践了。可不勉乎！

卷第九 万章章句上 凡九章

09.01 万章[(1)]问曰：“舜往于田[(2)]，号泣于旻天[(3)]，何为其号泣也？”

孟子曰：“怨慕[(4)]也。”

万章曰：“‘父母爱之，喜而不忘；父母恶之，劳而不怨。’[(5)]然则舜怨乎？”

曰：“长息问于公明高[(6)]曰：‘舜往于田，则吾既得闻命矣；号泣于旻天，于父母，则吾不知也。’公明高曰：‘是非尔所知也。’夫公明高以孝子之心为不若是恝[(7)]：我竭力耕田，共[(8)]为子职而已矣，父母之不我爱，于我何哉[(9)]？帝使其子九男二女[(10)]，百官[(11)]牛羊仓廪备，以事舜于畎亩之中；天下之士多就之者，帝将胥[(12)]天下而迁之焉。为不顺于父母，如穷人无所归。天下之士悦之，人之所欲也，而不足以解忧；好色，人之所欲，妻帝之二女，而不足以解忧；富，人之所欲，富有天下，而不足以解忧；贵，人之所欲，贵为天子，而不足以解忧。人悦之、好色、富贵，无足以解忧者，惟顺于父母可以解忧。人少，则慕父母；知好色，则慕少艾[(13)]；有妻子，则慕妻子；仕则慕君，不得于君则热中。大孝终身慕父母。五十而慕[(14)]者，予于大舜见之矣。”

【注释】

(1)万章：孟子弟子。今山东邹城北宿镇后万村北尚存万章墓。

(2)舜往于田：相传舜曾耕于历山。

(3)号泣于旻(mín)天：号泣，且言且泣。旻天，朱熹《孟子集注》：“仁覆闵下，谓之旻天。”

(4)怨慕：怨，责备，抱怨。慕，眷恋。怨慕，偏正结构，以慕为正。

(5)“父母爱之”四句：万章引用曾子的话(见《大戴礼记·曾子大孝篇》)。忘，懈怠。劳，忧愁。

(6)长息、公明高：长息，公明高弟子。公明高，曾子弟子。

(7)恝(jiá)：赵岐《注》：“恝，无愁之貌。”译作“满不在乎”。

(8)共：通“恭”。

(9)于我何哉：对于我有什么关系呢。“我竭力耕田”至“于我何哉”即对“为不若是恝”的解释。

（10）九男二女：尧以二女妻舜事见于《尚书·尧典》，《列女传·母仪篇》谓二女长名娥皇，次名女英。使九男事舜，赵岐《注》以为逸书所载。

（11）百官：与《论语·子张篇》“百官之富”的“百官”意义同。“官”的本义指官室屋宇。详见杨树达《积微居小学金石论丛》。

（12）胥：《尔雅·释诂》：“胥，皆也。”“胥天下”犹言“尽天下”也。

（13）少艾：谓年轻美貌之人。艾，《康熙字典》：“美好也。”

（14）五十而慕：赵岐《注》：“《书》曰：‘舜生三十征庸，三十在位。’在位时尚慕，故言五十也。”五十而慕，终身而慕。

【译文】

万章问道：“舜到田地去，向着旻天且言且泣，为什么要且言且泣呢？”

孟子答道：“因为怨慕。”

万章说：“（以前曾子说过：）‘父母喜欢自己，高兴而不敢懈怠；父母讨厌自己，忧虑而不敢抱怨。’既然如此，舜会抱怨吗？”

孟子说：“长息曾问公明高：‘舜到田里去，我已聆听了您的教诲；但他向旻天且言且泣，这样来对待父母，我就不明白了。’公明高说：‘这不是你所能明白的。’公明高认为孝子之心是不能这样满不在乎的：我努力耕田，恭敬地尽到做儿子的职责就是了，父母不喜欢我，于我有什么关系呢？（舜是这样的：）帝尧让自己的九个儿子、两个女儿，齐备宫室、牛羊、粮食，侍奉舜于田野之中；天下的士人有很多投奔他，帝尧还要把整个天下禅让给舜。舜却因为不能使父母顺心，（觉得自己）像穷人无家可归一样。天下的士人心服自己，是人人想要的，却不足以消解舜的忧愁；美貌的女子，是人人想要的，舜娶了帝尧的两个女儿，却不足以消解他的忧愁；富有，是人人想要的，舜富有天下，却不足以消解他的忧愁；尊贵，是人人想要的，贵为天子，却不足以消解他的忧愁。士人的喜爱、美貌的女子、富有和尊贵，没有一样足以消解舜的忧愁，只有让父母顺心才能消解他的忧愁。人小的时候，眷恋父母；情窦初开，就眷恋年轻美貌的姑娘；有了妻室、子女，就眷恋妻室、子女；做了官就想着君主，得不到君主信任，就内心焦虑难受。只有大孝之人才能终身眷恋父母。到了五十岁还眷恋父母的，我在大舜身上看到了。”

【说要】

本章宣扬舜“终身慕父母”的孝行。

焦循《孟子正义》引王鸣盛《尚书后案》云：

> “往于田”三句见《孟子》，不言是《书》辞。（《孟子正义》，第609页）

万章所问的两句话，文辞古奥，或出于某典，赵岐未注，不能确知。为了更贴近孟子的语义，本章的解释，不必尽与《尚书》联系。

舜“号泣于旻天”是有原因的，那就是他的孝行得不到父母的欢心，反而得到不断的加害。（详见09.02章）

大家知道，舜是孟子竭力树立的孝子榜样。按照曾子的讲法，孝子应该是“父母爱之，喜而不忘；父母恶之，劳而不怨”的。然而，舜却“号泣于旻天”。舜为什么“号泣于旻天”呢？在万章看来，舜“号泣于旻天”，就是对父母有“怨”，这与曾子主张的孝子“劳而不怨”是矛盾的，所以有了“何为其号泣也”的提问。

对这个提问，孟子回答，因为“怨慕”。万章显然没有理解“怨慕”所含的精微的情感内涵，还是先入为主地认为舜“号泣于旻天”，就是对父母有“怨”，所以接着追问，“然则舜怨乎？”

对这个追问，孟子回答，“是非尔所知也”，这不是你所能明白的。

“怨慕”这么难以明了吗？让我们回到文本。

关于“旻天”。

《毛公诗传》曰：

> 尊而君之，则称皇天；元气广大，则称昊天；仁覆闵下，则称旻天；自上降鉴，则称上天；据远视之苍苍然，则称苍天。

朱熹“仁覆闵下，谓之旻天”的注解，应该就是依据于此。

“旻天”仁覆闵下，具有强烈的感情色彩，简单地译作“天”，太笼统；译作“苍天”，不准确。故我们注而不译。

“旻天”仁覆闵下，具有强烈的感情色彩，可以视为理想父母的化身。舜“号泣于旻天”，就是向理想父母化身——旻天——倾诉。这个“倾诉”，就是对现实父母的“怨慕”。

关于“怨慕”。

朱熹《孟子集注》：

> 于我何哉，自责不知己有何罪耳，非怨父母也。杨氏曰：“非孟子深知舜之心，不能为此言。盖舜惟恐不顺于父母，未尝自以为孝也；若自以为孝，则非孝矣。”（《四书章句集注》，第307页）

依照朱熹的解释，“父母之不我爱，于我何哉”是怨己，而不是怨父母。这个说法恐怕有失偏颇。

“夫公明高以孝子之心为不若是恝”“我竭力耕田，共为子职而已矣，父母之不我爱，于我何哉？”是对“恝”的注解。

依照朱熹的解释，“于我何哉”不就是一味地反思自己的“怨己”吗？不就是对父母的“不爱”满不在乎吗？“为不若是恝”，反对的就是这样一味的“怨己”“满不在乎”呀！

面对像舜父母那样的行为，一味地反思自己——“怨己”，不仅不是对父母的孝顺，反而是对父母情感上的疏远，这才是真正地对父母的“怨”！而孟子认为舜“号泣于旻天”，是因为对父母的“怨慕”。

怨，一方面即“怨亲”——为尽心行孝，却得不到父母的欢心而伤痛，“怨”，正从“慕亲”中来。怨，一方面含着“怨己”——从父母行为那里反思自己的孝，不断尽心于孝，“怨”，正归“律己”中去。“怨亲”“怨己”纠缠在一起，就是“怨慕”。

怨慕，是偏正结构。“怨”是偏，“慕”是正。怨慕，落脚点在“慕”字上。

“怨”是暂时的，“慕”是常态的。“怨”因“慕”而生，“怨”亦因“慕”而消。

关于“五十而慕”。

在通常人们容易满足欲望的地方，舜不满足，始终保持对父母的“慕”；在通常人们容易游移心志的地方，舜不游移，始终保持对父母的“慕”。所以，孟子感慨：“五十而慕者，予于大舜见之矣。”

唐文治《孟子大义》卷九：

> 人子自少至老，专其心以顺父母，乃谓之孝。人子称父母曰亲，妊胎于母腹，亲之至也；生于膝下，亲之至也。弱冠以后，日疏其亲，歉何如矣！迨父母没，则由疏而远，痛何如矣！古圣人定父母之名曰亲，言终身宜亲之也。此人子之所以终身宜孝其亲，而虞舜之五十而慕，所以为大孝也。（《唐文治四书大义》，第296页）

人生五十以前，血气未定，嗜欲未清，或有移其慕于他事者。至五十而血性渐定，嗜欲渐清——五十之所为，终身之所为也。

读此章书，宜注重一“慕”字。慕者，缠绵悱恻之诚，孺子之性也。人而失其孺子之性，则不顺于父母，而不可以为子女。

五十之所为，终身之所为也；五十而慕，终身而慕，孝之至诚！

孟子云：“至诚而不动者未之有也。”（07.12）推及此“至诚”以爱人，于是“一年而所居成聚，二年成邑，三年成都”（《史记·五帝本纪》）。舜之孝，由父母之身推及天下。舜之孝，大孝也。

补记：解毕此章，请教于杨海文教授。教授云：“《万章上篇》九章之理解，需要历史学，更需要心灵体悟。圣人之心，凡俗如何对接并进入，一言以蔽之，将心比心而已。”

09.02 万章问曰："《诗》云：'娶妻如之何？必告父母。'[1]信斯言也，宜莫如舜。舜之不告而娶，何也？"

孟子曰："告则不得娶。男女居室，人之大伦也。如告，则废人之大伦，以怼[2]父母，是以不告也。"

万章曰："舜之不告而娶，则吾既得闻命矣；帝之妻舜而不告，何也？"

曰："帝亦知告焉则不得妻也。"

万章曰："父母使舜完廪[3]，捐阶[4]，瞽瞍焚廪；使浚井——出——从而掩之[5]。象[6]曰：'谟盖都君咸我绩[7]，牛羊父母，仓廪父母，干戈朕，琴朕，弤[8]朕，二嫂使治朕栖[9]。'象往入舜宫，舜在床琴。象曰：'郁陶[10]思君尔。'忸怩[11]。舜曰：'惟兹臣庶[12]，汝其于[13]予治。'不识舜不知象之将杀己与？"

曰："奚而[14]不知也？象忧亦忧，象喜亦喜。"

曰："然则舜伪喜者与？"

曰："否。昔者有馈生鱼于郑子产，子产使校人[15]畜之池。校人烹之，反命曰：'始舍之，圉圉[16]焉；少则洋洋[17]焉；攸然[18]而逝。'子产曰：'得其所哉！得其所哉！'校人出，曰：'孰谓子产智？予既烹而食之，曰，得其所哉，得其所哉。'故君子可欺以其方，难罔以非其道。彼以爱兄之道来，故诚信而喜之，奚伪焉？"

【注释】

（1）"《诗》云"等句：杨伯峻《孟子译注》："诗见《齐风·南山篇》，舜时自然无此诗句，万章说'信斯言也，宜莫如舜'，不过以为舜时当时也有此礼而已。"

（2）怼：怨。

（3）完廪：修缮粮仓。冯梦龙《四书指月》："'父母使舜'，要见是听象之谋。"

（4）捐阶：抽去梯子。赵岐《注》："阶，梯也。使舜登廪屋，而捐去其阶。"

（5）"使浚井"等句："掩"与"使"的主语相同，"出"与"使""掩"的主语不同，"出"是"使""掩"过程中的补充说明性文字。"出"是舜出。赵岐《注》："使舜浚井，舜入而即出，瞽瞍不知其已出，从而盖其井，以为死矣。"

（6）象：舜的同父异母弟。

（7）谟盖都君咸我绩：谟，谋。盖，"害"的假借字。都君，指舜。舜"一年而所居成聚，二年成邑，三年成都"（见《史记·五帝本纪》）。

（8）弤（dǐ）：赵岐《注》："雕弓也。"焦循《孟子正义》引赵佑《四书温故录》："弤或别一弓之名，舜所常用，亦如五弦之琴为舜自作者耳。"

（9）栖：朱熹《孟子集注》："床也。象欲使为己妻也。"

（10）郁陶：思念之貌。朱熹《孟子集注》："思之甚而气不得伸也。"

（11）忸怩：不自然之貌。可以明见象言语之虚伪。舜焉能不觉？是以万章以舜为伪喜。

（12）惟兹臣庶：惟，思念。兹，代词，此，这些。臣庶，臣民。

（13）于：介词，为（wèi）。

（14）奚而：疑问词，如何。

（15）校人：赵岐《注》："主池沼小吏也。"

（16）圉（yǔ）圉：疲惫貌。

（17）洋洋：舒展貌。

（18）攸然：迅疾貌。

【译文】

万章问："《诗经》中说：'娶妻怎么做呢？必先禀告父母。'相信这话的，应该没有人比得上舜了。舜不禀告父母就娶妻，为什么呢？"

孟子说："禀告了就不得娶了。男女成婚，是人的极重要的伦常关系。如果禀告，便无法实现人的极重要的伦常关系，以致怨恨父母，所以就不禀告了。"

万章说："舜不禀告父母就娶妻，我已聆听了您的教诲；帝尧把女儿嫁给舜却不告诉（他的父母），又是为什么呢？"

孟子说："帝尧也知道告诉了就不能把女儿嫁给他了。"

万章说："父母叫舜修缮粮仓，却抽去了梯子，父亲放火焚烧粮仓；又叫舜去掏井——舜无意间出来了——又填塞了井眼。舜的弟弟象说：'谋害舜都是我的功劳。牛羊归父母，粮食归父母，盾和戈归我，琴归我，雕弓归我，让两位嫂子为我铺床。'象走进舜的屋子，舜正坐在床上弹琴。象说：'我好想念你！'露出不自然的神情。舜说：'我惦念那些臣民，你为我来管理。'我不明白，舜真的不知道象要杀害他吗？"

孟子说："怎么会不知道呢？（舜只是看重兄弟情义，）象忧愁他也忧愁，象高兴他也高兴。"

万章说："那么说，舜是假装高兴的吗？"

孟子说："不是的。从前有人送活鱼给郑相子产，子产叫小吏放养到水池里。小吏把鱼烹煮了，回来复命说：'刚放它时，还疲惫没精神；不一会儿，就舒展开了；悠然地游走不见了。'子产说：'它得到合适的去处了！它得到合适的去处了！'小吏退出来，说：'谁说子产聪明？我把鱼烹煮后吃了，他还说，它得到合适的去处了，它得到合适的去处了。'所以，君子可以被合乎情理的谎言欺骗，却很难被违背常理的诡计愚弄。象假装出敬爱兄长的样子来，所以舜就真诚地相信而感到高兴，怎么是假装的呢？"

【说要】

本章表彰舜孝悌之德，涉及两件事，一是“不告而娶”；二是“象忧亦忧，象喜亦喜”。

赵岐《章指》言：“仁圣所存者大，舍小从大，达权之义也。不告而娶，守正道也。”赵岐《章指》，析孝不析悌，值得思考。

冯梦龙《四书指月·万章问曰诗云娶妻章》：

> 前段处父母之变，重一“权”字；后段处兄弟之变，重一“诚”字。“权”则天下无难处之事，“诚”则天下无难化之人。（《四书指月》，第428页。标点略有改动）

明察“告则不得娶”、告“则废人之大伦”，从而依经行权，舍小就大，这是舜的“大智”。

深具真诚，“象忧亦忧，象喜亦喜”而无丝毫虚伪，这是舜的“大仁”。

舜实在是大仁大智之人，“帝将胥天下而迁之焉”，真是看准了人。

阅读文本，我们对于舜“告则不得娶”的理由，十分赞同。但是，对于舜“象忧亦忧，象喜亦喜”而无丝毫虚伪，未免有些疑惑——舜的“忧喜”真是无“伪”的吗?

孟子以子产的故事，说明“彼以爱兄之道来，故诚信而喜之”，来给我们解惑。说实话，我觉得子产的故事没有那么强的说服力。

“谟盖都君咸我绩”，父母的恶行都是听从了象的话。像象这样歹毒的人，在想霸占哥哥的财产、夫人而不得的那一瞬间，如何能“以爱兄之道来”呢？何况万章明言象“忸怩”，可以明见其言语之虚伪，舜焉能不觉?

舜“象忧亦忧，象喜亦喜”而无丝毫虚伪，朱熹给了一个十分让我动心的解释：

> 问“象忧亦忧，象喜亦喜”事。曰：象谋害舜者，舜随即化了，更无一毫在心，但有爱象之心。常有今人被弟激恼，便常以为恨，而爱弟之心减少矣。（《朱子语类》卷第五十八《问舜往于田章》，第1213页）

原来，舜对象的真诚不伪，不在于象而在于舜的宅心仁厚：舜的善性修养太好了、太深了，这样的修养，让象的歹毒如泥牛入海，瞬间化为乌有，从而使舜能以真诚的胸怀接纳以虚伪的爱兄之道而来的弟弟。

冯梦龙《四书指月》于此又云：

> 象虽非爱兄之弟，而弟原有爱兄之理。“彼以爱兄之道来”，是非以象来，乃以弟来矣。天下有伪情，无伪理。此要看出圣人一种真切念头，有触感而应之妙。……君子之仁，不为世情所穷。（《四书指月》，第429页）

在日常生活中，我们常常有这样的体验：

有人冒犯了我而向我道歉，我虽然在理智、人情的约束下接受了道歉，心里却不免还有不满、怨恨。

我心中化解不尽的不满、怨恨，他人自然也会感觉得到，由此疏远我，人际关系便受到长久的伤害。

我自己呢，因为这化解不尽的不满、怨恨的存在，便不能在表面上接受道歉之后，让自己的内心走向更加纯粹、真诚的地步。

这都是非常让人遗憾的事情。

阅读本章的意义在于，我们应该以舜为榜样，努力修养“君子之仁，不为世情所穷”，不以他人的过错惩罚自己。

09.03　万章问曰：“象日以杀舜为事，立为天子则放之，何也？”

孟子曰：“封之也；或曰，放焉。”

万章曰：“舜流共工于幽州(1)，放驩兜(2)于崇山，杀三苗于三危(3)，殛鲧(4)于羽山，四罪而天下咸服，诛不仁也。象至不仁，封之有庳(5)，有庳之人奚罪焉？仁人固如是乎？在他人则诛(6)之，在弟则封之？”

曰：“仁人之于弟也，不藏怒焉，不宿怨焉，亲爱之而已矣。亲之，欲其贵也；爱之，欲其富也。封之有庳，富贵之也。身为天子，弟为匹夫，可谓亲爱之乎？”

“敢问或曰放者，何谓也？”

曰：“象不得有为于其国，天子使吏治其国而纳其贡税焉，故谓之放。岂得暴彼民哉？虽然，欲常常而见之，故源源而来。‘不及贡，以政接于有庳(7)’，此之谓也。”

【注释】

(1)流共工于幽州：流，放逐。共工，官名。与驩兜、三苗、鲧并称为“四凶”。由此句至“四罪而天下咸服”，并见于今《尚书·舜典》。

(2)驩兜：人名，尧舜时大臣。

(3)杀三苗于三危：《尚书》“杀”作“窜”，故很多训诂家都以为这“杀”字不作杀戮解，而是“窜”的假借字。姚永概《孟子讲义》：“窜，塞也。塞之使不得通中国。”三苗，国名。三危，地名。《后汉书·西羌传》注云：“三危，山，在今沙州敦煌县东南，山有三峰，故曰三危也。”

(4)殛(jí)鲧(gǔn)：姚永概《孟子讲义》：“殛，为极之假借，皆谓责遣之，非杀之也。”鲧，禹父名。

（5）有庳：地名，象的封地。在今湖南零陵，一说当在舜的都城蒲阪（今山西永济）附近。

（6）诛：治罪，惩罚。

（7）不及贡，以政接于有庳：杨伯峻《孟子译注》："这两句疑是《尚书》逸文，所以《孟子》断以'此之谓也'。"朱熹《孟子集注》："'不及贡，以政接于有庳'，谓不待及诸侯朝贡之期，而以政事接见有庳之君。盖古书之辞，而孟子引以证源源而来之意，见其亲爱之无已如此也。"

【译文】

万章问道："象每天都以谋害舜作为事务，舜做了天子后，只是放逐了他，为什么呢？"

孟子说："是封给他土地，也有人说是放逐。"

万章说："舜把共工放逐到幽州，把驩兜放逐到崇山，把三苗禁锢到三危，把鲧囚禁在羽山，将这四人治罪天下全都归服，因为惩处不仁之人的缘故。象是最不仁的人，却封给他有庳，有庳的百姓有什么罪过呢？仁者难道就是这样的吗？对别人就惩罚，对弟弟却封给土地？"

孟子说："仁德的人对待弟弟，不存怒气，不留怨恨，只是亲近爱护他罢了。亲近他，希望他尊贵；爱护他，希望他富有。封给他有庳，便是使他又富又贵。自己做了天子，弟弟却是一介平民，能说是亲近爱护他吗？"

万章又问："请问，有人说是放逐，这是什么意思呢？"

孟子说："象不能在他的封地里为所欲为，天子派遣官吏治理他的封地，收取那里的贡税，所以说是放逐。象怎么能暴虐他的民众呢？即使如此，舜还希望常常见到象，所以象要常常来见。所谓'不必等到朝贡的日子，也以政事为名接见有庳君长'，说的就是这件事。"

【说要】

本章讨论舜"封象"之事。

象每天都想着谋杀哥哥，舜却时时挂念着弟弟，亲人之间的关系，外人总是看不太明白。

《礼记·丧服四制》：

> 门内之治，恩掩义；门外之治，义断恩。

门内的事情，外人插不上嘴。一旦舜做了天子，要把不仁的弟弟"封之有庳"，就成了门外的事情，便无法阻止外人说三道四了。

万章“有庳之人奚罪焉”“在他人则诛之，在弟则封之”的追问是严厉的，它提示我们舜“封象”之事中，有无法回避的血缘亲情与社会公正之间的矛盾纠结。

孟子“象不得有为于其国”“身为天子，弟为匹夫，可谓亲爱之乎”这样为舜辩护怎么样呢？

《得民心得天下：王蒙说〈孟子〉》：

> 说哥哥当了天子了，弟弟就不能为匹夫了，此话到今天只能令人反感。一家子，一荣俱荣，一损俱损，是恶劣传统。（《得民心得天下：王蒙说〈孟子〉》，第252页）

相对于王蒙先生的批判，梁涛教授的观点就显得温和且客观、理性：

> 从孟子生活的时代看，代表那个时代的公正、正义应该“选贤与能”，反对“无故而富贵”，不仅来自社会底层的墨家高举起“尚贤”的大旗，力行变法的法家主张“食有劳而禄有功”“宗室非有军功论，不得为属籍”，即使同属儒门的荀子亦提出了“虽王公、士大夫之子孙，不能属于礼义，则归之庶人。虽庶人之子孙也，积文学，正身行，能属于礼义，则归之卿相、士大夫”（《荀子·王制》）。……根据“义斩恩”的原则，荀子的主张显然是合理、进步的，而孟子是保守、落后的。
>
> 那么，孟子为什么会有这种相对落后、保守的主张呢？这就涉及前面提到的孟子思想存在前期、后期的问题了。孟子思想的前期，受到当时社会上流行的重孝派思想的影响，过分突出了宗法孝悌，使其思想具有保守的一面。但到了后期，孟子又突破了重孝论思想的影响，回到了以仁义为核心的思想路线上来。9·3章的内容可能是孟子早期思想的反映，这是我对《孟子》的一个解释和辩护。当然，我的辩护是建立在对《孟子》的详细解读之上的，是有充分的文献根据的。（《〈孟子〉七篇解读·万章篇》，第606—607页）

“春秋之中，弑君三十六，亡国五十二，诸侯奔走不得保其社稷者不可胜数。”（《史记·太史公自序》）面对自春秋以来，礼坏乐崩、臣弑其君、父子相残、暴虐百姓的社会现实，孟子对舜“封象”之事的辩护，或有其时代意义。

当然，在今天崇尚社会公正的人们看来，“身为天子，弟为匹夫，可谓亲爱之乎”，使得公权力与私情感不能明确区分，故“荀子的主张显然是合理、进步的，而孟子是保守、落后的”。

圣人是“圣”，他们的思想超越时代，孟子云：“圣人，人伦之至也。”圣人也是“人”，他们的思想也会受到时代的局限，孟子云：“尽信《书》，则不如无《书》。”

明了“圣人，人伦之至也”“尽信《书》，则不如无《书》”，我们可以对圣人留下的经典，作同情之了解，从圣人留下的经典中，得到更多的启迪。

09.04　咸丘蒙[1]问曰：“《语》云[2]：‘“盛德之士，君不得而臣，父不得而子。”舜南面而立，尧帅诸侯北面而朝之，瞽瞍亦北面而朝之。舜见瞽瞍，其容有蹙[3]。孔子曰[4]：“于斯时也，天下殆哉，岌岌乎！”’不识此语诚然乎哉？”

孟子曰：“否。此非君子之言，齐东野人之语也。尧老而舜摄也。《尧典》曰：‘二十有八载[5]，放勋[6]乃徂落[7]，百姓[8]如丧考妣[9]，三年，四海遏密八音[10]。’孔子曰[11]：‘天无二日，民无二王。’舜既为天子矣，又帅天下诸侯以为尧三年丧，是二天子矣。”

咸丘蒙曰：“舜之不臣尧，则吾既得闻命矣。《诗》云[12]：‘普天之下，莫非王土；率土之滨，莫非王臣。’而舜既为天子矣，敢问瞽瞍之非臣，如何？”

曰：“是诗也，非是之谓也；劳于王事而不得养父母也。曰：‘此莫非王事，我独贤劳[13]也。’故说诗者，不以文害辞，不以辞害志[14]。以意逆[15]志，是为得之。如以辞而已矣，《云汉》之诗曰[16]：‘周余黎民，靡有孑遗。’信斯言也，是周无遗民也。孝子之至，莫大乎尊亲；尊亲之至，莫大乎以天下养。为天子父，尊之至也；以天下养，养之至也。《诗》曰[17]：‘永言孝思，孝思维则。’此之谓也。《书》曰[18]：‘祗载见瞽瞍，夔夔齐栗，瞽瞍亦允若。’是为‘父不得而子’也。”

【注释】

(1)咸丘蒙：赵岐《注》：“咸丘蒙，孟子弟子。”杨伯峻《孟子译注》：“咸丘本是地名(原在鲁国)，此以地名为姓氏。”

(2)《语》云：金良年《孟子译注》认为，语是古代的一种著作体裁，主要用于记述古人的言论行事，如《论语》《国语》《新语》。故此处的“语云”不是俗语，而是指类似的语书。

(3)蹙(cù)：不安貌。从戚足声。戚，甲骨文写作，象一种刃部有齿牙的斧钺类兵器。威武的兵器，齿刃锋利，可以伤人，所以又用来表示忧戚、忧虑。蹙之不安义，或从此来。

(4)“孔子曰”诸句：此处所引孔子言论，也见于《墨子·非儒》《韩非子·忠孝》。岌岌，危险貌。岌，会意兼形声字。篆书写作，从山从及，及亦声。会意山高不可攀。岌岌，本义为山势高峻。引申为危险貌。

(5)二十有八载：《史记·五帝本纪》：“尧立七十年得舜，二十年而老，令舜摄行天子之政，荐之于天。尧辟位凡二十八年而崩。”

(6)放勋：尧之称号。

（7）徂落：赵岐《注》："死也。"

（8）百姓：百官。阎若璩《四书释地又续》："'百姓'义二：有指'百官'言者，《书》'百姓'与'黎民'对，《礼·大传》'百姓'与'庶民'对是也。有指小民言者……'百姓不亲，五品不逊'是也。'四书'中'百姓'凡二十五见，惟'百姓如丧考妣三年'指'百官'，盖有爵土者为天子服斩衰三年，礼也。"

（9）考妣：死后的父母。《礼记·曲礼下》："生曰父曰母曰妻，死曰考曰妣曰嫔。"

（10）四海遏密八音：四海，民间。（本江声《尚书集注音疏》说）遏，《尔雅·释诂》云："止也。"密，通"谧"，安静。八音，指金、石、丝、竹、匏、土、革、木八类乐器。这里指代音乐。

（11）"孔子曰"诸句：《礼记·曾子问》及《坊记》都引有孔子此语，只是文字略有不同，作"天无二日，土无二王"。

（12）"《诗》云"诸句：见《诗经·小雅·北山》。

（13）贤劳：多劳。《小尔雅》："贤，多也。"

（14）不以文害辞，不以辞害志：黄宗羲《孟子师说·咸丘蒙章》："字曰'文'，句曰'辞'，作诗之本意曰'志'。"赵岐《注》："意，学者之心意也。……人情不远，以己之意，逆诗人之志，是为得其实矣。"

（15）逆：迎合、揣测之意。逆，甲金文写作，象对面的人向着自己迎面走来。后增"行"或"彳"，写作，表示主人向前迎接对面走过来的人。本义是迎接。引申为逆向。

（16）"《云汉》之诗曰"诸句：出自《诗经·大雅·云汉》。孑遗，遗留。《方言》云："孑，余也。"

（17）"《诗》曰"诸句：此《诗经·大雅·下武》文。孝思，孝亲之思。"永言孝思，孝思维则"，意永远尽孝道，孝道是法则。

（18）"《书》曰"诸句：赵岐《注》："《尚书》逸篇。"又云："祗，敬。载，事也。夔（kuí）夔齐（注：同'斋'）栗，敬慎战惧貌。"阎若璩《四书释地又续》云："《炳烛斋随笔》曰：'夔，一足之物也。凡人之立，常时则两足舒布，有所畏则两足紧并，有若一足之物，故曰夔夔也。'"朱熹《孟子集注》："允，信也。若，顺也。"

【译文】

咸丘蒙问道："《语》说：'"道德崇高的人，君主不能把他看作臣下，父亲不能把他看作儿子。"舜面南居天子之位，尧率领诸侯面北朝见他，舜的父亲瞽瞍也面北朝见他。舜见了瞽瞍，神色局促不安。孔子说："在这时候，天下岌岌可危！"'不知这种说法确实如此吗？"

孟子说："不。这不是君子的话，而是齐东野人的话。尧老年时命舜代理天子之职。《尧典》上说：'二十八年以后，尧去世了，百官好像死了父母一样，服丧三年，四海之内停止奏乐。'孔子说：'上天没有两个太阳，百姓没有两个天子。'假若舜已经做了天子，又率领天下的诸侯为尧服丧三年，便是同时有两位天子了。"

咸丘蒙问："舜不以尧为臣，我已经得到您的教诲了。(不过，)《诗经》中说：'普天之下，没有一块不是天子的土地；四海之内，没有一人不是天子的臣民。'舜既做了天子，请问瞽瞍却不是臣民，又是什么呢？"

孟子说："这首诗不是你说的那个意思，(作者是)感慨为国事劳碌而不能奉养父母。意思是说：'没有一件不是天子的事，却只有我多辛劳。'所以说解《诗》的人，不因为文字而误解词句，不因为词句而误解作者的本意。要用自己的体会去揣测作者的本意，这样才对。如果只看文字词句，那么《诗经·云汉》中说：'周朝剩下的民众，没有一个存留。'(机械地)相信这句话，那就是周朝没有存留民众了。孝子的极致，莫过于让父母尊贵；让父母尊贵的极致，莫过于以天下来奉养。作为天子的父亲，这是尊贵的极致；以天下来奉养，这是奉养的极致。《诗经》中说：'永远尽孝道，孝道是法则。'就是这个意思。《尚书》中说：'舜恭敬地去见瞽瞍，谨慎小心，瞽瞍也受到感化。'这就是'父亲不能把天子看作儿子'。"

【说要】

本章"《语》云"至"岌岌乎"皆为咸丘蒙引用《语》中齐东野人之语。标点甚难，承蒙齐鲁书社向群老师指点。

孟子通过对齐东野人之语的驳斥，为"尊贤"主张辩护，其实质是为禅让之制、传贤之辩护，并旁生出"以意逆志"读书大法。语境或许与"燕王哙以国让子之"有关。

"为天下得人者谓之仁"(05.04)——"尊贤"是儒家，特别是孟子仁政思想的核心观念。

齐东野人对"尊贤"的主张提出质疑，其目的是反驳儒家的禅让主张。所以，孟子在接下来的09.05、09.06章，即展开禅让与传贤传子问题的讨论。

齐东野人应该不是普通的老百姓，而是有较好文化修养的人，他质疑的方式是以子之矛攻子之盾：

"盛德之士，君不得而臣，父不得而子"，应该是孟子之前的人主张"尚贤"的话。齐东野人认为，如果按照此话，就会带来天下的危殆——"舜南面而立，尧帅诸侯北面而朝之，瞽瞍亦北面而朝之。舜见瞽瞍，其容有蹙"。

"舜见瞽瞍，其容有蹙"，不言而喻，"舜见尧，亦其容有蹙"。"其容有蹙"，言外之意就是因"尚贤"带来的"舜南面而立，尧帅诸侯北面而朝之，瞽瞍亦北面而朝之"违背了君臣之礼、父子之情。君臣之礼、父子之情乃人间常道，违背人间常道，天下自然“殆哉”！齐东野人复引孔子的话来进一步为自己证明。

对于齐东野人的说法，孟子断然否定，并从两个方面给予有力的驳斥：

第一个方面是澄清尧与舜的史实。

第二个方面是指出齐东野人对“盛德之士，君不得而臣，父不得而子”的曲解。

先看第一个方面：

孟子曰：“尧老而舜摄也。”“摄”就是代理，舜在尧年老之时，代尧行“天子之权”，而非居“天子之位”，并举《尧典》为证。由此可见齐东野人关于尧与舜的事，不合于经，是虚构、伪造。

再看第二个方面：

孟子告诉我们，“盛德之士，君不得而臣，父不得而子”的本意是强调“尊贤”，并不是抛弃君臣之礼、父子之情。“盛德之士”有巨大的道德引领作用，可以作为人们（包括君与父）的道德之师，并引《尚书》的话——“祗载见瞽瞍，夔夔齐栗，瞽瞍亦允若”——作证明。

朱熹《孟子集注》云：

> 孟子引此而言瞽瞍不能以不善及其子，而反见化于其子，则是所谓父不得而子者，而非如咸丘蒙之说也。（《四书章句集注》，第312页）

张栻虽然没有认可“盛德之士，君不得而臣，父不得而子”为儒家所言，但他认可这是“古语”。《南轩先生孟子说》卷第五：

> 语所谓“盛德之士，君不得而臣，父不得而子”，则亦固有说矣。以舜之事论之，父之诏子，盖常理也。今以瞽瞍之顽，舜尽子道，至于至诚感神，而瞽瞍亦允若焉，是感格之端，乃在于舜。所以变化瞽瞍之气质者，舜也。斯谓之父不得而子，则可矣。古之人君，盖有受教于其臣以成其德者，如太甲之于伊尹，成王之于周公，谓之君不得而臣亦可也。盖在子知尽事父之道而已，在臣知尽事君之道而已。而自后世观之，则见其有不得而臣、不得而子者焉，故云尔也。（《张栻集》上，第320—321页）

由此可见，齐东野人对“盛德之士，君不得而臣，父不得而子”的解读，是机械的，是曲解。而齐东野人之所以有此曲解，正是不能“以意逆志”的原因。

从咸丘蒙对《诗》“普天之下，莫非王土；率土之滨，莫非王臣”的理解来看，他也是不懂“以意逆志”这一读书大法的。也正因为这个原因，咸丘蒙无法辨析齐东野人之语的谬误。

随着历史的发展，人们对于“君不得而臣，父不得而子”渐渐失去了兴致，“以意逆志”读书大法则成了后来居上的“热搜”。

让我们引两段有关“以意逆志”的精彩论述。

《朱子语类》卷第五十八《咸丘蒙问章》：

> “以意逆志”，此句最好。逆是前去追迎之之意，盖是将自家意思去前面等候诗人之志来。又曰：“谓如等人来相似。今日等不来，明日又等，须是等得来，方自然相合。不似而今人，便将意去捉志也。”（《朱子语类》第二册，第1214页）

王国维《玉溪生诗年谱会笺》序云：

> 善哉，孟子之言诗也！曰：“说诗者，不以文害辞，不以辞害志。以意逆志，是为得之。”顾意逆在我，志在古人，果何修而能使我之所意不失古人之志乎？此其术孟子亦言之，曰：“诵其诗，读其书，不知其人可乎？是以论其世也。”是故由其世以知其人，由其人以逆其志，则古诗虽有不能解者，寡矣。（王国维：《人间词话：王国维美学文选》，安徽文艺出版社2015年版，第246页。标点略有改动）

“以意逆志”，“志”是作者你的志，“意”是读者我的意。“以意逆志”是“你、我在即入即出的不断循环中平起平坐，谈不上谁重要、谁不重要，你丰富了我，我复活了你，你、我在互动中共同逼近解释学追求的那个境界——双赢”（《我善养吾浩然之气——孟子的世界》，第264—265页）。

09.05　万章曰：“尧以天下与舜，有诸？”

孟子曰：“否。天子不能以天下与人。”

“然则舜有天下也，孰与之？”

曰：“天与之。”

“天与之者，谆谆(1)然命之乎？”

曰：“否。天不言，以行与事示之而已矣。”

曰：“以行与事示之者，如之何？”

曰：“天子能荐人于天，不能使天与之天下；诸侯能荐人于天子，不能使天子与之诸侯；大夫能荐人于诸侯，不能使诸侯与之大夫。昔者，尧荐舜于天，而天受之；暴(2)之于民，而民受之。故曰，天不言，以行与事示之而已矣。”

曰：“敢问荐之于天，而天受之；暴之于民，而民受之，如何？”

曰：“使之主祭，而百神享之，是天受之；使之主事，而事治，百姓安之，是民受之也。天与之、人与之，故曰天子不能以天下与人。舜相尧二十有八载，非人之所能为也，天也[3]。尧崩，三年之丧毕，舜避尧之子于南河[4]之南，天下诸侯朝觐者，不之尧之子而之舜；讼狱[5]者，不之尧之子而之舜；讴歌者，不讴歌尧之子而讴歌舜，故曰，天也。夫然后之中国[6]，践天子位焉。而[7]居尧之宫，逼尧之子，是篡也，非天与也。《太誓》[8]曰：'天视自我民视，天听自我民听。'此之谓也。"

【注释】

（1）谆谆：朱熹《孟子集注》："详语之貌。"

（2）暴（pù）：朱熹《孟子集注》："显也。"意译为"公之于"。

（3）天也：天意。意指舜有二十八年之久的时间来获取百姓信任之事，不是人所能为的。与下章"舜之相尧、禹之相舜也，历年多，施泽于民久。……益之相禹也，历年少，施泽于民未久"对观，其义自得。

（4）南河：古称黄河自潼关以下西东流向的一段为南河，自潼关以上南北流向的一段为西河。

（5）讼狱：诉讼。

（6）中国：国中，指国都。

（7）而：如。

（8）《太誓》：《尚书》篇名。下引两句是《太誓》逸文。

【译文】

万章问："尧把天下授给舜，有这回事吗？"

孟子说："没有。天子不能把天下授给人。"

万章问："那么舜拥有天下，是谁授给他的呢？"

孟子说："天授给他的。"

万章问："天授给他，是谆谆地命令吗？"

孟子说："不是的。天不说话，只是用行为和事情来示意罢了。"

万章问："用行动和事情来示意是怎么回事呢？"

孟子说："天子能向天推荐人，但不能强迫天把天下授给人；（就像）诸侯能向天子推荐人，但不能强迫天子授给他诸侯之位；大夫能向诸侯推荐人，但不能强迫诸侯授给他大夫之位。过去，尧把舜推荐给天，天接受了；把舜公之于百姓，百姓接受了。所以说，天不说话，只是用行动和事情来示意罢了。"

万章问："请问，把舜推荐给天，天接受了他；把舜公之于百姓，百姓接受了他，这是怎么回事呢？"

孟子说："让舜主持祭祀，百神享用，这就是天接受了他；让舜主持政事，政事得到治理，百姓得以安定，这就是百姓接受了他。是天授给他、百姓授给他，所以说天子不能把天下授给人。舜辅佐尧治理天下二十八年，这不是人力所能左右的，是天意。尧去世了，三年之丧结束，舜避开尧的儿子前往南河的南面，天下来朝见的诸侯，不去朝见尧的儿子而去朝见舜；诉讼的人，不去见尧的儿子而去见舜；歌颂的人，不去歌颂尧的儿子而去歌颂舜，所以说，这是天意。这样，舜才回到国都，登上天子之位。如果住在尧的宫室，逼迫尧的儿子，这是篡夺，不是天授给的了。《尚书·太誓》中说：‘上天看见的来自我民众看见的，上天听到的来自我民众听到的。’说的就是这个意思。”

【说要】

本章与下一章都是讨论权力传承的问题。

“尧以天下与舜，有诸？”——万章不是对尧禅让给舜事实的怀疑，而是对如何禅让的追问。这个追问的起因，梁涛先生认为与“燕王哙让国”的事件有关：

> 孟子在齐国时，发生了燕王哙让国于相子之的事件。本来宣传禅让是战国时期颇为流行的思潮……然而燕王哙让国失败，给当时的禅让思潮一个沉重打击，迫使学者对禅让的问题做出重新思考，本章孟子与万章的对话，可能就发生在这一背景下。(《孟子解读》，第248页)

《史记》《战国策》等文献的记载告诉我们，燕王哙的让国，不过是昏庸的燕王哙东施效颦的闹剧。

联想下一章，我们可以清晰地感受到孟子的睿智：

禅让与世袭不过是权力传承的外在形式，传“贤”且“贤”的最终裁定者是“民”，才是权力传承必须遵循的内在要求。

对于“使之主祭，而百神享之，是天受之”“使之主事，而事治，百姓安之，是民受之也”“《太誓》曰：‘天视自我民视，天听自我民听’”，唐文治《孟子大义》卷九解读说：

> 使之主祭而百神享之，无形者也；使之主事而事治，百姓安之，有形者也。是其权固专在于民也。
>
> 天之与民，其权均也。然而天虚而难凭者也，民实而可据者也，是其权固专在于民也。(《唐文治四书大义》，第307页)

《孟子义理疏解》指出：

> “天”传的方式，是通过行事来指点表示的。天的行事，又何由而显？依孟子

的诠释，是通过人的行事来指点表示的。由是把原先“天与之”的问题，已转而为“天受之”。（参见王邦雄、曾昭旭、杨祖汉：《孟子义理疏解》，台湾鹅湖月刊社2007年版，第279—280页）

《得民心得天下：王蒙说〈孟子〉》：

万章认为是唐尧将天下赠给了虞舜，这是现象的真实。孟子认为，天下不可能私相授受，即使一方是天子也不行，这是理想化的实质。讲得很好、很崇高，但是说起来有点玄、大、空。把舜祭祀众神说成天接受了舜，也相当“拔高”，因为不可能设想一个什么人物祭祀众神而被众神所拒绝。然后说是老百姓认的是舜，不是尧之子，这就比较有说服力了。（《得民心得天下：王蒙说〈孟子〉》，第256—257页）

“民”是权力传承最终的裁定者——这是正确的道理。

“民意”如何真实地收集？“民意”如何真切地进入决策？等等——这是困难的实践。

孟子找到了正确的道理，解决实践的困难，还要依靠后来人。

唐文治《孟子大义》卷九又云：

民权之所以宜尊，贵乎知识之高尔。唐、虞之世，朝觐、讼狱、讴歌者或归舜，或归禹。民视民听，抑何既公且一，惟其智也。反是而其权归于无知无识之民，或心术不正，或意气嚣陵，则天下大乱而无所底止矣。吾于是知尊民必先教育，而教育之道必轨于正。（《唐文治四书大义》，第309—310页）

读经正是“教育”，正是“轨于正”的“教育”。由此，我们或许可以找到解决权力传承实践困难的路径。

09.06　万章问曰：“人有言[(1)]：‘至于禹而德衰，不传于贤，而传于子。’有诸？”

孟子曰：“否，不然也。天与贤，则与贤；天与子，则与子。昔者，舜荐禹于天，十有七年，舜崩，三年之丧毕，禹避舜之子于阳城[(2)]，天下之民从之，若尧崩之后不从尧之子而从舜也。禹荐益[(3)]于天，七年，禹崩，三年之丧毕，益避禹之子于箕山[(4)]之阴，朝觐讼狱者不之益而之启[(5)]，曰：‘吾君之子也。’讴歌者不讴歌益而讴歌启，曰：‘吾君之子也。’丹朱[(6)]之不肖，舜之子亦不肖。舜之相尧、禹之相舜也，历年多，施泽于民久。启贤，能敬承继禹之道。益之相禹也，历年少，施泽于民未久。舜、禹、益相去久远[7]，其子之贤不肖，皆天也，非人之所能为也。莫之为而为者，天也；莫之致而至者，命也。匹夫而有天下者，德必若舜、禹，而又有天子荐之者，故仲尼不有天下。继世以有天下，天之所废，必若桀、纣者也，故益、伊尹、周公不有天下。伊尹相汤以王于天下，汤崩，太丁[8]未立，外丙[9]二年，仲壬[10]四年。太甲[11]颠覆汤之典刑，伊尹放之于桐[12]，三年，太甲悔过，自怨自艾[13]，于桐处仁迁义，三年，以听伊尹之训己也，复归于亳[14]。周公之不有天下，犹益之于夏、伊尹之于殷也。孔子曰：'唐、虞禅[15]，夏后、殷、周继，其义一也。'"

【注释】

（1）"人有言"诸句：翟灏《四书考异》云："《新序·节士篇》：'禹问伯成子高曰：昔者尧治天下，吾子立为诸侯；尧授舜，吾子犹存焉；及吾在位，子辞诸侯而耕，何故？'子高曰：'昔尧之治天下，举天下而传之他人，至无欲也；择贤而与之，至公也。舜亦犹然。今君之所怀者私也，百姓知之，贪争之端自此始矣；德自此衰，刑自此繁矣。吾不忍见，以是野处也。'《韩非子·外储说》：'潘寿对燕王曰，禹爱益而任天下于益，已而以启入为吏。及老，而以启为不足任天下，故传天下于益，而势重尽在启也。已而启以友党攻益而夺之天下。是禹名传天下于益，而实令启自取之也。此禹之不及尧舜明矣。'万章所谓人言，盖此等言也。"杨伯峻按，《晋书·束晳传》引《竹书纪年》云："益干启位，启杀之。"此又一异说。

（2）阳城：在今河南登封北。

（3）益：伯益，因助禹治水有功，被推荐为继承者。

（4）箕山：在今河南登封东南。

（5）启：禹的儿子。禹死后，他杀益而继位，从此确立了传子制度。启之为人，孟子以为贤，但考之《楚辞》《墨子》《竹书纪年》等记载不同。皮锡瑞云："孟子以为贤者，为世立教耳。"（详见王先谦《尚书孔传参正》卷七）

（6）丹朱：传说中尧之子。本名朱，后封于丹，故称丹朱。

（7）久远：意谓三人之相距有久有不久，此"久远"包括"暂短"而言，犹今言长短。

（8）太丁：汤的长子。

（9）外丙：太丁的弟弟。

（10）仲壬：外丙的弟弟。

（11）太甲：汤的嫡长孙，太丁之子。商人传位常常是兄终弟及，据《史记·殷本纪》记，商汤王死，太子太丁未立即死，弟外丙立；帝外丙死，外丙弟仲壬立；仲壬在位四年，太甲继位。

(12)桐：地名，在今河南偃师附近。

(13)艾：朱熹《孟子集注》："斩绝自新之意。"

(14)亳(bó)：地名，商汤的国都，故址在今河南商丘北。

(15)唐、虞禅：相传尧的朝代叫"唐"，舜的朝代叫"虞"。禅，禅让。

【译文】

万章问道："有人说：'到禹时道德衰落，天下不传给贤人而传给儿子。'有这事吗？"

孟子说："不，不是这样的。天要传给贤人，就传给贤人；天要传给儿子，就传给儿子。过去舜把禹推荐给天，十七年后，舜去世了，三年之丧结束，禹去阳城回避舜的儿子，(但是，)天下民众都跟随他，就像尧去世后民众不跟随尧的儿子却跟随舜一样。禹把益推荐给天，七年后，禹去世了，三年之丧结束，益往箕山北面以回避禹的儿子，(但是，)朝见、诉讼的人不去见益而去见启，说：'这是我们君主的儿子。'歌颂的人不歌颂益而歌颂启，说：'这是我们君主的儿子。'尧的儿子丹朱不肖，舜的儿子也不肖。舜辅佐尧、禹辅佐舜，经历年岁长，施予民众恩泽时间久(所以舜、禹继了位)。启贤明，能恭敬地继承禹的德行。益辅佐禹，经历年岁短，施予民众恩泽时间不长(所以启继了位)。舜、禹、益辅佐天子时间的长短，尧、舜、禹儿子的肖不肖，都是天意，不是人力所能左右的。没有去做却做到了，这就是天；没有去找却来到了，这就是命。一介平民能拥有天下的，德行一定要像舜、禹那样，而且还要有天子的推荐，所以孔子没能拥有天下。继承上代而拥有天下的，天如果要废弃，一定要像桀、纣那样的君主，所以益、伊尹、周公没能拥有天下。伊尹辅佐汤称王天下，汤死后，太丁没等继位就死了，外丙在位两年，仲壬在位四年。(太丁的儿子太甲又继承王位。)太甲破坏了汤的法度，伊尹把他放逐到桐邑。三年之后，太甲悔过，怨恨自己、改正自己，在桐邑居仁由义；三年内，听取伊尹的教诲，终于回到亳都继位。周公不能拥有天下，就像益在夏朝、伊尹在殷朝一样。孔子说：'唐尧、虞舜禅让，夏、商、周世袭，它们的道理是一样的。'"

【说要】

本章继续讨论权力传承问题。

通过文本的阅读，我们可以明了以下两组关系：

禅让的传贤、世袭的传子，本质上都应该是"天与之"——"天与贤，则与贤；天与子，则与子"。

"天与之"的本质是传贤，而"贤"的判定主体是"民"——"禹避舜之子于阳城，天下之民从之，若尧崩之后不从尧之子而从舜也”；“益避禹之子于箕山之阴，朝觐讼狱者不之益而之启……讴歌者不讴歌益而讴歌启”。

把这两组关系结合起来，我们便可以清楚地把握孟子思想主张的基本论点：

权力传承需要两个必要条件，一是“传贤”，二是“贤”的最终判定者是“民”。

冯梦龙《四书指月·万章问曰人有言至于禹章》：

愚谓：论圣人之心，只是“与贤”一途，但“贤”或在臣，或在子，则圣人所不能必，而听之于天，非设“与贤”“与子”之二念，以观天意而从之也，观“禹荐益于天”可见。孔子曰：禅继一义，正为一于“与贤”耳。（《四书指月》，第435页）

唐文治《孟子大义》卷九：

唐、虞禅，人心归舜与禹也。夏后、殷、周继，人心归启与太甲、成王也。其权皆在民也，其义一也。不当禅而思禅者，燕子哙是也。不当继而思继者，秦二世是也。皆不得乎人心也。知人心之趋向，乃知民权之宜重也。（《唐文治四书大义》，第314页）

可以说，在权力传承的合法性或者说合理性上，孟子的主张是非常具有现代意识的，是中华传统政治思想中最为宝贵的部分。

理想总是丰满的，而现实不免有些骨感。政治理念与政治实践之间，常常不能完美一致——“匹夫而有天下者，德必若舜、禹，而又有天子荐之者，故仲尼不有天下。继世以有天下，天之所废，必若桀、纣者也，故益、伊尹、周公不有天下”。

造成政治理念与政治实践之间不能完美一致的原因，常常是人无可奈何的：“莫之为而为者，天也；莫之致而至者，命也。”所以，我们只好理性接受。

但是，孟子就是孟子，他从来不放弃作为“人”的存在——面对“天”“命”，面对不完美的现实，人要主动地作为，予以改善：

益之于启，是归王位于“贤”；伊尹之于太甲，是改造不贤而成为“贤”；周公之于成王，是培育善苗而长成“贤”。

三位哲人的努力，使得权力传承归于“传贤”的大义，凸显了人的存在价值，此即“尽心”，即“存心”，即“知性”，即“养性”，即“知天”，即“事天”，即“立命”。

世俗不知，乃云一饮一啄，莫非前定，于是有啖鲙餐糕、破枕蹂花之诞说，以恣慵惰放逸者之自弃。使然，则立乎岩墙之下亦无不可，而其自云“知命”者，适以为诬命而已矣。是与于无命之甚者也，而况义乎！（《船山全书》第六册《读四

书大全说》卷九，第1040页）

解读至此，孟子的政治主张，又可以转化为你我修身的指导：善待自己的生命，保持向善的定力；对待不完美的现实，理智地接受，努力地改善。

或说：孟子此论应是在燕王哙禅让失败后的特殊情况下所发，意在调和禅让与世袭的矛盾。此说误解了孟子。

孟子不是在调和禅让与世袭的矛盾，更不是否定选贤与能、实行禅让的制度设计，而是指出禅让与世袭必须遵循的原则—— 一是传贤，二是“贤”的最终判定者是“民”，简单地说就是“民与之”。

从儒学内部的发展来看，天下为公和选贤与能是相辅相成的，缺一不可。天下为公、权力公有，是价值理念；选贤与能、实行禅让是制度设计。否定了选贤与能、实行禅让，天下为公、权力公有也就无法真正得到体现和保障，成为流于形式的口号。

明了此意，我们则可以得出这样的结论：遵循“民与之”的原则，选贤与能、实行禅让的制度设计才能真正展现其正当性、优越性、实践性。

09.07　万章问曰：“人有言：‘伊尹以割烹要汤(1)。’有诸？”

孟子曰：“否，不然。伊尹耕于有莘(2)之野，而乐尧舜之道焉。非其义也，非其道也，禄之以天下，弗顾也；系马千驷(3)，弗视也。非其义也，非其道也，一介(4)不以与人，一介不以取诸人。汤使人以币(5)聘之，嚣嚣然(6)曰：‘我何以汤之聘币为哉？我岂若处畎亩之中，由是以乐尧舜之道哉？’汤三使往聘之，既而幡然(7)改，曰：‘与我处畎亩之中，由是以乐尧舜之道，吾岂若使是君为尧舜之君哉？吾岂若使是民为尧舜之民哉？吾岂若于吾身亲见之哉？天之生此民也，使先知觉后知，使先觉觉后觉也。予，天民之先觉者也！予将以斯道觉斯民也。非予觉之，而谁也？’思天下之民匹夫匹妇有不被尧舜之泽者，若己推而内(8)之沟中。其自任以天下之重如此，故就汤而说之以伐夏救民。吾未闻枉己而正人者也，况辱己以正天下者乎？圣人之行不同也，或远，或近，或去，或不去，归洁其身而已矣。吾闻其以尧舜之道要汤，未闻以割烹也。《伊训》曰：‘天诛造攻自牧宫，朕载自亳。’(9)”

【注释】

(1)伊尹以割烹要汤：朱熹《孟子集注》：“要，平声，下同。要，求也。按《史记》‘伊尹欲行道以致君而无由，乃为有莘氏之媵臣，负鼎俎以滋味说汤，致于王道’。盖战国时有为此说者。”《吕氏春秋·本味篇》《墨子·尚贤篇》都有记载此事，详略有所不同。

（2）有莘（shēn）：杨伯峻《孟子译注》："'有'为置于名词前之词头。前文第三章'有庳'之'有'亦如此。"莘，古国名，在今河南开封陈留东北。传说莘氏之女嫁于商汤。

（3）驷：古同"四"。

（4）一介：一点点。介，通"芥"，细微义。

（5）币：繁体作"幣"，从巾敝声。本义为古人用作礼物的丝织品。古以束帛为赠劳宾客及聘享之礼物，故郑玄注《聘礼记》云，"币谓束帛也"。后车马玉帛皆可为聘享的礼物，通言之皆曰"币"。（详见徐灏《说文解字注笺》）

（6）嚣嚣然：朱熹《孟子集注》："嚣嚣，无欲自得之貌。"

（7）幡然：朱熹《孟子集注》："变动之貌。"

（8）内：同"纳"，纳入。

（9）"《伊训》曰"诸句：《伊训》，《尚书》篇名，乃伊尹训导太甲的记录。天诛，上天诛伐。造，作。攻，攻讨。牧宫，桀的宫室名。朕，伊尹自称。载，通"哉"。《尔雅·释诂》："初、哉、首、基、肇、祖、元、胎、俶（chù）、落、权、舆，始也。"亳，殷都。"天诛造攻自牧宫，朕载自亳"，意"上天的诛伐是由夏桀造作的，我不过是从亳都开始谋划"。孟子引《伊训》诸句，以证伊尹的出仕是顺天应命，非"枉己""割烹要汤"。

【译文】

万章问道："有人说：'伊尹用烹饪之技来求仕于汤。'有这回事吗？"

孟子说："不，不是这样的。伊尹耕作于莘国的郊野，却喜爱尧舜之道。不合乎义，不合乎道，即使以天下作为他的俸禄，他也不理睬；即使送给他四千匹马，他也不会看一眼。不合乎义，不合乎道，他一点点东西也不送与别人，一点点东西也不取于别人。汤派人拿着币帛礼聘他，他不在乎地说：'我要汤的聘礼干什么呢？我何不栖身在田野中，由此快乐于尧舜之道呢？'汤三次派人去礼聘他，他便决然改变了，说：'与其栖身在田野中，由此快乐于尧舜之道，我何不使这位君主成为尧舜那样的君主呢？我何不使这些民众成为尧舜的民众呢？我何不在自己有生之年亲眼看到这些呢？上天生育民众，是要让先明理的人启发后明理的人，让先觉悟的人启发后觉悟的人。我，是上天生育民众中的先觉者啊！我要用尧舜之道来启迪这些民众。不是我启迪他们，还有谁呢？'想到天下百姓有一男一女没有得到尧舜之道的恩泽，就如同自己将他们推进沟壑里一样。他是如此自觉承担起天下重任，所以来到了汤那里，劝说汤去讨伐夏桀，拯救民众。我从没有听说过枉曲自己却能匡正别人的，更何况屈辱自己去匡正天下呢？圣人的行事各不相同，有的疏远君主，有的接近君主，有的离开君主，有的不离开君主，归根结底都是为了高洁自身罢了。我只听说伊尹用尧舜之道来求仕汤，没有听说是用烹饪之技。《尚书·伊训》说：‘上天的诛伐是由夏桀造作的，我不过是从亳都开始谋划。’”

【说要】

本章借反驳“伊尹以割烹要汤”，以申述有为者当心怀“先知觉后知，先觉觉后觉”的大义担当，而进退出处必须坚守“洁身之道”。下两章的大旨也是如此。

唐文治《孟子大义》卷九：

> 伊尹任天下之事，即不免丛天下之怨，谣诼因之纷起，故古书中毁伊尹处甚多。……此章割烹要汤等皆是。乃知任事者必先任天下之怨，虽蒙天下之毁而弗恤也。（《唐文治四书大义》，第315页）

“天之生此民也，使先知觉后知，使先觉觉后觉也。予，天民之先觉者也！予将以斯道觉斯民也。非予觉之，而谁也”——这是伊尹以天下自任之志。

此“志”的实现，需要以“洁身”为前提。孟子云：“诚者，天之道也；思诚者，人之道也。至诚而不动者未之有也，不诚未有能动者也。”（07.12）

“圣人之行不同也，或远，或近，或去，或不去，归洁其身而已矣”——正是圣人至诚处。

见圣人至诚处，便可以知道“伊尹以割烹要汤”为妄说。“汤三使往聘之，既而幡然改”就是对“妄说”的反正。

朱熹深知孟子之言论，他也提醒人们：

> 或谓耕田凿井，便是尧舜之道，此皆不实。不然，何以有“岂若吾身亲见之哉”一句？若是不著实，只是脱空。今人有一等杜撰学问，皆是脱空狂妄，不济一钱事。如“天下归仁”，只管自说“天下归仁”，须是天下说归仁，方是。“非礼勿视，非礼勿听，非礼勿言，非礼勿动”，只管去说，到念虑起处，却又是非礼，此皆是妄论。（《朱子语类》卷第五十八《伊尹以割烹要汤章》，第1216—1217页）

为什么会产生“伊尹以割烹要汤”的妄说呢？

金履祥《孟子集注考证》云：

> 战国之时，去圣人之世渐远，简册之书，非国家不能有，传诵者少。故一时好进干时之人，倡为伊尹负鼎、仲尼主痈环之说，以掩其枉己辱身之丑，而济其富贵利达之私，故诬周圣贤以自文，此古今时俗之通患也。（《孟子集注考证》，第227页）

仔细阅读文本，我们可以体察到，万章询问“伊尹要汤”事件的真伪，其中隐含有士人可否“枉己而正人”，通过不太正当的手段，达到正当目的的意思。故孟子在否定“伊尹要汤”事件真实性之后，便来指点万章辱己不可能正天下的道理。

本章大旨，在彰显伊尹以先知觉后知、先觉觉后觉的大义担当。

《朱子语类》卷第五十八：

> “先觉后觉”之“觉”，是自悟之觉，似《大学》说格物、致知豁然贯通处。今人知得此事，讲解得这个道理，皆知之之事。及其自悟，则又自有个见解处。“先知觉后知，先觉觉后觉”，中央两个“觉”字，皆训唤醒，是我唤醒他。（《朱子语类》第二册，第1217—1218页）

“先知觉后知，先觉觉后觉”是“我唤醒他”，也是“我”的担当。你我的共同担当，一起构成中华文化过去、现在、未来的辉煌。

本章大旨，更在提示人们为人处世要牢固“洁身”根基。

罗泽南《读孟子札记二》：

> 事有大小，理无大小。贤圣之心，惟知有道义，不以其大而动心，不以其小而陨节。天下千驷，一介视之一也。尧舜君民事业，直是于此处立定脚跟，未有辞、受、取、与不循道义，而可著王业于天下者。（《罗泽南集》，第302页）

孟子之言论，对于今天有志于中华优秀传统文化的同道们，依然有警示意义——高尚志向的实践，端赖“洁身”的不断努力与坚守。

梁涛《孟子解读》：

> 孟子对伊尹的理解可能并不完全有历史的根据，而是带有理想的成分。但他通过伊尹所揭示的“舍我其谁”的担当精神，却不绝如缕，在历史上一直发挥着作用。后来范仲淹倡导的“先天下之忧而忧，后天下之乐而乐”的精神，张载提出的“为天地立心，为生民立命，为往圣继绝学，为万世开太平”的思想，其渊源，都与孟子有关。（《孟子解读》，第253—254页）

孟子对于伊尹行谊的同情解读，可能并不完全符合历史，它来自自己生命的体会，是人同此心的相遇。也就是说，它不是纯然的历史的、知识的学问，而是确然的思想的、生命的学问。

09.08　万章问曰：“或谓孔子于卫主痈疽(1)，于齐主侍人瘠环(2)，有诸乎？”

孟子曰：“否，不然也，好事者为之也。于卫主颜雠由(3)。弥子(4)之妻与子路之妻，兄弟[5]也。弥子谓子路曰：‘孔子主我，卫卿可得也。’子路以告。孔子曰：‘有命。’孔子进以礼，退以义，得之不得曰‘有命’，而主痈疽与侍人瘠环，是无义无命也。孔子不悦于鲁、卫，遭宋桓司马[6]将要[7]而杀之，微服而过宋。是时孔子当厄[8]，主司城贞子——为陈侯周臣[9]。吾闻观近臣，以其所为主；观远臣，以其所主。若孔子主痈疽与侍人瘠环，何以为孔子？”

【注释】

（1）主痈（yōng）疽（jū）：主，以某某为主人之意，意即作客于某某家。痈疽，赵岐《注》：“痈疽之医也。”为卫灵公宠幸。

（2）侍人瘠环：侍人，朱熹《孟子集注》：“奄人也。”即宦官。瘠环，齐景公宠幸的宦官。古代以与宦官交往为丑事。

（3）颜雠（chóu）由：《史记·孔子世家》作颜浊邹。卫国的贤大夫。

（4）弥子：即弥子瑕，卫灵公的宠臣。

（5）兄弟：古代姊妹亦称兄弟。

（6）桓司马：宋国的司马桓魋（tuí）。

（7）要（yāo）：拦截。

（8）当厄：遭遇困厄。当，遇到。

（9）主司城贞子——为陈侯周臣：司城贞子，陈国大夫。周，忠也。黄宗羲《孟子师说》引郝楚望语云：“赵岐以陈侯名周，误也。《史记》年表‘夫子来陈，当湣公之六年’。湣公，怀公子，名越。孔子居陈三年，复去适卫，则湣公之八年也。湣公在位二十四年，楚惠王伐陈，杀湣公，灭陈，贞子与陈同死者，故曰‘陈侯周臣’。周臣，即忠臣也。《春秋传》卫宗鲁与齐豹云：‘吾将死之，事之以周。’与此同义，可证‘周’之即忠也。”郝说是也。但言贞子先在宋为司城，后去仕陈，此仍注疏之误。只因司城为宋官名，司城不过掌营城邑，安知陈无是名乎？既已仕陈，而叙宋之官名，亦无谓也。按，“为陈侯周臣”一句，疑为后人的注解误入经文，惜无证据。

【译文】

万章问道：“有人说，孔子在卫国时住在卫灵公宠臣痈疽家，在齐国时住在齐景公宠臣瘠环家，有这回事吗？”

孟子说：“不，不是这样的，这是好事之徒编造的。孔子在卫国时住在颜雠由家。弥子瑕的妻子与子路的妻子是姊妹。弥子瑕对子路说：‘孔子要是住在我家，可当上卫国的国卿。’子路把这话转告给孔子。孔子说：‘这取决于命。’孔子依礼出仕，依义辞官，得到得不到官位就说‘这取决于命’，如果住在痈疽和瘠环家，那就是无礼无义无命了。孔子不得志于鲁国、卫国，又碰上宋国的司马桓魋要拦截杀害他，就微服通过宋国。这时孔子处境困难，便住到司城贞子家——司城贞子是陈国国君的忠臣。我听说，观察在朝的臣子，就看他为谁做主人；观察外来的臣子，就看他以谁做主人。如果孔子住在痈疽和瘠环家，还怎么称得上是孔子呢？”

【说要】

本章为孔子辩诬，申述孔子“进以礼，退以义，得之不得曰‘有命’”之进退出处之道，并以开示士人。

《得民心得天下：王蒙说〈孟子〉》：

> 为贤者辩，很辛苦，不但大舜需要为之辩护，孔子也需要孟子的维护。原因之一是，越是贤者，越有人编他们的故事，越有人不服气。是的，坏人是不相信也不能想象好人之好的，正如好人无法想象与相信坏人之坏。（《得民心得天下：王蒙说〈孟子〉》，第264页）

“坏人”不是旁观群众，而是钻营投机者。所以，“坏人”的污蔑、造谣，常常不在于“不服气”“要坏”，而是要用一个被污化了的“圣人”，为他们的卑劣找借口。

冯梦龙《四书指月·万章问曰或谓孔子章》：

> “好事”，旧谓：造言生事；近谓：当时好为污辱之事，诬圣贤以自掩其丑，似胜。（《四书指月》，第440页）

面对“好事者”对孔子的污蔑——“孔子于卫主痈疽，于齐主侍人瘠环”，孟子断然曰：“否。”

孟子的辩诬，仅从孔子在卫“不主痈疽”展开，没有涉及孔子在齐“不主瘠环”，这主要的原因倒不仅是行文尚简，而是孔子的行为“异地皆然”。

在孔子“卫主颜雠由”的同时，卫灵公的宠臣、子路的连襟弥子瑕也向孔子发出了邀请，只是这邀请是借子路之口说出来的：“孔子主我，卫卿可得也。”

“卫卿可得也”，五个字尽显小人之嘴脸！不过，我们也要相信这是一句实话。当然它有一个前提——“孔子主我”。

孔子的回答妙得很：“有命。”“有命”，意思是住在谁家对于我的仕途都一样。表面上听来好像是客气地推辞，其实确是决绝地拒绝。

张岱《四书遇·有命章》：

> 周介生曰：弥子可主而不主，岂关造化？“有命”直是寓言，正其礼进义退处。

（《四书遇》，第465页）

焦循《孟子正义》：

弥子有子路之亲，且自求结交于孔子，孔子且以义命拒之，则主痈疽必无之事矣。（《孟子正义》，第659页）

这一事理交代清楚，孟子便一笔荡开——“孔子不悦于鲁、卫，遭宋桓司马将要而杀之，微服而过宋”。

“不悦于”“遭”“将”“要而杀之”“微服而过”，真是“当厄”！真是“屋漏偏逢连夜雨”！在这样令人栖栖遑遑的时候，孔子依然不忘选一个好“主人”——陈国的忠臣司城贞子。“君子无终食之间违仁，造次必于是，颠沛必于是。”（《论语》04.05）夫子岂欺我哉！

冯梦龙《四书指月·万章问曰或谓孔子章》又云：

“过宋”节，更进一步，即处变以决其处常，勿以常变平对。（《四书指月》，第440页）

朱熹《孟子集注》：

孟子言孔子虽当厄难，当犹择所主，况在齐卫无事之时，岂有主痈疽侍人之事乎？（《四书章句集注》，第317页）

张栻《南轩先生孟子说》卷第五：

“观近臣以其所为主，观远臣以其所主。”此泛言观人之法，岂独为人臣者所当知，为人君者尤当明此义也。苟能以其所主观远臣，以其所为主观近臣，则远近交见，而无蔽于耳目之私矣。孟子因论孔子而及于此，实观人之要也。（《张栻集》上，第328页）

通过一个人所交的朋友观察这个人，通过这个人观察他所交的朋友，这是孟子告诉我们的观人好方法。

另，《朱子语类》卷第五十八《问或谓孔子于卫章》：

论“进以礼，退以义”，曰：三揖而进，一辞而退。（《朱子语类》第二册，第1218页）

“三揖”见君子“进”的慎重，“一辞”见君子“退”的果断。

回到生活之中，了解君子的“慎重”“果断”后你会知道，如果自己道德修养不够的话，贤能的人也是不好相处的。

09.09 万章问曰：“或曰：‘百里奚[1]自鬻[2]于秦养牲者五羊之皮[3]，食牛[4]以要秦穆公[5]。’信乎？”

孟子曰：“否，不然，好事者为之也。百里奚，虞[6]人也。晋人以垂棘之璧与屈产之乘[7]假道于虞以伐虢[8]。宫之奇[9]谏，百里奚不谏。知虞公之不可谏而去，之秦年已七十矣，曾[10]不知以食牛干[11]秦穆公之为污也，可谓智乎？不可谏而不谏，可谓不智乎？知虞公之将亡而先去之，不可谓不智也。时举于秦，知穆公之可与有行[12]也而相之，可谓不智乎？相秦而显其君于天下，可传于后世，不贤而能之乎？自鬻以成其君，乡党自好者不为，而[13]谓贤者为之乎？”

【注释】

（1）百里奚：原为虞国大夫，虞亡后辗转而成秦国大夫，辅助秦穆公建立霸业。百里奚入秦事，文献所载多异。据《史记·秦本纪》：“晋献公灭虞、虢，虏虞君与其大夫百里傒，以璧马赂于虞故也。既虏百里傒，以为秦缪公夫人媵于秦。百里傒亡秦走宛，楚鄙人执之。缪公闻百里傒贤，欲重赎之，恐楚人不与，乃使人谓楚曰：‘吾媵臣百里傒在焉，请以五羖（gǔ）羊皮赎之。’楚人遂许与之。当是时，百里傒年已七十余。缪公释其囚，与语国事……缪公大说，授之国政，号曰五羖大夫。”金履祥《孟子集注考证》：“按如此，则‘五羊之皮’‘食牛’之说，异于或者所传，似为有理。”

（2）鬻（yù）：卖。

（3）五羊之皮：五只羊的皮。

（4）食牛：赵岐《注》：“为人养牛。”

（5）秦穆公：又作秦缪公，秦国国君，公元前659至前621年在位。

（6）虞：周初所封诸侯国名，始封国君是周先祖古公亶父之子虞仲。故地在今山西平陆。公元前655年被晋所灭。

（7）垂棘之璧与屈产之乘：垂棘之璧，朱熹《孟子集注》：“垂棘之地所出之璧也。”屈产之乘，朱熹《孟子集注》：“屈地所生之良马也。”

（8）虢：周初所封诸侯国名，始封国君是周文王的弟弟虢仲。原封地在今陕西宝鸡，西周灭亡后随周平王迁至今河南三门峡南，公元前655年被晋所灭。

（9）宫之奇：虞国大夫，曾用“唇亡齿寒”的道理劝虞公拒绝晋国借路的要求，虞公不听。结果晋灭虢后，接着灭掉了虞国。事载《左传》僖公二年、五年。

（10）曾（zēng）：竟。

（11）干：求取。

（12）有行：犹“有为”。行，作为。

（13）而：用于句中，表示反问，相当于“难道”“岂”。

【译文】

万章问道：“有人说：‘百里奚把自己卖给秦国养牲畜的人，价格是五张羊皮，通过替人饲养牛来邀结秦穆公。’可信吗？”

孟子说：“不是，不是这样，这是好事之徒编造的。百里奚是虞国人。当时晋国用垂棘的美玉和屈地的良马，向虞国借路攻打虢国。宫之奇劝谏，百里奚不劝谏。他知道虞公不会听从劝谏，于是离去，来到秦国时已经七十岁了，他竟不懂得替人饲养牛来邀结秦穆公是一种污浊行为，能说是智吗？他知道虞公不会听从劝谏就不去劝谏，能说是不智吗？他洞察虞公将要亡国而提前离开，不能说是不智啊。当被秦国举用时，他洞察穆公能有所作为而辅佐他，能说是不智吗？他辅佐秦国而使他的国君名扬天下，可以流芳后世，不贤明能如此吗？以出卖自身迁就其君主，就是乡里洁身自好的人都不会干，难道说贤者会这么干吗？”

【说要】

本章继续驳斥“好事者”之说。与前两章大旨一样，都是为贤者正名，申述士人的进退出处之道。

对于百里奚入秦事，文献所载，众说纷纭。

朱熹《孟子集注》云：

> 此事当孟子时已无所据。孟子直以事理反覆推之，而知其必不然耳。（《四书章句集注》，第318页）

冯梦龙《四书指月·万章问曰或曰百里奚章》：

> 只以“百里奚不谏”句，看出个“知”字来。知废知兴，必知食牛干主之污矣，正意已完了。当时“好事者”，亦非不知食牛干主之为污，但欲借奚为口实，必反指“自鬻”以成其君，为枉尺直寻之权，而以此为贤，故又辨出后二段，以终“好事者为之”之说。勿以“贤”“智”平看。（《四书指月》，第441—442页）

“智”，乃见百里奚之识见；“贤”，乃见百里奚之抱负；“时举于秦”，“举”乃见百里奚相秦，实在是穆公举之，不是百里奚主动的“要”。孟子所言很有说服力，而此说服力正在于“枉己不可以正人”。

初读此章，我曾经有一个疑问，那就是孟子“贱霸”，对管仲、晏子之功不予认可，这里为何对百里奚“相秦而显其君于天下，可传于后世”许之以“贤”呢？

张九成《孟子传·万章上》：

> 余读此章，窃疑孟子鄙管晏，蚓仲子，狄许行，于百里奚何取焉？百里奚事秦穆公。穆公特伯者耳。孔子之门，三尺之童羞谈霸道，而孟子乃为之辨自鬻于秦之说，至三称之为智，一称之为贤，何严于管晏而宽于百里也？盖孟子之取人，论其存心则甚严，论其一节则甚宽。盖存心，则百行所出，故虽管晏皆在所贬；论其一节之善，则皆可进于君子之涂，故虽百里奚亦在所取。此孟子造化之术也。（《张九成集》第三册，第997页）

金履祥《孟子集注考证》亦云：

> 好事者之论，固是诬罔圣贤以济其干禄之私，然传之于世，坏人心术，污人行止，所关尤非小节，故孟子不得不辩。（《孟子集注考证》，第228页）

诬罔圣贤之害，在于遮蔽事理，事理不彰则道不能行。09.07、09.08、09.09三章，都是孟子为圣贤正名，不是为圣贤讳。它申发的是尊德用贤、悲悯天下苍生之道。

卷第十　万章章句下 凡九章

10.01　孟子曰："伯夷，目不视恶色，耳不听恶声。非其君，不事；非其民，不使。治则进，乱则退。横政之所出，横民[1]之所止，不忍居也。思与乡人处，如以朝衣朝冠坐于涂炭[2]也。当纣之时，居北海之滨，以待天下之清也。故闻伯夷之风者，顽夫廉[3]，懦夫有立志。

"伊尹[4]曰：'何事非君？何使非民？'治亦进，乱亦进。曰：'天之生斯民也，使先知觉后知，使先觉觉后觉。予，天民之先觉者也，予将以此道觉此民也。'思天下之民匹夫匹妇有不与被尧舜之泽者，若己推而内之沟中——其自任以天下之重也。

"柳下惠[5]不羞污君，不辞小官。进不隐贤，必以其道。遗佚[6]而不怨，厄穷而不悯。与乡人处，由由然不忍去也。'尔为尔，我为我，虽袒裼裸裎[7]于我侧，尔焉能浼[8]我哉？'故闻柳下惠之风者，鄙夫[9]宽，薄夫[10]敦。

"孔子之去齐，接淅[11]而行；去鲁，曰：'迟迟吾行也，去父母国之道也。'可以速而速，可以久而久，可以处[12]而处，可以仕而仕，孔子也。"

孟子曰："伯夷，圣之清者也；伊尹，圣之任者也；柳下惠，圣之和者也；孔子，圣之时[13]者也。孔子之谓集大成。集大成也者，金声而玉振[14]之也。金声也者，始条理也；玉振之也者，终条理[15]也。始条理者，智之事也；终条理者，圣之事也。智，譬则巧也；圣，譬则力也。由[16]射于百步之外也，其至，尔力也；其中，非尔力也。"

【注释】

(1)横政、横民：不循法度谓之横。横政即暴政，横民即暴民。

(2)涂炭：涂，泥泞。炭，灰尘。

(3)顽夫廉：朱熹《孟子集注》："顽者，无知觉。廉者，有分辨。"或说，顽夫，贪婪的人。顽，通"贪"。不取。

(4)伊尹：名挚。本是有莘氏的陪嫁奴隶，后成为商汤的厨师。他利用向商汤进食的机会为商汤分析天下形势，得到商汤的欣赏，被提拔为相。他辅汤灭夏，建立商朝。孟子许为"圣之任者也"。

(5)柳下惠：春秋时鲁国大夫，姓展，名获，字禽，谥号"惠"。因封邑在柳下，故称为柳下惠。

(6)遗佚：不被任用。

(7)袒裼裸裎：赤身露体。袒裼，露臂。裸裎，露身。

(8)浼：玷污。

(9)鄙夫：狭隘的人。鄙，狭陋。

(10)薄夫：刻薄的人。

(11)接淅：捧着已经淘湿的米。指行色匆忙。朱熹《孟子集注》：“接，犹承也。淅，渍米水也。渍米将炊，而欲去之速，故以手承水取米而行，不及炊也。”

(12)处：闲居。

(13)时：会意兼形声字。甲骨文写作(旹)，从日()从之()，之亦声。之是会意字，甲骨文写作，从(象足形)从(代表某地)，表示人站在或走到某地。时，会意太阳运行到某一刻。《说文解字》：“时，四时也。”时的本义就是一年四季中的某一季。引申为农时、天时、时机、时运等。

(14)金声而玉振：古乐的演奏以钟发声，以磬收韵。金声玉振即奏乐从始至终。金，金属制的乐器如钟之类；玉，玉或石制的乐器如磬之类。

(15)始条理、终条理：《朱子语类》：“始条理是致知，终条理是力行。如《中庸》说‘博学、审问、慎思、明辨’，与《大学》‘物格、知至’，这是始条理；如‘笃行’与‘诚意、正心、修身’以下，这是终条理。”

(16)由：同“犹”。

【译文】

孟子说：“伯夷，眼睛不看丑恶的颜色，耳朵不听丑恶的声音。不是他认可的君主不事奉，不是他认可的百姓不役使。世道太平就出仕，世道昏乱就退隐。暴政施行的国家，暴民栖息的地方，他都不愿意居住。他觉得与乡下平民相处，就好比穿戴上朝的礼服礼帽坐在泥泞灰尘上一样。纣王当政时，他退隐在北海之滨，等待天下清明。所以，听到伯夷风范的，浑噩的人会变得是非分明，懦弱的人会立定志向。

“伊尹说：‘什么样的君主不能事奉？什么样的百姓不能役使？’他世道太平出仕，世道混乱也出仕。他说：‘上天降生这些民众，让先知者启发后知者，先觉者启发后觉者。我，是上天生民中的先觉者，我要用尧舜之道来启发这些民众。’想到天下的民众中，如果有一男一女没有受到尧舜之道的恩泽，就像是自己把他们推到沟壑中一样——他自觉承担起天下的重任。

“柳下惠不以事奉恶劣的君主为耻，不嫌弃做小官。出仕不隐藏自己的才干，必定按自己的原则办事。不被任用也不怨恨，困于贫穷也不忧伤。与乡下平民相处，悠然自得而不忍离去。他说：‘你是你，我是我，即使你赤身露体在我身旁，又怎能玷污我呢？’所以，听闻柳下惠风范的，狭隘的人会变得宽容，刻薄的人会变得敦厚。

“孔子离开齐国时，捞起已浸在水中的米就走；离开鲁国时，却说：‘我们慢慢地走吧，这是离开祖国的做法。’可以快就快，可以久就久，可以退隐就退隐，可以出仕就出仕，这就是孔子。”

孟子说：“伯夷，是圣人中的清高者；伊尹，是圣人中的尽责者；柳下惠，是圣人中的随和者；孔子，是圣人中的合时宜者。孔子可说是集大成了。所谓集大成，好比奏乐时敲钟开头，击磬收尾。敲钟起音，是节奏条理的开端；击磬收音，是节奏条理的终结。节奏条理的开端，是智的作为；节奏条理的终结，是圣的作为。智好比技巧，圣好比力量。就像射箭于百步之外，射得到靠你的臂力，射得中就不是靠你的臂力了。”

【说要】

这一章，孟子以“清”“任”“和”“时”，历叙伯夷、伊尹、柳下惠、孔子诸位圣人，且表达了对孔子的极其推崇。

姚永概《孟子讲义》：

> 刘海峰曰：“前以三圣引孔子，借照于人。后以乐射引孔子，借照于物，妙极形容。”（《孟子讲义》卷十，第175页）

伯夷之“清”，是有所不为的狷者的最高境界；伊尹之“任”，是勇于进取的狂者的最高境界；柳下惠之“和”，是与人为徒的宽厚者的最高境界；孔子之“时”，是合乎时宜的集大成者的至圣境界。

孟子还以射箭的力和巧设喻来进一步表明他的观点：“射箭于百步之外，射得到靠你的臂力，射得中就不是靠你的臂力了。”

射箭距离的逐渐增加，使得“其至”成为射箭的主要矛盾方面。伯夷、伊尹、柳下惠三位圣人，他们的功力可谓很深了，箭都能射得到，这就不是一般人可比的了。不过他们比起孔子来，又都有所未及——孔子不仅射得到，而且时时都能射得正中靶心。

《朱子语类》卷第五十八《伯夷目不视恶色章》：

> 黄子功问：“其至尔力，其中非尔力”，还是三子只有力无智否？曰：不是无智。知处偏，故至处亦偏。如孔子则箭箭中红心，三子则每人各中一边。缘他当初见得偏，故至处亦偏。
>
> 子功曰：如此，则三子不可谓之圣。曰：不可谓之圣之大成，毕竟那清是圣之清，和是圣之和，虽使圣人清和，亦不过如此。（《朱子语类》第二册，第1223页）

伯夷、伊尹、柳下惠与孔子，在孟子的文本里打了一场最高级别的比赛。伯夷、伊尹、柳下惠强，而孔子更强。孔子之“时”，那是“四时行焉，百物生焉”之“时”，也正是“天何言哉”之天。玄天皇皇，其大莫名；四时周流，其迹难寻。

李景林《孟子通释》卷十：

> 本章最后以乐之始成论孔子之“集大成”。此所谓“集大成”，非言集圣人之“大成”，而是说“集大成”方可谓之“圣”。何以言此？乃因“圣”为整体性之人格，而非各种人格要素之集合也。圣固有“清”“任”“和”之内容，但却非“清”“任”“和”之集合。“集大成也者，金声而玉振之也。”乐之终始条贯，为一整体，孟子以此为喻，亦在明圣人人格，为一全德之整体。（李景林：《孟子通释》，上海古籍出版社2021年版，第196—197页）

孟子把伯夷、伊尹、柳下惠拿来与孔子比，是要推崇孔子，从而为自己，也为后世的人们修身进德树立一个修齐治平的极致的榜样。但是，我们切不可因此而忽视了伯夷、伊尹、柳下惠，反而正需要以伯夷、伊尹、柳下惠为参照，以求上达孔子：

观伯夷之“有所不为”，以体察“明辨是非”之智；观伊尹之“勇于进取”，以体察“仁以为己任，死而后已”之勇；观柳下惠“与人为徒”，以体察“亲亲、仁民、爱物”之仁。汇仁、智、勇“三达德”于一炉，时时炼而融之，以至浑然一体，庶几可下学而上达，望项背于孔子。

王夫之《读四书大全说》云：

> 圣人居上不骄，在下不忧，方必至方，圆必至圆，当方而方则必不圆，当圆而圆则必不方，故曰“规矩方圆之至，圣人人伦之至”也，而岂有方圆无不可之理哉！学者之大忌，在推高圣人，以为神化不测，而反失其精义入神、合规应矩之大经，则且流于俗学，入于异端，而成乎无忌惮之小人矣。（《船山全书》第六册，第1047页）

孟子言论孔子之圣，仅举孔子去齐去鲁之对比——“去齐，接淅而行；去鲁，曰：‘迟迟吾行也，去父母国之道也’”，这一对比有什么特别意义呢？

“行”是“道不同，不相为谋”的理的必然；“迟迟”是“去父母国”的情的纠结。理的必然，见“行”的正当；情的纠结，见“情”的深厚。“行”的正当与“情”的深厚合二为一，则见情与理两不枯槁，是为至圣。

附录：关于伯夷的疑惑

伯夷是孟子认可的人，是圣之清者。司马迁在《史记》中专门为他立了传。将《孟子》与《史记》对读，非但没有让伯夷这个人的形象清晰起来，反而产生了许多疑惑。

《史记·伯夷列传》：

伯夷、叔齐，孤竹君之二子也。父欲立叔齐，及父卒，叔齐让伯夷。伯夷曰："父命也。"遂逃去。叔齐亦不肯立而逃之。国人立其中子。

疑惑之一：依据常礼，立君当立嫡长，即伯夷；依据父命，立叔齐。伯夷、叔齐两相推让，结果是常礼、父命两不能行。伯夷、叔齐是弃利民之大而取己名之小？

于是伯夷、叔齐闻西伯昌善养老，盍往归焉。

此即《孟子》07.13所记："伯夷辟纣，居北海之滨，闻文王作，兴曰：'盍归乎来！吾闻西伯善养老者。'"伯夷避开纣王，住在北海海边，听说文王兴起，便说："何不到西伯那里去呢！我听说他是善于养老的人。"

及至，西伯卒，武王载木主，号为文王，东伐纣。伯夷、叔齐叩马而谏曰："父死不葬，爰及干戈，可谓孝乎？以臣弑君，可谓仁乎？"左右欲兵之。太公曰："此义人也。"扶而去之。

疑惑之二：《孟子》02.08所记："贼仁者谓之'贼'，贼义者谓之'残'，残贼之人谓之'一夫'。闻诛一夫纣矣，未闻弑君也。"破坏仁爱的人叫作"贼"，破坏道义的人叫作"残"，残贼之人，我们都叫他"独夫"。我只听说过周武王诛杀了独夫殷纣，没有听说过他是以臣弑君的。伯夷、叔齐对待纣的态度与孟子截然相反。伯夷果如是，孟子还能许以圣吗？

武王已平殷乱，天下宗周，而伯夷、叔齐耻之，义不食周粟，隐于首阳山，采薇而食之。及饿且死，作歌。其辞曰："登彼西山兮，采其薇矣。以暴易暴兮，不知其非矣。神农、虞、夏忽焉没兮，我安适归矣？于嗟徂兮，命之衰矣！"遂饿死于首阳山。

疑惑之三：此处也与孟子称赞其"横政之所出，横民之所止，不忍居也"（施行暴政的国家，住有乱民的地方，他都不愿意居住）相矛盾。伯夷、叔齐怎么能把周武王的政权看作"横政"呢？

如此多的矛盾，或许是孟子所了解的伯夷，并没有拦马而谏、不食周粟而死的事？这些事是后人附会到伯夷身上的？

存此以就教于方家。

10.02 北宫锜[1]问曰：“周室班[2]爵禄也，如之何？”

孟子曰：“其详不可得闻也，诸侯恶其害己也，而皆去其籍，然而轲也尝闻其略也。天子一位，公一位，侯一位，伯一位，子、男同一位，凡五等也。君一位，卿一位，大夫一位，上士一位，中士一位，下士一位，凡六等。

“天子之制，地方千里，公侯皆方百里，伯七十里，子、男五十里，凡四等。不能[3]五十里，不达于天子，附于诸侯，曰附庸[4]。天子之卿受地视[5]侯，大夫受地视伯，元士[6]受地视子、男。

“大国地方百里，君十卿禄，卿禄四大夫，大夫倍上士，上士倍中士，中士倍下士，下士与庶人在官者同禄，禄足以代其耕也。次国地方七十里，君十卿禄，卿禄三大夫，大夫倍上士，上士倍中士，中士倍下士，下士与庶人在官者同禄，禄足以代其耕也。小国地方五十里，君十卿禄，卿禄二大夫，大夫倍上士，上士倍中士，中士倍下士，下士与庶人在官者同禄，禄足以代其耕也。耕者之所获，一夫百亩；百亩之粪[7]，上农夫食九人，上次食八人，中食七人，中次食六人，下食五人。庶人在官者，其禄以是为差。”

【注释】

(1)北宫锜：赵岐《注》：“卫人。”

(2)班：赵岐《注》：“列也。”划定等级之意。

(3)不能：朱熹《孟子集注》：“不能，犹不足也。”杨伯峻先生则认为，朱熹望文为训，似不足据，原文不过“能”下省“有”字，这是古书常有的句法。

(4)附庸：古代借指不能特达于天子而附属于大国，“因大国以名通”的小国。庸，甲骨文写作，上为双手持杵之形，下为版筑之形，会意构筑城墙。故汉代人以“城”解“庸”。

(5)视：赵岐《注》：“比也。”

(6)元士：天子直辖区域内的上士。

(7)粪：段玉裁《说文解字注》：“凡粪田多用所除之秽为之，故曰粪。”粪，甲骨文写作，象一手持扫帚，一手持簸箕，合起来表示双手持簸箕清除污秽。从人的行为讲，粪有扫除义；从人的行为对象讲，粪有粪便、污秽义。粪的扫除义，又可引申为施肥。

【译文】

北宫锜问道：“周朝划定爵位、俸禄的等级，是怎样的？”

孟子说：“详细情况已经不得而知了，诸侯讨厌它妨碍自己，而都毁去有关文献了，不过我曾听说过大概。天子一级，公一级，侯一级，伯一级，子与男同一级，共有五等。（在诸侯国中，）君一级，卿一级，大夫一级，上士一级，中士一级，下士一级，共有六等。

“天子管辖的土地方圆千里，公、侯都是方圆百里，伯七十里，子、男五十里，共四等。方圆不足五十里的国家，不能直达于天子，附属于诸侯，叫作‘附庸’。天子的卿所受的土地与侯爵相等，天子的大夫所受的土地与伯相等，天子的上士所受的土地与子、男相等。

“大国的土地方圆百里，君主的俸禄为卿的十倍，卿为大夫的四倍，大夫倍于上士，上士倍于中士，中士倍于下士，下士的俸禄则和在公家当差的百姓相同，俸禄足以抵偿他们耕种的收入。中等国家土地为方圆七十里，君主的俸禄为卿的十倍，卿为大夫的三倍，大夫倍于上士，上士倍于中士，中士倍于下士，下士的俸禄则和在公家当差的百姓相同，俸禄足以抵偿他们耕种的收入。小国的土地为方圆五十里，君主的俸禄为卿的十倍，卿为大夫的两倍，大夫倍于上士，上士倍于中士，中士倍于下士，下士的俸禄则和在公家当差的百姓相同，俸禄也足以抵偿他们耕种的收入。耕田农夫的收获，一农夫分到一百亩土地；一百亩土地施肥耕种，上等农夫可供养九人，稍次可以供养八人，中等可以供养七人，稍次可以供养六人，下等可以供养五人。在官府当差的百姓，他们的俸禄比照这个分等。”

【说要】

本章论周朝的爵位、俸禄制度。

朱熹《孟子集注》云：

> 此章之说，与《周礼》《王制》不同，盖不可考，阙之可也。（《四书章句集注》，第322页）

梁涛教授认为，孟子所论，与《周礼》《礼记·王制》等篇的记载多有不同，可能带有理想的成分。但对理解中国古代制度，仍具有极为重要的价值。（参见《孟子解读》，第262页）

姚永概《孟子讲义》卷十：

> 方柏堂曰：“此考典文也，最怕堆砌，须观其何等详明。先明班爵之制，次明班禄之制。班爵先就天子之国说，次就诸侯之国说，班禄亦然，有条不紊。”又云：“数典文难得有神有情，首节数语，感慨生情，则通篇生动。”（《孟子讲义》，第176页）

对于周朝的爵位、俸禄制度，对于本章之“神情”，顾炎武有极为深刻的解读。《日知录》卷之七：

为民而立之君，故班爵之意，天子与公、侯、伯、子、男一也，而非绝世之贵。代耕而赋之禄，故班禄之意，君、卿、大夫、士与庶人在官一也，而非无事之食。是故知天子一位之义，则不敢肆于民上以自尊；知禄以代耕之义，则不敢厚取于民以自奉。不明乎此，而侮夺人之君，常多于三代之下矣。（〔清〕顾炎武著，〔清〕黄汝成集释，栾保群、吕宗力校点：《日知录集释》，花山文艺出版社1990年版，第332页）

罗泽南《读孟子札记二》亦云：

盖立君设官以为民也，上劳心以治下，下即竭力以奉上。其位卑者，任民之事少，则受民之供亦少；其位尊者，任民之事多，则受民之供亦多。官因民设，禄由田定，或隆或杀，莫不因乎自然之道。观乎此制，不特以见君民之一体，而凡受民之供赋者，尤不可侈然享其厚禄，而不以民事为心也。（《罗泽南集》，第304页）

“天子一位，公一位，侯一位，伯一位，子、男同一位，凡五等也。君一位，卿一位，大夫一位，上士一位，中士一位，下士一位，凡六等”，其中蕴含着这样的深意：“天子”“君”只是行政管理阶层的一级，它没有绝对的、不受约束的权力。

由此可知，明代以后“君让臣死，臣不得不死”，全然是混账话！

“不可侈然享其厚禄，而不以民事为心也”，则应该成为所有在公职拿工资的人念之行之的座右铭。

10.03　万章问曰：“敢问友[1]。”

孟子曰：“不挟长，不挟贵，不挟兄弟[2]而友。友也者，友其德也，不可以有挟也。孟献子[3]，百乘之家也，有友五人焉：乐正裘、牧仲[4]，其三人，则予忘之矣。献子之与此五人者友也，无献子之家者也；此五人者亦有献子之家，则不与之友矣。非惟百乘之家为然也，虽小国之君亦有之。费惠公[5]曰：‘吾于子思，则师之矣；吾于颜般[6]，则友之矣；王顺、长息[7]则事我者也。’非惟小国之君为然也，虽大国之君亦有之。晋平公之于亥唐也[8]，入云则入，坐云则坐，食云[9]则食；虽蔬食[10]菜羹，未尝不饱，盖不敢不饱也。然终于此而已矣，弗与共天位也，弗与治天职也，弗与食天禄也，士之尊贤者也，非王公之尊贤也。舜尚[11]见帝，帝馆甥于贰室[12]，亦飨舜，迭为宾主[13]，是天子而友匹夫也。用[14]下敬上，谓之贵贵；用上敬下，谓之尊贤。贵贵尊贤，其义一也。”

【注释】

（1）友：志趣相同、彼此交好的人。此处作动词，交友的意思。友是会意字，甲骨文写作，从二又（手）。值得注意的是，两只手是同向的，会意友是一种合力，是向善的伙伴。《说文解字》："同志为友。从二又。相交友也。"《说文解字》对"友"提出的志向相同这一标准，应该说与甲骨文字形是匹配的。

（2）不挟兄弟：挟，依恃，倚仗。朱熹《孟子集注》："挟者，兼有而恃之之称。"赵岐《注》："兄弟，兄弟有富贵者。"

（3）孟献子：赵岐《注》："献子，鲁卿，孟氏也。"焦循《孟子正义》引陈厚耀《春秋世族谱》云："孟孙、叔孙、季孙，俱出桓公，谓之三桓。公子庆父生公孙敖，公孙敖生文伯，《鲁语》称孟文子。文子生孟献子仲孙蔑。"

（4）乐正裘、牧仲：赵岐《注》："乐正裘、牧仲其五人者，皆贤人无位者也。"

（5）费（bì）惠公：鲁季氏之后，僭称公。顾亭林引金履祥语："费本鲁季氏之私邑，而《孟子》称小国之君……盖季氏专鲁，而自春秋以后，计必自据其邑，如附庸之国矣。大夫之为诸侯，不待三晋而始然，其来亦渐矣。"（参见《日知录集释》，第333页）

（6）颜般：古之贤者。《汉书·古今人表》作"颜敢"，列为第四等中上。敢、般形近而讹。

（7）王顺、长息：皆古之贤者。《汉书·古今人表》列第四等中上，排在颜敢之后。《汉书·古今人表》"王顺"作"王慎"。顺、慎字通。

（8）晋平公之于亥唐也：晋平公，春秋时晋国国君，姓姬名彪。亥唐，《太平御览》引皇甫谧《高士传》云："亥唐者，晋人也。晋平公时，朝多贤臣，祁奚、赵武、师旷、叔向皆为卿大夫，名显诸侯。唐独不官，隐于穷巷。"

（9）入云、坐云、食云：即云入、云坐、云食之倒文。

（10）蔬食：赵岐《注》："粝食也。"蔬，同"疏"。

（11）尚：同"上"。

（12）帝馆甥于贰室：甥，古人称妻父为外舅，故岳父亦可称女婿为甥。乃近亲结婚风俗的遗习称谓。贰室，赵岐《注》："副宫也。"

（13）亦飨舜，迭为宾主：朱骏声《说文通训定声》："受食亦曰飨。"郝敬《孟子说解》："飨舜，就飨舜之食也。迭为宾主，谓舜尚见帝，飨帝之食，则舜为宾，帝为主也。帝诣舜馆，亦飨舜食，则帝为宾，舜为主也。"

（14）用：以。

【译文】

万章问道："请问如何交友。"

孟子说："不倚仗年纪长，不倚仗地位高，不倚仗兄弟富贵去交友。交友，是交他的品德，不可以有所倚仗。孟献子是拥有百辆车马的世家，他有五个朋友：乐正裘、牧仲，其他三人我忘记了。孟献子与这五个人交往，没有想着自己是世家；这五个人若是想着孟献子是世家，就不同他交往了。不仅拥有百辆车马的世家如此，小国的国君也有如此交友的。费惠公说：'我对于子思把他当作老师；对于颜般把他当作朋友；王顺、长息不过是侍奉我的人罢了。'不仅小国的君主如此，大国的国君中也有如此交友的。晋平公对于亥唐，亥唐叫他进就进，叫他坐就坐，叫他吃饭就吃饭，纵使糙饭菜汤，也不曾不吃饱过，因为不敢不吃饱。不过晋平公也仅此而已，不与亥唐共居官位，不与他共理政事，不与他共享俸禄，这是士人的尊贤方式，而不是王公的尊贤方式。舜谒见尧帝，尧帝安排这位女婿住在自己的副宫，也接受舜的款待，互为客人和主人，这是天子与平民交朋友。以低地位尊敬高地位的，叫作尊重贵者；以高地位尊敬低地位的，叫作尊敬贤者。尊重贵者、尊敬贤者，它的道理是一样的。"

【说要】

本章论交友，提出"友其德"之交友大旨。

"友者，佑也"，友是向善的伙伴，自然交友的目的在于成仁成德；"德者，得也"，得乎道之谓也。由是，"友其德"便使得交友与贫富、贵贱、尊卑无关。

因为交友与贫富、贵贱、尊卑无关，所以交友"不可以有挟也"——"不挟长，不挟贵，不挟兄弟而友"。

因为交友与贫富、贵贱、尊卑无关，所以孟献子没有想着自己是世家而与乐正裘、牧仲等交友；因为交友与贫富、贵贱、尊卑无关，所以乐正裘、牧仲等若是想着孟献子是世家，就不同他交往了。

唐文治《孟子大义》感慨云：

> 自人心不古，友道沦胥，举凡希世苟合之士，蘧篨戚施之人……俯仰尊贵之颜，逶迤势利之间。意无是非，赞之如流；言无可否，应之如响。以窥看为精神，以向背为变通。势之所集，从之如归市；势之所去，弃之如脱屣。一旦临小利害，反眼若不相识，反挤之又下石焉者，皆是也。（《唐文治四书大义》，第334页）

"德者，得也"，得乎道之谓也；"道者，导也"，得道之士当以导引天下富而有教为己任也。由是，"友其德"便使得交友不仅关乎修己，亦关乎安人。这样交友即与尊贤相关联。

冯梦龙《四书指月·万章问曰敢问友章》：

“然终于此”以下，是总一章转关处……王公有禄位职而不公诸贤，便与“士庶”之“尊贤”一般。友德从不挟生，而止于不挟，犹未见贵德之实，故又推出个王公之“尊贤”来。(《四书指月》，第449页)

郝敬《孟子说解》亦云：

然终于此而已矣。通前一大转，非独讥晋平公耳。如以常礼，平公亦可矣。律以尊贤之实，必使贤者居位治职食禄，而后其道显。(《孟子说解》，第365页)

张栻《南轩先生孟子说》卷第五：

若尧之于舜，则所谓极尊贤之义者也。以天子而友匹夫，女以二女，馆于贰室，迭为宾主，盖将荐之于天，此为天下得人者也。论友而至于此，其人伦之至者欤？(《张栻集》上，第334页)

知道尊贤有“士之尊贤”“王公之尊贤”之别，则可见晋平公“弗与共天位也，弗与治天职也，弗与食天禄也”之失；可见费惠公“师之”“友之”“事我”之明；可见尧“馆贰室”“飨”“迭为宾主”且“荐之于天”之圣。

10.04　万章问曰：“敢问交际(1)何心也？”

孟子曰：“恭也。”

曰：“‘却之(2)却之为不恭’，何哉？”

曰：“尊者赐之，曰其所取之者义乎不义乎？而后受之。以是为不恭，故弗却也。”

曰：“请无以辞却之，以心却之，曰其取诸民之不义也，而以他辞无受，不可乎？”

曰：“其交也以道，其接(3)也以礼，斯孔子受之矣。”

万章曰：“今有御人(4)于国门之外者，其交也以道，其馈也以礼，斯可受御与？”

曰：“不可。《康诰》曰：‘杀越人于货，闵不畏死，凡民罔不譈。’(5)是不待教而诛者也。殷受夏，周受殷，所不辞也。于今为烈(6)，如之何其受之？”

曰：“今之诸侯取之于民也，犹御也。苟善其礼际(7)矣，斯君子受之，敢问何说也？”

曰：“子以为有王者作，将比(8)今之诸侯而诛之乎？其教之不改而后诛之乎？夫谓非其有而取之者盗也，充类至义(9)之尽也。孔子之仕于鲁也，鲁人猎较(10)，孔子亦猎较。猎较犹可，而况受其赐乎？”

曰：“然则孔子之仕也，非事道与？”

曰：“事道[11]也。”

“事道奚猎较也？”

曰：“孔子先簿正祭器[12]，不以四方之食供簿正[13]。”

曰：“奚不去也？”

曰：“为之兆[14]也。兆足以行矣而不行，而后去，是以未尝有所终三年淹[15]也。孔子有见行可之仕[16]，有际可[17]之仕，有公养[18]之仕。于季桓子[19]，见行可之仕也；于卫灵公[20]，际可之仕也；于卫孝公[21]，公养之仕也。”

【注释】

(1)交际：姚永概《孟子讲义》：“际，接也。交际，谓诸侯以礼仪币帛与士相交接也。”本章讨论的交际，不是一般意义上的人与人交往。从接下来孟子答以“尊者”可见。杨伯峻《孟子译注》：“尊者，与‘长者’不同。此以位言，‘长者’以齿言。”

(2)却之：退还对方的礼物。朱熹《孟子集注》：“不受而还之也。”

(3)接：接见，接待。

(4)御人：朱熹《孟子集注》：“御，止也。止人而杀之，且夺其货也。”

(5)“《康诰》曰”诸句：越，劫夺，抢劫。于，连词，犹“与”。闵，通“暋(mǐn)”，强横。譈(duì)，通“憝”，痛恨。今本《尚书·康诰》作“杀越人于货，暋不畏死，罔弗憝”。

(6)烈：猛烈，严重。

(7)礼际：按规矩礼节交往。

(8)比：皆，同等。

(9)充类至义：充其类、极其义，即类推究义的意思。“充类至义之尽”，则是极端的道德主义，过犹不及了。

(10)猎较：赵岐《注》：“猎较者，田猎相较夺禽兽，得之以祭，时俗所尚，以为吉祥。”朱熹《孟子集注》：“猎较未详。赵氏以为田猎相较，夺禽兽之祭。孔子不违，所以小同于俗也。张氏(注：张琥)以为猎而较所获之多少也。二说未知孰是。”较猎物之多少，乃正当之竞争，未有不义之处，与本章语义不合，自当从赵岐之说。

(11)事道：事，为也。事道，犹为道也。

(12)簿正祭器：朱熹《孟子集注》引徐氏(徐度)云：“先以簿书正其祭器，使有定数，不以四方难继之物实之。夫器有常数、实有常品，则其本正矣，彼猎较者，将久而自废矣。”

（13）簿正：这里用作名词，指薄书上所规定的祭品。

（14）兆：征兆。意译为“可能”。

（15）淹：停留。

（16）有见行可之仕：见道可以行而出仕。朱熹《孟子集注》：“见行可，见其道之可行也。”

（17）际可：朱熹《孟子集注》：“际可，接遇以礼也。”

（18）公养：朱熹《孟子集注》：“公养，国君养贤之礼也。”

（19）季桓子：鲁国的正卿。

（20）卫灵公：卫国国君，公元前534至前493年在位。

（21）卫孝公：朱熹《孟子集注》：“孝公，《春秋》《史记》皆无之，疑出公辄也。”赵佑《四书温故录》：“《谥法解》无出，卫孝公之即出公辄无疑。出公者，特当其出奔在外之称，及后返国称后元年，二十一年卒，而谥为孝，史不备耳。经每有可以正史者。”卫出公，卫国第29代国君，公元前492—前481年、前476—前470年在位，卫灵公之孙。

【译文】

万章问道：“请问交际应抱什么态度？”

孟子说：“恭敬。”

万章问：“（俗话说，）‘一再拒绝馈赠是不恭敬的’，为什么呢？”

孟子说：“尊者有所赐予，你心里却想他所取得的这些东西是符合道义还是不符合道义？然后才接受。这是不恭敬的，所以不拒绝。”

万章问：“不用言语拒绝，而在心里拒绝，心想（这礼物）他取于百姓而不合道义，然后以别的理由不接受，不可以吗？”

孟子说：“他的交往合规矩，他的接待合礼节，就是孔子也会接受的。”

万章问：“假设有一个杀人越货于城门之外的人，他的交往合规矩，他的馈赠合礼节，这样可以接受他抢劫来的东西吗？”

孟子说：“不行。《尚书·康诰》说：‘杀人抢劫财物，强横不怕死的，所有人没有不痛恨的。’这种人不必等待教化就可以杀掉。殷朝继承了夏朝（这条法律），周朝继承了殷朝（这条法律），而不更改。到了今天（杀人抢劫财物的现象）更为严重，如此怎么能接受抢劫来的东西呢？”

万章问：“现在的诸侯取之于民，如同拦路抢劫一样。如果他们好好地按规矩礼节交往，君子就接受他们的礼物，请问怎么解释呢？”

孟子说：“你认为若有圣王兴起，会将现在的诸侯都杀掉呢，还是经过教化后把仍不悔改的杀掉呢？所谓不是他所应有的东西而去谋取的称作抢劫，乃是把‘抢劫’类推究义到极点的说法。孔子在鲁做官时，鲁人争夺猎物，孔子也争夺猎物。争夺猎物尚且可以，何况接受别人（按照规矩礼节）的馈赠呢？”

万章问：“那么孔子的出仕，不是为了行道吗？”

孟子说：“是为了行道。”

万章问：“既然行道，何必去争夺猎物呢？”

孟子说：“孔子先用文书规定祭器祭品，不用四方珍奇的猎物作为规定的祭品。”

万章问：“孔子为什么不辞官离去呢？”

孟子说：“为了行道的可能。有行道的可能而君主却不实行，然后才离去，所以孔子没有在一个地方停留三年的。孔子有因见可以行道而出仕的，有因礼遇周到而出仕的，有因国君养贤而出仕的。对于季桓子，是因见可以行道而出仕；对于卫灵公，是因礼遇周到而出仕；对于卫孝公，是因国君养贤而出仕。”

【说要】

本章论士人的出仕之道。

“交际”一词，从字面上讲，当然如朱熹的解释：“谓人以礼仪币帛相交接也。”但从本章讨论的关注点看，还是姚永概先生解释得切要：“际，接也。交际，谓诸侯以礼仪币帛与士相交接也。”

辛全《四书说》卷六：

> “问有”章，又欲人君知尊贤之道也。“交际”章，欲士人知贵贵之道也。不然，人君方尊贤下士，而士人反逃伦避世，或骄亢忤时，如汉末诸贤之为，又非圣贤中庸之道矣。（《四书说》，第200页）

“其交也以道，其接也以礼”——是在位者的“尊贤”。

“却之却之为不恭”——是贤者对在位者“尊贤之意”的接纳。

让万章纠结的是，恶人杀人越货，诸侯取于诸民，同为不义，何以恶人可以“不教而诛”，而诸侯却“君子受之”呢？

孟子的回答，可以归纳为三层：

第一，孟子指出，今天的诸侯“其取诸民”虽有不义之处，然与杀人越货的恶人还是有所区别的，将他们等同于杀人越货的恶人，是将“抢劫”的含义无限扩大，犯了“扩大化”的毛病。

第二，孟子指出，杀人越货的恶人，罪大恶极，可以“不教而诛”，今天的诸侯则有所不同——“有王者作，将比今之诸侯而诛之乎？其教之不改而后诛之乎？”也就是说，今天的诸侯还有接受教化的可能。

第三，正是基于上面的两层理由，为了“事道”，孔子才愿意出仕：“于季桓子，见行可之仕也；于卫灵公，际可之仕也；于卫孝公，公养之仕也。”

张栻《南轩先生孟子说》卷第五：

> 行可之仕，谓其兆可以行者也；际可之仕，谓遇圣人以礼者也；公养之仕，谓养圣人以道者也。遇以礼而养以道者，圣人亦岂得而绝之乎？（《张栻集》上，第336页）

如果简单地把今天的诸侯等同于杀人越货的恶人，不接受他们的“尊贤”，表面上看好像义利分明、大义凛然、直截痛快，而实际上却失去了“事道之兆”，失去了格君心之非、教化诸侯，使之向道、行道的可能，这是典型的“执一而无权”，君子岂能为之？

赵岐《章指》言：

> 圣人忧民，乐行其道，苟善辞命，不忍逆距，不合则去，亦不淹久，盖仲尼行止之节也。（《孟子正义》，第707页）

朱熹《孟子集注》引尹氏语：

> 不闻孟子之义，则自好者为於陵仲子而已。圣贤辞受进退，惟义所在。（《四书章句集注》，第326页）

冷冰的历史告诉我们，“今之诸侯”并不理解这一番苦心，夫子也只好“未尝有所终三年淹”了。

另，“充类至义之尽”是一句值得深思的话。在今天，对某些社会问题的批判，我们常常会听到“充类至义之尽”之语。这不是理性的批判，而是极端道德主义的情绪发泄。这样的“充类至义之尽”之语，只会削弱道德的引领作用，只会让人们畏惧道德，进而远离道德。

10.05　孟子曰：“仕非为贫也，而有时乎为贫(1)；娶妻非为养也，而有时乎为养(2)。为贫者，辞尊居卑，辞富居贫。辞尊居卑，辞富居贫，恶乎宜乎？抱关击柝(3)。孔子尝为委吏(4)矣，曰：‘会计(5)当而已矣。’尝为乘田(6)矣，曰：‘牛羊茁壮(7)长而已矣。’位卑而言高，罪也；立乎人之本朝(8)而道不行，耻也。”

【注释】

(1)仕非为贫也，而有时乎为贫：朱熹《孟子集注》：“仕本为行道，而亦有家贫亲老，或道与时违，而但为禄仕者。”

(2)娶妻非为养也，而有时乎为养：朱熹《孟子集注》：“娶妻本为继嗣，而亦有为不能亲操井臼而欲资其馈养者。”养，这里意译为“烧火做饭”。

(3)抱关击柝(tuò)：抱关，看门。击柝，打更。

(4)委吏：管理粮仓的小吏。

(5)会计：会，合也。计，算也。零星算之为计，总和算之为会。

(6)乘田：管理畜牧的小吏。

(7)茁壮：《说文解字》：“茁，草初生出地皃。”“壮，大也。”茁壮，形容牛羊健壮成长。

(8)本朝：即朝廷。杨伯峻《孟子译注》：“‘本朝’一词又见于《管子·重令篇》《晏子春秋·谏篇》《荀子·仲尼篇》《儒效篇》《吕氏春秋·音律篇》，亦犹《秦策》‘本国残社稷坏’，谓国家为本国也。”

【译文】

孟子说：“出仕不是因为贫穷，但有时也是因为贫穷；娶妻不是为了烧火做饭，但有时也是为了烧火做饭。因为贫穷而出仕的，推辞大位而担任低职，推辞厚禄而接受薄俸。推辞大位而担任低职，推辞厚禄而接受薄俸，什么合适呢？(那就做个)守门、打更(一类)的。孔子曾经做过管理粮仓的小吏，他说：‘数字核算得当罢了。’曾经做过管理畜牧的小吏，他说：‘牛羊壮实成长罢了。’职位低下而议论高位的大事，这是罪过；居位在人家的朝廷上而不能行道，这是耻辱。”

【说要】

《孟子》一书，论述出仕之道的章节很多，本章短小而精致。

姚永概《孟子讲义》卷十云：

> 文章必有宾主，何也？譬如一人饮酒，毫无乐趣，有多少话，说不出来，必得二三佳客，乃可畅所欲言，此文之所以须宾也。(《孟子讲义》，第182页)

让我们来梳理一下本章的“宾”与“主”：

“出仕”——为了行道是“主”，因为贫穷是“宾”；“娶妻”——为了继嗣是“主”，为了烧火做饭是“宾”；“出仕”与“娶妻”——“出仕”是“主”，“娶妻”是“宾”；“立乎人之本朝而道不行”与“位卑而言高”——“立乎人之本朝而道不行”是“主”，“位卑而言高”是“宾”。

姚永概又引刘海峰语：

正意只立朝“而道不行”一句，前面全不说出，反将为贫而仕，叠叠恣说，至末乃一跃而出，始知前面句句激射此句。(《孟子讲义》，第181页)

也就是说，在本章中还内含着一个更为重要的“宾主”关系——前三组宾主关系是“宾”，第四组宾主关系是“主”。

我们且来细细解读第四组宾主关系：

“位卑而言高”是“宾”，它便是虚说；“立乎人之本朝而道不行”是主，它便是实论，是本章要旨之所在。

“位卑而言高，罪也”之“罪”，来自外在，是为官的行规、为贫的无奈；“立乎人之本朝而道不行，耻也”之“耻”，来自内在，是行道的自觉、尚志的坚守。

学而优则仕，是儒者对入世的积极追求；道不同，不相为谋，是儒者对道义的坚定操守。

然而理想的美好，必然要面对现实的残酷。所以，孟子在强调出仕为了行道的同时，也不排除有时为了生计而出仕；在强调行道自觉的同时，也不排斥为贫困出仕而必须遵循的做官规矩。

这当然不能看作孟子对现实的屈从，而应看到孟子为追求理想而展现出的坚韧。

《得民心得天下：王蒙说〈孟子〉》：

这是一个有意味的话题，一个是部分与全体，一个是低级与高级，对于入仕，增加收入脱贫，是一个低级与微小的目标；但是孟子承认这也是目标的一个低级与微小的组成部分，不是主要部分，更不是全部，但仍是允许存在的细小部分；是低目标不是高目标，更不是最终追求。他讲得合情合理，不温不火，把大与小、高与低、主与次、公与私的位置摆得恰当。这也如鲁迅喜欢引用的说法：“鹰有时候低飞如鸡，而鸡无可能高飞如鹰。”(《得民心得天下：王蒙说〈孟子〉》，第279页)

10.06　万章曰：“士之不托诸侯(1)，何也？”

孟子曰：“不敢也。诸侯失国，而后托于诸侯，礼也；士之托于诸侯，非礼也。”

万章曰：“君馈之粟，则受之乎？”

曰：“受之。”

“受之何义也？”

曰：“君之于氓(2)也，固周(3)之。”

曰：“周之则受，赐之则不受，何也？”

曰：“不敢也。”

曰：“敢问其不敢何也？”

曰："抱关击柝者皆有常职以食于上。无常职而赐于上者，以为不恭也。"

曰："君馈之，则受之，不识可常继乎？"

曰："缪公之于子思也，亟问[(4)]，亟馈鼎肉[(5)]，子思不悦。于卒也，摽[(6)]使者出诸大门之外，北面稽首再拜[(7)]而不受，曰：'今而后知君之犬马畜伋。'盖自是台[(8)]无馈也。悦贤不能举，又不能养也，可谓悦贤乎？"

曰："敢问国君欲养君子，如何斯可谓养矣？"

曰："以君命将[(9)]之，再拜稽首而受。其后廪人[(10)]继粟，庖人[(11)]继肉，不以君命将之。子思以为鼎肉使己仆仆尔[(12)]亟拜也，非养君子之道也。尧之于舜也，使其子九男事之，二女女焉，百官牛羊仓廪备，以养舜于畎亩之中，后举而加[(13)]诸上位，故曰，王公之尊贤者也。"

【注释】

（1）士之不托诸侯：周广业《孟子出处时地考》："古之上士、中士、下士者，皆有职之人也。其未仕而读书谭道者，通谓之儒。《周礼》'儒以道得民'，《鲁论》'女为君子儒'，是也。间亦称士，如《管子》士农工商为四民，曾子'士不可以不宏毅'之类。春秋而后，有游士、处士，则皆无位而客游人国者矣。《孟子》所言士亦有二，万章之'不托诸侯'，彭更之'无事而食'及王子垫所问，此无位者也。答北宫锜及'士以旂，大夫以旌''前以士，后以大夫'，则并指有位者也。"托，依附，寄居。

（2）氓：焦循《孟子正义》："不言君之于民而言氓者，氓是自他国至此国之民，与寄之义合。"

（3）周：周济，救济。不足而给谓之周，有功而赏谓之赐。馈、周则"受之"，因为贫困；赐而"不受"，因为无位。

（4）亟问：亟，屡次。问，问候。古人于人有所问讯或问候，多以物相赠而表意，因而"问""馈"是一件事。两个"亟"字，更显事、礼之虚表、烦琐，令人不耐。

（5）鼎肉：朱熹《孟子集注》："熟肉也。"

（6）摽（biāo）：赶，驱逐。

（7）稽首再拜：杨伯峻《孟子译注》："拜头至地谓之稽首；既跪而拱手，而头俯至于手，与心平，谓之拜。再拜，拜两次。'再拜稽首'，谓之吉拜，表示接受礼物；'稽首再拜'，谓之凶拜，此处则表示拒绝礼物。说详阎若璩《释地又续》及段玉裁《经韵楼集·释拜》。"

（8）台（shǐ）：繁体作"臺"，乃假臺为始。始，从女台声。杨树达《积微居小学金石论丛·孟子台无馈解》："台当读为始，'盖自是台无馈'，谓鲁缪公自是始不馈子思也。"02.11、04.10、05.03已言："汤一征，自葛始。""征商自此贱丈夫始矣。""夫仁政，必自经界始。”它们与“盖自是台(始)无馈也”同一体例。杨树达之说可从。

(9)将：送行。《尔雅·释言》：“将，送也。”《淮南子·诠言训》：“来者弗迎，去者弗将。”

(10)廪人：管仓库的小吏。

(11)庖人：管膳食的小吏。

(12)仆仆尔：仆仆，麻烦，卑微。尔，犹“然”。赵岐《注》：“仆仆，烦猥貌。”

(13)加：居。与“夫子加齐之卿相”(03.02)的“加”同义。

【译文】

万章问道：“士人不依附于诸侯，是为什么呢？”

孟子说：“因为不敢。诸侯亡国，去依附于其他诸侯，这合乎礼；士人依附于诸侯，不合乎礼。”

万章问：“如果国君馈赠谷米，能接受吗？”

孟子说：“接受。”

万章问：“接受是什么道理呢？”

孟子说：“国君对于外来的人，原本就应该周济。”

万章问：“周济的就接受，赏赐的就不接受，这又是为什么？”

孟子说：“因为不敢。”

万章问：“请问为什么不敢呢？”

孟子说：“守门、打更的人都有固定的职务，因此才接受在上者的供养。没有固定的职务，而接受在上者的赏赐，被认为是不恭敬的。”

万章问：“国君馈赠的就接受，不知可经常不断吗？”

孟子说：“鲁缪公对于子思，多次派人问候，多次馈赠肉食，子思很不高兴。到最后，把使者赶出大门，朝北面磕头作揖而不接受，说：‘今天才知道国君是把孔伋当作犬马一样畜养。’从此缪公就不馈赠了。喜爱贤士，既不能举用，又不能恰当奉养，能说是喜爱贤士吗？”

万章问：“请问国君想奉养君子，怎样才是恰当奉养呢？”

孟子说：“开始以国君的名义馈赠，君子作揖磕头表示接受。此后就让管粮仓的小吏经常送去谷米，管膳食的小吏经常送去肉，不再以国君的名义馈赠了。子思认为，为了肉食馈赠，让自己卑微地一而再跪拜行礼，这不是奉养君子的做法。尧对于舜，派自己的九个儿子去侍奉他，把两个女儿嫁给他，宫室、牛羊、粮食都齐备，在田野中周到地照顾他，后来提拔他居高位。所以说，这才是王公尊敬贤者。”

【说要】

本章论士人“自处”及诸侯“尊贤、养贤”之道。

姚永概《孟子讲义》卷十：

> 前半自“以为不恭也”上，说士之自处，不敢溢分。后半“缪公”以下，说君之养贤，不可不备，且非独养之而已，养外大有事在。（《孟子讲义》，第183页）

理解本章大义，须将“托”“馈”“赐”“举”四字作清晰辨析：

“托”——是依附，是我“依附”乎彼，自然多一点谦恭，以名分论，不敢依附于失国之君，故曰“不敢”。

“馈”——是周以补不足，是彼“救急”乎我，自然有一些礼敬在，故曰“却之却之为不恭”。既是“馈”，当然不可“常继”，因“亟问亟馈”，是重物而轻礼，令我“仆仆尔”，故曰“摽使者出诸大门之外”。

“赐”——是赏有功，是有职分人的待遇。士人无职分，则以职分言，不敢混同于有位之臣，故亦曰“不敢”。

“举”——是尊贤而用之，是士人所期盼的，是“悦贤”之至，故谓之曰“王公之尊贤者也”。

赵岐《章指》：

> 知贤之道，举之为上，养之为次，不举不养，贤恶肯归？是以孟子上陈尧舜之大法，下刺缪公之不宏。（《孟子正义》，第719页）

《日讲四书解义》卷二十二：

> 孟子在当时传食诸侯，国君能养者不乏，然其志在行道，不可以口腹虚拘，故每惓惓以能举为言，惜乎当世终莫之用也。（《日讲四书解义》，第340页）

朱熹《孟子集注》：

> 能养能举，悦贤之至也，惟尧舜为能尽之，而后世之所当法也。（《四书章句集注》，第327页）

奔走行道而周旋于诸侯之间，所遇“馈”“赐”，或受之或拒之，其间之微妙，正见士人之“自重”。有此“自重”，方可言“受举”。

没有“自重”精神基础的“受举”是不合义的，也是不牢靠的，这恰是医治时下精致利己主义的一剂良药。

10.07　万章曰："敢问不见诸侯，何义也？"

孟子曰："在国曰市井之臣，在野曰草莽之臣，皆谓庶人。庶人不传质(1)为臣，不敢见于诸侯，礼也。"

万章曰："庶人，召之役，则往役；君欲见之，召之，则不往见之，何也？"

曰："往役，义也；往见，不义也。且君之欲见之也，何为也哉？"

曰："为其多闻也，为其贤也。"

曰："为其多闻也，则天子不召师，而况诸侯乎？为其贤也，则吾未闻欲见贤而召之也。缪公亟见于子思(2)，曰：'古千乘之国以友士，何如？'子思不悦，曰：'古之人有言曰，事之云乎，岂曰友之云乎？'子思之不悦也，岂不曰'以位，则子君也，我臣也，何敢与君友也？以德，则子事我者也，奚可以与我友？'千乘之君求与之友而不可得也，而况可召与？齐景公田(3)，招虞人以旌，不至，将杀之。'志士不忘在沟壑，勇士不忘丧其元。'孔子奚取焉？取非其招不往也。"

曰："敢问招虞人何以？"

曰："以皮冠(4)。庶人以旃(5)，士以旂(6)，大夫以旌(7)。以大夫之招招虞人，虞人死不敢往；以士之招招庶人，庶人岂敢往哉？况乎以不贤人之招招贤人乎？欲见贤人而不以其道，犹欲其入而闭之门也。夫义，路也；礼，门也。惟君子能由是路，出入是门也。《诗》云：'周道如底，其直如矢；君子所履，小人所视。'(8)"

万章曰："孔子，君命召，不俟驾而行(9)。然则孔子非与？"

曰："孔子当仕(10)有官职，而以其官召之也。"

【注释】

(1)传质：《孟子音义》："执贽请见，必由将命者传之，故谓之传贽。"质，同"贽"。贽，会意兼形声字，从贝从执，执亦声。执，甲骨文写作，象人手被铸住。本义为"捕者，取也"(段玉裁《说文解字注》)。引申为持守等。贝，甲骨文写作，象贝壳之形。古人以"贝"为货币，因此从"贝"之字一般与财货和买卖有关。贽，本义是古时初次求见人时所送的礼物。

(2)见于子思：缪公往见子思，为子思所接见。

(3)"齐景公田"诸句：参见06.01章。

(4)皮冠：打猎时戴的皮帽子。

(5)旃(zhān)：赤色、无饰、曲柄的旗。

(6)旂(qí)：画有双龙并在竿头悬铃的旗。

(7)旌：旗杆上装饰有五彩羽毛的旗。

(8)"《诗》云"诸句：出自《诗经·小雅·大东》。周道，大道。底，当作"厎"，

《说文解字》:“厎，或从石作砥。”砥，磨刀石，用以形容道路的平坦。视，效法。

(9)君命召，不俟驾而行：语出《论语·乡党》。

(10)当仕：正在出仕。

【译文】

万章问：“请问，(没有职位的士人，)不去谒见诸侯是什么道理呢？”

孟子说：“(没有职位的士人，)居住于都市，便叫作市井之臣；居住于田野，便叫作草莽之臣，都称为庶人。庶人不致送见面礼而为臣属，不敢去谒见诸侯，是合乎礼的。”

万章问：“庶人，召唤他去服役，便去服役；君主若要同他见面，传唤他，却不去谒见，是为什么呢？”

孟子说：“去服役，是合乎义的；去谒见，是不合乎义的。而且君主想要同他见面，为的是什么呢？”

万章答：“因为他见闻广博，因为他德行高洁。”

孟子说：“如果因为他见闻广博，(就当拜为师，)天子尚且不能传唤老师，何况诸侯呢？如果因为他德行高洁，(就当敬以礼，)我没有听说过想要见德行高洁的人却随便传唤的。鲁缪公屡次去访晤子思，说道：‘古代具有千辆兵车的国君若同士人交友，是怎么做的呢？’子思不高兴，说道：‘古人说过，国君只能把士人当老师，怎么能说要与他交朋友呢？’子思的不高兴，难道不是说‘论地位，你是君主，我是臣下，我哪敢同你交朋友呢？论道德，你是事奉我的人，怎么可以与我交朋友呢？’具有一千辆兵车的国君谋求与他交朋友都不能做到，何况传唤呢？齐景公田猎，用有羽毛为装饰的旌旗传唤看护苑囿的小吏，小吏不来，景公要杀他。(孔子知道后说：)‘有志之士(循义而行，)不怕弃尸山沟；勇敢之人(见义勇为，)不怕丢掉脑袋。’孔子赞赏小吏什么呢？就是赞赏他不是传唤自己所应该的礼仪，他就不去。”

万章问：“传唤看护苑囿的小吏该用什么礼仪呢？”

孟子说：“用皮冠。传唤庶人用旃，传唤士用旂，传唤大夫用旌。用传唤大夫的旌去传唤看护苑囿的小吏，看护苑囿的小吏死也不敢去；用传唤士人的旂去传唤庶人，庶人难道敢去吗？何况用传唤不贤之人的礼仪去传唤贤人呢？想会晤德行高洁的人，却不依循规矩礼仪，就好像请他进来却关闭着大门。义好比是大路，礼好比是大门。只有君子能依循这大路出进这大门。《诗经》说：‘大路平如磨石，直得就像箭矢。君子在上行走，小人在旁观看。’”

万章问：“孔子，听说有君命传唤，不等车马驾好便行动。那么孔子做错了吗？”

孟子说：“孔子正在做官而有职务在身，君以他的官职去传唤他。”

【说要】

本章大旨可以简要地概括为四个字：德位之辨。

《孟子》11.16：

孟子曰："有天爵者，有人爵者。仁义忠信，乐善不倦，此天爵也；公卿大夫，此人爵也。古之人修其天爵，而人爵从之。今之人修其天爵，以要人爵；既得人爵，而弃其天爵，则惑之甚者也，终亦必亡而已矣。"

德，天爵；位，人爵——在孟子的思想世界里，天爵高于人爵，即"德"高于"位"。

德，源自道；位，源自政——在孟子的思想世界里，"德"高于"位"，亦即"道"高于"政"。

德位之辨，不能简单地归纳为"以德抗位"。

焦循《孟子正义》卷二十一：

言分则为庶人，言德则为士。往役为庶人之分，往见则失士之节，故有义不义之分也。君以庶人待之，即召之役，义所当往；君而欲见之，则是待之以士，乃不师之友之而召之，此士所以不往也。(《孟子正义》，第720页)

孙奇逢《四书近指·不见诸侯章》：

士不敢见诸侯，所以全君也，亦全己也。为庶人皆得与君揖让，则君无以为君矣，故曰所以全君也。既名曰贤，而为君所役，则贤无以为重矣，故曰所以全己也。此章回环发不可召之意，以明不往见之义。不独为士开地步，正以见大有为之君，必有所不召之臣。(《孙奇逢集》上，第576页。标点略有改动)

德位之辨的根本指向是：明辨德位之别、据德凭位以适宜地为人处世、为官从政。

"德"高于"位"。市井之臣、草莽之臣，当以"德"谋"位"，而不可苟且钻营。

"德"高于"位"，"位"不是藐视"德"的条件。在位者，当以"德"居"位"，而不可借"位"凌"德"。

"德"高于"位"，社群生活中的人，都有对抗来自"位"的悖"德"命令的权力。"非其招不往也"，虞人为人们树立了一个很好的榜样。

当然，"德"虽高于"位"，"位"亦有其存在的正当性、必要性，所谓"天生民而树之君，以利之也"(《左传·文公十三年》)。社会管理中的人，皆有听命于"位"的义务，即使是"有德者"，也没有抗"位"的特权。"君命召，不俟驾而行"，孔子为人们做出了经典的示范。

德位之辨，铺就了义之路，打开了礼之门，有为者当"由是路，出入是门也"。

孙奇逢《四书近指·不见诸侯章》述《朱子语类》义：

问：此章纲领，只在义路礼门？朱子曰：固是。然礼义里面，各有节目。如云往役，义也；往见，不义也；周之则受，赐之则不受之类，都是义之节目。如云廪人继粟，庖人继肉，不以君命将之之类，都是礼之节目。又如齐馈金不受，宋、薛馈而受，此等辞受，都是个义。君子于细微曲折，一一都要合义。所以《易》中说：精义入神，以致用也。孟子平日受用，便是得这个气力。今观其所言所行，无不是这个物事。(《孙奇逢集》上，第576—577页。标点、文字略有改动)

10.08　孟子谓万章曰："一乡之善士[1]，斯[2]友[3]一乡之善士；一国之善士，斯友一国之善士；天下之善士，斯友天下之善士。以友天下之善士为未足，又尚[4]论古之人。颂[5]其诗，读其书，不知其人，可乎？是以论其世[6]也。是尚友也。"

【注释】

(1)善士：有德向善之士。

(2)斯：连词，犹"乃"。

(3)友：志趣相同、彼此交好的人。此处作动词，交友的意思。

(4)尚：通"上"。杨树达先生认为，尚为会意兼形声字，金文写作，从八从向，向亦声。八表示气流，向是在房屋北墙上开的窗户。会意气流从窗户向外向上扩散，故尚有"上"义。崇尚是其引申义。

(5)颂：通"诵"。意思是用高低抑扬的腔调念。古代作诗也称作诵。

(6)论其世：朱熹《孟子集注》："论其世，论其当世行事之迹也。言既观其言，则不可以不知其为人之实，是以又考其行也。夫能友天下之善士，其所友众矣，犹以为未足，又进而取于古人。是能进其取友之道，而非止为一世之士矣。"

【译文】

孟子对万章说："一乡中的善士与这一乡的善士交友，一国中的善士与这一国的善士交友，天下的善士与天下的善士交友。与天下的善士交友还不够，又上溯评论古代的人。吟诵他们所写的诗，研读他们所著的书，不了解他们的为人，可以吗？所以要讨论他们所处的时代。这是上溯与古人交友。"

【说要】

此章论交友取善之道无穷，人不可以自限。

姚永概《孟子讲义》卷十：

> 前三层每进愈深。“以友”二句，笔势飞舞，折入古人，精神充足。“诵其诗”四句，宕漾出之。“是尚友也”四字，一篇结穴，跃然纸上。(《孟子讲义》，第186页。文字略有改动)

孟子曰：“莫非命也，顺受其正。”(13.02)人的一切从根本上讲都会受到命运的限制，这是人无法控制的，但人并不能因此而放弃自己的能动性。

发挥人的能动性，要“顺受其正”，把握向善的方向——交友以至修身就是题中之意。

吕留良《四书讲义》卷三十九：

> 好讥弹者，私也，恶也，辨析研穷以求至善，使后世可法，此公也，善也，此之谓能论世知人，此之谓能尚友。友善者，以友求善也，非私其相好，亦非周旋古今也。(《四书讲义》，第910页)

友是向善的伙伴。以文会友，以友辅仁，是儒家对友关系的一个基本理解。

随着与“一乡之善士”“一国之善士”的切磋砥砺，一个人的心灵步步展开、善性一一凸显、生命层层充盈。但是，即使是可以与“天下之善士”切磋砥砺，也还是局限于平面的空间之中，还不能满足人向善的愿望，这就是“以友天下之善士为未足”。

只有“又尚论古之人”，走向广阔的历史时空，才能真正地超越命运、自我的限制——人不但可与眼前之人为友，亦可与千万里之外的人为友；不但与今人为友，亦可与古人为友。

与古人交友，仅仅吟诵他们的诗歌、拜读他们的书籍是不够的，还要“知其人”“论其世”，探知他们生活的时代背景，了解他们生命的神采风貌，以我之生命进入他们的生命之中，心灵、性情、生命，古今同在，相遇于旦暮。如此，才有资格与古人为友，才有从古人那里得到教益、获得充实、庄严我之生命的可能。

张栻《南轩先生孟子说》卷第五云：

> 夫世有先后，理无古今。古人远矣，而言行见于诗书。颂其诗，读其书，而不知其人，则何益乎？颂诗读书，必将尚论其世，而后古人之心可得而明也。尹氏曰：尚论其世，谓论其所遇之时。盖古人所遇之时不同，故其行事有异，而其道则一而已。必考其时以究其用，而后其心可得而明。如尧舜禅让，而汤武征伐，禹稷过门不入，而颜子居于陋巷，又岂可不尚论其世乎？尚友之道至此，而后为尽矣。(《张栻集》上，第341页)

孟子所论交友取善之道，提示我们交友取善要注意三个层面：一是自我向上向善的自觉；二是追求更高的交友层级；三是以生命融入，在生命中体察交友之道。

这是交友的方法，更是修身的方法。

另，知人论世的尚友之法，也是读书之法。它使得读书不再是面对冷冰冰的文字，而是面对活生生的人。一灯微光，数页好书，你可以与孔子孟子、李白杜甫，可以与苏格拉底柏拉图、莎士比亚泰戈尔，盘桓于青山绿水之间，醉卧于杯盘狼藉之后，心游邃古，一念万年！想一想都令人神往。

10.09　齐宣王问卿。孟子曰："王何卿之问也？"

王曰："卿不同乎？"

曰："不同。有贵戚之卿[(1)]，有异姓之卿。"

王曰："请问贵戚之卿。"

曰："君有大过[(2)]则谏，反覆之而不听，则易位[(3)]。"

王勃然变乎色。

曰："王勿异也。王问臣，臣不敢不以正对。"

王色定，然后请问异姓之卿。

曰："君有过则谏，反覆之而不听，则去[(4)]。"

【注释】

(1)贵戚之卿：赵岐《注》："贵戚之卿，谓内外亲族也。"杨伯峻《孟子译注》认为，"外亲"不在"贵戚之卿"数内。今从赵。

(2)大过：朱熹《孟子集注》："谓足以亡其国者。"

(3)易位：朱熹《孟子集注》："易君之位，更立亲戚之贤者。盖与君有亲亲之恩，无可去之义。以宗庙为重，不忍坐视其亡，故不得已而至于此也。"

(4)去：离去。朱熹《孟子集注》："君臣义合，不合则去。"赵岐则据古礼云："孟子言异姓之卿谏君不从，去而待放，遂不听之，则去而之他国也。"焦循《孟子正义》："《仪礼·丧服》'旧君'注云：'以道去君，谓三谏不从，待放于郊未绝者。'贾氏疏云：'此以道去君，据三谏不从，在境待放，得环则还，得玦(jué，半环形有缺口的佩玉，古代常用以赠人表示决绝)则去。'"按，礼随时迁，唯义不易，朱熹注简明扼要。

【译文】

齐宣王询问卿。孟子说："王询问什么卿呢？"

齐宣王问："卿有不同吗？"

孟子说："有不同。有贵戚之卿，有异姓之卿。"

齐宣王说："请问贵戚之卿。"

孟子说："国君有重大过错则劝谏，反复劝谏仍然不听，就另立新君。"

齐宣王勃然变色。

孟子说："王不要诧异。王问我，我不敢不以实言回答。"

齐宣王脸色安定下来，然后问异姓之卿。

孟子说："国君有过错则劝谏，反复劝谏仍然不听，就离去。"

【说要】

本章孟子借问而谏，深期齐宣王改过而迁善。

《孟子》一如《论语》，其章句皆随人随事因时因地而发，说理论义，只言片语，散落各处。善读者方能抽绎聚合，成大块文章，见天地之道。

10.02章，孟子云：

> 天子一位，公一位，侯一位，伯一位，子、男同一位，凡五等也。君一位，卿一位，大夫一位，上士一位，中士一位，下士一位，凡六等。

14.14章，孟子云：

> 民为贵，社稷次之，君为轻。是故得乎丘民而为天子，得乎天子为诸侯，得乎诸侯为大夫。诸侯危社稷，则变置。牺牲既成，粢盛既洁，祭祀以时，然而旱干水溢，则变置社稷。

04.01章，孟子云：

> 得道者多助，失道者寡助。寡助之至，亲戚畔之。

"盖自外而言之，天子之去公，犹公、侯、伯、子男之递相去；自内而言之，君之去卿，犹卿、大夫、士之递相去，非独至于天子遂截然无等级也。"（《明夷待访录》）"天子"或者泛说"君"，只是社会治理结构中的一部分，虽然位高权重，然较之于"国"则为"轻"，较之于"民"则轻之又轻了。为君者不能治国保民，必将"失道者寡助。寡助之至，亲戚畔之"。

要想理解这一章，也要立足于这大的义理之上。

回到孟子与齐宣王的对话场景之中。

卿，不论是贵戚之卿，还是异姓之卿，其职事繁多，孟子何以选择贵戚之卿有"易位"之义、异姓之卿有"去君"之行，来回答齐宣王的提问呢？是孟子故作激越之言吗？这又需要我们与02.07章相参看：

> 孟子见齐宣王，曰：“所谓故国者，非谓有乔木之谓也，有世臣之谓也。王无亲臣矣，昔者所进，今日不知其亡也。”

依梁涛、刘宝才先生的考证，这一次孟子见齐宣王，发生在齐宣王二年至三年之间。

由此可知，齐宣王在继位不久，即疏远世臣、贤臣，致使他们或离开齐国，或放弃其位，而巧言令色之士、唯利是图之徒，环绕其左右。长此以往，国将不得而治，君将蹈陷其危，民将身受其苦。如此，孟子言“易位”“去君”就不是故作激越的欺君之语，而是据实以发的满含深情的进谏之言，蕴含大义的格君之行。

王夫之《四书训义》卷三十四云：

> 君子之进说于君，虽因其弊而救之，而必循乎经常不易之正理，非故为矫激以相犯也。人主能容其忠直以自鉴，则所以自警而进于道者，为不负此药石之言。（《船山全书》第八册，第671页）

朱熹《孟子集注》则云：

> 此章言大臣之义，亲疏不同，守经行权，各有其分。贵戚之卿，小过非不谏也，但必大过而不听，乃可易位。异姓之卿，大过非不谏也，虽小过而不听，已可去矣。然三仁贵戚，不能行之于纣；而霍光异姓，乃能行之于昌邑。此又委任权力之不同，不可以执一论也。（《四书章句集注》，第330页）

朱子之议论，只见卿职分的表，而不见格君之里，于本章义旨，不无所失。

唐文治《孟子大义》就异姓之卿去留之义申述云：

> 君臣以义合者也，合则留，不合则去，两言而决尔。乃不合而犹不去者，何也？恋禄位耶？孙富贵耶？夫富贵、禄位而可系恋耶，将何以对君，更何以对己，更何以对民耶？……后世学者读此章书，当知为人臣者，为民而非为君，为天下而非为一人，则庶乎君臣之大义明，而其进退自合乎礼而不苟矣。（《唐文治四书大义》，第352页）

时至今日，一切权力归于人民。孟子贵民、格君心之非的思想，有了更加坚固的实践基础与空间。

卷第十一　告子章句上 凡二十章

11.01　告子[(1)]曰："性犹杞柳[(2)]也，义犹杯棬[(3)]也；以人性为仁义，犹以杞柳为[(4)]杯棬。"

孟子曰："子能顺杞柳之性而以为杯棬乎？将戕贼杞柳而后以为杯棬也？如将戕贼杞柳而以为杯棬，则亦将戕贼人以为仁义与？率天下之人而祸仁义者，必子之言夫！"

【注释】

（1）告子：与孟子同时而年长的学者。

（2）杞柳：梁涛《孟子解读》："树名，枝条柔韧，可以编制箱筐等器物。"杨伯峻《孟子译注》："旧说都以为就是榉树，但此物不能为木材，仅可以取其新枝条之长六七尺者供编物之用。如用作杯盘，恐亦不能盛液体。疑而不能决。"

（3）杯棬（quān）：即"杯盘"。郑玄注《玉藻》以"杯棬"为盛羹、注酒及盥洗等器之通名。

（4）为：《尔雅·释言》："作，造，为也。""以人性为仁义"之"为"，可译作"修养"；"以杞柳为杯棬"之"为"，可译作"制作"。

【译文】

告子说："人性好比杞柳，仁义好比杯盘；以人性修养仁义，就好比用杞柳制作杯盘。"

孟子说："你是顺从杞柳的本性去制作杯盘呢，还是要戕害杞柳的本性去制作杯盘呢？如果是戕害杞柳的本性去制作杯盘，那么也要戕害人的本性去修养仁义吗？率领天下的人祸害仁义的，一定是你这种言论！"

【说要】

见 11.05 章。

11.02　告子曰："性犹湍水[(1)]也，决[(2)]诸东方则东流，决诸西方则西流。人性之无分于善不善也，犹水之无分于东西也。”

孟子曰：“水信无分于东西，无分于上下乎？人性之[3]善也，犹水之就下也。人无有不善，水无有不下。今夫水，搏而跃之，可使过颡[4]；激[5]而行之，可使在山。是岂水之性哉？其势则然也。人之可使为不善，其性亦犹是也。”

【注释】

（1）湍水：急流。

（2）决：冲开，决开。

（3）之：犹“为”。

（4）颡（sǎng）：额头。

（5）激：阻遏。

【译文】

告子说：“人性好比湍急的流水，决开往东的方向就往东流，决开往西的方向就往西流。人性没有善不善之分，就像水没有东西之分一样。”

孟子说：“水性确实没有东西之分，难道也没有上下之分吗？人性表现为善，就像水性趋向下一样。人性没有不善的，水性没有不趋向下的。水，拍击使之飞溅，也能高过额头；阻遏使之倒流，也能流到山冈。这难道是水的本性吗？这是情势造成的。人可以让他做坏事，这时他（所表现出来）的‘性’也是情势造成的。”

【说要】

见 11.05 章。

11.03　告子曰：“生之谓性。”

孟子曰：“生之谓性也，犹[1]白之谓白与？”

曰：“然。”

“白羽之白也，犹[2]白雪之白；白雪之白犹白玉之白与？”

曰：“然。”

“然则犬之性犹牛之性，牛之性犹人之性与？”

【注释】

（1）犹：表示类比，好比。

（2）犹：表示推理，如同。下面“犹”同。

【译文】

告子说："自然的生理叫作本性。"

孟子说："自然的生理叫作本性，就好比白色的东西叫作白吗？"

告子说："是的。"

孟子说："白色羽毛的白，如同白雪的白；白雪的白如同白玉的白吗？"

告子说："是的。"

孟子说："那么，狗的本性如同牛的本性，牛的本性如同人的本性吗？"

【说要】

见 11.05 章。

11.04　告子曰："食色，性也。仁，内也，非外也；义，外也，非内也。"

孟子曰："何以谓仁内义外也？"

曰："彼长而我长之，非有长于我也；犹彼白而我白之，从其白于外也，故谓之外也。"

曰："异于白(1)。白马之白也，无以异于白人之白也，不识长马之长也，无以异于长人之长与？且谓长者义乎？长之者义乎？"

曰："吾弟则爱之，秦人之弟则不爱也，是以我为悦者也，故谓之内。长楚人之长，亦长吾之长，是以长为悦者也，故谓之外也。"

曰："耆(2)秦人之炙(3)，无以异于耆吾炙，夫物则亦有然者也，然则耆炙亦有外与？"

【注释】

（1）异于白：俞樾《古书疑义举例·以一字作两读例》谓"异于白"之"白"当重读，即作"异于白。白马之白也，无以异于白人之白也"，"如此则文义自明，亦不必疑其有阙文矣"。俞说甚当。用"〻"来表示对上一字的重复，是古人书写习惯。疑后人抄写时，遗漏"〻"。此处标点、译文皆从俞说。

（2）耆：同"嗜"。

（3）炙：烤肉。可以理解为美味。不能死于字下。

【译文】

告子说："饮食、男女，是人的本性。仁是内在的，不是外在的；义是外在的，不是内在的。"

孟子说："为什么说仁是内在的、义是外在的呢？"

告子说："他年长，我便尊敬他，不是我预先就有尊敬他的念头；就像这件东西是白色的，我便说它是白的，是根据它的外表为白色做的判断，所以说义是外在的。"

孟子说："（尊敬）不同于白色。白马的白与白人的白没有什么不同，但不知道对老马的尊敬，与对长者的尊敬是不是也没有什么不同呢？而且你是说长者义呢，还是尊敬长者的人义呢？"

告子说："我的弟弟就喜爱，秦国人的弟弟则不喜爱，这是以我作为乐意的标准，所以说仁是内在的。尊敬楚国人的长者，也尊敬我自己的长者，这是以长者作为乐意的标准，所以说义是外在的。"

孟子说："嗜好秦国人的烤肉，与嗜好自己的烤肉没有什么不同，其他事物也有这种情况。那么，嗜好烤肉也是外在的吗？"

【说要】

见 11.05 章。

11.05　孟季子(1)问公都子曰："何以谓义内也？"

曰："行吾敬，故谓之内也。"

"乡人长于伯兄一岁，则谁敬？"

曰："敬兄。"

"酌(2)则谁先？"

曰："先酌乡人。"

"所敬在此，所长在彼，果在外，非由内也。"

公都子不能答，以告孟子。

孟子曰："敬叔父乎？敬弟乎？彼将曰：'敬叔父。'曰：'弟为尸(3)，则谁敬？'彼将曰：'敬弟。'子曰：'恶在其敬叔父也？'彼将曰：'在位(4)故也。'子亦曰：'在位故也。庸(5)敬在兄，斯须(6)之敬在乡人。'"

季子闻之，曰："敬叔父则敬，敬弟则敬，果在外，非由内也。"

公都子曰："冬日则饮汤(7)，夏日则饮水，然则饮食亦在外也？"

【注释】

（1）孟季子：朱熹《孟子集注》称其"盖闻孟子之言而未达，故私论之"。赵岐《注》直称"季子"而不称"孟季子"，故前人疑原文中本无"孟"字。金良年《孟子译注》认为，或即《告子下》中之季任。

（2）酌：斟酒。

（3）尸：古代祭祀时代死者受祭的人，一般以死者的晚辈充任。朱熹《孟子集注》："尸，祭祀所主以象神，虽子弟为之，然敬之当如祖考也。"

（4）在位：朱熹《孟子集注》："弟在尸位，乡人在宾客之位也。"

（5）庸：副词。平时。

（6）斯须：暂时。朱熹《孟子集注》："庸，常也。斯须，暂时也。言因时制宜，皆由中出也。"

（7）汤：古人称热水为"汤"。

【译文】

孟季子问公都子："为什么说义是内在的呢？"

公都子说："它表达我内心的敬意，所以说是内在的。"

孟季子问："乡人比兄长大一岁，那么尊敬谁呢？"

公都子说："尊敬兄长。"

孟季子问："饮酒给谁先斟呢？"

公都子说："先斟给乡人。"

孟季子说："敬爱的是兄长，敬重的是乡人，可见义果然是在外的，不是由内的。"

公都子不能应答，便把这件事告诉了孟子。

孟子说："（你反问他：）'尊敬叔父呢，还是尊敬弟弟？'他会说：'尊敬叔父。'你再问：'如果弟弟做了受祭的尸，那该尊敬谁？'他会说：'尊敬弟弟。'你再问：'对叔叔的尊敬到哪里去了呢？'他会说：'这是因为弟弟处在尸位的缘故。'你也说：'因为所处位置的缘故，所以平时的尊敬在兄长，此刻的尊敬在乡人。'"

孟季子听说了这话，说："该尊敬叔父时就尊敬叔父，该尊敬弟弟时就尊敬弟弟，义果然在外，不是发自内的。"

公都子说："冬天喝热汤，夏天饮凉水，那么，饮食（的欲望）也是外在的吗？"

【说要】

《告子上》11.01 至 11.04 章被称为"孟告四辩"，11.05 章则是"孟告四辩"的继续，都是对人性的论辩，可以作为一个整体来思考。为了思辨的方便，我们的"说要"也合在一起。

孟告四辩的内涵奇诡，难以索解。本"说要"也只是勉力为之，力有不及，尚待方家指正。

仁义是善，人于社群生活中应展现"善的行为"，这是孟子与论辩者的共识。但善是由内而外的生发，还是外在的修成，以及人是以生理之性为性，还是以道德之性为性，是孟子与论辩者的相左处。11.01 至 11.05 章的论辩，即于此基础上展开。

《朱子语类》卷第五十九《孟子九 · 告子上 · 性犹杞柳章》：

孟子与告子论杞柳处，大概只是言杞柳杯棬不可比性与仁义。杞柳必矫揉而为杯棬，性非矫揉而为仁义。孟子辩告子数处，皆是辩倒著告子便休，不曾说尽道理。（《朱子语类》第二册，第 1228 页）

不过，要想读懂 11.01 至 11.05 章的论辩，还必须从“说尽道理”处下手。这就涉及《孟子》一书的许多章节，特别是 11.06 章。11.06 章是解开 11.01 至 11.05 章论辩迷宫的“逻辑密码”。读者朋友可以先了解 11.06 章，然后再来看本“说要”。

一

11.06 章：

孟子曰：“乃若其情，则可以为善矣，乃所谓善也。若夫为不善，非才之罪也。”

顺从人性展现出来的人情来观察人性，不是一件容易的事情。有的人只是看到人情的表象，故而得出“性无善无不善”“性可以为善，可以为不善”“有性善，有性不善”，乃至“人性恶”诸多结论。独有孟子透过人情的表象，看到人性的本质。

天地万物之中，任何一个个体，都有其存在的特质，这个特质使得每一个个体都有其不同于他者的存在样貌，人的存在特质即“人性”。

孟子从道德之性讲人性，认为“恻隐之心，人皆有之；羞恶之心，人皆有之；恭敬之心，人皆有之；是非之心，人皆有之。恻隐之心，仁也；羞恶之心，义也；恭敬之心，礼也；是非之心，智也。仁义礼智，非由外铄我也，我固有之也”，这才指点出人之所以为人的真性、正性、特性，才彰显出人的特质，从而确立起人生的信念和目标，给人以精神的方向和指导。

11.01 章，告子认为：“以人性为仁义，犹以杞柳为杯棬。”他只看到杞柳必待矫揉以后才能制作成杯棬的表象，而没有看到矫揉杞柳制作成杯棬，也必须顺从杞柳本性的实质。

11.02 章，告子认为：“性犹湍水也，决诸东方则东流，决诸西方则西流。”他只看到流水东面决开个口子就向东流，西边决开个口子就向西流的表象，而没有看到水性向下的实质。

11.03 章，告子认为：“生之谓性。”他只看到人生物之性一面的表象，而没有看到人存在的特质却在人道德之性的实质。

11.04 章、11.05 章，告子、孟季子认为“仁内义外”。他们只看到“长楚人之长，亦长吾之长，是以长为悦者也”“敬叔父则敬，敬弟则敬”人的外在表现，而没有看到人“长”“敬”的外在表现，皆来自人内在的“义”的裁制。一如他们只看到人冬天喝热汤，夏天饮凉水的表象，而没有看到饮食的欲望也来自人自然之性的实质一样。

二

11.01 至 11.05 章的辩论，有多个面向的义理昭示：

杨海文先生《〈孟子〉11.01—11.05 通讲》认为：11.01 章论人性固有仁义；11.02 章论人性固有定向；11.03 章论性固有人道；11.04、11.05 章论仁义固然内生。

清人胡煦《篝灯约旨·孟子》云：

> 今观其立言之序，其始杞柳之喻，疑性善为矫揉，此即性伪之说也。得戕贼之喻，知非矫揉矣，则性中有善可知矣。然又疑性中兼有善恶，而为湍水之喻，此即善恶混之说也。得搏激之说，知性本无恶矣。则又疑生之谓性，此则佛氏之见也。得犬牛之喻，知性本善矣，则又内仁而外义。及得耆炙之喻，然后知性中之善如是其确而切，美且备也。（〔清〕胡煦著，程林点校：《周易函书别集》，中华书局 2008 年版，第 1033 页）

11.01 章，告子将“以人性为仁义”，视为“犹以杞柳为杯棬”，意味着扩充人性之善，必然要戕害人性，从而让“天下之人皆以仁义为害性而不肯为”，事实上也就否定了他自己也认可的仁义。

朱熹《孟子集注》：

> 告子言人性本无仁义，必待矫揉而后成，如荀子性恶之说也。……言如此则天下之人皆以仁义为害性而不肯为，是因子之言而为仁义之祸也。（《四书章句集注》，第 331 页）

11.02 章，告子以水为喻，说明人性不分善恶，就像水性不分东西一样。这就极大削弱甚至抹杀了人向善的能动性、自觉性，事实上就是为人的不善乃至为恶寻找借口，其危害不亚于洪水猛兽。

朱熹《孟子集注》：

> 此章言性本善，故顺之而无不善；本无恶，故反之而后为恶，非本无定体，而可以无所不为也。（《四书章句集注》，第 332 页）

11.03 章，告子从“白之谓白”的意义上理解“生之谓性”，即从生理之性上理解人的本性。这样势必会混同犬性、牛性与人性的差异，从而忽略了人道德之性的价值。

杨海文《〈孟子〉11.01—11.05 通讲》：

> 人类的“生之谓性”，既有物性，更有人性。所以，孟子伟大的贡献在于：将性善当作人性，将性善当作人之所以为人、人类之所以不同于禽兽的特殊规定。

人的善性得之于天，而修身全在自己；善性是上天对人的厚爱，修身是人对天的敬畏，也是对自己、对他人的尊重。

11.04、11.05 章，告子、孟季子主张“仁内义外”。

孟子认为“仁义礼智根于心”（见 13.21 章），又云“恻隐之心，人皆有之；羞恶之心，人皆有之；恭敬之心，人皆有之；是非之心，人皆有之。恻隐之心，仁也；羞恶之心，义也；恭敬之心，礼也；是非之心，智也。仁义礼智，非由外铄我也，我固有之也，弗思耳矣”（11.06 章）。

唐迪风《孟子大义 · 性善之根据》解读道：

> 恻隐羞恶恭敬是非，情也。恻隐羞恶恭敬是非之心，则仁义礼智之性也。情有动静而性无动静，性不可见而情可见，由可见之情，察其不可见之性，则知仁义礼智之为我所固有，而非由外铄矣。人于固有之义不了，则不达性之本。（唐迪风、陈卓仙、谢廷光：《唐君毅全集》第三十六卷《亲人著述》，九州出版社 2016 年版，第 29 页）

人的善性乃“天所与我”——超越性地受之于天；人的善性是“我固有之”——内在性地根植于心，所以，心性是一体的。

心性一体，本不可分。心性一体是圆融的道理，深刻体察圆融的道理，需要分而析之，合而悟之。分而析之，则性偏重于“天所与我”，心偏重于“我固有之”。从这个意义上我们可以勉强说，性是静的，静则不显；心是动的，动则可察，故可以用心以言性。此即孟子言性的基本理路。

告子、孟季子主张“仁内义外”，认为“彼长而我长之，非有长于我也；犹彼白而我白之，从其白于外也，故谓之外也”，将“义”看作是因事而生的，而非因性而生的。这就从根本上把人的本性与行为，亦即本体与工夫，分成两截，从而产生“不得于言，勿求于心”的认识，让人有陷入随波逐流、放弃人的独立人格的危险，正是“人于固有之义不了，则不达性之本”。

三

有人认为孟子在 11.03 章的论辩中，犯了偷换概念的错误。梁涛《孟子解读》敏锐地指出：

> 其推理的根据则是“生之谓性，犹白之谓白”，告子既承认这一根据，则必然推出“犬之性犹牛之性，牛之性犹人之性”的结论。所以孟子这里实际使用的是归谬法，是从告子自己认可的主张推出告子自己也无法接受的结论，以批驳其仅仅从“生之然”、从生理欲望来理解性。(《孟子解读》，第283页)

论辩需要有一个预设的基点，如果论辩的双方不能基于这样一个基点而展开论辩，那就成了各说各话，那就不能称为论辩。11.03 章孟告之论辩的基点，正是告子主张的“生之谓性，犹白之谓白”。“生之谓性，犹白之谓白”，正是从事物的表象观察问题。从事物的表象观察问题，则白色羽毛的白与白雪的白、白雪的白与白玉的白，有什么区别呢？狗的性与牛的性、牛的性与人的性，有什么区别呢？所以，从“生之谓性，犹白之谓白”，必然得出“牛之性犹人之性”的谬论。孟子的论辩，正是以告子之矛攻告子之盾。

四

不过，我们也不要因为前面的讨论而轻看了告子。告子毕竟是与孟子拥有“仁义是善，人于社群生活中应体现善的行为”共识的人。

胡煦《篝灯约旨·孟子》：

> 告子亦是战国时亟欲留心性学之人，止被朱子说作孟子辟告子，便把告子说坏了。倘其时人人皆如告子，纵未到圣贤地位，安复有纵横坚白之人扰乱天下？今试将《告子》几章接连看，便当知告子矣。观《孟子》养气章，尽举告子之不足处而是正之，何尝直薄其为人？况时至战国，孟子而外，有几告子乎？(《周易函书》第三册，第1037页)

其实，“朱子说作孟子辟告子”，并没有“把告子说坏了”。《朱子语类》卷第一百二十四《陆氏》：

> 象山死，先生率门人往寺中哭之。既罢，良久，曰：可惜死了告子！(《朱子语类》第四册，第2688页)

思想上的辩论，让道理愈加明了；思想上的辩论，让我们更加全面地认清持不同观点的人及其思想存在的价值。

11.06　公都子[1]曰：“告子曰：‘性[2]无善无不善也。’或曰[3]：‘性可以为善，可以为不善；是故文、武兴，则民好善；幽、厉兴，则民好暴。’或曰：‘有性善，有性不善；是故以尧为君而有象[4]；以瞽瞍[5]为父而有舜；以纣为兄之子，且以为君，而有微子启、王子比干[6]。’今曰‘性善’，然则彼皆非与[7]？”

孟子曰：“乃若其情[8]，则可以为善矣，乃所谓善也。若夫为不善，非才[9]之罪也。恻隐之心，人皆有之；羞恶之心，人皆有之；恭敬之心，人皆有之；是非之心，人皆有之。恻隐之心，仁也；羞恶之心，义也；恭敬之心，礼也；是非之心，智也。仁义礼智，非由外铄[10]我也，我固有之也，弗思耳矣。故曰：‘求则得之，舍则失之。’或相倍蓰而无算者[11]，不能尽其才者也。《诗》曰：‘天生蒸民，有物有则。民之秉夷，好是懿德。’[12]孔子曰：‘为此诗者，其知道乎！故有物必有则；民之秉夷也，故好是懿德。’”

【注释】

（1）公都子：孟子的弟子。

（2）性：甲骨文、金文中，性与生是一个字。后字义分化，生加心为性，成为形声字。生，甲骨文写作，象草木从地面长出之形，本义指草木生长。心，甲骨文写作，象心脏之形，本义指心脏。性的本义是人、物先天所具有的特质、能力等。

（3）或曰：也有人说。

（4）象：舜的同父异母弟，顽劣而不化。参见 09.02 章。

（5）瞽瞍：舜的父亲，卑恶而不慈。参见 09.02 章。

（6）微子启、王子比干：微子启是商纣王的庶兄，名启。王子比干是纣王叔父，因多次劝谏，被纣王剖心而死。他们都是商纣的贤臣。

（7）与：同“欤”。

（8）乃若其情：乃，发语词。若，象形字，甲骨文写作，描绘的是一个跪坐的人举双手梳理头发的形象。本义当为理顺头发，引申为顺从等。金文字形加了“口”，强调顺从、应诺的意思。《尔雅·释言》：“若，顺也。”其，指“性”也就是“才”，具体讲，就是恻隐、羞恶、恭敬、是非之心。情，情实。

（9）才：象形字，甲骨文写作，象草木初生，穿“–”（象征地面）而出的样子。引申为木材的材、人才的才。再引申为材质、才能等。

（10）铄：熔透。朱熹《孟子集注》：“铄，以火销金之名，自外以至内也。”

（11）或相倍蓰而无算者：有相差一倍、五倍甚至无数倍的。蓰，五倍。无算，谓无数倍。

（12）“《诗》曰”诸句：蒸民，即众民。物，事也。则，指行事的法则或道理。如亲亲需敬，待人当恕。亲亲、待人，就是“事”；敬、恕，就是“则”。秉，执也。夷，常也。懿，美善也。译为人民秉有这恒常之性，所以能够发自内心的好善恶恶。

【译文】

公都子说："告子说：'人性无善，也无不善。'也有人说：'人性可以为善，也可以为不善。所以文王、武王兴起，百姓就变得善良；幽王、厉王兴起，百姓就变得凶暴。'又有人说：'有的人性善，有的人性不善。所以，有尧这样的君主，却有象这样的坏人；有瞽瞍这样的父亲，却有舜这样好的儿子；有纣这样的侄子，而且当了君主，却有微子启、王子比干这样的贤人。'现在您说'人性善'，那么他们都错了吗？"

孟子说："顺从人性的情实，可以表现为善，这就是我说的善。至于它表现为不善，那不是材质的罪过。恻隐之心，每个人都有；羞恶之心，每个人都有；恭敬之心，每个人都有；是非之心，每个人都有。恻隐之心，就是仁；羞恶之心，就是义；恭敬之心，就是礼；是非之心，就是智。仁义礼智，不是由外而内于我的，而是我本来就具有的，只是人不思觉罢了。所以说：'追求便会得到，舍弃就会失去。'（人）有相差一倍、五倍甚至无数倍的，这是不能充分实现他们的材质的缘故。《诗经》说：'天生育众民，每一样事物，都有它的法则。民众把握了那些恒常的法则，于是喜爱优良的品德。'孔子说：'作这首诗的，大概是懂得道啊！所以有事物必有它的法则；民众把握这恒常的法则，因而喜爱优良的品德。'"

【说要】

本章论人性的本质。

据公都子介绍，当时社会上流行三种不同的人性主张："性无善无不善"说、"性可以为善，可以为不善"说、"有性善，有性不善"说。

将"是故文、武兴，则民好善；幽、厉兴，则民好暴"与"是故以尧为君而有象；以瞽瞍为父而有舜；以纣为兄之子，且以为君，而有微子启、王子比干"对观，可见①"善君—善民、恶君—恶民"，②"善君—恶民、恶君—善民"。如果①是对的，②即错的；②是对的，①即错的。①与②是相互否定的，由此即可实证"性可以为善，可以为不善"与"有性善，有性不善"二说皆伪。二说都不过是对人生命现象的表面描述，而未真正涉及人性。

告子主张"生之谓性"，又说"食色性也"。他是从人生命的生物本能、生理欲望方面看人性，生理之性无所谓善恶，所以他说"性无善无不善也"。这固然涉及人性，但是，这样的人性与一般动物的生理之性是相同的，以此讲人性无法彰显人之所以为人的可贵之处。

只有孟子从道德之性讲人性，认为"仁义礼智，非由外铄我也，我固有之也"，这才指点出人之所以为人的真性、正性，才彰显出人的特质，从而确立起人生的信念和目标，给人以精神的方向和指导。

“乃若其情，则可以为善矣，乃所谓善也”：顺从人性的情实，自然就可以为善——比如顺从恻隐则可以为仁，顺从羞恶则可以为义，等等。孟子所谓的人性善，正是从这里说。

“若夫为不善，非才之罪也”：至于人做出不善之事，乃是物欲的遮蔽和后天环境的习染所使然，这不能归罪于人初生时的材质。人的天性是“好善恶恶”的。

顺从人性的情实来观察人性，不是一件容易的事情。有的人只是看到人情的表象，故而得出“性无善无不善”“性可以为善，可以为不善”“有性善，有性不善”，乃至“人性恶”诸多结论。独有孟子透过人情的表象，看到人性的本质。

恻隐之心：恻，是伤之切；隐，是痛之深。恻隐之心即同情之心、不忍人之心。人有恻隐之心，故有所为。

羞恶之心：羞，是耻己之不善；恶，是憎人之不善。人有羞恶之心，故有所不为。

恭敬之心：恭，是谦逊；敬，是尊重。人有恭敬之心，故言行端庄，文质彬彬。

是非之心：是，知善之为合道；非，知恶之悖理。人有是非之心，故固守仁义，操而不失。

恻隐之心、羞恶之心、恭敬之心、是非之心，乃是人性（仁、义、礼、智）的直接呈现。

唐迪风《孟子大义·性之本旨》：

> 仁义礼智之性，由事而见，不由事而生，固无待于外也。（《唐君毅全集》第三十六卷《亲人著述》，第 32 页）

《朱子语类·性无善无不善章》：

> 德粹问：“孟子道性善”，又曰“若其情，可以为善”，是如何？曰：且道性、情、才三者是一物，是三物？德粹云：性是性善，情是反于性，才是才料。曰：情不是反于性，乃性之发处。性如水，情如水之流。情既发，则有善有不善，在人如何耳。才，则可为善者也。彼其性既善，则其才亦可以为善。今乃至于为不善，是非才如此，乃自家使得才如此，故曰“非才之罪”。某问：下云恻隐、羞恶、辞逊、是非之心，亦是情否？曰：是情。舜功问：才是能为此者，如今人曰才能？曰：然。李翱复性则是，云“灭情以复性”，则非。情如何可灭！此乃释氏之说，陷于其中不自知。（《朱子语类》第二册，第 1233 页）

心、性、情、才一体而异名。“异名”是分析之法，“一体”须合而体悟。性无定形而不可见；心动而为情，由情而见才、见心、见性，正是孟子性善说的义理进路。有此进路，则性善说虽为哲学之命题，然具确然生命之体证，而颠仆不破了。

11.07　孟子曰："富岁，子弟多赖(1)；凶岁，子弟多暴，非天之降才尔殊也，其所以陷溺其心者然也。今夫麰麦(2)，播种而耰(3)之，其地同，树之时又同，浡然而生，至于日至之时，皆熟矣。虽有不同，则地有肥硗(4)，雨露之养，人事之不齐也。故凡同类者，举(5)相似也，何独至于人而疑之？圣人，与我同类者。故龙子(6)曰：'不知足而为屦(7)，我知其不为蒉(8)也。'屦之相似，天下之足同也。口之于味，有同耆(9)也；易牙(10)先得我口之所耆者也。如使口之于味也，其性与人殊，若犬马之与我不同类也，则天下何耆皆从易牙之于味也？至于味，天下期于易牙，是天下之口相似也。惟耳亦然。至于声，天下期于师旷(11)，是天下之耳相似也。惟目亦然。至于子都(12)，天下莫不知其姣也。不知子都之姣者，无目者也。故曰：口之于味也，有同耆焉；耳之于声也，有同听焉；目之于色也，有同美焉。至于心，独无所同然乎？心之所同然者何也？谓理也，义也。圣人先得我心之所同然耳。故理义之悦我心，犹刍豢(13)之悦我口。"

【注释】

（1）赖：懒也。赖，小篆写作，秦简写作，形声兼会意字，从贝从剌，剌亦声。贝，象形字。甲骨文写作，象海贝形。上古时，贝壳曾被用作货币。剌，甲骨文写作（刺之初文）。中间的横"工"形，是古文字中常见的表示旋转、缠绕的符号，象把尖刺捆扎在木柄上而制成的用于刺杀的矛类狩猎武器。手里有武器心不惧，故赖的本义为依赖、依靠。有所凭借人往往缺乏行动的自觉，故赖又引申为懒惰。

（2）麰（móu）麦：大麦。

（3）耰（yōu）：平地的农具。这里用作动词，意为覆土于种子之上。

（4）硗（qiāo）：土地瘠薄。

（5）举：皆，都。金文写作，秦简写作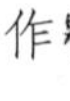。会四手共同将物品向上托起意。本义是向上抬、向上托。引申为皆、都。

（6）龙子：古贤人。事迹不可详考。

（7）屦（jù）：用麻、草编织的单底鞋。

（8）蒉（kuì）：草编的筐。

（9）耆：同"嗜"。

（10）易牙：春秋时齐桓公之宠臣，善烹调。

（11）师旷：春秋时晋平公的乐师，生而目盲，善辨音律。

（12）子都：传说是古代的美男子。《诗经·郑风·山有扶苏》："山有扶苏，隰有荷华。不见子都，乃见狂且（jū）。"

（13）刍豢：朱熹《孟子集注》："草食曰刍，牛羊是也；谷食曰豢，犬豕是也。""草食曰刍"，刍，甲骨文写作，从又（手）从草，表示以手取草。本义为拔草。引申为吃草的牲口。"谷食曰豢"，谷的繁体"穀"，篆书写作，从殸从禾，会意脱谷粒。豢，以谷类饲养家畜。

【译文】

孟子说："丰年，年轻人大多懒惰；荒年，年轻人大多凶暴，并非天降的材质有什么不同，而是他们因（外部环境影响而）陷没沉溺本心造成的呀。比如大麦，播下种子覆上土，土地相同，培育时节也相同，它们蓬勃地生长，到了夏至时全都成熟了。即使有（收获多少的）不同，那也是由于土地有肥瘠，雨水有多少，人工有不齐而造成的。所以凡是同类，大体都是相似的，为什么唯独对于人要怀疑呢？圣人，与我们是同类。所以龙子说：'不知道脚的大小去编草鞋，我知道不会编成草筐。'草鞋相似，是因为天下人脚的形状是相同的。口对于味道，有相同的嗜好，易牙就是先掌握了我们的共同嗜好的人。假使口对于味道，人人生来就不同，如狗、马与我们不是同类一样，那么，为什么天下人都喜欢易牙烹调出来的味道呢？说到口味，天下的人都期望于易牙（烹调出来的味道），说明天下人的味觉是相似的。对耳朵来说也是这样，一提到音乐，天下的人都期望于师旷（演奏出来的音乐），这说明天下人的听觉都是相近的。对眼睛来说也是这样，一提到子都，天下人没有不知道他貌美的。不认为子都貌美的，是不长眼的人。所以说，口对于味道，有相同的嗜好；耳朵对于声音，有相同的听觉；眼睛对于容貌，有相同的美感。至于心，难道偏偏就没有相同之处吗？心的相同之处是什么？是理，是义。圣人不过就是先掌握了我们心的相同之处罢了。所以理、义愉悦我们的心，就像牛羊肉、狗猪肉愉悦我们的口一样。"

【说要】

本章论人皆有善的天生本质。

孟子承认后天环境对人心的影响，但坚定地认为人性本善。

丰年不愁衣食，人有所依赖，故多懒；荒年吃不上喝不上，人为生存而竞争，故多暴，这都是人性在不同的环境下的特殊展现，是人受了后天环境的影响而陷溺本心的缘故，并非天赋的本性应该如此。所以，不能因为富岁而懒，凶年而暴，而怀疑人性的本善。

唐迪风《孟子大义·人何以为不善》：

人性虽善，而不适之习，亦足隐伏其善而使之不著，此饥馑之年，衰乱之国，所以多偷薄之风也。（《唐君毅全集》第三十六卷《亲人著述》，第 35 页）

同样的种子，在不同的生长环境、不同的人为作用下而有不同的成长。推之世界的同类，大体都是相似的，为什么唯独对于人性却要怀疑呢？

孟子又从"人之同然"的视角给予我们耐心的指点："天下之足同也""口之于味也，有同耆焉；耳之于声也，有同听焉；目之于色也，有同美焉"。

一句话，人四体的形状、五官的欲望都是"同然"的，"至于心，独无所同然乎？"

面对孟子的反问，我想我们只能给予认同的答复。

这一篇文字，行文汪洋恣肆，说理平易坚实。孟子曰"我知言"，信哉！在后世之文字中，或可在梁任公那里得见一二。

孟子由感官之同然，说到心之同然；心之同然的就是理、义，就是善性。圣人之所以为圣人，只是"先得我心之所同然耳"。

陆九渊发挥此义：

东海有圣人出焉，此心同也，此理同也。至西海、南海、北海有圣人出，亦莫不然。千百世之上有圣人出焉，此心同也，此理同也。至于千百世之下有圣人出，此心此理，亦无不同也。（《宋史》卷四百三十四《陆九渊传》）

冯梦龙《四书指月·孟子曰富岁章》：

此章亦为性善而发。首节以"不同"引起"同"意，即以物之同，证人之同。而曰"圣人与我同类"，此句一章纲领。然性不可见，而可指惟心，故又自形之同。说到心之同，而曰"圣人先得我心之所同然"，始终说圣人，把做个人样子，无非欲入信善以入圣，而不诿于"降才"之"殊"也。（《四书指月》，第 469 页）

圣人以其先知先觉而立德立功立言，为我们树立了生命的典型，拥有圣人是我们的福分，"畏圣人之言"是我们应该确立的基本态度。

李贽《四书评·孟子》卷之六：

文章极有波澜，已妙绝矣；而曰"圣人与我同类""圣人先得我心之所同然"，置圣人于我下，更有力量。与"人皆可以为尧舜"处，说得更直截矣。（《四书评》，第 165 页）

最后孟子又以肉味悦口这样人人皆知的生活体验，告诉我们心悦理义，也是自然而然的喜悦。

朱熹《孟子集注》引程子语：

> 此语亲切有味。须实体察得理义之悦心，真犹刍豢之悦口，始得。(《四书章句集注》，第337页)

今天的人们遇到问题，常常执着于逻辑的证明，其实逻辑也有它自己的边界，它也不是万能的。人性是善的还是恶的？人为什么要做好人而不应该做恶人？这都是无法用逻辑来证明的。所以，西方人把这个问题推给上帝，而孟子把这个问题交给了人自己。这是对人极大的信任，我们不要辜负孟子才好。

11.08　孟子曰："牛山(1)之木尝美矣，以其郊(2)于大国也，斧斤伐之，可以为美乎？是其日夜之所息，雨露之所润，非无萌蘖(3)之生焉，牛羊又从而牧之，是以若彼濯濯(4)也。人见其濯濯也，以为未尝有材焉，此岂山之性也哉？虽(5)存乎人者，岂无仁义之心哉？其所以放其良心者，亦犹斧斤之于木也，旦旦而伐之，可以为美乎？其日夜之所息(6)，平旦之气(7)，其好恶与人相近也者几希，则其旦昼(8)之所为，有梏(9)亡之矣。梏之反覆，则其夜气(10)不足以存；夜气不足以存，则其违禽兽不远矣。人见其禽兽也，而以为未尝有才焉者，是岂人之情也哉？故苟得其养，无物不长；苟失其养，无物不消。孔子曰：'操则存，舍则亡；出入无时，莫知其乡(11)。'惟心之谓与？"

【注释】

(1)牛山：山名。在今山东临淄之南，位于当时齐国都城之东南。

(2)郊：形声字。从邑交声。从"邑"，表示与城郭、行政区域有关。《尔雅·释地》："邑外谓之郊。"此处用作动词，意为临近。

(3)萌蘖(niè)：植物的萌芽。萌，芽。蘖，甲骨文写作，象树木砍去后从残存茎根上长出的新芽。泛指植物近根处长出的分枝芽之旁出者。

(4)濯(zhuó)濯：光秃貌。赵岐《注》："无草木之貌。"

(5)虽：通"唯"。语首助词。

(6)息：滋长，生长。

(7)平旦之气：朱熹《孟子集注》："平旦之气，谓未与物接之时，清明之气也。"平旦，清晨。

(8)旦昼：第二天白天。焦循《孟子正义》："旦昼，犹云明日。"

(9)梏(gù)：焦循《孟子正义》："字书捁从手，即古文搅字，谓搅扰也。捁、牿、梏同。赵氏读牿为搅，故训为乱。"

（10）夜气：孟子的哲学概念，指晚上静思焕发的良知、善念。

（11）乡：繁体为“鄉”，通“嚮”。嚮简体即“向”。

【译文】

孟子说：“牛山的树木曾经很茂盛，因为临近大都市，被刀斧砍伐，它还能够茂盛吗？虽然它日夜滋长，雨露也滋润着，并非没有新枝嫩芽长出来，但牛羊又随之放牧其上，所以就像那样光秃秃的了。人们见它光秃秃的，便以为它从来没有生长过材木，这难道是山的本性吗？就说在人的身上吧，难道没有仁义之心吗？他之所以丧失了良心，也就像刀斧砍伐树木一样，天天砍伐，它能茂盛吗？他日夜所滋长，清晨时的清明之气，所产生的好恶与贤人相近的也有那么一点点，然而白天的所为，又将它搅扰泯灭。反复地搅扰泯灭，那么他夜里滋长之气就不足以保存；夜里滋长之气不足以保存，那他就与禽兽相差不远了。人们见他如同禽兽，就以为他不曾有过善的材质，这难道是人的实情吗？所以，如能得到培养，没有东西不会生长；如果失去培养，没有东西不会消亡。孔子说：‘把握就存在，舍弃就消亡，出入无定时，无法知道它的去向。’说的就是人心吧？”

【说要】

本章论善性的保养。

一

好山水处在城市旁边，对于人来说是幸运的，对于山水来说则未必。

牛山的树木本来是茂盛且美的，但是人不知爱惜，挥斧斤砍伐它，驱牛羊啃食它，牛山纵有日夜息养、雨露滋润下生长的萌芽，又怎么能重现往日的风貌呢？牛山光秃秃的，没有了往日之美，人不去反思自己的所作所为，却以为牛山本来就是这样，这是什么道理呢？

修身的道理也是同样的。生而为人，皆有天赋的良善，不学而知，不虑而能，本然的良善随感随现。只是人白天的所作所为，往往反本性而行，逆本心而为，一如斧斤、牛羊之于牛山之木。反复如此，便失去了人最可宝贵的德性之美。

姚永概《孟子讲义》卷十一云：

> 刘海峰曰：起句由今追昔，意极苍凉，劈空而起，空灵之至。此一句为一截，“以其”三句一截，“日夜”三句一截，“牛羊”二句一截，笔凡四转，转转有情。“此岂山之性也哉”又一转，正与首句为呼吸。方柏堂曰：起二节一宾一主，“故苟得其养”四句，宾主双收。“孔子曰”以下，归宿正意，咏叹作收。（《孟子讲义》，

第 198 页）

李贽《四书评·孟子》卷之六：

> 正意尽见于客，故到主处，不费一毫气力，而道理跃然。文字至此，神哉！……无限叮咛，无限嘱咐，看他是恁么心肠。(《四书评》，第 166 页）

我们曾经说过，善性得之于天，而充养全在自己；善性是上天对人的厚爱，充养是人对天的敬畏，对人、己的尊重。

善性得之于天，是上天对人的厚爱，上天对人如此厚爱，人又怎么能如此自贱呢！

冯梦龙《四书指月·孟子曰牛山章》：

> 通章三“存”字最紧要。“存乎人者”，是此心本来自存；“夜气不足以存”，是说众人不能存；“操则存”，是教人用力以存此心。(《四书指月》，第 471 页。标点略有改动）

生活是一把双刃剑，它可以扩充培养人的善性，也可以搅扰泯灭人的善性。这考验着人的智慧。

本章孟子以“牛山之木”示我们修身之大法，可称为“山木的启示”。

二

“平旦之气”和“夜气”是人养心的重要方法。孟子为什么特别重视“平旦之气”“夜气”呢？

徐复观认为：

> 孟子又在《告子上》的“牛山之木尝美矣”一章中提出“平旦之气”“夜气”，以为此是人的善端最易显露的时候，也是当一个人的生理处于完全休息状态，欲望因尚未与物相接而未被引起的时候；此时的心，也是摆脱了欲望的裹胁而成为心的直接独立的活动，这才真正是心自己的活动；这在孟子便谓之“本心”。心在摆脱了生理欲望裹胁时，自然呈露出了四端的活动。(徐复观：《中国人性论史·先秦篇》，九州出版社 2014 年版，第 156 页）

三

“平旦之气”和“夜气”也是人养生的重要方法。

人呼吸时气的出入这一生命存在的重要现象，让古人产生了对气的朴素而直观的认识。不息的气，推动和调控着人体内的新陈代谢，维系着人体的生命进程。一旦停息则意味着生命的终止，故气贵流行，欲流行则需要吐故纳新。

夜气，指晚上静思所焕发的良知善念。人到了晚上，躺在床上，常常会反省白天的行为。做善事则心喜，做错事则心忧，一喜一忧之间，良知善念得以唤醒。

"平旦之气，谓未与物接之时，清明之气也。"（朱熹《孟子集注》）天地万物（包括人）得到一夜的休息、沉静，焕发出新的盎然生机，这个平旦之气，在它尚未受到外界干扰的时候，那是多么清朗明澈！

人早晨早起一会儿，来到空旷之处，将人之夜气与万物之平旦之气，吐故纳新、交融交换一番，自然心地坦然、生机盎然，这是最好的养生方法。

儒家学问是生命的学问，不离人的生活、生理。孟子思想里面蕴含着极其丰富的养生理念、养生方法，对于今天人们的养生，对于健康中国价值重大，值得我们深入挖掘，大力弘扬。

11.09　孟子曰："无或[(1)]乎王之不智也。虽有天下易生之物也，一日暴[(2)]之，十日寒之，未有能生者也。吾见亦罕矣，吾退而寒之者至矣，吾如有萌焉何哉？今夫弈之为数[(3)]，小数也；不专心致志，则不得也。弈秋[(4)]，通国之善弈者也。使弈秋诲二人弈，其一人专心致志，惟弈秋之为听。一人虽听之，一心以为有鸿鹄将至，思援弓缴[(5)]而射之，虽与之俱学，弗若之矣。为是其智弗若与？曰：非然也。"

【注释】

（1）或：通"惑"。

（2）暴（pù）：通"曝"。晒。

（3）数：赵岐《注》："技也。"

（4）弈秋：朱熹《孟子集注》："善弈者名秋也。"

（5）缴（zhuó）：系在箭上的丝绳。此处作动词用。朱熹《孟子集注》："缴，以绳系矢而射也。"

【译文】

孟子说："不要疑惑王的不明智。即使有天下最容易生长的东西，一天曝晒，十天寒冻，没有能够生长的。我见王的时候太少了，我一退出来，那些'寒冻'他的人就到了，我即使对他有所启发又能怎样呢？围棋作为技艺，是小技。如果不专心致志也学不好。弈秋，是全国最擅于下棋的人。让弈秋教两个人下棋，其中一人专心致志，只听弈秋的讲授。另外一人虽然在听，但一心觉得有天鹅要飞到了，想着拿弓箭去射它，虽然和前面的人一起学习，却比不上人家。是因为他的智力不如人家吗？并非如此。”

【说要】

本章论善护心志。

“一曝十寒”“专心致志”，在今天已经成为耳熟能详的成语了。只是我们今天常常把它用在知识、技能的学习上，这固然没有什么不好。需要提醒的是，孟子这里重在强调心志的养护上。

冯梦龙《四书指月·孟子曰无惑章》：

> 此章总是启王心之智。心志，智之府也。“吾见亦罕”，便是王不专心致志了。观弈之小数而不专则不精，然则“王之不智”，信由于见之罕、寒之至，无惑矣。下节即决上节，无二层意。玩“一人虽听之”云云，连吾见之时，而王心仍不在吾也，下节似刻一层。（《四书指月》，第474页。标点略有改动）

从“无或乎王之不智也”这句话来看，孟子的话本来是针对某一个特定的“王”而说的。有意思的是，孟子和弟子们在整理的时候，把特定的“王”隐去了，他们要把这句话变成对所有“王”的告诫。

朱熹《孟子集注》：

> 程子为讲官，言于上曰：“人主一日之间，接贤士大夫之时多，亲宦官宫妾之时少，则可以涵养气质，而薰陶德性。”时不能用，识者恨之。范氏曰：“人君之心，惟在所养。君子养之以善则智，小人养之以恶则愚。然贤人易疏，小人易亲，是以寡不能胜众，正不能胜邪。自古国家治日常少，而乱日常多，盖以此也。”（《四书章句集注》，第338页）

“无或乎王之不智也”，是对所有“王”的告诫，也正可以是对所有“人”的告诫。

冯梦龙《四书指月·孟子曰无惑章》又云：

> 人心善端，一觉便生，故“易生”二字，是提醒人处。以阳明喻君子，以阴浊喻小人，故曰：“一暴”“十寒”。须知未退时，寒之者未尝不在，但一退全是寒之者世界了。（《四书指月》，第474页）

曝，是阳光的照耀，是君子的引导；寒，是阴冷的侵害，是小人的引诱。何时无阳光？何处无君子？何时无阴冷？何处无小人？人若要养护心志，要在自己选择，要在自己专心致志——沐阳光而避阴冷，亲君子而远小人，并持之以恒而已。

11.10 孟子曰："鱼我所欲[1]也，熊掌亦我所欲也；二者不可得兼，舍鱼而取熊掌者也。生亦我所欲也，义亦我所欲也；二者不可得兼，舍生而取义者也。生亦我所欲，所欲有甚于生者，故不为苟得也；死亦我所恶[2]，所恶有甚于死者，故患有所不辟[3]也。如使人之所欲莫甚于生，则凡可以得生者，何不用也？使人之所恶莫甚于死者，则凡可以辟患者，何不为也？由是则生而有不用也，由是则可以辟患而有不为也，是故所欲有甚于生者，所恶有甚于死者。非独贤者有是心也，人皆有之，贤者能勿丧耳。一箪[4]食，一豆[5]羹，得之则生，弗得则死，嘑尔[6]而与之，行道之人弗受；蹴尔[7]而与之，乞人不屑也。万钟[8]则不辨礼义而受之，万钟于我何加焉？为宫室之美、妻妾之奉、所识穷乏者得我[9]与？乡[10]为身死而不受，今为宫室之美为之；乡为身死而不受，今为妻妾之奉为之；乡为身死而不受，今为所识穷乏者得我而为之，是亦不可以已乎？此之谓失其本心。"

【注释】

（1）欲：本义是食欲，引申为人们对于某种物质的、精神的欲求、需要、喜爱等。

（2）恶：会意字。战国云梦竹简写作，从亚从心。亚应该是恶的本字。古亞、恶二字通用可证。后"亚"加"心"成"恶"，与亚成为两个不同的字。亚，象形字，甲骨文写作，象墓室之形。墓室乃人死去的归宿，死亡是人人都不愿意的，故亚又可以引申为讨厌、憎恨和不好、犯罪的行为等。由讨厌引申出次一等、较差等意思。欲的造字源于求生，恶的造字源于怕死。

（3）辟：同"避"。辟是会意字。甲骨文写作，从（卩，象屈膝跪着的人）从（辛，刑具），会意施刑于犯罪的人。辟的本义为行刑。刑罚的本来目的，不是惩罚人，而是用刑罚让人产生畏惧，从而自觉规避犯罪。所以"辟"又有"避"的意思。

（4）箪：古代盛饭的圆竹器。

（5）豆：甲骨文写作，形似高足盘，古代食器。

（6）嘑（hù）尔：呵斥貌。

（7）蹴（cù）尔：践踏貌。

（8）万钟：古之量器。万钟，言俸禄之多。

（9）得我：得，通"德"。此处作动词。德我，谓受我之惠而感激我。

（10）乡：《正字通》："乡，昔也，曩（nǎng，以往，从前，过去的）也。往者在前，来者从后，故往者谓之乡者，往日谓之乡日。"

【译文】

孟子说："鱼是我所想要的，熊掌也是我所想要的；如果二者不能一并得到，就放弃鱼而选取熊掌。生存是我所想要的，道义也是我所想要的；如果二者不能一并得到，就舍弃生存而选择道义。生存也是我所想要的，但所想要有超过生存的，所以就不会苟且偷生；死亡是我所厌恶的，但厌恶有超过死亡的，所以就不会躲避祸患。假使人们所想要的东西没有什么超过生存的，那么只要得以生存，什么方法不会使用呢？假使人们厌恶的东西没有什么超过死亡的，那么只要可以避患，什么手段不能利用呢？这样做就得以生存，然而却有人不做，这样做就避患，然而却有人不干。由此可见，人们想要的东西有超过生存的，厌恶的东西有超过死亡的。这种心志不只是贤人才有，人人都有，只不过贤人能不丧失它罢了。一箪饭，一盆汤，得到它就生存，得不到就死亡。呵斥着施舍给人，过路的人不会接受；用脚踩踏后施舍给人，乞丐也不屑一顾。然而万钟俸禄却不辨是否合乎礼义就接受了，万钟俸禄对我有何益处呢？是为了住宅的华美、妻妾的侍奉、相识的穷人感激自己吗？过去宁可身死也不愿接受，现在却为了住宅的华美而接受；过去宁可身死也不愿接受，现在却为了妻妾的侍奉而接受；过去宁可身死也不愿接受，现在却为了让相识的穷人感激自己而接受，这也是不可以罢手的吗？这就叫丧失了自己的本心。”

【说要】

本章论羞恶之心。羞则不为，恶则不欲，故有价值选择的意义在。

朱熹《孟子集注》：

> 此章言羞恶之心人所固有，或能决死生于危迫之际，而不免计丰约于宴安之时，是以君子不可顷刻而不省察于斯焉。（《四书章句集注》，第340页）

人是高级动物，有着不同于禽兽的不断的文明追求。这就意味着，“高级”不是胡作非为，而是居仁由义，要忍受不可避免的艰难困苦。

诗人李白感慨道：“行路难！行路难！多歧路，今安在？”追求文明的道路坎坷而歧路多多，不仅有砥砺前行的辛苦，更有面临歧路，包括肉体的欲望与精神的追求等在内的舍与得——选择的困苦。

本章孟子为人们提示了一个破除选择困苦的法宝——义。

“羞恶之心，义也。”羞是自己做了不好的事情，感觉到羞愧；恶是看到别人做了不好的事情，感觉到厌恶。唤醒了羞恶之心，知道什么事情该做，什么事情不该做，人便心明眼亮，有所为有所不为。从此拥有了选择的能力，临歧路而不疑，人生便摆脱了苦恼而充满快乐了。

“舍生取义”，从终极意义上逼显出人是精神的存在，而不是生物的存在，人有比生命更高的价值追求——道义。

《论语》10.12：

> 厩焚，子退朝，曰："伤人乎？"不问马。

孔子家中马厩失火，退朝返家后，孔子只急着问是否伤到人，而没有问马的伤亡——这是孔子"贵人贱畜"。

《论语》11.12：

> 季路……"敢问死？"曰："未知生，焉知死？"

子路向孔子请教有关死亡的事，孔子回答子路，如果人连活着的事都弄不清楚，那怎么能知道死后的事？他希望子路先关心眼前事物，不要浪费时间空想死亡的事，忽略了对活人的关怀——这是孔子"重生轻死"。

"贵人贱畜""重生轻死"即"以人为本""以生为本"，儒家何其重视人及人生命的存在。本章孟子却说为了道义可以舍生，两相观照，可见道义对于人的意义与必要。

道义优先，甚至要舍弃生命以维护理想中的道义原则，听起来很高大上，其实它源于人日常的生活体验、省察：

一个行路的人，哪怕他是乞丐，在饥饿难耐之时，虽然急欲获得食物，但对于无礼的施舍，宁可饿死也不愿忍辱接受。可见人之所欲有甚于生、所恶有甚于死的——羞恶之心，人皆有之。

有了如此的生活体验、省察，对义德深刻理解的人，难道会为了贪图宫室之美、妻妾之奉，以及穷朋友的感恩，而放弃道义原则接受高官厚禄吗？不会的——羞恶之心，人皆有之。

程兆熊《四书大义·孟子讲义第十一讲》：

> 在这里，一个人如真能知其一己之自然生命，终归于尽，并真能不安于尽，则其"舍生取义"，正所以凭此一"义"，以通向永恒，以通向无限，并安于永恒，安于无限，而有其真正之生命，而有其永生，而有其大生。此即所谓道义之生命。由此道义之生命，构成历史之生命，即为永生；由此道义之生命，构成文化之生命，即为大生。因此之故，舍生取义，正是以大易小，以永易暂。（《四书大义》，第365页）

人有四端，四端可以合而言之，也可以偏重某一端分而言之，道理都是一样的。此处，是偏重羞恶之心而言的。

"舍生取义"，强调义德的修养，是儒家所一致认同的价值观念，这一价值观念对中华民族的影响至为深远。正是有了义德的修养，才有了孟子所倡导的大丈夫精神、浩然之气，才有了在孟子大丈夫精神、浩然之气感召下的无数舍生取义的志士仁人，我们中华文化才有了不屈的脊梁！我们中华文化才有了岩岩泰山之气象！我们中华文化才能传承几千年，至今仍然强健不息！

李贽《四书评·孟子》卷之六：

> 世间竟有此等文字。大奇，大奇！……全是元气磅礴。此等文字，都从浩然气中流出。文人那得有此？（《四书评》，第 166—167 页）

又：

> 读此样文字，而犹失其本心者，非夫也，乞人不若矣。吾当为之痛哭百千万场。(《四书评》，第 167 页）

11.11　孟子曰："仁，人心也；义[1]，人路也。舍其路而弗由，放[2]其心而不知求，哀哉！人有鸡犬放，则知求之；有放心而不知求。学问之道无他，求其放心而已矣。"

【注释】

（1）义：会意字。甲骨文写作。《说文解字》："义，己之威仪也。从我、羊。"就是"羊"，就是"我"。"我"最初的意思是古代一种类似戈的兵器。"我"既然是一种兵器，那"从我、羊"的义字就和打仗有关系。古人讲："国之大事，在祀与戎。"(《左传·成公十三年》）打仗之前，还要祭祀。把羊杀了，把羊头挂在兵器"我"上以祭祀，以此告知天地、祖先，申明为什么要打仗，也就是讲清楚打仗的正当理由，以祈求天地、祖先保佑打个胜仗。由此，"义"就有了道义、正义、合情、合理、合法的含义。《释名·释言语》："义，宜也。裁制事物使合宜也。"

（2）放：放失。放是会意兼形声字，金文写作。从方从攴。（攴）象一只手里拿着刑杖，攴隶变后省作攵。（方）象一个戴着枷锁的人。则会意一个公差手里拿着棍棒，把罪犯流放、驱逐到远方。《说文解字》："放，逐也。"本义为流放、驱逐。引申为放失、丢失等。仁心本具，所谓"放心"，是说仁心一时的不在位或被遮蔽。

【译文】

孟子说："仁，是人的本心；义，是人的正路。舍弃了正路不去行走，丢失了本心不知寻求，可悲啊！人有鸡狗丢失了，还知道去寻找；有本心丢失了，却不知去寻求。学问之道没有别的，只是将放失的本心找回来罢了。"

【说要】

本章论学问。

《论语》的开篇即云“学而时习之”，今天的人常常将“习”解作“复习”，这是因为今天的人只把“学”当作知识、技能。儒家的“学”或者说“学问”，大旨却不在于此。

《论语》01.07：

> 子夏曰：“贤贤易色：事父母，能竭其力；事君，能致其身；与朋友交，言而有信。虽曰未学，吾必谓之学矣。”

孟子这里也是申发此旨。

在古代，由于工具材料的原因，文字的书写、保存、传播并不是一件容易的事情，所以文本尚简洁，常常是增一字嫌多，减一字嫌少。

仁就是善性，心性原本一体；义就是合理，合理自应遵循。所以本章“仁，人心也；义，人路也”，写作“仁，心也；义，路也”亦无不可，何必于“心”前加“人”，“路”前加“人”呢？孟子是在强调“人”——心是人本具的心，路是人出入往来必由的路。明觉人心就是居仁，成仁才能成人；遵顺此路之正就是由义，由义才能成人，仁义是人不可须臾而离的。人无仁义则与禽兽何异？生为人形而活成禽兽，不是很可悲哀的吗？

只是世间偏有许多视仁义不如鸡犬的人，这是什么原因呢？是不知而不求呢，还是知而不求呢？

知而不求，无可救药，圣人也无法唤醒一个装睡的人。

不知而不求，病根在本心被遮蔽，尚可救药。

如何救药？学、问。学欲知也，问欲明也，学、问于先知先觉，可以知觉本心之所在，清除本心之遮蔽。本心做主，则志气清明，义理明通，“下学而上达”了。

姚永概《孟子讲义》卷十一：

> 赵氏曰：“人知求鸡犬，莫知求其心者，惑也。学问所以求之。”
>
> 程子曰：“圣贤千言万语，只是欲人将已放之心，约之使反入身来。”
>
> 永概案：赵氏之意，重在学问。程子之意，重在求放心。故主汉学者，诋宋学为虚妙；主宋学者，斥汉学为支离。其实不求放心，学问与我何涉？不求学问，放心又如何求？二者相因，不必互非也。（《孟子讲义》，第 201 页）

程兆熊《四书大义·孟子讲义第十一讲》：

> 此一学问之道，实即心性之学：惟心性之学，始能求其放心；亦惟求其放心，始成心性之学，并从而作成性情之教。（《四书大义》，第 366 页）

此章是孟子为我们开示的学问之大法、修身之切要，实在是需要我们细细体悟、牢牢操守的。

又，讲到这里，有一个结扣需要解开。前面的学习我们知道，心性是一体的，是人本有的存在。本有的怎么能“放失”呢？因为若会“放失”，就不是本有，就不能称为本性。所以对孟子讲的“放失其心”，不能僵化地理解为实然的丢失，而是虚然的隐喻。“放失其心”是说“心”被遮蔽的状态。心并无出入，只有隐显。“出而亡”就是被遮蔽而隐没，“入而存”就是因操持而显现。

11.12 孟子曰：“今有无名之指屈而不信(1)，非疾痛害事也，如有能信之者，则不远秦、楚之路，为指之不若人也。指不若人，则知恶之；心不若人，则不知恶，此之谓不知类(2)也。”

【注释】

(1) 信：同“伸”。

(2) 不知类：不懂得辨类。朱熹《孟子集注》：“言其不知轻重之等也。”

【译文】

孟子说：“现在有个人无名指弯曲不能伸直，既不疼痛也不妨碍做事，如果有能使它伸直的人，即使在秦国、楚国也不会嫌路远，为的是手指不如别人。手指不如人，尚且知道嫌恶；心不如人，却不知道嫌恶，这叫作不识轻重。”

【说要】

本章及下面三章的论述，都是围绕着善养“大体”展开的。

在11.14章，“体有贵贱，有小大。无以小害大，无以贱害贵（贵而大者是心志，贱而小者是口腹）。养其小者为小人，养其大者为大人”。

《孝经·开宗明义章第一》：

> 身体发肤，受之父母，不敢毁伤，孝之始也。立身行道，扬名于后世，以显父母，孝之终也。夫孝，始于事亲，中于事君，终于立身。《大雅》云：“无念尔祖，聿（注：循也）修厥德。”

爱惜身体，不敢毁伤，是孝的开始；立身行道，修己安人，是孝的终结。孝行有大小，无对立。“大体”与“小体”之间，也是如此。

爱“指”，本来也没有什么不好，只是执着于“指不若人”而漠然于“心不若人”，便是“不知类”。

“心不若人”是说理，说理常见枯涩；“指不若人”是引喻，有此引喻，说理便见亲切，而不见枯涩。

辛全《四书说》卷六：

> 指之屈，非疾痛害事国；心之屈，则疾痛害事可知。问：“心因何而受屈？”曰：“只是为宫室、妻妾、穷乏得我束缚纠缠，而羞恶之良不得稍展。如此则且不论‘先得’不若圣人，‘勿丧’不若贤人，即一行人、乞人，皆不若矣。”（《四书说》，第209页）

圣教之功的实现，原不仅在圣人，亦在你我。你我由此章而醒悟而耻于“心不若人”，善莫大焉。

11.13　孟子曰：“拱把[1]之桐、梓，人苟欲生之，皆知所以养之者。至于身[2]，而不知所以养之者，岂爱身不若桐、梓哉？弗思甚也。”

【注释】

（1）拱把：赵岐《注》：“拱，合两手也。把，以一手把之也。”

（2）身：自身。

【译文】

孟子说：“一两把粗的桐树、梓树，人如果想使它生长，都知道要去培养它。对于自身，却不知道要去培养它，难道爱自身还不如桐树、梓树吗？太不思量了。”

【说要】

本章继续论修身。

“至于身”之“身”，不仅是生理意义上的，更是道德意义上的。

辛全《四书说》卷六：

> “无名之指”章，本“富岁”章来。“拱把桐梓”章，本“山木”章来。对一指，则言心；对桐梓，则言身。一也。（《四书说》，第209页）

牛山濯濯，是源自对山木的戕害；桐梓之生，是源自对树木的培养。所言角度不同，喻于修身，道理是一致的。修身，重在“思”而不戕害、善培养。

11.14 孟子曰："人之于身也，兼[1]所爱。兼所爱，则兼所养也。无尺寸之肤不爱焉，则无尺寸之肤不养也。所以考其善不善者，岂有他哉？于己取之而已矣。体有贵贱，有小大[2]。无以小害大，无以贱害贵。养其小者为小人，养其大者为大人。今有场师[3]，舍其梧槚[4]，养其樲棘[5]，则为贱场师焉。养其一指而失其肩背，而不知也，则为狼疾[6]人也。饮食之人，则人贱之矣，为其养小以失大也。饮食之人无有失也，则口腹岂适[7]为尺寸之肤哉？"

【注释】

（1）兼：整体，全部。

（2）体有贵贱，有小大：朱熹《孟子集注》："贱而小者，口腹也；贵而大者，心志也。"

（3）场师：园艺师。

（4）梧槚（jiǎ）：梧，梧桐树。槚，梓树。都是上好的树木。

（5）樲（èr）棘：樲，酸枣。棘，荆棘。都是劣等的树木。

（6）狼疾：昏乱，糊涂。焦循《孟子正义》："《楚辞·忧苦篇》：'心纷错而不受'，王逸注云：'纷错，愦乱也。'狼藉犹纷错，害而不知，此医之昏愦瞀乱者矣。"

（7）岂适：岂止。适，同"啻"。

【译文】

孟子说："人对于自身，各个部分都爱护。各个部分都爱护，便各个部分都保养。没有一寸肌肤不爱护，便没有一寸肌肤不保养。所以，考察他保养得好不好，难道有别的方法吗？只要看他注重（保养）的是身体哪一部分就可以了。身体有重要的部分，有次要的部分，有小的部分，有大的部分。不要因为小的部分损害了大的部分，不要因为次要的部分损害了重要的部分。保养小的部分成为普通的人，保养大的部分成为德性完备的人。假设有位园艺师，舍去种梧桐、梓树，而去养酸枣、荆棘，就是个劣等的园艺师。假设有人保养一根手指却遗忘了肩背，自己还不知道，就是个糊涂的人。吃吃喝喝的人，人们都鄙视他，因为他保养了小的而遗忘了大的。如果说吃吃喝喝的人没有遗忘什么，那么满足口腹难道只是为了那尺寸肌肤吗？"

【说要】

本章论"体有贵贱""有小大"，可与"践形"之说（见 13.38 章）、"大体小体"之辨（见 11.15 章）相参看。

"体有贵贱""有小大"，是价值的评判标准。如何正确地把握它，关键在一个人的

“取”。“取”需要“思”，思则得之，便可以“知类”，明辨轻重缓急，从而“无以小害大，无以贱害贵”。

孟子批评舍大体而养小体的行为，认为它与“贱场师”“狼疾人”一般。不过孟子主张“无以小害大，无以贱害贵”，却并不是否定“小体”。

冯梦龙《四书指月·孟子曰人之于身章》：

> 不是说养其大，不必养其小，兼爱兼养，大人亦犹夫人情耳。但大能兼小，小不能兼大。养其大，则一体而能周百体之用；养其小，则有形而竟失无形之宰。玩“饮食之人”必有“失”，则能无失者，惟大人矣，此善不善之分也。孟子正就人兼爱兼养之情而提醒之。(《四书指月》，第 478 页。标点略有改动)

孟子强调的是，以心摄身，心身一如。俗语云：“吃饭是为了活着，活着不仅仅为了吃饭。”

11.15　公都子[1]问曰：“钧[2]是人也，或为大人，或为小人，何也？”

孟子曰：“从其大体[3]为大人，从其小体[4]为小人。”

曰：“钧是人也，或从其大体，或从其小体，何也？”

曰：“耳目之官不思，而蔽于物。物交物[5]，则引[6]之而已矣。心之官则思，思则得之，不思则不得也——此[7]天之所与我者。先立乎其大者，则其小者弗能夺[8]也。此为大人而已矣。”

【注释】

（1）公都子：孟子弟子。

（2）钧：同“均”。

（3）大体：指本心而言。

（4）小体：指耳目等感官而言。

（5）物交物：(耳目之官）接触了一物又一物。两个“物”都指外物。交，二者相接触。

（6）引：引诱，吸引。

（7）此：朱熹《孟子集注》：“旧本多作比。”王引之《经传释词》“比”云：“《孟子·告子篇》曰：‘比天之所以与我者，先立乎其大者，则其小者不能夺也。’家大人曰：比，犹‘皆’也。言耳目与心，皆天之所与我者，而心为大。赵注以‘比’为‘比方’，谓比方天所与人性情，失之。或改‘比’为‘此’，改赵注‘比方’为‘此乃’，尤非。’”王说可从。

（8）夺：犹“乱”。干扰，支配。夺，繁体写作“奪”，是会意字。金文写作，从又

从衣从雀，从人以手把鸟雀抓放在衣内的行为来会意。从人的角度来说，就是强取；从鸟雀的角度来说，就是挣扎、扰乱。那三个点，正是鸟雀奋力挣扎时脱落下的羽毛。

【译文】

公都子问："同样是人，有的成为君子，有的成为普通人，这是为什么呢？"

孟子说："顺从大体便成为德性完备的人，顺从小体便成为普通人。"

公都子又问："同样是人，有的顺从大体，有的顺从小体，又为什么呢？"

孟子说："耳朵、眼睛这类器官不会思考，所以容易被外物蒙蔽。(耳朵、眼睛这类器官)接触了一物又一物，便被引诱过去。心这个器官会思考，一思考就能得到心中的仁义，不思考就得不到——这皆是天赋予我的能力。先确立了（心）这个大体，那么小体（耳朵、眼睛之类）就不会干扰它了。之所以成为君子，如此而已。"

【说要】

本章可谓大体小体之辨。

大体即本心，小体即耳目等感官；大体具有道德之性，小体呈现自然之欲。大体之所以为大，小体之所以为小，乃至"从其大体为大人，从其小体为小人"，都是价值上的判断与选择。

"心之官"与"耳目之官"对言，不是简单地否定"耳目之官"，而是强调"心之官"的重要和优先。"心之官"与"耳目之官"之所以有价值上的区别，关键在于"心之官则思"与"耳目之官不思"。

"心之官则思"，思是本心良知，是道德理性。心的思考能力使人拥有道德理性，从而发现、明觉人的固有善性，得到普遍意义的道德法则。

"耳目之官不思，而蔽于物。物交物，则引之而已矣"，耳目之官只有欲望感性，不具有自主能力，在其与外物接触时，便会被动地接受外物的作用，受到遮蔽而欲望膨胀。膨胀的欲望在耳目之官接触了一物又一物的过程中得到加强，其强大的副作用就会引诱、干扰本心。

李贽《四书评·孟子》卷之六：

> 分明教人以做大人法，勿作泛泛问答看过，乃是晓人。(《四书评》，第 168 页)

当然，心也会受到欲望的干扰、引诱。正因为如此，孟子强调要"先立乎其大者"。如何"立"？思则立。只有首先将本心立定，才不会被耳目之欲所扰乱，这样便可以成为有德的君子了。

"思则得之"，思是心之动，得是动之果；思是心之良知，得是心之彰明，故"思则得之”可谓以心养心。

养心莫大于寡欲，寡欲不是绝欲，饮止于解渴，食止于解饥，听止于悦耳，见止于悦目，得欲之正而已，中间自含着大段的修身工夫。

朱熹《孟子集注》引范浚《心箴》：

> 茫茫堪舆，俯仰无垠。人于其间，眇然有身。是身之微，大仓稊米，参为三才，曰惟心耳。往古来今，孰无此心？心为形役，乃兽乃禽。惟口耳目，手足动静，投间抵隙，为厥心病。一心之微，众欲攻之，其与存者，呜呼几希！君子存诚，克念克敬，天君泰然，百体从令。(《四书章句集注》，第 342 页)

上天公平地对待每一个人，使得我们人人都拥有“心之官”；上天也静静地观察着我们每一个人是“思”还是“不思”，以给予无言的评判。

11.16　孟子曰：“有天爵[(1)]者，有人爵者。仁义忠信，乐善不倦，此天爵也；公卿大夫，此人爵也。古之人修其天爵，而人爵从之。今之人修其天爵，以要[(2)]人爵；既得人爵，而弃其天爵，则惑之甚者也，终亦必亡而已矣。”

【注释】

（1）爵：象形字。甲骨文写作，金文写作，象古代的一种酒器。上有两柱，下有三足，侧有流有鋬（pàn）。爵在古代只有拥有很高社会地位的人才能使用，故引申为爵位。

（2）要（yāo）：有所倚仗而强求。要是会意字，甲骨文写作（据刘钊《新甲骨文编》152 页字形摹写），从眉从女从两手，以女子（或许怀孕了）两手叉腰，会腰部之意。本义为人体胁下胯上的部分，即腰。假借为“邀”，或由假借义再引申为希望、请求、索取等，读 yào。字形的演变过程为：、、、、、要。

【译文】

孟子说：“有天赋的爵位，有人授的爵位。仁义忠信，好善不倦，这是天赋的爵位；公卿大夫，这是人授的爵位。古代的人修养天赋的爵位，人授的爵位自然就得到。今天的人修养天赋的爵位，是为了获得人授的爵位；既得到人授的爵位，就抛弃了天赋的爵位，实在是糊涂之极，最终也必定会失去（人授的爵位）。”

【说要】

本章论“天爵”“人爵”。

天爵是孟子创言。性善本于天，故曰天爵。天爵指“仁义忠信，乐善不倦”，即内在的善性和对此善性的喜好，这是天赋的尊贵。

人爵指“公卿大夫”，即现实中的权势、地位，这是人授的尊贵。

天爵是永恒的，思则得之；人爵是可变的，求而无益于得。

从生命的价值意义来说，人爵提供满足欲望的条件，天爵提供满足德性的条件；欲望强调名利，德性强调尊严。

辛全《四书说》卷六：

> 说到此，欲不得不淡，胆不得不寒，眼又不得不为之开也。虽欲不为天理作主人，有所不敢矣。此又孟夫子一片苦心。（《四书说》，第 213 页）

天爵高于人爵，这是显而易见的道理。但是对于这个显而易见的道理，并不是人人明了的。

古代的人以天爵为尊贵而加以修养，人爵不待求而自至；今天的人以人爵为尊贵，虽也修养天爵，但目的是获取人爵，一旦人爵到手，便弃天爵而不修了。今人的行为，在孟子看来是“惑之甚者也”。愚蠢的思想行为，自然得不到好的结果——“终亦必亡而已矣”，处心积虑获得的人爵最终也保不住。

吕留良《四书讲义》卷四十：

> 古人始终只是一个“修天爵”，“从”字极轻，初非古人之意也。今人始终只是一个“要人爵”，“修”字亦极轻，其所修亦非古人之修也。若谓孟子有以人爵歆动（注：心动而羡慕）今人意，则修天爵以要人爵者，与古人又何别耶？（《四书讲义》，第 940 页）

李贽《四书评·孟子》卷之六：

> 呜呼！何今人之好贱也！舍却自家无尽藏，沿门托钵效贫儿，何也？（《四书评》，第 169 页）

11.15 章大体小体之论，是近取诸身体；本章天爵人爵之论，是远取诸社群。由己而群，空间无处不包；由小体见大体之尊，由人爵见天爵之贵，道理无所不现。大体、尊贵明则大体、尊贵立；大体、尊贵立则本性存。圣人教人，至此了无隐义。

明立大体、尊贵，存养本性，要在一个“诚”字。诚也者，不以存养本性而有“人爵”之“要”也。

又，在孟子的话语中，经常出现古与今、古人与今人的对观，而且常常是厚古而薄今，这不是圣人的偏见，而自有其道理在。

在人们的思维习惯中，总是站在现在展望未来，希望未来更美好；为了这美好，又总是回观过去以批判现在。把一个典型树立在未来，它的目的在鼓励人们去追求；把一个典型树立在过去，它的目的在告诫人们去省察。

孟子古与今、古人与今人的对观，其实质就是为了未来的美好而保持对现在的批判。

11.17　孟子曰："欲贵(1)者，人之同心也。人人有贵于己者，弗思耳。人之所贵者，非良贵也。赵孟(2)之所贵，赵孟能贱(3)之。《诗》云：'既醉以酒，既饱以德。'言饱乎仁义也，所以不愿人之膏粱(4)之味也；令闻广誉(5)施于身，所以不愿人之文绣也。"

【注释】

(1) 贵：《说文解字》："贵，物不贱也。从贝臾声。"臾，西周金文作𦥑，象两手捧物而有所遗落之形。贵，当是形声兼会意字——即使是从指缝中遗落的东西也值得珍惜。本义指价格高，引申为地位显要。

(2) 赵孟：春秋时晋国正卿赵盾，字孟。此以赵孟代指有权势的人物。

(3) 贱：形声兼会意字，从贝从戋。戋，甲骨文写作戔，从二戈，会残杀之意。杀人人少，损物物少，故贱会意钱少。引申为价钱低、没地位，都与"贵"相对。

(4) 膏粱：膏，肥肉。粱，美谷。

(5) 令闻广誉：令，美。广，大。闻、誉，名声。

【译文】

孟子说："希望尊贵，是人的共同心愿。每个人都有可尊贵的东西，只是不去思量罢了。别人给予的尊贵，不是真正的尊贵。赵孟使之尊贵，赵孟也可以使之卑贱。《诗经》中说：'既喝醉了酒，又饱享了德。'这是说饱享了仁义，所以就不羡慕别人的美味佳肴；美好广大的名声加在自己身上，因而就不羡慕别人的锦绣衣裳。"

【说要】

可怜天下圣人心！孟子以性善论教化世人，从即心言性，到性命之别、人禽之辨、良知良能、天爵人爵，本章又论"良贵"，可谓循循善诱，诲人不倦。

尊贵，是常人都想得到的，只是搞不清楚什么是真正的尊贵。所以常人所谓尊贵，似乎总是意指人世间的权势、地位。殊不知人人皆有贵于己的先天之贵，就是仁义、善性，就是"天爵"，这才是"良贵"。良贵，就是真正的尊贵。

为什么人世间的权势、地位不是真正的尊贵呢？人世间的权势、地位都是他人给的，他能给人权势、地位，使人尊贵，也能夺人权势、地位，使人卑贱。明明得不到又非要得到时，那就会不择手段，让人更加卑贱。经过努力，受过辛苦，却让人更加卑贱的东西，怎么可能是真正的尊贵呢？

蔡仁厚《孟子要义》：

依孟子之说，人之可贵分为两组：

人之贵
- 天爵——仁义忠信、乐善德贵——道尊德贵——贵于己——良贵
- 人爵——公、卿、大夫——位尊爵贵——人之所贵——他贵（非良贵）

明白了上面的道理，就会认识到：一个人生命中充满了仁义，自然就不希慕别人的美味佳肴；一个人生命中拥有德性人格、享有美名大名，自然就不希慕别人的锦绣衣裳。

或许有人认为，孟子的要求太高了，太理想化了，古今中外有多少人能达到这个要求呢？实在是太少了。如此孟子的这个要求有什么意义呢？

《大学》讲“止于至善”，又讲“知止而后有定”。什么叫“止于至善”？人达到最完善的道德境界。什么叫“知止而后有定”？人知道了他应该达到的道德境界，他就能够意志坚定。

严格来讲，“至善”——最完善的道德境界——是永远达不到的。人知道了他应该达到的又永远达不到的目标，他如何能够意志坚定呢？所以对“止于至善”“知止而后有定”，还要做一番更深刻的追究。

我觉得关键在“止”字上。“止”是象形字，甲骨文写作，象人足之形。“止”的本义是脚。通过脚人可以去任何地方，故引申为至、临义，由至、临引申为停止、静止义。“止”应该有“之”的“往”的含义。

“止于至善”，蕴含人应该达到的目标和通往目标的路径、方法两个方面。人只有知道了他应该达到的目标和通往目标的路径、方法，他才能够真正的意志坚定。

儒家的高明之处就在于——“师傅领进门”，告诉大家每个人生命的目标和通往目标的路径、方法；“修行在个人”，每个人能够走多远，最终取决于自己的努力。

真正的大思想家永远是孤独的，孤独的大思想家又是永远的引领者。这正是作为大思想家的孟子的存在意义。

11.18 孟子曰：“仁之胜不仁也，犹水胜火，今之为仁者，犹以一杯水救一车薪之火也；不熄，则谓之水不胜火。此又与[1]于不仁之甚者也，亦终必亡[2]而已矣。”

【注释】

（1）与：助长。繁体为“與”。與，会意字，金文写作，中间的象双手紧握，周围还有四只手和一张口，会众人齐心协力之意。引申为助力、助长、给予、赞同等。

（2）亡：丢失。亡，甲骨文写作𠃊，从入从乚，会入于曲折隐蔽处之意。本义或为逃亡，引申为丢失、死亡等。

【译文】

孟子说："仁胜过不仁，好比水能灭火一样。但现在行仁的人，好比用一杯水去救一车木柴的火；火熄灭不了，就说水不能灭火。这又大大助长了那些不仁的行为，最终也必定会失去仁。"

【说要】

本章论修身，强调工夫要积累，守善要坚定。说理的办法仍然是打比喻，以常见的日用豁显深刻的道理——大匠的斧头，挥洒自如；圣人的说教，"言不下带而旨远"。

水能灭火，是水的本质决定的必然；杯水不能灭一车木柴的大火，是水量不足造成的偶然。

仁能胜不仁，是仁的本质决定的必然；仁不能胜不仁，是仁的工夫积累不够造成的偶然，一如杯水不能灭一车木柴的大火一样。

仁本质上为什么能战胜不仁？仁是善，是人的本心，是人的生命主宰。所谓不仁，是本性一时缺位而造成的人生命的幻影。所以只要清除对本心的遮蔽，幻影当然立刻消失。

朱熹《朱子语类》卷第五十九《孟子九·告子上·仁之胜不仁也章》：

> "仁之胜不仁也，犹水胜火。"以理言之，则正之胜邪，天理之胜人欲，甚易；而邪之胜正，人欲之胜天理，若甚难。以事言之，则正之胜邪，天理之胜人欲，甚难；而邪之胜正，人欲之胜天理，却甚易。盖才是蹉失一两件事，便被邪来胜将去。若以正胜邪，则须是做得十分工夫，方胜得他，然犹自恐怕胜他未尽在。正如人身正气稍不足，邪便得以干之矣。（《朱子语类》第二册，第 1266 页）

常识、道理都没有什么玄妙的，难在将其运用到生活中去。孟子云："孔子，圣之时者也"（10.01 章），知"时"是大智慧。

有此大智慧，便能辨别是非，便能坚定对仁的信仰、对仁战胜不仁的信心，不断增强修身的工夫；有此大智慧，便能辨别偶然与必然，便不会因偶然"仁不能胜不仁"的现实而怀疑、否定仁，从而避免陷入助长不仁、自暴自弃，乃至戕害仁的危险。

11.19　孟子曰："五谷者，种之美者也；苟为不熟，不如荑稗[(1)]。夫仁，亦在乎熟之而已矣。"

【注释】

(1) 荑(tí)稗(bài):即稊稗。荑、稗为二草名,与禾相似,实比谷小,亦可食。

【译文】

孟子说:"五谷,是种子中的佼佼者;如果不成熟,还不如稊稗。仁,也在于使它成熟而已。"

【说要】

本章以五谷为喻,论仁需要持久的培养扩充。

冯梦龙《四书指月·孟子曰五谷章》:

> 独举五谷为喻,是种之最仁者。学者必先辨种,而后可以论熟。(《四书指月》,第483页)

"五谷者,种之美者也","美"在可以养人;"仁"之美,在于润身。

五谷之"种"正对应人性之"端"。既然是"种"、是"端",那就存在一个"培养扩充"的"熟之"问题。

"不如荑稗",不是取荑稗可以养人,而在衬托显现五谷不可不"熟"。

焦循《孟子正义》卷二十三:

> "不如荑稗",犹孔子言"博弈犹贤"。孔子非教人学博弈,孟子非教人种荑稗也。(《孟子正义》,第802页)

"熟之"方能成全五谷之"美"。"熟之"要尽人力培养扩充,不能全靠老天爷的恩赐。成全"仁"之美,自然应该如此。

张栻《南轩先生孟子说》卷第六:

> 熟之奈何?其亦犹善种者乎?勿舍也,亦勿助之长也,深耕易耨而已,而不志于获也。日夜之所息,雨露之所濡,禾易长,故苗而秀,秀而实,盖有不期然而然者。为仁之方,《论语》(注:原文如此,疑为《孟子》误)一书所以示后世者,至矣。(《张栻集》上,第360页)

11.20 孟子曰:"羿之教人射,必志于彀[1],学者亦必志于彀。大匠诲人必以规矩,学者亦必以规矩。"

【注释】

（1）彀（gòu）：张满弓弩。朱熹《孟子集注》：“彀，弓满也。满而后发，射之法也。”

【译文】

孟子说：“羿教人射箭，一定致力于拉满弓，学习的人也一定致力于拉满弓。高明的工匠教人，一定依据规矩，学习的人也要依据规矩。”

【说要】

本章论教、学之法。

胡炳文《孟子通》卷十一：

> 此章与《离娄》首章相似，彼谓治天下不可无法，此谓师之教、弟子之学，皆不可无法。（〔元〕胡炳文著，宋健点校：《孟子通》，华东师范大学出版社2020年版，第372页）

“法”，即射者之“彀”、匠者之“规矩”。欲得“法”，必须有“志”。“志”，是心有定向、行有笃实。《大学》云：“物有本末，事有终始。”舍本而求末，重终而轻始，是教、学之大忌。

张栻《南轩先生孟子说》卷第六：

> 学者之于道，其为有渐，其进有序，自洒扫应对至于礼仪之三百、威仪之三千，犹木之有规矩也，亦循乎此而已。至于形而上之事，则在其人所得何如。形而上者，固不外乎洒扫应对之间也。舍是以求道，是犹舍规矩以求巧也。（《张栻集》上，第361页）

甲骨文中教、学均写作。后来字形分化，为教，为学。教与学本是一事，教法即学法，学法即教法。

朱熹《孟子集注》：

> 此章言事必有法，然后可成。师舍是则无以教，弟子舍是则无以学。曲艺且然，况圣人之道乎？（《四书章句集注》，第343页）

《孟子》一书，都是教人以“彀”以“规矩”，只是有几人读得懂？信得实？行得笃？思及此，掩书而叹！

卷第十二 告子章句下 凡十六章

12.01 任人有问屋庐子[(1)]曰："礼与食孰重？"曰："礼重。"

"色与礼孰重？"曰："礼重。"

曰："以礼食，则饥而死；不以礼食，则得食，必以礼乎？亲迎[(2)]，则不得妻；不亲迎，则得妻，必亲迎乎？"

屋庐子不能对，明日之邹以告孟子。

孟子曰："于答是也，何有？不揣[(3)]其本，而齐其末，方寸[(4)]之木可使高于岑楼[(5)]。金重于羽者，岂谓一钩金[(6)]与一舆羽之谓哉？取食之重者与礼之轻者而比之，奚翅[(7)]食重？取色之重者与礼之轻者而比之，奚翅色重？往应之曰：'紾[(8)]兄之臂而夺之食，则得食；不紾，则不得食，则将紾之乎？逾东家墙而搂其处子，则得妻；不搂，则不得妻，则将搂之乎？'"

【注释】

（1）任人有问屋庐子：任，春秋时国名，在今山东济宁。屋庐子，复姓屋庐，名连，孟子弟子。

（2）亲迎：古代结婚有纳采、问名、纳吉、纳徵、请期、亲迎六礼。亲迎，即新郎亲自至女家迎接新娘。

（3）揣（chuǎi）：衡量，比较。

（4）方寸：才有一寸。极言树木之矮。

（5）岑（cén）楼：朱熹《孟子集注》："楼之高锐似山者。"

（6）一钩金：钩，衣带钩。一钩金，做成一个衣带钩所需的金，极言重量之轻。

（7）奚翅：何止。翅，同"啻"。

（8）紾（zhěn）：扭住。

【译文】

有个任国人问屋庐子说："礼仪与食物哪一个重要？"屋庐子说："礼仪重要。"

那个人又问："娶妻子与礼仪哪一个重要？"屋庐子回答："礼仪重要。"

那个人又问："依照礼仪去谋食，就会饥饿而死；不依照礼仪去谋食，就能得到食物

（而生），那么一定要依照礼仪吗？行亲迎礼，就会娶不到妻子；不行亲迎礼，就能娶到妻子，那么一定要行亲迎礼吗？”

屋庐子不能回答，第二天到邹国把这件事告诉了孟子。

孟子说：“对于这个问题的回答，有什么难的呢？不比较基点而比较顶端，那么才有一寸的树木也可以高过岑楼。金子比羽毛重，难道是说一丁点金子比一车羽毛还重吗？拿饮食重要的方面和礼仪轻微的方面相比较，何止是饮食重要？拿色欲重要的方面和礼仪轻微的方面相比较，何止是色欲重要？你去回应他：‘扭住哥哥的胳膊抢夺他的食物就得食，不扭住便不得食，那么你会扭住他吗？翻过东邻的墙头，搂抱人家的姑娘就能得到妻子，不去搂抱就得不到妻子，那么你会搂抱她吗？’”

【说要】

本章论礼与食色孰重。可与 11.18 章相参看。

“饮食男女，人之大欲存焉。”（《礼记·礼运》）食与色是人类两大基本生理欲望。这两种欲望本身不是邪恶的东西，从某种意义上说，欲望实是人类前进的基本动力。

人类为解决食欲，必须取得食物。为了获取食物，人类学会了制造和使用劳动工具，提升了劳动技能，提高了劳动效率，从而促进了物质文明的发展；人类为满足男女的欲望，有了男女的交往，有了家庭、社群的生活，从而促进了人类的繁衍和情感发育，促进了精神文明的发展。

不过，在具体的生活之中，食与色欲望的满足，必须限定在礼的规范之下。任国人的错误，即在于他只强调食与色的必须，而忽略了获取食与色应该遵守礼的规范，将“食色”与“礼”简单地对立起来。

对此，“屋庐子不能对”，而孟子轻轻地拈出生活的常识：“不揣其本，而齐其末，方寸之木可使高于岑楼。金重于羽者，岂谓一钩金与一舆羽之谓哉？”便将任人言论的逻辑谬误显露无遗：

没有一个共同的基点，分不出两物的高下；没有一个共同的天平，分不出两物的轻重；没有了人所共同生活的背景条件，“礼”与“食色”也分不出轻重。更进一步说，“食色”欲望，必须有“礼”的规范。没有“礼”规范的“食色”欲望，常常流变为灭人性、废人伦的恶行。

张栻《南轩先生孟子说》卷第六：

> 食、色虽出于性，而其流则以害性，苟无礼以止之，则将何所极哉？礼之重于食、色，固不待较而明矣。（《张栻集》上，第 361 页）

冯梦龙《四书指月·任人有问章》：

> 先王制礼以范世，未尝不准情理以为衡。故礼不禁人之甘食悦色，但食不干其和，色不乖其正，则食色亦附礼而重矣。天下原无礼外之食色，灭性废伦，犹借之乎礼也？（《四书指月》，第 484 页。标点略有改动）

任国人盖“食色，性也”之说的信奉者。食色与礼孰重的论辩，其实就是告孟之辩在现实生活中的延续。如此，我们就可以明了孟子“紾兄臂、搂处子”的言后深意，明了本章的大义。

冯梦龙于此感慨道：

> 孟子说到不敢紾兄臂、搂处子上，良心凛然，即是言“性善”处。（同上）

人有善性，此乃人与禽兽的不同之处。节文善性而成礼，依礼行事，则成人事。任国人放弃礼而单说事，则不成人事，人与禽兽便无分别了。

12.02　曹交[(1)]问曰：“人皆可以为尧舜，有诸？”

孟子曰：“然。”

“交闻文王十尺，汤九尺，今交九尺四寸以长，食粟而已，如何则可？”

曰：“奚有于是？亦为之而已矣。有人于此，力不能胜一匹雏[(2)]，则为无力人矣；今曰举百钧[(3)]，则为有力人矣。然则举乌获[(4)]之任，是亦为乌获而已矣。夫人岂以不胜为患哉？弗为耳。徐行后长者谓之弟，疾行先长者谓之不弟。夫徐行者，岂人所不能哉？所不为也。尧舜之道，孝弟而已矣。子服尧之服，诵尧之言，行尧之行，是尧而已矣。子服桀之服，诵桀之言，行桀之行，是桀而已矣。”

曰：“交得见于邹君，可以假馆，愿留而受业于门。”

曰：“夫道若大路然，岂难知哉？人病不求耳。子归而求之，有余师[(5)]。”

【注释】

（1）曹交：赵岐《注》为“曹君之弟”。焦循《孟子正义》引王应麟《困学纪闻》：“《左传·哀公八年》宋灭曹，至孟子时曹亡久矣。曹交盖以国为氏者。”王说可从。

（2）一匹雏：犹今言一只小鸡。匹，量词。金文写作，日本学者白川静《常用字解》认为是象形字，用复线描画出并排站立马匹的胸部。楚简写作可证。本为计马数之量词。亦可用以计人，所谓“匹夫匹妇”。这里借以计雏。

（3）百钧：极言分量之重。钧，古代重量单位。

（4）乌获：传说中的古代大力士。

（5）有余师：赵岐《注》：“师不少也。”

【译文】

曹交问："人人皆可以成为尧舜，有这样的说法吗？"

孟子说："是的。"

曹交接着问："我听说文王身高十尺，汤身高九尺，现在我有九尺四寸多高，仅会吃饭而已，如何才能成为尧舜呢？"

孟子说："这有什么呢？只要去做罢了。在这里有个人，力气提不起一只小鸡，那他就是一个没有力气的人；如果说能举起百钧，那他就是个有力气的人。那么，举得起乌获举起的重量，就成为乌获了。一个人难道以不能胜任发愁吗？只是不去做罢了。慢慢地走在长者之后叫作悌，快步抢在长者之前叫作不悌。慢慢走，难道是一个人不能做到的吗？只是不去做罢了。尧舜之道，只是孝悌而已。你穿尧的衣服，说尧的话，做尧的事，就成为尧了。你穿桀的衣服，说桀的话，做桀的事，就变成桀了。"

曹交说："我见到邹国君主可以借个场馆（供您居用），希望能留在您门下学习。"

孟子说："道就像大路一样，难道难于知晓吗？人们的问题是不去寻找罢了。你回去寻找它，有足够多的老师呢。"

【说要】

本章因曹交之问，孟子作"尧舜之道，孝弟而已矣"之答。

细品文本，曹交当是个积极进取的好青年，我们可以从他"如何则可"的话中观察得到。

冯梦龙《四书指月·曹交问曰章》云：

> "食粟"一语，是曹交实供，充此一念，便是可为尧、舜之基。(《四书指月》，第 486 页)

曹交的提问，并不是对孟子"人皆可以为尧舜"的质疑，而是对自己身高"九尺四寸"，介乎周文商汤之间，生命境界不过"食粟而已"的困惑。孟子的回答，自然也不是对曹交的批驳，而是对他提升生命境界的亲切指点。

"人皆可以为尧舜"，这是从本体上讲的，强调人善性的"本有"，此"本有"赋予我们成为尧舜的责任与自信；"尧舜之道，孝弟而已矣"，这是从工夫上讲的，强调人修身的"当为"，告诉我们走向尧舜的路径与步骤。

成为尧舜——目标远大，方向明确；走向尧舜——起点就在脚下，行动不过"服尧之服，诵尧之言，行尧之行，是尧而已矣"。

成为尧舜——现实告诉我们，这样的人比能举百钧的乌获那样的人少得多。

走向尧舜——孟子告诉我们，"亦为之而已矣"，难道还不能"徐行后长者"吗？

陆九渊曰：

圣人教人，只是就人日用处开端。如孟子言“徐行后长”，可为尧舜。不成在长者后行，便是尧舜？怎生做得尧、舜样事，须是就上面着工夫。圣人所谓“吾无隐乎尔”，谁能出不由户，直截是如此。(《陆九渊集》卷三十五《语录下》，第432页。标点略有改动)

冯梦龙《四书指月·曹交问曰章》：

盖知能之良，原于帝降，是天开此一路以为人生日用常行者。孩提稍长之爱敬，皆由路而不知，惟归而体认于良心真切处。则孝弟之道，触处而形，愈体认，愈无穷，随心所运，皆可合道，皆可得师矣。(《四书指月》，第487页)

体认得这个道理，我们便可以安下心来，依照远大的目标、明确的方向，一步一个脚印砥砺前行，走向尧舜就好——即使不能像乌获那样举百钧、不能成为尧舜那样的大圣人，又有什么可以忧虑困惑的呢？

又，孟子“子归而求之，有余师”的话，应作如是观：

它不是对曹交“交得见于邹君，可以假馆，愿留而受业于门”的冷漠拒绝，而是对曹交“为仁由己”“亦为之而已矣”的再次的善意提醒。

朱熹《孟子集注》则云：

曹交事长之礼既不至，求道之心又不笃，故孟子教之以孝弟，而不容其受业。(《四书章句集注》，第346页)

曹交或有“事长之礼既不至，求道之心又不笃”的毛病，但是，他“如何则可”的向道之心，难道是可以忽略的吗？孟子固然讲过“得天下英才而教育之”的话，那只不过是强调人生之乐而已。“大匠无弃材，寻尺各有施。”(韩愈《送张道士》)作为以弘道为己任的教育家孟子，怎么会忘记孔子“有教无类”的教育宗旨呢？本章记录的孟子对曹交的谆谆教诲，已经就此问题做出明确的回答了。故不从朱熹之解。

12.03　公孙丑问曰：“高子(1)曰，《小弁》(2)，小人之诗也。”

孟子曰：“何以言之？”

曰：“怨。”

曰：“固哉，高叟之为《诗》也！有人于此，越人关弓(3)而射之，则己谈笑而道之，无他，疏之也。其兄关弓而射之，则己垂涕泣而道之，无他，戚之也。《小弁》之怨，亲亲也；亲亲，仁也。固矣夫，高叟之为《诗》也！”

曰："《凯风》[4]何以不怨？"

曰："《凯风》，亲之过小者也；《小弁》，亲之过大者也。亲之过大而不怨，是愈疏也；亲之过小而怨，是不可矶[5]也。愈疏，不孝也；不可矶，亦不孝也。孔子曰：'舜其至孝矣，五十而慕[6]。'"

【注释】

（1）高子：杨伯峻《孟子译注》云：《孟子》中"高子"凡数见，赵岐《注》以为"孟子弟子"。此处治《诗》之高子，以孟子称之为"高叟"论之，似年长于孟子，不当为孟子弟子。

（2）《小弁（pán）》：见《诗经·小雅》。《毛诗》认为是太子宜臼之傅为讽刺幽王所作。周幽王先娶申国之女，生宜臼，立为太子；后又得褒姒，生子伯服，则废申后及太子宜臼，而立伯服为太子，宜臼且将被杀。诗中有"君子秉心，维其忍之""君子不惠，不舒究之"等语。

（3）关弓：拉满弓。关，通"弯"。

（4）《凯风》：见《诗经·邶风》。梁涛《孟子解读》："旧说卫国一位七个儿子的母亲想改嫁，于是七个儿子作此诗自责不孝，以使母亲感悟。"

（5）不可矶（jī）：朱熹《孟子集注》："言微激之而遽怒也。"矶，小篆写作䃨，从石从几。《玉篇》："水中碛也。"岩石立水，自然受到水的冲击，故引申为激怒、触犯。不可矶，这里译为"不能受一点委屈"。

（6）慕：杨伯峻《孟子译注》认为，此"慕"字，当与《万章上》第一章相参看。舜于父母，因慕而怨，"慕"字虽无怨义，但在此实包含怨恨之意，以与上文诸"怨"字相照应。

【译文】

公孙丑问道："高子说，《小弁》，是小人所作的诗。"

孟子问："为什么这么说呢？"

公孙丑说："（因为诗中有）怨恨。"

孟子说："固陋啊，高老先生的解《诗》！这里有一个人，越国人拉满弓射他，他就会有说有笑地讲这件事，没有别的原因，因为与越国人的关系疏远。如果是他的哥哥拉满弓射他，他就会哭哭啼啼地讲这件事，没有别的原因，因为与哥哥的关系亲近。《小弁》的怨恨，出于亲爱亲人；亲爱亲人，合乎仁。实在是固陋啊，高老先生的解《诗》！"

公孙丑问："《凯风》为什么不怨恨呢？"

孟子说："《凯风》是因为亲人犯的过错小，《小弁》是因为亲人犯的过错大。亲人犯的过错大却不抱怨，就会与亲人更加疏远；亲人犯的过错小却抱怨，这是不能受一点委屈。与亲人更加疏远，这是不孝；不能受一点委屈，也是不孝。孔子说过：‘舜大概是最孝顺的人了，五十岁还爱慕着父母。’”

【说要】

本章论《小弁》《凯风》之诗，可看作孟子“以意逆志”解诗原则的典型示范。

《小弁》《凯风》两首诗皆因亲人犯过错而作，但一个“怨”，一个“不怨”。在公孙丑看来，如果“怨”是可以的，那么“不怨”就有问题；如果“不怨”是可以的，那么“怨”就有问题。如何解除公孙丑的困惑呢?

孟子的回答简捷又曲折：

“亲之过大而不怨，是愈疏也”，“愈疏，不孝也”——亲人犯的过错大却不抱怨，就会与亲人更加疏远。与亲人更加疏远，这是不孝。

“亲之过小而怨，是不可矶也”，“不可矶，亦不孝也”——亲人犯的过错小却抱怨，这是不能受一点委屈。不能受一点委屈，也是不孝。

这样简捷又曲折的亲情感受，大家要在生活中衷心地孝敬父母之后，才能悟得到。

张栻《南轩先生孟子说》卷第六：

> 当《小弁》之事，而怨慕不形，则其漠然而不知者也。当《凯风》之事，而遽形于怨，则是激于情而莫遏也。此则皆为失亲亲之义，而贼夫仁矣。故曰：“亲之过大而不怨，是愈疏也；亲之过小而怨，是不可矶也。”而皆以不孝断之，盖皆为过乎物，非所以事乎亲者也。于是举舜之孝以为法焉。(《张栻集》上，第 364 页)

孔子为什么认为舜“五十而慕”是“至孝矣”呢?

“五十而慕”，舜对父母的爱慕何其浓烈而绵长！当然“爱慕”中也含有“怨”，但是此“怨”是因“慕”而“怨”，“怨”也因“慕”而消。

“五十而慕”，舜生活中对父母的爱慕，涵养了他内在的“善端”，从而仁民爱物，“一年而所居成聚，二年成邑，三年成都”。(参见 09.01 章“说要”)

如此，不正是“孝之至”吗?

《陆九渊集》卷三十五：

> 读书固不可不晓文义，然只以晓文义为是，只是儿童之学，须看意旨所在。(《陆九渊集》，第 432 页)

孟子是真懂《诗经》的，我们也能真懂舜之因“慕”而“怨”，“怨”也因“慕”而消吗？也能真懂孟子之《孟子》吗?

12.04　宋牼[1]将之楚，孟子遇于石丘[2]，曰：“先生[3]将何之？”

曰：“吾闻秦、楚构兵[4]，我将见楚王说而罢之。楚王不悦，我将见秦王说而罢之。二王我将有所遇[5]焉。”

曰：“轲也请无问其详，愿闻其指[6]。说之将何如[7]？”

曰：“我将言其不利也。”

曰：“先生之志则大矣，先生之号[8]则不可。先生以利说秦、楚之王，秦、楚之王悦于利，以罢三军之师，是三军之士乐罢而悦于利也。为人臣者怀利以事其君，为人子者怀利以事其父，为人弟者怀利以事其兄，是君臣、父子、兄弟终去仁义，怀利以相接，然而不亡者，未之有也。先生以仁义说秦、楚之王，秦、楚之王悦于仁义，而罢三军之师，是三军之士乐罢而悦于仁义也。为人臣者怀仁义以事其君，为人子者怀仁义以事其父，为人弟者怀仁义以事其兄，是君臣、父子、兄弟去利，怀仁义以相接也，然而不王者，未之有也。何必曰利？”

【注释】

（1）宋牼：宋国人，《庄子·天下篇》《荀子·非十二子篇》皆作“宋钘”，有“见侮不辱”“使人不斗”止息用兵之主张，是当时爱好和平的学者。

（2）石丘：焦循《孟子正义》云：“石丘，赵氏但云地名，或以为宋地，盖以牼为宋人也。”

（3）先生：年长而有德，称为先生。

（4）构兵：交兵。构，形声兼会意字，从木从冓，冓亦声。冓，甲骨文写作，象屋架两面对构形。《说文解字》：“冓，交积材也。象对交之形。”构从冓义，本义是架木造屋。引申为联结、交合等义。

（5）遇：朱熹《孟子集注》：“合也。”意谓秦、楚从其志。

（6）指：古同“旨”。主旨，观点。

（7）说（shuì）之将何如：梁涛《孟子解读》：“即‘将何如说之’。”说，劝说。

（8）号：主张。

【译文】

宋牼将要去楚国，孟子在石丘遇见了他，问：“先生要到哪里去？”

宋牼说：“我听说秦、楚两国交兵，我准备去拜见楚王，劝说他罢兵。如果楚王不喜欢，我再去拜见秦王，劝说他罢兵。两位君王中，总会遇到一位听我劝说的。”

孟子说：“我不想问得太详细，只想知道劝说的主要观点。您准备怎样去劝说他们呢？”

宋牼说："我将告诉他们交兵的不利之处。"

孟子说："先生的志向很大啊，先生的说法却不可以。先生以利去劝说秦、楚的君王，秦、楚的君王因为喜欢利而让三军罢兵，这样三军将士就是因为喜欢利才乐意罢兵。做臣子的怀着利来事奉自己的国君，做儿子的怀着利来事奉自己的父亲，做弟弟的怀着利来事奉自己的兄长，这样君臣、父子、兄弟之间都会抛弃仁义，怀着利来相互对待，如此而不灭亡，是没有的事。先生以仁义去劝说秦、楚的君王，秦、楚的君王因为喜欢仁义而让三军罢兵，这样三军将士就是因为喜欢仁义才乐意罢兵。做臣子的怀着仁义来事奉自己的国君，做儿子的怀着仁义来事奉自己的父亲，做弟弟的怀着仁义来事奉自己的兄长，这样君臣、父子、兄弟之间都会抛弃利，怀着仁义来相互对待，如此还不能称王天下，是从来没有过的。何必说利呢？"

【说要】

本章因"宋牼说秦、楚"而展开义利之辨，可与01.01章相参看。

在整个社会"鸡鸣而起，孳孳为利"的大背景之下，像宋牼这样挺身而出，劝说秦、楚罢兵的人，少而可贵。所谓"先生之志则大矣"。

但是，孟子对宋牼劝说秦、楚国君停战的"号"——"我将言其不利也"——提出严厉质疑。

"我将言其不利也"，必将带来"怀利以相接"。"怀利以相接"，纵然秦、楚因对自己不利而罢一时之兵，一旦发现有利可图，又必将干戈相见。更有甚者，"怀利以相接"，最终会带来"上下交征利而国危矣"的无可改变的恶果。故孟子曰："先生之号则不可。"

让人困惑的是，残酷的史实告诉我们，"怀利以相接"，常常有罢兵之效；"怀仁义以相接"，却时时有碰壁之报。孟子"怀利以相接，然而不亡者，未之有也"的论断，是"迂远而阔于事情"的吗？

黄宗羲《孟子师说·宋牼章》：

> 战国之君，但知有利不利，故策士得行其说。以利不利说之，则兵可罢；以仁义说之，则兵未必可罢。然而孟子必欲以仁义易利者，兵不罢，则害在人身，唯利自视，则害在心术也。(《黄宗羲全集》第一册，第145页)

张栻《南轩先生孟子说》卷第六亦云：

> 宋牼欲说秦、楚之君使之罢兵，而孟子以为志则大矣，而号则不可，其故何哉？盖事一也，而情有异，则所感与其所应皆不同。是以古之谋国者以理义不以利害，此天理、人欲之所以分，而治忽之所由系，盖不可不谨于其源也。夫说二君而

使之罢兵，非不善也。然由宋牼之说而说之以利，使其能从，亦利心耳。罢兵虽息一时之争，而徇利实伤万世之彝。自众人论之，惟欲其说之行，而不睹其害于后；在君子则宁说之不行，不忍失正理而启祸源也。(《张栻集》上，第365—366页)

黄宗羲、张栻的解读，可以释去我们心中的疑惑。原来，宋牼之“号”，“虽息一时之争，而徇利实伤万世之彝”，而孟子的义利之辨，却是“不忍失正理而启祸源”的“拔本塞源，以救其弊”的不刊之论。

大家知道，孟子认为人皆有善性善心。同时，他认为天赋予人的善性，仅仅是一个“善端”；“心之官则思”，“思”是一个不断内省、不断扩充培养“善端”的过程。

“思”，只有在超越一时之利，而放眼于生命的全过程、理政的万世之彝规的境界上，才能真正展现心之良知良能的无量价值。是以，张栻再次从孟、宋的对话中提醒我们：

然则其说则一，而所以说者异，毫厘之间，霄壤之分，可不谨哉！学者有见乎此，则知五伯之在春秋，为功之首而罪之魁也；又知曾西之所以卑管、晏而尊子路也，则庶乎知入德之门矣。(《张栻集》上，第366页)

12.05　孟子居邹，季任[(1)]为任处守[(2)]，以币交，受之而不报。处于平陆[(3)]，储子为相，以币交，受之而不报。他日，由邹之任，见季子；由平陆之齐，不见储子。屋庐子喜曰：“连[(4)]得间[(5)]矣。”

问曰：“夫子之任，见季子；之齐，不见储子，为其为相与？”

曰：“非也。《书》曰：‘享多仪[(6)]，仪不及物曰不享，惟不役志于享。’为其不成享也。”

屋庐子悦[(7)]。或问之，屋庐子曰：“季子不得之邹，储子得之平陆。”

【注释】

(1) 季任：赵岐《注》：“季任，任君季弟也。”钱大昕《十驾斋养新录》：“国君之弟以国氏，字当在国下。……‘季任’当为‘任季’，传写颠倒耳。”钱说可从。

(2) 处守：留守。赵岐《注》：“任君朝会于邻国，季任为之居守其国也。”

(3) 平陆：齐国地名，故城在今山东汶上县北。

(4) 连：屋庐子的名。

(5) 间：指空子，可乘的机会。

(6) 享多仪：享，献享。多，重。《老子》四十四章：“名与身孰亲？身与货孰多？”

多，即用重义。仪，礼仪。

（7）悦：悦服。

【译文】

孟子在邹国时，任季代理任国国政，送来礼物与孟子结交，孟子收了礼物而没有拜谢。孟子在平陆时，储子做齐国的国相，也送来礼物与孟子结交，孟子收了礼物也没有拜谢。后来，孟子从邹国到任国，前去回访了季子；从平陆到齐国，却没有回访储子。屋庐子高兴地说："我可得着（为难老师的）机会了。"

屋庐子问道："老师到了任国，去回访季子；到了齐国，却不去回访储子，是因为他是齐国的国相吗？"

孟子说："不是的。《尚书》说：'献享看重礼仪，礼仪不能寓寄于享物，如同没有献享，就是心思不在献享上。'因为这样就不能称其为献享。"

屋庐子心悦诚服。有人问他这件事，屋庐子说："季子当时（留守）不能亲自去邹国，而储子（居相）却可以去平陆。"

【说要】

本章记孟子遵礼以为人处世。

任国的任季和齐国的国相储子都派人给孟子送来礼物，后来孟子到任国时，回访了任季，到齐国时，却没有回访储子。

孟子的弟子屋庐子似乎看到了老师行为上的矛盾：同样接受了别人的礼物，却一个回访，一个没有回访。如果回访是合礼的，那么不回访就是违礼的；如果不回访是合礼的，那么回访就是违礼的——一句话，老师您犯了以位取人（重留守轻为相）的错误！

于是，屋庐子动了为难一下老师的小心思——"连得间矣"。

孟子呢？不从回访不回访合礼不合礼去解释，却随手拈出《尚书》的话来指点他："《书》曰：'享多仪，仪不及物曰不享，惟不役志于享。'"献享看重礼仪，礼仪不能寓寄于享物，就如同没有献享，就是心思不在献享上。心思不在献享上的献享，是不能称其为献享的。

屋庐子的确是聪明之人，他立刻明白了老师指点的深意：回访不回访与送礼人的"志"——动机和情感——有关。

任季送礼的时候，正"为任处守"，代理国政。受君之命，负国之重，如何能亲往邹国——人虽然没有亲自到，动机确是纯粹的，情感确是真诚的。

储子送礼的时候，居齐相之位，虽然日理万机，却可以亲往平陆——人虽然是同样没有亲自到，动机却是粗疏的，情感却是虚文的。

冯梦龙《四书指月·孟子居邹章》云：

> 欲来而不得，则币交为实意；得来而不来，交币为虚文。(《四书指月》，第 490 页。文字略有增补)

如此，孟子的回访不回访，便都是合“礼”的。

从孟子“心思不在献享上的献享，是不能称其为献享”的态度看，“献享看重礼仪”的“礼仪”，与我们今天通常讲的“礼仪”不太一样，它显然包含了“礼之仪”“礼之义”的——孟子说“恭敬之心，礼也”。“礼仪”应该也必须是人内在“恭敬之心”的恰当表达。

如此，孟子的不回访，便不是斤斤计较的矫情。

另，对“屋庐子喜曰：‘连得间矣’”，朱熹《孟子集注》解读道：

> 屋庐子知孟子之处此必有义理，故喜得其间隙而问之。(《四书章句集注》，第 348 页)

较之我们“屋庐子动了为难一下老师的小心思”的解读，朱熹的解读，说理或者不差，只是少了些行文的风趣。圣人门中师弟子的关系，原是活泼泼的，这是我们在读《论语》时常常感受到的。孟子也许没有孔夫子那样温润，但是，他不是也有为乐正克“喜而不寐”的时候吗？

12.06　淳于髡[(1)]曰：“先名实者，为人也[(2)]；后名实者，自为也[(3)]。夫子在三卿[(4)]之中，名实未加于上下而去之，仁者固如此乎？”

孟子曰：“居下位，不以贤事不肖者，伯夷也；五就汤，五就桀者，伊尹也；不恶污君，不辞小官者，柳下惠也。三子者不同道，其趋一也。一者何也？曰，仁也。君子亦仁而已矣，何必同？”

曰：“鲁缪公之时，公仪子[(5)]为政，子柳[(6)]、子思为臣，鲁之削也滋甚；若是乎，贤者之无益于国也！”

曰：“虞不用百里奚而亡，秦穆公用之而霸。不用贤则亡，削何可得与？”

曰：“昔者王豹处于淇，而河西善讴[(7)]；绵驹处于高唐，而齐右善歌[(8)]；华周、杞梁之妻善哭其夫，而变国俗[(9)]。有诸内，必形诸外。为其事而无其功者，髡未尝睹之也。是故无贤者也，有则髡必识之。”

曰：“孔子为鲁司寇，不用；从而祭，燔肉不至[(10)]，不税冕[(11)]而行。不知者以为为肉也，其知者以为为无礼也。乃孔子则欲以微罪[(12)]行，不欲为苟[(13)]去。君子之所为，众人固不识也。”

【注释】

（1）淳于髡：齐国稷下先生。07.17 章曾经出现过。

（2）“为人也”句：朱熹《孟子集注》：“名，声誉也。实，事功也。言以名实为先而为之者，是有志于救民也。”冯梦龙《四书指月》：“‘为人’，‘人’字兼君民，观后之‘上下’字可见。”

（3）“自为也”句：朱熹《孟子集注》：“以名实为后而不为者，是欲独善其身者也。”

（4）三卿：全祖望《经史问答》：“三卿者，指上卿、亚卿、下卿而言……乐毅初入燕，乃亚卿，是其证也。”

（5）公仪子：即公仪休。曾任鲁缪公相。“公仪休者，鲁博士也。以高弟为鲁相。奉法循理，无所变更，百官自正。使食禄者不得与下民争利，受大者不得取小。”（《史记·循吏列传》）

（6）子柳：赵岐《注》：“子柳，泄柳也。”曾任鲁国执政之卿。

（7）“昔者王豹”句：赵岐《注》：“王豹，卫之善讴者。淇，水名。”焦循《孟子正义》引《楚辞·大招》云：“‘讴和杨阿。’王逸注云：‘徒歌曰讴。’然则讴、歌同一长言，而歌依于乐，讴不依于乐，此所以分也。”

（8）“绵驹”句：赵岐《注》：“绵驹，善歌者也。高唐，齐西邑。”右，地理上指西方。

（9）“华周、杞梁之妻”句：赵岐《注》：“华周，华旋也。杞梁，杞殖也。二人，齐大夫死于戎事者。其妻哭之哀，城为之崩，国俗化之，则效其哭。”

（10）燔肉不至：燔亦作“膰”，即祭肉。古礼，宗庙社稷诸祭，必分赐祭肉与同姓之国及有关诸人，名曰“散福”。

（11）不税（tuō）冕：不脱帽就走。意即不辞官就离去，形容走得很匆忙。税，通“脱”。解下，解脱。冕，古代卿大夫以上所戴的礼帽。焦循《孟子正义》引《史记·孔子世家》：“齐陈女乐，季桓子微服往观，怠于政事。子路曰：‘夫子可以行矣。’孔子曰：‘鲁今且郊，如致膰乎大夫，则吾犹可以止。’桓子卒受齐女乐，三日不听政，郊又不致膰俎于大夫，孔子遂行。”

（12）微罪：小的过失。罪，过失。

（13）苟：草率。

【译文】

淳于髡说：“重视名誉事功的，是为了辅君济民；轻视名誉事功的，是为了独善己身。先生身处齐国三卿之中，上不能辅佐君主，下不能造福民众，却要辞职而去，仁者原本是这样的吗？”

孟子说："身居下位，不以贤者的身份事奉不贤的君主，这是伯夷；五次任事于汤，又五次任事于桀，这是伊尹；不嫌弃昏恶的君主，不拒绝卑微的官职，这是柳下惠。三人进退行止的方式不同，但方向是一样的。一样的是什么呢？就是行仁。君子只要行仁就好了，何必要相同呢？"

淳于髡说："鲁缪公时，公仪子主持国政，子柳、子思也同朝为臣，可是国家削弱得更加严重；像这个样子，贤者对于国家没有益处啊！"

孟子说："虞国不用百里奚而亡国，秦穆公用了他就称霸。（可见）不用贤人就会亡国，想被削弱（而苟且存活）办得到吗？"

淳于髡说："从前王豹住在淇水边，因而河西的人擅长吟唱；绵驹住在高唐，因而齐国西部的人擅长歌唱；华周、杞梁的妻子痛哭他们的丈夫，因而改变了齐国的习俗。里面有的，一定会表现在外。做事却见不到功效的，髡还没有见过。所以现在是没有贤者，如果有，髡一定会知道。"

孟子说："孔子做鲁国司寇，不被信用；跟随鲁君去祭祀，祭肉没有按规定送来，不辞官而离去。不了解孔子的，以为他是为了那点祭肉，了解孔子的，知道他是因为鲁国失礼。而孔子，则是以鲁君小的过失而离去，不想草率地离去。君子的作为，本来就是一般人不能理解的。"

【说要】

本章记孟子与淳于髡的三问三答，当是07.17"嫂溺"章的继续。

孟子在齐国为客卿，齐宣王对孟子不可谓不恭敬，但是就是不能行孟子主张的"尧舜之道"。二人的"道不同"在"伐燕"的问题上彻底激发出来，故孟子决意离开齐国。

齐人淳于髡以"礼（经）之经常"——"男女授受不亲"与"事之偶然"——"嫂溺"的两难困局，来劝导孟子放弃"以道事君"的出仕之道，行权以救世。孟子则以"天下溺，援之以道；嫂溺，援之以手——子欲手援天下乎"来作答，加以拒绝。

淳于髡显然没有轻易放弃，于是有了本章的三问三答。

第一问答：

在淳于髡看来，"天下溺，援之以道"的人，自然是"仁者"。但是，仁者当以成就名誉事功、辅君济民为己任，而不能轻视名誉事功，仅仅为了独善己身。何况孟子还身居齐国三卿之中。因而质疑孟子："仁者固如此乎？"

孟子则以伯夷、伊尹、柳下惠三位仁者出处进退的故事，来说明仁者的行事方式虽有不同，而坚守的原则是一样的。言下之意，我的或居或留齐国，也是有原则的。

第二问答：

有了孟子的再一次拒绝，二人的对话一下子激烈起来：

淳于髡以“公仪子为政，子柳、子思为臣，鲁之削也滋甚”，来证明“贤者之无益于国也”。

孟子则以“虞不用百里奚而亡，秦穆公用之而霸”，来证明“贤者之益于国也”，关键是君主用不用贤者。

单单从论辩的角度看，淳于髡所举的三人只是一事，这是孤证；孟子所举的一人却是正反两事，论据充分而有力。擅长论辩的淳于髡自然了然于胸——激烈的言辞，只是他的激将法而已。

第三问答：

淳于髡仍然不甘心，又说“善讴、善歌、善哭”的普通人，只要“为其事”，必然有益于世。言外之意，贤者“为其事”，当更有益于世。同时，继续“激将”——“是故无贤者也，有则髡必识之”。

两次论辩，对“道不同，不相为谋”的原则申述，已然明白无遗。孟子不再对“为其事”作答，他请来孔夫子，以“孔子去鲁”的故事彻底摊牌——“君子之所为，众人固不识也”——淳于髡，你不懂得我！

总结本章的三问三答，可以归纳为两句话：

话不投机，多说无益——淳于髡以名誉事功来劝，孟子以“以道事君”为志。

道不相同，不相为谋——去齐的原因，不在孟子的“不为”，只在齐王的“不用”。

论辩就此结束。

孟子终于“去齐”，“退而与万章之徒序《诗》《书》，述仲尼之意，作《孟子》七篇”（《史记·孟子荀卿列传》）。齐国的君臣，也没有湮没在历史的长河之中，而是留在《孟子》里供后人深思。

另，关于“孔子为鲁司寇，不用；从而祭，燔肉不至，不税冕而行”，历代注家有不同的解读。朱熹的解读最合我心：

> 孟子言以为为肉者，固不足道；以为为无礼，则亦未为深知孔子者。盖圣人于父母之国，不欲显其君相之失，又不欲为无故而苟去，故不以女乐去，而以膰肉行。其见几明决，而用意忠厚，固非众人所能识也。（《四书章句集注》，第 349 页）

只是“不以女乐去”略不合文本，当以“不以‘不用’去”为准确。

12.07　孟子曰：“五霸者，三王之罪人也[1]；今之诸侯，五霸之罪人也；今之大夫，今之诸侯之罪人也。

“天子适诸侯曰巡狩，诸侯朝于天子曰述职。春省耕而补不足，秋省敛而助不给。入其疆，土地辟，田野治，养老尊贤，俊杰在位，则有庆[2]，庆以地。入其疆，土地荒芜，遗老失贤，掊克[3]在位，则有让[4]。一不朝，则贬其爵；再不朝，则削其地；三不朝，则六师移之[5]。是故天子讨而不伐，诸侯伐而不讨。五霸者，搂[6]诸侯以伐诸侯者也。故曰：五霸者，三王之罪人也。

“五霸，桓公为盛。葵丘之会[7]，诸侯束牲载书而不歃血[8]。初命曰：诛不孝，无易树子[9]，无以妾为妻。再命曰：尊贤育才，以彰有德。三命曰：敬老慈幼，无忘宾旅。四命曰：士无世官，官事无摄[10]，取士必得，无专[11]杀大夫。五命曰：无曲防[12]，无遏籴[13]，无有封而不告。曰：凡我同盟之人，既盟之后，言归于好。今之诸侯皆犯此五禁，故曰：今之诸侯，五霸之罪人也。

“长[14]君之恶其罪小，逢[15]君之恶其罪大。今之大夫皆逢君之恶，故曰：今之大夫，今之诸侯之罪人也。”

【注释】

（1）“五霸者”句：五霸，指春秋称霸的五位诸侯。具体所指众说纷纭，或说是齐桓公、晋文公、宋襄公、楚庄王、秦穆公；或说是齐桓公、晋文公、楚庄王、吴王阖闾、越王勾践；或说是齐桓公、宋襄公、晋文公、秦穆公、吴王夫差。三王，赵岐《注》：“夏禹、商汤、周文王是也。”

（2）庆：赏赐。赵岐《注》：“赏也。”

（3）掊克：聚敛。朱熹《诗集传》：“掊克，聚敛之臣也。”

（4）让：责罚。朱熹《孟子集注》：“让，责也。”

（5）六师移之：六师，军队。移之，朱熹《孟子集注》：“诛其人而变置之也。”

（6）搂：挟持。

（7）葵丘之会：梁涛《孟子解读》：“公元前651年，齐桓公在阻止了戎狄、荆楚对中原的侵犯和安定王室之后，邀请宋、卫、郑、许、曹等诸侯于宋之葵丘（今河南兰考、民权境内）会盟，周襄王命卿士宰孔莅会，赐齐桓公祭肉。盟约规定会盟之国互不攻伐，不阻塞水源，不阻碍粮食流通，不改换嫡子，尊贤育才，选拔贤士等。会盟确立了齐桓公的霸主地位。”

（8）束牲载书而不歃血：束牲，束缚牺牲而不杀。载书，加盟书于牲上。朱熹《孟子集注》：“按《春秋传》：‘僖公九年，葵丘之会，陈牲而不杀。读书加于牲上，壹明天子之禁。’”

（9）无易树子：赵岐《注》：“树，立也。已立世子，不得擅易也。”

（10）摄：兼，代。

（11）专：独断专行。

（12）曲防：焦循《孟子正义》：“《管子》两言‘无曲堤’，然则防即堤也。谓曲设堤防，以障遏水泉，使邻国受水旱之害。”

（13）无遏籴：朱熹《孟子集注》：“无遏籴，邻国凶荒，不得闭籴也。”籴，买进谷物。

（14）长：助长。

（15）逢：逢迎。

【译文】

孟子说：“五霸是三王的罪人，现今的诸侯是五霸的罪人，现今的大夫是现今诸侯的罪人。

“天子到诸侯国叫作巡狩，诸侯朝见天子叫作述职。（天子的巡狩，）春天视察耕种，补助穷困的人；秋天视察收获，救济缺粮的人。进入诸侯的疆界，如果土地开垦，田野整治，赡养老人，尊敬贤人，杰出之士得到任用，那么就有奖赏，奖赏土地。进入诸侯的疆界，如果土地荒芜，遗弃老人，排斥贤人，聚敛之人得到任用，那么就有责罚。（诸侯述职，）一次不来朝见，就降低他的爵位；两次不来朝见，就削减他的封地；三次不来朝见，就派军队讨而更换国君。所以，天子动用武力是‘讨’而不‘伐’，诸侯动用武力则是‘伐’而不‘讨’。五霸是挟持诸侯去伐诸侯，所以说五霸是三王的罪人。

“五霸中，齐桓公声威最大。在葵丘会盟上，诸侯捆绑了牺牲，把盟书放在它身上，（因为相信诸侯不敢负约，）而没有歃血。第一条盟约说：诛罚不孝者，不擅自改立太子，不立妾为妻。第二条盟约说：尊重贤人，培育人才，以此表彰有德者。第三条盟约说：敬老爱幼，不怠慢来宾和旅客。第四条盟约说：士人不世袭官职，公务不能兼任，选用士人要得当，不擅自杀戮大夫。第五条盟约说：不得曲意堤防，不得拒绝邻国购买粮食，不能封赏而不通告（盟主）。并约定，凡是参加同盟者，盟会之后言归于好。现今的诸侯都违背了这五条盟约，所以说，现今的诸侯是五霸的罪人。

“助长君主的过恶，罪行还小；逢迎君主的过恶，罪行很大。现今的大夫都逢迎国君的过恶，所以说，现今的大夫是现今诸侯的罪人。”

【说要】

本章孟子提出了“五霸者，三王之罪人也；今之诸侯，五霸之罪人也；今之大夫，今之诸侯之罪人也”的著名论断，以此来告诫当时诸国的君臣。

五霸为什么是三王的罪人？其罪何在？欲知其罪，当先看三王之所为：

“春省耕而补不足，秋省敛而助不给”——这是体恤民生。

“入其疆，土地辟，田野治，养老尊贤，俊杰在位，则有庆”——这是尊贤使能。

“入其疆，土地荒芜，遗老失贤，掊克在位，则有让”——责罚墨吏。

“一不朝，则贬其爵；再不朝，则削其地；三不朝，则六师移之”——这是惩除恶侯。

一句话，三王是行王道，以德服人。而现今的五霸呢？“搂诸侯以伐诸侯者也”，他们行的是霸道，以力服人，将西周制定的天子与诸侯的尊卑秩序，搞得礼坏乐崩。所以，从三王到五霸是历史的退步，这正是五霸的“罪”。

张栻《南轩先生孟子说》卷第六：

> 五霸徇利而弃义，不禀王命，擅率诸侯以伐人之国，虽使有成功，而废制紊纪，启祸兆乱，故以为三王之罪人也。(《张栻集》上，第369页)

今之诸侯何以是五霸的罪人呢？其罪何在？欲知其罪，当先看五霸之所为：

“诛不孝，无易树子，无以妾为妻”——这是戒声色、重国体。

“尊贤育才，以彰有德”——这是尊贤德、美风俗。

“敬老慈幼，无忘宾旅”——这是恤老幼、善他人。

“士无世官，官事无摄，取士必得，无专杀大夫”——这是治官制、理政务。

“无曲防，无遏籴，无有封而不告”——这是正己念、和友邦。

一句话，五霸虽假天子、行霸道，然也有此“五禁”盟约，诸侯可以得到暂时的“言归于好”，天下可以得到暂时的安定，所谓“五伯之在春秋，为功之首而罪之魁也”(张栻语)。

平心而论，五霸的罪不容恕，功亦不可掩。现今的诸侯呢？“今之诸侯皆犯此五禁”，现今的诸侯则完全背弃了五霸建立与维护的秩序。所以，从五霸到今之诸侯又是一历史的退步，这正是今之诸侯的“罪”。

今之大夫何以是今之诸侯的罪人呢？其罪何在？欲知其罪，当先看今之大夫之所为：

“今之大夫皆逢君之恶”——孟子云：“长君之恶其罪小，逢君之恶其罪大。”助长他人行恶，固然可恶，逢迎、引诱他人行恶，更加可恶！

需要注意的是，此“罪人”非彼“罪人”：今之诸侯是五霸不知的后人，今之大夫却是今之诸侯日日亲之信之的佞臣！

另，罗泽南《读孟子札记二》：

> 齐桓五命，原是假仁义以号召天下，非真欲尊王室也。……五伯之所以差胜于今之诸侯者，盖以当时之天下犹共知有周室。使不假尊周之名，则无以服天下。向使桓文居战国之时，未始不为今之诸侯，以其无王室之心，则一也。(《罗泽南集》，第311页)

这自然是五霸的真实面目，不能不洞察。

12.08 鲁欲使慎子[1]为将军。孟子曰："不教民而用之，谓之殃民。[2]殃民者，不容于尧舜之世。一战胜齐，遂有南阳[3]，然且不可[4]——"

慎子勃然不悦曰："此则滑釐所不识也。"

曰："吾明告子。天子之地方千里；不千里，不足以待[5]诸侯。诸侯之地方百里；不百里，不足以守宗庙之典籍[6]。周公之封于鲁，为方百里也；地非不足，而俭于百里。太公之封于齐也，亦为方百里也；地非不足也，而俭于百里。[7]今鲁方百里者五，子以为有王者作，则鲁在所损乎，在所益乎？徒取[8]诸彼以与此，然且仁者不为，况于杀人以求之乎？君子之事君也，务引其君以当道，志于仁而已。"

【注释】

（1）慎子：名滑釐，鲁国将军。赵岐《注》："慎子，善用兵者。"

（2）"不教民"句：《论语·子路》："以不教民战，是谓弃之。"与此句同义。用之，朱熹《孟子集注》："使之战也。"

（3）南阳：地名，即汶阳。在泰山之西南、汶水之北。春秋之世为齐鲁所争之地，本属鲁，其后逐渐为齐所侵夺。

（4）然且不可：杨伯峻《孟子译注》："此句未完，因慎子勃然不悦，抢着说去。所以知之者，凡用'尚且''犹且''然且'诸副词之句，多是主从复合句，从句用'且'，主句用反问句，如下文'然且仁者不为，况于杀人以求之乎'即是。"

（5）待：礼待。焦循《孟子正义》："谓朝觐聘问，备其燕享赐予之礼。"

（6）守宗庙之典籍：守，奉守。典籍，重要文册。

（7）"周公之封于鲁、太公之封于齐"诸句：朱熹《孟子集注》："二公有大勋劳于天下，而其封国不过百里。"为，是。俭，约，限制。朱熹《孟子集注》："俭，止而不过之意也。"

（8）徒取：冯梦龙《四书指月》："谓不必殃民也。"

【译文】

鲁国打算任命慎滑釐为将军。孟子说："不教导民众就驱使他们去打仗，这叫作祸害民众。祸害民众的人，是尧舜的时代所不容纳的。即使一仗战胜了齐国，收回了南阳，也是不可接受的——"

慎滑釐脸色一变，（打断孟子的话，）说："这就是我所不能明白的了。"

孟子说："我明白地告诉你。天子的土地方圆千里；不足千里，便不足以礼待诸侯。诸侯的土地方圆百里；不足百里，便不足以奉守宗庙的典章制度。周公分封到鲁国，是方圆百里；（天下的）土地不是不够，却限制在百里。太公分封到齐国，也是方圆百里；

（天下的）土地不是不够，却限制在百里。如今鲁国的土地五倍于方圆百里，你认为如果有圣王兴起，鲁国的土地是在削减之列，还是在增加之列？不祸害民众就能取他处土地并入此处，仁者尚且不干，何况杀人以求取呢？君子事奉君主，只是尽心引导君主合乎道义、立志于仁而已。”

【说要】

本章孟子借“鲁欲使慎子为将军”之事，论发“君子之事君也，务引其君以当道，志于仁而已”之大旨。

南阳本属鲁，其后逐渐为齐所侵夺，发兵夺回它，似乎是天经地义的事。但是，鲁国的土地本来只有“方百里”，而今却扩张到“方百里者五”，这多出来的部分，又从哪里来的呢？难道不是鲁国侵夺他国得来的吗？看透这一层，鲁国夺回南阳就绝不是天经地义的，而是贪得无厌、不夺不餍！如此，国家何时才能安定？天下何时才能太平？百姓何时才能安顿？

这正是孟子“一战胜齐，遂有南阳，然且不可”的理由；这正是孟子“君子之事君也，务引其君以当道，志于仁而已”大旨之所在。

黄宗羲《孟子师说·鲁欲使慎子章》：

> 是时列国求富强者，皆从一己起见，志仁者从民生起见。从民生起见，即莅中国朝秦楚，而无不可；从一己起见，即固有之地，亦在所当损。（《黄宗羲全集》第一册，第146页）

孟子云：“民为贵，社稷次之，君为轻。”（14.14）相对于国家，相对于国家的君主来说，老百姓才是最尊贵的。以利为上，妄起兵戈，“不教民而用之，谓之殃民”，这样的道理慎滑釐是无论如何都明白不了的，他只会“勃然不悦”。

“勃然”一词，在《孟子》中出现过两次。另一次出现在齐宣王听到“君有大过则谏，反覆之而不听，则易位”时。

齐宣王“勃然变乎色”，并不打断孟子的话；慎滑釐“勃然不悦”，却脱口打断了孟子的话，两相比较，小细节可以看出大问题：齐宣王还是有些涵养的，慎滑釐则未免浮躁得很。如此，“善用兵者”之评价就要大打折扣——慎滑釐的“善用兵”，或不过是恃小勇逞恶强而已。

凭此“小勇”而“不教民而用之”，即使是被动的受命，也是“长君之恶”，何况是积极的行动？那就是“逢君之恶”了。总之，“殃民”恶名，是慎滑釐无论如何也摆脱不掉的！

上一章，孟子曰：“今之大夫，今之诸侯之罪人也。”此章正是它的注疏。

生活中的我们，“勃然”的时候想来也少不了。“勃然”是情不可遏，“引己以当道”是理性思考。有此理性思考，自能渐进于从容平和，古人云：“每临大事有静气，不信今时无古贤。”

12.09　孟子曰：“今之事君者曰：‘我能为君辟[1]土地，充府库。’今之所谓良臣，古之所谓民贼也。君不乡[2]道，不志于仁，而求富之，是富桀也。‘我能为君约与国[3]，战必克。’今之所谓良臣，古之所谓民贼也。君不乡道，不志于仁，而求为之强战，是辅桀也。由今之道，无变今之俗，虽与之天下，不能一朝居也。”

【注释】

（1）辟：朱熹《孟子集注》：“辟，开垦也。”

（2）乡：甲骨文写作，象二人相向对坐，共食一簋之状。本义是用酒食款待别人。因二人相向对坐，引申为向往、对着、朝着、方位等义。后又假借为行政区域名。

（3）与国：朱熹《孟子集注》：“和好相与之国也。”

【译文】

孟子说：“如今事奉君主的人说：‘我能为君主开垦土地，充实国库。’今天所谓的良臣，正是古代所谓的民贼。君主不向往道义，不立志行仁，却为他求取富有，这是富足夏桀。（他们又说：）‘我能为国君结交盟国，每战必胜。’今天所谓的良臣，正是古代所谓的民贼。君主不向往道义，不立志行仁，却为他拼命打仗，这是助力夏桀。顺由今天的道路，不改变今天的风气，即使给他整个天下，也不能安居一天。”

【说要】

本章与上一章意旨相近，继续阐发为臣当“引君向道”的大义。

姚永概《孟子讲义》卷十二引范当世语：

> 此可与上章合为一。“孟子曰”三字疑衍，今多赵本五百四十一字，安知非此类与？（《孟子讲义》，第218页）

这个猜测，很有道理。

君臣是一对待关系，而不是君绝对的凌驾、臣绝对的顺从。孔子云：“君使臣以礼，臣事君以忠。”孟子又进一步阐发：“长君之恶其罪小，逢君之恶其罪大”“责难于君谓之恭，陈善闭邪谓之敬，吾君不能谓之贼”。在孟子看来，真正合格的“臣”，是能够“格君心之非”“引君向道”的人。“引君向道”，是为臣的大义，是臣之为臣的根本所在。

“君不乡道，不志于仁，而求富之”——所谓的“能为君辟土地，充府库”，不过是“富桀”而已；“君不乡道，不志于仁，而求为之强战”——所谓的“能为君约与国，战必克”，不过是“辅桀”而已。

“富桀”“辅桀”，即助君为虐；助君为虐，即“殃民”！殃民的人，是不见容于尧舜之世的！

李贽《四书评·孟子》卷之六批注曰：

> 骂得快活！（《四书评》，第 173 页）

需要提醒的是，孟子的批判，还有另外一层含义：“富桀”“辅桀”的恶果，有一个前置条件——“君不乡道，不志于仁”。

冯梦龙《四书指月·孟子曰今之事君章》：

> 时说谓此章专罪人臣，愚谓此章，全为提醒人君而发。（《四书指月》，第 495 页）

张居正《四书直解·孟子》卷十二：

> 夫富强之臣，其无益于人国也如此。而时君世主，顾乃偏信独任，贪近利而忘远图，亦独何哉？（《四书直解》，第 509 页）

这正是本章以“由今之道，无变今之俗，虽与之天下，不能一朝居也”作结的用意。

张岱《四书遇·民贼章》引陈新安语：

> 自当时观之，孟子此论若迂且激。而六国吞，暴秦亡，此论岂不深中大验。（《四书遇》，第 503 页）

姚永概《孟子讲义》卷十二：

> 孟子之文，论及时事，俊伟之中往往含有哀痛，由其悲悯者诚也。此章前路极开展痛快，“由今”一折，沈郁顿挫，无限凄凉。（《孟子讲义》，第 218 页）

“知我者，谓我心忧；不知我者，谓我何求。”三叹！

12.10　白圭[(1)]曰：“吾欲二十而取一，何如？”

孟子曰：“子之道，貉[(2)]道也。万室之国，一人陶，则可乎？”

曰：“不可，器不足用也。”

曰："夫貉，五谷不生，惟黍[3]生之；无城郭、宫室、宗庙、祭祀之礼，无诸侯币帛饔飧[4]，无百官[5]有司，故二十取一而足也。今居中国，去人伦，无君子，如之何其可也？陶以寡，且不可以为国，况无君子乎？欲轻之于尧舜之道者，大貉小貉也；欲重之于尧舜之道者，大桀小桀也。"

【注释】

（1）白圭：姓白，名丹，字圭。邓秉元《孟子章句讲疏》："按《史记·货殖列传》所言魏文侯时白圭执政，与本章之白圭，先儒多以为非同一人。清儒全祖望、周广业等续有考证，参焦循《孟子正义》。综合诸说，二白圭当是同一人，而《史记》时间记载有误。"

（2）貉（mò）：同"貊"。朱熹《孟子集注》："北方夷狄之国名也。"

（3）黍：古书上常见的谷类植物。禾本科稷属，一年生草本，宜于大暑时植于旱田。

（4）饔飧：朱熹《孟子集注》："以饮食馈客之礼也。"

（5）官：官府。《礼记·王藻》："在官不俟屦。"注云："官，谓朝廷治事处也。"

【译文】

白圭说："我想采用二十抽一的税率，怎么样？"

孟子说："你的方法，乃貉国的方法。万户居民的国家，只有一个人制作陶器，可以吗？"

白圭说："不行，陶器会不够用。"

孟子说："貉这个国家，五谷不生，只有黍能成活；没有城墙、宫室、宗庙和祭祀的礼仪，没有诸侯间的互送礼物和宴饮，没有官府和官吏，所以二十抽一也足够了。如今在中国，废去人伦，没有官吏，怎么可以呢？制作陶器的人少了，尚且不能满足国家需要，何况没有官吏呢？想使税率轻于尧舜的，是大貉、小貉；想使税率重于尧舜的，是大桀、小桀。"

【说要】

本章论国家税制。

《公羊传·宣公十五年》云：

古者什一而藉。古者曷为什一而藉？什一者，天下之中正也。多乎什一，大桀小桀。寡乎什一，大貉小貉。什一者，天下之中正也，什一行而颂声作矣。（陈戍国点校：《四书五经》下，岳麓书社 2014 年版，第 1355 页）

孟子即秉持此“什一而税”（见 05.03、06.08）之税制。

税制关乎国计民生，可谓大矣！

孟子继承孔子“富民”之旨，提出实行“井田制”以“制民之产”；“不违农时”“助而不税”以促进农业生产；“廛而不征，法而不廛”“讥而不征”“无夫里之布”鼓励入市经商等行政措施，增加老百姓的收入。同时，孟子提出“易其田畴，薄其税敛，民可使富也”（13.23）、“取于民有制”（05.03）等减少老百姓支出的利民税制原则。他反对过高的税敛：

> 有布缕之征，粟米之征，力役之征。君子用其一，缓其二。用其二而民有殍，用其三而父子离。（14.27）

但是，“薄其税敛”也不是一味降低赋税。为什么不能一味降低赋税？

> 有大人之事，有小人之事。……或劳心，或劳力；劳心者治人，劳力者治于人；治于人者食人，治人者食于人。（05.04）
>
> 无君子，莫治野人；无野人，莫养君子。（05.03）

国家的治理、人伦的敦厚，没有官吏，怎么可以呢？即以官员去治理国家、敦厚人伦，没有必要的财政收入怎么可以呢？

白圭主张“二十而取一”，表面看来是利于民的税制，却无法维持国家正常的开支，过犹不及，最终必将祸国殃民，这是典型的“攻乎异端”。

孟子以“貉”与“中国”的国情不同、“万室之国，一人陶”的精妙之喻，申论“大貉小貉”乃简陋之政，“大桀小桀”乃暴君之行。总之一句话，白圭欲行的新法谬误，先王的古制合理。

张栻《南轩先生孟子说》卷第六：

> 先王什一之法，盖天理之安，人情之至，所以为万世亡弊者也。夫无君子莫治野人，无野人莫养君子。君子劳心以治其民，而野人劳力以共其公上，是理之当然也。然取之过于多，则是厉民以自养，民日有不赡之忧，而疾恶怨畔之心所从生，固不可也。若取之过于寡，则夫城郭、宫室、宗庙、祭祀之所须，诸侯币帛饔飧之所出，百官有司之所仰给，凡所以为国者，何自而资？是则礼乐尽废，上下混殽，而亦乱之道矣。（《张栻集》上，第 372 页）

另，《得民心得天下：王蒙说〈孟子〉》：

> 税少是不发达不文明的象征。税多呢？是桀之暴政的表现。收多了就是夏桀一

样的暴君。谬矣。如今的文明世界，税率不知比尧舜高凡几，而且税的工程与规矩日益复杂，孟子当年的话，早过了时啦。(《得民心得天下：王蒙说〈孟子〉》，第339页)

这又不得不为孟子做一下辩护：

盖孟子之世，劳动工具落后，劳动效率极低，“乐岁终身苦，凶年不免于死亡”。执政者不得不敬持爱民之心，于国计、民生之间，作一适宜的平衡。如今之世界，科学技术高度发达，生产经营效率极大提高，虽然“税率不知比尧舜高凡几”，却与孟子治理国家、敦厚人伦的为政理念，一脉相承——税率，在今天其实已经包含了更多刺激、协调经济发展的因素。孟子当年的话，并不过时呢！当然，个别税率不合理，那另当别论。

12.11　白圭曰：“丹之治水也愈于禹。”

孟子曰：“子过矣。禹之治水，水之道也，是故禹以四海为壑(1)。今吾子以邻国为壑。水逆行谓之洚水。洚水者，洪水也，仁人之所恶也。吾子过矣。”

【注释】

(1) 壑（hè）：水坑，水沟。此则扩大其义，故朱熹《孟子集注》：“壑，受水处也。”

【译文】

白圭说：“我治理洪水胜过大禹。”

孟子说：“你错啦。大禹治水，是使水归于正道，所以大禹把四海当作纳水之处。现在你却是把邻国当作纳水之处。水逆流倒行叫作洚水。洚水，就是洪水，这是仁者最憎恶的。你错啦。”

【说要】

本章孟子面对白圭“丹之治水也愈于禹”的自夸之语，批评白圭的治水，不过是不符合仁道的“以邻为壑”。

上一章论税制，提出尧舜什一之道；本章辨治水，提出大禹行水之道。两个“道”字，都是根据先王之道，以压倒世俗经世之陋见。

关于白圭的治水，《韩非子·喻老篇》云：“白圭之行堤也塞其穴……是以白圭无水难。”这个“无水难”，只是自己国家“无水难”，邻国却因此“有水难”！

朱熹《孟子集注》云：

> 水逆行者，下流壅塞，故水逆流。今乃壅水以害人，则与洪水之灾无异矣。（《四书章句集注》，第 353 页）

道，路也。由地中行，乃是水之道。由其道则归海，不由其道则逆行，逆行则洪水生，灾害生。

所以，在孟子看来，白圭治水不是疏通河道，导入江海，而是构筑堤防，让水逆流入邻国，本国或“无水难”，而邻国水患却更甚。这如何与大禹相提并论呢？何况是“愈于禹”呢！

《得民心得天下：王蒙说〈孟子〉》：

> 在人与己、邻与己的命题上有许多说法，一个是毫不利己，专门利人，这是学习雷锋的号召。一个是个人管自己，上帝管大家，这是西方的说法。一个是推己及人与己所不欲、勿施于人还有己欲立而立人、己欲达而达人，这是儒家的说法。……说法虽然不同，不可以邻为壑，却是没有疑义的。（《得民心得天下：王蒙说〈孟子〉》，第 340 页）

白圭的自夸，有其理由——利本国；孟子的批评，有其道理——害邻国。两相比较，谁的气象更大，谁才是“仁人”，不待多言而自明。

孟子云：

> 君子之于物也，爱之而弗仁；于民也，仁之而弗亲。亲亲而仁民，仁民而爱物。（13.45）

人善性的扩充培养，是一个由亲到众民，由众民到万物的过程。它发于性，始于亲，以至无限广大。任何的自限，都不过是利己的变相，是“仁人之所恶”的。

12.12　孟子曰：“君子不亮(1)，恶乎执？”

【注释】

（1）亮：朱熹《孟子集注》：“亮，信也，与谅同。”朱注本于赵岐。

【译文】

孟子说：“君子不能诚信，如何能持守？”

【说要】

本章论信。

“亮”字，古注多训为“信”。“信”之于治国理政大矣。

《论语》12.07 章：

> 子贡问政。子曰：“足食，足兵，民信之矣。”
>
> 子贡曰：“必不得已而去，于斯三者何先？”曰：“去兵。”
>
> 子贡曰：“必不得已而去，于斯二者何先？”曰：“去食。自古皆有死，民无信不立。”

在孔子看来，对于执政者来说，足够粮食（富足财政）、足够兵力（强大国防）、获得老百姓的信任是三件重要的事情，而三者之中，获得老百姓的信任又是重中之重。

孟子此章当即申发孔子之意，只是精微处尚待分析。

孔子的“信”是自外说，孟子的“信”是自内讲。

冯梦龙《四书指月·孟子曰君子不亮》：

> 《汉疏》云：不言“信”而言“亮”者，其体在信，其用在明。说理最精。“亮”，不但知得真切，便是笃信力行意。但“亮”以心言，而“执”以事言耳。（《四书指月》，第 497 页）

孟子认为人皆有不忍人之心，执政不过是“以不忍人之心，行不忍人之政”而已。当然，从“不忍人之心”到“不忍人之政”之间，还有一大段工夫要做。

如何做工夫？孟子曰：“反身而诚。”反省自己而达到真诚，此即“信”；有此“信”，便知之切，行之笃，此即“尽心”。能“尽心”，则“知性”“知天”以因应仁民爱物、治国理政，如此，便有所“执”了。

12.13　鲁欲使乐正子(1)为政。孟子曰：“吾闻之，喜而不寐。”

公孙丑曰：“乐正子强乎？”曰：“否。”

“有知虑乎？”曰：“否。”

“多闻识乎？”曰：“否。”

“然则奚为喜而不寐？”曰：“其为人也好善。”

“好善足乎？”曰：“好善优于天下(2)，而况鲁国乎？夫苟好善，则四海之内皆将轻(3)千里而来告之以善；夫苟不好善，则人将曰：‘訑訑(4)，予既(5)已知之矣。’訑訑之声音颜色距(6)人于千里之外。士止于千里之外，则谗谄面谀之人至矣。与谗谄面谀之人居，国欲治，可得乎？”

【注释】

（1）乐正子：孟子弟子乐正克。

（2）优于天下：朱熹《孟子集注》：“言虽治天下，尚有余力也。”优，宽绰，有余力。

（3）轻：不以为难。

（4）訑（yí）訑：梁涛《孟子解读》：“听别人意见时不耐烦的声音。”朱熹《孟子集注》“自足其智，不嗜善言之貌。”

（5）既：尽。既为会意字，甲骨文写作，从（盛满食物的器皿）从（人吃饱饭后扭头张嘴打饱嗝），会吃完饭之意。本义当为吃完饭。引申为尽、完毕等。

（6）距：同“拒”。

【译文】

鲁国打算让乐正子治理国政。孟子说：“我听到这个事情，高兴得睡不着觉。”

公孙丑问：“乐正子能力很强吗？”孟子说：“不是。”

公孙丑问：“有智慧谋略吗？”孟子说：“不是。”

公孙丑问：“见多识广吗？”孟子说：“不是。”

公孙丑又问：“既然这样，那么您为什么高兴得睡不着觉呢？”孟子说：“他为人好善。”

公孙丑问：“好善就足够了吗？”孟子说：“好善足以治理天下，何况鲁国？如果好善，那么四方之人就会不远千里赶来把善告诉他；如果不好善，他会说：‘嗯嗯！我早已知道了！’这种嗯嗯的腔调、脸色拒人于千里之外。士人止步于千里之外，阿谀奉承的人就来了。与阿谀奉承的人相处，国家要想得到治理，可以做得到吗？”

【说要】

本章赞乐正克“好善”，亦即告诫为政者要“好善”。

公孙丑前三问，都是问乐正克与其他孟子弟子相比较，在“能力、智谋、见识”上是否更优秀，孟子皆回答“不是”。这并不是说乐正克的“能力、智谋、见识”不好，只是强调让孟子感到十分欣慰的是乐正克的“好善”。

“能力、智谋、见识”可谓“才”，“好善”可谓“德”，孟子在才与德之间优先选择了“德”。当然，我们不能因此认为孟子不重视“才”，孟子曾经说过，“徒善不足以为政”，可见孟子是德才并重、以德为先的。有才方能做事，有德方能做好事。

司马光《资治通鉴·周纪一》：

夫德者人之所严，而才者人之所爱。爱者易亲，严者易疏，是以察者多蔽于才而遗于德。

在孟子看来，一个为官的人无“好善”之德，则“士止于千里之外”，而“谗谄面谀之人至矣”，这样就会耳朵听不见一句善言，眼睛看不见一丝善行，独善其身都不可能，哪里还谈得上治国呢！

一个为官的人有“好善”之德，“则四海之内皆将轻千里而来告之以善”，便可以聚他人之“能力、智谋、见识”以为政。如此，治天下也游刃有余，何况治理鲁国呢！

程兆熊《四书大义·孟子讲义第十二讲》：

一善而纳百善，即一才而用众才，“谗谄面谀之人”，即无从而至。故曰：“好善优于天下。”好善之人至，则善涌至。以此而必有其政之善，自应“喜而不寐”。（《四书大义》，第384—385页）

“善与人同、舍己从人——乐取于人以为善。……是与人为善者也。”向他人学习善，反过来又促使他人积极行善，这样人与人之间便会相互激励，共同追求善。试问还有比“好善”更为有利于治理国家的吗？这正应了那句老话：众人拾柴火焰高。

12.14 陈子[(1)]曰：“古之君子何如则仕？”

孟子曰：“所就三，所去三。迎之致敬以有礼，言将行其言也，则就之；礼貌未衰，言弗行也，则去之。其次，虽未行其言也，迎之致敬以有礼，则就之；礼貌衰，则去之。其下，朝不食，夕不食，饥饿不能出门户，君闻之，曰：‘吾大者不能行其道，又不能从其言也，使饥饿于我土地，吾耻之。’周[(2)]之，亦可受也，免死而已矣。”

【注释】

（1）陈子：陈臻，孟子弟子。

（2）周：周济，救济。

【译文】

陈子问：“古代的君子怎样才出仕呢？”

孟子说：“就职有三种情况，辞职也有三种情况。国君接待他，恭敬而有礼，有所进言，就准备实行，便就职；国君的礼貌没有衰减，对于进言却不去实行，就辞职。其次，国君虽然对他的进言不去实行，但依然恭敬有礼，便就职；礼貌衰减了，就辞职。最下一等的情况是，早上没饭吃，晚上也没饭吃，饿得出不了门，君主知道后说：‘我在大政上不能实行他的主张，又不能听取他的进言，使他在我的国土上忍饥挨饿，我感到羞耻。'于是周济他，这也是可以接受的，不过是免于饿死罢了。"

【说要】

本章以"三就三去"论君子出处进退之道。与10.04章"见行可之仕""际可之仕""公养之仕"大旨相近。

"迎之致敬以有礼，言将行其言也，则就之"——这是"见行可之仕"；"虽未行其言也，迎之致敬以有礼，则就之"——这是"际可之仕"；"周之，亦可受也，免死而已矣"——这是"公养之仕"。

"学而优则仕"（《论语》19.13章）是儒家君子坚定的入世主张，但世事维艰，不如意者八九，如何面对这些不如意，对君子考验不小。

"一就"，因道可行而"就"，这自然是最为理想的。"二就"，因"迎之致敬以有礼"而"就"。"迎之致敬以有礼"，虽一时不能行道，但以后或有可以行道之转机，这也是值得期待的。"三就"，因苟全性命于乱世，保留行道的生命种子而"就"。这是无可奈何的。

"三就"即明，"三去"不言而喻。"三就三去"之论，深见儒家君子行道之笃志、行道之韧性，"任重道远，死而后已"，令人感佩无限。

唐文治《孟子大义》卷十二：

其所受之节，曷裁之？裁之于义而已。君子曰：去就，人之大节也，不可苟也。所就三，所去三，皆义也，尤当盟诸心也。（《唐文治四书大义》，第435页）

姚永概《孟子讲义》对"周之，亦可受也"颇生感慨：

"免死"句尤有弦外之音。在受者当知其为权时之宜，不可久处；在与者则深失待贤之道，近于豕交。读之令人回环欲绝。（《孟子讲义》卷十二，第223页）

即言"三就三去"，何以孟子仅说到"三就二去"？

顾炎武《日知录》卷七《所去三》云：

免死而已矣，则亦不久而去矣。故曰所去三。（《日知录集释》，第335页）

12.15　孟子曰："舜发于畎亩之中(1)，傅说举于版筑之间(2)，胶鬲举于鱼盐之中(3)，管夷吾举于士(4)，孙叔敖举于海(5)，百里奚举于市(6)。故天将降大任于是人也，必先苦其心志，劳其筋骨，饿其体肤，空乏其身，行(7)拂乱其所为，所以动心忍性，曾益(8)其所不能。人恒过，然后能改；困于心，衡(9)于虑，而后作；征(10)

于色，发于声，而后喻。入则无法家拂士(11)，出则无敌国外患者，国恒亡。然后知生于忧患而死于安乐也。”

【注释】

（1）舜发于畎（quǎn）亩之中：传说舜曾耕于历山。年三十，尧举以为相，摄政二十八年，受禅为天子。发（發），兴起。甲骨文写作，字形象弓弦被拨后不断颤动之形。加“攴”变为“弢”，会以手发弓之意。春秋时代“弢”又演变为“發”，本义是发射。射箭是由此及彼，非由彼及此，故引申为兴起。畎亩，田野。畎，金文写作，从亩从川。或，象犬伏水沟以待猎之形。皆会意田地低洼之处，即田地中间的沟。亩（晦），金文写作，从田从每，每亦声。每与母异形而同义，象发上加笄饰的女子。加笄饰的头发呈现隆起的样子，故从田从每，会意田间的高处，即田埂。

（2）傅说（yuè）举于版筑之间：傅说，商王武丁之相。相传他因罪服刑，在傅险（即傅岩，今山西平陆以东）从事版筑，后被商王武丁访求到而提拔为相。版筑，古代筑墙的方法。以两版相夹，再用杵夯土其中以成墙。

（3）胶鬲（gé）举于鱼盐之中：胶鬲，殷末贤者。相传他遭遇商纣之乱，隐而贩鱼盐，周武王发现并举用了他。

（4）管夷吾举于士：管夷吾，即管仲。原是齐国公子纠的家臣，齐桓公杀公子纠，管仲被拘押。后经鲍叔牙推荐，桓公提拔他为相。士，掌管刑狱的官员。这里用作动词，处囚禁之中。

（5）孙叔敖举于海：孙叔敖，楚国令尹。赵岐《注》：“孙叔敖隐处，耕于海滨，楚庄王举之以为令尹。”

（6）百里奚举于市：百里奚，原为虞国大夫，虞亡后辗转而成秦国大夫，辅助秦穆公建立霸业。据《史记·商君列传》，百里奚听说秦穆公贤明，想去拜见，“行而无资，自粥（同‘鬻’）于秦客，被褐食牛。期年，缪公知之，举之牛口之下，而加之百姓之上”。

（7）行：此字为衍文。

（8）曾益：增加。曾，同“增”。

（9）衡：通“横”。横塞。

（10）征：表现。

（11）法家拂士：朱熹《孟子集注》：“法家，法度之世臣也。拂士，辅弼之贤士也。”拂是会意兼形声字，从手从弗，弗亦声。弗，甲骨文写作，从己（绳索之形）从“丨丨”（象二板夹一物之形），会缠束物使之矫正不弯之意。后简化为。拂的本义应是以手矫正。引申为辅弼和违逆两个截然相反的字义。

【译文】

孟子说："舜兴起于田野耕作之中，傅说举用于夯土筑墙之中，胶鬲举用于贩鱼售盐之中，管夷吾举用于囚徒拘禁之中，孙叔敖举用于海滨，百里奚举用于集市。因此，上天要把重任降临在这个人身上，一定要先磨砺他的心志，劳累他的筋骨，饥饿他的肌体，困乏他的身子，扰乱他的行为，以此来振动他的心志、坚韧他的性格，增加他所缺少的才干。人常（知道自己）有过失，（因此内心警觉，）才能改正；内心困苦，思虑不通，然后奋发有为；（看到别人脸上）表现出不高兴的面色，（口里）说出嘲讽的话，然后惊醒觉悟。一个国家，在内没有知晓法度的大臣和辅佐君主的贤人，在外没有抗衡的国家、外在的忧患，国家常常会灭亡。由此可知，生存得益于忧患而消亡源自安乐。"

【说要】

此章，千盘百折，专为末一节"生于忧患而死于安乐"一句蓄势。

世传黄帝做梦得风后、力牧，文王做梦得姜太公，唐太宗做梦得薛仁贵，好像古代君王得贤臣，太容易了，只需做个梦就行。其实哪能如此呢！这些君王为什么会做这样的梦呢？日有所思夜有所梦，说到底是他们思贤若渴，贤者都是苦求得来的。所以不要被传说的、字面的东西所误导、所迷惑，要学会透过现象看本质。

君王得贤臣没有那么容易，人成为贤者那就更难。

圣王舜是从田野农夫中走出的，贤臣傅说来自建筑工地的工匠，胶鬲来自鱼盐小贩，管夷吾来自囚徒，孙叔敖来自海边，百里奚来自集市。孟子列举的这些历史上的著名人物哪个不是经历了艰难困苦的磨砺才大有作为的？

心志的困苦，身体的饥寒，事业的挫折，是人人都想方设法避免，却终究避免不了的。如何面对它？古来的圣贤给予了正面的回答：

> 文王拘而演《周易》；仲尼厄而作《春秋》；屈原放逐，乃赋《离骚》；左丘失明，厥有《国语》；孙子膑脚，《兵法》修列；不韦迁蜀，世传《吕览》；韩非囚秦，《说难》《孤愤》……（司马迁：《报任安书》）

事实证明，忧患乃增益才能、德性之良机，安乐实渐至危亡、衰败之台阶。心志的困苦、身体的饥寒、事业的挫折，只能击倒懦夫，而英雄豪杰，却能战胜困苦而坚韧心志，战胜饥寒而强健体格，战胜挫折而走向成功。

刘向《新序·杂事第四》：

> 桓公与管仲、鲍叔、宁戚饮酒，桓公谓鲍叔："姑为寡人祝乎！"鲍叔奉酒而起曰："祝吾君无忘其出而在莒也，使管仲无忘其束缚而从鲁也，使宁子无忘其饭牛于

车下也。”桓公辟席再拜曰：“寡人与二大夫，皆无忘夫子之言，齐之社稷，必不废矣。”此言常思困隘之时，必不骄矣。(《新序》，第 182 页)

生是因忧患而生，死是因安乐而死，古来的圣贤以其光辉灿烂的生命气象，照亮了流传千古的至理名言——“生于忧患，死于安乐”！

另，“人恒过，然后能改”，通常译为“人常有过错，然后才能改过”。但是现实的经验告诉我们，有过错却不愿意改正过错，甚至文过饰非的人，比比皆是——通常的译法是有问题的。

张栻《南轩先生孟子说》卷第六：

人恒过，然后能改，言凡人常见其有过，而后能改过。使其漠然不察其有过，则过将日深，何改之有？知用力则惧吾过之多，而改之惟恐不暇矣。(《张栻集》上，第 375—376 页)

张栻的解读是合情合理的，我们的译文即从张：“人常（知道自己）有过失，（因此内心警觉，）才能改正。”

“人恒过，然后能改；困于心，衡于虑，而后作”——这两条说的是内省；“征于色，发于声，而后喻”——这一条说的是外辱。

内省从内说，外辱自外讲，二者经由人的内心警觉，而促使人的“改”“作”“喻”。人能时刻保持这样的内心警觉，则心“思”不懈，从而“我思故我在”。

12.16　孟子曰：“教亦多术(1)矣，予不屑(2)之教诲也者，是亦教诲之而已矣。”

【注释】

（1）多术：言教育之方法，不止一端。

（2）屑：张栻《南轩先生孟子说》：“屑，与不屑就、不屑去之屑，同训轻。”另，赵岐《注》：“屑，洁也。我不洁其人之行，故不教诲之。”这里从张说。

【译文】

孟子说：“教育也有多种方式，我不屑于教诲，也是在教诲他啊。”

【说要】

本章论教育之道。

在古文字中，“教”与“学”是同一个字。从传授的一面讲，称为“教”；从接受的一面讲，称为“学”。

教字的造字原理告诉我们，教育一体本含教与学之两面，是教与学双向的良性互动。

教育之道，要求传授者真诚而无隐，接受者恭敬而无厌。

唐文治《孟子大义》卷十二：

> 教人之法，不容不严。严则或有所穷，然而不穷者，惟其教思无穷，故其教术亦无穷也。老子曰：“圣人善救人，故无弃人；善救物，故无弃物。”善救人者，善教人也。（《唐文治四书大义》，第 439 页）

《论语》17.20 章：

> 孺悲欲见孔子，孔子辞以疾。将命者出户，取瑟而歌，使之闻之。

钱穆先生解读道：

> 即取瑟而歌，使之闻之，知非真有疾，俾以告孺悲。孔子既拒之，又欲使知之，孺悲殆必有所自绝于孔子。而孔子不欲显其短，使无自新之路，故虽抑之，不彰著；虽拒之，不决绝。亦孟子所谓不屑之教诲。（钱穆：《论语新解》，九州出版社 2011 年版，第 531 页）

“乃所愿，则学孔子也”，孟子学孔子是真能恭敬而无厌，且落实到行动中的。

“不屑之教”，常常会让人觉得冷若冰霜。其实，雨露可以润养万物，而霜雪也可以成就万物。

卷第十三　尽心章句上 凡四十六章

13.01　孟子曰："尽(1)其心者，知其性也，知其性则知天矣。存(2)其心，养(3)其性，所以事(4)天也。夭寿不贰(5)，修身以俟之，所以立(6)命也。"

【注释】

（1）尽：本义是终尽，引申为竭尽、整个、一律等。

（2）存：朱熹《孟子集注》："谓操而不舍。"存是会意兼形声字。小篆写作，从（子，初生婴儿）从才（象草木初生形），才兼声，会意生存、活着。本义为生存、活着。引申为存留、存在、抚慰、慰问、积聚等。

（3）养：朱熹《孟子集注》："谓顺而不害。"养是会意字，甲骨文写作（羖，养的古体），从羊从攴（攴、攵古字形相同），会意牧养牲畜，与"牧"为一字。引申为奉养、生养、饲养、种植、养护、保养、教育和熏陶等义。需要注意的是，牧养与圈养不同，圈养是人割什么草，牛羊就吃什么草；牧养是人把牛羊赶到草地里，牛羊想吃什么草就吃什么草。秦"书同文字"去除了养的早期字形，选择了新字形，养就变成形声字。《说文解字》："从食羊声。"

（4）事：蔡仁厚《孟子要义》："谓奉承而不违。"事是会意字，甲骨文写作，从（猎具形）从（手，左右不分），手持猎具会意捕猎。引申为治事、从事、事业、事情、职事等。

（5）夭（yāo）寿不贰：不因长寿短命而游移心志。夭，谓短命。寿，谓长寿。不贰，不二心，不游移。

（6）立：挺立。蔡仁厚《孟子要义》："谓全受而全归。"立是会意字，甲骨文写作，从"大"（人正面站立形）在"一"（代表地面）上，表示人正面站立于地上。本义为站住不动、站立。引申为竖立、挺立、建立、设立、制定、确立、成就、存在、生存等，也指登上某种位置。又假借为副词，表示立刻、马上的意思。

【译文】

孟子说："竭尽自己的本心就知道自己的本性，知道自己的本性就知道天道了。保存自己的本心，涵养自己的本性，就是在侍奉天道了。不因长寿短命而游移，修己安人以迎接它，这就是挺立天赋之使命了。"

【说要】

本章论心、性、天、命。短短四十三个字的一段话，提出“尽心”“存心”“知性”“养性”“知天”“事天”“立命”等诸多概念，是《孟子》中极其重要又非常难解的一章。

冯梦龙《四书指月·孟子曰尽其心章》：

> 此章全是以人合天之学。“心”“性”“天”“命”四字，只是一样：人具之为心，心之灵处为性，性之自出为天，天之一定为命。孟子分别说来，其意正要吾人从本来处讨个下落，然其结果在人身上。故末又点出“修身”二字，正见心性不属玄虚，天命不涉冥漠。又见得此身不落躯壳，故通章关键，其归宿在“修身”二字。其工夫下手在“存”“养”二字，其贯彻在“尽”“心”二字。(《四书指月》，第502页。文字略有增改)

精微之处，非言语所能及。我们下面的解读，不过是大而化之。

这一章共三段话。

第一句话，“尽其心者，知其性也，知其性则知天矣”；第二句话，“存其心，养其性，所以事天也”；第三句话，“夭寿不贰，修身以俟之，所以立命也”。

“尽其心者，知其性也，知其性则知天矣”：“尽其心者，知其性也”，明确一个判断——尽其心就是知其性；“知其性则知天矣”，明确一个推论——知其性(也是尽其心)就可以知天。

“尽其心者，知其性也，知其性则知天矣”，是向内回观而上达的：回观以竭尽心性之微妙，可以达知天道与心性为同一。

“存其心，养其性，所以事天也”，心性一体，存其心就是养其性。存其心——操持本心之良而不舍弃；养其性——顺成天性之善而不戕害。“存其心，养其性，所以事天也”，是向外推及而上达的：推及以扩充心性之良善，可以守成天道赋人之使命。

“知天”，向内回观而上达；“事天”，向外推及而上达。向内是虚功，是省察，微妙而幽玄；向外是实行，是日用，明了而亲切。

“知天”与“事天”分说是二，合说是一。虚实两作，形成完美的下学而上达的生命路径。

辛全《四书说》卷六：

> 有言先知天而后事天者，有言先事天而后知天者，有言知与事一时并进者。随其功力所至，便可达天，俱可作圣。不必执此非彼也。
>
> 据孟子之言，毕竟知在事前。(《四书说》，第218页)

真正明了了前两句话所讲的“知天”“事天”，人的生命有了第三句话所说的状态：“夭寿不贰，修身以俟之，所以立命也。”

夭寿不贰——年寿之短长，由天不由人，不可因年寿之短长而游移我心；修身以俟之——生命之价值，由人不靠天，定要顺天赋之使命而修身进德。如此，人的生命就拥有了浩然之气象，可以从容不迫地迎接命运的到来，这就是所谓“立命”——天规定了生命的方向、目标，我的勇猛精进决定了生命的状态、结果。

13.02　孟子曰：“莫非命也(1)，顺受其正(2)，是故知命者不立乎岩墙(3)之下。尽其道而死者，正命也；桎梏(4)死者，非正命也。”

【注释】

(1)莫非命也：没有(遭遇)不是命。或说，“非命二字相连，莫字不与非字连也”(《孟子正义》)，不取。

(2)正：正命。即下文“尽其道而死者”。

(3)岩墙：危墙，高而危险的墙壁。

(4)桎梏：拘禁犯人的刑具。在脚为桎，在手为梏。

【译文】

孟子说：“没有(遭遇)不属于命的，但要顺理而行接受正命，所以懂得命的人不站在高而危险的墙壁之下。尽力行道而死的，是正命；犯罪而死的，不是正命。”

【说要】

本章可以称作“正命非正命之辨”。

古人云：“天道无亲，常与善人。”(《老子》七十九章)又云：“天行有常，不为尧存，不为桀亡。”(《荀子·天论》)可见命或者说天命，落实到人，就是人生的各种遭遇。最大的遭遇莫过于生与死——这是难测的。

难测的命，又何来“正”或“非”呢？“正”或“非”不过是人的选择而已。

姚永概《孟子讲义》卷十三：

> 古语云：死有重于泰山，有轻于鸿毛。君子非不重其生也，亦视乎正命不正命而已。苟当其正，鼎镬不避；苟非正命，岩墙不立。(《孟子讲义》，第226页)

孙奇逢《四书近指·莫非命也章》进一步申发云：

物欲压天理，皆岩墙也；私意缠胸臆，皆桎梏也，正是不能修身以尽其道。（《孙奇逢集》上，第591页。标点、文字略有改动）

孔子云：

富而可求也，虽执鞭之士，吾亦为之。如不可求，从吾所好。（《论语》07.12）

“从吾所好”，是选择。

孟子云：

人之所以异于禽兽者几希。（08.19）

把人与禽兽不一样的“几希”之处看作人性，是选择。

“尽其道而死者，正命也；桎梏死者，非正命也”，同样也是选择。

有此选择，人便在“命”的笼罩之下，挺立起生命的尊严，彰显出存在的价值。

有此选择，人便“可以赞天地之化育；可以赞天地之化育，则可以与天地参矣”。

“莫非命也”与“顺受其正”构成一句话，不能分说，要合看。“莫非命也”是结果，“顺受其正”是走向结果的过程，古人云：“谋事在人，成事在天。”

朱熹《孟子集注》云：

此章与上章盖一时之言，所以发其末句未尽之意。（《四书章句集注》，第357页）

“顺受其正”，即“修身以俟之”；“顺受其正”，则“夭寿不贰”，不以寿命的长短而动摇心志；“顺受其正”，则“所以立命”。

13.03　孟子曰：“求[1]则得之，舍则失之，是求有益于得也，求在我者[2]也。求之有道，得之有命，是求无益于得也，求在外者[3]也。”

【注释】

（1）求：象形字，甲骨文写作，象一件毛朝外的皮衣。为裘的本字。金文写作，即“又”，人的一只手；即的简化。温饱是人维持生命的基本需求，温就是不寒，想要不寒，自然需要保暖的衣服，故而求又引申为需求、寻求、追求等义。

（2）在我者：指吾心固有的仁义，亦即所谓“天爵”。

（3）在外者：指名利地位，亦即所谓“人爵”。

【译文】

孟子说："追求就能得到它，舍弃就会失去它，这是追求有益于得到，（因为）这是追求我自身固有的东西。追求有方法，得到有命运，这是追求无益于得到，（因为）这是追求我自身以外的东西。"

【说要】

本章可谓"求得舍失之辨"。

"求则得之"，这是求之于得有必然的效果；"求之有道，得之有命"，这是求之于得无必然的效果。求与得之间为什么会产生这样的不对称？显然不是因为"求"的能动上的差异，而是因为所"求"的对象不同。

> 孟子曰："有天爵者，有人爵者。仁义忠信，乐善不倦，此天爵也；公卿大夫，此人爵也。"（11.16）

天爵内在，是我之固有，所以求有益于得。孔子说："我欲仁，斯仁至矣。"孟子也说，人人都有四端，若能扩充培养它，那就会像火刚刚燃起，泉水刚刚涌出。这样的话，不要说侍奉父母，就是保有天下也不成问题。

有了这样的认识，便有了追求的坚定："生亦我所欲也，义亦我所欲也；二者不可得兼，舍生而取义者也。"

人爵在外，非我固有，所以求无益于得。孟子曰："赵孟之所贵，赵孟能贱之。"

有了这样的达观，便有了面对得失的潇洒：孟子曰："行止，非人所能也。吾之不遇鲁侯，天也。臧氏之子焉能使予不遇哉？"（02.16）孔子云："富而可求也，虽执鞭之士，吾亦为之。如不可求，从吾所好。"（《论语》07.12）

吕留良《四书讲义》卷四十二：

> 圣人不言命，孟子此章与《论语》"富而可求"章，俱是为最下一等人立言耳，有点醒语，有指示语。只论有益无益，点醒语也。有益何故？以其在我；无益何故？以其在外，指示语也。然在我者虽无益亦当求，在外者虽有益亦不当求，此是前一层之理也。（《四书讲义》，第970页）

生逢乱世，孟子不得已而"好辩"，提出了人禽之辨、性命之辨、圣凡之辨（即践形说）、义利之辨等，"正人心，息邪说，距诐行，放淫辞，以承三圣"，有功于圣门不可胜言！此章又提出一辨，可以称为"求得舍失之辨"。

"求得舍失之辨"提示我们，要修养天爵而显示出人德性的价值，不要痴迷于人爵而黯淡了人生命的光辉。

聊到“求得舍失之辨”，我突然想起老舍先生。老舍先生原名舒庆春，字舍予。把“舒”字拆开也是舍予，姓字连联便是舍予舍予，所以先生给自己起了个笔名——老舍。

今天有很多人喜欢谈论禅理，特别是对“舍得”二字尤喜议论，洋洋洒洒成篇累章。其实舍得的道理并不是那么玄妙难测。

“舍”是为“得”多腾些地方。“舍”“得”的对象，不是物，否则“舍”“得”不过是以一物换来更大的物，那是贪欲。“舍”是舍弃物欲；“得”是得其被放失的良心，从而回归本性。“舍”重在减少口鼻耳目、荣华富贵的欲念；“得”是得到仁爱之心、浩然之气，得到坚定的心志、挺立的风骨，因而从容而平和，不为外物动吾心。

读书也要学会“舍得”：为了“得”而博览，为了“舍”而约取，由“得”而“舍”，智慧的灵光便明亮起来。几番由“得”而“舍”之后，渐渐地忘记了“得”“舍”，读书终于融入生命，“不思量，自难忘”了。

13.04　孟子曰：“万物皆备于我矣。反身而诚(1)，乐莫大焉。强恕(2)而行，求仁莫近焉。”

【注释】

(1)诚：会意兼形声字，从言从成，成亦声。成是会意字，甲骨文写作，戌(xū)加一点，戌就是斧钺，一点代表血滴。会意歃血为盟。成的本义是媾和、和解，引申为完成、成功、齐备等。诚从言从成，会意诚信、真诚、心志纯一。这里的“诚”，应与“诚者，天之道也；思诚者，人之道也”的“诚”同义。

(2)恕：推己及人。恕是会意兼形声字，小篆写作，从心从如，如亦声。如有顺从、依照义。恕从心从如，会意依照自己的心去推测他人的心。本义为推己及人，仁爱他人。

【译文】

孟子说：“万物具备于我的本心。反省自己而达知‘诚’，没有比这更快乐的了。勉力自己而践行恕道，没有比这更容易达到仁了。”

【说要】

儒家的学问，从根本上说就是要消融“身”与“心”、“群”与“己”、“物”与“人”的隔离，实现人与天地万物浑然一体的和谐境界——“万物皆备于我矣”。

天命谓之性。人经过尽心便可以知道这个“性”，知道这个“性”，就可以“知天”了。“知天”，就是洞察天道，也就拥有了天地生生之德——仁。人一旦拥有了“仁”，就拥有了涵容万物的力量。从而，“赞天地之化育”，而“与天地参”了。

焦循《孟子正义》卷二十六：

> 此章申明知性之义也。知其性而乃尽其心。然则何以知其性？以我推之也。我亦人也，我能觉于善，则人之性亦能觉于善，人之情即同乎我之情，人之欲即同乎我之欲，故曰万物皆备于我矣。己欲立而立人，己欲达而达人，己所不欲，勿施于人，即反身而诚也，即强恕而行也。圣人通神明之德，类万物之情，亦近取诸身而已矣。（《孟子正义》，第883页）

“万物皆备于我矣”的境界是抽象的，语言文字的解释是无力的，它需要用生命来具体体验。

通往“万物皆备于我矣”境界的路径是显而易见的——“反身而诚，乐莫大焉。强恕而行，求仁莫近焉”。

“反身而诚”是以物观我，有此一“观”，生命的封闭得以解除，我与万物通而为一了；“强恕而行”是推己及人，以我润物，有此一“润”，自我的私意得以消隔，我之仁心便与天地万物互感互应了。

“万物皆备于我矣”是目标、是结果、是合和。“反身而诚”“强恕而行”是努力、是过程、是求和。

“万物皆备于我矣”是上达之境。“反身而诚”“强恕而行”是下学之行。行行复行，上达自可期，孔子云：“我欲仁，斯仁至矣。”正是此意。

有人说，“反身而诚”是自觉的，自然快乐；“强恕而行”是勉力的，自然辛苦。我说，这又不免死于句下，不知儒学之辛苦正是儒家之快乐。所以“强恕而行”亦有莫大之乐！“反身而诚”岂非求仁之方？

附　录

本章“万物皆备于我矣”一句，历来说解不一。以上“说要”，也是依通常解读勉强为之，心中之疑惑并未得以消解。

物，《玉篇》：“事也。”古人物、事不分。“物”相对于“我”言时，乃指外于“我”者。

备，《说文解字》：“慎也。”敬慎则无败事，故《康熙字典》注“备”：“音避。成也。《周礼·春官·乐师》：‘凡乐成则告备。’”

“万物皆备于我矣”，似可译为“万事万物皆成就于我”。人能于万事万物中洞察其理，“反身而诚”“强恕而行”，自能修己安人，完善自己。如此，“万物皆备于我矣”，既不神秘，也非唯心，只是下学而上达而已。

存此一念，以期就教于方家。

13.05　孟子曰："行之而不著[1]焉，习矣而不察[2]焉，终身由之而不知其道者，众[3]也。"

【注释】

(1)著：朱熹《孟子集注》："著者，知之明。"《朱子语类》又云："方行之际，则明其当然之理，是行之而著。"

(2)察：朱熹《孟子集注》："察者，识之精。"《朱子语类》又云："既行之后，则识其所以然，是习矣而察。"

(3)众：多，人数众多。

【译文】

孟子说："实行它却不能明了应当如此，习惯它却不能察识为什么如此，一生都顺从这条道路行走却不了解这是什么道路的人，是很多的。"

【说要】

本章论"知"的独特价值。

《周易·系辞上》云：

> 一阴一阳之谓道，继之者善也，成之者性也。仁者见之谓之仁，知者见之谓之知，百姓日用而不知，故君子之道鲜矣。

"莫非命也"，上天给人安排的不仅仅是难测的各种遭际，还赋予每一个人善性、本心。顺从善性、本心是人生的必由之路。只是明觉这个人生必由之路的人太少了。

儒家的学问是生命的学问，它强调知行合一。知行合一是统而言之，若深切地察识它，我们应该知道"知"与"行"还是双向的互动：知之深，则行之益笃；行之笃，则知之益深。

知，正有其独特的价值在。这也是本章的意旨所在。

需要注意的是，"终身由之而不知其道者，众也"，不是对众人的轻视，而是对善者贤者、先知先觉引领责任的提醒。

《得民心得天下：王蒙说〈孟子〉》：

> 社会、族群、邦国的众人，做什么事，其实是有一定的价值判断、一定的规则

与习俗的，问题是一般人多是约定俗成、人云亦云、随波逐流地过日子，并不去体察研究弄明白个中原委。孟子指出了这一点，从反面论证了强调了社会精英、贤明人士从理论上、法度上、礼仪上制定规范、有所引领的重要性与使命意识。（《得民心得天下：王蒙说〈孟子〉》，第352页）

面对人的生命，面对人生命存在的自然环境、社会环境，人常常是知之甚少的。因为知之甚少，所以常常陷入困惑、迷惘，甚至犯了错误。

鲍鹏山《孟子开讲》：

一时蒙昧，可能不是自己的责任；一直蒙昧，就一定是自己的责任。

一时愚昧，可能是别人的罪过；一直愚昧，就一定是自己的罪过。

一时不明真相，可能是信息的缺乏；一直不明真相，一定是自己德性的缺陷。（鲍鹏山：《孟子开讲》，中国青年出版社2023年版，第812页）

如何化解这一问题？

第一，需要人存有向善之念。

孟子云：

中也养不中，才也养不才，故人乐有贤父兄也。如中也弃不中，才也弃不才，则贤、不肖之相去，其间不能以寸。（08.07）

“乐有贤父兄”，“乐”即存有向善之念。如此，我们才能从亲人那里获取帮助。

第二，需要人存有向上之心。

孟子云：

一乡之善士，斯友一乡之善士；一国之善士，斯友一国之善士；天下之善士，斯友天下之善士。以友天下之善士为未足，又尚论古之人。（10.08）

“以友天下之善士为未足”，“未足”即存有向上之心。如此，我们才能从先知先觉那里获取智慧。

13.06 孟子曰：“人不可以无耻[1]。无耻之耻，无耻矣。”

【注释】

（1）耻：羞耻。耻是会意兼形声字，金文写作。从心从耳，耳亦声，由心有羞耻的情绪，耳朵就会充血发红会意。本义为羞耻。隶书因形近变从“心”为从“止”，成

为从耳止声的形声字。现代汉字整理时，“恥”作为“耻”的异体字被淘汰。

【译文】

孟子说：“人不可以没有羞耻。没有羞耻的那种羞耻，（是真正的）没有羞耻啊！”

【说要】

本章论耻，也就是论羞恶之心。

孟子说：“羞恶之心，人皆有之。”朱熹解释说，羞是耻己之不善，恶是憎人之不善。羞恶之心是人生而固有的良心，这对于人是十分重要的。

人能耻己之不善，便会勉励自己于事前而惩戒自己于事后，自然能迁善远恶，终生不会有耻辱之累。

人能憎人之不善，便会见不善如探汤，自然能驱恶如虎，终生不会有同流合污之过。

人人能如此，社会自然正气浩荡，日趋文明而不止。

李贽《四书评·孟子》卷之七：

> 拳拳以“耻”提人者，只为当时无耻者多也。于今日也，又如何？（《四书评》，第177页）

今天的人们，生活于市场经济的环境之中，日日劳心于职场，时时醉心于名利，孟子“术不可不慎”（03.07）的告诫，早已被抛于脑后，遇事思机诈，逢人说鬼话，不以为耻，反以为荣。

如何救治？需要德法并举：

子曰：“道之以政，齐之以刑，民免而无耻；道之以德，齐之以礼，有耻且格。”以法律帮助人去除罪恶，以道德引导人奉行善事。法律必须体现道德之价值，道德自然能够助推法律之奉行。

程兆熊《四书大义·孟子讲义第十三讲》：

> 人总要求一个是，所以总有一个耻；人总要求一个好，所以总有一个耻；人总要求一个安，所以总有一个耻。因此，一个人的生命便有其真的原则，便有其善的原则，便有其美的原则。而耻则总是耻于违此原则。必耻于违此原则，方有其向上一机。故曰：“人不可以无耻。”若不以违此原则为耻，而反以未违此原则为耻，那便是“无耻之耻”。以违此原则为耻，则终可遵循此原则。不以违此原则为耻，则即丧失此原则。故曰：“无耻之耻，无耻矣。”由此即永不能有其是，有其好，有其安。（《四书大义》，第391页）

另，对本章也有不同的解读：

孟子说：“人不可以没有羞耻。对无耻而感到羞耻，那就不会有耻辱了。”也可通。

我们采取的是杨伯峻先生的意见。对古典文本的理解，分歧是常有的事，只要能自圆其说，倒不必强求统一。

13.07 孟子曰：“耻之于人大矣！为机变(1)之巧(2)者，无所用耻焉。不耻不若人，何若(3)人有？”

【注释】

(1)机变：机谋权诈。

(2)巧：小慧。

(3)何若：何如，哪里比得上。

【译文】

孟子说：“羞耻对于人关系重大！行机谋权诈之小慧的人，是没有地方用得着羞耻的。不耻于不如别人，怎么能比得上别人呢？”

【说要】

本章继续论耻。

“耻”，古文字写作恥，从心从耳。现代汉字整理时，“恥”作为“耻”的异体字被淘汰。现代汉字的整理，多有失去汉字造字原理的地方，这个“耻”字却很好。耻，从耳从止——止于耳而不入于心。为何不入于心呢？因为人人有“羞恶之心”。

朱熹《孟子集注》：

> 耻者，吾所固有羞恶之心也。存之则进于圣贤，失之则入于禽兽，故所系为甚大。（《四书章句集注》，第358页）

遗憾的是，对于与人关系甚大的羞耻之心，并不是人人、时时明察、奉行的，所谓“庶民去之，君子存之”（《孟子》08.19）。

最为“失之”的，莫过于“为机变之巧者”。

“为机变之巧”，最骗人，亦最害人。因为它外饰小慧，内掩大恶。

外饰小慧，常能迷惑人于一时；内掩大恶，则日日戕害其良知良能，渐成一精致的利己主义者，终坠于万恶不复之地。

孙奇逢《四书近指·耻之于人章》云：

"巧"字便与"耻"字相反。"耻"则守正而有所不为，"巧"则行险而无所不为。"无所用耻"，是忘其羞恶之心，若不知人间有廉耻事也。病痛全在以"巧"为得计。(《孙奇逢集》上，第592页。标点略有改动)

去此病痛的良方，莫过于时时存有"耻不若人"之念。
存有此"耻不若人"之念，方可能反求诸己：

曾子曰："吾日三省吾身：为人谋而不忠乎？与朋友交而不信乎？传不习乎？"(《论语》01.04)

存有此"耻不若人"之念，方见得尧、舜亦可为：

颜渊曰："舜，何人也？予，何人也？有为者亦若是。"(《孟子》05.01)

如此，便自有一番日新之功效；如此，便自有一番浩然之气象。
愿向上、向善的"有为者"，每日三复孟子之言："耻之于人大矣！"

13.08　孟子曰："古之贤王好善而忘势，古之贤士何独不然？乐其道而忘人之势。故王公不致敬尽礼，则不得亟(1)见之。见且由(2)不得亟，而况得而臣之乎？"

【注释】
(1)亟(qì)：多次，一再。
(2)由：同"犹"。

【译文】
孟子说："古代的贤王好善而忘记自己的地位，古代的贤士何尝不是如此呢？贤士喜好自己的道而忘记别人的地位。所以，王公大人不恭敬尽礼，就不得多次见到贤士。多次相见尚且不能，更何况要以贤士为臣呢？"

【说要】
本章论君王相处贤士之道。
朱熹《孟子集注》：

君当屈己以下贤，士不枉道而求利。二者势若相反，而实则相成，盖亦各尽其道而已。(《四书章句集注》，第358页)

张栻《南轩先生孟子说》卷第七亦云：

在上者忘其势而惟恐不得天下之善，在下者忘人之势而惟义是从，此为俱得其道。使二者一旦而相合，则上下交而为泰矣。（《张栻集》上，第382页）

然仔细品味，“故王公不致敬尽礼……”，孟子所强调的侧重点，当在君王一边。冯梦龙《四书指月·孟子曰古之贤王章》云：

“古之贤士何独不然？”孟子以此自负，还责备时君不能好善忘势意。说士自重，正见君当重士。（《四书指月》，第508页）

孟子云：

分人以财谓之惠，教人以善谓之忠，为天下得人者谓之仁。是故以天下与人易，为天下得人难。（《孟子》05.04）

世事繁且难，再圣明的君主也难以一肩承担起治国理政的重任，贤士的辅佐是必不可少的。偏偏贤士都有一架硬脊梁——“说大人，则藐之，勿视其巍巍然”（《孟子》14.34），是以“为天下得人难”。

说难又不难，只需要为人君者放下架子，“致敬尽礼”就可以了。

让人沮丧的是，“时至战国，尊贤重士之礼，无人讲究。只一客卿，便是齐之异数；求如鲁缪公、费惠公之待子思，已绝响矣。故孟子以此一种道理常常发明”（张岱《四书遇·忘势章》）。

13.09　孟子谓宋句践(1)曰：“子好游(2)乎？吾语子游。人知之，亦嚣嚣(3)；人不知，亦嚣嚣。”

曰：“何如斯可以嚣嚣矣？”

曰：“尊德乐义，则可以嚣嚣矣。故士穷(4)不失义，达(5)不离道。穷不失义，故士得己(6)焉；达不离道，故民不失望焉。古之人，得志，泽加于民；不得志，修身见(7)于世。穷则独善其身，达则兼善天下。”

【注释】

（1）宋句践：赵岐《注》：“宋，姓也。句践，名也。”杨伯峻《孟子译注》：“其人姓名不见于其他古籍，已不可知。”

（2）游：朱熹《孟子集注》：“游说也。”

（3）嚣嚣：赵岐《注》：“自得无欲之貌。”

（4）穷：困顿。

（5）达：显达。

（6）得己：自得。即下文“独善其身”

（7）见（xiàn）：同“现”。赵岐《注》：“立也。”朱熹《孟子集注》：“谓名实之显著也。”

【译文】

孟子对宋句践说：“你喜欢游说吗？我告诉你游说（的态度）。别人理解我，我安然自得；别人不理解我，我也安然自得。”

宋句践问：“怎么样才可以安然自得呢？”

孟子说：“尊德乐义，就可以安然自得了。因此，士人困顿时不失去义，显达时不背离道。困顿时不失去义，所以士人能自得；显达时不背离道，所以百姓不会失望。古时候的人，得志时，恩泽广被百姓；不得志时，修身立于世。困顿时便独善自身，显达时便兼善天下。”

【说要】

本章论游说之道。

说到游说，突然想起张仪来。《史记》卷七十《张仪列传》载：

> 张仪已学而游说诸侯。尝从楚相饮，已而楚相亡璧，门下意张仪，曰：“仪贫无行，必此盗相君之璧。”共执张仪，掠笞数百，不服，释之。其妻曰：“嘻！子毋读书游说，安得此辱乎？”张仪谓其妻曰：“视吾舌尚在不？”其妻笑曰：“舌在也。”仪曰：“足矣。”（《史记》，第433页）

战国之时，群雄并起，攻伐之声，不绝于耳。故游说之风盛行，张仪之流莫不“为机变之巧”，行“妾妇之道”，凭三寸不烂之舌游说诸侯，以求封官加爵。

儒家之士却不同。儒家之士，“学而优则仕”，以求“得志，泽加于民”。

欲求“得志，泽加于民”，则非“游”不可。故孟子“传食于诸侯”，孔子周游列国。

只是“游”，便必须与诸侯打交道，“得志”“不得志”，其权不在我。故有人以为孟子之说“迂远而阔于事情”，孔子“困厄于陈、蔡”。面对如此困境，孔孟如何应对呢？

> 在陈绝粮，从者病，莫能兴。子路愠见，曰：“君子亦有穷乎？”子曰：“君子固穷，小人穷斯滥矣。”（《论语》15.02）

孟子的“穷不失义”“尊德乐义”，就是孔子的“君子固穷”。

朱熹《孟子集注》云：

> 德，谓所得之善。尊之，则有以自重，而不慕乎人爵之荣。义，谓所守之正。乐之，则有以自安，而不殉乎外物之诱矣。(《四书章句集注》，第358页)

儒家之士有了“尊德乐义”的本领，便坦然地面对“得志”“不得志”的现实际遇，“人知之，亦嚣嚣；人不知，亦嚣嚣”“穷则独善其身，达则兼善天下”了。

“穷则独善其身，达则兼善天下”的精神涌动于后世知识分子的生命中，中华文化便昂然挺立起不屈的脊梁。

13.10　孟子曰：“待文王而后兴[(1)]者，凡民[(2)]也。若夫豪杰之士，虽无文王犹兴。”

【注释】

(1)兴：奋起。指一种心志上的昂扬——立定志向、奋发有为、扩充善性、择善固执。兴是会意字，甲骨文写作，描绘的是四角各有一手，共同抬起一个大物体的形状。本义为抬起。引申为精神上的奋起等。

(2)凡民：凡，象形字，甲骨文写作，象侧视盘形。本义当为盘子。盘子是用来盛东西的，故引申为概括义，表示要旨、要略。又引申为表示数量的全部、总共。再引申为普遍。用作形容词，表示平常、普通。凡民即普通人。

【译文】

孟子说：“有待于文王出现才奋起的，是普通人。至于豪杰之士，即使没有文王出现也会奋起。”

【说要】

本章论豪杰之士。

才过千人为豪，才过万人为杰。豪杰之士，孟子自谓也。寥寥数语之间，其以天下为己任之志跃然纸上，让人顿有“晴空一鹤排云上”“万古云霄一羽毛”“虽不能至，心向往之”之慨。

孟子的信徒王阳明到了北京，他父亲便延请塾师，对他严加管教。塾师施教的内容自然是一些科举时文之类，十一岁的阳明对这些感到不耐烦，便问老师：“何为第一等事？”老师答道：“惟读书登第耳。”阳明却不以为然，他说：“登第恐未为第一等事，或读书学圣贤耳。”(参见〔明〕王守仁撰，吴光等编校：《王阳明全集》卷三十三《年谱一》，上海古籍出版社1992年版，第1221页）透显出了他对圣贤学问与圣贤人格的企向，这当然是很不平凡的。

不过，如果我们了解古人的讲学，则“读书学圣贤”又是很平常的普遍意识。古人讲学为的就是学做人，学做人的榜样就是圣贤。

想“读书学圣贤”是一回事，做到“读书学圣贤”又是另一回事。真正值得我们企羡的，应该是王阳明在其后希圣希贤的不懈追求。王阳明确是如孟子一样的“虽无文王犹兴”的“豪杰之士”。

孟子说“人皆可以为尧舜”，“豪杰之士”与“凡民”本来无所少异的。为什么只有“豪杰之士，虽无文王犹兴”呢？差距也是几希的，这个“几希”，就是自我的能动性、自主性。

程兆熊《四书大义·孟子讲义第十三讲》：

> 豪杰之士，只是自作主宰。自作主宰，只是自有心肠。自有心肠，只是自见生命。自见生命，只是自本性情。性情之兴发，一有所待，便是凡民。而肝胆之洞见，则绝无所待，故曰：“虽无文王犹兴。”（《四书大义》，第393页）

放眼历史，成圣成贤的人是少之又少的。常人有见于此，常常以成圣成贤为妄想，慢慢地就产生了追求上的畏却，渐渐地失去了向上的念头，而多了些依赖，将自家和盘托付于他人了。

本章孟子不是简单地讲述豪杰之士与普通人的不同，而是通过豪杰之士与普通人的“犹兴”与“后兴”比较，启迪人们要调动起自我的能动性、自主性，从而立定志向、奋发有为、扩充善性、择善固执，做自我生命的主宰。

李贽《四书评·孟子》卷之七：

> 孟子此处激凡民为“豪杰”也，非真有分别之见。（《四书评》，第177页）

写了“说要”之后，读得此语。吾越四百余年而与先生同见，也是一件乐事。

13.11　孟子曰：“附(1)之以韩、魏之家(2)，如其自视欿然(3)，则过人远矣。”

【注释】

（1）附：古封诸侯过限曰附益。赵岐《注》曰：“附，益也。”附益，即增益。

（2）韩、魏之家：韩、魏，世间之富贵者。

（3）欿（kǎn）然：姚永概《孟子讲义》：“视盈若虚也。”朱熹《孟子集注》引尹焞语：“言有过人之识，则不以富贵为事。”

【译文】

孟子说："以韩、魏两家的富贵来增益他，如果他视若虚泛，这样的人就超过一般人很远了。"

【说要】

人生短暂，俯仰之间已成陈迹。短暂的人生，总要选择些什么才有意义。只是选择什么呢?

贫贱是世俗之所厌恶的，人常避之犹恐不及；富贵是世俗之所崇尚的，人常孜孜以求犹恐不得，不知不觉间忙迫一生。可怜！可怜！

孟子则告诉人另外一种活法：

> 欲贵者，人之同心也。人人有贵于己者，弗思耳。人之所贵者，非良贵也。赵孟之所贵，赵孟能贱之。《诗》云："既醉以酒，既饱以德。"言饱乎仁义也，所以不愿人之膏粱之味也；令闻广誉施于身，所以不愿人之文绣也。(11.17)

人真正的"富贵"是仁义。"饱乎仁义"，才是人应有的高尚的活法。有了这样高尚的活法，人才能有定力，不为膏粱之味、文绣之衣所累。

冯梦龙《四书指月·孟子曰附之以韩魏章》:

> 此为世之溺情富贵者发。"附"，益也、寄也，如赘疣然。"附"字正与"自视"自字相照。富贵原是外物，与自无干，故谓之"附"。看得"附"字透，而"自视欿然"自明。(《四书指月》，第510页。标点略有改动)

孔子云：

> 饭蔬食饮水，曲肱而枕之，乐亦在其中。不义而富且贵，于我如浮云。(《论语》07.16)

这才是人应该效法的榜样。

又，张岱《四书遇·韩魏章》引黄贞父语：

> "自视欿然"，只是胸中不着一韩魏也，不是傲睨；傲睨反着韩魏于胸中矣。(《四书遇》，第512页)

此论甚是通透。

13.12　孟子曰："以佚道[(1)]使民，虽劳不怨；以生道[(2)]杀民，虽死不怨杀者。"

【注释】

（1）佚道：使民众安逸的治道。佚，通“逸”。安逸。

（2）生道：使民众安生的治道。

【译文】

孟子说：“用使民众安逸的治道役使民众，民众即使劳累也不怨恨；用使民众安生的治道牺牲民众，民众即使死也不怨恨牺牲他们的人。”

【说要】

本章论治国之道。

好逸恶劳、乐生恶死，是人之常情。人又为什么可以“虽劳不怨”“虽死不怨杀者”呢？

孙奇逢《四书近指·以佚道使章》：

> 以佚道劳，使生道杀，全是一段为民的实意。所以劳不怨，死不怨……两“道”字最重，不是令民不怨，此心自无可怨也。见天下惟道足以服人。（《孙奇逢集》上，第593页。文字、标点略有改动）

“虽劳不怨”“虽死不怨杀者”的原因很简单，就是执政者所行的是为民之道。为民之道也不复杂，只是“因民之利而利之”，只是将国家治理与民之幸福相一致。

儒家主张义利之辨，但义利之辨并不是简单地否定利。儒家也讲利，只是这个利，是民众之利，是公利。

有此公利，民众自能日趋于善，持守道义，约束自己的行为，高尚自己的节操——“虽劳不怨”“虽死不怨杀者”了。

王蒙先生阐释本章要义说：

> 为佚而劳，为生而杀，这是最大的说服力，最大的仁慈与亲民，亲慈到什么程度呢？吃苦也不埋怨你，杀人也不反对你，这又进入一种理想境界了。这样的事情在历史上屡见不鲜：为了佚之生之的伟大理想，甘愿付出苦也死也的代价。（《得民心得天下：王蒙说〈孟子〉》，第358页）

唐文治《孟子大义》卷十三：

> 善为政者，本仁义之心，一举一动，无非为民，则何有于怨？后世人君，因一己之私而使民，因一己之私而杀民，于是乎民多怨。多怨，而天下之乱于是乎起。

（《唐文治四书大义》，第458页）

“因民之利而利之”，是一永远挺立的政治标杆，它将后世的执政者划分为圣王与暴君；“因民之利而利之”，是一永远挺立的政治标杆，它将后世的政权划分为王道与暴政。

13.13　孟子曰：“霸者之民欢虞[1]如也，王者之民皞皞[2]如也——杀之而不怨，利之而不庸[3]，民日迁善而不知为之者。夫君子所过者化，所存者神，上下与天地同流，岂曰小补之哉？”

【注释】

（1）欢虞：朱熹《孟子集注》：“欢虞，与欢娱同。”

（2）皞（hào）皞：朱熹《孟子集注》：“广大自得之貌。”

（3）庸：酬谢。庸，形声兼会意字。甲骨文写作，从庚从用，用亦声。庚，郭沫若认为象有耳可摇之乐器。用，本义是桶。庸会意大钟。《逸周书·世俘解》：“王奏庸”，朱右曾注：“庸，大钟也。”又如《甲骨文合集》31017“庸壴”，裘锡圭认为，“壴”指一种与镛配合的鼓。故“庸”是“镛”的初文，本义是大钟。撞钟祭祀以示感恩，故“庸”又引申为酬谢。

【译文】

孟子说：“霸主的民众快乐欢娱，圣王的民众怡然自得——民众牺牲而不怨恨，得到好处也不酬谢，日趋向善而不知道谁使他们这样。君子所经过之处（人们都会被他们的行为所）教化，所存心之处（人们都会被他们的精神所）感应，上与天、下与地一起流动，这难道可以说是小补益（民众）吗？”

【说要】

本章继续论治国之道——“王霸之辨”。其侧重点又放在王者之所为上。

冯梦龙《四书指月·孟子曰霸者之民章》：

> 民风由于主德，故首自“王”“民”气象说起，于此想见王道的妙用出来。大非伯功之可及，主意只归结王者身上。（《四书指月》，第511页）

“霸道”主张“以力服人”，“王道”主张“以德服人”。

孟子曰：

> 以力假仁者霸，霸必有大国；以德行仁者王，王不待大。（03.03）

霸主的民众，因为霸主的功业而有一时的欢娱。但是，这个“一时的欢娱”是要付出代价的。民众要被迫为霸主“聚力”——承受攻伐之害，负担税赋之累。以此“害”“累”为代价的欢娱，怎么能长久呢？

此或者是孟子的未言之言。

圣王的民众，牺牲而不怨恨，得到好处也不感谢，日趋向善而不知道谁使他们这样，一派怡然自得之象。这不正是君子（包含圣王与辅佐圣王的贤者）“所过者化，所存者神，上下与天地同流”的功效吗？君子的德行对于百姓，“岂曰小补之哉？”

唐文治《孟子大义》卷十三引张氏语：

> 霸者之为利，小而近，目前之利，民欣乐之，故曰“欢虞如也”。王者之化，远且大，涵养斯民，富而教之，民安于其化，由于其道，而莫知其所以然也，故曰“皞皞如也”。（《唐文治四书大义》，第458页。标点略有改动）

“所过者化，所存者神，上下与天地同流”，是圣王的修身之法，也是圣王的治国之道。王夫之《读四书大全说·孟子·尽心上篇》：

> 曰“不知为之”，曰“化”，曰“神”，只此数字，不切实从理事上看取，则必为黄、老家一派浮荡无根之言所惑。（《船山全书》第六册，第1123页）

此又是不可不敬慎之处。

13.14　孟子曰：“仁言[(1)]不如仁声[(2)]之入人深也，善政不如善教之得民也。善政，民畏之；善教，民爱之。善政得民财，善教得民心。”

【注释】

（1）仁言：仁爱的言论。朱熹《孟子集注》：“仁言，谓以仁厚之言加于民。”

（2）仁声：仁爱的声望。朱熹《孟子集注》：“仁声，谓仁闻，谓有仁之实而为众所称道者也。”

【译文】

孟子说：“仁爱的言论不如仁爱的声望深入人心，好的政令不如好的教化赢得民众。好的政令，民众畏服；好的教化，民众喜爱。好的政令赢得民众财富，好的教化赢得民心。”

【说要】

本章以“仁言”“仁声”之别，作“善政”“善教”之辨。

仁言，非是不好的，但须知它来自我；仁声，自然是好的，因为它来自民。

善政，非是不好的，但须知它是强制实行的；善教，自然是好的，因为它是引导实行的。

善政，虽然强制实行，有“民畏之”之缺憾，但它可以提升效率，富民之财；善教，因为引导实行，自有“民爱之”之功效，民心与政治同频共振，得一番自得气象。

陆陇其《四书讲义困勉录》卷三十六：

> 《四书家训》曰：“爱之，是感于其教而爱戴不忘；得心，是化于其教而回心向道。”

《论语》12.20载：

> 子张问：“士何如斯可谓之达矣？”子曰：“何哉，尔所谓达者？”子张对曰：“在邦必闻，在家必闻。”子曰：“是闻也，非达也。夫达也者，质直而好义，察言而观色，虑以下人。在邦必达，在家必达。夫闻也者，色取仁而行违，居之不疑。在邦必闻，在家必闻。”

闻，是名声。名声原也没有什么不好，只是名声有虚名与实名之别，不可不严加分辨；达，是德、行一致。“质直而好义”是勇，“察言而观色”是智，“虑以下人”（作“思虑以待在下之人”解）是仁。仁智勇，君子三达德，正见君子“修己以安人”。

《论语》02.03又载：

> 子曰：“道之以政，齐之以刑，民免而无耻；道之以德，齐之以礼，有耻且格。”

夫子之意，当不是因德、礼而轻视、排斥政、刑。实则是德、礼与政、刑并用，而以德、礼为主，以政、刑为辅。

《论语》《孟子》数章合观，可以让我们更加深刻、全面地认识“善政”“善教”之辨的大义。

唐文治《孟子大义》卷十三：

> 夏日可畏，善政似之；冬日可爱，善教似之。然必善政立而后善教行，富、教恒相资也。善政得民财者，政治秩然，百废具举，则财用自足。……善教何先？先于庠序。孟子曰：“谨庠序之教，申之以孝弟之义。”又曰：“人伦明于上，小民亲

于下。”盖申孝悌、明人伦，则有爱情于家庭，乃有爱情于社会，乃有爱情于国家，其渐摩观感，固非一朝夕之故也。君以民为天，民以心为主。先王之有天下，得其民也。得其民者，得其心也。(《唐文治四书大义》，第460页)

另，赵岐《注》:

仁言，政教法度之言也。仁声，乐声雅颂也。仁言之政虽明，不如雅颂感人心之深也。(《孟子正义》，第897页)

朱熹《孟子集注》引程子之言:

仁言，谓以仁厚之言加于民。仁声，谓仁闻，谓有仁之实而为众所称道者也。(《四书章句集注》，第360页)

赵岐之注，侧重具体行政之法；朱熹之解，侧重抽象行政之理。赵岐或者是要用具体行政之法，来言说抽象行政之理。如此，则赵岐之注与朱熹之解，也并无不同。

仁言是大道理，仁声是真实惠。“仁言不如仁声之入人深也”，不是大道理不好，只是大道理只有放在真实惠上才有说服力。拥有权力的人，需要深味此语。

13.15　孟子曰：“人之所不学而能者，其良能也；所不虑而知者，其良知(1)也。孩提之童(2)无不知爱其亲者，及其长也，无不知敬其兄也。亲亲，仁也；敬长，义也——无他，达之天下也。”

【注释】

(1)良知、良能：良，象形字，甲骨文写作。上古之人穴居而野处，象有两侧廊道的房子。有两侧廊道，通风效果好，居住条件得以改善，故引申为善。因为通风效果好是这种有两侧廊道的房子本身具有的特点，故又引申为先天具有的。朱熹《孟子集注》：“良者，本然之善也。”知，古同“智”。智是会意字，甲骨文写作，上面右侧是大，一个成年人；左侧是子，一个小孩；下面是祭器形。字形会意大人面对着祭器教孩子学习日常礼仪规范。引申为智慧等。甲骨文“智”还写作。比多了一个(典册的册)。记载国家典章制度、日常礼仪规范的重要册籍谓之典册。能，象形字，甲骨文写作，金文写作，象站立的熊形。本义指熊。假借为能力、才能的“能”。良知是天生本然，不学而得的智慧。良能即天生的本能，不思而得的向善。杨伯峻先生认为，良知、良能，是孟子哲学术语，不译为妥。

(2)孩提之童：孩，古文作“咳”，写作，形声字，从口亥声。绘声而成字，本义指婴儿笑，引申指小孩。提，垂手抓着向上拉。孩提之童，在父母提携之下初学走路的两三岁小孩。

【译文】

孟子说："人无须学习就会的，是良能；无须思考就知道的，是良知。两三岁的小孩没有不知道亲爱父母的，长大后，没有不知道敬重兄长的。亲爱父母就是仁，敬重兄长就是义——没有别的原因，使之施达于天下罢了。"

【说要】

"良知""良能"，是孟子性善论的重要概念。

"良知""良能"，就是仁义之心、善性。它是人生而具有，不必通过学习、思考即拥有的善才。

对于"非由外铄我也，我固有之也"的善性，孟子曾经用"今人乍见孺子将入于井"的故事引导我们予以体证。这一章又用"孩提之童无不知爱其亲者，及其长也，无不知敬其兄也"来继续开示我们。

初学走路的小孩子，都知道亲爱父母；略长大些，便知道尊敬兄长。亲爱父母是"孝"，尊敬兄长是"悌"。孝悌源自人的善性，孝悌的情感体验，又反过来滋养人的善性，让人拥有更加强烈的爱他人的意愿和能力。

有子说：

> 孝弟也者，其为仁之本与！（《论语》01.02）

本是树根，是树木生长的起点。人若由"孝""悌"做一番推己及人的工夫，则由"孝"而仁，由"悌"而义；仁义通达于天下，圣人之道便完备了。所以孟子说："尧舜之道，孝弟而已矣。"

"今人乍见孺子将入于井"，体证仁，而义、礼、智即可同理而知；"孩提之童无不知爱其亲者，及其长也，无不知敬其兄也"，体证仁、义，而礼、智即可同理而知。

仁义礼智，四德一贯，无须赘言。

吕留良《四书讲义》卷四十二：

> 孟子时人皆以仁义为伪，故孟子将此等言语点醒其自有之良心，非谓知能之良，专在"不学""不虑"也。不学虑，甚言其固有之耳，然要扩充此仁义知能，非学虑不可，若此理不明，则废学虑之说，自孟子始矣。后来单举良知作宗旨，不特惑乱后人，且枉诬孟子，庄子所谓"并与仁义而窃之"，使果可窃也，岂真仁义

哉?(《四书讲义》,第979页)

陆陇其《四书讲义困勉录》卷三十六:

学、虑,不可无。此是论义理如此。若论此章语气,则与性善诸章一例,仍宜着眼在不学、不虑上。重讲学、虑,未免语气隔碍矣。

明了吕、陆二先生之解,自知“不学、不虑”是从先天的禀赋来说的;“学、虑”是从后天的工夫去讲的。先天的禀赋与后天的工夫,原是一统的。

13.16　孟子曰:“舜之居深山之中,与木石居,与鹿豕游,其所以异于深山之野人者几希。及[(1)]其闻一善言,见一善行,若决江河,沛然[(2)]莫之能御也。”

【注释】

(1)及:会意字,甲骨文写作,会意从后面追赶上的一瞬间。本义是追赶上、抓住,引申为等到。

(2)沛然:行之畅然无阻貌。焦循《孟子正义》:“《孟子》三言‘沛然’:《梁惠王》上篇‘沛然下雨’,此言大雨润物,故赵氏以润释之。《离娄》上篇‘沛然德教溢乎四海’,此言德教满溢,故赵氏以大释之。此言‘沛然莫之能御’,谓舜舍己从人,取人为善,有所闻见,即取而行之,故赵氏以行释之。”

【译文】

孟子说:“舜住在深山之中,与树木、石头同处,与麋鹿、野猪同游,他不同于深山野人的地方极少。等到他听到一句善言,见到一次善行,就像决了口的长江大河,力行不舍没有什么力量可以阻挡了。”

【说要】

本章以舜为例,论善性的扩充培养。

舜耕于历山之时,与树木、土石同处,与麋鹿、猪羊同游,在生活形迹上,与深山的野人几乎没有分别。他之所以最终成为圣人,是因为他闻一善言,见一善行,而引发心性之源,敞开心灵之门,好像长江大河决了口,奉行不舍,“由仁义行”,一发而莫可遏止,终于成就了盛德大业。

舜从人到圣人的生命经历,让我们再一次体认到,孟子“人皆可以为尧舜”论断的真实不虚。

“人皆可以为尧舜”，仅仅靠天赋的善性是不够的，因为人人具有的善性，仅仅是一个善端。“人皆可以为尧舜”，还需要后天不断扩充培养的努力。

孟子曰：

凡有四端于我者，知皆扩而充之矣，若火之始然，泉之始达。（03.06）

在本章孟子又说：

及其闻一善言，见一善行，若决江河，沛然莫之能御也。

人之善性的扩充，既要有主体的能动性——“知”的发挥。所谓“乃所愿，则学孔子也”“以友天下之善士为未足，又尚论古之人”，皆是。

人之善性的扩充，也需有外在善言、善行的启发、诱导。善性的充分实现，并不排除后天的教化。后天的教化，也是孟子一直强调的观点：

人之有道也，饱食、暖衣、逸居而无教，则近于禽兽。圣人有忧之，使契为司徒，教以人伦——父子有亲，君臣有义，夫妇有别，长幼有序，朋友有信。（05.04）

唐文治《孟子大义》卷十三：

近曾涤生先生谓，每日须自检点，取人为善者若干事，与人为善者若干事。愚谓取人为善，谈何容易。虚怀若谷，其先务也。然即有虚心好善之诚，而不能穷理，则有以不善为善者矣。是故好善，天资也；穷理，学力也。二者并进，其庶几于舜乎。（《唐文治四书大义》，第464页）

13.17　孟子曰：“无为其所不为，无欲其所不欲，如此而已矣。”

【译文】

孟子说：“不做不应该做之事，不求不应该求之物，这样就可以了。”

【说要】

本章论“不为不欲”。“此章以真心唤醒人，最直截痛快。”（冯梦龙《四书指月》）

有所不为不欲，即有所为有所欲。

有所不为不欲，有所为有所欲，是价值的选择，是生命的升华。

曾子曰：

> 士不可以不弘毅，任重而道远。仁以为己任，不亦重乎？死而后已，不亦远乎？（《论语》08.07）

有所为有所欲，即“仁以为己任”。“仁以为己任”，则人我无隔，万物一体，得天地生生之大德。

有所不为不欲，即“清心而寡欲”。“清心而寡欲”，则尽心知性，善性得以扩充培养，日进不已，有“死而后已”之恒念。

有所为有所欲，则当尽心，尽心则忠；有所不为不欲，则当推己，推己则恕。有所为有所欲，有所不为不欲，即夫子忠恕之道，乃为仁修身之大法。

张栻《南轩先生孟子说》卷第七：

> 为谓为于外，欲谓欲于中。性无有不善，其为善而欲善，犹水之就下然也。若所谓不善者，是其所不为也，所不欲也。亦犹水也，搏而跃之使过颡，激而行之使在山者然也。虽然，其所不为而人为之，其所不欲而人欲之，则为私欲所动，而逆其性故耳。善学者何为哉？无为其所不为，无欲其所不欲，顺其性而已矣。（《张栻集》上，第387页）

吕留良《四书讲义》卷四十二：

> 无为无欲，正讲扩充拦截工夫，便知有为所当为、欲所当欲在，若止是强制不行，外强中干，坐病正深，“如此而已矣”便说不去。（《四书讲义》，第981页）

冯梦龙《四书指月·孟子曰无为其所章》亦云：

> 天下有决不可为决不可欲者，随你甚么样人，其初心亦自了了，而又姑为之欲之，此是第二念。若认取初心，当下截断葛藤，本体工夫一齐都了，此便是尧、舜、盗跖一生分途处，故曰“如此而已矣”。孟子自信得过，故决言之。（《四书指月》，第515页）

无为无欲，大端在拦截、消融私欲。私欲得以拦截、消融，则为与不为，欲与不欲，皆“顺其性而已矣”，从从容容，一派自然、自得、自在。

13.18　孟子曰：“人之有德慧术知(1)者，恒(2)存乎疢疾(3)。独(4)孤臣孽子(5)，其操心也危，其虑患也深，故达(6)。”

【注释】

（1）德慧术知：焦循《孟子正义》：“德慧缊于内，术智见于外，故以智释慧，又以才释智。慧为心之明，才则用之当矣。”

（2）恒：常。

（3）疢（chèn）疾：疢，古文字写作疢，从疒从火。会烦热之意。《说文解字》：“疢，热病也。”疾，甲骨文写作疾，从疒从矢。象人腋下中箭。《说文解字》：“疾，病也。”疢是心病，疾为形伤。疢疾于此章可译作“忧患”。

（4）独：小篆写作獨，从犬蜀声。古人认为羊性温顺，温顺则群；犬性好斗，好斗则独而不群。独，单也，此译作“特别”。

（5）孽子：非嫡妻所生之子。孽，从子从櫱省，櫱亦声。櫱是树枝旁出。

（6）达：朱熹《孟子集注》：“达，谓达于事理。”

【译文】

孟子说：“人之所以有德智、才术，常常是因为生活于忧患之中。特别是被疏远的大臣、庶出的儿子，他们持心谨慎，他们虑患深远，所以能通达事理。”

【说要】

本章论忧患意识。

冯梦龙《四书指月·孟子人之有德慧章》：

> 此章与“生于忧患而死于安乐”同看。疢疾，虽以遇言，却重在心上。（《四书指月》，第515页。标点略有改动）

不得于君谓之孤臣。为孤臣，进忠言而有冒犯君主之疑，守节操而有清高离群之讥。故时时有危殆之忧。庶出谓之孽子。为孽子，享尊贵而不立于正门，才露而有夺嫡之嫌，守拙而有庸碌之讽。故时时有祸难之患。

忧，故持守谨严；患，故思虑深刻。

忧患存心，则危殆、祸难远离，德智、才术也因之积累而深厚。故孟子曰：

> 人恒过，然后能改；困于心，衡于虑，而后作；征于色，发于声，而后喻。入则无法家拂士，出则无敌国外患者，国恒亡。然后知生于忧患而死于安乐也。（12.15）

吕留良《四书讲义》卷四十二：

> 穷困无聊人，东触西碍，步步逼入断头死路，饶汝奇才异能，到此无复摆布，只有怨天尤人耳。略一转身，堕落披毛戴角去，亦且顾不得，岂知疢疾中境界，尽

自纵横自在，何故自投坑陷也？只是见识低，无志气耳。虽然，如是，且道德慧术智便如何到手？须从今日竖起脊骨，猛着精神去。（《四书讲义》，第982页）

张栻《南轩先生孟子说》卷第七：

所谓德慧术智，盖有小大；所谓达者，亦有浅深。要之由忧患而有所发，则一也。然则处安乐之地者，诵斯言，可不思夫逸豫之溺人，而深求所以戒惧乎？当忧患之际者，诵斯言，可不念其为进德修业之要而自勉励乎？此孟子所以启告学者之意也。（《张栻集》上，第387页）

“人之有”是普遍性的表述，“独”是举例性的论证。不是只有“孤臣孽子”能“操心也危，虑患也深”。

13.19　孟子曰：“有事君人者(1)，事是君则为容悦(2)者也；有安社稷臣者，以安社稷为悦者也；有天民(3)者，达可行于天下而后行之者也；有大人(4)者，正己而物正者也。”

【注释】

(1)事君人者：即事君之人。者，语气词，用在句末表示语气完毕。

(2)容悦：谓曲意逢迎，以取悦于上。赵岐《注》：“为苟容以悦君而已。”

(3)天民：朱熹《孟子集注》：“民者，无位之称。以其全尽天理，乃天之民，故谓之天民。”

(4)大人：谓有德有位的人。杨伯峻《孟子译注》：“《孟子》数言‘大人’，涵义不一。《史记索隐》引向秀《易·乾卦注》云：‘圣人在位，谓之大人。’或者是此‘大人’之义。”

【译文】

孟子说：“有事奉君主的人，那是事奉这个君主就曲意逢迎讨君主欢喜的人；有安定国家之臣，那是以安定国家为快乐的人；有奉上天使命的人，那是他的理想能行于天下时然后去实行的人；有有德有位的人，那是端正了自己而外物随之端正的人。”

【说要】

此章论人才，可称为“人才之辨”。

为政的根本目的在于为民。为民必先治国，治国必先为国得贤——“尊贤使能，俊杰在位”。“尊贤使能，俊杰在位”则国治，国治则民安。是以为政之要务急务在于为国得人才。为国得人才，当然要知道如何分辨人才，这正是本章予以解答的问题。

人才有三品四格：大人、天民为第一品；安社稷之臣为第二品；事君之人为第三品。大人、天民一品又分两格，大人为第一格，天民为第二格。

事君之人一味讨求君主欢心，并不是真的为君主着想，只不过保全自己的富贵而已。这种人心中只有一己而没有民众，只有富贵而没有良心；这种人只知道饰君之过、长君之恶而不知为臣、尽职为何义。朱熹《孟子集注》曰："阿殉以为容，逢迎以为悦，此鄙夫之事、妾妇之道也。"所以孟子称他们为"人"而不称为"臣"。

安社稷之臣就不一样了，他们志存功业，尽职尽责，为社稷安定，虽犯颜而不顾，虽尽瘁而不辞。所以孟子称他们为"臣"而不称为"人"。

天民与大人，他们都是有道之人，是君王的良师益友。所以孟子不称其为"臣"而称为"天民""大人"。

天民是"行仁义"者，知道天赋予自己的使命，重道德而轻名利，只要条件具备，必然躬行不辍。

大人是有德有位者，他"明于庶物，察于人伦，由仁义行""所过者化，所存者神""中道而立"，遇上则格君心之非，待下则归民德于厚，万物一体，一体同仁，人们日受其益而不知。

程兆熊《四书大义·孟子讲义第十三讲》：

> 此乃一个人的人格，层层进展；亦即一个人的生命，步步伸展；由渺小到伟大，由短暂到永恒。
>
> "为容悦者"，以躯壳为其生命，那只是"躯壳起念"。"以安社稷为悦者"，以责任为其生命，那尽有其精神之客观化。"达可行于天下，而后行之者"，会尽有其使命感，但亦尽有其命运感。那是存心养性以事天。"正己而物正者"，则整个是使命感，而因其尽心知性以知天，故尽有其生命之永恒，故为"大人"。（《四书大义》，第398页）

三品四格人才之中，事君之人是最为卑贱的小人，也是危害最大的。小人用多了，即使安社稷之臣也不愿意来，何况天民、大人呢？所以，用人之法，首在远小人。诸葛孔明曰："亲贤臣，远小人，此先汉所以兴隆也；亲小人，远贤臣，此后汉所以倾颓也。"

远小人固然需要制度的保障，而用人者的自我修养也是断然不可缺少的——小人永远是围绕在昏君身边的。

刘向《新序·杂事第一》：

魏文侯与士大夫坐，问曰："寡人何如君也？"群臣皆曰："君仁君也。"次至翟黄，曰："君非仁君也。"曰："子何以言之？"对曰："君伐中山，不以封君之弟，而以封君之长子，臣以此知君之非仁君。"文侯大怒而逐翟黄，黄起而出。次至任座，文侯问："寡人何如君也？"任座对曰："君仁君也。"曰："子何以言之？"对曰："臣闻之，其君仁者，其臣直。向翟黄之言直，臣是以知君仁君也。"文侯曰："善。"复召翟黄入，拜为上卿。（《新序》，第24—25页）

由"人"而"臣"，由"臣"而"天民"，由"天民"而"大人"，知此人才三品四格，方可知成才何其难也！孟子即以此示人、醒人、化人。

吕留良《四书讲义》提醒道：

凡讲此等书，再攀不得大话，一攀大话，便知是乞儿相矣。（《四书讲义》，第983页）

安社稷之臣、天民、大人，都是值得尊敬、效法的人。

13.20　孟子曰："君子有三乐，而王天下不与存焉。父母俱存，兄弟无故[(1)]，一乐也；仰不愧于天，俯不怍[(2)]于人，二乐也；得天下英才而教育之，三乐也。君子有三乐，而王天下不与存焉。"

【注释】

（1）故：意外的事情、事件。

（2）怍（zuò）：羞愧。

【译文】

孟子说："君子有三种快乐，而称王天下不存在其中。父母健在，兄弟没有意外，这是第一种快乐；上不愧于天，下不怍于人，这是第二种快乐；得到天下的英才而教育他们，这是第三种快乐。君子有三种快乐，而称王天下不存在其中。"

【说要】

本章论君子之乐。

孟子游说诸侯，面对"迂远而阔于事情"的嘲讽，不怨天，不尤人，一心一意引导诸侯施仁政、行王道。但是，孟子何以于此章一言再言"王天下不与存焉"呢？

《得民心得天下：王蒙说〈孟子〉》：

本书多处将王天下视为一种政治理想，强调的是以王道仁政统一天下，这里说的王天下则是更多地从权力上说到一个君王的成功，语义与谈话的角度有所区别。（《得民心得天下：王蒙说〈孟子〉》，第364页）

所以，“王天下不与存焉”不是孟子的自相矛盾，而是孟子借助“王天下”之成功，以衬托君子之“乐”。这也是孟子的善辩处。

《论语》07.19：

叶公问孔子于子路，子路不对。子曰：“女奚不曰：其为人也，发愤忘食，乐以忘忧，不知老之将至云尔。”

“乐”最为可贵。有此一“乐”，便见自然，便见欣然，便见纯粹，亦即见道。

“父母俱存，兄弟无故”，人之善性禀赋于天，有此禀赋自知孝敬父母、亲爱兄弟。此即“为仁之本”。

冯梦龙《四书指月·孟子曰君子有三乐章》：

“父母俱存”，得以致吾孝；“兄弟无故”，得以致吾友，须关到君子身上。若空空说个“俱存”“无故”，只侥天下之幸，何乐之有！（《四书指月》，第517—518页）

“本”是起点，不是终点。君子正要推及此血缘亲情以及人及物，成就“仰不愧于天，俯不怍于人”之功用。“父母俱存，兄弟无故”实在是“仰不愧于天，俯不怍于人”之基础。有此基础，不愧不怍便可落实而不蹈空虚。

“得天下英才而教育之”，并不与孔子的“有教无类”相左，它也不是什么精英意识。教育英才，乃是孟子寻找同道的方法。

《孟子》13.41：

君子引而不发，跃如也。中道而立，能者从之。

你我或非英才，但也要不坠“仰不愧于天，俯不怍于人”之志向。让我们从亲爱亲人起步吧。

13.21 孟子曰：“广土众民，君子欲之，所乐不存焉；中天下而立，定四海之民，君子乐之，所性不存焉。君子所性，虽大行(1)不加焉，虽穷居不损焉，分(2)定故也。君子所性，仁义礼智根(3)于心，其生色(4)也睟然(5)，见(6)于面，盎(7)于背，施(8)于四体，四体不言而喻(9)。”

【注释】

（1）大行：得位行道。赵岐《注》：“行政于天下。”

（2）分：性分。

（3）根：本也。根于心、本于心，即内在于心，心性是一而非二。根是会意字，甲骨文写作，下从（木省，象树根），因单独画出形意思不够明确，故又加（止）以为人之足，会意木之足。根的本义是树根（与本字比较，根可能更关注于树木生长）。后来变成形声字，写作，从木艮（gèn）声。

（4）生色：表现出的气色。朱熹《孟子集注》：“生，发见也。”

（5）睟（suì）然：润泽貌。朱熹《孟子集注》：“清和润泽之貌。”

（6）见：同“现”。显现，显露。

（7）盎：充溢。朱熹《孟子集注》：“丰厚盈溢之意。”

（8）施：延及。

（9）喻：朱熹《孟子集注》：“喻，晓也。”喻，形声兼会意字，从口从俞，俞亦声。俞，金文写作，即舟，为形符。为凿空树木而制造成的独木舟，表示水，会意舟行水上。舟可以载人由此岸到彼岸，口可以传语言由我耳入他耳，故喻从口从俞，会告知之意。引申为知晓。

【译文】

孟子说：“广阔的土地、众多的民众，是君子想要的，但君子的乐趣不在这里；位立天下的中央，安顿四海的民众，君子以此为乐趣，但君子的本性不在此。君子的本性，即使得位行道也不会增加，穷困隐居也不会减少，只是因为他性分确定的缘故。君子的本性表现在，仁义礼智都根植于心，他的善性表现出的气色温润和顺，呈现于脸面，充溢于背肩，延伸到四肢，四肢不必等待言语便知晓（该怎样做）。”

【说要】

本章论君子之心性。

“广土众民”，拥有广阔的土地、众多的民众——说的是人生的自然欲望境界。

“中天下而立，定四海之民”，得位而国家得到治理、百姓得到安顿——说的是人生的社会事功境界。

“君子所性，仁义礼智根于心”，君子本性的表现在仁义礼智都根于心，由心而发——说的是人生的精神道德境界。

唐文治《四书大义·孟子大义》卷十三：

士有名分，有位分，有性分，而性分为特重。分之有尊卑，犹量之有大小。贩夫贩妇，得一金而莫知其所措者，亦其分也。俗士鄙人，萦情于境遇，终身莫之舍者，亦其分也。君子尊其性，然后能高其分。或问尊性当奈何？曰：不以富贵利禄动其心，斯可矣。(《唐文治四书大义》，第470页)

人生而有自然欲望境界、社会事功境界、精神道德境界。自然欲望境界、社会事功境界，都是有关外在的东西，所以说“所性不存焉”。人之性，受之于天，其职分有定然性，既不因得位行道而增加，亦不因穷困独居而减损，君子所以为贵者，正在于此。只有实践、实现人生的精神道德境界，才能够彰显出人生命的价值与尊严。

人的善性乃“天所与我”——超越性地受之于天；人的善性是“我固有之”——内在性地根植于心，所以，心性是一体的。

心性一体，本不可分。心性一体是圆融的道理，深刻体察圆融的道理，需要分而析之，合而悟之。

分而析之，则性偏重于“天所与我”，心偏重于“我固有之”。从这个意义上我们可以勉强说，性是静的，静则不显；心是动的，动则可察，故可以即心以言性。此即孟子言性的基本理路。

仁义礼智之性表现出来，人的形色便有温润和顺之貌，呈现于脸面，充溢于背肩，延伸到四肢，四肢不待言教而于动作周旋之际合礼中节——这就是诚于中而现于外的“践形”，其极高的境界就是令人神往的“精神道德境界”“圣人气象”。

吕留良《四书讲义》卷四十二：

读书人每自命不凡，一经些小得失利害，便和身倒塌，何消说到大行穷居耶？故分定功夫，全在根心上札硬寨做乃得。(《四书讲义》，第985页)

又云：

根心体段难说，孟子特下“其生色”四句，正就所性充足处指示实际，非说根心应验也。外面风吹草动，都是根里缘由，张子“十年学个‘恭而安’不成”，程子曰：“可知有多少病痛在。”故曰形色天性也，惟圣人然后可以践形。(《四书讲义》，第986页)

精神道德境界不一定人人可以做到，但是确有这样的人：胜不骄、败不馁、打不倒、捧不晕、脏水泼上去不脏、大火烧上去不燃、我行我素、我放我光。真是可敬可佩！

13.22 孟子曰：“伯夷辟纣，居北海之滨[1]，闻文王作，兴曰：‘盍归乎来！吾闻西伯[2]善养老者。'太公[3]辟纣，居东海之滨[4]，闻文王作，兴曰：'盍归乎来！吾闻西伯善养老者。'天下有善养老，则仁人以为己归矣。五亩之宅[5]，树墙下以桑，匹妇蚕之，则老者足以衣帛矣。五母鸡，二母彘[6]，无失其时，老者足以无失肉矣。百亩之田，匹夫[7]耕之，八口之家足以无饥矣。所谓西伯善养老者，制其田里[8]，教之树畜，导其妻子使养其老。五十非帛不暖，七十非肉不饱。不暖不饱，谓之冻馁。文王之民，无冻馁之老者，此之谓也。"

【注释】

(1)北海之滨：指今濒临渤海的河北昌黎一带。参见阎若璩《四书释地续》。

(2)西伯：即周文王。

(3)太公：即姜太公。姜姓，吕氏，名尚，字子牙，号太公望。曾辅佐文王、武王灭商建立周朝。

(4)东海之滨：指今山东莒县东部一带。参见阎若璩《四书释地续》。

(5)五亩之宅：黄宗羲《孟子师说》："'五亩之宅'，说者皆云古者授田，二亩半在田，二亩半在邑，习闻而莫知其非也。……孟子所云'五亩之宅'，皆在田野。"

(6)彘(zhì)：猪。

(7)匹夫：古代指平民中的男子。

(8)田里：朱熹《孟子集注》："田，谓百亩之田。里，谓五亩之宅。"此处意译为"土地制度"。

【译文】

孟子说："伯夷躲避商纣，居住在北海之滨，听说文王兴起，感奋地说：'为什么不去归附呢！我听说西伯善于奉养长者。'太公躲避商纣，居住在东海之滨，听说文王兴起，感奋地说：'为什么不去归附呢！我听说西伯善于奉养长者。'天下有善于奉养长者的人，那仁人便以他为自己的归依。五亩地的住宅，在墙下栽植桑树，妇女养蚕抽丝，那长者足以有丝帛穿了。五只母鸡，两头母猪，不要错过它们的繁殖季节，那长者足以有肉吃了。百亩的土地，男子去耕种，八口之家足以吃饱了。所谓西伯善于奉养长者，就在于他制定土地制度，教育百姓种植畜牧，引导百姓奉养他们的长者。五十岁的长者没有丝帛便穿不暖，七十岁的长者没有肉便吃不饱。穿不暖、吃不饱，叫作冻馁。文王的百姓没有冻馁的长者，就是这个意思。"

【说要】

本章论仁政。可与01.03、07.13章相参看。

07.13章与本章第一节内容大致相同。不过07.13章归结于“仁人归服，天下归心；天下归心，王道可期”，本章则归结于“仁人以为己归”。

冯梦龙《四书指月·孟子曰伯夷辟纣章》：

> 伯夷太公之归，只是来就其养，而所志不同。一则欲待天下之清，一则欲定天下之乱。二老称仁，惟其以天下为心故也。（《四书指月》，第520页）

“五亩之宅”以下，论说“仁人以为己归”的原因——“西伯善养老者”，亦即从“制民之产”“导民养老”的具体政务论说仁政。

张岱《四书遇·养老章》引徐子卿语曰：

> 治天下原是要从做人家极琐屑处理会得来，才是好手。（《四书遇》，第517页）

此一节又与01.03章文字大致相同，只是多了“匹妇蚕之”“匹夫耕之”。

冯梦龙《四书指月·孟子曰伯夷辟纣章》：

> 比《上孟》（注：指01.03章）多“匹妇蚕之、匹夫耕之”句，亦非闲话。见匹夫匹妇可办，非迂阔而难行也。（《四书指月》，第520页。标点略有改动）

唐文治总结此章大义云：

> 养老之政，所以教民孝也。制其田里，教之树畜，为政治中之经画，而其本意，则在于导其妻子使养其老。文王之民无冻馁之老者，可见文王之民，无有不孝者矣。孔子曰：“先王有至德要道，以顺天下。民用和睦，上下无怨。”和气积于寰区，而后政治理。政治理，而后国可长久也。明王以孝治天下，惟文王足以当之。……夫孝，教之所由生也，政治之根源也。后世政治家，但知政、教之并重，而不知教之当寓于政，政之当本于教。人君有能以孝为治，继文王而兴者乎？予日望之矣。（《唐文治四书大义》，第472页）

养老之政，所以教民；制其田里，所以富民。孟子此章一本于孔子“富而有教”之旨。

13.23　孟子曰：“易[(1)]其田畴[(2)]，薄其税敛，民可使富也。食之以时[(3)]，用之以礼，财不可胜用也。民非水火不生活，昏暮叩人之门户求水火，无弗与者，至足矣[(4)]。圣人治天下，使有菽粟[(5)]如水火。菽粟如水火，而民焉有不仁者乎？”

【注释】

（1）易：整治。易是会意字，甲骨文写作，字形描绘的是把一只杯子里面的液体倒到另外一只杯子里。易的本义就是改变、交换。后来字形逐渐简化成、，与楷书的“易”就十分接近了。此处“易其田畴”的“易”显然就是整治的意思。

（2）田畴：杨伯峻《孟子译注》：“‘田畴’无妨作一词看，犹言‘田地’。”

（3）时：时令。

（4）矣：杨伯峻《孟子译注》：“此‘矣’字用法同‘也’，‘至足矣’为解释句，说明上句的原因。”

（5）菽（shū）粟（sù）：豆和小米。泛指粮食。

【译文】

孟子说：“整治田地，减轻税赋，可以使百姓富足。按时令而食，依礼法而用，财物使用不完。百姓没有水和火不能生存，黄昏夜晚敲人家的门户来求水火，没有不给予的，（因为水火）十分充足的缘故。圣人治理天下，要使粮食如同水火（那样充足）。粮食同水火（那样充足），百姓哪有不仁爱的呢？”

【说要】

本章论述仁政，继续阐发先富后教之为政的要旨。

富民是为政之首要，先富而后教是不可颠倒的为政之逻辑。

“易其田畴，薄其税敛”，这是发展生产，减轻税收，为百姓开源；“食之以时，用之以礼”，这是节约用度，为百姓节流。

开源复节流，则百姓富足；百姓富足，自然“仓廪实而知礼节，衣食足而知荣辱”，一归于仁，社会自然文明进步。

冯梦龙《四书指月·孟子曰易其田畴章》：

> 民之不仁，莫如战国。孟子想出个道理来，都由民穷财尽而然，分明是上人有以使之，故把民仁归在民富上。君人者，但使菽粟如水火，而治道已毕矣。见足民之为重中。通章精神，全在“使”字。（《四书指月》，第521页）

社会历史发展具有自身固有的客观规律；社会存在决定社会意识，社会意识又反作用于社会存在。孟子在两千三百多年之前想出的“道理”，充满现代意识，弥足珍贵。

“易其田畴，薄其税敛”，为百姓开财之源，我们在“民之为道”（05.03）和“保民而王”（01.07）两章已经讲过。这里我们重点讲讲执政者、贵族如何“食之以时，用之以礼”，为百姓节财之流的。

“食之以时”，就是按照时令而食。什么叫作不按照时令而食呢？

高粱没成熟前秸秆嫩甘，食用嫩甘的秸秆，就是不按照时令而食。它的危害是让庄稼失去成熟的可能，从而减少收成。

夏天贪食冰镇的瓜果，就是不按照时令而食。它的危害是需要在冬天时准备冰块，增加消费的成本。

“用之以礼”，就是依礼法而用。什么叫作背礼法而用呢？

主要有两个方面，一个是不顾年成的丰歉，过度消费；一个是超越身份，不顾礼法，攀比消费。

在古代，执政者、贵族在食用和礼仪上的消费，对社会财富的消耗是巨大的。不当的食用和礼仪消费，一方面增加了百姓的负担，另一方面极容易形成不良的消费风气。这无论对财富的消费还是对人群的教化，都是极具破坏力的。“君子之德风，小人之德草。草上之风，必偃”，良好的社会风气，来自执政者的引领。“食之以时，用之以礼”应该成为执政者的自觉。

张栻《南轩先生孟子说》卷第七：

> 菽粟如水火，则民无不足；民无不足，则无所求而有常心。故教化可得而行焉，此其所以兴于仁也。大抵圣贤之论富民，未有不及于教者也。（《张栻集》上，第391页）

“菽粟如水火，而民焉有不仁者乎？”这个“焉”字用得好！老百姓哪有不仁爱的呢？如果老百姓不仁爱，那一定是执政者不能开财之源、节财之流的缘故。

徐复观先生指出：

> 先秦儒家，凡是在政治上所提出的要求，都是对统治者而言，都是责备统治者，而不是责备人民，这可以说是一个“通义”，此即“德治”的本质。（徐复观：《释〈论语〉“民无信不立”——儒家政治思想之一考察》，《学术与政治之间》，第277页）

另，“时”的问题受到孟子十分关注：“食之以时”“不违农时”“以时入山林”“鸡豚狗彘之畜，无失其时”“百亩之田，勿夺其时”等。以此入手，来讲养民、保民，是孟子仁政思想的具体体现。其中，我们还可以清晰地读出生态平衡、环境保护、可持续发展等丰富的蕴含。

13.24　孟子曰：“孔子登东山(1)而小鲁，登太山(2)而小天下，故观于海者难为水，游于圣人之门者难为言。观水有术，必观其澜(3)。日月有明，容光(4)必照焉。流水之为物也，不盈科(5)不行；君子之志于道也，不成章(6)不达。”

【注释】

（1）东山：即今邹城境内的峄山。或说是今临沂境内的蒙山，不从，理由见“说要”附录。

（2）太山：泰山。太，通“泰”。

（3）澜：赵岐《注》：“水中大波也。”

（4）容光：指细微的空隙。焦循《孟子正义》：“苟有丝发之隙可以容纳，则光必入而照焉。”

（5）盈科：充满坑坎。盈，会意字，甲骨文写作，象瓜连着藤蔓。两点表示水。即“皿”。会意器皿中水满瓜浮。盈的本义为满。科，会意兼形声字，小篆写作，从斗从禾，禾亦声。从用途上以斗衡量谷物会意，由此引申出品类、分类、等级、标准等义；从斗的形状会意，又引申为坎坑。

（6）成章：乐终为一章。后凡积渐生变，自成格局，皆可称成章。

【译文】

孟子说：“孔子登上东山，便觉得鲁国变小了；登上泰山，便觉得天下都变小了。所以，看过大海的人，就很难被别的水所吸引；学习于圣人门下的人，就很难被别的言论所吸引。观赏水有方法，一定要看它的波澜。日月有光明，凡能容纳光线的地方一定能照到。流水的物性，不充满坑坎就不再向前；君子有志于道，不到一定的程度不会觉得自己通达。”

【说要】

本章论修身，强调修身须志存高远、步步展开。

“孔子登东山而小鲁，登太山而小天下”——“鲁”不是变小了，是因为登上东山而“感觉”鲁小了；“天下”不是变小了，是因为登上泰山而“感觉”天下变小了。

“观于海者难为水”——一般的水也不是没有可观之处，只是观了海后就不会被一般水的可观之处而吸引。

“游于圣人之门者难为言”——一般的言论也不是没有可听之处，只是在圣人之门游学之后便不会被一般的言论而吸引。

孟子以“东山与鲁”“太山与天下”“水与海”设喻，落脚点在“圣人之门”，昭示圣人之道的广大高明。

圣人之道的广大高明，是“我”身处其中，“感觉”出来的。

“观水有术，必观其澜”——观赏水有方法，观察它壮阔的波澜，即可体察它的本源渊阔。

“日月有明，容光必照焉”——观察日月也有方法，观察它的普照之光，即可体察它的本体之明。

孟子以“水之波澜”“日月之光”设喻，落脚点亦在“圣人之门”，昭示圣人之道是本之于天的大道。

圣人之道本之于天，又是“我”以正确的方法，“体察”出来的。

“流水之为物也，不盈科不行”——流水的物性，就是不把洼坑充满就不再向前，且在不断充填、漫过坑坎的过程中，奔涌到海。

“君子之志于道也，不成章不达”——君子有志于圣人之道，所求者大，所得者难，更应向流水奔海那样，跨越坎坷，循序而进，不达至善之境，绝不中止。

“君子之志于道也，不成章不达”，大多注家都译成君子有志于道，不到一定的程度就不会通达。

我感觉有些问题，如果说“不成章不达”是相对于志于道的君子而言的，那么相对于一个不志于道的小人而言呢？那就是“不成章而达”。这样一对照，就会发现“不成章”的“达”或“不达”，不是客观问题，而是人对于“达”与“不达”的主观判断问题。把“君子之志于道也，不成章不达”作为主观判断问题来解释，才能与前面的“孔子登东山而小鲁，登太山而小天下，故观于海者难为水，游于圣人之门者难为言”的主观感受相对应。所以，“君子之志于道也，不成章不达”这句话我认为应该译为君子有志于道，不到一定的程度不会认为自己通事达理，突出君子的主观能动性，这样或许更契合孟子的思路。

程兆熊《四书大义·孟子讲义第十三讲》：

> 一个人的道德的实践，总是到了那个地步，就说那一个地步的话。在那里，会自有其境界之步步展开；在那里，会自有其文彩之一一显出。但须“水到渠成”，故“不盈科不行”；但须“真力内充”，故“不成章不达”。（《四书大义》，第400页。标点略有改动）

人生的志向决定人生的境界，人生的境界决定人生的态度。一个人的修身，或者说道德的实践，首先要高尚其志，以学习圣人为目标。只有如此，才能站得高，看得远，循序渐进，步步展开，一日有一日之境界，“盈科而行”；只有如此，才不会浅尝辄止，更不会半途而废，动心忍性，衣带渐宽终不悔，“成章而达”。

焦循《孟子正义》引赵岐《章指》：

> 闳大明者无不照，包（注：存养）圣道者成其仁，是故贤者志大，宜为君子。（《孟子正义》，第914页）

《朱子语类》卷第六十《孟子十·尽心上·孔子登东山而小鲁章》：

“游于圣人之门者难为言。”学而不从这里，则所为虽善，要为好事，终是有不是处。因言：“旧见刘子澄作某处学记，其中有虽不能为向上事，亦可以做向下一等之意，大概是要退，如此便不得。”（《朱子语类》第二册，第1291页）

本章孟子以“东山、太山、流水、大海”示修身之大法，可称为“山水的启示”。

附录：东山为峄山之一证

峄阳孤桐自古就是上佳制琴之材料。

《尚书·禹贡》：

厥贡惟土五色，羽畎夏翟，峄阳孤桐，泗滨浮磬，淮夷玭珠暨鱼。

唐人李白留有《琴赞》之诗：

峄阳孤桐，石耸天骨。根老冰泉，叶苦霜月。斫为绿绮，徽声粲发。秋风入松，万古奇绝。

余曾经在浙江省博物馆孤山馆区见一古琴，名曰“号钟”，是该馆诸多古琴中宋琴的代表。在此琴龙池下，刻有南宋末年著名诗人谢枋得的隶书琴铭：

东山之桐，西山之梓，合而为一，垂千万古。

上面三条资料合观，或可以作为东山乃峄山之一证。

13.25　孟子曰：“鸡鸣而起，孳孳(1)为善者，舜之徒也；鸡鸣而起，孳孳为利者，跖(2)之徒也。欲知舜与跖之分，无他，利与善之间(3)也。”

【注释】

（1）孳孳：朱熹《孟子集注》：“勤勉之意。”“孳”与“孜”，古字通用。

（2）跖：相传为柳下惠的弟弟，为春秋时的大盗。

（3）间（jiàn）：异，差别。

【译文】

孟子说：“鸡鸣而起，孜孜以行善的，是舜一类的人；鸡鸣而起，孜孜以求利的，是跖一类的人。想知道舜和跖的区别，没有别的，只是求利和求善的差别。”

【说要】

本章论舜与跖之分，亦即论义利之辨。

义与利有张力，有矛盾，甚至有严重的对立。利非不好，只是在获利时要遵守道义，若“专以利为心则有害”。这是义利之辨的根本所在。

本章“鸡鸣而起，孳孳为利者”，即“专以利为心”者。

张栻《南轩先生孟子说》卷第七：

> 此章论善、利为舜、跖之分，启告学者可谓深切著明矣。盖出义则入利，去利则为善也。此不过毫厘之间，而有白黑之异，霄壤之隔焉。故程子曰：“间云者，谓相去不远也。”（《张栻集》上，第392页）

《朱子语类》卷第六十《孟子十·尽心上·鸡鸣而起章》对“间”字有一个形象、亲切的解读：

> 间，是两者相并在这里。一条路做这边去，一条路做那边去，所以谓之间。（《朱子语类》第二册，第1292页）

现实生活告诉我们，追求善的人为数不少，但能有几个人成为与人为善的舜一样的圣贤呢？追求利的人为数更多，但又有几个人成为杀人越货、活烹人脏器的跖一样的大盗呢？此章的意义何在呢？

“鸡鸣而起，孳孳为善者”，虽不能成为舜，却有成为“舜之徒”的善用；“鸡鸣而起，孳孳为利者”，虽不会成为跖，却有成为“跖之徒”的危险。

黄宗羲《孟子师说·鸡鸣而起章》：

> 利与善之间，真所谓毫厘千里。此是第一步，一生聪明力量都为此一步所用。野葛人参，共生一本，辨之不得不早也。（《黄宗羲全集》第一册，第144页）

人生在世，何时、何事不面对善与利的歧路？孟子就是要为人们树立起“舜之路”“跖之路”两个显著的路标，引领人们向“舜之路”一边走去，免去人们“临歧路而哭”的困苦。此圣贤之心也。

13.26　孟子曰：“杨子取为我(1)，拔一毛而利天下，不为也。墨子兼爱(2)，摩顶放踵(3)利天下，为之。子莫执中(4)——执中为近之。执中无权，犹执一也。所恶执一者，为其贼道也，举一而废百也。”

【注释】

（1）杨子取为我：杨子，即杨朱。参见06.09章注（13）。为我，杨朱的政治主张。《吕氏春秋·审分览·不二》："阳生（注：即杨朱）贵己。"

（2）墨子兼爱：墨子，即墨翟。参见06.09章注（14）。兼爱，墨子的政治主张。《墨子·兼爱上》："天下兼相爱则治，交相恶则乱。"

（3）摩顶放踵：摩秃头顶、磨破脚板。

（4）子莫执中：子莫，近人罗根泽、钱穆等以为即《说苑·修文》中的颛孙子莫。几十年前邹城莫亭村尚存其墓。执中，朱熹《孟子集注》："知杨墨之失中也，故度于二者之间而执其中。"朱熹解"执中"，实是"折中"，与孟子"汤执中，立贤无方"之意不合。不从。

【译文】

孟子说："杨子（主张）为我，拔一根毫毛而有利于天下，都不愿做。墨子（主张）兼爱，摩秃头顶、磨破脚板，都去做。子莫（主张）执守中道——执守中道就比较恰当。执守中道而没有权变，就如同固执在一点上。（人们）之所以厌恶固执在一点上，是因为它损害了中道，举起一点而废弃了其余（的缘故）。"

【说要】

本章论执中无权之害。

《孟子》一书，并提杨、墨的只有三章：06.09、13.26、14.26。

06.09章对杨、墨的政治主张进行了详细、深刻的批判。14.26章对脱离杨、墨学派的人，采取既往不咎的宽容态度。

细品本章，杨、墨不是重点，他们作为引子，引出子莫来。

这一点感悟，冯梦龙先得吾心：

> 孟子之辟杨、墨者屡矣，此章似为子莫而发。盖杨、墨之害道易见，子莫之害道难知。（《四书指月·孟子曰杨子取章》，第524页）

杨子主张为我，拔一根毫毛而有利于天下，都不愿做，真是极端的利己主义。这自然是很难被人们接受的。

《列子·杨朱篇》：

> 古之人损一豪利天下，不与也。悉天下奉一身，不取也。人人不损一豪，人人不利天下，天下治矣。

即使我们认可《列子·杨朱篇》的记载，我想也不能掩盖他的政治主张对社会的危害。极端的利己主义不一定去害人，但是，它将人类分割成毫不相关的一个一个的个体，这就从根本上违背了人群居的天性，亦必将危害社群及其治理。

墨子(主张)兼爱，摩秃头顶、磨破脚板，都去做，真是极端的利他主义。

极端的利他主义，在情感上是很容易得到人们的认可的。但是，现实的生活、理智的思考告诉我们，人的血缘情感是特殊的，对亲人与对他人的爱是有差等的。不承认这一普遍的道理，也是违背人的天性的，而听起来十分美好的"兼爱"，也必将实现不了。

"子莫执中"怎么样呢?

中是道理，执中是做事。道理在事中，做事要遵循道理。但是，世事繁杂，因时而变，若想时刻于做事上遵循道理，亦须因时而变。这便需要一个"权"字。"权"不在执中之外，而在执中之中。

张岱《四书遇·执一章》:

> 邹南皋曰:"唐虞受授之中，孔子得之为时，孟子发之为权。"(《四书遇》，第520页)

冯梦龙《四书指月·孟子曰杨子取章》:

> 权者，称物之轻重而往来以取中者也。如龙比杀身，近于墨之摩顶；孔子不徇颜路之请车，近于杨之不拔。然理当如此，即杨、墨亦有用得着处，用着便是中了。斟酌其用处即"权"也，子莫把中当个死物事，一手捻定，此与执"为我"、执"兼爱"何异?(《四书指月》，第524页。标点略有改动)

子莫的执中，只是执中无权。执中无权实在是思想上的僵化。思想上的僵化，必将带来行动上对"中"的背离。所以，子莫的执中，同样是有害的。

《论语》17.18:

> 子曰:"恶紫之夺朱也，恶郑声之乱雅乐也，恶利口之覆邦家者。"

似是而非，足以乱人，其危害或更甚于明显的"非"呢!

"执中为近之"，是欲抑故扬之辞，不可不辨。"执中无权，犹执一也"就是"抑"。"举一而废百也"，正是其危害之处。

13.27 孟子曰:"饥者甘(1)食，渴者甘饮，是未得饮食之正也，饥渴害(2)之也。岂惟口腹有饥渴之害?人心亦皆有害。人能无以饥渴之害为心害，则不及人不为忧矣。"

【注释】

（1）甘：会意字，甲骨文写作，在口中附加一短画。短画表示舌头，舌头主味觉，故会意香甜美味。引申指美味的食物，还引申为甜美、嗜好、爱好、乐意等。

（2）害：金文写作，或与铸造金属器物有关。范具的制作、组装出现问题，以至于铸件变形走样。本义为损伤。

【译文】

孟子说："饥饿的人觉得食物好吃，口渴的人觉得水好喝，这是不能得到饮食的正味的，是饥渴损害了口腹感觉的缘故。难道只有口腹会受到饥渴的损害吗？心同样也会有损害。一个人能使心不受到饥渴（之类的）损害，那就不会为（外物）不如别人而忧虑了。"

【说要】

本章论寡欲。

赵岐《章指》：

> 饥不妄食，忍情抑欲；贱不失道，不为苟求。能无心害，夫将何忧。

一事有一事之理，为人处世原来也没有什么秘诀，能得其理便好。只是世事岂能尽如人意，人便会因为所遇之穷途而困扰其心，常常不能得事情之理。

譬如饮食，本来一食一饮，都有它独特的味道，正常情况下，人都能辨别其味道，吃的是津津有味。一旦饥渴难耐，便饥不择食、渴不择饮，不能得饮、食之正味了。

焦循《孟子正义》云：

> 饥渴者急欲得饮食，以不甘为甘，故强为甘。（《孟子正义》，第920页）

物质匮乏或一时得不到而饥不择食、渴不择饮，也是件无可奈何的事。饥渴不能得饮、食之正味，不是不能，是因饥渴而顾不上。

人之本心天赋，随感随觉，如何却不能得仁、义之正味，操持而不失呢？人心不能得仁、义之正味，只不过是本心被膨胀的耳目口腹、名利之欲遮蔽了——非不能也，是不为也。李贽《四书评·孟子》卷之七感叹："甘字最阴人。"

姚永概《孟子讲义》卷十三：

> "岂惟口腹"二句，折入人心极险峻。（《孟子讲义》，第236页）

人人皆有善性善心，但是，人与人之间的差距又为什么这样大呢？人的善性善心也有因欲望的无节制而受到伤害的时候。

朱熹《孟子集注》曰：

口腹为饥渴所害，故于饮食不暇择，而失其正味。人心为贫贱所害，故于富贵不暇择，而失其正理。

人能不以贫贱之故而动其心，则过人远矣。(《四书章句集注》，第365页)

“无以饥渴之害为心害”，是孟子提示我们的修身之大法。这可称为“口腹的启示”。

前面的“山木的启示”“山水的启示”，是“远取诸物”；“口腹的启示”，是“近取诸身”，圣人之道皇皇其大矣！圣人说法循循善诱矣！

13.28 孟子曰：“柳下惠(1)不以三公易其介(2)。”

【注释】

(1)柳下惠：参见03.09章注(4)。

(2)介：操守。

【译文】

孟子说：“柳下惠不因为三公改变他的操守。”

【说要】

本章论柳下惠不以富贵改变操守。

《孟子》一书对柳下惠之行，多有评价。如：

柳下惠，圣之和者也。(10.01)

柳下惠不羞污君，不卑小官；进不隐贤，必以其道；遗佚而不怨，厄穷而不悯。故曰：“尔为尔，我为我，虽袒裼裸裎于我侧，尔焉能浼我哉？”(03.09)

闻柳下惠之风者，薄夫敦，鄙夫宽。(14.15)

《论语》也有论述：

柳下惠为士师，三黜。人曰：“子未可以去乎？”曰：“直道而事人，焉往而不三黜？枉道而事人，何必去父母之邦？”(18.02)

姚永概《孟子讲义》卷十三：

和最易于失之流。孟子叙述柳下惠之行，极有斟酌，如“必以其道”，及“油

油然与之偕而不自失焉”，皆是也。（《孟子讲义》，第237页）

“不羞污君，不卑小官”“进不隐贤，必以其道”“遗佚而不怨，厄穷而不悯”“尔为尔，我为我”“油油然与之偕而不自失焉”等，正见柳下惠之操守。

“薄夫敦，鄙夫宽”，故成就其大；“不以三公易其介”，故成就其刚。至大至刚，浩然之气油然而生，生命油然而挺立。

“不以三公易其介”，又有丰富之蕴含：

“不以三公易其介”，可以解读为柳下惠居于三公之尊位，也可以解读为柳下惠面对三公之权威。

不因为自己高居三公之尊位，而改变自己的原则操守，这是“富贵不能淫”；不因为面对三公之权威，而改变自己的原则操守，这是“威武不能屈”；不改变自己的原则操守，则往往不能讨得君上的欢心，“三黜”自是必然，“三黜”而不改“直道而事人”的原则操守，这是“贫贱不能移”。

有此“富贵不能淫，贫贱不能移，威武不能屈”的原则操守，自能坦然面对“得志”“不得志”的现实际遇，从而为了“居天下之广居，立天下之正位，行天下之大道”的理想信念，肩负重任，死而后已。

此正是“柳下惠不以三公易其介”的价值所在，此正是柳下惠之所以为圣人的根本所在。

13.29　孟子曰：“有为者辟(1)若掘井，掘井九轫(2)而不及泉，犹为弃井也。”

【注释】

（1）辟：同“譬”。

（2）轫（rèn）：通“仞”。形声字。传抄古文字写作[illegible]，小篆写作軔，从车刃声。古代有一种制动车的方法，用木棍一头拄着地，一头抵着车轮或车把。这个木棍就叫轫。清桂馥《说文解字义证》：“正义云：《说文》云，轫，碍车木也。动轫者谓去木动轮而发行也。”轫的长度说法不一，不必拘泥。掘井九轫，言掘井到很深。

【译文】

孟子说：“有作为的人譬如打井，挖到很深还没有挖到泉水，也还是一口废井。”

【说要】

孟子说人皆有天赋的善性，所以人人都有成为尧舜周孔的可能。为什么现实之中有那么多如你我一样的平庸之人呢？

“可能”是一回事，“成为”是另外一回事。“可能”是起点，“成为”是终点，其间铺满着辛苦、忧患、毁谤、挫折，是一段不得不经过，又常常难以忍受的“动心忍性”的历程。

所以我们看到，行百里者半九十。就如掘井一样，已经挖到很深了，还没有挖到泉水，这时候放弃了，那还是一口废井。这正是有那么多如你我一样平庸之人的原因。

“周公思兼三王，以施四事；其有不合者，仰而思之，夜以继日；幸而得之，坐以待旦”；“舜之居深山之中，与木石居，与鹿豕游，其所以异于深山之野人者几希。及其闻一善言，见一善行，若决江河，沛然莫之能御也”。更具有向善的愿力，更具有持之以恒、愈挫愈勇的行动，这正是尧舜周孔之所以成为圣人的原因。

辛全《四书说》卷六：

> 造之以道，掘井也。深造之以道，掘井九仞也。直至取之左右逢其源，则及泉矣。（《四书说》，第225页）

做事情不难，难的是持之以恒；持之以恒做事情不难，难的是遇到挫折能愈挫愈勇。孟子曰：“于不可已而已者，无所不已。于所厚者薄，无所不薄也。”对于不该放弃的却放弃，那就没有什么不可以放弃的。对于该重视的却忽略，那就没有什么不可以忽略的。

“掘井九轫而不及泉，犹为弃井也”，这是对“放弃者”的惋惜，也是鄙视。“掘井九轫而不及泉，犹为弃井也”，这是对“有为者”的警醒，也是赞许。

13.30　孟子曰：“尧、舜，性之（1）也；汤、武，身之（2）也；五霸，假之也。久假而不归（3），恶知其非有也（4）。”

【注释】

（1）性之：赵岐《注》：“性好仁，自然也。”性，用作动词。之，指仁义。

（2）身之：身体力行仁义。

（3）不归：不归返仁义。

（4）恶知其非有也：（世人）哪里知道他们不是真有呢。恶，《康熙字典》引《韵会》：“安也，何也。”有，真有。

【译文】

孟子说：“尧、舜，是习于本性实行仁义；商汤、周武王，是身体力行推行仁义；五霸，是假借利用仁义。（五霸）假借长久而不归返（仁义），（世人）哪里知道他们不是真有呢？”

【说要】

本章论王霸之辨。

“尧、舜，性之也”——尧、舜是由仁义行；“汤、武，身之也”——汤、武是行仁义；“五霸，假之也”——五霸只是假借仁义以行霸道。

行仁义有三等：头等习于本性，因其自然地实行仁义；二等身体力行，推行仁义，加上了主观的努力、自我的约束、思考的选择；三等假借利用仁义，利用完了就丢弃了。

这正是尧、舜、汤、武与五霸的根本区别。

本章解释的难点，在“久假而不归，恶知其非有也”一句。

朱熹《孟子集注》云：

> 归，还也。有，实有也。言窃其名以终身，而不自知其非真有。或曰：“盖叹世人莫觉其伪者。”亦通。旧说，久假不归，即为真有，则误矣。(《四书章句集注》，第365页)

我们这里取第二种说法。

冯梦龙《四书指月·孟子曰尧舜性之章》：

> 末世争羡五伯之功，动必称之以继尧、舜、汤、武之后。故孟子以“假”字破之。凡物皆可假，惟性与身为不可假；久假不归，五伯之所以成其伯处，然伯成而去帝王滋远矣。……尧、舜归于天，汤、武归于性，五伯不知归于身，又焉知归于性？(《四书指月》，第526—527页)

唐文治《孟子大义》卷十三：

> 盖三代以下，人心世道所以日趋于伪者，实以春秋时为之枢纽，而皆由五霸有以提倡之也。君子论人，观于心术之微，此仲尼之门所以羞称桓、文之事也。(《唐文治四书大义》，第483页)

治国理政，最忌“假”，有此一“假”，百病丛生；从政为官，最忌“假”，有此一“假”，节操不存；为人处世，最忌“假”，有此一“假”，虚颜卑鄙。

“假”，最害人。当戒！当戒！

13.31　公孙丑曰：“伊尹曰：‘予不狎于不顺[(1)]。’放太甲于桐[(2)]，民大悦。太甲贤，又反之，民大悦。贤者之为人臣也，其君不贤，则固[(3)]可放与？”

孟子曰：“有伊尹之志，则可；无伊尹之志，则篡也。”

【注释】

(1)予不狎(xiá)于不顺：我不亲近不顺礼法的人。狎，亲近。不顺，朱熹《孟子集注》："言太甲所为，不顺义理也。""不顺义理"作"不顺礼法"或更好。

(2)放太甲于桐：参见09.06章。

(3)固：一定。

【译文】

公孙丑说："伊尹说：'我不亲近不顺礼法的人。'(因此他)把太甲流放到桐邑，百姓很高兴。太甲变好了，又恢复他的王位，百姓很高兴。贤人作为臣属，君王不好，一定可以放逐吗？"

孟子说："有伊尹那样的心志，则可以；如果没有伊尹那样的心志，则是篡夺了。"

【说要】

本章论伊尹之志。

2023年4月9日，"华夏儒厨联盟"举办孔孟圣地研学活动，欲祭拜烹饪鼻祖伊尹，余为撰并书对联一副：

> 割烹原有正道，放伐本无私心。

伊尹流放太甲，目的是"使是君为尧舜之君"(09.07)，其志只在公利，不存私心。

冯梦龙《四书指月·公孙丑曰伊尹曰章》：

> "志"字，在"任"字上想出，此志亦非临时办得，全体精神，正在"不与不取、弗视弗顾"中打磨出来。(《四书指月》，第527页。标点略有改动)

"贤者之为人臣也，其君不贤，则固可放与？"公孙丑之问，或许有耳闻目睹春秋战国频发的弑君篡位，而归罪于伊尹流放太甲的意思吧。孟子告诉他："有伊尹之志，则可；无伊尹之志，则篡也。"

辛全《四书说》卷六：

> 有伊尹之志，则可洗发出伊尹。无伊尹之志，则篡也，又防闲万世。(《四书说》，第226页)

官场之事最难明辨，一则信息不对称，二则利益攸关方复杂，三则人心难测。

伊尹之志如何方能辨别出来？这又急切不得，需要时间，需要观察民众的态度。时间的冲刷，终会暴露真相；民众的态度，终将区分善恶。

“有伊尹之志，则可；无伊尹之志，则篡也”，是对弄权者的警戒，也是对贤者的警示。

13.32　公孙丑曰：“《诗》曰：‘不素餐兮(1)。’君子之不耕而食，何也？”

孟子曰：“君子居是国也，其君用之，则安富尊荣；其子弟从之，则孝弟忠信。‘不素餐兮’，孰大于是？”

【注释】

（1）不素餐兮：见《诗经·魏风·伐檀》。“素”的本义是没有染色的布帛。引申为白色、本色、纯朴、真情、空白等。朱熹《孟子集注》：“素，空也。无功而食禄，谓之素餐。”

【译文】

公孙丑说：“《诗经》说：‘不白吃饭呀。’可是君子不耕种也来吃饭，为什么呢？”

孟子说：“君子居处于某一国家，君王任用他就会平安、富足、尊贵、荣耀；少年子弟信从他，就会孝顺父母、恭敬兄长、忠诚职事、守信他人。‘不白吃饭’，哪还有大于这个的呢？”

【说要】

本章论君子的贡献和作用。可与05.04章相参看。

05.04章，孟子以社会分工之说，论述君子存在的合理性；本章则以君子的道德教化之功，论述君子存在的价值性。

冯梦龙《四书指月·公孙丑曰〈诗〉云章》：

> 通章以功字为主。……“安”，谓国祚宁固；“富”，谓国计充实；“尊”，谓臣民具瞻；“荣”，谓中外无侮。孝、弟、忠、信，全要想教行俗美，方见得功在人国。（《四书指月》，第527—528页）

张栻《南轩先生孟子说》卷第七：

> 《伐檀》之刺，盖谓在上者，无功德于民而享其奉。故以不稼不穑而得禾、不狩不猎而得兽者为比，非必欲君子稼穑而后食也。公孙丑以君子不耕而食为素餐，其为诗也亦固矣，其弊将至于为许行之徒之论矣，故孟子告之以不素餐之大者。（《张栻集》上，第396页）

公孙丑对《诗经·魏风·伐檀》的解读，当不至于如此之“固”。公孙丑之问，不过是立此话题，以协助老师申述君子存在的价值性而已。若必以为公孙丑如此之“固”，那我们对《孟子》此章的解读真是“固”了。正如寻常读《论语》，见夫子多有批评子路，便以为子路粗率不堪，岂不知子路“吾先子之所畏也”（曾西语，见03.01章）。

唐文治《孟子大义》卷十三：

> 夫食者，世之所以济我，而我所以为济世之资者也。倘必如孟子之学问德行，而后谓之不素餐，则天下诚无不素餐之人。然君子处世，必当每日自省其所食与其所事足以相称，而后可以仰不愧而俯不怍。不然，素餐之祸，吾见盖不一而足矣。（《唐文治四书大义》，第485页）

这是从君子的角度，作“不素餐”之省察。

我们还需要从国君、国人或者说你我的角度，作君子“不素餐”之省察。

孟子云：

> 君子引而不发，跃如也。中道而立，能者从之。（13.41）

君子“中道而立”，立德、立功、立言。国君“用之”，则“安富尊荣”；子弟“从之”，则“孝弟忠信”。君子事功的实现、价值的体现，原是要有国君、国人或者说你我的良性互动。

用不用在国君，从不从在子弟。如此，“安富尊荣”“孝弟忠信”，难道只是君子的事情吗？那么，国君、国人或者说你我，不应该立定希圣希贤的志向，努力做一个“从之”的“能者”吗？

13.33　王子垫[(1)]问曰：“士何事？”

孟子曰：“尚志[(2)]。”

曰：“何谓尚志？”

曰：“仁义而已矣。杀一无罪，非仁也；非其有而取之，非义也。居恶在？仁是也；路恶在？义是也。居仁由义，大人[(3)]之事备矣。”

【注释】

（1）王子垫：赵岐《注》：“齐王子，名垫也。”

（2）尚志：朱熹《孟子集注》：“尚，高尚也。志者，心之所之也。”志为会意兼形声字，从心从之，之亦声。金文写作，是“心”；是之，从（止，象足形）从一（代表某地），会意人由此地往他处而去。从心从之就是通常说的“心之所之为志”

（心里有向往的目标就是“志”）。

（3）大人：不偏指有官位的人，也不偏指有道德修养的人。所以大人之事兼内圣外王而言。

【译文】

王子垫问道：“士做什么事呢？”

孟子说：“使心志高尚。”

王子垫问：“什么是使心志高尚？”

孟子说：“做到仁义罢了。杀一个无罪的人，就是不仁；不是自己的东西却占有它，就是不义。居处在哪里？就在于仁；道路在哪里？就在于义。居处于仁而行由于义，大人的事情便完备了。”

【说要】

本章论士高尚心志。

老话说，“好事多为难事，名人都是苦人”。

好事咱做过一些，费了不少心，吃了不少苦，深知其难，却常常无法与外人道；名人咱没有做过，不过从好事的经验推想，说名人都是苦人，大概也差不了多少。

推之于人情世事又何尝不是这样：众人只是看好事的“好”，而不看做好事有多“难”；只是看名人的“风光”，而不看做名人有多“苦”。因为众人习惯于看重事情的外表、肯定眼见的事功。

王子垫正是这众人中的一员，他看到上至公卿大夫，下至农工商贾都有许多事要办理，许多业要从事。唯独士，好像什么正事都没有，还挑三拣四、指手画脚，有些不理解，所以问孟子：“士何事？”

冯梦龙《四书指月·王子垫问曰章》：

> “垫”，正问孟子一流，非泛指游说之士。（《四书指月》，第528页）

李存山先生解读此章：

> 这里的“士”是作为中国古代的一个社会阶层，也就是指读书人，约略相当于现在所说的“知识分子”。它原来在西周时期是贵族下层的官员，当时是“学在王官”，只有王朝的官员才掌握学术知识。但是到了春秋时期的社会大变动，有相当一批有知识的官员失去了官职，流落到民间，也有相当一批庶人（就是平民）掌握了知识，这就是“学术下移”，这些民间的读书人或有知识的人就构成了“士”阶

层，他们与农、工、商阶层并列，被称为“士农工商”四民。因为“士”阶层掌握了知识，有行政能力，所以一些“士”就被选拔做官，这就是孔子说的“学而优则仕”。原来的官员都是世袭的贵族，叫作“世卿世禄”，“世”就是父子相继，是世袭的意思。到了春秋时期的“学而优则仕”，学得好、能力强的士人可以被选拔做官，这是社会的一大进步。孔子最先创立了民间的教育，推动了“士”阶层的兴起，也为“士”阶层确立了应该有的价值取向。孔子说：“士志于道，而耻恶衣恶食者，未足与议也！”（《论语·里仁》）“士而怀居，不足以为士矣！”（《论语·宪问》）“君子谋道不谋食……忧道不忧贫。”（《论语·卫灵公》）在孔子的教育下，孔门弟子也大都有远大的胸怀、高尚的志向，如曾子所说：“士，不可以不弘毅，任重而道远。仁以为己任，不亦重乎；死而后已，不亦远乎！”

孟子继承孔子士的精神，面对王子垫的质疑，开口便说出了令后世士人引以为傲的两个字：“尚志。”

什么是“尚志”？居仁由义而已。人的生命不过在静动之间，静动不离仁义，就是人的生命不离仁义——一切的生命静动都是道德的实践，一切的道德实践都是生命的静动。由此而完成的生命自然是得乎大体的完备的“大人”了。

姚永概《孟子讲义》卷十三引程瑶田语：

隐居以求其志，求其所达之道也。当其求时，犹未及行，故谓之志。行义以达其道，行其所求之志也。及其行时，不止于求，故谓之道。志于道通一无二，故曰尚志。万物皆备于我，尚志之时，虽曰士也，然岂待为大人而后谓之大人哉？盖大人之事，天生我时已备之矣。（《孟子讲义》，第238页）

唐文治《孟子大义》卷十三：

程子谓，学者不立志，直无可造之望。愚亦尝谓，今世学者，若不立志为圣贤，而徒嚣然自命，则亦无可造之理。然尚志而务空言，亦无当也，要在躬行实践而已。（《唐文治四书大义》，第487页）

另，李贽是个妙人，常常看到、想到别人看不到、想不到的角度。李贽《四书评·孟子》卷之七：

王子垫是个妙人，当是士林一个大导师。两问的的有益于士。只为士多无所事事，故问“士何事”；只为士多无志，故问“何谓尚志”。为士者读至此，亦肯一动心否？（《四书评》，第182页）

为人处世做学问，应该学会感恩质疑者、批判者。

13.34 孟子曰：“仲子[(1)]，不义与之齐国而弗受，人皆信之，是舍箪食豆羹之义也。人莫大焉亡亲戚、君臣、上下[(2)]。以其小者信其大者，奚可哉？”

【注释】

(1)仲子：即06.10章所见之陈仲子。

(2)人莫大焉亡亲戚、君臣、上下：冯梦龙《四书指月》：“‘焉’字非于字看。言人生在世，更有那一件大于亡亲戚、君臣、上下者？‘大’字从人根本处虚想之，亦暗藏个‘罪’字在。”

【译文】

孟子说：“陈仲子，假使用不义的方式把齐国送给他，他也不会接受，人们都相信这一点，(陈仲子不过)是拒绝一箪饭、一豆汤的义。人没有比失去亲戚、君臣、上下关系更不义的了。因为他的小义，就相信他的大义，怎么可以呢？”

【说要】

本章评论陈仲子，以申发儒家“修己安人”之道。可与06.10章相参看。

以利言之，“齐国之利”不可谓之小。

以义言之，不贪“齐国之利”，却又不可谓之大义，因为没有可以与“亲戚、君臣、上下”相比的大义在。

冯梦龙《四书指月·孟子曰仲子不义章》：

> 此是孟子要断出仲子蔑伦之罪，故意设为“让国”之事而一笔抹杀之，以形容其“不义之大”。章中两“义”字是筋骨。“小者”“大者”俱以“义”言。(《四书指月》，第529页。标点略有改动)

人们之所以不可从陈仲子有“不义与之齐国而弗受”的清廉小义，轻率地推导出他即有“亲戚、君臣、上下”之人伦大义，其根本的原因，倒不在不能“以小推大”，而在于陈仲子只是行“舍箪食豆羹”之清廉小义，却忘记了“亲戚、君臣、上下”之人伦大义。

冯梦龙《四书指月·孟子曰仲子不义章》又云：

> 玩前“陈仲子”章以“兄之粟为不义”云云，仲子一生以义自信，人亦信之，

故孟子特揭出大义责他，教人莫被他瞒过。（《四书指月》，第529页。标点略有改动）

细品13.32章，“君子居是国也，其君用之，则安富尊荣；其子弟从之，则孝弟忠信”，陈仲子之义，不过是小义，显而易见。

赵岐《注》：

> 人当以礼义为正。陈仲子避兄离母，不知仁义、亲戚、上下之叙，何可以其小廉，信以为大哉？

儒家“修己安人”之道，其要义在于“修己”与“安人”一体不二。“修己”是“安人”的基础，“安人”是“修己”的圆满。

陈仲子的行为，恰恰把“修己”与“安人”断成两截，从根本上背离了儒家“修己安人”之道。

这正是孟子本章立言之大旨。

13.35　桃应[1]问曰：“舜为天子，皋陶为士[2]，瞽瞍杀人，则如之何？”

孟子曰：“执之而已矣。”

“然则舜不禁与？”

曰：“夫舜恶得而禁之？夫有所受之也。”

“然则舜如之何？”

曰：“舜视弃天下犹弃敝蹝[3]也。窃负而逃，遵海滨而处，终身欣然，乐而忘天下。”

【注释】

（1）桃应：赵岐《注》：“孟子弟子。”

（2）士：士官。主执罪人。

（3）敝蹝（xǐ）：破烂的鞋子。一曰草鞋。蹝，亦作“屣”。

【译文】

桃应问：“舜做天子，皋陶做法官，如果瞽瞍杀了人，该怎么办呢？”

孟子说：“逮捕他罢了。”

“那么，舜不阻止吗？”

说：“舜怎么能阻止呢？皋陶的执法有所授权。”

“那么，舜又该怎么办呢？”

说："舜把抛弃天子之位视作抛弃破烂鞋子一样。私下背负父亲而逃走，沿着海边住下来，一辈子欣欣然，快乐地忘记天下。"

【说要】

本章以舜"窃负而逃"的极端假设，来凸显情与法的两难问题。

因为两难，所以此章与《论语》"父为子隐子为父隐"章，一并成为后世争讼不已的热点话题。

有学者认为舜的"窃负而逃"是以情抗法，甚至是腐败的根源，予以激烈抨击；另有学者又极力将其合理化，给予种种辩护。

这些讨论，又渐渐脱离开《孟子》具体的语言环境，成为情与法、廉与腐、公与私，乃至古与今的广泛辩论。其价值是不言而喻的。但是，情与法的两难困局并没有因此而解开。

细品本章，孟子之言乃是激愤于当时天下之诸侯，皆有"一天下"之欲，而无孝悌人伦之行，故以舜"窃负而逃"之假设而鞭挞之。

"亲亲而仁民，仁民而爱物"是孟子为执政者规划的为仁为政的基本路径。亲亲是基础，仁民、爱物是其发越。没有了亲亲的人伦基础，仁民、爱物便失去了其"本"，所谓的"一天下"，不过是强取豪夺而已。

冯梦龙《四书指月·桃应问曰舜为天子章》：

> 圣人用心，各权其所重，皋陶所重者法，舜所重者亲，此万世情法之权衡也。要之通章重舜边，其曰皋陶之执而舜不得禁，只见舜之难两全处。（《四书指月》，第529—530页）

舜之难两全处，正是当时天下诸侯不在意处，也正是舜"窃负而逃"的可贵处。

回顾历史，"一人得道，鸡犬升天"的身居高位者，不知有多少！岂唯其父亲杀人可以无罪，即使是家奴仗势欺人，法律也不能禁止。像舜这样，洁身自好，引咎辞职，自我流放的，不是堪足称颂吗？

杀人者偿命，天经地义。于此"偿命"之外，有没有或者说能不能有经济补偿、子女"赎罪"（包括舜"自我流放"一类）的另外的办法呢？说不清楚。

我们的解读说不清楚，历代的讨论、辩论也难以化解情与法的两难困局，那就不妨交给时间、交给后人去化解吧。

13.36　孟子自范[1]之齐，望见齐王之子，喟然叹曰："居[2]移气，养移体，大哉居乎！夫非尽人之子[3]与？"

孟子曰[4]："王子宫室、车马、衣服多与人同，而王子若彼者，其居使之然也；况居天下之广居[5]者乎？鲁君之宋，呼于垤泽[6]之门。守者曰：'此非吾君也，何其声之似我君也？'此无他，居相似也。"

【注释】

(1)范：齐国地名。阎若璩《四书释地》："今东昌府濮州范县。"其地在今河南范县东南。

(2)居：朱熹《孟子集注》："谓所处之位。"

(3)尽人之子：尽人，所有的人。尽人之子，可意译为"也是人的儿子"。

(4)孟子曰：朱熹《孟子集注》认为这三个字是"羡文"。羡文即衍文。

(5)广居：朱熹《孟子集注》："广居，仁也。"

(6)垤(dié)泽：赵岐《注》："宋城门名也。"

【译文】

孟子从范邑到齐都，望见齐王的儿子，喟然长叹道："居尊改变人的气质，奉养改变人的体貌，居尊真是太重要了！他不也是人的儿子吗？"

孟子说："王子(所处的)宫室、(所用的)车马、(所穿的)衣服多半与别人相同，然而王子却那样与众不同，是居尊使他这样的；(居尊尚且如此，)何况那些居处在天下最广大仁宅的人呢？鲁国的国君到宋国去，在垤泽门下呼喊。守门人说：'这人不是我的国君啊，为什么他的声音这么像我的国君呢？'这没有别的原因，(鲁君与宋君)居尊相似(的缘故)。"

【说要】

本章借齐王子"居移气，养移体"，以申发道德素养可以改变人的精神气质。

"大哉居乎"固然是感叹环境对人的精神气质的影响，但是，从本章具体的语境来讲，这个"环境"不是泛说，而是指"居尊"这一特定的环境。

冯梦龙《四书指月·孟子自范至齐章》：

> 居尊，则气自轩昂；养厚，则体自舒畅，较常人如改换一般，故曰"移"。有是居，则有是养，宜以居为主；"尽人之子"，亦以气体论之。(《四书指月》，第531页。标点略有改动)

又云：

通章重“况居天下之广居者乎”一句，上是感触，下是旁证，皆轻。孟子平日以广居自负，有俯视流俗之意，因王子触发起来，语语叹王子，实语语叹广居也。不是因王子始悟出广居来。（《四书指月》，第530页。文字略有改动）

孟子“喟然”之叹，“不是因王子始悟出广居来”，更不是艳羡齐王子的“居尊”。孟子曰：

有天爵者，有人爵者。仁义忠信，乐善不倦，此天爵也；公卿大夫，此人爵也。（11.16）

又云：

人之所贵者，非良贵也。赵孟之所贵，赵孟能贱之。（11.17）

孟子认为，人人皆有自己的尊贵，那就是“仁义忠信，乐善不倦”的天赋尊爵。人要知道自己拥有这样的天赋尊爵，并自觉居仁由义。居仁，则心宽、包容，自有广大之胸怀；由义，则心定、刚毅，自有卓立之人格。从而“生色也睟然，见于面，盎于背，施于四体，四体不言而喻”，呈现出一派温润、轩昂的精神气质。

唐文治《孟子大义》卷十三：

此章注重一“居”字。大人者，与天地合其德，是以天地为广居者也。天地万物，无不归吾之位育，此心坦坦荡荡，广大清明，而何局蹐（注：局促不安）之有乎？士大夫读此章，既消其鄙吝之思，自无鄙倍（注：通“背”）之气象矣。（《唐文治四书大义》，第491页）

又，姚永概《孟子讲义》卷十三：

孟子一叹，本是无端而来，神情高邈，却能以无端而来之笔，曲曲传出，读之令人神游天表。“王子”句紧承上文，五“居”字又紧相衔接，如何可分作两章？“广居”句正意已了，“鲁君”一段，别作余波，有烟云不测之妙。（《孟子讲义》，第240页）

孟子的思想固然是伟大的，其文章也足以范式万世。

13.37　孟子曰：“食[(1)]而弗爱，豕交之[(2)]也；爱而不敬，兽畜之也。恭敬者，币之未将[(3)]者也。恭敬而无实，君子不可虚拘[(4)]。”

【注释】

(1)食(sì):拿食物给人吃。

(2)豕交之:像对待猪一样结交。豕,名词作状语。交,结交,交往。

(3)将:送。

(4)虚拘:虚假的挽留。朱熹《孟子集注》:“拘,留也。”

【译文】

孟子说:“(对于君子,)养活而不爱护,是像猪一样对待;爱护而不恭敬,是像牲口一样对待。恭敬,是在礼物未送时就具备的。(表面)恭敬而没有诚心实意,君子不可以虚情假意挽留。”

【说要】

本章论君主对待君子之道。

君主对待君子,应该“礼数周全”且“内心恭敬”。这是字面之意,明了易知。不过,要想深刻理解本章大旨,我们还要详细品味其字后之意。

司马迁《史记·孟子荀卿列传》:

> 当是之时,秦用商君,富国强兵;楚、魏用吴起,战胜弱敌;齐威王、宣王用孙子、田忌之徒,而诸侯东面朝齐。天下方务于合从连衡,以攻伐为贤。

战国之时,天下诸侯皆有“一天下”之大欲望,他们对待人才有时也会“礼数周全”且“内心恭敬”。但是,他们之所以“礼数周全”且“内心恭敬”,只是看重人才狡诈的智慧、攻伐的手段。至于君子所崇尚的“唐、虞、三代之德”“修己安人之道”,他们却是以为“迂远而阔于事情”的。

齐宣王“我欲中国而授孟子室,养弟子以万钟,使诸大夫国人皆有所矜式”(《孟子》04.10),不能不说是“礼数周全”且“内心恭敬”的,孟子何以“浩然有归志”呢?夫子曰:“道不同,不相为谋。”(《论语》15.40)又云:“以道事君,不可则止。”(《论语》11.23)

这才是“君子不可虚拘”的根本原因。

日本学者竹添光鸿《孟子论文》卷七《食而弗爱章》:

> “恭敬者,币之未将者也”云云,言食而弗爱,爱而弗敬,固不可矣,然恭敬亦不可“无实”,故曰:“恭敬者,币之未将者也。”言未以币交之时,已有此恭敬之心。若既以币交,则当用其言、行其道,乃为“有实”。《告子篇》曰:“迎之致

敬以有礼，言将行其言也，则就之；礼貌未衰，言弗行也，则去之。”与此文正相发明。“迎之致敬以有礼”，所谓“恭敬”也。“礼貌未衰，言弗行也”，则“恭敬而无实”矣。“君子不可虚拘”，故去之也。（［日］竹添光鸿：《孟子论文》，张培华编：《中国典籍日本注释丛书·孟子卷》，上海古籍出版社2021年版，第623页）

真是先得吾心。

辛全《四书说》卷六：

待人而豕交，兽畜也，固为无道，令人以豕交，兽畜相待也，亦为可羞。是以君子决不肯以豕兽自处，故曰“不可虚拘”。（《四书说》，第226页）

换一个角度来思考，别有一番启发。

13.38　孟子曰：“形色(1)，天性也；惟圣人然后可以践形(2)。”

【注释】

（1）形色：形体容色。人不同于禽兽，不仅在形色，更在天性。

（2）践形：孟子哲学术语，指充分实现了人的形体容色，使其精神化——立德、立功、立言，即“践形”。践，秦简写作，从足从戋，戋亦声。戋，甲骨文写作，二戈叠加，有贼伤之象。《康熙字典》：“《释名》：践，残也。使残坏也。”引申为履行、实行。又引申指依循、顺着等。

【译文】

孟子说：“形体容色，是人的天性；只有圣人才能充分履行形体容色。”

【说要】

本章可谓“圣凡之辨”。

焦循《孟子正义》卷二十七：

此章乃孟子言人性之善异乎禽兽也。形色即是天性，禽兽之形色不同乎人，故禽兽之性不同乎人。惟其为人之形、人之色，所以为人之性。圣人尽人之性，正所以践人之形。苟拂乎人性之善，则以人之形而入于禽兽矣，不践形矣。《孟子》此章言性，至精至明。（《孟子正义》，第938页）

杨海文先生说，焦循人禽之辨，于圣人二字不得胜解，当从圣凡之辨解践形。

孟子认为，人的身体是由形（体）—气—志（心）三者组成的一个有机结构。心的活动或由心产生的志气、德气可以在形体、容色上反映出来，改变形体、容色，使其充分精神化。故圣人的身体与常人的不同之处，在于它是一具精神化的身体，具有道德的光辉。孟子曰："人之所以异于禽兽者几希，庶民去之，君子存之。"

冯梦龙《四书指月·孟子曰形色天性也章》引陈伯玉语：

若只以视听等为色，则与告子"生之谓性"何异？色，是耳目口体之间、活活泼泼的灵机，灵机在胸中，灵机之发窍在形。僵死之人，形非不具，色则槁矣，形岂可为性耶？色即是性，必尽性，斯色不亡，而形不虚，乃为"践"耳。（《四书指月》，第532页。文字、标点略有改动）

形色不是单纯的肉体，还是天赋善性的载体。

《孝经·开宗明义章第一》云：

身体发肤，受之父母，不敢毁伤，孝之始也。立身行道，扬名于后世，以显父母，孝之终也。

《论语》01.02云：

君子务本，本立而道生。孝弟也者，其为仁之本与！

《大学》云：

物有本末，事有终始，知所先后，则近道矣。

不敢毁伤自己的身体发肤，不仅因为有"受之父母"的血缘情感，还因为有"为仁"的道德理性。"孝"是什么？"孝"是修身成仁的开始；"孝之始也"是什么？"孝之始也"是修身成仁开始的始基。饿了就要吃，渴了就要饮，针刺棒打则喊痛，任重道远则呼累——爱惜身体本来就是极自然、极简单的事，以此为起点，善性的修养便开始了。为仁有什么难的？所以孟子说："人皆可以为尧舜。"

不过，"皆可以为"不等于"皆为"，其间还有立德、立功、立言诸多重任，还差着一个寡欲清心的远道，成圣确实不易！所以孟子说："惟圣人然后可以践形。"

冯梦龙《四书指月·孟子曰形色天性也章》：

此示人以成身之学。把圣人立个样子。玩"惟"字、"然后"字，都是勉人希圣意。以尽性如圣而仅谓之践形，圣岂绝德乎哉？未至于圣，犹为负此形耳。（《四书指月》，第532页）

李贽《四书评·孟子》卷之七：

不曰“尽性”，而曰“践形”，妙甚。孔子之“耳顺”，方是“践耳”，他人都是聋。颜子之“卓尔”，方是“践眼”，他人都是瞎。孟子之“睟面”“盎背”“四体不言而喻”，方是“践身”，他人都是疲癃残疾（注：老弱病残）、痿疲不仁（注：疲弱不振，麻木不仁）之人。（《四书评》，第183页）

提出的目标总是在高远处，指点的路径总是在脚下。此圣人说教的亲切之处，也是圣人说教有利于世道人心之处！

13.39　齐宣王欲短丧。公孙丑曰：“为期[(1)]之丧，犹愈于已[(2)]乎？”

孟子曰：“是犹或紾[(3)]其兄之臂，子谓之姑徐徐云尔，亦教之孝弟而已矣。”

王子有其母死者，其傅为之请数月之丧[(4)]。公孙丑曰：“若此者何如也？”

曰：“是欲终之而不可得也，虽加一日愈于已。谓夫莫之禁而弗为者也。”

【注释】

（1）期（jī）：一年。《尚书·尧典》：“期，三百有六旬有六日。”

（2）已：《广韵》：“去也，弃也。”指不服丧。

（3）紾（zhěn）：扭，拧。

（4）“王子有其母死者”二句：朱熹《孟子集注》：“按《仪礼》：‘公子为其母练冠、麻衣、縓缘（注：红色的衣边），既葬除之。’疑当时此礼已废，或既葬而未忍即除，故请之也。”

【译文】

齐宣王想缩短服丧的时间。公孙丑说：“为父母服丧一年，总比不服丧好吧？”

孟子说：“这就像有人在扭他哥哥的胳膊，你却对他说姑且慢慢地扭。（你应该）教导他孝悌。”

有个王子的母亲死了，他的老师为他请求服几个月的丧。公孙丑问：“像这样的又怎么样呢？”

孟子说：“这是王子想服三年之丧而做不到，他即使多服丧一天也比不服好。（我前日所言，）是针对没有谁禁止却不肯服丧的人而说的。”

【说要】

本章论三年之丧。

儒家重视丧礼，所谓“慎终追远，民德归厚”。《孟子》一书，多次提及三年之丧。孟子对于三年之丧的执着，除了这是儒家的理念，我想还有三年之丧在滕国的成功实践。（见05.02）

本章涉及两个例子：齐宣王欲短丧、王子请数月之丧。

张栻《南轩先生孟子说》卷第七：

> 丧服之制，本于人心之不可已者。圣人节文之而为之中制，所谓天理人情之至者也。而宣王乃欲短之，则其良心之陷溺亦已甚矣。（《张栻集》上，第401页）

齐宣王欲短丧，固然不合三年之丧的礼制；王子请数月之丧，又何尝不是违背礼制呢？

朱熹《孟子集注》：

> 按《仪礼》：“公子为其母练冠、麻衣、縓缘，既葬除之。”疑当时此礼已废，或既葬而未忍即除，故请之也。（《四书章句集注》，第368—369页）

三年之丧的礼制在当时不是也荒废了吗？为什么孟子厚王子而薄齐宣王呢？

答案就在“莫之禁而弗为”。宣王是没有外在的限制，自己却要缩短丧期；王子是因为礼制的限制，不能服完丧。因此，孟子同情王子的孝心而蔑视宣王的做法。

邓秉元《孟子章句讲疏》卷十三：

> 依本章大义而言，孟子必以三年丧相告者，其言理也；嘉许其请数月之丧者，言其义也。理之与义，皆本心所发。（邓秉元：《孟子章句讲疏》，上海人民出版社2022年版，第763页）

《论语》03.04云：

> 林放问礼之本。子曰：“大哉问！礼，与其奢也，宁俭；丧，与其易也，宁戚。”

孟子对于礼，同样看重“人心之不可已”的礼的真精神，而不是僵化的、外在的礼仪。

《吴小如讲〈孟子〉》卷十三：

> 此即“执中而权”之义。不应短丧而短，非礼也；不许为母丧而乞数月之丧，虽无是礼而为子者愿尽孝于母，自宜允之。如执一，则反为不公平。故“莫之禁而弗为”，孟子以为非是。（吴小如编著：《吴小如讲〈孟子〉》，天津古籍出版社2008年版，第194页）

13.40　孟子曰："君子之所以教者五：有如时雨化之者，有成德者，有达财[1]者，有答问者，有私淑艾[2]者。此五者，君子之所以教也。"

【注释】

(1)财：通"才"。

(2)私淑艾(yì)：私下取人之善以修其身。朱熹《孟子集注》："人或不能及门受业，但闻君子之道于人，而窃以善治其身，是亦君子教诲之所及。"淑，通"叔"。《说文解字》："叔，拾也。"艾，治也。焦循《孟子正义》："淑、艾二字义相叠，私淑艾者即私拾取也。亲为门徒，面相授受，直也。未得为孔子之徒，而拾取于相传之人，故为私。"

【译文】

孟子说："君子有五种教育方法：有像及时雨润物一般感化的，有养成品德的，有通达才知的，有解答疑惑的，有靠道德学识使别人私下受到教益的。这五种便是君子教育的方法。"

【说要】

本章论君子因人、因时、因材的教育方式。

孟子云："教亦多术矣。"(12.16)这里何以说"君子之所以教者五"呢？

唐文治《孟子大义》卷十三：

> 教育之术，千变万化，孟子所谓教者五，不过举其大纲耳，非必尽于是也。(《唐文治四书大义》，第496页)

"有如时雨化之者"，是因人之利而利之，如知时好雨的润物，自然而然，人不觉其教，即夫子所云："天何言哉！四时行焉，百物生焉。"

冯梦龙《四书指月·孟子曰君子之所以教者五章》：

> "时"字最重，不先不后，适当其可之谓时，教学相遇也。道到微妙处，不可言传，须是学力已足；自家有个悟头，略一点醒，即便领会，融然无迹。譬如草木正当要发生时，只少个雨，及此时下雨，点点滴滴都是助他生意的，勃然而兴，不知其然，故谓之化。在学者身上，不知费了多少工夫，方有此时。在点化者全不费力，此是迎机之教，最难得者。(《四书指月》，第533—534页)

张栻《南轩先生孟子说》卷第七：

君子之教人，其察之精矣。于其时而告之，得之者如物之被时雨焉，其于欲达未达之间，所赖者深矣。龟山杨氏以为，如告曾子以“吾道一以贯之”是也。盖曾子未尝问，而夫子呼以告之，当其可也。(《张栻集》上，第402页)

“有成德者”“有达财者”，是因材施教。

《朱子语类》卷第六十《孟子十·尽心上·君子所以教者五章》云：

成德、达材，又随人资材成就。(《朱子语类》第二册，第1298页)

因为因材施教，孔门才有“德行、言语、政事、文学”四科人才济济的蔚然气象。

以上三种教育对象，都是君子的亲授弟子。

“有答问者”，是对那些偶因疑问来求教的人。世事纷繁，人难免有“临歧路而哭”的痛苦。对于那些因之而来求教的人，君子便告诉他世事的多重面向，让他认识“攻乎异端”的危害，引导他入于中道。

《论语》09.08：

子曰：“吾有知乎哉？无知也。有鄙夫问于我，空空如也。我叩其两端而竭焉。”

“有私淑艾者”，这种教育的对象，是无法亲见君子的人，是“闻而知之者”，就如孟子私淑孔子一般。

私淑艾，自然是被教育者的主动，为什么也是君子的教育呢？

《朱子语类》卷第六十《孟子十·尽心上·君子所以教者五章》云：

私淑艾者，未尝亲见面授，只是或闻其风而师慕之，或私窃传其善言善行，学之以善于其身，是亦君子之教诲也。《横渠集》中有祭文云：“私淑祖考之遗训。”说得文义却顺。(《朱子语类》第二册，第1298—1299页)

圣德雍穆，圣道辉煌。“私淑艾”虽然源自被教育者的主动，但是，他所求取的，都来自君子的立德、立功、立言处。所以，这种也是君子的教育。

辛全《四书说》卷六：

有如时雨化之者，见教之神；有成德者，见教之善；有达财者，有答问者，见教之恕；有私淑艾者，见教之远。(《四书说》，第227页)

《孟子》14.15：

奋乎百世之上，百世之下，闻者莫不兴起也，非圣人而能若是乎？而况于亲炙之者乎？

能“亲炙”，自然是被教育者的幸事；有此君子立德、立功、立言而私取受益，难道不是被教育者的幸事吗？

李贽于此章有评语，一贯地冷峻：

> 今之教者多矣，即求其答问，恐不能也，况其余乎？（《四书评·孟子》卷之七，第184页）

13.41　公孙丑曰：“道则高矣，美矣，宜若登天然，似不可及也。何不使彼为可几[(1)]及而日孳孳也？”

孟子曰：“大匠不为拙工改废绳墨[(2)]，羿不为拙射变其彀率[(3)]。君子引而不发，跃如也。中道而立[(4)]，能者从之。”

【注释】

（1）几：差不多。

（2）绳墨：即墨绳。木工打直线的墨线。

（3）彀率：朱熹《孟子集注》：“弯弓之限也。”即拉弓的标准。

（4）中道而立：朱熹《孟子集注》：“中者，无过不及之谓。中道而立，言其非难非易。”应上之“似不可及”，意译为“持守中道”。

【译文】

公孙丑问：“道很崇高、很完美，正像登天一样，似乎不可企及。为什么不让它变得差不多可以追求，让人们每天孜孜以求呢？”

孟子说：“高明的工匠不为笨拙的工人改变或废弃绳墨，羿不为笨拙的射手而改变拉弓的标准。君子（教人）如同射箭，拉满弓却不发射，让箭在弦上跃动欲出。君子持守中道，有能力的人便跟随他。”

【说要】

本章论“道有定体，教有成法”（朱熹《孟子集注》语）。

对于本章，有人解读说：一个（注：指公孙丑）是意欲务实，放低身段，增加道理的可操作性、亲和性；一个（注：指孟子）是强调理想，高标准高姿态，就高不就低。只能说是各有各的道理。

细品文本，这样的解读其实是有问题的。“为可几及”是对着“道”说的，公孙丑的意思是要孟子降低“道”，以换取被教育者的“可及”。

吕留良《四书讲义》卷四十二：

> 丑既知高美，而又欲孟子少贬，须知原不曾识得道在。夫道岂孟子囊橐中物，而可意为高卑显秘乎？世之师以欺其弟，弟以疑其师，如此者正复不少，乃知庸人见识，千古如一。（《四书讲义》，第1001页）

道是原则，是标准，如何可以降低呢？

张栻《南轩先生孟子说》卷第七：

> 公孙丑之意，以为孟子之道高大，学者有难进之患，欲少抑而就之，庶其可以几及而为之孳孳也。夫圣人之道，天下之正理，不可过也，不可不及也。自卑者视之以为甚高，而不知其高之为中也；自隘者视之以为甚大，而不知其大之为常也。徇彼而迁就，则非所以为道矣。（《张栻集》上，第402—403页）

道是原则，是标准，一如治木的绳墨、射箭的彀率。改变或废弃绳墨，改变拉弓的标准，如何治木？如何射箭呢？所以，公孙丑“原不曾识得道在”。

道是原则，是标准，不可降低以就人。君子教育他人，只是“中道而立”，做出榜样，以期“能者从之”。

“能者”，译作“有能力的人”。“能力”蕴含两层含义：一是能主动，一是有基础。

孙奇逢《四书近指·道则高矣章》：

> 引而不发，非君子不欲发也。道理散在天下事物之间，圣贤也不是不说，然也全说不得，自是那妙处不容说，只待本人自家着手。颜非竭才，何以见卓尔？曾非忠恕，何以得一贯？此正语不能显、默不能藏之妙，惟从之者自领会耳。（《孙奇逢集》上，第600页。标点略有改动）

辛全《四书说》卷六：

> 不惟上章“五教”是“引而不发，跃如也”，即四书、五经，都是“引而不发，跃如也。中道而立，能者从之”。（《四书说》，第227页）

强调道的原则性、教的榜样性，是本章的大旨所在，也是对上一章“君子之所以教者五”的有益补充。

13.42　孟子曰：“天下有道，以道殉(1)身；天下无道，以身(2)殉道。未闻以道殉乎人(3)者也。”

【注释】

(1)殉：同“徇”。从也。徇，形声兼会意字，从彳从旬，旬亦声。旬，甲骨文写作，或省作，表示回旋、周遍。徇，会按照一定的线路巡视之意，引申为从。

(2)身：代指君子。

(3)人：代指人和因人而来的威恶势力。

【译文】

孟子说：“天下有道，以道立身；天下无道，以身卫道。没有听说过用‘道’来迁就人的。”

【说要】

本章论行道。

李贽评价说：

> 文字爽明直捷。“殉”字奇。非身有道者，不能为此言。（《四书评·孟子》卷之七，第184页）

孔子曾云：“人能弘道，非道弘人。”（《论语》15.29）道尊于人而又通过人来弘扬。本章即申发此旨。

天下有道，有德者在位，君子身达而道行——“以道殉身”，用生命实践道即成为可能。

天下无道，有德者不得其位，君子退身而守道——“以身殉道”，用生命捍卫道即成为必须。

无论天下有道、无道，都不能牺牲道而屈从于人——“未闻以道殉乎人者也”，生命的挺立时时刻刻不能或缺。

需要注意的是，天下有道的时候，也有“以身殉道”——用生命捍卫道——的需要。因为不可能一帆风顺，也需要“独善”之坚守；天下无道的时候，也有“以道殉身”——用生命实践道——的可能。因为“穷”也不是山穷水尽，也需要“兼善”的积极进取。

“穷则独善其身，达则兼善天下。”（《孟子》13.09）无论外在环境如何，都要砥砺而行，有所作为，成为顶天立地的大丈夫。

“若夫豪杰之士，虽无文王犹兴。”（《孟子》13.10）真正的君子正是在“以道殉身”“以身殉道”交融的孜孜以求的生命过程中，体现其先知先觉的价值。

孔子“知其不可而为之”（《论语》14.40），孟子“夫天未欲平治天下也，如欲平治天下，当今之世，舍我其谁也？”（《孟子》04.13）拥有孔孟这样的圣人，我们才可以在今天沐浴传统文化的光辉。

颜渊曰：“舜，何人也？予，何人也？有为者亦若是。”（《孟子》05.01）今天有志于传统文化的正人君子，应自觉做这样的“有为者”，如此，我们的后人才能够同样得以沐浴传统文化的光辉。

13.43 公都子曰：“滕更[1]之在门也，若在所礼[2]，而不答，何也？”

孟子曰：“挟[3]贵而问，挟贤而问，挟长而问，挟有勋劳而问，挟故而问，皆所不答也。滕更有二焉。”

【注释】

（1）滕更：赵岐《注》：“滕君之弟，来学于孟子者也。”

（2）若在所礼：意为好像也是遵从礼仪的。若，好像。在，处在，具备。所，处所，位置。所礼即礼所，礼的处所。

（3）挟（xié）：倚仗。

【译文】

公都子说：“滕更在先生门下，好像也是遵从礼仪的，（他问，）您却不回答，为什么呢？”

孟子说：“倚仗着地位来问，倚仗着才能来问，倚仗着年长来问，倚仗着有功勋来问，倚仗着交情来问，（我）都不愿回答。滕更占了其中的两条。”

【说要】

本章论问学不可有“挟”。

学问得之于学，亦得之于问。学就是觉悟，就是效法；觉悟于事理，效法于贤者。觉悟而不到，效法而不及，故问于老师。

问学有益于修身，修身包含问学。修身的目的在于做君子，何为君子？修己以敬、以安人、以安百姓而已。做君子首要在于“敬”，即修身首要在于“敬”。问学自然首要亦在于“敬”。

问学如何方能做到“敬”？孟子曰“不挟贵，不挟贤，不挟长，不挟有勋劳，不挟故”。

程兆熊《四书大义·孟子讲义第十三讲》：

答是尽心的事，问亦是尽心的事。答不好随便答，问亦不好随便问。于此尽心，亦正所以知性知天。于此知性知天，亦正所以知人。凡于发问之际，而有所挟者，其人即可知，故可不予置答。(《四书大义》，第408页)

滕更欲问学于孟子，貌似有礼，实有“二挟”，内心不敬，故孟子不答。孟子不答，不是不教，实乃“不教之教”：滕更若能由孟子不答，反省自身，去除“二挟”，孟子自会诲人不倦。

孟子这一章教我们问学之道，亦是修身之道。

有意思的是，孟子开悟了我们一个修身、问学的大学问，却给我们留下了一个小疑问：“滕更有二焉”，滕更有哪“二挟”呢？

朱熹《孟子集注》：

赵氏(注：指赵岐)曰：“二，谓挟贵、挟贤也。”(《四书章句集注》，第370页)

滕更乃滕国贵族，“挟贵”自然没有问题。“挟贤”从何说起呢？滕更何贤之有？赵岐、朱熹都没讲。我且作一妄猜：不是“挟贤”，而是“挟故”。为什么是“挟故”呢？因为滕更的哥哥是滕文公——滕文公在做太子的时候就与孟子有交往，执政以后，对孟子更是言听计从，交情很深，是那个时代孟子唯一的知己。

13.44　孟子曰：“于不可已(1)而已者，无所不已。于所厚者薄，无所不薄也。其进锐者，其退速。”

【注释】

(1)已：赵岐《注》：“弃也。”朱熹《孟子集注》：“止也。”二者意思相近。

【译文】

孟子说：“(一个人)对于不该放弃的却放弃，那就没有什么不可以放弃的。对于应该厚待的却薄待，那就没有什么不可以薄待的。前进太快的，后退也快。”

【说要】

本章论处事、待人、为学之道。

“于不可已而已”，讲的是处事；“于所厚者薄”，讲的是待人；“其进锐者”，讲的是为学。

前二者是当用心而不用心之弊，后一者是过用其心之弊。不用其心，固易废弛；过用其心，亦同归于废弛，过犹不及故也。

观察一个人处事、待人、为学的态度、行为，正是知人之法。孔子云：“视其所以，观其所由，察其所安。人焉廋哉？人焉廋哉？”（《论语》02.10）

当然，既是观人之法，那自然也应该是省己之法。

张栻《南轩先生孟子说》卷第七：

> 此三者虽观人之法，而亦自治之要也。故君子于其不可已者而推之，则凡吾心之不可已者，将皆不可得而已矣。于其所厚者而敦（注：督促、提醒）之，则凡天性之所当厚者，其亲疏、远近将无不得其宜矣。于其进也而察之，平心易气以循其序，则其进也日裕而无退矣。呜呼！是岂非为仁之要乎？（《张栻集》上，第404页）

也有人认为，本章讲的是治国理政。亦通。

冯梦龙《四书指月·孟子曰于不可已章》：

> 张彦陵云：不可已而已，漫不事事，是清净家一流人。其所厚者薄，惨刻少恩，是刑名家一流人。进锐喜于有为，是更张无渐一流人。都在为治上说亦是。但愚谓“进锐”是伯者欲速见小一流人，更切。（《四书指月》，第536页）

唐文治《孟子大义》卷十三则云：

> 不可已而已者，已之太过，拔一毛利天下而不为，杨氏之学也。所厚者薄，薄之太过，墨氏之学，以薄为其道也。进锐退速，吾儒之遵道而行，半涂而废者也。（《唐文治四书大义》，第502页）

以不同的问题意识解读经典，即可得出解决不同问题的正确方法。解读经典重在得其“理”，理得则应万事皆宜。故经典永流传。

13.45　孟子曰：“君子之于物也，爱(1)之而弗仁；于民也，仁之而弗亲(2)。亲亲而仁民，仁民而爱物。”

【注释】

（1）爱：爱惜。

（2）亲：会意兼形声字。金文写作，从辛从木从见，辛亦声。是见。是“辛”（刻刀）和“木”的合体，意用刻刀刻制先人的神位。会意人看到了先人的神位，就想起了亲情。亲的本义就是亲情、亲爱。引申为有血统的人。有时专指父母。此章三个

“亲”字，前两个用“亲爱”义，后一个用“亲人”义。

【译文】

孟子说：“君子对于万物，爱惜它但谈不上仁爱；对于百姓，仁爱他但谈不上亲爱。亲爱亲人因而仁爱百姓，仁爱百姓因而爱惜万物。”

【说要】

本章论君子修己安人之途径。

伦理指在处理人与人、人与社会和人与自然相互关系时应遵循的道理和准则。

在古代中国，政治思想一直没有脱离伦理的影响，政治服从于伦理，政治规范道德化。政治伦理是以“仁”为核心的，《论语》《孟子》等是中国最早论述政治伦理的著作。

亲、民、物是三个不同的存在：亲是家庭存在、民是社会存在、物是自然存在。

三种不同的存在代表着三种不同的关系：人与家庭的关系、人与社会的关系、人与自然万物的关系。

不同的关系分别以不同的方式加以处理，儒家的态度是亲、仁、爱。君子对待亲人的态度是亲爱，对于百姓的态度是仁爱，对待自然万物的态度是爱惜。对物爱惜而不仁爱，对民仁爱而不亲爱。“爱、仁、亲”三种态度，都是仁爱之心的表露，在具体的表现上，“亲”比“仁”更恳切，“仁”较“爱”更厚重。

朱熹《孟子集注》引程子语：

> 统而言之则皆仁，分而言之则有序。（《四书章句集注》，第370页）

人之性受命于天，人之生命受之于亲。故由亲亲推而仁民，由仁民推而爱物，并不是人为的差别，而是人性的自然，天理的本然。

不能亲亲，所谓的仁民、爱物，就令人怀疑；即使是真心的仁民、爱物，其能否持久也会打上问号。任何“爱”皆当以亲亲为基始，否则，便只是抽象的观念、空洞的名号。抽象的观念、空洞的名号纵然耸动人心，也只能诳人于一时。

“杨子取为我，拔一毛而利天下，不为也”，违背了人的善性；“墨子兼爱，摩顶放踵利天下，为之”，泛滥了人的善性；“以力假仁者霸”，霸者利用了人的善性；“以德行仁者王”，王者顺应了人的善性。故孟子“距杨墨而辨王霸”。

孟子的思想，揭示了人之为人由善性而开始，以修己安人而归结。落实到人的生命之中，便是“亲亲而仁民，仁民而爱物”。由亲亲而仁民而爱物，是由己及人及物的修身成德的过程，是发政施仁的过程，是孟子乃至儒家修齐治平完整的路线图。

对此，蔡仁厚先生有精彩的论述：

孟子此章所说，实可视为中国伦理思想之总纲。

一、在亲亲方面，上对父母是表现孝顺之德，中对兄弟是表现友悌之德，下对子女是表现慈爱之德。孝悌慈的表现，既能显示纵的生命之承续，又能顾及横的亲情之联系。所以明儒罗近溪说“家家户户皆靠孝悌慈过日子也”。如果人类不孝不悌不慈，则人间生活将立即动物化而沦为禽兽世界，而道德文化的价值，亦将全面崩解而重归洪荒。

二、在仁民方面，(1)就通向社会而言，即是《礼运·大同章》所谓“不独亲其亲，不独子其子”，以及孟子所谓“老吾老以及人之老，幼吾幼以及人之幼”。这亦正是孔子所谓“老者安之，少者怀之，朋友信之”的情怀。(2)就通向政治而言，一方面是修德爱民，“以不忍人之心，行不忍人之政”，使黎民百姓皆有恒产，而能养生丧死无所憾。一方面是“保民如赤子”，教人以孝悌人伦，使匹夫匹妇各得其所，而能安居乐业。(3)就通向世界而言，即是中国人最为熟习的“四海一家”“天下为公”“世界大同”的精神。

三、在爱物方面，由“民胞物与”而进到“以天地万物为一体”，即可充分显示儒家所讲的“仁”，才真正是无限的爱。而墨家提倡爱无差等的“兼爱”，排斥差别性以突显普遍性，其普遍性是抽象挂空而不能落实的。依据儒家的思想，“仁”字上不说差等，差等的意思是落在“爱”字上说。因此，我们可以对应墨家兼爱之说，提出二句话作为回答：仁通万物，而爱有差等；仁无差等，而行爱有序。二句归为一句，便是“仁无差等，而爱有差等”。因此，儒家主张“推爱”，而孟子“亲亲而仁民，仁民而爱物”的话，实最能简切地阐明“推爱”之义。

总起来说，亲亲表现的是“天伦爱”，仁民表现的是“人类爱”，爱物表现的是“宇宙爱”，孟子所阐述的不只是儒家的伦理思想，事实上就是中华民族的伦理规范。但儒家伦理规范的表现方式，必须随时代社会之变迁，而进行全面性的调整，必须顺应时宜而“因之、革之、损之、益之”。如此而后，自能重新建构起普遍适用的伦理规范。(蔡仁厚：《中国哲学史》，台湾学生书局2009年版，第165—166页)

“亲亲而仁民，仁民而爱物”告诉我们，“仁”的践行，有“亲亲、仁民、爱物”的差序；“亲亲、仁民、爱物”的差序又统合于“仁”之中。由此构建起了中华民族看待世界的基本态度：和而不同、与人为善、参赞天地。

13.46 孟子曰：“知者无不知也，当务(1)之为急；仁者无不爱也，急亲贤之为务。尧舜之知而不遍物，急先务也；尧舜之仁不遍爱人，急亲贤也。不能三年之丧，而缌、小功(2)之察(3)；放饭流歠(4)，而问无齿决(5)，是之谓不知务。”

【注释】

（1）当务：应当专心致志、全力以赴去做的事情。

（2）缌（sī）、小功：丧服名。古代丧服分为斩衰、齐衰、大功、小功、缌麻五个等级，服丧期相应分为三年、一年、九个月、五个月、三个月五等。小功为五服之第四等。其服以熟麻布制成，服期五个月。缌为五种丧服之最轻者，以细麻布为孝服，服丧三个月。

（3）察：仔细讲求。

（4）放饭流歠（chuò）：大口吃饭、大口喝汤。歠，通“啜”。喝。赵岐《注》：“于尊者前赐饭，大饭长歠，不敬之大者。”

（5）无齿决：即“不齿决”。古人吃湿肉可用牙咬断，吃干肉只可用手折断，然后放入口中，不可直接用牙咬断。《礼记·曲礼》：“濡肉齿决，干肉不齿决。”相对放饭、流歠，齿决干肉属于相对较轻的不礼貌行为。

【译文】

孟子说：“智者无所不知，但是以要务为急切；仁者没有不爱的人，但是以亲近贤人为急切。尧舜的智慧也不能遍及一切事物，因此他们以要务为急切；尧舜的仁德也不能遍爱所有的人，因此他们以亲近贤人为急切。不能服丧三年，却讲究缌麻、小功；（在长辈面前）大吃大喝，却讲究不用牙齿咬断干肉，这叫作不知要务。”

【说要】

本章论执政之道要急切要务、亲近贤能。

张栻《南轩先生孟子说》卷第七：

> 此章发明仁智，可谓要矣。智者固贵于无不知，而以当务为急；仁者固贵于无不爱，而以急亲贤为务。圣人之道，有纲有目，有本有末，非若诸子异端之漫而无统也。（《张栻集》上，第405页）

孟子论人，从人之为人处着眼。人之所以为人，在于人有天赋的善性本心。在此前我们讲过，心性是一体的。性是静的，无定形而不可见；心是动的，则由心以见性。所谓的心动，就是善性本心呈现为恻隐之心、羞恶之心、恭敬之心、是非之心，也就是仁、义、礼、智四端之心。

人的本心是无限的，所以它无有不知之理，无有不爱之人；人的存在则是有限的，所以本心的发用就不能不受到限制。这就是“知者无不知也，当务之为急；仁者无不爱也，急亲贤之为务”的道理。“知者无不知、仁者无不爱”是从人本心的无限性上讲的，

“当务之为急、急亲贤之为务”是从人存在的有限性上说的。

四端之心不是四个心而是一本心，仁、义、礼、智也不是四个德性而是一善性。“知者”“仁者”不是两种人而是一种人，“当务”与“亲贤”也不是两件事而是一件事。

尧舜是圣人，圣人也是人，所以他们的存在也是有限的，故而尧舜的智慧也不能遍及一切事物，尧舜的仁德也不能遍爱所有的人。

尧舜是人，但是毕竟是圣人。他们知道“急务”，这个急务就是“亲贤”。有了贤者的同心协力，尧舜就有了摆脱存在的限制的能力，他们的智慧就能遍照一切事物，他们的仁德就能遍爱所有的人。

这正是尧舜更优秀、更伟大的原因所在。

朱熹《孟子集注》：

> 此章言君子之于道，识其全体，则心不狭；知所先后，则事有序。丰氏曰：“智不急于先务，虽遍知人之所知、遍能人之所能，徒弊精神，而无益于天下之治矣。仁不急于亲贤，虽有仁民爱物之心，小人在位，无由下达，聪明日蔽于上，而恶政日加于下，此孟子所谓不知务也。”（《四书章句集注》，第371页）

“物有本末，事有终始，知所先后，则近道矣。”为政的根本目的在于为民。为民必先治国，治国必先为国得贤——“尊贤使能，俊杰在位”。“尊贤使能，俊杰在位”则国治，国治则民安。是以“尧以不得舜为己忧，舜以不得禹、皋陶为己忧”，孟子曰：“为天下得人者谓之仁。”

后世为政者，“不知务”的比比皆是。

刘向《说苑》卷一《君道》：

> 齐景公出猎，上山见虎，下泽见蛇。归，召晏子而问之曰：“今日寡人出猎，上山则见虎，下泽则见蛇，殆所谓之不祥也？”晏子曰：“国有三不祥，是不与焉。夫有贤而不知，一不祥；知而不用，二不祥；用而不任，三不祥也。所谓不祥，乃若此者也。今上山见虎，虎之室也；下泽见蛇，蛇之穴也。如虎之室，如蛇之穴，而见之，曷为不祥也！”（《说苑校证》，第19页）

齐景公以“上山则见虎，下泽则见蛇”为“不祥”，正是孟子所批评的“不知务”。

不重视三年之丧，却纠结于缌麻、小功之丧的细节，也是“不知务”。

人而“不知务”，自然奔波于琐碎事务之间，轻重缓急一任颠倒，为人无善行，为政无善政。这实在是值得深思、警戒的。

卷第十四　尽心章句下 凡三十八章

14.01　孟子曰："不仁哉梁惠王也！仁者以其所爱及其所不爱，不仁者以其所不爱及其所爱。"

公孙丑曰："何谓也？"

"梁惠王以土地之故，糜烂(1)其民而战之，大败，将复之，恐不能胜，故驱其所爱子弟(2)以殉(3)之，是之谓以其所不爱及其所爱也。"

【注释】

(1)糜烂：摧残。

(2)子弟：朱熹《孟子集注》："谓太子申也。"

(3)殉：形声字。从歹（本作歺）旬声。歺（è），甲骨文写作，象剔过肉剩下的残骨，常与"死亡"有关。殉的本义是死亡、殉葬。引申为为某种目的而牺牲生命。

【译文】

孟子说："不仁啊，梁惠王！仁者把他所喜爱的推及他所不喜爱的，不仁者把他所不喜爱的推及他所喜爱的。"

公孙丑问道："这是说的什么呢？"

孟子说："梁惠王因为土地的缘故，摧残百姓让他们去打仗，大败之后，又想再战，恐怕不能取胜，又驱使他喜爱的子弟去牺牲生命，这就是所谓把他不喜爱的推及他所喜爱的。"

【说要】

本章孟子痛批梁惠王之不仁，亦即反对不义之战争。

梁惠王何以不仁？因为他"以土地之故"，"糜烂其民而战之""驱其所爱子弟以殉之"，背离了仁者治国理政之道——"仁者以其所爱及其所不爱"。

张栻《南轩先生孟子说》卷第七：

此爱者人之道也，而有所不爱者，是为私意所隔，而爱之理蔽于内也。善推其所为者，自亲以及疏，虽各有差等，而爱无不加焉。至于不仁者，则不能推矣。不能推，故日以陷溺，非惟无以及于人，且将并与其亲爱者亦不之恤，此岂仁之道哉？（《张栻集》上，第406页）

“知者无不知也”“仁者无不爱也”（13.46），此处为什么又说仁者有所“爱”，有所“不爱”呢？

冯梦龙《四书指月·孟子曰不仁哉章》：

仁者如何有所不爱，特以其所甚爱者形之耳。（《四书指月》，第539页）

理解“不爱”与“爱”，不能死于句下。

朱熹《孟子集注》：

以土地之故及其民，以民之故及其子，皆以其所不爱及其所爱也。（《四书章句集注》，第372页）

对朱熹“以民之故及其子”的解释，有人不认可。

孙奇逢《四书近指·不仁惠王章》：

或曰：此章立言，须识得糜烂其民，固是争此土地，即驱子弟殉之，亦只是恋此土地，非为民复仇也。当以民与子弟总属所爱，而单以土地属不爱。（《孙奇逢集》上，第602页。标点略有改动）

孟子云：“民为贵，社稷次之，君为轻。”（14.14）又云：“诸侯之宝三：土地、人民、政事。宝珠玉者，殃必及身。”（14.28）相对于土地、政事，人民（自己的亲人更不在话下）又是宝中之宝。宝中之宝哪有不爱的道理呢？

可是，战国之世，梁惠王之流，都膨胀着大欲望——“欲辟土地，朝秦、楚，莅中国而抚四夷也”（01.07）。为了这样的大欲望，他们内施暴政，外行霸道，不断发动不义的战争。“争地以战，杀人盈野；争城以战，杀人盈城”（07.14），给老百姓带来了深深的灾难。孟子愤怒地诅咒他们：“此所谓率土地而食人肉，罪不容于死！”

辛全《四书说》卷六：

亲亲、仁民，仁民、爱物，此经济定序也，即所谓“要务”。尧舜知此，所以成唐虞。惠王诸君不知，所以成战国、春秋。（《四书说》，第227页）

山东冠县过去有魏太子墓。马陵之战，魏军大败，魏将庞涓战死，太子申被擒。相传，太子申后来被杀于冠氏邑（即今冠县），身与首分葬两处。埋头之处，留村名“孤子头”；葬身之处，留村名“尸村”。后因村名不吉利，改为“谷子头”和“史村”，沿用至今。

今天魏太子的墓已经化为农田，梁惠王之流的大欲望，乃至他们罪恶的生命，也已经烟消云散了。但是，梁惠王及梁惠王之流的不仁，将永远被钉在历史的耻辱柱上！

14.02　孟子曰：“《春秋》[(1)]无义战。彼善于此，则有之矣。征者，上伐下也，敌国[(2)]不相[(3)]征也。”

【注释】

(1)《春秋》：儒家经典之一，孔子根据鲁国编年史修订而成。或有不以书名号标点的，不从。下章《书》的标点也是如此。

(2)敌国：“敌国之战”的简文。敌，匹敌，对等。

(3)相：甲骨文写作，从木从目，会意察看。《说文解字》：“相，省视也。”此处可意译为“视为”。

【译文】

孟子说：“《春秋》(所记载的)没有正义战争。那一方比这一方好一点，是有的。所谓‘征’，是在上者讨伐在下者，对等诸侯国之间的战争不视为‘征’。”

【说要】

本章论战争，提出正义战争与否的判断标准——征。

《春秋繁露·竹林篇》云：

> 《春秋》之法，凶年不修旧，意在无苦民尔。苦民尚恶之，况伤民乎？伤民尚痛之，况杀民乎？(〔清〕苏舆撰，钟哲点校：《春秋繁露义证》，中华书局2019年版，第42页)

战争，无论是正义的还是不义的，老百姓都要承受其伤害，乃至付出生命的代价。所以，孔孟都慎言发动战争。慎言不是绝对的反对，只是发动战争需要符合道义。

什么样的战争才是符合道义的呢？孟子提出了一个判断标准——征。

朱熹《孟子集注》云：

> 征，所以正人也。诸侯有罪，则天子讨而正之，此春秋所以无义战也。(《四书章句集注》，第372页)

天子征讨诸侯，目的不是掠夺他的财宝、土地、人民，而是要“讨而正之”，改正诸侯的过错、惩罚诸侯的罪恶。即使杀人，也是迫不得已。

诸侯国之间的战争却不同，虽然发动战争的理由或“彼善于此”，但无法掩盖他们发动战争的真正目的——只在别人的财宝、土地、人民。至于杀人多少，那不是他们所在意的。

“征者，上伐下也，敌国不相征也”，要与“天子讨而不伐，诸侯伐而不讨”（12.07）相参看。

有不义之“伐”，无不义之“征”。“征”的正义性，出于天子是次要的，而主要源于“以至仁伐至不仁”（见下章）。因之，“征”可以超越“上伐下也”，而成为判断古今中外一切战争正义与否的普遍价值标准。

14.03 孟子曰：“尽信《书》(1)，则不如无《书》。吾于《武成》(2)，取二三策(3)而已矣。仁人无敌于天下，以至仁伐至不仁，而何其血之流杵(4)也？”

【注释】

(1)《书》:《尚书》。

(2)《武成》:《尚书》篇名，已亡。旧说此篇记载武王伐纣事。

(3)策：没有纸张时，古人以竹简记事，每一片竹简称一策。

(4)杵：舂米的木棒。

【译文】

孟子说：“完全相信《尚书》，还不如没有《尚书》。我对于《尚书·武成篇》，只选取（相信）其中的两三片竹简罢了。仁者无敌于天下，以（周武王这样的）至仁者，去讨伐（商纣这样的）至不仁者，何至于血流漂杵呢？”

【说要】

本章论读书之法。

说到书，高尔基有一句广为人知的名言：书籍是人类进步的阶梯。

书籍真的是人类进步的阶梯吗？

我们再来看一下德国人尼采说过的话：

> 生活中有太多这样无用的知识，太多传递无用知识甚至错误知识的书籍。阅读这些书籍把我们宝贵的时间切割成没有价值的碎片。

由此我们说，“书籍是人类进步的阶梯”的后面需要打上一个问号。那什么样的书籍才是真正的人类进步的阶梯呢？我的回答是：经典是人类进步的阶梯！

对经典，孟子研究院特聘专家、中山大学杨海文教授有一个非常经典的解释：

> 经典既是句号，又是惊叹号，更是省略号。经典属于并会终结既往的历史时代，这是句号；经典提出并会解答当下的社会问题，这是惊叹号；经典敞开并会指向未来的心灵境界，这是省略号。

孟子本章告诉我们，“尽信《书》，则不如无《书》”。即使是读经典，也要勇于怀疑、独立思考。

张岱《四书遇·武成章》：

> 孟子于《武成》，止取二三策，又曰：“尽信《书》，不如无《书》。”可见古圣贤读典谟，犹有去取，所以识见笼罩千古也。记称孟子长于《诗》《书》：其读《诗》也，“不以文害辞，不以辞害志”；其读《书》也，“尽信《书》不如无《书》”。此其所以为长耶！（《四书遇》，第531页）

孟子对《尚书·武成篇》记载的武王伐纣“血之流杵”，表示怀疑。怀疑的理由直接明了：“仁人无敌于天下，以至仁伐至不仁，而何其血之流杵也？”

历史告诉我们，大规模的战争，尤其是导致改朝换代的大规模战争，都是非常残酷的。所以多有学者认为孟子对武王伐纣“血之流杵”的怀疑，未免太过理想主义了。

武王伐纣到底是否“血之流杵”，在后世已经不太重要了，而“尽信《书》，则不如无《书》”则成为读书人奉诵不已的至理名言。人们甚至把《书》的书名号也去掉了，“书”就变成了泛指——由对具体《书》的怀疑转向对一切书的怀疑，以此来克服一切唯书本是从的“本本主义”“教条主义”。

“尽信《书》，则不如无《书》”，不是鼓励人们不去读书，而是强调在读书时保持勇于怀疑、独立思考的精神。勇于怀疑、独立思考的精神是十分宝贵的，怀疑引发思考，思考带来读者与作者思想上的对撞，对撞就可能产生新思想的光辉。

14.04 孟子曰：“有人曰：‘我善为陈[1]，我善为战。’大罪也。国君好仁，天下无敌焉。南面而征，北狄怨；东面而征，西夷怨，曰：‘奚为后我？’武王之伐殷也，革车三百两[2]，虎贲[3]三千人。王曰：‘无畏！宁尔也，非敌百姓也。’若崩厥角稽首[4]。‘征’之为言正也，各欲正己也，焉用战？”

【注释】

(1)陈：同“阵”。

(2)两:《说文解字》等古代字书无“辆”字，“辆”一般写作“两”。

(3)虎贲：勇士。

(4)若崩厥角稽首：即“厥角稽首若崩”。杨伯峻《孟子译注》:“厥，同‘蹶’，顿也。《说文》云：‘顿，下首也。’角，额角。‘厥角’之意即‘顿首’。”崩,《说文解字·山部》云:“山坏也。”

【译文】

孟子说：“有人说：‘我善于布阵，我善于作战。’这是大罪。国君喜好仁，则天下无敌。(武王)向南面征讨，北方的狄人就抱怨；向东方征讨，西方的夷人就抱怨，说：‘为什么把我们放在后面？’武王讨伐殷商，有战车三百辆，勇士三千人。武王(对老百姓)说：‘不要害怕！我是来安抚你们的，不是与百姓为敌的。’(百姓都)额角触地叩起头来，好像山陵倒塌一般。‘征’是正的意思，各人都想着端正自身，哪里用得着作战呢？”

【说要】

本章论战争正当性之所在，申发“仁者无敌”之旨。

对于有人炫耀的“我善为陈，我善为战”，孟子说这是大罪；对于武王伐纣，孟子却说这是正义的战争。同样是打仗，孟子的褒贬何以差距如此之大呢?

关键之处在于“宁尔也，非敌百姓也”。

“宁尔也，非敌百姓也”，即得道；“我善为陈，我善为战”，只是为了君主的私欲，不顾百姓的安危而妄战，即失道。

孟子云：

> 域民不以封疆之界，固国不以山溪之险，威天下不以兵革之利。得道者多助，失道者寡助。寡助之至，亲戚畔之；多助之至，天下顺之。(04.01)

战争，无论是正义的还是非正义的，最终受苦受难的都是老百姓。所以，孟子期盼人们“各欲正己也”。

“各欲正己也”则“焉用战”——这自然是充满理想主义色彩的。

在这个世界上，尽有那些为纣的人，也尽有那些助纣为虐的人，王者之“征”，也是无可奈何的必需。不过，基于安顿百姓的“焉用战”的理想，难道不是值得追求的吗？人们若能“各欲正己也”，那么为纣的人、助纣为虐的人便少了些市场——此消而彼长，也是客观的规律呢！

冯梦龙《四书指月·孟子曰有人曰章》：

旧说云：此章专为强兵者发。愚谓：此全是提醒人君，勿为战陈之人所惑意。当时方以战陈为功，而孟子反以为大罪，谁不骇之？及论好仁无敌，而引汤、武为证，方知战陈之辈，全无用处。前章云：征者上伐下也，敌国不相征也，此言征之为言正也，各欲正己也。"焉用战"，明明悬汤、武之权，以待好仁之国君矣。汤、武皆国君而无敌于天下者，故引之，当时汤、武何尝用善陈善战之辈耶？（《四书指月》，第540页）

"人君"为"战陈之人所惑"，其实也并不一定是"被惑"，而正是人君先有独霸天下之大欲，此又是不可不辨的。

14.05　孟子曰："梓匠轮舆[1]能与人规矩，不能使人巧。"

【注释】

（1）梓匠轮舆：参见06.04章注（5）。

【译文】

孟子说："木匠、车工能教人规矩法度，却不能使人做到巧妙。"

【说要】

本章论为学之法。

"规矩"是外在的形迹，"巧"是内在的神妙。既为形迹，自然可以教而知之；既为神妙，自然非思考、觉悟不能获得。

由"规矩"到"巧"，是为学由博学而约取的过程，其间的动力只能是思考、觉悟。

博学而不能思考、觉悟，所谓的博学，不过是知识碎片的积累。博学而思考、觉悟，方能由博学而约取，融通知识的碎片而成为圆融的智慧，深造自得，左右逢源。

冯梦龙《四书指月·孟子曰梓匠章》引张彦陵语：

学不归于心悟，纵日用持循，终为格式所拘。孟子于规矩中指出"巧"字，全要学者跳出圈子外。（《四书指月》，第541页。文字、标点略有改动）

要想理解本章，还要与07.01章、07.02章，以及《大学》相参看。

圣人既竭目力焉，继之以规矩准绳，以为方员平直，不可胜用也；既竭耳力

焉，继之以六律正五音，不可胜用也；既竭心思焉，继之以不忍人之政，而仁覆天下矣。（07.01）

孟子曰：“规矩，方员之至也；圣人，人伦之至也。”（07.02）

物有本末，事有终始，知所先后，则近道矣。（《大学》）

“梓匠轮舆能与人规矩，不能使人巧”，既是为学之法，自然也是为人处世乃至治国理政之法。儒家的“学”，只在人伦日用之中，所谓“圣人，人伦之至也”。

吴小如先生感慨：

今人但求巧，以能走捷径为得，而不欲以规矩绳之，于是世风大不正矣。（《吴小如讲〈孟子〉》卷十四，第201页）

“巧”只在“规矩”之中，不在“规矩”之外。离开了“规矩”，便失去了为学的本始，“巧”也只是个机巧而已。

14.06 孟子曰：“舜之饭糗茹草[(1)]也，若将终身焉；及其为天子也，被袗衣[(2)]，鼓琴，二女果[(3)]，若固有之。”

【注释】

（1）饭糗（qiǔ）茹草：啃干粮、嚼野菜。饭，吃、啃。糗，干粮。茹，吃、咀嚼、吞咽。

（2）袗（zhěn）衣：绘绣有文采的华贵衣服。赵岐《注》：“袗，画也。”朱熹《孟子集注》同，杨伯峻《孟子译注》则认为：“赵氏此训于经传缺乏例证，恐不可信。”这里从赵注。

（3）果（wǒ）：《唐韵》《集韵》《韵会》皆释同“婐”，“女侍也”。此处作动词，侍候之意。

【译文】

孟子说：“舜在啃干粮、嚼野菜的时候，好像终身就这样。到他做了天子，穿着锦绣衣服，弹着古琴，（尧的）两个女儿侍候着，好像本来就拥有这些。”

【说要】

本章论舜乐天知命的人生态度。

“若将终身焉”“若固有之”，只是心定。

啃干粮、嚼野菜，过苦日子，与做了天子，穿着锦绣衣服，弹着古琴，又有尧的两个女儿侍候着，差距一若天壤！舜何以能够如此心定呢？

孟子曰：

> 广土众民，君子欲之，所乐不存焉；中天下而立，定四海之民，君子乐之，所性不存焉。君子所性，虽大行不加焉，虽穷居不损焉，分定故也。（13.21）

舜的心定，来自对天赋予人的定分的把握。明此定分，“饭糗茹草”也好，“被袗衣，鼓琴，二女果”也好，乃至“为天子”也好，都不过是身外之物，增加一分不觉多，减之一分不觉少。

冯梦龙《四书指月·孟子曰舜之饭糗章》：

> 全要在舜心体上模写他不能加损的光景。二“若”字，自旁人想像他如此，在舜并不知有富贵贫贱也。（《四书指月》，第541页）

“君子所性，虽大行不加焉，虽穷居不损焉，分定故也”，是说理；舜“若将终身焉”“若固有之”，是例证。

又，舜不以身外之物挂心，并不是居天子之尊而尸位素餐，弃百姓于不顾。

不以身外之物挂心，则清心。清心则本性顿现，本性顿现则乐天知命，从而“以不忍人之心，行不忍人之政”。

冯梦龙又云：

> “被袗衣”三句，分明画出一个太平天子模样，不止富贵而已。（《四书指月》，第541页）

正是此意。

不以身外之物挂心，是个人修身之法，却不是为政之要。为政恰恰要求体察百姓“饭糗茹草”之苦，以求富民之道。这是个人之德与为政之德的不尽相同处，也是孔孟一再强调“富之”“制民之产”的大义之所在。

14.07　孟子曰：“吾今而后知杀人亲之重也：杀人之父，人亦杀其父；杀人之兄，人亦杀其兄。然则非自杀之也，一间(1)耳。”

【注释】

(1)一间(jiàn)：言相差很小。间，隔。

【译文】

孟子说："我从今以后知道杀害别人亲人的严重：杀别人的父亲，别人也会杀他的父亲；杀别人的兄长，别人也会杀他的兄长。虽然不是自己杀了父兄，也差别很小。"

【说要】

本章论行暴杀人之亲的恶果。

孟子认为人皆有善端，"苟能充之，足以保四海；苟不充之，不足以事父母"（03.06）。行暴杀人之亲，又岂止不能"充之"，直是逆天悖论！

儒家对亲人被杀，是主张复仇的：

> 子夏问于孔子曰："居父母之仇如之何？"夫子曰："寝苫（注：shān，草席）枕干（注：盾牌），不仕，弗与共天下也。遇诸市朝，不反兵而斗。"曰："请问居昆弟之仇如之何？"曰："仕弗与共国，衔君命而使，虽遇之不斗。"曰："请问居从父昆弟之仇如之何？"曰："不为魁（注：带头），主人能，则执兵而陪其后。"（《礼记·檀弓上》，王文锦译解：《礼记译解》，中华书局2016年版，第77页）

或说本章是针对当时的血亲复仇之风而发的。细品文本，结合孟子的一贯仁政主张，此章强调的重点或不在"血亲复仇"，而在于批判、警戒当时执政者的逞强好战。

复仇或有理由。但是，复仇之仇或缘发于自己，不可不谨慎。

张岱《四书遇·自杀章》引沈无回语：

> 人君养全仁心，自不须论到报复上，战国之君难以论此，不得已而以祸福之理惧之。（《四书遇》，第532页）

唐文治《孟子大义》卷十四：

> 咄嗟！好战而敌百姓也。争地以战，杀人盈野；争城以战，杀人盈城。日日杀人之父、杀人之兄，不转瞬而人亦杀其父也，杀其兄也。咄嗟！搜括而敛民财也，剥人之肤，椎人之髓，敲人之骨，吸人之血，日日杀人之父、杀人之兄，不逾时而人亦杀其父、杀其兄也。咄嗟！曾子有言"出乎尔者反乎尔者"也。吾常谓反动力之在天下，如空气然，无隙不入。是故无言不雠，无德不报。人惟嗜杀，而使人之父、人之兄宛转哀号于吾梃刃之下、犴狱之中，庸讵知吾之父、吾之兄亦将宛转哀号于人之梃刃之下、犴狱之中？此乃人道之当然也，此乃天演之公理也，如响之斯应也，如影之随形也，不得免也，无可逃也。（《唐文治四书大义》，第514页）

当时的执政者，如果能于此有所警醒，“知此则爱敬人之亲，人亦爱敬其亲矣”（朱熹《孟子集注》引范氏语）。如此，则国事可定，王天下可期。只是当时的执政者，都是不可教之人！他们及他们的大欲，都不可避免地化为尘土，徒然成为后世的笑柄。

姚永概则从文法的角度云：

> 此即申曾子“出尔反尔”之旨。起笔故作恍然大悟之情，收笔乃为深刻入骨之语，方令闻者惊心动目。譬之于书，所谓有波磔（注：zhé）也。（《孟子讲义》卷十四，第249页）

14.08　孟子曰：“古之为关也，将以御暴；今之为关也，将以为暴。”

【译文】

孟子说：“古时设立关卡，是为了抵御强暴；今天设立关卡，是为了实施强暴。”

【说要】

如果说上一章是批评当时的执政者妄肆发动不义战争的话，本章则是抨击当时的执政者横征暴敛不义之财。

唐文治《孟子大义》卷十四：

> 此承上章而言。设关为暴，正所以杀人也。小民负贩，所得几何，而忍重税以苦之乎？古者致天下之民，聚天下之货，交易而退，各得其所，故天下之货，贵乎源源而流通，则藏富于商贾，而国用自饶。今乃重重为关，以阻之、遏之，使货不得出，于是乎民日困而国日贫。故夫后世关之为害，譬蝮蛇之伏于心，其毒未有能救者也。（《唐文治四书大义》，第515页）

张栻《南轩先生孟子说》卷第七更进一步申发孟子之意：

> 盖古者以理义为国，后世则徇利。以理义为国，其创法立制，与天下公共，凡以为民耳。以利为国，则惟己私之徇，虽古法之尚存者，亦皆转而为一己之计矣。孟子特因为关之暴，略举此一端耳，岂特是哉？本原不正，无往而不失先王之意矣，可胜叹哉？（《张栻集》上，第409页）

“为关”紧承上一章“杀人之亲”，让我有另一层联想：“杀人之亲”，虽构筑牢固的关卡，也不能阻止别人复仇。

孟子云：

域民不以封疆之界，固国不以山溪之险，威天下不以兵革之利。（04.01）

与其筑关以防人复仇，不如行仁政而不妄起战端“杀人之亲”。

14.09 孟子曰：“身不行道，不行于妻子；使人不以道，不能行于妻子。”

【译文】

孟子说：“自身不能践行大道，在妻子儿女身上也无法推行；不按照大道去号令人，在妻子儿女身上也无法施行。”

【说要】

本章告诫执政者要以身行道。

对于为政，孟子提出一个基本路径：

亲亲而仁民，仁民而爱物。（13.45）

行走于这个路径上的重要动力，来自执政者的以身行道。

以身行道就是正己，正己方能正人，这是为政不可违背的道理，所谓“天下之本在国，国之本在家，家之本在身”（07.05）。

不能以身行道而欲使人，便是不智；不能以身行道而欲行政，便是不仁。不智、不仁欲治国理政，那是妄想。

《日讲四书解义》卷二十六：

夫以妻顺夫，以子承父，势最易及，命最易从，乃非道则必不能行，然则为人上者可容一言一行之或违于道哉？（《日讲四书解义》，第392页）

“以妻顺夫，以子承父”，虽然“势最易及，命最易从”，却要知道“顺”“承”皆从夫、父身上来。鄙薄之人不知此理，遂有“君为臣纲、父为子纲、夫为妻纲”之谬论。

14.10 孟子曰：“周[1]于利者凶年不能杀[2]，周于德者邪世不能乱。”

【注释】

（1）周：朱熹《孟子集注》：“周，足也，言积之厚则用有余。”

（2）杀：缺乏。有窘困义。

【译文】

孟子说:"富足财货的人荒年不受窘困,富足道德的人乱世不受迷乱。"

【说要】

本章意在劝勉人,特别是为政者要"周于德"。

胡炳文《孟子通》卷十四:

> 必不为凶年所杀,方见其周于利;必不为邪世所乱,方见其周于德。《易》曰:"视履考祥,其旋元吉。"(注:回头看看走过的路,详细察看一下吉凶祸福,若自始至终周旋无咎,尽善尽美,则曰元吉)此表里始终无一不善,始可谓之"周"。(《孟子通》,第454页)

孙奇逢《四书近指·周于利者章》:

> 良农不患年之有凶,而惟患蓄粮之不厚;君子不患世之难处,而惟患立德之不周。周于德者,水不能溺,火不能焚。孔子在春秋,孟子在战国,是其样子。(《孙奇逢集》上,第604页。标点略有改动)

"周于利者凶年不能杀",是引子;"周于德者邪世不能乱",是落脚。但是,引子也不可轻忽。

人若无奈于荒年的窘困,常常会孜孜以求财货,则进德之路断绝,"周于德"便成为不可企及的高标。为政者正要"周于德",以为老百姓的榜样;正要施善政以"富民",让老百姓无荒年的窘困,而有"周于德"之物质基础。如此,方可言"救正人心,挽回世运"。

14.11 孟子曰:"好名之人能让千乘之国,苟非其人,箪食豆羹见于色。"

【译文】

孟子说:"贪图名声的人,能够让出千辆兵车国家(的君位)。假如本不是(轻视富贵)这样的人,一箪饭、一豆汤也会显出(贪婪的)神色。"

【说要】

本章论识人之法。

或说,孟子所说的"好名之人"是指燕王哙〔燕王哙让国一事,见04.08章注(2)〕。其实,孟子这里没有明确指出"好名之人"是燕王哙,我们不妨从更为宽泛的方向来解读。

孟子云："不信仁贤，则国空虚。"（14.12）又云："为天下得人者谓之仁。"（05.04）"仁贤"是国家的软实力，得到"仁贤"自然很重要。但是，人是复杂的，如何才能从芸芸众生中辨别出"仁贤"呢？这需要把握识人之法。

本章所讲，正是识人的一种方法。

"让千乘之国"是一个极致的设喻，以见"名"之大。"好"字却揭示出"名"背后的隐藏。"好"不是一般的喜好，而是着意于"贪图"。有此"贪图"，此人的"让"只是勉强，不是诚意。如何辨别此人的"让"是勉强还是诚意呢？从他日常无意中对待"箪食豆羹"的态度去观察。

冯梦龙《四书指月·孟子曰好名之人章》：

> 人知廉士能让，不知"好名之人"亦能让。所重在名，虽弃千乘之国亦所不惜，然何以别其让之真伪乎？大凡真能让的，心体干净，始终如一。苟非其人，少不得露出破绽，冷眼觑破，不直（注：同"值"）一钱。（《四书指月》，第543页）

朱熹《孟子集注》亦说：

> 好名之人，矫情干誉，是以能让千乘之国；然若本非能轻富贵之人，则于得失之小者，反不觉其真情之发见矣。盖观人不于其所勉，而于其所忽，然后可以见其所安之实也。（《四书章句集注》，第374页）

"观人不于其所勉，而于其所忽"，透过日常的无意识处，看破偶然的有意识处，正是孟子本章教给我们的识人之法。

识人之法既能识人，当然也可以省己。这是本章的字外之意。

唐文治《孟子大义》卷十四：

> 此孟子教人以存诚也。存心以立诚为贵，箪食豆羹见于色，卑鄙之情毕露矣，不诚未有不露者也。君子之道，敬于内则慎独，敬于外则戒伪。小人终身作伪，而人之视己如见其肺肝然者，掩覆未有能久者也。苏子瞻曰："人能碎千金之璧，而不能不失声于破釜。"盖碎千金之璧，不难矫饰以为之；若失声破釜之时，则其诚不觉一显焉。所谓"莫显乎微"也。是故君子诚之为贵也。（《唐文治四书大义》，第517页）

唐先生感慨：

> 后世之士，则多能让箪食豆羹，而于千乘之国则盗之者。（同上）

14.12　孟子曰："不信仁贤，则国空虚；无礼义，则上下乱；无政事，则财用不足。"

【译文】

孟子说："不信任仁人、贤者，国家就会空虚；没有礼义，上下次序就会混乱；没有（好的）施政措施，财用就会不足。"

【说要】

本章论治国之要。

14.28章，孟子曰：

> 诸侯之宝三：土地、人民、政事。宝珠玉者，殃必及身。

本章"仁贤""礼义""政事"，也是执政者应该紧紧把握的"治国三宝"。

三宝之中，又以"仁贤"为要。有"仁贤"则礼义兴、政事善。

李贽《四书评·孟子》卷之七：

> 后二节正是"空虚"也。（《四书评》，第187页）

信任"仁贤"，讲求"礼义"，可谓德治；信任"仁贤"，完善"政事"，为民得财，就有了教化的基础。信任"仁贤"，讲求"礼义"，完善"政事"，便是"富而有教"，便是行仁政。而行仁政的发动点，首要在执政者。

孟子云：

> 人不足与适也？政不足间也？惟大人为能格君心之非。君仁，莫不仁；君义，莫不义；君正，莫不正。一正君而国定矣。（07.20）

孙奇逢《四书近指·不信仁贤章》：

> 礼义自仁贤出，政事自仁贤修，一不信皆不以其道矣。国非其国，恐不止空虚已也。仁贤何代无之，能信用则有，不信用则无，能信用且将转不贤而为贤，不信用则贤者非退避将绕指矣。信不信所关亦重矣哉。（《孙奇逢集》上，第605页。标点略有改动）

小人总是围绕在小人身边。执政者没有仁德，纵然有仁人、贤者在身边，也是不会尊而信任的。

14.13 孟子曰："不仁而得国者，有之矣；不仁而得天下，未之有也。"

【译文】

孟子说："不仁而能得到一个国家，是有的；不仁而能得到天下，是从未有过的。"

【说要】

本章论唯仁道可以得天下。

"不仁而得国者，有之矣"，是铺垫；"不仁而得天下，未之有也"，是归结。虽然如此，"铺垫"也不是可有可无的。"铺垫"是批判，有此批判，便见"归结"的坚实与无可反驳。

"得国"之"得"，有两义：一是凭暴力的抢夺而来，一是借血缘的继承而来，都不合乎儒家禅让之旨。

儒家禅让的大义，只在视权力为大公，视治国为行仁。大公则贵民，行仁则善政。大公、行仁即得道，得道则得民心，得民心者得天下。

张栻《南轩先生孟子说》卷第七：

> 此章盖见夫当时之君不知有仁义，惟务富强，以为兼并之计，故叹息焉。(《张栻集》上，第412页)

《吴小如讲〈孟子〉》卷十四：

> 秦之吞并六国，是不仁而得国者；然二世而亡，是不仁而不能得天下也。故孟子所言，其预见性真不可及。(《吴小如讲〈孟子〉》，第203页)

孟子的治国理念，除了在滕国昙花一现，在当时并未得到认同，他的耳边回响的，都是"迂远而阔于事情"的讥讽。但是，时间终究独具法眼，它不可抗拒地拂去历史的尘埃，展现出孟子思想的光辉。

14.14 孟子曰："民(1)为贵(2)，社稷(3)次之，君为轻。是故得乎丘民(4)而为天子，得乎天子为诸侯，得乎诸侯为大夫。诸侯危社稷，则变置。牺牲既成(5)，粢盛既洁(6)，祭祀以时，然而旱干水溢，则变置社稷。"

【注释】

(1)民：会意字，甲骨文写作，表示以尖锐之物刺目。远古之时，战争的胜利者强迫失败者从事生产劳动，为防止逃跑，乃刺瞎其左眼以为标记。故民的本义为奴隶，后引申为庶人、百姓。

（2）贵：《说文解字》：“贵，物不贱也。从贝臾声。”臾，西周金文作，象双手捧物而有所遗落之形。贵或是形声兼会意字——即使是从指缝中遗落的东西也值得珍惜。本义指价格高，与“贱”相对。

（3）社稷：社是土神，稷是谷神，古代君主都祭社稷，社稷亦因此成为国家的代称。社是会意字，甲骨文写作（土），会堆土以祭祀土神之意。后增加（祭台），会意更加明显。稷也是会意字，甲骨文写作，从禾从（跪着向天祷告的人），会奉献成熟的谷物以祈福之意。后讹变为，故《说文解字》稷之古文作。

（4）丘民：众民。丘是象形字，甲骨文写作，象穴居两侧高出地面的出入通道。本义为穴居。又因穴居多选择建在高亢干燥的地方，故土之高者亦称为丘。或许因为古人相聚而居，丘又引申为众多。

（5）牺牲既成：祭祀所杀的牛羊猪肥壮。祭祀所杀的牛羊猪等都叫“牺牲”，也叫“牲杀”。成，盛也，肥壮。

（6）粢盛既洁：祭祀所用的谷物洁净。祭祀用的谷物称为粢，谷物放到器皿里称为盛。洁，干净，清洁。

【译文】

孟子说：“民众最重要，土神、谷神次之，国君最轻。因此，赢得民众的拥护就能做天子，得到天子的信任就能做诸侯，得到诸侯的信任就能做大夫。诸侯危及土神、谷神，就改立他人。牺牲肥壮，祭谷洁净，祭祀依照时令，但仍有干旱水涝，就改立土神、谷神。”

【说要】

本章论“民为贵”，是孟子民本思想的精华。

孟子从长期的历史经验中认识到，获取权力的逻辑应该是：“得乎丘民而为天子，得乎天子为诸侯，得乎诸侯为大夫。”这样的逻辑，即可推出这样的结论：在民与君的关系中，民是一个“常”，是一个“体”，常、体不可变；不可变，故民为贵。

民为贵，这既是从国家治理的重要程度来讲的，也包含了对政权合法性的思考。孟子的民本思想体现了前所未有的政治理念，它具体表现在：

第一，民众是权力的价值主体。孟子曾经引用了《尚书·泰誓》的话：“天视自我民视，天听自我民听。”天的视听是根据人民的视听，人民之所欲，天必从之。孟子认为执政者的权力，表面上是来源于上天，但是实际上是来源于人民的委托，人民是国家、社会的价值主体。民本主义高于王权主义。

第二，权力运行的目的是富民。孟子讲“七十者衣帛食肉，黎民不饥不寒，然而不王者，未之有也”（01.03），执政者要保障人民基本的生存权利，使他们不饥不寒。不寒就是温，不饥就是饱，温饱就是孟子对执政者富民的基本要求。而温饱问题最终彻底解决还是在两千多年后，中国共产党人经过几十年艰辛努力之后的事情。

第三，执政者对权力运行的结果要负责。孟子讲：“行政，不免于率兽而食人，恶在其为民父母也？”（01.04）没有良好效果的执政是应该也必须被问责的。

第四，权力运行的过程要尊重民意。孟子告诫执政者，民意是“择贤”“去奸”“杀伐”的重要依据。（详见02.07）

中国古代的思想家，对于统治者与老百姓的关系问题多有论述，管仲提出：“政之所兴，在顺民心。政之所废，在逆民心。”老子也说：“圣人无常心，以百姓心为心。”而孟子是最集中、最强烈地阐述民本思想的古代思想家。

大家知道，古代社会，民处在社会的最底层。“民为贵，社稷次之，君为轻”，对此做了一个“乾坤大挪移”，赋予民众以前所未有的尊严，让民众第一次知道了自己应该得到尊重。这在中国政道史上可称为第一等大事！从此，“民为贵”便作为一面旗帜，“遂成为针对虐政之永久抗议”（萧公权先生语）！

14.15　孟子曰：“圣人，百世之师也，伯夷、柳下惠是也。故闻伯夷之风者，顽夫廉[1]，懦夫有立志；闻柳下惠之风者，薄夫敦[2]，鄙夫宽[3]。奋乎百世之上，百世之下，闻者莫不兴起也，非圣人而能若是乎？而况于亲炙之者乎？”

【注释】

（1）顽夫廉：无知觉的人会变得是非分明。朱熹《孟子集注》：“顽者，无知觉。廉者，有分辨。”

（2）薄夫敦：刻薄的人会变得朴诚。薄，刻薄。敦，朴诚。

（3）鄙夫宽：狭隘的人会变得宽厚。鄙，狭隘。宽，宽厚。

【译文】

孟子说：“圣人是百代的师表，伯夷和柳下惠便是这样的人。所以听闻伯夷的风范，无知觉的人会变得是非分明，懦弱的人会立定志向；听闻柳下惠的风范，刻薄的人会变得朴诚，狭隘的人会变得宽厚。奋发于百世之上，百世之下听闻的人没有不感动振作的，不是圣人，能够像这样吗？（百代以后的人尚且如此，）何况亲受熏陶的人呢？”

【说要】

本章强调圣人高风亮节的巨大感召力和影响力。可与10.01章相参看。

王阳明《教条示龙场诸生》：

> 志不立，天下无可成之事，虽百工技艺，未有不本于志者。今学者旷废隳惰，玩岁愒时，而百无所成，皆由于志之未立耳。故立志而圣，则圣矣；立志而贤，则贤矣。志不立，如无舵之舟，无衔之马，漂荡奔逸，终亦何所底乎？（《王阳明全集》，第974页）

儒家文化不是宗教文化，它所信奉的圣人也是人，只是圣人是“大而有光辉”的人，他们的光辉一如太阳。夫子云：“天何言哉！四时行焉，百物生焉。天何言哉！”（《论语》17.19）若想得到太阳的照耀，需要把自己放到光天化日之下。此便是“立志”。

冯梦龙《四书指月·孟子曰圣人百世章》：

> 诣造其极之谓“圣”，“师”字只在“闻风兴起”处见得，风无形而能鼓物，此字用得最妙。“奋”字，有自我特起之意。（《四书指月》，第545页。标点略有改动）

“而况于亲炙之者乎”，是衬托“闻者莫不兴起也”的话，也是孟子“未得为孔子徒”而遗憾的话，更是孟子“自我特起”的话。

圣人可以跨越百世而为师表，是圣人的个人魅力，也是普适价值的魅力。圣人的个人魅力、普适价值的魅力需要你我的共同参与、“自我特起”。

14.16　孟子曰：“仁也者，人也。合(1)而言之，道(2)也。”

【注释】

（1）合：会意字，甲骨文写作，会器体与器盖相扣之意。本义为扣盖。引申为结合、符合等。

（2）道：会意字。从行从止从首，金文写作，就是行（路），就是止（脚板），就是首（头），会意为道。一个人只有行走在正确的道路上，才能达到理想的目标，故又引申为万事万物遵循的法则、方法等。

【译文】

孟子说：“仁，就是人。（仁与人）合起来讲，就是道。”

【说要】

朱熹《孟子集注》：

> 仁者，人之所以为人之理也。然仁，理也；人，物也。以仁之理，合于人之身而言之，乃所谓道者也。程子曰："《中庸》所谓率性之谓道是也。"（《四书章句集注》，第375页）

仁是人真正的尊贵，它是天赋予人的。本来人之仁与天之道是一不是二，不过上天似乎并不想轻易让人拥有这份真正的尊贵，它仅仅赋予人一个仁之端。从仁之端到仁，需要人的扩充、培养、践行、省察，修己又安人，反求诸己又推己及人，这样的过程就是"合"。

"合"是人的能动，是成为人的践形，经由此"合"，万物皆备于我，便下学而上达了。

又，朱熹《孟子集注》：

> 或曰："外国本'人也'之下，有'义也者宜也，礼也者履也，智也者知也，信也者实也'，凡二十字。"今按如此，则理极分明，然未详其是否也。（《四书章句集注》，第375—376页）

李贽《四书评·孟子》卷之七则曰：

> 若依外国本，几令人笑杀。今之伪书，都如此。（《四书评》，第188页）

论理之法，或分析，或综括。分析常见深刻，综括常见圆融；分析乃入门之阶，综括乃深造之得，各有所用，各尽其妙。从《孟子》文本讲，李贽之见可信，从理解《孟子》思想讲，朱熹之说可从。

14.17 孟子曰："孔子之去鲁，曰：'迟迟(1)吾行也，去父母国之道也。'去齐，接淅而行(2)——去他国之道也。"

【注释】

(1)迟迟：徐行、留恋之貌。

(2)接淅而行：行色匆忙之貌。参见10.01章注(11)。

【译文】

孟子说："孔子离开鲁国时，说：'慢慢地走吧，这是离开祖国的方式。'孔子离开齐国时，捞起已浸在水中的米就走——这是离开他国的方式。"

【说要】

本章内容已见10.01章，可参看。

在10.01章的“说要”中，我们解读到：

“行”是“道不同，不相为谋”的理的必然；“迟迟”是“去父母国”的情的纠结。理的必然，见“行”的正当；情的纠结，见“情”的深厚。“行”的正当与“情”的深厚合二为一，则见情与理两不枯槁，是为至圣。

张岱《四书遇·去鲁章》：

“道”字，孟子发之。孔子无意，自然止速如此，非谓有“道”在，而率循之也。言“道”，以示后作则。（《四书遇》，第536页）

“言‘道’，以示后作则”，或许是本章再次提及孔子去鲁、去齐的原因吧。

14.18　孟子曰：“君子(1)之厄(2)于陈、蔡之间，无上下(3)之交也？”

【注释】

(1)君子：赵岐《注》：“孔子也。”

(2)厄：困厄。

(3)上下：指陈、蔡的君臣。

【译文】

孟子说：“孔子在陈国、蔡国之间遭到困厄，是因为与两国君臣没有交往的缘故吗？”

【说要】

这一章，通常注本的标点是：

孟子曰：“君子之厄于陈、蔡之间，无上下之交也。”

译作孟子说：“孔子在陈国、蔡国之间遭到困厄，是因为与两国君臣没有交往的缘故。”

《史记》记载：“孔子居陈三岁。”如果非说三年孔子与陈国君臣都没有交往，实在是讲不通。

朱熹《孟子集注》曰：“君臣皆恶，无所与交也。”道理上说得过去，只是意思还不明确。所以，我们重新标点：

> 孟子曰："君子之厄于陈、蔡之间，无上下之交也？"

孟子在反问：孔子在陈国、蔡国之间遭到困厄，是因为与两国君臣没有交往的缘故吗？

答案当然是否定的。孔子师徒为什么会在陈国、蔡国之间遭到困厄呢？因为他们有道义的操守，虽然与两国君臣有交往，而道不同，不相为谋，宁可困厄，也不苟合。

> 在陈绝粮，从者病，莫能兴。子路愠见，曰："君子亦有穷乎？"子曰："君子固穷，小人穷斯滥矣。"（《论语》15.02）

因为有道义操守，难免会遇到困厄。困厄的遭遇是君子"自找"的，这不是君子喜欢自虐，而是君子对道义的坚守——君子要以自己的"困厄"换来道义免遭困厄！

程兆熊《四书大义·孟子讲义第十四讲》：

> 宁"无上下之交"，而"厄于陈蔡之间"，这便是中道而立。这只有尽心，知性，知天者始能之；这亦只有存心，养性，事天者始能之。（《四书大义》，第414页）

14.19　貉稽[1]曰："稽大不理于口[2]。"

孟子曰："无伤也。士憎兹多口[3]。《诗》云[4]：'忧心悄悄[5]，愠于群小。'孔子也。'肆不殄厥愠[6]，亦不陨厥问[7]。'文王也。"

【注释】

（1）貉（mò）稽：赵岐《注》："貉，姓。稽，名。仕者也。为众口所讪。"

（2）不理于口：不顺于人口，即得不到别人的理解。理，顺。

（3）士憎兹多口：士人总会遭到许多非议。憎，当为"增"之误。朱熹《孟子集注》："赵氏曰：'为士者，益多为众口所讪。'按此则憎当从土，今本皆从心，盖传写之误。"

（4）《诗》云：以下两段分别出自《诗经·邶风·柏舟》和《诗经·大雅·绵》。

（5）悄悄：忧伤貌。

（6）肆不殄厥愠：肆，故，所以。殄，杜绝，消灭。厥，其。愠，怨，怒。

（7）问：通"闻"。声誉。

【译文】

貉稽说："我得不到别人的理解。"

孟子说："没有关系。士人总会受到许多非议。《诗经》说：'忧伤沉压在心，却不满于小人。'这是孔子。《诗经》又说：'所以不能杜绝别人的怨怒，也不会失去他的声誉。'这是文王。"

【说要】

本章论"正己信心，不患众口"（赵岐语）。

"无伤也。士憎兹多口"，自然是劝慰的话，但也是洞晓世事的实话，所谓树大招风，德高招毁。

德高如孔子，也会招人非议；德高如文王，也不能杜绝他人的怨恨。只是这样的非议、怨恨，对圣人的名声是没有丝毫影响的。两句《诗》，不可分开读，孔子、文王也不要分开看。孔子即文王，文王即孔子。

孔子、文王那样的圣人都会受到非议、怨恨，何况是貉稽你呢！

赵岐《章指》言：

> 正己信心，不患众口；众口喧哗，大圣所有，况于凡品之所能御，故答貉稽曰无伤也。

张岱《四书遇·貉稽章》亦云：

> 引文、孔煞有意见，必文、孔而后可以勿恤谤议，不然亦当自修。王文成曰："人若着实用功，随入毁谤欺慢，处处得益，处处是进德之资。若不用功，只是魔也，终被累到。"（《四书遇》，第537页。标点略有改动）

"无伤也。士憎兹多口"，"士"字不可忽略，它正是对貉稽，乃至所有有志于道的人的劝勉。

"知我者，谓我心忧；不知我者，谓我何求。"（《诗经·黍离》）作为"士"，正要于他人"不知"处而"不愠"。要做到人不知而不愠，需要于修己上猛加一鞭。他人的不知、非议、怨恨，正是督促我用功处。如此，自能"随入毁谤欺慢，处处得益，处处是进德之资""正己信心，不患众口"！

14.20　孟子曰："贤者以其昭昭(1)使人昭昭，今以其昏昏使人昭昭。"

【注释】

（1）昭昭：明明白白。昭，金文写作𠭁，从召从卩。卩象下跪之人，口为祝祷之器，匕为神灵自上降下。𠭁会意祈愿、跪迎神灵的降临，有昭明、辉煌、昭显之意。后来的文献写作“昭”，一变而为形声字。

【译文】

孟子说：“贤者以自己的明明白白，使他人明明白白；今天的人以自己的糊糊涂涂，（却想）使他人明明白白。”

【说要】

本章为当时的执政者所发。

细品文本，“贤者以其昭昭使人昭昭”与“今以其昏昏使人昭昭”并不是相提并论的，前一句只是为后一句立一面镜子。

冯梦龙《四书指月·孟子曰贤者以其昭章》：

> 此节是明新注疏，盖世有明明德以新民者矣，未有不明其明德，而能新民者也。两“使”字异，一是引导他，一是驱迫他。（《四书指月》，第547页）

张栻《南轩先生孟子说》卷第七：

> 贤者自明其德。以其明德，而以明人，成己成物，一道也。不贤者在己之不明，而责人之明，难矣。故贤者之教，人乐从之，以其身先之故也。不然，则无以孚信于人，将惘然而不服，虽欲使之然，其可得哉？（《张栻集》上，第415页）

更深层次思考，我们要悟到：

驱迫他人“昭昭”，当时的执政者显然不是真的想要他人明明白白，只是想让他人老老实实听从统治。

当时执政者不明白的是，以自己的“昏昏”不仁，怎么能让老百姓老老实实听从他们的统治呢！

当然，这一章也可以适用于为师者。作为老师，自己先要明明白白，然后才可以去教育学生；自己先要做出榜样，然后才可以让学生效法。不然，是没有资格做人家老师的。

孟子曰：“人之患在好为人师。”（07.23）一“好”字，正是看透了“好为人师”者的“昏昏”。

思及此，令经常给别人上课的我额头冒汗。

14.21 孟子谓高子曰："山径之蹊间[(1)]，介然[(2)]用[(3)]之而成路；为间[(4)]不用，则茅塞之矣。今茅塞子之心矣。"

【注释】

（1）山径之蹊间：人们行走的道路，从宽度、人流大致可以划分为三种：路、径、蹊。路，宽而平坦，人来人往；径，窄而坎坷，时有人行；蹊，更窄而或有间断，偶有人走。严格来说，径可以称为小路，蹊只能称为小径。山径之蹊，意为山间小路叉出的小径。间，指小径经过的可以践足、容身的空间。间是后起字，古写作"閒"，会意字。甲骨文写作，金文写作，会从门的间隙可以看到月光之意。《说文解字》："间，隙也。"段玉裁《说文解字注》："门开而月入。门有缝而月光可入。皆其意也。"引申为表示两段时间相接的地方，或介于两桩事物当中及其相互关系的中间、间距。再引申为隔阂等。

（2）介然：专一，坚持，一直。《荀子·修身》："善在身，介然必以自好也。"

（3）用：由。

（4）为间：即"有间"，时间不久。

【译文】

孟子对高子说："山间小路叉出的小径，人们一直走的话就成了路；隔些时候不走，茅草就会堵塞它。现在'茅草'堵塞了你的心。"

【说要】

本章论修身，强调持之以恒。

从山间小路叉出的蹊径，仅仅容人举踵侧身通过，还算不上是路，假若突然之间你走我走大家走，往复不已，那就会很快成为大路了——蹊径变成大路不是很容易的吗？

假若还算不上是路的蹊径，甚至在它已经成为大路之后，在一段并不长的时间，你不走我不走大家都不走，人迹罕至，那它就会很快被茅草堵塞了——蹊径被阻塞不是很容易的吗？

修身即修心，本心的通畅与蔽塞和"山径之蹊间"何异？寡欲则本心清明，仁义立现；纵欲则本心昏暗，仁义难寻。修身修心关键在于持之以恒，尽可能减少反复。持之以恒，虽积跬步亦至千里；一曝十寒，虽"心"比天高亦终将"命"比纸薄。

程兆熊《四书大义·孟子讲义第十四讲》：

人不用其心，即不存其心；人不存其心，即不尽其心；人不尽其心，即失其心

之用，而为块然之一物；人失其心之用，而为块然之一物，即无其心之灵，而为茅塞之一孔。(《四书大义》，第415—416页)

辛全《四书说》卷六：

问："何如此心可以介然用之成路？"曰："请与天地圣贤时相往来。""何如为间不用？"曰："只因《诗》《书》味短，圣贤面生。"(《四书说》，第228页)

修身之法，法圣法贤，曰敬曰恒。孟子曰："苟得其养，无物不长；苟失其养，无物不消。"孔子云："君子无终食之间违仁。造次必于是，颠沛必于是。"圣人岂欺我哉！

孟子以"山径之蹊间"示我们修身之大法，可称为"山径的启示"。

14.22　高子曰："禹之声尚文王之声。"

孟子曰："何以言之？"

曰："以追蠡(1)。"

曰："是奚足哉？城门之轨，两马(2)之力与？"

【注释】

(1)追(duī)蠡(lǐ)：赵岐《注》云："追，钟钮也。"蠡，虫蛀木。这里意为钟钮经久磨损要断的样子。

(2)两马：一辆马车。

【译文】

高子说："禹的音乐高于文王的音乐。"

孟子问："以什么根据这么说呢？"

高子答道："因为禹传下来的钟钮都快断了。"

孟子说："这个何足以证明呢？城门内的车辙痕迹，难道只是一辆马车的力量(造成的)吗？"

【说要】

本章意旨历来众说纷纭。

焦循《孟子正义》：

曹氏之升《摭余说》云："古驾车之法，夏驾二马谓之丽，殷驾三马谓之骖，周自天子至大夫，皆驾四马谓之驷。孟子若曰不知禹声，盍观禹迹。彼城门之轨，道止一达，车从中央，禹以来阅千八百年于兹，般之骖于此门也，周之驷亦于此门也，而谓门限切深，犹是夏先王两马之力与？”（《孟子正义》，第987页）

曹氏之说大约可从。

城门狭窄，只能同时通过一辆马车。城门内的车辙痕迹很深，不是马车短时间内造成的。禹传下来的钟钮都快断了，也只是较文王传下来的钟用的时间更长的缘故，不能因此而得出“禹之声尚文王之声”。

冯梦龙《四书指月·高子曰禹之声章》：

论乐者会其性情，本其功德，又谅其时势，然后可以见作者之精神，而定其优劣，岂区区在一器之末乎？高子问最浅陋，故孟子不与深言，但即其说以解之。（《四书指月》，第548页）

我们这里也不妄加申发。

不过，如果我们今天要劝说哪一个人做事情需要持之以恒、群策群力的话，“城门之轨，两马之力与”真可谓是最为恰当的话！有“言近而指远”“不下带而道存”之妙！这一章，不会是孟子的弟子因为这句话而记存下来的吧？

14.23　齐饥。陈臻曰：“国人皆以夫子将复为发棠(1)，殆不可复。”

孟子曰：“是为冯妇(2)也。晋人有冯妇者，善搏虎，卒为善。士则之。野有众逐虎(3)，虎负嵎(4)，莫之敢撄(5)。望见冯妇，趋而迎之，冯妇攘臂下车，众皆悦之，其为士者笑之。”

【注释】

（1）发棠：发，杨伯峻《孟子译注》：“即‘涂有饿莩而不知发’（01.03）的‘发’，发仓廪以赈贷也。棠，地名，今山东即墨县南八十里有甘棠社，当即此。”顾亭林《山东考古录》云：“当时即墨为齐之大都，仓廪在焉。”

（2）冯妇：赵岐《注》：“冯，姓。妇，名也。”

（3）卒为善。士则之。野有众逐虎：关于这段文字的标点，歧说纷呈。《孟子正义》引刘昌诗《芦浦笔记》云：“恐合以‘卒为善’为一句，‘士则之’为一句，‘野有众逐虎’为一句。”又引周密《志雅堂杂钞》云：“前云‘士则之’，后云‘其为士者笑之’，文义相属。”刘、周之说可从。则，金文写作𠟭，从鼎从刀。古代的法律条文曾刻铸在鼎上，以令人遵守。本义为准则、法则。此用作动词，有规劝的意思。

（4）负嵎：同“负隅”。负，凭借，仗恃。嵎，山脚。

（5）撄：迫近，触犯。

【译文】

齐国遭受饥荒。陈臻对孟子说：“齐国人都以为老师会再度劝请齐王打开棠地的仓廪（来赈济百姓），大概不可以再这样做吧。”

孟子说：“再这样做便成冯妇了。晋国有个叫冯妇的人，善于和老虎搏斗，（他也自负）自己擅长。士人规劝他（不可这样）。有次野外有许多人在追逐老虎，老虎凭借着山脚（顽抗），没有人敢于去迫近它。大家看到冯妇了，便快步迎接，冯妇捋起袖子，露出胳膊，走下车来，大家都很高兴，可他却为士人讥笑。”

【说要】

本章暗讽齐王不能体恤百姓。

孟子秉承孔夫子“修己安人”之旨，周游列国，劝说当时的诸侯行仁政。

齐国以前发生灾荒，孟子曾经成功劝说齐王开仓赈灾。这次又发生灾荒，人们自然又想让孟子向齐王进言。“国人皆以夫子将复为发棠”，一“皆”字，可以看出“国人”期盼之殷切。

孟子却以冯妇恃勇逞强、喜好“搏虎”而引起“士者笑之”的故事，表示自己不会再向齐王进言了。

孟子济世救民之情，何等急切！难道他会顾虑“士者笑之”，而不顾百姓的疾苦吗？其中的隐情，朱熹看得明白：

> 疑此时齐王已不能用孟子，而孟子亦将去矣，故其言如此。（《四书章句集注》，第377页）

冯梦龙说得更加透彻：

> 士君子心切济世，苟有益于民，何惜一笑？顾其势有不可耳。始初发棠，必待孟子请，则非齐王本意可知。盖发棠已有故事可以举行，乃齐王坐视其饥而不发，则其意不欲复发可知也。（《四书指月·齐饥陈臻曰章》，第548页。文字略有增补）

我心依然如故，世事确然不可行。孟子心中悲苦，谁人知晓？

“殆不可复”，陈臻是理解老师的。

“殆不可复”，齐王是真不能理解孟子的。

“殆不可复”，我们能理解孟子吗？

常常直言批驳诸侯的孟子，此时却用曲折之笔写出无奈心事，怎不令人扼腕叹息呢！

“苛政猛于虎也”！每读此章，不禁让我想起孔夫子这句话。

14.24　孟子曰：“口之于味也，目之于色也，耳之于声也，鼻之于臭(1)也，四肢之于安佚也，性也，有命(2)焉，君子不谓性也。仁之于父子也，义之于君臣也，礼之于宾主也，智之于贤者也，圣人(3)之于天道也，命也，有性焉，君子不谓命也。”

【注释】

(1)臭(xiù)：同“嗅”。气味，特指香味。臭为会意字，甲骨文写作，从(犬)从(自，鼻的本字)，以狗用鼻子辨别气味会意。本义是用鼻子辨别气味。由辨别气味引申为气味。此处特指香味。这个意义的“臭”读作xiù。后来“臭”字的词义范围缩小，专指秽恶之气，与“香”相对，读作chòu。由秽恶之气引申为令人讨厌的、恶狠狠地、丑恶、低劣等义。“臭(xiù)”的字义，则以新造的“嗅”字来承担。

(2)命：命运。命是形声兼会意字，从口从令，令亦声。甲骨文中只有“”(令)没有“”(命)，令、命本一字。西周金文中才出现“”(命)字。令，由一个倒口和一个跪着的人组成，会意人跪着接受命令。命字是在“令”上叠加义符“口”而成的，其本义是命令。引申为命运，即人对之无可奈何的某种必然性。

(3)圣人：当作“圣”，“人”为衍字。圣，大智。繁体写作“聖”，是会意字，从人从耳从口。甲骨文写作，字形描绘的是一个有着大大耳朵的人张口说话。远古的祖先认为，善听是内心宁静敏感者的超凡能力，能在自然环境中辨音的人，常常是大觉悟的人。这样的人通过对自然万物的观察，上体悟天道，下洞察人性，内化于心，外言于口，教化众生，引领社会。圣的本义是事无不通，光大而化，超越凡人者。引申为崇高的智慧。

【译文】

孟子说：“口之于美味，眼之于美色，耳之于音乐，鼻之于香味，四肢之于安逸，是性，但能否得到有命运(的限定)，所以君子不(把它们)看作是性。仁之于父子，义之于君臣，礼之于宾主，智之于贤者，圣之于天道，能否实现也有命运(的限定)，但有性(的本在)，所以君子不(把它们)看作是命。”

【说要】

本章孟子提出了性善论的一个重要命题——性命之辨。

通常对孟子性善论的批评，是说性善论太理想化，甚至太幼稚，抹杀了人性的复杂性，这是一大误解。孟子恰恰是在深刻辨析人性的复杂性之后，才提出性善论主张的。

按照孟子的观点，人的“性”实际分两个层面，一是人本能的、人与禽兽共有的先天之性，我们称为自然之性；一是人之所以为人的、人所独有而动物没有的先天之性，我们称为道德之性。

“性也，有命焉”的“性”指的是自然之性；“命也，有性焉”的“性”指的是道德之性。对于自然之性，孟子说“君子不谓性也”；对于道德之性，孟子说“君子不谓命也”，显然孟子在人的自然之性与道德之性中，选择了道德之性作为人的真性。

孟子为什么做出这样的选择？因为孟子坚定地认为：“人之所以异于禽兽者几希。”“几希”之处，正在于人所独有而动物没有的道德之性。

由此，我们可以了解，性善论不是从人的自然之性——这当然不是忽略，更不是没有意识到人的自然之性——而只是从人与禽兽不一样的“几希”处言人性。

朱熹《孟子集注》：

> 愚闻之师曰：“此二条者，皆性之所有而命于天者也。然世之人，以前五者为性，虽有不得，而必欲求之；以后五者为命，一有不至，则不复致力，故孟子各就其重处言之，以伸此而抑彼也。张子所谓‘养则付命于天，道则责成于己’。其言约而尽矣。”（《四书章句集注》，第378页）

张岱年先生曾敏锐地指出：

> 孟子所谓性者，实有其特殊意谓。孟子所谓性者，正指人之所以异于禽兽之特殊性征。人之所同于禽兽者，不可谓为人之性；所谓人之性，乃专指人之所以为人者，实即是人之“特性”。（张岱年：《中国哲学大纲》，商务印书馆2015年版，第302页）

人之特性，不在自然之性一面，而在道德之性一面，这一面才是人所独有而动物没有的人本具的真性。“命”当听之在天，“性”当尽之在我——性命之辨的价值，正在于透显出人的这一“真性”，张扬起人的尊严，而人的尊严只有依靠自己来成就。这又是理解孟子性善论的一大关键。

14.25　浩生不害(1)问曰：“乐正子(2)何人也？”

孟子曰：“善人也，信人也。”

“何谓善？何谓信？”

曰：“可欲之谓善，有诸己之谓信，充实之谓美，充实而有光辉之谓大，大而化之之谓圣，圣而不可知之之谓神。乐正子，二之中、四之下也(3)。”

【注释】

(1)浩生不害：姓浩生，名不害，赵岐《注》：“浩生，姓。不害，名。齐人也。”

(2)乐正子：孟子弟子，详见02.16章注(9)。

(3)二之中、四之下也：指乐正克处在“善”“信”二者之中，“美”“大”“圣”“神”四者之下。

【译文】

浩生不害问：“乐正子是什么样的人？”

孟子说：“善人，信人。”

浩生不害问：“什么叫‘善’？什么叫‘信’？”

孟子说：“值得欲求的叫作‘善’，善能存于自身的叫作‘信’，使之充盈实在的叫作‘美’，充盈实在又有光辉的叫作‘大’，光大光辉而能化育天下的叫作‘圣’，圣达到莫测之境的叫作‘神’。乐正子处在前二者之中、后四者之下。”

【说要】

本章论修身的进阶和方法。

可欲，是自然而然地因性而为。

有诸己，是自觉地循性而为。

充实，是善、信的行为积累起来，使得内心充实，充满愉悦而不为外界所干扰。

充实而有光辉，是善行的积累由内而外，见于面，盎于背，施于四体，四体不言而喻。因善行而变化气质，光辉映照他人。

大而化之，是一人之善行，天下归化，大道周行。所谓修己以安百姓，何事于仁，必也圣乎！

圣而不可知，强为之解：圣而若庸，智而若愚，正而若偏。众人对圣人之所为不知、不解甚至怨恨，圣人对众人则不知而不愠。

“可欲，是自然而然地因性而为”，这样的解释可能引起误会：尧舜由仁义行，不就是自然而然地因性而为吗？其实，这两者是存在很大差异的。学习书法的人都知道，入门先求平正，然后务求险绝，最后要复归平正。“先求平正”与“复归平正”，境界大不相同。

《朱子语类》卷第六十一《孟子十一·尽心下·浩生不害问曰章》:

问“可欲之谓善”至“圣而不可知之谓神”。曰:善，浑全底好人，无可恶之恶，有可喜可欲之善。“有诸己之谓信”，真个有此善。若不有诸己，则若存若亡，不可谓之信。自此而下，虽一节深如一节，却易理会。充实，谓积累。光辉，谓发见于外。化，则化其大之之迹，圣而不可知处便是神也。(《朱子语类》第二册，第1311页。标点略有改动)

“善、信、美、大、圣、神”，内含两层意蕴:既是揭示修身的进阶，也是揭示修身的方法。

朱熹《孟子集注》引程子语:

士之所难者，在有诸己而已。能有诸己，则居之安，资之深，而美且大可以驯致矣。徒知可欲之善，而若存若亡而已，则能不受变于俗者鲜矣。(《四书章句集注》，第379页)

张栻《南轩先生孟子说》卷第七亦云:

此章言进学之序甚明，在学者当以圣人为标的，循其序以进，有常而不息，终吾身焉可也。若有要成之意，臆度而躐等，则非学之道矣。称乐正子而曰善人、信人者，盖能存所谓善，而进于有诸己者也。(《张栻集》上，第418—419页)

孟子评价乐正克处在“善”“信”二者之中，“美”“大”“圣”“神”四者之下。这不是遗憾乐正克修养不高，而是欣喜乐正克得入修身之正门:能存善、有诸己，则“美”“大”及“圣”“神”可期。

冯梦龙《四书指月·浩生不害章》:

“二之中”，犹云在善、信里面，非中间之中。《注》“善”有余，“信”不足，勿用。点出“四之下”一语，见得自善、信而上，还有无限的地步，善、信岂住足之地?含勉励正子意在。(《四书指月》，第552页。文字、标点略有改动)

“善”“信”“美”“大”“圣”“神”是人生晋级之阶梯，人当时时开眼，看看自己到达什么境界，生命不息，晋级不止，善莫大焉。

14.26 孟子曰:“逃墨必归于杨，逃杨必归于儒。归，斯受之而已矣。今之与杨、墨辩者，如追放豚，既入其苙(1)，又从而招(2)之。”

【注释】

（1）苙（lì）：畜圈。

（2）招：朱熹《孟子集注》："招，罥（juàn）也，羁其足也。"用绳索束缚、缠绕。

【译文】

孟子说："叛离墨家必定会归向杨朱，叛离杨朱必定会归向儒家。归向儒家，那接纳他们就是了。如今与杨朱、墨家辩论的人，好像在追逐走失的猪一样，已经关进猪圈了，还要把它们的脚捆上。"

【说要】

本章论包容。

儒家有坚定的思想主张、原则操守。面对"天下之言不归杨，则归墨"的思想局面，孟子"距杨、墨，放淫辞"，认为"杨、墨之道不息，孔子之道不著"。（参见06.09章）

儒家有坚定的思想主张、原则操守，也有宽广包容的胸怀。正因为儒家有此宽广包容的胸怀，儒家思想才能海纳百川而成其大，才能深造自得而成其深，才能日新其德而成其新，才能"斯受之而已矣"而去除"又从而招之"的弊端。

朱熹《孟子集注》：

> 此章见圣贤之于异端，距之甚严，而于其来归，待之甚恕。距之严，故人知彼说之为邪；待之恕，故人知此道之可反，仁之至，义之尽也。（《四书章句集注》，第379页）

对于"逃墨必归于杨，逃杨必归于儒"的理解，不可死于字下。冯梦龙《四书指月·孟子曰逃墨必归章》看得通透：

> "逃墨"二句，串到归儒上，凡人泛滥不情，便厌苦而思近实。然一味自为，又于事物上更通不去，不得不趋而就中，此理势所必然者。非谓杨氏犹近于儒，亦非谓墨之归儒必待归杨之后也。（《四书指月》，第552—553页）

墨家兼爱，杨朱利己，各据一端，儒家乃是中道。"逃墨""逃杨"而归于儒家，这不仅是对一个具体的人，也是对整个人类文明的必然归路。放大眼光于人类整个文明进程中，我们可以对"归儒"有更加确然的自信：人类一直行走在曲折而不屈不挠晋级文明的道路上。

又，儒家思想在其两千五百多年的传承、发展过程中，逐渐成为中华文明重要的组成部分，它深刻影响了中华文明的突出特性——包容性。习总书记在文化传承发展座谈会上指出：

> 中华文明具有突出的包容性，从根本上决定了中华民族交往交流交融的历史取向，决定了中国各宗教信仰多元并存的和谐格局，决定了中华文化对世界文明兼收并蓄的开放胸怀。

于此可见经典永恒之价值。

14.27 孟子曰："有布缕(1)之征，粟米之征，力役之征。君子用其一，缓其二。用其二而民有殍，用其三而父子离。"

【注释】

(1)布缕：布与线。泛指布帛、织物。"布缕之征""粟米之征""力役之征"，都是当时向民众征收税赋的名目。

【译文】

孟子说："赋税有征收布帛的，有征收谷米的，有征发人力的。(实行仁政的)君子采用一种，而暂缓另外两种。(如果)同时采用两种，百姓就会有饥饿而死的；同时采用三种，父子就会骨肉离散。"

【说要】

本章论薄税赋。

孟子是主张民为贵的。民为贵，不是空洞的政治口号，更不是为统治者寻找的某种工具，它必须落实到具体的行政中去。

民为贵的政治主张，在具体行政的实践中，可以简要地概括为"富而有教"，"富"又是"教"的基础。

如何富民呢？孟子曰："易其田畴，薄其税敛，民可使富也。"(13.23)"易其田畴"，可以增加老百姓的收入；"薄其税敛"，可以减少老百姓的支出。一方面增加老百姓的收入，一方面减少老百姓的支出，老百姓自然就富起来了。

"用其一"，是行政的必需；"用其一，缓其二"，是仁政的要求；"用其二、用其三"，直是"苛政猛于虎"！

朱熹《孟子集注》：

征赋之法，岁有常数，然布缕取之于夏，粟米取之于秋，力役取之于冬，当各以其时；若并取之，则民力有所不堪矣。今两税三限之法，亦此意也。尹氏曰：“言民为邦本，取之无度，则其国危矣。”（《四书章句集注》，第379页）

时至今日，税率已经在获取财政收入的基础上，赋予经济平衡发展、重点扶持的市场调节功能，这是时代的进步，但孟子“薄税赋”的主张仍有其不可忽视的价值。

14.28　孟子曰：“诸侯之宝三：土地、人民、政事。宝珠玉者，殃必及身。”

【译文】

孟子说：“诸侯的宝贝有三样：土地、人民和政事。以珍珠、美玉为宝贝的，灾祸必定会降到自身。”

【说要】

本章论诸侯应以土地、人民、政事为可贵。

土地得以养民，政事得以保民，所以，“宝三”只是“宝一”——人民。

能以人民为宝，则保之、安之、富之、教之。能保之、安之、富之、教之，则得民心得天下。可悲的是，当时诸侯只知缘木求鱼，“争地以战，杀人盈野；争城以战，杀人盈城”（07.14）。

孙奇逢《四书近指·诸侯宝三章》：

人皆知珠玉是宝，谁知诸侯之宝别自有在？若宝珠玉，必置土地、人民、政事于不理，安免于祸？殃必及身。不止珠玉，凡宝非其宝者，皆殃之招也。（《孙奇逢集》上，第608页。标点略有改动）

冯梦龙《四书指月·孟子曰诸侯之宝章》：

人主之宝必归之于身，而始为我享。然人主之身，必托之土地、人民、政事，而始得皆安。舍此三者而宝珠玉，愚悲矣！（《四书指月》，第553页。标点略有改动）

本章道理，简洁明了。回顾历史，如此简洁明了的道理，又有几位执政者遵循过呢？

推及开来，何止执政者，就是我们普通人所犯的错误，也往往不是高深学问的不能解，而是对常识的视而不见、听而不闻。

14.29 盆成括仕于齐[1]。孟子曰："死矣，盆成括！"

盆成括见杀，门人问曰："夫子何以知其将见杀？"

曰："其为人也小有才，未闻君子之大道也，则足以杀其躯而已矣。"

【注释】

（1）盆成括：姓盆成，名括。赵岐《注》："尝欲学于孟子，问道未达而去。后仕于齐，孟子闻而嗟叹曰死矣盆成括，知其必死。"

【译文】

盆成括在齐国做官。孟子说："要丧命了，盆成括！"

盆成括被杀，学生问道："老师怎么会知道他将被杀呢？"

孟子说："他为人有点小才干，却不懂君子的大道理，这就足以招来杀身之祸了。"

【说要】

本章为恃才逞强者戒。

圣人之所以为圣人，是因为他们上体味天道，下洞察人性，对人情世事看得明白。预知盆成括有杀身之祸，不是孟子掐指一算得来的，而是他看到了其中的理之必然。

德者，得于道也；才者，德之辅也。有德无才，不足以广德；有才无德，才足以取祸。

唐文治《孟子大义》卷十四：

> 朱《注》"恃才妄作"四字最精核。盖恃才则必骄吝，骄气吝色，足以杀其躯也。恃才则必忮巧，忮志巧机，足以杀其躯也。恃才则必虚诞，虚诞而不实不信，足以杀其躯也。恃才则必贪鄙，贪鄙而予取予求，足以杀其躯也。恃才则必放恣，放恣而作福作威，足以杀其躯也。夫才者，木之未成材者也，君子所欲造就之者也。乃因未闻道而足以杀其躯，惜乎未奉教于君子也。惜乎天下后世盆成括之多也。（《唐文治四书大义》，第537页）

张栻《南轩先生孟子说》卷第七：

> 所谓道者，非他也，理义之存乎人心者也。于此有闻，则其进退语默之际，皆有所据，而才有所不敢恃矣。故夫人之有才，本不足以为人害；惟其无所本而徒用其才，于是而才始足以病己，甚至于有取死之道，反不若鲁钝无才之为愈也。（《张栻集》上，第421页）

人应该有修己安人的志向，方不负为人一世。只是修己安人必须建立在德智双修的基础之上。有德则成人，有智则成才，德智双修是谓君子。

《论语》14.43：

> 子路问君子。子曰：“修己以敬。”曰：“如斯而已乎？”曰：“修己以安人。”曰：“如斯而已乎？”曰：“修己以安百姓。修己以安百姓，尧舜其犹病诸！”

人们看君子，常常只看其“安人”“安百姓”处，却不知“安人”“安百姓”正有其“修己以敬”处。由此一“敬”，方可谨言慎行，“不立乎岩墙之下”（13.02）；方可进退自如，寡过错、远祸端；方可言“安人”“安百姓”。

于此，张栻又云：

> 夫小有才而未闻道者，身且不能保，而为国者乃信而用之，亡国败家，其何日之有？（《张栻集》上，第421页）

小到管理一个单位，大到治国理政，其大要之一，即“尊贤使能，俊杰在位”。“尊贤使能，俊杰在位”，必须先能识人，识人必须有识人之智，有此识人之智，方能成就得人之德。所以，孟子说：“为天下得人者谓之仁。”（05.04）

14.30　孟子之滕，馆[(1)]于上宫[(2)]。有业屦[(3)]于牖上，馆人求之弗得。或问[(4)]之曰：“若是乎从者之廋[(5)]也？”

曰：“子以是为窃屦来与？”

曰：“殆非也。夫子[(6)]之设科也，往者不追，来者不距。苟以是心至，斯受之而已矣。”

【注释】

（1）馆：形声兼会意字，从食从官（官同宫），官亦声，会意供宿供膳。馆的本义是招待宾客或旅客食宿的房舍。此处作动词，为住、住宿义。

（2）上宫：楼馆。

（3）业屦：没有编织好的草鞋。业，开始。赵岐《注》：“业，织之有次，业而未成也。”

（4）或问：因不能确定而小心翼翼地发问。

（5）廋（sōu）：藏匿，隐藏。廋同叟，甲骨文写作。是宀（mián，深屋），与广都是房屋之形，可以通用。是手持火把之形。会举火把在房屋内搜索之意。廋、叟的本义皆为搜索，引申为藏匿、隐蔽等。

(6)夫子：或说作“夫予”，以此段以下为孟子的话。如此则行文直白，了无趣味。不取。

【译文】

孟子到滕国，住在上宫。有一双没有编织好的草鞋在窗上(不见了)，馆人寻找不着。小心翼翼地问孟子：“是不是跟随您的人把它藏匿起来了呢？”

孟子说：“你以为他们是为偷草鞋而来的吗？”

馆人答道：“当然不是的。(不过，)夫子开设课目教学，(对学生的态度是)去的不追问，来的不拒绝。只要他们怀着学习的心来，便接受了(也难免良莠不齐呢)。”

【说要】

这一章记录的是孟子在滕国期间发生的一件趣事。文字实在是奇妙得很，以至于让历代许多人不理解甚至误解。

妙文需要妙解：

孟子到了滕国，住在一家“上宫”的旅馆里，赶巧馆人没有编织好的草鞋不见了，馆人找不到，便怀疑是孟子的学生偷去了，但是又不能确定，于是小心翼翼地问孟子：“是不是跟随您的人把它藏匿起来了呢？”孟子听了呢，并不生气，反而笑眯眯地问馆人：“你以为我的学生是为偷草鞋而来滕国的吗？”当然不是。馆人也知道孟子师徒来滕国是为了帮助滕文公行仁政的。但是，理是这么个理，事仍然令人怀疑，所以馆人继续说：“夫子开门授徒，对学生是去的不追，来的不拒。只要他们怀着学道的心来，您便接受了。”言下之意是“难免良莠不齐，出现一个小偷呢”。说得真是谦卑有礼而又不失道理——馆人毕竟是个深谙人情世故的人。

孟子对待不理解自己的旅店老板态度是平和的，不像有些人讲的那样非常生气，甚至几十年过去了还念念不忘，把它写进书里。

朱熹《孟子集注》：

> 或问之者，问于孟子也。廋，匿也。言子之从者，乃匿人之物如此乎？孟子答之，而或人自悟其失，因言此从者固不为窃屦而来，但夫子设置科条以待学者，苟以向道之心而来，则受之耳，虽夫子亦不能保其往也。门人取其言，有合于圣贤之指，故记之。(《四书章句集注》，第380页)

不过，细细品味这段话，我们会发现，馆人虽然是个深谙人情世故的人，但要说出“夫子之设科也，往者不追，来者不距。苟以是心至，斯受之而已矣”这样的话，也是很难的。因为说这段话需要深刻理解孟子的教育情怀。所以，我想这段话是孟子整理记录的时候，自己加上去的。孟子要借馆人之口表达自己对门徒的态度、设科的目的。

“往者不追”，“往”是不知我之道而去；“来者不距”，“来”是慕我之名而来。

“来者不距”是圣人设教视天下无弃人，有教无类，若海不辞水，山不辞土——圣人之心是开放的。

“往者不追”是圣人设教意在弘道，教化众生，引领社会，虽不能尽如人意，但圣人“人不知而不愠”——圣人之心是豁达的。

修身也是需要开放心态的，心态开放了，才能海纳百川，取诸人以为善；修身也是需要豁达心态的，心态豁达了，才能砥柱中流，不为世俗所左右。

此章可以让我们体悟到如此的修身之法，不可仅以谈资、笑料轻忽而过。

李贽《四书评·孟子》卷之七则另有感慨：

> 或人之言甚有理，而孟老亦服善。可见吾儒之中，无所不有，岂特窃屦而已哉？放笔为之三叹！（《四书评》，第190页）

圣道皇皇，而腐儒无处不在，该怨谁呢？

14.31　孟子曰：“人皆有所不忍，达之于其所忍，仁也；人皆有所不为，达之于其所为，义也。人能充无欲害人之心，而仁不可胜用也；人能充无穿逾[1]之心，而义不可胜用也；人能充无受尔汝之实[2]，无所往而不为义也。士未可以言而言，是以言餂[3]之也；可以言而不言，是以不言餂之也，是皆穿逾之类也。”

【注释】

（1）穿逾：梁涛《孟子解读》：“犹言穿穴逾墙。”

（2）无受尔汝之实：杨伯峻《孟子译注》：“‘尔’‘汝’为古代尊长对卑幼的对称代词，如果平辈用之，便表示对他的轻视贱视。孟子之意，若要不受别人的轻贱，自己便先应有不受轻贱的言语行为，这便是‘无受尔汝之实’。”

（3）餂（tiǎn）：诱取。

【译文】

孟子说：“每个人都有不忍心之处，把它扩充到所忍心之处，便是仁；每个人都有不为之事，把它扩充到所为之事上，便是义。人能够把不想害人的心扩而充之，仁便用不尽了；人能够把不挖洞跳墙的心扩而充之，义便用不尽了；人能够把不受人轻贱的言语行为扩而充之，那无论到哪里都合于义了。一个士人，不可以同他谈论却去同他谈论，这是用言语来诱惑他以便自己取利；可以同他谈论却不去同他谈论，这是用沉默来诱惑他以便自己取利，这些都是属于挖洞跳墙这一类型的。”

【说要】

本章教人扩充仁义。

“其所忍”，即不仁。将其不忍之心“达之于其所忍”，就可以变“其所忍”而为“其所不忍”，那就是行仁了。

“其所为”，即不义。将其羞恶之心“达之于其所为”，就可以变“其所为”而为“其所不为”，那就是行义了。

能行仁行义，那就为人处世、治国理政无事不可为了。

“士”以下，特举“未可以言而言，是以言餂之也；可以言而不言，是以不言餂之也”的细微不义之处，警戒人心。“士”字不可忽略，正见孟子乃为欲有为者说话。

张居正《四书直解·孟子》卷十四：

> 孟子此章之旨最为精微。盖人无智愚贤不肖，无不有此仁义之心。但众人一念之差，正是看得些小阴骘，以为无害于仁，细微举动，以为无害于义，卒之人品化而为禽为兽，功效流而为杂霸、杂夷。其几皆决于此，不可不慎也。（《四书直解》，第562—563页）

“尔汝之实”，是因为自己的行为受到他人的轻贱；“无受尔汝之实”，是我有羞耻之心在。有羞耻之心在，“无所往而不为义也”。

欲保有、扩充此羞耻之心，当持两戒：一戒“忌”，二戒“伪”。

唐文治《孟子大义》卷十四云：

> 明陆桴亭（注：陆世仪）先生释“忌”字义云：“忌字上非从己，乃系从巳。巳者，古文‘蛇’字。人有一蛇盘踞于心，故被害者最为惨烈。然是蛇也，噬人不已，转而自噬，则其惨烈更百倍于被害之人。”故欲去害人之心，当先去一“忌”字。
>
> 孔子曰：“色厉而内荏，譬诸小人，其犹穿窬之盗也与？”夫色厉内荏，不过作伪，而孔子即譬之于穿窬者。盖盗利固盗，盗名亦盗，天下之作伪而希冀有所得者，皆盗行也，皆盗心也。故欲去穿窬之心，当先去一“伪”字。（《唐文治四书大义》，第539页）

现实生活中，“未可以言而言”“可以言而不言”，大都源于“忌”。“忌”而害怕别人知道，于是“伪”。

14.32　孟子曰："言近而指远者，善言也；守约而施[1]博者，善道也。君子之言也，不下带[2]而道存焉；君子之守，修其身而天下平。人病舍其田而芸人之田——所求于人者重，而所以自任者轻。"

【注释】

（1）施：恩惠之意。

（2）不下带：带，腰带。朱熹《孟子集注》："古人视不下于带，则带之上，乃目前常见至近之处也。"此处比喻注意眼前常见之事。

【译文】

孟子说："言语浅近而旨意深远，是善言；操持简约而恩惠广博，是善道。君子的言语，内容是常见的事情而道存在其中；君子的操守，修养自身而使天下太平。人们的毛病在于放着自己的田不耕耘，却去耕耘别人的田——要求别人承担得重，而自己承担得轻。"

【说要】

本章特为"所求于人者重，而所以自任者轻"的人所发。

君子的言语，就是"善言"，因为它言语浅近而旨意深远，讲得虽是常见的事情，可是"道"存在其中。

君子的操守，就是"善道"，因为它操持简约而恩惠广博，以自身的修养引领大众，而使天下太平。

君子的言语、操守，指引修身的正道；"所求于人者重，而所以自任者轻"，警示修身的邪路。"人病舍其田而芸人之田"，此言真是"言近而指远者"——孟子确实是善于文字的圣手。

"所求于人者重，而所以自任者轻"，可以说是告诫执政者。

朱熹《孟子集注》云：

> 此言不守约而务博施之病。（《四书章句集注》，第381页）

"所求于人者重，而所以自任者轻"，当然也可以说是告诫你我。

《论语》14.30云：

> 子贡方人。子曰："赐也贤乎哉？夫我则不暇。"

记住《论语》《孟子》此两句，反求诸己，常省己过，则日趋于善。

14.33 孟子曰："尧、舜，性者[1]也；汤、武，反之[2]也。动容周旋[3]中礼者，盛德之至也。哭死而哀，非为生者也；经德不回[4]，非以干禄也；言语必信，非以正行也。君子行法，以俟命而已矣。"

【注释】

（1）性者：即性之者。顺本然之性，安然而行之意。

（2）反之：即反之者。反身而诚，以复其性之意。

（3）动容周旋：动容，动作仪容。周旋，步履转折之貌。

（4）经德不回：遵行道德而不违背。经，象形字，金文写作，象简易织布机上布置经线。经线决定了布的宽度和长度，故经有常道、义理、准则等义。此处作动词，赵岐《注》："经，行也。"回，象形字，甲骨文写作，水回旋也。引申为违背。

【译文】

孟子说："尧、舜，是顺本然之性，安然而行的；商汤、周武，是反身而诚，以复其性的。举动仪容无不合于礼，是德行深厚到了极致。哭泣死者而悲哀，不是为了（取悦）活着的人；遵行道德而不违背，不是为了（谋取）俸禄；说话必守信用，不是为了（显示自己的）行为端正。君子行事遵循法度，以迎接天命。"

【说要】

本章论道德修养。

如何修养道德？孟子举了尧舜、汤武的例子。

尧舜是听从本性的流露，汤武是明觉本性的反求。这不是要区分二者的高下，而是强调二者对于修养道德的必须。二者虽有不同，但都可达到"动容周旋中礼""盛德之至"。

处在人类文明初始的尧舜，绝少有前人留下的修养道德的方法可以借鉴，他们听从本性的呼唤，修养成"动容周旋中礼""盛德之至"，这为汤武的修养道德提供了可以凭借的示范。

尧舜之于汤武，一如尧舜汤武之于你我。尧舜汤武为你我提供的示范，不是空洞的玄想，而是实在的生命跃动：

> 哭死而哀，非为生者也；经德不回，非以干禄也；言语必信，非以正行也。

"哭死而哀，非为生者也"——临丧而哭，是悲从中来，情不自禁，不是有意哭给活着的人看。

"经德不回，非以干禄也"——遵行道德而不违背，是直道而行，不是为了爵禄才这样做的。

“言语必信，非以正行也”——出言必诺，本该如此，并非为了表示自己品行端正而有意为之。

孟子举以上三个方面来说明尧舜汤武为你我提供的生命的亲切示范。为什么举这三个方面呢?

“哭死而哀，非为生者也”是孝亲，说的是家庭中的事；“经德不回，非以干禄也”是尽职，说的是职业中的事；“言语必信，非以正行也”是交友，说的是社会中的事。

家庭、职业、社会涵盖了人生命基本的生活空间，孝、忠、信涵盖了人为人处世基本的道德规范。

尧舜汤武的示范，就是你我今天效法的法则，依据这样的法则孜孜以求，善莫大焉，乐莫大焉。

14.34　孟子曰：“说大人(1)，则藐之，勿视其巍巍然。堂高(2)数仞，榱题(3)数尺，我得志，弗为也；食前方丈(4)，侍妾数百人，我得志，弗为也；般乐(5)饮酒，驱骋田猎，后车千乘，我得志，弗为也。在彼者，皆我所不为也；在我者，皆古之制也，吾何畏彼哉？”

【注释】

(1)大人：赵岐《注》：“大人，谓当时之尊贵者也。”

(2)堂高：焦循《孟子正义》：“经传称堂高者，皆指堂阶而言。”

(3)榱(cuī)题：杨伯峻《孟子译注》：“榱，本义是房椽子(支持房顶承托灰瓦的细长条木材)，此处可能指屋檐而言，详焦循《正义》。”

(4)方丈：赵岐《注》：“极五味之馔食，列于前，方一丈。”

(5)般(pán)乐：赵岐《注》：“般，大也。大作乐而饮酒。”

【译文】

孟子说：“向尊贵者进言要藐视他们，不要顾及他们高高在上的样子。堂基高几丈，屋檐宽几尺，我得志，不这样做；菜肴方丈，姬妾数百，我得志，不这样做；饮酒狂欢，驰驱田猎，随从的车子上千辆，我得志，不这样做。他们拥有的，都是我所不做的；我所拥有的，都符合古代的法度，我为什么要怕他们呢？”

【说要】

本章论君子当人格独立、修己以济世。

读过《论语》，大家都知道孔子说过这样的话：

君子有三畏：畏天命，畏大人，畏圣人之言。小人不知天命而不畏也，狎大人，侮圣人之言。（《论语》16.08）

孔子说“畏大人”，孟子却说“说大人，则藐之”，孟子要与孔子唱对台戏吗？

这需要弄明白三点：

其一，孔子所讲的“大人”，是与“天命”“圣人之言”并提的。“天命”，道之所在；“圣人之言”，理之所存；“大人”，权之所赋。权力本为公利而存在，它是神圣不可侵犯的。“畏大人”即畏公权力。

其二，孟子所说的“大人”，是以“堂高数仞，榱题数尺”“食前方丈，侍妾数百人”“般乐饮酒，驱骋田猎，后车千乘”为尊贵的人。这样的尊贵，在孟子看来不过是“人爵”而已，比起“天爵”，它什么都不是。

以“人爵”为尊贵，是外求，需要以外在的条件支撑自己。而以外在的条件支撑自己，其结果不可避免地要扬己抑人、与人相争。相争不胜，又会因此而患得患失，辗转反侧不得心安。这正是被人“藐之”之处。

其三，孟子所说的“说大人，则藐之”，“说”字是句眼。“说”是要用我所拥有的“古之制”，来归正所谓的“大人”。

理解“古之制”不能死于句下。

冯梦龙《四书指月·孟子曰说大人章》：

“制”非制度，理之当然处。若有成法，一毫不可逾，故曰“制”。古圣贤相传，只有这个道理，故曰“古之制”。味“制”字、“古”字，正与今之大人骄奢放纵相反。（《四书指月》，第559页。标点略有改动）

孙奇逢《四书近指·说大人藐章》总结本章大旨云：

古之制，制字即行法，法字天地间道原，有截然不可逾越之则。第患我不能守之，则物大而我小，故若见其巍巍也。孟子浩气自养，王公遇之失其贵，自与侠气用事者天渊。

尹和靖曰：“藐者，止是不以其贵势威严为事而慑，非谓便视它作无物也。”（《孙奇逢集》上，第610页。标点略有改动）

张栻感慨：

嗟乎！后世为士者，惟不知古制之为务，故未得志则有所慕，逐欲而不已，以为天下之害。士必寡欲而后能守古制，守古制而后知自重，知自重而后不为势所诎。使其言听而道行，则生民斯受其福矣。（《南轩先生孟子说》卷第七，《张栻集》上，第424—425页）

解读至此，我们可以明了：孟子“说大人”时的藐视，不是态度傲慢，更不是装腔作势。“内重则可以见外之轻，德深则可以见诱之小”（程子语），孟子只是眼界高远，只是气象浩然，只是心存百姓，只是人格独立。

14.35　孟子曰：“养心莫善于寡[1]欲。其为人也寡欲，虽有不存焉者，寡矣；其为人也多欲，虽有存焉者，寡矣。”

【注释】

（1）寡：会意字。金文写作，从宀从页（xié），会一个人独处屋内而忧愁之意。古代妇人丧夫，男子无妻或丧偶，都叫寡。引申为少、减少等义。

【译文】

孟子说：“养心没有比减少欲望更好的了。为人减少了欲望，即使本心有所丧失，也不会太多；为人增多了欲望，即使本心有所保留，也会很少。”

【说要】

本章当是针对士人的修养而发。可与“无恒产而有恒心者，惟士为能”（01.07）相参看。

孟子认为，人人都具有本心良心，但本心良心又有放失的可能。放失的原因，常常是人的欲望太多了。所以养心最好的方法莫过于“寡欲”。

“寡欲”的“欲”，冯梦龙《四书指月·孟子曰养心莫善章》解读说：

> 此乃“情欲”之“欲”。“欲”是七情中之一端，有性便有情。上智所不能无者，固不可绝，然决不可纵。惟寡而不多，则心之灵机，既不至于梏梏；而心之生机，亦不病于枯槁，养心之法无善于此。（《四书指月》，第559页。标点略有改动）

“欲”不是绝对不好的东西，“寡欲”也不是绝对地去除“欲”，而是节制欲望，使其不影响本心良心的充扩。“只说寡欲，极是。”（李贽语）

另外，人的精力毕竟有限，除非天纵之才，否则不能什么“事”都做，什么“欲”都想，哪怕这个“事”是好事，“欲”是善求。所以，《朱子语类》卷第六十一《孟子十一·尽心下·养心莫善于寡欲章》云：

若事事贪，要这个，又要那个，未必便说到邪僻不好底物事，只是眼前底事，才多欲，便将本心都纷杂了。(《朱子语类》第二册，第1318页)

“寡欲”需要做到两点：

一要心中明了：

欲之多寡，系于心之存亡，此所以养心莫善于寡欲也。虽然，寡欲亦难言矣，非明于理欲之分，安能却欲而使之心寡？故寡欲为养心之本，而致知又寡欲之要也。(《日讲四书解义》卷二十六，第401页)

二要脚下力行：

颜渊问仁。子曰：“克己复礼为仁。一日克己复礼，天下归仁焉。为仁由己，而由人乎哉？”颜渊曰：“请问其目。”子曰：“非礼勿视，非礼勿听，非礼勿言，非礼勿动。”颜渊曰：“回虽不敏，请事斯语矣。”(《论语》12.01)

“复”繁体作“復”，通“履”。孔言之“复”、颜言之“事”，都是践行义。人能于万端世事中“非礼勿视，非礼勿听，非礼勿言，非礼勿动”，便是“寡欲”，便是“养心”。

辛全《四书说》卷六：

孔子对颜子故言“克己”，周子对寡欲人故言“无欲”，孟子对多欲人故言“寡欲”。是“中人以上，可以语上也。中人以下，不可以语上也”。此正所谓“循循善诱”处。(《四书说》，第230页)

14.36　曾皙嗜羊枣[1]，而曾子不忍食羊枣。公孙丑问曰：“脍炙与羊枣孰美？”

孟子曰：“脍炙哉！”

公孙丑曰：“然则曾子何为食脍炙而不食羊枣？”

曰：“脍炙所同也，羊枣所独也。讳名不讳姓，姓所同也，名所独也。”

【注释】

(1)羊枣：即今孔孟之乡俗称的软枣。周柄中《四书典故辨正》卷二十《孟子》“羊枣”条：“陈禹谟《名物考》云：‘尝道邹，登峄山，或以羊枣啖余。其状绝类柿，大仅如芡实。盖名为枣，而去枣远矣。’”段玉裁《说文解字注》“梬(yǐng)”字条：

"何氏焯曰，羊枣非枣也。乃柿之小者。初生色黄，熟则黑，似羊矢。其树再椄即成柿矣。余客临沂始睹之，亦呼牛嬭（注：同'奶'）柿，亦呼楆（ruǎn）枣。此尤可证以柿得枣名。《孟子正义》不得其解。"杨海文《儒家生活中的小事大孝——以〈孟子·尽心下·曾皙嗜羊枣章〉为中心》有详细论证。

【译文】

曾皙非常喜欢吃羊枣，因而曾参不忍心吃羊枣。公孙丑问："烤肉与羊枣哪一个比较好吃呢？"

孟子说："烤肉！"

公孙丑问："那么曾子为什么吃烤肉而不吃羊枣呢？"

孟子说："烤肉是大家都喜欢吃的，羊枣是（曾子父亲）个人的独好。这就像避讳只避名而不避姓，因为姓是许多人所共有的，而名是一个人所独有的。"

【说要】

本章称赞曾子大孝。

孟子云："大孝终身慕父母。五十而慕者，予于大舜见之矣。"（09.01）

曾子与舜同道。

张栻《南轩先生孟子说》卷第七：

> 曾子不忍食羊枣之意，爱敬之笃，不死其亲者也。亲之所嗜，见之而不忍食焉。推是一端，则凡其日用之间，所以感发于其亲者，多矣。常人于其亲，日远而日忘矣。惟君子则不然，亲虽日远，而其心不可泯也。故虽事事物物之间，亲心之所存者，吾亦存之未尝忘，而况于其言行乎！此之谓不死于其亲。（《张栻集》上，第425页）

唐文治《孟子大义》卷十四：

> 不忍，性也。人而无性，非人也。不忍之发，情也。人而无情，非人也。曾子，性情中人也，其孝足为万世法也。（《唐文治四书大义》，第546页）

《南轩先生语类·论修身》：

> 惟人之生，受之天地而本乎父母者也，然则天地其父母乎！父母其天地乎！故不以事天之道事亲者，不得为孝子；不以事亲之道事天者，不得为仁人。（《南轩先生文集》卷第十三《洁白堂记》，《张栻集》下，第605页）

血缘是人间情感最坚固、最持久之纽带。孝是人间最真挚、最无条件之情感，它是滋养人善行的第一滴雨露。有此滋养，人的血缘情感就有了推扩出去的基础与可能，从而“老吾老，以及人之老；幼吾幼，以及人之幼”“亲亲而仁民，仁民而爱物”。以曾子之孝为师法，正是师法其孝而推扩之处。

14.37　万章问曰：“孔子在陈曰：‘盍归乎来！吾党之士狂简[1]，进取不忘其初。’孔子在陈，何思鲁之狂士？”

孟子曰：“孔子‘不得中道而与之，必也狂狷[2]乎！狂者进取，狷者有所不为也’。孔子岂不欲中道哉？不可必得，故思其次也。”

“敢问何如斯可谓狂矣？”

曰：“如琴张[3]、曾皙、牧皮[4]者，孔子之所谓狂矣。”

“何以谓之狂也？”

曰：“其志嘐嘐[5]然，曰：‘古之人，古之人。’夷[6]考其行，而不掩[7]焉者也。狂者又不可得，欲得不屑不洁之士而与之，是狷也，是又其次也。孔子曰：‘过我门而不入我室，我不憾焉者，其惟乡原乎！乡原，德之贼也。’”

曰：“何如斯可谓之乡原矣？”

曰：“‘何以是嘐嘐也？言不顾行，行不顾言，则曰“古之人，古之人”；行何为踽踽凉凉[8]？生斯世也，为[9]斯世也，善斯可矣。’阉然[10]媚于世也者，是乡原也。”

万子曰：“一乡皆称原人焉，无所往而不为原人，孔子以为德之贼，何哉？”

曰：“非之无举也，刺之无刺也，同乎流俗，合乎污世，居之似忠信，行之似廉洁，众皆悦之，自以为是，而不可与入尧舜之道，故曰‘德之贼’也。孔子曰：‘恶似而非者：恶莠[11]，恐其乱苗也；恶佞，恐其乱义也；恶利口，恐其乱信也；恶郑声[12]，恐其乱乐也；恶紫[13]，恐其乱朱也；恶乡原，恐其乱德也。’君子反经[14]而已矣。经正，则庶民兴；庶民兴，斯无邪慝[15]矣。”

【注释】

(1)吾党之士狂简：党，犹言家乡。《周礼·地官司徒·大司徒》：“令五家为比，使之相保；五比为闾，使之相爱；四闾为族，使之相葬；五族为党，使之相救；五党为州，使之相赒；五州为乡，使之相宾。”狂简，朱熹《孟子集注》：“谓志大而略于事。”

(2)狷：拘谨守分。

(3)琴张：孔子弟子子张，或说另有其人。

(4)牧皮：身世不详。

(5)嘐(xiāo)嘐：形容志大而言夸。赵岐《注》：“志大言大者也。”

(6)夷：发语词。杨伯峻《孟子译注》："此字不可解，前人有疑其为语首助词而无义者。"

(7)掩：朱熹《孟子集注》："覆也。"引申为相符。

(8)踽(jǔ)踽凉凉：孤单冷清的样子。朱熹《孟子集注》："踽踽，独行不进之貌。凉凉，薄也，不见亲厚于人也。"

(9)为：介词，用作引出行为的对象，相当于"向""对"。译为"面对"，有迎合之意。

(10)阉然：曲意逢迎貌。

(11)莠：俗称狗尾草。赵岐《注》："莠，茎叶似苗。"

(12)郑声：春秋战国时郑国的音乐，在当时很流行。《论语·卫灵公》："放郑声，远佞人。郑声淫，佞人殆。"刘宝楠《正义》："《五经异义·鲁论》说郑国之俗，有溱、洧之水，男女聚会，讴歌相感，故云郑声淫。"

(13)紫：古人认为朱是红色的"正色"，即纯色，而紫属于红色的"间色"，即杂色。《论语·阳货》："恶紫之夺朱也。"

(14)反经：恢复常道。反，同"返"。经，常道，正道。

(15)斯无邪慝(tè)：斯，则。邪慝，邪恶。慝，恶。

【译文】

万章问道："孔子在陈国时说：'为什么不回去呢！我家乡的弟子狂放而粗简，但勇于进取而不忘原有的志向。'孔子在陈国时，为什么思念鲁国的狂放粗简之士呢？"

孟子说："孔子说过，'找不到中道而立的人交往，那就只能找狂者和狷者了。狂者勇于进取，狷者有所不为'。孔子难道不想结交中道而立的人吗？只是不能一定得到，所以就思念次一等的人。"

万章问："请问什么样的人可称为狂者呢？"

孟子说："像琴张、曾皙、牧皮这样的人，就是孔子所说的狂者。"

万章问："为什么说他们是狂者呢？"

孟子说："他们志大而言夸，开口就说：'古时候的人，古时候的人。'可是考察他们的行为，却不能与言语相符。连狂者也结交不到，那就找不屑于同流合污的人结交，这样的人是狷者，这是又退而求其次。孔子说：'经过我的门却不进我的堂室，我不感到遗憾的，大概只有乡原吧！乡原是伤害道德的人。'"

万章问："什么样的人可以称为乡原呢？"

孟子说："（这种人说：）'为什么要那样志大而言夸呢？言语与行为不符，行为与言语不合，却说什么"古时候的人，古时候的人"；处事为什么孤单冷清不被人亲厚呢？生在这个社会，面对这个社会，只要过得去就可以了。'曲意逢迎献媚于世人，这就是乡原。”

万章问：“全乡的人都称赞他是老好人，他也到处都表现得像个老好人，孔子却认为他是‘德之贼’，为什么呢？”

孟子说：“（这种人，）指责他却举不出例证，责骂他却找不到理由。混同于流俗，迎合于浊世，为人好像忠诚守信，行为好像方正清洁，大家都喜欢他，他自己也认为不错，却不能与他一起践行尧舜之道，所以说他是‘德之贼’。孔子说：‘憎恶那些似是而非的东西：憎恶莠草，是怕它扰乱了禾苗；憎恶花言巧语，是怕它扰乱了正义；憎恶夸夸其谈，是怕它扰乱了信实；憎恶郑国的音乐，是怕它扰乱了雅乐；憎恶紫色，是怕它扰乱了红色；憎恶乡原，是怕他扰乱了德行。’君子只是回到正道罢了。走向正道，民众就会振作起来；民众振作起来，那就没有邪恶了。”

【说要】

本章论“中道”“狂”“狷”和“乡愿”四种人品。孟子肯定“中道”，期许“狂、狷”，而否定“乡愿”。

孟子论人格，有“善、信、美、大、圣、神”六格。

“圣、神”难分，实即一格，圣即人中之龙凤。故孟子“乃所愿，则学孔子也”。

“狂、狷”虽然“夷考其行，而不掩焉者也”，尚不得中道，但是，他们志存高远，不安于流俗，自有进格作圣之路。故孟子对“狂、狷”寄予厚望。

“乡愿”之人呢？表面上看清清廉廉，“非之无举也，刺之无刺也”。有人说，既然“乡愿”之人，“非之无举也，刺之无刺也”，为什么老是揪住他们不放呢？说这话的人不知道，“非之无举也，刺之无刺也”，正是“乡愿”之人可以举之、刺之的地方！“乡愿”之人是背圣道而行的人，故孟子鄙薄之。

《朱子语类》卷第六十一《孟子十一·尽心下·万章问孔子在陈章》：

> 彼狂者嘐嘐然以古人为志，虽行之未至，而所知亦甚远矣。狷者便只是有志力行，不为不善。二者皆能不顾流俗污世之是非，虽是不得中道，却都是为己，不为他人。彼乡原便反非笑之，曰“何以是嘐嘐也？言不顾行，行不顾言，则言古之人”，此是乡原笑狂者也。“行何为踽踽凉凉？生斯世也，为斯世也，善斯可矣”，此是乡原笑狷者也。彼其实所向，则是“阉然媚于世”而已。孔子以他心一向外驰，更不反己，故以为“德之贼”，而孟子又以为“不可与入尧舜之道”。……
>
> 狂狷是个有骨肋底人。乡原是个无骨肋底人，东倒西擂，东边去取奉人，西边去周全人，看人眉头眼尾，周遮掩蔽，惟恐伤触了人。（《朱子语类》第二册，第1319页。标点略有改动）

本章需要与《孟子》最后一章相参看，方能明了孟子之心志。

张居正《四书直解·孟子》卷十四亦云：

> 夫观孔子之思狂狷，可以见传道之心；观孔子之恶乡原，可以见卫道之志。其惓惓一念，无非为斯道计焉耳。孟子发其蕴于万章，而又终之以辟邪之术，此所以有功于圣门也。（《四书直解》，第568页）

李贽总是不给人留一点面子：

> 乡原固是贼，一乡也是个窝家。（《四书评·孟子》卷之七，第192页）

不过，李贽于嬉笑怒骂中自存冷静。

《日讲四书解义》卷二十六云：

> 夫转移世道止在表正人心，故孔子恶乡原而孟子继之，以兴庶民之说。盖庶民不兴，未有不恶狂狷而喜乡原者也。世运升降，以士气民风为根本，有天下者尚其加意于此哉！（《日讲四书解义》，第404页）

"孔子在陈，何思鲁之狂士？"正是要提升狂、狷，聚集更多正人君子，以"兴庶民之说"，启发民智，希圣希贤，不做乡愿"窝家"。孔孟何尝有愚民之说、愚民之行呢！

14.38　孟子曰："由尧舜至于汤，五百有余岁，若禹、皋陶[1]，则见而知之；若汤，则闻而知之。由汤至于文王，五百有余岁，若伊尹、莱朱[2]，则见而知之；若文王，则闻而知之。由文王至于孔子，五百有余岁，若太公望[3]、散宜生[4]，则见而知之；若孔子，则闻而知之。由孔子而来至于今，百有余岁，去圣人之世若此其未远也，近圣人之居若此其甚也，然而无有乎尔？则亦无有乎尔[5]！"

【注释】

（1）皋（gāo）陶（yáo）：相传为舜之臣，掌刑狱之事。

（2）莱朱：商汤的贤臣，任左相。赵岐《注》："亦汤贤臣也。一曰仲虺是也。"

（3）太公望：姜姓，吕氏，名尚，字子牙，号太公望。曾辅佐文王、武王灭商建立周朝。

（4）散宜生：姓散宜，名生，周文王的贤臣。

（5）然而无有乎尔？则亦无有乎尔：大多注本的标点为：然而无有乎尔，则亦无有乎尔。今不从，理由见本章"说要"。

【译文】

孟子说："从尧舜到商汤五百多年，像禹、皋陶，是亲见而了解尧舜的；至于商汤，则是听说而了解尧舜的。从商汤到文王五百多年，像伊尹、莱朱，是亲见而了解商汤的；至于文王，则是听说而了解商汤的。从文王到孔子五百多年，像太公望、散宜生，是亲见而了解文王的；至于孔子，则是听说而了解文王的。从孔子到现在一百多年，离开圣人的时代如此不远，距离圣人的家乡如此接近，却没有（了解、继承道统）的人了吗？那就没有（了解、继承道统）的人了！"

【说要】

这一章是《孟子》全书的最后一章，也是全书的总结，其中大有深意。

一

在本章中，孟子不仅揭示了中国历史文化传统中，一脉相承于尧、舜、禹、汤、文、武、周公、孔子的圣人之道，而且表达了承继、发扬圣人之道的强烈的历史使命感。

回顾历史，我们会看到，圣人之道在尧、舜、禹、汤、文、武、周公、孔子、皋陶、伊尹、莱朱、太公望、散宜生等圣王、圣贤的接续传承中，绵绵不绝。

颜炳罡《中华传统文化经典教师读本·孟子》下：

> 至孔子，道与王分离，孔子代表道统，却不拥有政统，更不握治统。中国文化发展方式为之一变，道与政的分离使"道"拥有了审视、省察、批判政治的权力。政治权力运作是否合理，在统治者与被统治者之间有一共同的标准：圣王之治天下必须合乎圣人之道，否则就是暴君而不是仁君。（《中华传统文化经典教师读本·孟子》下，第251页）

赵岐《章指》言：

> 天地剖判，开元建始，三皇以来，人伦攸叙。宏析道德，班垂文采，莫贵乎圣人。圣人不出，名世承间，虽有此限，盖有遇有不遇焉。是以仲尼至"获麟"而止笔，孟子以"无有乎尔"终其篇章，斯亦一契之趣也。

朱熹《孟子集注》：

> 历序群圣之统，而终之以此，所以明其传之有在，而又以俟后圣于无穷也，其指深哉！（《四书章句集注》，第385页）

姚永概《孟子讲义》卷十四：

赵氏专主孟子用世之意言之，朱子则专主传道言之。愚谓圣人之道，原在用世。既不能用，不得已乃师弟相传，而古圣精言遂为山林之业，此自孔子以后一大变局也。两说互参，其义乃备。（《孟子讲义》，第266页）

二

孔子去世以后一百多年，孟子出生。

孔子故里曲阜、孟子故里邹城南北相距约四十里。以连接曲阜、邹城的南北道路为轴线，孔子出生地尼山，位于轴线中间偏东；孟子出生地凫村，位于轴线中间偏西，东西相距十多里。曲阜、邹城与尼山、凫村，构成了地理上的孔孟十字空间。

了解以上信息，我们再回头阅读“由孔子而来至于今，百有余岁，去圣人之世若此其未远也，近圣人之居若此其甚也，然而无有乎尔？则亦无有乎尔”，就会有更加深切的理解，孟子道统传承的危机之感、自任之重，跃然纸上。

孔子之前，“五百年必有王者兴，其间必有名世者”。

孔子以后，“百有余岁，去圣人之世若此其未远也，近圣人之居若此其甚也，然而无有乎尔？则亦无有乎尔！”——如果我不能传承道统，那谁还能传承它呢！

这正是我们对两句“无有乎尔”进行新标点的理由。

赵佑《四书温故录》云：

孟子未得为孔子徒，亦既不亲见圣，而犹以其近而未远为幸，因益以未远而无有为惧。夫未远而已无有知之者，复何望于远而知之哉！孟子力肩斯道，实自居于见闻绝续之交之一人，而备述所知，以上绍前之知，下遗后之知，其所绍直自禹以下，有不止于颜、曾、思者，而其所遗于后，为益无穷期矣。（《孟子正义》，第1038页）

蔡仁厚指出：

两句“无有乎尔”，实乃反词以见意：“若说如今无有闻而知之者，则时代愈远，愈难闻知，五百年后，又岂复更有闻而知之者耶？”语气之间，正表示了孟子一身所系之重。故其正面意思，实为：如今既有闻而知之者，则后世亦将永远有承风接响之人。唯孟子以感叹语气之反词言之，故意味益为深长。（《孟子要义》，第183—184页）

《孟子》04.13：

五百年必有王者兴，其间必有名世者。由周而来，七百有余岁矣。以其数，则过矣；以其时考之，则可矣。夫天未欲平治天下也，如欲平治天下，当今之世，舍我其谁也?

“当今之世，舍我其谁也？”——重在治理当时之社会。

“然而无有乎尔？则亦无有乎尔！”——重在传承先圣之文化。

治理社会、传承文化的责任担当，一并构成了伟岸的孟子、经典的《孟子》!

程兆熊《四书大义·孟子讲义第十四讲》:

在这里，会有其整个的使命之感，会有其整个的命运之感，更会有其整个的忧患之感。

在此整个的使命之感里，我人可以清楚看出一无可比拟的大心灵。

在此整个的命运之感里，我人可以清楚看出一无可比拟的大生命。

在此整个的忧患之感里，我人可以清楚看出一无可比拟的大性情。(《四书大义》，第426页)

历史与文化见证了孟子的大爱、孟子的智慧、孟子的担当，历史与文化也选择了孟子，赋予他亚圣的地位和荣耀。

三

朱熹《孟子集注》云:

有宋元丰八年，河南程颢伯淳卒。潞公文彦博题其墓曰:“明道先生。”而其弟颐正叔序之曰:“周公殁，圣人之道不行；孟轲死，圣人之学不传。道不行，百世无善治；学不传，千载无真儒。无善治，士犹得以明夫善治之道，以淑诸人，以传诸后；无真儒，则天下贸贸焉莫知所之，人欲肆而天理灭矣。”(《四书章句集注》，第385页)

“道不行，百世无善治”——“道”不行于当世，是孟子的不幸。

“学不传，千载无真儒”——“学”盛行于后世，是中华的福音。有此福音，我们要感恩孟子。

《孟子》首章写的是“孟子见梁惠王”，见面的地方，就是今天的河南开封。后人为了纪念孟子，便建了游梁祠。清代人沈春祥为游梁祠撰写了一副联:

千里而来，何必曰利？亦有仁义而已矣。

百世之下，莫不兴起，况于亲炙之者乎。

我们今天解读《孟子》，探究内圣外王之道，就是愿天下有志者闻风兴起，不负先圣之教，果能如此，则文化幸甚，民族幸甚。

参考文献

〔汉〕司马迁:《史记》,中华书局2006年版。

〔汉〕刘向撰,马世年译注:《新序》,中华书局2014年版。

〔汉〕刘向编集,贺伟、侯仰军点校:《战国策》,齐鲁书社2005年版。

〔汉〕刘向撰,向宗鲁校证:《说苑校证》,中华书局1987年版。

〔汉〕许慎撰,〔清〕段玉裁注:《说文解字注》,上海古籍出版社1988年版。

〔汉〕班固:《汉书》,中华书局2007年版。

〔汉〕孔安国传,〔唐〕孔颖达正义,黄怀信整理:《尚书正义》,上海古籍出版社2007年版。

〔汉〕刘熙:《释名》,中华书局2016年版。

〔晋〕皇甫谧撰,刘晓东校点:《高士传》,辽宁教育出版社1998年版。

〔唐〕陆德明:《经典释文》,上海古籍出版社2013年版。

〔宋〕朱熹:《四书章句集注》,中华书局2012年版。

〔宋〕朱熹撰,朱杰人、严佐之、刘永翔主编:《朱子全书》,上海古籍出版社、安徽教育出版社2002年版。

〔宋〕张栻撰,邓洪波校点:《张栻集》,岳麓书社2017年版。

〔宋〕黎靖德编,杨绳其、周娴君校点:《朱子语类》,岳麓书社1997年版。

〔宋〕陆九渊著,钟哲点校:《陆九渊集》,中华书局1980年版。

〔宋〕张九成著,杨新勋整理:《张九成集》第三册《孟子传》,浙江古籍出版社2013年版。

〔宋〕司马光著,李之亮笺注:《司马温公集编年笺注》第五册,巴蜀书社2009年版。

〔宋〕王安石撰,李之亮笺注:《王荆公文集笺注》,巴蜀书社2005年版。

〔宋〕金履祥撰,陈开勇整理:《孟子集注考证》,上海古籍出版社2022年版。

〔元〕胡炳文著,宋健点校:《孟子通》,华东师范大学出版社2020年版。

〔明〕郝敬撰,刘建民点校:《孟子说解》,崇文书局2022年版。

〔明〕王守仁撰,吴光等编校:《王阳明全集》,上海古籍出版社1992年版。

〔明〕辛全撰,李蹊点校:《四书说》,上海古籍出版社2016年版。

〔明〕张居正撰，王岚、英巍整理：《四书直解》，九州出版社2010年版。

〔明〕张岱著，朱宏达点校：《四书遇》，浙江古籍出版社2017年版。

〔明〕冯梦龙著，李际宁、李晓明校点：《四书指月》，魏同贤主编：《冯梦龙全集》第二十一册，江苏古籍出版社1993年版。

〔明〕李贽撰，张贺敏整理：《四书评》，张建业主编：《李贽文集》第五卷，社会科学文献出版社2000年版。

〔明〕王夫之：《船山全书》，岳麓书社1991年版。

〔清〕黄宗羲著，吴光主编：《黄宗羲全集》，浙江古籍出版社2012年版。

〔清〕顾炎武著，〔清〕黄汝成集释，栾保群、吕宗力校点：《日知录集释》，花山文艺出版社1990年版。

〔清〕吕留良撰，〔清〕陈鉯编，俞国林点校：《四书讲义》，中华书局2017年版。

〔清〕爱新觉罗·玄烨钦定，〔清〕陈廷敬等编撰，薛治点校：《日讲四书解义》，华龄出版社2012年版。

〔清〕孙奇逢撰，张显清主编：《孙奇逢集》，中州古籍出版社2003年版。

〔清〕李光地撰，陈祖武点校：《榕村全书》第五册《榕村语录》(上)，福建人民出版社2013年版。

〔清〕焦循撰，沈文倬点校：《孟子正义》，中华书局1987年版。

〔清〕罗泽南撰，符静校点：《罗泽南集》，岳麓书社2010年版。

〔清〕胡煦著，程林点校：《周易函书(附卜法详考等四种)》，中华书局2008年版。

〔清〕苏舆撰，钟哲点校：《春秋繁露义证》，中华书局2019年版。

〔清〕俞樾著，马叙伦校录，傅杰导读：《古书疑义举例》，上海古籍出版社2007年版。

〔清〕俞樾著，王其和整理：《群经平议》，凤凰出版社2021年版。

〔清〕钱大昕著，杨勇军整理：《十驾斋养新录》，上海书店出版社2011年版。

〔清〕孔广森撰，张诒三点校：《经学卮言》，中华书局2017年版。

〔清〕王引之撰，李花蕾点校：《经传释词》，上海古籍出版社2014年版。

〔清〕吴楚材、吴调侯选注，施适校点：《古文观止》，上海古籍出版社2016年版。

〔清〕朱骏声：《说文通训定声》，中华书局2016年版。

〔清〕桂馥：《说文解字义证》，齐鲁书社1987年版。

〔清〕王念孙撰，张靖伟等校点：《广雅疏证》，上海古籍出版社2016年版。

姚永概撰，陈春秀校点：《孟子讲义》，黄山书社1999年版。

程兆熊：《四书大义》，台湾明文书局1988年版。

徐炜君整理：《唐文治四书大义》，上海人民出版社2018年版。

杨伯峻译注:《孟子译注》,中华书局2018年版。
梁涛解读:《孟子》,国家图书馆出版社2017年版。
梁涛主编:《中国政治哲学史》第一卷,中国人民大学出版社2017年版。
梁涛编著:《孟子解读》,中国人民大学出版社2010年版。
杨海文:《我善养吾浩然之气——孟子的世界》,齐鲁书社2017年版。
金良年译注:《孟子译注》,上海古籍出版社2016年版。
陈大齐著,赵林校订:《孟子待解录》,华东师范大学出版社2012年版。
李景林:《孟子通释》,上海古籍出版社2021年版。
黄俊杰:《孟学思想史论》,台湾东大图书公司1991年版。
徐洪兴:《孟子直解》,复旦大学出版社2004年版。
王蒙:《原则:极简孟子》,北京联合出版公司2019年版。
王蒙:《得民心得天下:王蒙说〈孟子〉》,浙江人民出版社2016年版。
邓秉元:《孟子章句讲疏》,上海人民出版社2022年版。
吴小如编著:《吴小如讲〈孟子〉》,天津古籍出版社2008年版。
康有为著,楼宇烈整理:《论语注》,中华书局1984年版。
钱穆:《论语新解》,九州出版社2011年版。
陈梦家:《尚书通论》,中华书局2005年版。
许维遹撰,梁运华整理:《吕氏春秋集释》,中华书局2009年版。
陈戍国点校:《四书五经》,岳麓书社2014年版。
王文锦译解:《礼记译解》,中华书局2016年版。
萧公权:《中国政治思想史》,商务印书馆2017年版。
张岱年:《中国哲学大纲》,商务印书馆2015年版。
张岱年:《张岱年文集》,清华大学出版社1990年版。
蔡仁厚撰述:《孟子要义》,台湾书店1980年版。
蔡仁厚:《儒家思想的现代意义》,台湾文津出版社1987年版。
蔡仁厚:《中国哲学史》,台湾学生书局2009年版。
韦政通:《中国思想史》,吉林出版集团有限责任公司2009年版。
李泽厚:《中国古代思想史论》,人民出版社1986年版。
陈荣捷编著,杨儒宾等译:《中国哲学文献选编》,江苏教育出版社2006年版。
劳思光:《新编中国哲学史》(增订本),生活·读书·新知三联书店2019年版。
徐复观:《中国人性论史·先秦篇》,九州出版社2014年版。
徐复观:《学术与政治之间》,九州出版社2014年版。
于省吾:《甲骨文字释林》,中华书局1979年版。

杨树达：《积微居小学金石论丛》，上海古籍出版社2007年版。

杨树达：《积微居小学述林全编》，上海古籍出版社2007年版。

杨树达：《词诠》，上海古籍出版社2013年版。

杨树达：《马氏文通刊误　古书句读释例　古书疑义举例续补》，上海古籍出版社2013年版。

张舜徽：《说文解字约注》，华中师范大学出版社2009年版。

季旭升：《说文新证》，福建人民出版社2010年版。

汉语大词典编纂处整理：《康熙字典》（标点整理本），上海辞书出版社2008年版。

林义光原著，林志强标点：《文源》（标点本），上海古籍出版社2017年版。

《汉语大字典》编辑委员会编著：《汉语大字典》，湖北辞书出版社、四川辞书出版社2001年版。

许进雄编撰：《简明中国文字学》（修订版），中华书局2009年版。

黄怀信：《小尔雅汇校集释》，三秦出版社2003年版。

梁启超：《要籍解题及其读法》，中州古籍出版社2016年版。

吴其昌：《梁启超传》，花山文艺出版社2016年版。

张大可：《张大可讲〈史记〉》，中国人民大学出版社2013年版。

［美］许倬云：《万古江河：中国历史文化的转折与开展》，北京日报出版社2023年版。

［美］杜维明：《一阳来复》，上海文艺出版社1997年版。

［日］竹添光鸿：《孟子论文》，张培华编：《中国典籍日本注释丛书·孟子卷》，上海古籍出版社2021年版。

后 记

我有两个故乡，一个是滕文公曾经的封地——山东滕州，一个是孟子的故里——山东邹城。

滕州是我十五岁（以父母生我的时间计算）之前出生、学习之地，邹城是我二十岁（以组织认定的时间计算）以后工作、学习之地。

十五岁之前，我不知道滕文公是谁。二十岁以后，我知道滕文公只活在《孟子》这本书里面，是孟子生前政治思想的唯一实践者。由此，我的生命便与孟子、《孟子》紧紧连接在一起。

我在邹城四十年的工作、学习经历，可以分为两段：前三十年大部分时间在邹城市委宣传部，后十年只在孟子研究院。在孟子研究院的工作经历，给了我难以言语的快乐。这样的快乐，结出两个小果子：一个是《孟子的药方》（齐鲁书社2020年版），一个就是这本《孟子心读》。

能结出这样两个小果子，需要感谢许多人——陈来、王志民、李存山、杨朝明、王中江、梁涛、杨海文、刘瑾辉、孔德立、宋立林诸位先生。他们的为人为学，让我获益匪浅。

这其中特别要感谢杨海文、宋立林教授。

杨海文教授小我几岁。见面时，他总是称我为老兄，我则一直称他为老师。我在本书的创作过程中，每完成一章，都要发给杨老师。他是本书的第一审阅者、批评者、指导者。诚如宋立林教授在序中所说，杨老师的道德文章对我有着深刻影响。没有杨老师的督促、教诲，完成这本书是不可想象的。

宋立林教授小我十几岁，是我的畏友。他不仅给本书写了序，而且对全部书稿做了精审，指出了许多令人汗颜的错误，化解了许多难以索解的困惑。宋立林教授的学问之厚、待友之诚，让我感佩莫名。

当然，还要感谢我的合作者刘奎博士。他的加入，让本书在文献整理、使用及义理辨析诸多方面，有了更加专业的提升。

自然还要感谢我的同事曹巍巍、秦超、张鑫、刘晓等。在本书创作的四年里，讨论、质疑本书的内容，是他们每日中午用餐时为我加的一道特别的菜。

人生苦短，使命无已，让人来不及稍有停歇。《孟子心读》是我职业生涯的终结，也是我未来生命的开始。

般延禄

于孟子故里护驾山之阳孟苑

甲辰年惊蛰